强国钢铁书系

共和国钢铁脊梁丛书

中国钢轨

ZHONGGUO GANGGUI

◎ 李 镇 主编

北 京

冶金工业出版社

2025

内 容 提 要

本书为"强国钢铁书系——共和国钢铁脊梁丛书"之一。全书分为五章，分别为中国钢轨发展历程、中国钢轨生产装备及工艺进步、中国钢轨典型产品、中国钢轨科技成果、中国钢轨主要生产企业，附录为中国钢轨生产大事记。主要内容从行业发展历程、取得成就、技术设备和工艺发展、质量标准和产品规格、企业发展历程等方面对我国钢轨生产行业的发展情况进行了全方位、多角度的阐述，既有行业发展总结，也有前沿技术展现；既有存在问题的剖析，也有未来发展趋势预测，具有较高的科学性、实用性和参考性。

本书可供钢轨行业广大从业者阅读参考。

图书在版编目（CIP）数据

中国钢轨 / 李镇主编. -- 北京：冶金工业出版社，2025. 4. --（共和国钢铁脊梁丛书）. -- ISBN 978-7-5240-0166-9

Ⅰ. F426. 31

中国国家版本馆 CIP 数据核字第 20250RP862 号

中国钢轨

出版发行	冶金工业出版社	电　话	(010)64027926
地　址	北京市东城区嵩祝院北巷 39 号	邮　编	100009
网　址	www.mip1953.com	电子信箱	service@ mip1953.com

责任编辑　夏小雪　美术编辑　彭子赫　版式设计　郑小利
责任校对　石　静　责任印制　禹　蕊
北京捷迅佳彩印刷有限公司印刷
2025 年 4 月第 1 版，2025 年 4 月第 1 次印刷
787mm×1092mm　1/16；26.5 印张；605 千字；403 页
定价 229.00 元

投稿电话　(010)64027932　投稿信箱　tougao@cnmip.com.cn
营销中心电话　(010)64044283
冶金工业出版社天猫旗舰店　yjgycbs.tmall.com
（本书如有印装质量问题，本社营销中心负责退换）

丛书编委会

丛 书 总 序

中国共产党的成立，是开天辟地的大事变，深刻改变了近代以后中华民族发展的方向和进程，深刻改变了中国人民和中华民族的前途和命运，深刻改变了世界发展的趋势和格局。中国共产党人具有钢铁般的意志，带领全国人民无惧风雨，凝心聚力，不断把中国革命、建设、改革事业推向前进，中华民族伟大复兴展现出前所未有的光明前景。

新中国钢铁工业与党和国家同呼吸、共命运，秉持钢铁报国、钢铁强国的初心和使命，从战争的废墟上艰难起步，伴随着国民经济的发展而不断发展壮大，取得了举世瞩目的辉煌成就。炽热的钢铁映透着红色的基因，红色的岁月熔铸了中国钢铁的风骨和精神。

1949 年，鞍钢炼出了新中国第一炉钢水；1952 年，太钢成功冶炼出新中国第一炉不锈钢；1953 年，新中国第一根无缝管在鞍钢无缝钢管厂顺利下线；1956 年，新中国第一炉高温合金在抚钢试制成功；1959 年，包钢试炼出第一炉稀土硅铁合金；1975 年，第一批 140 毫米石油套管在包钢正式下线；1978 年，第一块宽厚钢板在舞钢呱呱坠地；1978 年，第一卷冷轧取向硅钢在武钢诞生……1996 年，中国钢产量位居世界第一！2020 年中国钢产量 10.65 亿吨，占世界钢产量的 56.7%。伴随着中国经济的发展壮大，中国钢铁悄然崛起，钢产量从不足世界千分之一到如今占据半壁江山，中国已成为名副其实的世界钢铁大国。

在走向钢铁大国的同时，中国也在不断向钢铁强国迈进。在粗钢产量迅速增长的同时，整体技术水平不断提升，形成了世界上最完整的现代化钢铁工业体系，在钢铁工程建设、装备制造、工艺技术、生产组织、产品研发等方面已处于世界领先水平。钢材品种质量不断改善，实物质量不断提升，为"中国制造"奠定了坚实的原材料基础，为中国经济的持续、快速发展提供了重要支撑。在工业强基工程中，服务于十大领域的 80 种关键基础材料中很多是钢铁材料，如海洋工程及高技术船舶用高性能海工钢和双相不锈钢、轨道交通用高性能齿轮渗碳钢、节能和新能源领域用高强钢等。坚持绿色发展，不断提高排放标准，在节能降耗、资源综合利用和改善环境方面取得明显进步。到 2025 年年底前，重点区域钢铁企业基本完成、全国 80% 以上产能将完成国内外现行标准的最严水平超低排放改造。2006 年以来，在满足国内消费需求的同时，中国钢铁工业为国际市场提供了大量有竞争力的钢铁产品和服务；展望未来，中国钢铁将有可能率先在绿色低碳和智能制造方面实现突破，继续为世界钢铁工业的进步、为全球经济发展做出应有的贡献。

今年是中国共产党成立 100 周年，是"十四五"规划的开局之年，也是顺利实现第一个百年目标、向第二个百年目标砥砺奋进的第一年。为了记录和展现我国钢铁工业改革与发展日新月异的面貌、对经济社会发展的支撑作用、从钢铁大国走向钢铁强国的轨迹，在中国钢铁工业协会的支持下，冶金工业出版社联合陕钢集团、中信泰富特钢集团、太钢集团、中国特钢企业协会、中国特钢企业协会不锈钢分会、中国废钢铁应用协会等单位共同策划了"强国钢铁书系"之"共和国钢铁脊梁丛书"，包括《中国螺纹钢》《中国特殊钢》《中国不锈钢》和《中国废钢铁》，以庆祝中国共产党成立 100 周年。

写书是为了传播，正视听、展形象。进一步改善钢铁行业形象，应坚持三个面向。一是面向行业、企业内部的宣传工作，提升员工的自豪感、荣誉感，树立为了钢铁事业奉献的决心和信心；二是面向社会公众，努力争取各级政府和老百姓的理解和支持；三是面向全球，充分展示中国钢铁对推进世界钢铁业和世界经济健康发展做出的努力和贡献。如何向钢铁人讲述自己的故事，如何向全社会和全世界讲述中国钢铁故事，是关乎钢铁行业和钢铁企业生存发展的大事，也是我们作为中国钢铁工业大发展的亲历者、参与者、奋斗者义不容辞的时代责任！

希望这套丛书能成为反映我国钢铁行业波澜壮阔的发展历程和举世瞩目的辉煌成就，指明钢铁行业未来发展方向，具有权威性、科学性、先进性、史料性、前瞻性的时代之作，为行业留史存志，激励今人、教育后人，推动中国钢铁工业高质量发展，向中国共产党成立 100 周年献礼。

中国钢铁工业协会党委书记、执行会长

2021 年 10 月于北京

前　言

　　铁路是国民经济的大动脉，截至 2024 年底，我国铁路运营里程突破 16 万公里，其中高速铁路超过 4.6 万公里，居世界第一位。作为铁路重要部件的钢轨，是钢铁产品中为数不多的载有明确标识、制造年份、生产企业等信息的产品，钢轨不仅支撑了我国铁路的飞速发展，也见证了我国钢铁技术及产品的飞速发展。如今，我国钢轨品质已跻身国际一流，产量接近全球一半，除满足我国铁路建设需求外，还出口至全球五大洲四十多个国家和地区，为世界铁路发展贡献了中国力量。

　　时光回溯至 19 世纪 70 年代，在经历了两次鸦片战争和太平天国运动的内忧外患之后，为改善落后的工业状况，在"师夷之长以制夷"的自强之策推动下，铁路从欧洲引入中国，由于没有工业基础，修筑铁路的装备与技术均来自于国外。1889 年，时任两广总督的张之洞奏请修建卢汉铁路，为打破中国铁路钢轨完全依赖进口的局面，让卢汉铁路用上自产钢轨，1890 年，先行创办了汉阳铁厂。至 1902 年，钢轨作为汉阳铁厂的主要产品，产量占比达 75%，但产品质量与进口钢轨相比差距明显，上线运营断轨频发，我国钢轨生产在艰难中起步。此后，辛亥革命爆发，钢轨需求下滑，加之民国政府变更钢轨标准，汉阳铁厂钢轨大量积压，被迫停产。1922 年，我国自主生产钢轨的短暂时代结束。至 1937 年全面抗战爆发时，日本企业昭和制钢所成为我国最大的钢轨制造基地，但技术、产品和使用均被日本控制。此时，从上海、武汉等地迁至战略后方的"钢迁会"，钢轨制造能力极其有限，我国自造钢轨在摸索中前行。

　　新中国成立后，党中央高度重视铁路建设。1950 年 5 月 1 日，新中国第一根自主冶炼、轧制的钢轨在第二十九兵工厂的精轧机中奔腾而出，翻开了新中国钢轨制造的新篇章。1951 年，第二十九兵工厂更名为西南工业部第一零一厂，成为新中国第一家制造钢轨的企业，为新中国修建的第一条铁路——成渝铁路提供钢轨及配件 7 万余吨。

20 世纪 50~70 年代，我国重建和新建了一批钢轨生产基地。随着鞍钢大型厂重建，武钢大型厂、包钢轨梁厂和攀钢轨梁厂建成投产，我国钢轨生产进入了新阶段，适时满足了新中国成立初期特别是改革开放以来我国铁路建设需要。

进入 21 世纪，伴随着中长期铁路网发展规划的实施，我国铁路建设进入高速发展新时期，大规模高铁建设对钢轨品质提出了更高要求。彼时，我国钢轨生产普遍采用模铸与横列式轧机轧制的传统工艺，与国外普遍采用的连铸与万能轧制工艺相比，无论是钢质纯净度、钢轨内部与表面质量、规格尺寸与平直度等均存在明显差距。为解决此问题，鞍钢、包钢、攀钢、武钢、邯钢五家钢轨生产企业先后完成全流程生产装备与工艺现代化改造，使我国钢轨生产装备水平跻身国际一流，全面满足了我国高速、普速、重载、城市轨道交通及特殊用途钢轨长寿化稳定服役需求。我国钢轨生产企业先后研发出 U71Mn、U75V、U78CrV、U77MnCr、U76CrRE 等珠光体材质以及 U20Mn、U22SiMn 贝氏体材质等新钢种和 60AT1、60TY1 等特殊断面钢轨，钢轨定尺长度也由 9.144 米（30英尺）发展到 100 米，形成了契合我国铁路发展的国家标准、铁道行业标准等系列钢轨标准体系。伴随我国"一带一路"倡议的实施，钢轨标准、技术与产品走向国际市场，过去的十年里，我国钢轨出口至全球 26 个国家和地区，出口量近 500 万吨。其中，雅万高铁全线 3.8 万吨钢轨及道岔用轨均由我国生产，彰显了我国钢轨发展的新成就。

立足新发展阶段，我国钢轨生产企业将始终以国家铁路建设需求为己任，潜心开展技术创新，研制并生产满足更高可靠性、更高性能、更长寿化要求的高品质钢轨，为我国铁路发展添砖加瓦、再立新功。

本书共分为五章，分别为中国钢轨发展历程、中国钢轨生产装备及工艺进步、中国钢轨典型产品、中国钢轨科技成果、中国钢轨主要生产企业。附录为中国钢轨生产大事记。本书以汉阳铁厂的兴建和钢轨制造为起点，全面展示了一百多年来，我国钢轨从无到有，从引进到自主生产，从跟随到自主创新再到跃居世界一流水平的发展历程，重点介绍了我国主要钢轨生产企业围绕满足国家铁路建设对钢轨品质的更高要求，通过装备升级、工艺革新、产品迭代，研制生产出我国不同时期铁路建设亟需的钢轨产品，助力我国铁路成为闪耀世界的名片。

在本书编撰过程中，参编人员主要来自各企业、各单位科研生产一线，编写风格不尽相同，加之钢轨发展历史跨度长、涉及单位众多，资料收集整理难度大，编委们虽付出了大量心血，但受水平所限，对部分资料的考证、核实等做得还不到位，在编撰过程中难免存在问题和疏漏，敬请专业人士与广大读者提出宝贵意见和建议，为本书后续修编与完善创造更有利的条件。

希望本书的出版，能在中国铁路用钢发展史上留下印记，让中国钢轨成长与进步的光辉历程激励后来者，将中国钢轨披荆斩棘、无惧无畏，一路走来跻身世界一流的精神传承下去，赓续中国铁路用钢更加辉煌的明天。

2025 年 1 月 25 日

目　　录

第一章　中国钢轨发展历程

第一节　中国钢轨的起步与成长

中国钢轨生产始于 19 世纪 90 年代的晚清，与洋务运动推动下的近代第一次大规模铁路建设密切相关。19 世纪中叶之后，经历了两次鸦片战争和太平天国运动等内忧外患之后，为维护清政府的统治，以奕䜣、曾国藩、左宗棠、李鸿章等为代表的官员提出兴办"洋务"新政，大力推行"师夷长技以制夷"的自强之策，直接导致了中国近代工业化进程的兴起。19 世纪 70 年代后半期，为满足工业化带来的运输需求，铁路建设被引入中国，以吴淞铁路和唐胥铁路的兴建为标志，中国的交通运输开始进入铁路时代。

从钢轨的供应来看，1895 年之前中国没有自主生产钢轨的能力，铁路建设用轨完全依赖进口。这一时期共筑铁路 315.4 公里，主要修建了吴淞铁路；京奉铁路关内段（山海关—天津东站）、大冶铁路及狮子山支线，以及西沽支线（天津东站—西沽）。此外，中国台湾铁路由台北至新竹段亦在这一时期建成[1]。这一时期中国的铁路建设没有统一标准，技术和材料上完全依靠国外提供，由承担铁路建设工程的外籍工程技术人员决定，因此钢轨供应商分别来自英国、美国、德国等，各路轨重和轨式等规格各异。

而中国本土钢轨生产，起步于 1895 年汉阳铁厂的建成投产，为卢汉铁路（卢沟桥—汉口）供应中国自产钢轨即是汉阳铁厂创办的初衷。

一、汉阳铁厂的兴建

汉阳铁厂是中国近代首个成功投产运营的西式钢铁企业，也是中国最重要的钢轨生产商，其创办缘起于卢汉铁路的筹建。

19 世纪 70 年代后，随着铁路建设在中国的兴起，洋务官员不仅认识到修建一条连接中国北方与南方地区的铁路动脉的重要性，也意识到中国新式钢铁生产能力的严重缺乏。1889 年 4 月，时任两广总督的张之洞奏请修建卢汉铁路（卢沟桥—汉口）。同年 8 月，清廷派调任湖广总督的张之洞与直隶总督李鸿章，会同海军衙门筹建卢汉铁路。身为晚清洋务派的张之洞，其洋务实践的重要思想动机就是要"开利源，杜外耗"，因此对于铁路建设所用材料，张之洞坚决提倡使用中国本土生产的材料。由于没有自己的现代钢铁企业，故张之洞力主先创办铁厂，用自主制造的钢轨来修建这一南北交通动脉。在这一动因下，张之洞开始筹划建设新式铁厂。

汉阳铁厂于 1890 年 12 月 23 日动工兴建。铁厂选址于龟山脚下，汉水南岸的一片滩涂上，主要设备来自英国北部地区米德尔斯堡的谛塞德公司（Tees-side Engine Company of Middlesbrough），由张之洞于 1889 年委托驻英大使刘瑞芬（1827—1892 年）订购。在汉阳铁厂创办之前，中国第一家近代钢铁厂——贵州青溪铁厂的设备亦采购于谛塞德公司。汉阳铁厂这批设备包括了从生铁冶炼到熟铁厂、炼钢厂和轧钢厂在内的全套设施。

汉阳铁厂第一期生产设备见表 1-1。

表 1-1　汉阳铁厂第一期生产设备

生产部门	设　备	数量	备　注
高炉部门	75 吨（日产能）的高炉	2	—
	鼓风机	6	
	考伯式热风炉	6	
熟铁厂	搅炼炉	20	每 12 小时给料 6 次，共 250 千克
	蒸汽锤	2	重 60 英担（1 英担≈50.8 千克）
	70 马力[①]的轧机	1	轧辊直径 510 毫米
马丁炉炼钢厂	西门子-马丁平炉	1	生产能力为 12 吨/回
	混铁炉	3	直径 2.1 米
贝塞麦炼钢厂	贝塞麦转炉	2	生产能力为 5.5 吨/回
	双向鼓风机	3	风缸直径 520 毫米，蒸汽缸直径 350 毫米，交换机直径 620 毫米
	双向垂直鼓风机	1	1897 年购买
轧钢厂	钢锭和钢轨生产线	1	轧辊直径为 760 毫米
	薄板生产线	1	轧辊直径为 530 毫米，310 毫米，360 毫米

资料来源：方一兵。中日近代钢铁技术史比较研究：1868—1933。济南：山东教育出版社，2013：41。

①1 马力 = 0.735 千瓦。

铁厂的建设历经约 3 年，由于没有自己的工程师，铁厂从设计到建设施工和设备安装主要由英国谛塞德厂派来的外籍技术人员主持和指导。建设期间，铁厂还聘请了近千名广东、上海等地的工人进行施工。为培养技术工人，铁厂在建设之初曾经寻求派送工匠去英国学习的机会，但未能实现。后经沟通，比利时钢铁企业郭克里尔厂愿意接收中国工匠。以此为条件，汉阳铁厂第一期建设后期的部分材料改由郭克里尔厂提供[2]。

1893 年底，汉阳铁厂基本建成。工厂设施主要包括 8 个部分，即：（1）码头和装卸场；（2）高炉工场（包括高炉和化验室）；（3）炼熟铁厂；（4）马丁平炉炼钢厂；（5）贝塞麦转炉炼钢厂；（6）轧钢厂；（7）铸造车间；（8）铁矿石和煤炭堆场。但由于财政拮据和高炉质量出现了一系列问题，铁厂直到 1894 年 6 月 28 日才正式投产。

二、汉阳铁厂一期的钢轨生产

投产初期，汉阳铁厂的高炉炼铁和炼钢等环节经历了较长时间的试错和调整。高炉炼铁方面，主要问题来自焦炭供应和高炉建设质量。由于对焦炭的消耗量预计不足，进口焦炭耗尽之后得不到补充，工程师将中国产的白煤（无烟煤）与焦炭混合，导致高炉风口、出铁口和出渣口阻塞而受损，加上高炉炉衬、鼓风机和冷却系统因质量问题而重新修砌和改造，经过两年多的调整，汉阳铁厂一号高炉于 1896 年 11 月之后达到稳定运行状态，生铁平均日产量逐渐接近 75 吨的设计值[3]。

炼钢和轧钢经历了更长的调试期，炼钢到 1897 年 5—6 月，轧钢到 1897 年 7 月才实现正常生产。之后生产逐步稳定，贝塞麦炼钢厂的月产量维持在 2000~2500 吨，马丁炼钢厂维持在 400~500 吨/月[4]。表 1-2 列出了 1897—1902 年汉阳铁厂炼钢和轧钢的产量。这一时期，钢轨为最主要的最终产品，占铁厂出产钢材总量的 75%。

表 1-2　1897—1902 年汉阳铁厂炼钢和轧钢的产量　　　　（吨）

年份	炼　钢		轧　钢	
	贝塞麦炼钢厂	马丁炼钢厂	重锭钢轨生产线	钢板薄板生产线
1897	6602	1816	4691	2713
1898	18507	3399	13424	2808
1899	17140	3117	12148	4055
1900	17464	4670	12257	4453
1901	10305	2146	7107	1969
1902	19114	3792	13718	4637

注：资料来源于欧仁·吕柏回忆录《中国的采矿业和钢铁工业》。

随着炼铁、炼钢和轧钢的稳定生产，汉阳铁厂在中国首次成功实现了钢铁一体化生产。高炉炼制的生铁，进入贝塞麦转炉或西门子-马丁平炉进行炼钢，所产的钢锭再经轧机轧制成钢轨或其他钢材。铁厂的轧钢设备以两条生产线为主，一是钢锭和钢轨轧制生产线，一是薄板和钢板轧制生产线。

一期时期的汉阳铁厂鸟瞰图如图 1-1 所示。

图 1-1　一期时期的汉阳铁厂鸟瞰图
（欧仁·吕柏摄影）

这一时期，汉阳铁厂轧制钢轨的钢料主要由贝塞麦转炉生产，而汉阳铁厂使用的贝塞麦酸性转炉，炉衬是用含有大量硅酸盐的"酸性"耐火材料制成的，这种炉衬可以去除碳、硅、锰等杂质，但是不能除磷，因此只适用于炼制高磷生铁。而这一时期汉阳铁厂的生铁是利用磷含量高达 0.123% 的大冶铁山区的铁矿石冶炼而成，不能除磷的炼钢环节最终导致了钢轨用材的磷含量偏高。据时任铁厂工程师的欧仁·吕柏的记录，钢轨用材的磷含量达 0.08%~0.12%（见表1-3），大大超过了当时铁路用轨的磷含量标准，高的磷含量导致了汉阳铁厂一期生产的钢轨具有较明显的冷脆性问题。

表1-3 汉阳铁厂生产钢材平均成分（质量分数）　　　　（%）

炼钢厂	产品	C	Si	S	P	Mn
贝塞麦炼钢厂	铁轨用钢	0.15~0.25	0.05~0.10	0.03~0.07	0.08~0.12	0.65~0.85
	连接板用钢	0.08~0.12	0.02~0.05	0.03~0.07	0.08~0.10	0.50~0.55
马丁炼钢厂	三角铁、螺栓等用钢	0.06~0.10	0.01	0.05	0.02	0.50

注：资料来源于欧仁·吕柏回忆录《中国的采矿业和钢铁工业》，第77页。

三、为卢汉铁路的建设供轨

为张之洞筹划的卢汉铁路（卢沟桥—汉口）的建设供应钢轨，是汉阳铁厂创办的初衷。1896—1904 年，是汉阳铁厂一期设施投产运营的阶段，也是卢汉铁路的主要建设时期。这一时期汉阳铁厂生产的钢轨主要供应卢汉铁路，打破了中国铁路用轨完全依赖进口的局面。

卢汉铁路缘起于 1889 年，由时任两广总督的张之洞奏请修建。同年张之洞调任湖广总督后，主持筹建汉阳铁厂，以解决铁路所需钢轨的供应问题。因铁厂经营困难，1896 年清廷委任盛宣怀接办汉阳铁厂。同年 10 月，盛宣怀奏准成立中国铁路总公司并任督办铁路大臣，统筹卢汉铁路建设。1897 年率先修建卢沟桥至保定段（约 129 公里），由英国工程师克劳德·威廉·金达（Claude W. Kinder）担任总工程师，经费来源为清廷户部拨款一千万两及南北洋官款三百万两。该路段铺设的钢轨中，约 80 公里（占总长 62%）由汉阳铁厂提供[5]。同年，中国铁路总公司与比利时银行工厂合股公司签订《卢汉铁路借款合同》，由比利时承建保定至汉口段。合同规定："营造汉保全路，及行车所需制造材料，除汉阳各厂所能造者先尽购办外，皆归比公司承办。"[6]因此，卢汉铁路的保定至汉口段优先使用了汉阳铁厂的钢轨。

但卢汉铁路建设所需钢轨并未完全由汉阳铁厂提供。据估算，1896—1904 年，汉阳铁厂生产钢轨及钢轨配件共 63345 吨，若按每英里需用 85 磅（1 磅 = 0.4536 千克）轨 133.57 吨、鱼尾板 9.35 吨、枕钉 2.53 吨、螺钉 0.78 吨计[7]，该时期汉阳轨可铺设的里程数约为 433 英里（约 697 公里），相当于卢汉铁路总里程的 57%。

质量上，这一时期汉阳铁厂造钢轨因含磷过高，使得卢汉线出现多处钢轨断裂现象。1897 年铺设卢沟桥至保定段时，就有钢轨检验不合格的报告，但未引起重视，直到 1903 年，汉阳钢轨出现多处断裂，此时汉阳铁厂的外籍工程师已经认识到导致钢轨断裂的原因是过高的磷含量，为了使汉阳铁厂能顺利向卢汉铁路各工段供轨，汉阳铁厂的工程师采用了两种方法，一是用能除磷的西门子-马丁平炉炼成的钢料轧成样轨应对检验[8]。但由于汉阳铁厂西门子-马丁平炉的产能非常有限，不可能完全取代转炉钢来生产钢轨，为了降低高含磷给钢轨带来的危害，汉阳铁厂采取了另一权宜之计，即通过大大降低钢材的碳含量来提高钢轨的塑性和韧性。据董瀚等人对中国铁道博物馆的 1904 年产的汉阳造钢轨样品进行检测，其碳含量仅 0.15% 左右，大大低于同时期进口钢轨和相关标准[9]。当然，这一方法在 19 世纪末至 20 世纪初之所以可行，是由于当时中国铁路运输刚刚起步，运输强度较低，使得虽然低碳钢轨偏软但尚可胜任。

借助上述手段，汉阳铁厂得以为卢汉铁路供应钢轨直到 1904 年铁路基本完工。1904 年卢汉铁路即将完工之际，汉阳铁厂与日本兴业银行签订了 300 万日元的借款合同，合同约定由日本兴业银行向汉阳铁厂提供借款，汉阳铁厂以每年不少于 7 万吨的头等大冶铁矿石进行偿还，期限为 30 年。这份合同使汉阳铁厂的资金困难得到暂时缓解。为了彻底解决困扰多年的钢轨质量问题，盛宣怀决定暂停生产，并利用日本借款对铁厂进行大规模技术改造。汉阳铁厂进入了为期 4 年的二期改扩建时期。这次改扩建给汉阳铁厂带来了一个全新的发展时期，也使得中国近代钢轨生产进入了一个短暂的黄金时期。然而，由于国际竞争加剧、日本借款的约束等多方面影响，该厂最终在 20 世纪 20 年代陷入衰败。

四、汉阳铁厂的技术改造与二期建设

1905—1908 年是汉阳铁厂的第二期改扩建时期。几年的生产实践经验的积累，已经让中国官员了解到，正确分析铁矿石和焦炭的配合性能，是正确引进设备的关键。因此改扩建之前的 1904 年，时任汉阳铁厂翻译及掌管西人事务的李维格被派往日本、美国与欧洲进行考察，此次考察携带了大冶铁矿石、萍乡焦炭以及汉阳铁厂的钢铁制品，经过在英国寻访专家对汉阳铁厂矿石原料和钢铁制品的化验结果，汉阳铁厂决定淘汰贝塞麦转炉炼钢，改用西门子-马丁碱性平炉炼钢。

1905 年，汉阳铁厂进入了生产设施全面改扩建时期，铁厂对原有高炉进行了提高产量的改造，并对原有轧钢生产线进行了更新和添置设备，与此同时，新建了 2 座日产 250 吨的高炉和 7 座 30 吨的西门子-马丁炼钢平炉，将原有的贝塞麦转炉全部废弃。表 1-4 所列为汉阳铁厂二期改扩建工程全部竣工之后各部门的主要设备情况。

表 1-4　汉阳铁厂二期建设之后的主要设备

部门	设备	数量	备注
炼铁	100 吨高炉	2	来自英国，各有热风炉 3 座
	250 吨高炉	2	来自德国，各有热风炉 4 座
炼钢	西门子-马丁炼钢平炉	7	容积 30 吨，来自英国
	混铁炉	1	容积 150 吨，来自美国
	打钢样汽锤	2	

部门	设　备	数量	备　注
轧钢	二重式轧机（辊径 500 毫米）	2	轻轨，鱼尾板等
	三重式轧机（辊径 380 毫米）	4	
	二重式轧机（辊径 380 毫米）	1	轻轨夹板，方钢，圆钢，扁钢
	二重式轧机（辊径 320 毫米）	1	
	二重往返可逆式开坯轧机（辊径 1016 毫米）	1	钢板扁坯
	二重可逆式钢板轧机（辊径 770 毫米）	2	
	二重可逆式轧机（辊径 800 毫米）	3	重轨
	二重可逆式轧机（辊径 800 毫米）	2	

注：资料来源于顾琅.中国十大矿厂记.商务印书馆，1914；欧仁·吕柏 1917—1918 年回忆录；刘明汉.汉冶萍公司志.华中理工大学出版社，1990。

1907 年改扩建基本完成后，汉阳铁厂恢复了钢轨生产。与一期相比较，二期的钢轨生产工艺的改变首先在炼钢工艺方面，从技术上解决了钢材含磷高的质量问题，使汉阳铁厂的钢轨质量获得了大幅度提高。具体的，这一时期汉阳铁厂完全采用碱性平炉炼钢。炼钢炉料分为两种，一种是生铁加废钢炉料，生铁和废钢各占 50%；另一种是热铁水加废钢，热铁水占三分之二，废钢占三分之一，所加炉料每次 30 吨，每 8 小时出钢一次，出钢率 88%[10]。但大多数情况下，由于废钢料的缺乏，汉阳铁厂平炉炼钢所加的废钢仅为 20% 左右[11]。

汉阳铁厂西门子-马丁平炉如图 1-2 所示。

图 1-2　汉阳铁厂西门子-马丁平炉

（图片来源：汉冶萍煤铁厂矿股份有限公司图说，上海：汉冶萍煤铁厂矿股份有限公司，1908 年）

轧钢方面，汉阳铁厂在二期建设中扩充了轧钢生产能力，轧机数量增加至 16 台，其中 7 台用于钢轨生产（见表 1-4）。轧制重轨的设备为 2 台辊径 800 毫米的二重可逆式轧机，由德国克莱因（Klein）兄弟机械制造有限公司制造，这是汉阳铁厂二期改扩建时期订购的设备[12]。这些设备可轧制从 16.1 磅到 85 磅的钢轨。

汉阳铁厂的钢轨轧机如图 1-3 所示。

图 1-3　汉阳铁厂的钢轨轧机（约 1923 年）[11]

五、汉阳铁厂二期钢轨生产与供轨

1907—1922 年，是汉阳铁厂二期设备投入生产时期。由于一期钢轨生产的质量问题通过改扩建得到了解决，因此这一阶段汉阳造钢轨的质量得到改善，产量也明显提高。1908年正值中国铁路建设的高潮，汉阳铁厂面临着很好的前景。为解决资金问题，盛宣怀决定将汉阳铁厂、大冶铁矿与萍乡煤矿合并成立商办的汉冶萍煤铁厂矿股份有限公司，借以筹集社会资本。汉冶萍煤铁厂矿股份有限公司一经成立，便成为远东最大的钢铁联合企业。1908—1910 年，汉阳铁厂保持了三年连续盈利的好势头。1911 年的意大利世界博览会上，汉阳造钢轨获得最优等奖。

产量上看，到 1915 年 4 号高炉竣工投产之时，汉阳铁厂高炉的年产生铁能力可达 20万吨以上，实际的最高年产量为 1919 年的 166000 吨。1911 年 6 号平炉竣工以后，每年可出钢 10 万吨以上，但公司的实际最高钢产量为 1917 年的 6 万多吨，最终产品（各类钢材）以 1916 年的 45000 吨为最高年产量，其中以钢轨为最大份额。据估算，1907—1922年，汉阳铁厂生产钢轨及配件约 296667 吨[13]。

这一时期，中国铁路建设用轨进入了由汉阳钢轨和国外进口钢轨共同分割市场的格局。据估算，汉阳造钢轨所占的市场份额达三分之一强，成为了中国铁路建设的重要钢轨供应商。尤其在 1907 年、1908 年和 1911 年，汉阳铁厂一度超过了进口钢轨成为中国铁路用轨的最大供应商，以至于被当时英国泰晤士报称为"钢铁世界之大竞争家"[14]。

但好景不长，在经历了 1911 年辛亥革命炮火摧毁的阵痛，以及第一次世界大战短暂的"黄金时期"之后，汉阳铁厂钢轨销售额在其总销售额的占比逐年下降（见表 1-5）。1916 年，铁厂的钢轨生产因市场需求变化而停止，改为大量生产工字钢等其他钢货，第一次世界大战结束之后，汉阳铁厂虽然恢复了钢轨生产，但销售不畅以致钢轨大量积压，至1921 年库存钢轨 48000 吨，当年仅销售 8200 吨。1922 年因铁路轨式改变，汉阳铁厂库存积压的钢轨报废。1922 年生产 185 吨钢之后，炼钢炉全部停产。至此，我国近代唯一的钢轨生产企业终止生产。中国铁路建设再次进入了完全依赖国外钢轨修建的时期。

表 1-5　1908—1918 年汉阳铁厂钢轨占总销售额比重[15]

年份	1908	1909	1910	1911	1912	1913	1914	1915	1916	1917	1918
比重/%	37.5	49.5	51.5	35.0	11.3	20.2	35.3	27.3	20.7	15.5	5.9

汉阳铁厂钢轨生产的衰败，究其原因，笔者认为不在其工艺水平和钢轨质量上，而是来自以下几方面的影响因素。

第一，铁路建设用轨标准不统一，导致钢轨生产成本增加。晚清时期，各路钢轨规格多由外籍工程师依其母国惯例选定，客观上导致轨式、轨重差异显著。1911 年，清邮传部颁布了《奏定八十五磅钢轨及附属品制造验收通行章程》，首次将干线铁路用轨统一为英国式 85 磅轨。然因时局变动，该标准未及全面推行。直至 1922 年新标准颁布，中国铁路用轨标准方开始统一。

这一时期，汉阳铁厂需适配不同铁路工程的外籍技术规范，导致钢轨规格呈现显著差异。例如，1911 年，汉阳铁厂钢轨种类既有本厂标准的 85 磅轨，也有按美国式、英国式、比利时式标准轧制，出产钢轨的轨重最重为每码 85 磅，也有从 33.2 磅到 16.1 磅的轻轨。1913 年，时任汉阳铁厂总办李维格在《中国钢铁实业之将来》一文[16]中分析行业困境时指出："各处铁路，人自为政，所用洋工程师，亦各有意见，路轨车辆样式，杂乱分歧，从无划一之规定。因此各国工师，各出其式，使承造者穷于应付。……此中国之铁业，不能发达之二也。"

汉阳铁厂轧制钢轨的种类（1911 年）见表 1-6。

表 1-6　汉阳铁厂轧制钢轨的种类（1911 年）

轨重/磅·码⁻¹	轨式	每千英吨单轨铁路长/英里
85	中国式	7.48
85	美国式	7.48
76	比利时式	8.37
60	美国式	10.60
60	英国式	10.60
33.2	轻轨	19.20
30	轻轨	21.21
25	轻轨	25.45
16.1	轻轨	39.55

注：资料来源于湖北省档案馆汉冶萍煤铁厂矿股份有限公司档案全宗，档号 LS56-3-328。1 磅/码=0.496 千克/米。
　　1 英里=1.61 公里。

第二，没有国家关税的保护，直接面临进口钢轨的强大竞争。保护性关税是各国普遍采取的对本国工业的保护措施，由于钢铁业的重要性，欧美各国在钢铁业发展初期大都对进口钢制品征收高额关税。如美国为鼓励本国钢轨工业，1861 年开始实施《莫里尔关税法》，征收高额进口税，钢轨每吨进口税 12 美元，1865 年提高至每吨 13.44 美元，高额的进口税致使美国本国的钢轨产量大增，进口迅速减少，改变了以前修建铁路主要依赖英国钢轨的情形。

我国自 1842 年《南京条约》实施协定关税原则后，关税自主权丧失。1858 年《天津条约》进一步降低进口税率，确定"值百抽五"的原则。在协定关税之下，中国长期实行的是低进口税，高出口税的标准，该情形直到 1926 年才有改变（见表 1-7）。在低关税下，欧美等主要钢铁生产国向中国市场倾销钢轨。20 世纪初欧美主要钢轨生产国已进入大规模生产的成熟时期，与汉阳铁厂相比，竞争优势是显而易见的。同时，由于晚清铁路借款合同常附有技术采购条款。如《沪宁铁路借款合同》第十四款规定[17]：筑造及行驶干路支路所需各种材料，无论由外洋进口，或由别省运至工次，照北洋铁路章程办法，准免关税厘金。这使得国外钢轨可以零关税进入中国市场，这对汉阳铁厂的钢轨在价格上形成了巨大冲击，使成本本来就高的汉阳铁厂更无竞争优势。

表 1-7　中国进出口贸易税率

年　份	1873	1883	1893	1903	1911	1921	1926
进口税率/%	4.9	4.8	3.4	3.3	3.2	3.1	3.8
出口税率/%	8.8	10.8	7.3	4.5	3.3	3.1	3.0

注：资料来源于严中平等，中国近代经济史统计资料选辑，北京：科学出版社，1955 年，第 61 页。

第三，巨额日本贷款及其特殊的还款条件，是导致汉冶萍煤铁厂矿股份有限公司调整生产重心，最终放弃钢轨生产而转向以生铁冶炼为主的重要原因。汉冶萍煤铁厂矿股份有限公司成立不久，便因辛亥革命的爆发而陷入困境，为筹集资金，公司于 1912 年与日本横滨正金银行和八幡制铁所签订了预借铁矿石价值 300 万日元的合同。1913 年，为扩充生产，汉冶萍煤铁厂矿股份有限公司再次向横滨正金银行提出借款要求，而此时八幡制铁所正处于第二期扩建实施的时期，汉冶萍煤铁厂矿股份有限公司的铁矿石和生铁资源是其扩张计划顺利实施的条件之一，汉冶萍煤铁厂矿股份有限公司的借款要求正好投合了日本进一步通过汉冶萍获得资源的企图。在日本内阁会议的支持下，横滨正金银行、八幡制铁所与汉冶萍煤铁厂矿股份有限公司在 1913 年 12 月再次签订了 1500 万日元的借款合同，以 40 年为期限，汉冶萍煤铁厂矿股份有限公司必须以矿石和生铁价值偿还。这一巨额借款合同及其特殊的偿还条件，迫使汉冶萍煤铁厂矿股份有限公司几乎将资金的全部投向生铁冶炼的扩充，花巨资兴建了更大规模的大冶铁厂高炉，扩充大冶铁矿，但炼钢和轧钢方面不再有任何新进展。

可以说，日本巨额借款改变了汉冶萍煤铁厂矿股份有限公司 1910 年之后的技术发展方向，其钢轨轧制在完全没有来自政府的关税保护，又不能依靠技术发展而提高效率和降低成本的同时，自然没有足够的能力与进口钢轨竞争，在经历了短暂的黄金时期后，终于以停产而告终。

六、抗战时期的钢轨生产

近代除了汉阳铁厂外，日本人利用八幡制铁所的技术，于 1912 年开始在鞍山兴建鞍山制铁所，1933 年之后经过进一步扩建，进入鞍山昭和制钢所时期，1937 年之后生产钢轨。与此同时，抗战爆发导致上海、武汉及沿海的数百家民营工厂，陆续迁往四川，利用上海炼钢厂和汉阳铁厂西迁的设施，在重庆大渡口建立起了抗战后方最大规模的钢铁企业——钢铁厂迁建委员会（以下简称钢迁会），1942 年之后钢迁会的轧钢厂初步投产，到抗战胜利之前，为綦江铁路的修建短暂地生产过钢轨。

（一）昭和制钢所的兴建及钢轨生产

昭和制钢所的前身是始建于 1917 年的鞍山制铁所，创办的最初目的是为日本的钢材制造供应所需的生铁。工厂设计由八幡制铁所的工程师八田郁太郎承担，1919 年和 1921 年 1 号、2 号高炉相继建成投产。1917—1933 年为鞍山制铁所时期，以生铁冶炼为主。建设投产的主要设施为日产能 300~500 吨的高炉三座，利用还原焙烧专利技术建设的选矿厂，以及炼焦炉、硫铵、焦油等副产物工厂[18]。

1929 年 1 月，日本政府批准南满洲铁道株式会社（以下简称满铁）的炼钢计划，并于同年的 7 月 4 日正式设立昭和制钢所。1932 年 12 月，日满产业统制委员会主导制定《在满洲设立制钢所的计划草案纲要》，将制钢所厂址定于鞍山，制钢所的生产能力应以鞍山的三座高炉炼铁能力为标准，实施铁钢连续生产。1933 年 6 月 1 日，鞍山制铁所与昭和制钢所合并，昭和制钢所由此开业。

1933—1937 年，昭和制钢所相继动工实施了两期建设项目（即第一、二期增产计划），旨在增加企业制钢能力。1933 年 6 月，第一期增产计划动工兴建。1935 年建设完工，4 月 1 日炼钢厂和初轧厂投产，6 月各轧钢厂同时开始生产，昭和制钢所由此实现了铁钢连续生产[19]。1935—1937 年第二期增产计划动工实施，除了增加炼钢和轧钢设施外，还建设了一座 600 吨的高炉（4 号高炉）。其炼钢和轧钢设备主要来自德国的克虏伯、德马克和休来满等三家企业。在炼钢方面，制钢所的炼钢厂安装了 300 吨预备精炼炉以及 100 吨和 150 吨倾动式平炉两种，炼钢工艺上采用预备精炼炉与平炉合并的双炼法[20]，这与同一时期八幡制铁所的炼钢工艺相同。轧钢方面，设有初轧厂和第一、第二轧钢厂。初轧厂拥有两辊可逆式初轧机，以及 24 连轧机和 18 连轧机各一套；第一轧钢厂即大型轧钢厂，主要生产钢轨、大型槽钢和型钢等。关键设备为三台三辊式轧机，以及锯断机、矫直机和各种车床等。

1937 年，日本在伪满洲国实施所谓的"产业五年计划"，经济上实行全面军事化管理。为配合伪满洲国"产业五年计划"，昭和制钢所又先后实施了第三、四期增产计划。为了满足日本国内钢厂因战争而急速增长的生铁需求，优先进行新高炉的建设，1938 年下半年和 1939 年初 4 座 700 吨高炉先后开炉，使昭和制钢所的生铁产能提高至年产 170 万吨[21]。为进一步扩大生铁产能，制钢所第 9 号高炉于 1942 年 12 月动工兴建，于 1943 年

11 月建成开炉，使昭和制钢所的生铁产能提高至年产 195 万吨[22]。除了炼铁设施外，第四期计划还进行了炼钢和轧钢相关设备的建设，1942 年第二炼钢厂基本建成，其设有 150吨平炉 4 座，300 吨预备精炼炉 4 座，600 吨混铁炉 2 座；1943 年又建成 2 座 150 吨平炉，昭和制钢所的钢锭年产能由此增至 133 万吨[23]。此外，第二初轧厂也于 1942 年基本完成，钢轨等钢材产品的轧钢设备到 1942 年和 1943 年也形成了预期的新产能。

1940 年鞍山昭和制钢所的钢轨工厂内部如图 1-4 所示。

图 1-4　鞍山昭和制钢所的钢轨工厂内部（1940 年）

钢轨生产方面，昭和制钢所于 1935 年开始产钢。1935—1937 年期间，各建设工程陆续投产后，生产逐步正常，钢轨为其产品之一。从钢轨文物来看，现存最早的昭和制钢所造钢轨为 1937 年 3 月生产，印证了昭和制钢所开始出产钢轨的时间。可以说，战争时期的鞍山昭和制钢所是中国本土上唯一持续生产钢轨的企业。伪满末期，昭和制钢所轧钢能力约为 48 万吨，是伪满最大的钢材生产企业，主要生产钢轨等大型钢材。以昭和制钢所为基地，中国东北地区的钢轨年产量最高达 12.43 万吨（见表 1-8）。

表 1-8　东北地区钢轨生产（1937—1944 年）[24]

年　份	1937	1940	1941	1942	1943	1944
钢轨产量/万吨	7.72	10.15	10.87	12.43	11.24	5.62

然而对于中国而言，鞍山昭和制钢所的钢轨并不是真正意义上"中国钢轨"，昭和制钢所在运作上对中国表现出极大的排他性。根据 1940 年的统计，鞍山昭和制钢所常用的技术人员仅 0.3% 为中国人，事务人员中国人比例仅 3.4%。对于近代中国而言，在日本殖民统治下的中国东北地区开办的钢铁企业，并没有对中国近代钢铁生产的发展形成带动作用[25]。相反地，中国煤铁资源完全被日本利用，其最大影响在于煤铁资源的流失。而在中国东北地区建设的钢铁企业及其设备真正对中国本土钢铁工业发展发挥作用，是在第二次世界大战结束之后。

（二）抗战后方的钢轨生产

抗战时期，国民政府将位于上海、武汉等地的钢铁生产设施大规模西迁至后方，在重庆大渡口创办了后方最大的钢铁企业——钢铁厂迁建委员会。在生产方面，钢迁会下设7个制造所。

第一制造所以供应全厂水、电为主要业务。设备主要从汉冶萍煤铁厂矿股份有限公司各厂拆来。第二制造所负责炼铁，主要设备有100吨炼铁高炉1座和20吨炼铁炉1座。100吨高炉主要来自六合沟铁厂。第三制造所负责炼钢和铸造，主要设备有新设计10吨碱性平炉2座、汉阳迁来莫根式煤气炉3座、3.5吨酸性贝塞麦炉1座、4.5吨化铁炉2座、1.5吨碱性手动电弧炉1座、3吨碱性电弧炉1座。

与钢轨生产最相关的是第四制造所，主要是轧钢，分为钢条厂、钢轨钢板厂、钩钉厂三部分。其中钢轨钢板厂的主要设备拆迁自汉阳铁厂，原计划置于钢条厂旁，后因1939—1940年连遭日机轰炸，故选址于大渡口黄家湾，1941年春开土石方工程动工，但由于电力、水泥供应不足，工程一度中断。1943年11月开始安装机器，因机器锈烂不堪，只好设法添置，直到1944年7月15日，电气动力设备安装完毕，进行试车。10月正式生产钢板。

第五制造所，初期以制造螺钉、铆钉、钩钉等为主要业务，后来将此业务并入第四制造所管辖，转而以炼焦为主。第六制造所，主要是制造耐火材。第七制造所，主要是修造各类机件并制造兵工器材，分铸造部、机修部、锻造部，主要设备来自上海炼钢厂。

生产上，抗战期间钢迁会按兵工署下达的制造令和所拨经费组织生产，所产灰口生铁、钢锭及轧制的钢材均供各兵工厂使用，钢轨并不是其最主要产品。受制于经费、运输等问题，钢迁会实际生产能力仅为设备能力的50%。1941—1945年，钢迁会共生产生铁46074.6吨，钢锭28586.9吨，各型钢材12792.4吨。此外，钢迁会还应国民政府军政部兵工署要求，试制、制造过一些半成品武器，如飞机炸弹、迫击炮弹、德式磁质地雷、避弹钢板和卡宾枪用钢料等，并生产大量十字镐、小圆锹等工具以应军需。

在钢轨生产方面，抗战后方的钢轨制造能力极其有限。1942年5月国民政府开始修建綦江铁路，至1947年8月，完成猫儿沱至綦江县共66公里的修筑，共消耗钢轨及配件1200余吨，采用35磅轻轨（17.36公斤轨）铺设，全部由钢迁会生产[26-27]。另据1946年的统计，后方拥有钢轨轧制设备的企业有钢迁会、中国兴业公司和渝鑫钢铁厂三家[28]，除了钢迁会在1946年曾试轧85磅钢轨[29]，后方钢铁厂仅能生产16磅或35磅的轻轨。

抗战期间钢迁会的轧钢厂生产现场，如图1-5所示。

七、新中国成立后的钢轨生产

1949年10月1日，中华人民共和国成立，结束了帝国主义、封建主义和官僚资本主义在中国的统治，中国人民从此站起来了。从此，中国钢轨制造和应用迎来了崭新的篇章。

抗日战争时期，钢铁厂迁建委员会（钢迁会）将汉阳铁厂相关钢轨制造设备西迁至重

图 1-5 抗战期间钢迁会的轧钢厂生产现场

（图片来源：重钢集团档案馆提供）

庆。1949 年 3 月，钢迁会更名为第二十九兵工厂。1949 年 12 月，中国人民解放军接管第二十九兵工厂。

1950 年 5 月，新中国第一根自己冶炼、轧制的钢轨在第二十九兵工厂的精轧机下奔腾而出，开始了新中国自造钢轨的历史。1950 年 5 月 10 日，第二十九兵工厂钢轨恢复生产，第二十九兵工厂职工依据英制资料和苏联专家指导，利用从汉阳铁厂迁来的 6400 马力（1 马力 = 0.735 千瓦）蒸汽机和 800 毫米轧机，试轧出新中国第一根 85 磅/码钢轨。

新中国轧制的第一支 85 磅/码钢轨如图 1-6 所示。

图 1-6 新中国轧制的第一支 85 磅/码钢轨（1950 年 5 月）

（图片来源：重钢集团档案馆提供）

1951 年，第二十九兵工厂更名为西南工业部第一零一厂，西南一零一厂是新中国第一家制造钢轨的企业，为成渝铁路建设生产钢轨及配件 7 万余吨。

1952 年，成渝铁路建成通车剪彩，如图 1-7 所示。

中华人民共和国成立之初国家财政经济困难、内忧外患，党和政府对铁路修复和建设给予了极大关注。中华人民共和国成立后的头几年，主要依赖西南一零一厂、鞍山钢铁公司和部分苏联、波兰和捷克进口钢轨，在我国的大西南、大西北建设了成渝、天兰等干支

图 1-7　成渝铁路建成通车剪彩（1952 年）

线铁路，并对部分铁路进行了轨道更换和修复。

西南一零一厂生产的钢轨如图 1-8 所示。

图 1-8　西南一零一厂生产的钢轨

20 世纪 50—70 年代，中国在苏联援建和自力更生的基础上，重建和兴建了一批钢铁工业基地。20 世纪 50—80 年代，随着鞍钢大型厂重建、武钢大型厂、包钢轨梁厂和攀钢轨梁厂建成投产，国内可以轧制每米 43~75 千克的标准钢轨。

第二节　中国钢轨轨型及定尺长度百年发展历程

一、轨型的由来

钢轨轨型旧时称轨式、样式，20 世纪 50 年代钢轨标准称为品种（如重轨品种、轻轨品种等），现在钢轨标准（TB/T 2344.1）称为轨型，多以千克/米表示（公称单重）[30]。标准中规定了不同轨型钢轨的断面形式尺寸（所谓形式尺寸是指未考虑公差的理论尺寸）。国外对钢轨轨型叫法也不尽相同，美国标准将轨型称为钢轨断面，欧洲标准称为钢轨廓形，日本称为钢轨类型。

现代铁路钢轨轨型均为工字形。工字形断面最早由美国工程师史蒂文斯于 1830 年设计，我国称为工字形断面，国外称为 T 形钢轨[31]。钢轨工字形的形状一直使用至今，只是在单重，轨头、轨腰和轨底金属分配，轨头轨冠形状等方面不断改进。

道岔钢轨由于受力和加工的需要，欧洲标准将其归为 3 类：非对称钢轨、对称厚腰钢轨和对称全腰钢轨[32]。目前，我国纳入标准的道岔用轨只有非对称钢轨，如 50AT1、60AT1 等[33]。

除以上断面钢轨外，还有轻轨（9~30 千克/米钢轨）[34]、有轨电车用槽型轨[35-36]、起重机钢轨[37]等。按现行标准规定，轻重轨的划分标准为：38 千克/米及以上为重轨（实际轨型有 38 千克/米、43 千克/米、50 千克/米、60 千克/米、75 千克/米），38 千克/米以下为轻轨（实际轻轨轨型有 9 千克/米、12 千克/米、15 千克/米、18 千克/米、22 千克/米、24 千克/米、30 千克/米）。

二、我国钢轨轨型发展历程

（一）对称断面钢轨

100 多年来，我国铁路曾经使用的钢轨轨型种类较多，但在我国制造和使用、曾纳入标准的轨型不到 15 种。

1. 汉阳钢轨

1894—1922 年，汉阳铁厂生产了不同样式的钢轨用于我国铁路建设，其中以英国标准为蓝本的 85 磅钢轨纳入我国第 1 个钢轨标准《奏定八十五磅钢轨及附属品制造验收通行章程》。

2. 38~50 千克/米钢轨（简称 P38~P50）

1950 年 12 月，原铁道部颁布了《铁路钢轨及配件规范书（草案）》，规定钢轨轨型有 5 种：中华 30 式、中华 33 式、中华 38 式、中华 43 式和中华 50 式。1953 年，原重工业部和原铁道部共同制定了重暂 2—53《重轨品种》（品种即为轨型、规格，以苏联标准为蓝本制定），纳入标准的轨型有 38 千克/米、43 千克/米、50 千克/米三种。《每米 50 千克钢轨型式尺寸》（GB 181—1963）、《每米 43 千克钢轨型式尺寸》（GB 182—1963）、《每米 38 千克钢轨型式尺寸》（GB 183—1963）中钢轨型式尺寸沿用了重暂 2—53 规定；1981 年，制定了《铁路用每米 38~50 千克钢轨技术条件》（GB 2585—1981）标准，其中钢轨型式尺寸沿用 1963 年标准规定，只是尺寸公差进行了修改（见 GB 2585—1981 编制说明）。《43 千克/米钢轨型式尺寸》（TB/T 2344.1—1993）、《50 千克/米钢轨型式尺寸》（TB/T 2344.2—1993）、《60 千克/米钢轨型式尺寸》（TB/T 2344.3—1993）首次将 60 千克/米钢轨纳入其中，而 38~50 千克/米钢轨的轨型均没有发生变化。

自 1951 年重庆钢铁公司（简称重钢）率先研发生产 P38 钢轨以来，至 20 世纪 60 年代，我国钢轨断面从 P38 发展到 P50。这 3 种钢轨轨型为 1 个系列，轨头均由 $R13$ 毫米、$R300$ 毫米、$R13$ 毫米三段圆弧组成，轨头侧面没有斜度，一直沿用至今，断面没有变化（2020 年将 P43、P50 钢轨轨头侧下颚圆弧由 $R2$ 毫米改为 $R5$ 毫米，其他均未改变）。

3. 60~75 千克/米钢轨（简称 P60~P75）

为了铁路发展需要，20 世纪 70 年代研发生产了 P60 钢轨，80 年代研发生产了 P75 钢轨。P60 钢轨断面尺寸由中国铁道科学研究院集团有限公司铁道建筑研究所（简称铁科院铁建所）设计，主要尺寸参考了欧洲 UIC60（60E1）钢轨，除轨高高 4 毫米外，其他均基本相同，轨头由 3 段弧组成，即 $R13$ 毫米、$R80$ 毫米、$R300$ 毫米；轨头侧面从顶面以下 14.2 毫米开始设置 1：20 斜度。P75 钢轨断面尺寸由铁科院铁建所设计，与苏联 P75 钢轨断面完全相同，轨头由 3 段弧组成，即 $R15$ 毫米、$R80$ 毫米、$R500$ 毫米；轨头侧面从顶面以下 16.6 毫米开始设置 1：20 斜度。

4. 新轨头廓形钢轨

为了改善轮轨匹配关系、提高动车组运行稳定性、降低轮轨接触应力、减少钢轨维养成本、延长轮轨使用寿命，同时满足高速和重载铁路发展需要，2011 年铁科院金属及化学研究所（简称金化所）设计了新轨头钢轨 P60N（N 为英文 NEW 的缩写），2013 年设计了 P75N 钢轨，2020 年设计了 P50N 钢轨[38]。为了方便钢轨互换，新轨头廓形钢轨仅修改了轨冠部位尺寸，其他尺寸均与原钢轨相同。

（二）非对称断面钢轨

为了满足道岔受力和道岔加工需要，我国于 20 世纪 80 年代由铁科院铁建所设计了 50AT 和 60AT 钢轨，其中 AT 为矮型特种断面拼音缩写，数字 50 和 60 分别代表用于 50 千克/米和 60 千克/米钢轨的轨道，钢轨单重分别为 69.3 千克/米、82.2 千克/米。

随着高速铁路的发展、道岔技术的引进，我国铁路和冶金部门又研发了 60AT2（60D40）、60AT3(Zu1-60)、60TY（翼轨用特殊断面）3 种道岔钢轨。其中：60AT2 与欧洲标准（EN 13674.2）中的 60E1A5 基本相同；60AT3 与欧洲标准（EN 13674.2）中的 60E1A1 基本相同，60TY 为我国自主设计的断面，是在 60 千克/米钢轨基础上加宽了轨头和轨腰厚度。

（三）不同轨型钢轨研发和首轧情况

1950年5月10日，重钢利用1938年从汉阳铁厂迁来的800毫米轧机，利用自炼小钢锭试轧出新中国成立后的第1支12.5米长85磅钢轨。1951年，P38钢轨试轧成功。

1953年和1956年，鞍山钢铁公司（简称鞍钢）在我国率先分别生产出P43和P50钢轨。2004年，试制成功P75钢轨。2021年，我国首支P50N钢轨在鞍钢下线。

1965年，武汉钢铁公司（简称武钢）正式生产P43和P45钢轨（生产P45钢轨40余万吨，其中出口坦桑尼亚、赞比亚20万吨，我国使用20余万吨，但P45钢轨轨型最终未纳入正式标准）。

1970年，包头钢铁公司（简称包钢）正式生产P50钢轨。1976年和1984年在我国率先试制成功P60和P75钢轨。

1975年，攀枝花钢铁公司（简称攀钢）正式生产P50钢轨，1979年试制成功P60钢轨，1985年试制成功P75钢轨；2011年攀钢首支P60N钢轨下线，2013年首支P75N钢轨下线。

2013年，邯郸钢铁集团有限责任公司（简称邯钢）正式生产P60钢轨。

目前道岔钢轨主要由攀钢生产。1977年，攀钢研发成功50AT钢轨。1979年，包钢研发成功60AT钢轨。1999年，攀钢研发成功60AT钢轨。2010年，攀钢60AT在线热处理钢轨通过上道审查，开始上道使用。2005年，攀钢60AT2（60D40）钢轨轧制成功。2011年，攀钢60AT2在线热处理钢轨通过质量认证。2007年，攀钢60TY钢轨研发成功并上道使用。

（四）我国轨型发展取得的成绩

我国钢轨轨型从新中国成立前进口多个国家的多种轨型，到20世纪50年代根据苏联标准自主研发生产的P38和P43、60年代生产的P50、70年代生产的P60、80年代生产的P75，钢轨轨型得到了很大发展，尤其新中国成立后钢轨单重逐步提高，满足了我国铁路轴重和速度发展的需求。目前我国铁路P60轨道结构已成为主要轨道结构，至2017年底占正线总延长86.3%，2021年底占正线总延长90.0%以上。随着高速铁路的发展，新轨头廓形的研发极大改善了轮轨接触关系，不仅提高了高速铁路动车组运行稳定性和旅客舒适性，同时对减少钢轨病害出现、延长钢轨使用寿命、减少钢轨维养成本具有重要作用，2016年以后国家铁路基本使用P60N钢轨。在道岔钢轨方面，我国普速铁路主要使用50AT1、60AT1。高速铁路主要使用60AT2、60AT3、60TY，道岔轨型的发展满足了道岔制造的需要。

三、钢轨定尺长度发展和演变

我国钢轨定尺长度，汉阳铁厂时期为9.144米（30英尺）。1922年和1936年颁布的2个钢轨标准规定的定尺长度分别为10米和12米。1950年钢轨标准首次出现了12.5米和

15 米。重暂 2—53 明确规定了钢轨的定尺长度为 12.5 米一种。GB 181—1963 规定钢轨定尺长度在保留 12.5 米基础上，首次纳入 25 米定尺钢轨。从此，钢轨定尺长度主要有 12.5 米和 25 米两种。1966 年 12 月，鞍钢首次生产出 25 米定尺长度的 P43 钢轨。TB/T 2344—2003 首次纳入 50 米和 100 米定尺钢轨，2003 年鞍钢生产出我国首支 50 米定尺钢轨。2004 年 12 月，攀钢生产出我国首支具有自主知识产权的 100 米定尺钢轨。

国外钢轨定尺长度情况为：日本 150 米（实际应用为 50 米）、德国 120 米、奥地利 120 米、法国 80 米、美国 24.4 米（80 英尺）、俄罗斯 25 米。

钢轨长定尺生产具有如下优点：

（1）减少接头数量。接头数量越少铁路运营安全性越高，同时因平顺性提高，一方面增加了旅客舒适性，另一方面大幅减少了钢轨焊接工作量和线路维养工作量。

（2）去掉轨端探伤盲区。钢轨生产过程中采用在线探伤，探头起落需一段时间，两端至少有 0.3~0.5 米钢轨不能准确探伤，而钢轨定尺长度为 12.5 米或 25 米时，两端锯切量不足 0.5 米，导致轨端存在探伤盲区。

（3）去掉轨端矫直盲区。钢轨生产采用平立复合辊矫，钢轨进出矫直机时两端至少有 1 米左右钢轨矫直不充分，所以钢轨定尺长度为 12.5 米或 25 米时存在矫直盲区。同时，轨端压下量与钢轨本体压下量不同，表现为两端钢轨轨高比本体高出 0.3~0.5 毫米，这对保证钢轨轨高一致性从而保证轨道的平顺性不利。

采用长定尺生产后，矫直前钢轨长度达到 103 米以上，在完成矫直和探伤后，可切除两端各 0.5~1.5 米，将探伤盲区和矫直盲区彻底去除，有效提高钢轨端头质量。百米定尺钢轨的研制成功，为我国高速铁路的修建奠定了坚实基础。

第三节　中国钢轨钢种百年发展历程

钢轨的性能质量关系到铁路运营的安全和效率。钢轨的使用寿命在很大程度上取决于钢的材质性能。针对铁路不同的使用工况，需要有不同性能侧重点的钢轨钢，据此诞生了不同钢轨钢品种或钢牌号。

众所周知，钢轨的耐磨性能对钢轨的使用寿命具有决定性的作用，尤其对曲线铁路更是如此。因此，为了延长钢轨的使用寿命，各国铁路均研发了具有良好耐磨性能的高硬度/高强度钢轨。迄今为止，合金化加热处理技术是获得高耐磨性能钢轨最成功的途径，因此，钢轨的强度从 780 兆帕提升到 1380 兆帕，都是通过这两个途径或单独或联合取得的。

同时，为了获得某些特殊性能如耐蚀性能，也离不开合金化技术。

一、钢种定义

钢种主要是指钢轨的材质种类，有时也指钢牌号；例如 U71Mn 和 U75V 是两种不同的钢种，显然钢牌号不同；而 U71Mn、U71MnG 或 U71MnH 是同一个钢种，而钢牌号不同。

同时要区别于"轨种"。"轨种"一般指轨型种类，如 50 千克/米、60 千克/米钢轨等。

二、钢种命名

根据我国对钢号的命名规定，U 代表钢轨钢（gui 字的第一个字母 G 已被滚动轴承钢 GCr15 等使用，按规定采用第 2 个字母 U）。如 U75V 代表平均含碳量为 0.75%、采用合金元素 V 微合金化的钢轨；但为了现场记录的方便，在标准制定时有意采用不同的碳含量，来区别钢种，对平均含碳量的规定并不是那么严格，如 U71Mn、U75V、U76CrRE、U77MnCr、U78CrV、U95Cr 等。

国内的钢轨生产厂家，各自开发了许多新的钢种产品，在没有正式纳入标准前，各厂家自行命名，如鞍钢的 AP1、攀钢的 PD1 等。

三、钢种发展史

（一）现行钢种

我国颁布的最新钢轨标准（TB/T 2344.1—2020）纳入的钢轨钢种和牌号有 U71Mn、U75V、U76CrRE、U77MnCr、U78CrV、U71MnH、U75VH、U76CrREH、U77MnCrH、U78CrVH 共计 10 个，见表 1-9，强度级别覆盖 880 兆帕到 1280 兆帕。其中，带 H 的均为相应的在线热处理钢轨（TB/T 2344—2012，用特征符号 H 轧制在标记尾部，代表在线热处理钢轨。新标准将在线热处理钢轨直接作为一个钢牌号处理，有利于区分热轧或在线热处理钢轨，对钢轨的科学合理使用十分重要）。

表 1-9　现行钢轨标准纳入的钢轨钢种和钢牌号

序号	钢种和牌号	钢轨交货状态	强度等级/兆帕	原创厂家	备 注	使用范围
1	U71Mn	轧态钢轨	880	鞍钢	原为鞍钢 AP1	直线
2	U75V	轧态钢轨	980	攀钢	原为攀钢 PD3	直线
3	U77MnCr	轧态钢轨	980	鞍钢	—	直线
4	U76CrRE	轧态钢轨	1080	包钢	—	直线
5	U78CrV	轧态钢轨	1080	攀钢	原为攀钢 PG4	直线
6	U71MnH	在线热处理钢轨	1080	—	—	曲线或直线
7	U75VH	在线热处理钢轨	1180	—	—	曲线或直线
8	U77MnCrH	在线热处理钢轨	1180	—	—	曲线
9	U76CrREH	在线热处理钢轨	1280	—	—	曲线
10	U78CrVH	在线热处理钢轨	1280	—	—	曲线

在高速铁路发展过程中，为了区别普速和高速铁路用钢轨，在初期用 U71MnK 钢号（实际化学成分与欧洲 EN R260 相同，其中 K 表示客运专线），表示用于高速铁路的强度等级为 880 兆帕级的碳锰钢轨。后来，随着 U71Mn 钢轨化学成分的优化，U71Mn 和 U71MnK 的化学成分合并，将高速铁路用 U71MnK 改为 U71MnG。2020 年颁布的新版钢轨标准中，不再将 U71MnG 作为钢号，而是将高速铁路特征符 G 轧制在钢号后面（空一

格），以示区别。

（二）钢种发展脉络

100 多年来，钢轨钢种的发展可以划分为四个阶段。第一阶段：主要采用碳强化。第二阶段：添加合金元素强化。第三阶段：微合金+热处理强韧化。第四阶段：超高碳强化或超细化强化。

在第一阶段，20 世纪 30 年代以前，钢轨钢的五大元素（C、Si、Mn、S、P）中，碳素钢轨的含碳量为 0.40%~0.60%，有的甚至低于 0.20%，Si、Mn 也不是添加的合金元素，S、P 是需要去除的有害元素。此时钢轨的强度和硬度较低，韧塑性很好，为亚共析组织，即铁素体+珠光体。到了 20 世纪 30 年代以后，钢轨的含碳量逐渐提高，基本接近共析成分，钢轨的强度和硬度也达到了 800 兆帕和 HB260 以上，基本为共析组织，即软的铁素体与硬的渗碳体交替排列的片状珠光体。这一阶段，钢轨的轧制标记中，出现的炼钢方法较多，如 OH：平炉炼钢法（美国、日本），M：平炉炼钢法（苏联）；BOH：碱性平炉法（英国），基本无钢号标记；后来炼钢方法逐渐固定为平炉炼钢，钢牌号也随之出现，如我国 20 世纪 50 年代开始出现的 P68、P71、P74 等，其中 P 代表平炉，68 代表平均含碳量为 0.68%。

在这一阶段，初期钢轨中含碳量比较低，主要是考虑到钢轨是安全敏感产品，对其韧塑性要求比较高；后来含碳量逐渐提高，一方面是铁路轴重和速度的增加，要求提高钢轨的强度和硬度；另一方面，随着炼钢技术的进步，即使碳含量提高，钢轨的韧塑性也较高，可以满足使用要求。所以，钢轨钢的含碳量逐渐达到共析成分，组织为共析珠光体，基本不再有先共析铁素体出现。这一阶段典型碳素钢轨的化学成分、组织及其常规性能见表 1-10。

表 1-10　第一阶段碳素钢轨的化学成分及组织性能

样品编号	样品信息	化学成分（质量分数）/%					组织	硬度 HB	R_m/兆帕	A/%
		C	Si	Mn	P	S				
BG-22	1903 年/德国	0.27	0.36	0.60	0.079	0.078	F+P	202	602	24.0
BG-03	1908 年/英国	0.38	0.05	0.54	0.058	0.062	F+P	219	621	21.0
BG-05	1915 年/美国	0.55	0.09	0.81	0.023	0.050	P+F	251	774	18.0
BG-07	1936 年/日本	0.66	0.11	0.80	0.014	0.039	P	269	817	16.0
BG-14	1955 年/鞍钢	0.63	0.24	0.80	0.010	0.030	P+F	257	811	16.0
BG-24	1972 年/鞍钢	0.68	0.22	0.22	0.013	0.038	P	284	890	15.0

在第二阶段，碳基本处于共析成分，主要通过添加合金元素来强化钢轨，最常用的就是采用 Mn 合金化，鞍钢于 20 世纪 60 年代最新研发了中锰钢轨 AP1（U71Mn），强度等级达到了 880 兆帕，硬度达到 HB260~300。这一阶段，我国还研发了含 Cu 低合金轨、高硅轨、SiMnV 钢轨，强度等级达到了 980~1080 兆帕，有的虽纳入了标准，但由于种种原因，多数未被推广使用。20 世纪 90 年代，攀钢利用自身钒资源优势，成功研发了 PD3

（U75V）钢轨，强度等级达到 980 兆帕，硬度达到 HB280～320；包钢和鞍钢也相继进行了 980 兆帕级的稀土低合金轨（ANbRE，BNbRE）的试制和试铺，但由于种种原因未能推广应用。

以德法为代表的欧洲成功研发了 R260 和 R260Mn 中锰钢轨，并纳入了欧洲标准。同时还开发了其他一些更高强度的低合金轨，典型的有 CrV、CrMoV 钢轨，强度等级达到 1080～1280 兆帕。虽然耐磨性能良好，但由于材料韧性不足、钢轨矫直后残余应力太大，高强度低合金轨的使用并不成功，最终只有强度等级为 1080 兆帕的 R320Cr 纳入了欧洲钢轨标准[39]。

目前，国内外广泛使用的、具有代表性的低合金钢轨的化学成分及组织性能见表 1-11。

表 1-11　低合金钢轨化学成分及组织性能

序号	钢　种	化学成分（质量分数）/%					硬度 HB	R_m /兆帕	A /%
		C	Si	Mn	Cr	V			
1	TB/T 2344：U71Mn	0.65～0.80	0.15～0.58	0.70～1.20	≤0.15	≤0.030	260～300	≥880	≥10
2	EN 13674-1：R260Mn[37]	0.55～0.75	0.15～0.60	0.70～1.20	≤0.15	≤0.030	260～300	≥880	≥10
3	TB/T 2344：U75V	0.71～0.80	0.50～0.80	1.30～1.70	≤0.15	0.04～0.12	280～320	≥980	≥10
4	AREMA：IH 325[40]	0.72～0.82	0.10～1.00	0.70～1.25	0.40～0.70	≤0.010	≥325	≥1010	≥8
5	EN 13674-1：R320Cr[39]	0.60～0.80	0.50～1.10	0.80～1.20	0.80～1.20	≤0.030	320～360	≥1080	≥9

在第三阶段，将钢轨热处理和微/低合金化技术相结合，通过细化珠光体片层间距来提高钢轨的强度和韧塑性能，同时采用合金元素的固溶强化或析出强化作用进一步提高钢轨的耐磨性能，钢轨的强度达到 1280 兆帕、轨面硬度达到 HB370 以上。其中 Cr、V 等为常用的合金元素，国内外典型的在线热处理钢轨化学成分及性能见表 1-12。

表 1-12　微/低合金化在线热处理钢轨的化学成分及组织性能

序号	钢　种	化学成分（质量分数）/%					硬度 HB	R_m /兆帕	A /%
		C	Si	Mn	Cr	V			
1	TB/T 2344：U75VH	0.71～0.80	0.50～0.80	0.75～1.05	≤0.15	0.04～0.12	340～400	≥1180	≥10
2	TB/T 2344：U77MnCrH	0.72～0.82	0.10～0.50	0.80～1.10	0.25～0.40	≤0.030	350～410	≥1180	≥10
3	TB/T 2344：U78CrVH	0.72～0.82	0.50～0.80	0.70～1.05	0.30～0.50	0.04～0.12	370～420	≥1280	≥10

中国钢轨

续表 1-12

序号	钢种	化学成分（质量分数）/%					硬度 HB	R_m /兆帕	A /%
		C	Si	Mn	Cr	V			
4	EN 13674-1：350LHT	0.72~0.82	0.15~0.58	0.70~1.20	≤0.30	≤0.030	350~390	≥1175	≥9
5	JIS E1120：HH 370	0.72~0.82	0.10~0.65	0.80~1.20	≤0.25	≤0.030	331~388	≥1130	≥8
6	AREMA：LH 370	0.72~0.82	0.10~1.00	0.70~1.25	0.40~0.70	≤0.010	≥370	≥1180	≥10

第四阶段：超高碳强化或超细化强化。在这一阶段，科研工作者打破传统观念的束缚，开发出强度等级达到 1380 兆帕级、轨面硬度达到 HB400 的超高强度/硬度、具有优良耐磨性能的新钢种钢轨。比较成功的有两个途径：一是过共析钢轨。通过增加钢中的碳含量至 0.90%~1.0%，以提高渗碳体密度的方式增加钢轨的耐磨性能，日本制铁研发的第三代过共析钢轨的强度达到 1438 兆帕，硬度大于 HB400，已广泛使用在重载铁路上。我国攀钢研发的过共析钢轨 U95Cr（PG5），目前已经成功上道试铺。二是超细化珠光体钢轨。通过优化合金成分配方和在线热处理技术，细化珠光体片层间距至 0.1 微米以下，既保持良好的塑性，又大幅度提高钢轨的强度/硬度。日本 JFE 研发的超细化钢轨，其强度可达 1400 兆帕级，轨面硬度大于 HB450。国内外超高强度钢轨的化学成分及性能见表 1-13。

表 1-13 国内外超高强度钢轨的化学成分及性能

序号	钢种	化学成分（质量分数）/%			硬度 HB	R_m /兆帕	A /%
		C	Si	Mn			
1	日本 NSSMC HE400X	1.0	0.5	0.7	400	1438	11
2	攀钢 U95Cr	0.98	0.53	0.81	408	1426	11
3	日本 JFE SP4	0.80	增加	减少	460	1494	13

（三）国内钢厂钢种发展过程

1. 汉阳铁厂

汉阳铁厂是专门为生产卢汉（京汉）铁路建设用轨而兴建的。自此，中国开始了为修建铁路而自造钢轨的现代化钢铁工业历程。

1895—1904 年，汉阳铁厂采用贝塞麦转炉生产钢轨。因采用的大冶铁矿石含磷量高，而贝塞麦转炉又无法有效除磷，导致钢轨较脆，使用中出现了多处断裂。为弥补磷高造成的韧塑性不足，技术上采用了降低钢中含碳量的方法，因此这一时期生产的钢轨，具有磷高碳低的特点，见表 1-14。虽然磷含量高达 0.194%（当时标准要求小于 0.075%），由于钢中的含碳量很低，塑性指标（断后伸长率和断面收缩率）都很高，见表 1-15。为了彻底解决含磷高的问题，1904—1908 年间进行了技术改造，摒弃贝塞麦转炉炼钢，采用了西门子-马丁平炉炼钢，随后生产的钢轨品质得到了明显的提升。

表1-14 汉阳铁厂改造前后钢轨的化学成分

试样编号	试样信息	化学成分（质量分数）/%						来源
		C	Si	Mn	P	S	Cu	
BG-19	1902 年/汉阳铁厂	0.15	0.02	0.71	0.194	0.083	0.33	[41]
BG-26	1911 年/汉阳铁厂	0.50	0.07	0.62	0.114	0.078	0.83	[41]
C-HY1917	1917 年/汉阳铁厂	0.52	0.06	0.56	0.046	0.063	0.57	[42]

表1-15 汉阳铁厂改造前后钢轨的拉伸性能

试样编号	试样信息	屈服强度 $R_{p0.2}$/兆帕	抗拉强度 R_m/兆帕	断后伸长率 A/%	断面收缩率 Z/%	来源
BG-19	1902 年/汉阳铁厂	452	605	23.5	47	[41]
BG-26	1911 年/汉阳铁厂	386	730	21.0	38	[41]
C-HY1917	1917 年/汉阳铁厂	405	704	19.0	35	[42]

另外，汉阳钢轨的 Cu、P 含量均较高，从使用 100 多年后汉阳钢轨标牌的清楚程度可以看出，汉阳钢轨确实有比较好的耐大气腐蚀性能。

1908 年后，汉阳铁厂生产的钢轨均为含碳量 0.40%～0.60% 的碳素轨，钢轨年产量达到 5 万吨左右。

2. 重钢

为修建成渝铁路，重钢利用 1938 年从汉阳铁厂迁来的 800 毫米轧机，用自炼的小钢锭，于 1950 年 5 月 10 日试制轧出 12.5 米长的 85 磅/码宽底重轨。

1950 年 7 月，重钢承接了铁道部订制的用于成渝铁路的近 4 万吨钢轨的任务。但由于重钢生产的钢坯小，达不到压缩比的要求，经有关部门协调，采用了由鞍钢供应钢坯、重钢轧制钢轨的办法进行生产。此时才发现，85 磅钢轨未纳入铁道部颁布的草案中。经了解这种传承于汉阳铁厂的英制钢轨，已属于落后淘汰产品，建设中的成渝铁路急需研制和更换新轨。第二年，38 千克/米新型钢轨的研制工作正式开始。38 千克/米钢轨是参考苏联资料试制成功的，又被称为"中华 38 千克钢轨"。38 千克/米钢轨研制成功后，陆续供应成渝铁路，并对已铺设近百公里的旧式钢轨进行了替换。

这一阶段，由于百废待兴，钢轨的标记也不太规范，钢种主要为碳素轨。至 20 世纪 80 年代，由于种种原因，重钢停止了钢轨的生产。

3. 鞍钢

鞍钢大型厂前身为伪满洲国鞍山昭和制钢所第一压延课轨条工场，始建于 1933 年 8 月，1935 年 7 月投产，设备由德国德马克公司提供，主要轧制钢轨、大型圆钢和各种型钢。1945 年全部设备被苏联红军拆卸运走。1952 年 8 月，鞍钢利用原有厂房，由苏联提供全套设备和技术重建，为当时著名的鞍钢"三大工程"之一。1953 年 11 月竣工投产，设计年产量为 50 万吨。

鞍钢是国内钢轨生产历史最长的厂家。1953 年，在国内首次轧制出 43 千克/米钢轨。1956 年，首次轧制出 50 千克/米钢轨。1966 年 12 月，在国内首次生产出 43 千克/米、25 米定尺长轨，将钢轨的定尺长度由 12.5 米延长至 25 米。1985 年试生产轧制出 60 千克/米钢轨，1989 年进行批量生产。2003 年，在国内最先完成采用万能轧制法生产钢轨的设备升级改造，并生产出国内首支 50 米长定尺钢轨；2004 年生产出 75 千克/米钢轨。2007 年 4 月，完成了百米定尺钢轨生产的技术改造。2007 年 7 月 6 日，鞍钢高速铁路用 U71MnK 和 U75V 百米定尺钢轨通过了上道技术审查，高速铁路钢轨可以上道使用。

1966 年，鞍钢成功研发出中锰钢轨 AP1（鞍钢平炉 1 号），1980 年 4 月转产鉴定，随后纳入国家标准（GB 2585—1981）。AP1 钢轨强度比普通碳素轨提高一个等级，为 880 兆帕，纳入标准后改钢牌号为 U71Mn。

20 世纪 80—90 年代，开展稀土轨开发，研制的 ANbRE 钢轨，在沈阳铁路局铺设上道；2000 年前后，开展了 U77MnCr 钢轨研发；2015 年，钢轨在线热处理技术通过上道审查，各种轨型和钢种的在线热处理钢轨先后上道铺设使用。

4. 武钢

武钢大型轧钢厂原属武钢第一期工程中由苏联援建的项目之一。1957 年 12 月，冶金工业部决定改为自建，是我国自己设计、自己制造设备、自己施工兴建的第一座大型轧钢厂，设计年生产能力为 60 万吨。1960 年 2 月，全面施工兴建，几经周折，1965 年才转入三班倒正常生产；1965 年 6 月，成功生产出 43 千克/米钢轨。1967 年 9 月，国家决定援建坦（坦桑尼亚）赞（赞比亚）铁路工程的全部钢轨由武钢生产。1969 年 12 月—1975 年 3 月期间，武钢累计生产 WP2 钢轨（武钢平炉 2 号，高硅含铜低合金钢轨）44 万余吨，其中运往坦赞铁路 20 余万吨，其他铺设在国内铁路，如柳枝铁路等[43]。

至 21 世纪初，武钢主要生产 50 千克/米及以下轨型的钢轨。为了提升钢轨质量水平，武钢于 2008 年 7 月完成了采用万能轧制法生产钢轨的技术改造，主要产品有 50 千克/米、60 千克/米钢轨和 H 型钢等，设计年生产能力 105 万吨。2008 年 6 月和 7 月，武钢生产的时速 160 公里 50 千克/米、60 千克/米 U71Mn、60 千克/米 U75V 百米定尺钢轨先后通过上道技术审查，2008 年 12 月，高速铁路用 60 千克/米 U71MnK 和 U75V 百米定尺钢轨通过了上道技术审查，高速铁路钢轨可以上道使用[44]。

武钢结合自身特点，开发的 U68CuCr 耐蚀钢轨于 2011 年 4 月通过了上道技术审查，2022 年 1 月获得 CRCC 证书，高速耐蚀钢轨于 2024 年 12 月获得 CRCC 证书。

2017 年 2 月，武钢完成了钢轨在线热处理生产线的建设，U75VH 和 U71MnH 钢轨先后于 2023 年 4 月和 2024 年 6 月获得 CRCC 证书，U71MnH G 和 U75VH G 钢轨于 2024 年 9 月获得 CRCC 证书。

5. 包钢

包钢轨梁厂于 1969 年 1 月 23 日投产，绝大多数设备由苏联提供。1970 年包钢正式生产 50 千克/米钢轨，1976 年和 1984 年在国内率先试制成功 60 千克/米和 75 千克/米钢轨。2006 年 9 月 22 日，包钢高速铁路用 U71MnK 和 U75V 百米定尺钢轨先后通过了上道技术审查，高速铁路钢轨可以上道使用。

1991 年 12 月立项开展强度等级为 980 兆帕级的第一代稀土钢轨（BNbRE）的研发，1997 年通过铁、冶两部的联合鉴定。期间共生产稀土钢轨 10 余万吨，其中 3000 多吨按 200 公里/小时客运专线技术条件要求生产的 60 千克/米钢轨铺设在秦沈客运专线上试用。

2005 年，立项开展强度等级 1080 兆帕级的第二代稀土钢轨（U76CrRE）的研发。2009 年 8 月通过上道技术审查；2010—2013 年间，共生产 U76CrRE 钢轨 7 万余吨，用于神华铁路、兰州局、呼和浩特局铁路使用。

2016 年 7 月，60 千克/米 U75V 在线热处理钢轨，获得 CRCC 证书，并批量供应呼和浩特局、兰州局使用[45]。

6. 攀钢

攀钢于 1965 年开工建设。1974 年轨梁厂建成投产。1975 年 6 月，攀钢 50 千克/米钢轨轧制成功。1979 年试制成功 60 千克/米钢轨，1985 年试制成功 75 千克/米钢轨。2004 年 12 月，完成万能轧制法钢轨生产的装备升级改造，并生产出国内第一支百米定尺钢轨。2006 年 11 月 9 日，攀钢高速铁路用 U71MnK 和 U75V 百米定尺钢轨先后通过了上道技术审查，可以在高速铁路上道使用。2011 年，在国内首先生产出新轨头廓形 60N 钢轨。2013 年，在国内首先生产出新轨头廓形 75N 钢轨。

攀钢是国内对钢种研究最多、纳入标准也最多的钢轨生产厂家，主要研发的钢种如下：

1982 年 6 月，攀钢 PD1 60 千克/米钢轨完成技术鉴定；PD1 钢轨是一种碳素热轧钢轨，强度等级 780 兆帕，其化学成分除了含 V 外，基本与 U74 相同。

1989 年 3 月，攀钢 PD2 50 千克/米 SQ 全长淬火钢轨完成批量试制。1989 年 10 月，"攀钢 50 千克/米 SQ 工艺全长淬火轨试制"在北京通过冶金工业、铁道两部组织的转产鉴定。

1993 年 4 月，PD3 高碳微钒热轧钢轨通过冶金工业和铁道两部的联合鉴定。2003 年纳入铁道行业标准后，PD3 改为 U75V，并且国内其他生产厂家均在生产，为目前中国铁路使用最多的钢种之一。

2005 年 3 月，攀钢试制的 PG4（由于 PD 系列商标被钢厂的其他部门注册，从此更改为 PG 系列）钢轨通过了原铁道部的上道认证。2012 年纳入铁道行业标准后，PG4 改为 U78CrV，其他钢厂一般不生产该钢种钢轨。该钢种的在线热处理钢轨（U78CrVH）为目前我国强度等级最高、耐磨性能最好、使用量较大的一个钢牌号。

2013 年，攀钢 PG5（U95Cr）过共析钢轨通过上道认证评审。该钢种为含碳量达到 0.90% 以上的过共析钢轨，仅在线热处理状态下使用。

7. 邯钢

邯钢投巨资引进国外全套钢轨生产设备和技术于 2012 年投入生产。2015 年 1 月完成试用技术评审，2018 年 3 月和 6 月，分别通过了 60 千克/米 U75V 和 U71Mn 钢轨上道技术评审，获得 CRCC 证书，可以正式向国铁供轨。同时，邯钢高速铁路用百米定尺钢轨可以上道使用。

邯钢钢轨生产时间较晚，主要生产标准规定的钢种。

（四）纳入历次标准的国内钢轨钢种

我国自 1911 年颁布第一个钢轨标准以来，至 2021 年，钢轨执行标准中出现的钢号见表 1-16，由此可见，很多钢号虽然纳入标准，但由于种种原因并没有推广使用。

表 1-16 我国百年以来纳入执行标准的钢牌号

序号	标准名称	钢牌号
1	1960 年冶金工业部标准：YB 32—1960《33~50 千克/米铁路用平炉碳素钢钢轨技术条件》代替冶 36-57，冶 43-53	P67，用于 33 千克/米钢轨，P 代表平炉；P71，用于 38~43 千克/米钢轨；P74，用于 50 千克/米钢轨
2	1960 年冶金工业部标准：YB 33—1960《33~50 千克/米铁路用转炉碳素钢钢轨技术条件》	J53，用于 33 千克/米钢轨，J 代表碱性转炉；J53，用于 38~43 千克/米钢轨；J68，用于 50 千克/米钢轨
3	1960 年冶金工业部标准：YB 34—1960《38~50 千克/米铁路用低合金钢钢轨技术条件》	铜轨（U-Cu）、锰轨（U-Mn）、硅轨（U-Si）、钛轨（U-Ti）
4	1981 年国家标准：GB 2585—1981《铁路用每米 38~50 千克钢轨技术条件》	U71、U74、U71Cu、U71Mn、U70MnSi、U71MnSiCu
5	1987 年冶金工业部标准：YB(T)68—1987《铁路用每米 38~60 千克钢轨》	U74、U71Mn、U70MnSi
6	1993 年铁道行业标准：TB/T 2344—1993《43~75 千克/米钢轨订货技术要求》	U74、U71Cu、U71Mn、U70MnSi
7	2003 年铁道行业标准：TB/T 2344—2003《43~75 千克/米热轧钢轨订货技术条件》	U71Mn、U75V、U76NbRE
8	2004 年铁道行业标准：TB/T 2635—2004《热处理钢轨技术条件》	U71MnC、U75V、U76NbRE
9	2011 年铁道行业标准：TB/T 3276—2011《高速铁路用钢轨》	U71MnG、U75VG
10	2012 年铁道行业标准：TB/T 2344—2012《43~75 千克/米热轧钢轨订货技术条件》	U71Mn、U75V、U77MnCr、U78CrV、U76CrRE
11	2020 年铁道行业标准：TB/T 2344.1—2020《钢轨 第 1 部分：43~75 千克/米钢轨》	U71Mn、U75V、U76CrRE、U77MnCr、U78CrV；U71MnH、U75VH、U76CrREH、U77MnCrH、U78CrVH

（五）钢轨钢号铭牌

我国不同时期钢轨铭牌（轧制标记）中典型的厂标、轨型、钢种或牌号、生产日期情况见表 1-17。

表 1-17　我国钢轨生产厂家典型钢轨轧制标记（铭牌）及其演变

序号	钢厂	标记（铭牌）	标记（铭牌）解读
1	汉阳铁厂		造廠鐵陽漢 1902 1902 年汉阳铁厂生产
2	日本八幡制铁所		40 RA Ⓢ 2602 ‖‖ O. H 日本八幡制铁所，1942 年（日本皇纪 2602 年）4 月，平炉炼钢生产的 40 千克/米钢轨
3	昭和制钢所		40 RA 卐 2603 ‖ OH 昭和制钢所，1943 年（日本皇纪 2603 年）2 月平炉炼钢生产，40 千克/米钢轨
4	西南一零一工厂（重钢前身）		38 式 西南 101 廠 1953 3 西南 101 厂 1953 年 3 月生产，38 千克/米钢轨
5	重钢		重钢 1959 年 12 月生产，38 千克/米钢轨，平均含碳量为 0.71% 的碳素轨。M 代表平炉（苏联用 M 代表平炉炼钢法）
6	鞍钢		钢轨加马口铁为鞍钢厂标，一直沿用至今。鞍钢 1955 年 6 月生产，43 千克/米钢轨。其中"夂"和"厂"，为汉语拼音中的 P 和 H，分别代表平炉和热轧钢轨
7	鞍钢		鞍钢 1969 年生产，50 千克/米 P74 钢轨。P 表示平炉
8	鞍钢		鞍钢 1970 年 9 月生产，50 千克/米 P75 钢轨。P 表示平炉

序号	钢厂	标记（铭牌）	标记（铭牌）解读
9	鞍钢	50 AP1 77 X	鞍钢 1977 年 10 月生产，50 千克/米 AP1 钢轨，AP1 表示鞍钢平炉 1 号配方，即后来的 U71Mn
10	鞍钢	50 U7Mn 83	鞍钢 1983 年 10 月生产，50 千克/米 U71Mn 钢轨
11	包钢	60 U74	一个钢管（圆圈）加一个马口铁，为原来包钢厂标；包钢 1993 年生产，60 千克/米 U74 钢轨
12	包钢	U74	包钢 1998 年生产，60 千克/米 U74 钢轨
13	包钢	60 PD3 03	包钢 2003 年生产，60 千克/米 PD3 钢轨
14	包钢	60 U75V 09	"日月同辉"为包钢 2003 年开始采用的新厂标。包钢 2009 年 5 月生产，60 千克/米 U75V 钢轨
15	包钢	U76CrRE	包钢 2010 年 7 月生产，60 千克/米 U76CrRE 钢轨
16	包钢	60 U71MnG 15	包钢 2015 年 2 月生产，60 千克/米 U71MnG 钢轨
17	武钢	60 U75V	钢轨形状加一个 W，为武钢厂标。武钢 2010 年 8 月生产，60 千克/米 U75V 钢轨

序号	钢厂	标记（铭牌）	标记（铭牌）解读
18	武钢		武钢2015年11月生产，60千克/米U75VG钢轨
19	攀钢		木棉花加钢轨为攀钢原厂标。攀钢1981年4月生产，50千克/米PD1钢轨
20	攀钢		PZH加一个菱形，为攀钢现厂标。攀钢1987年3月生产，60千克/米U71Mn钢轨
21	攀钢		攀钢2000年生产，60千克/米PD3钢轨
22	攀钢		攀钢2010年7月生产，60千克/米U71MnK钢轨
23	攀钢		攀钢2013年3月生产，60N U75钢轨
24	攀钢		攀钢2020年11月生产，60N U75V钢轨
25	邯钢		HBIS为河钢集团的英文缩写字母，邯钢属于河钢集团，HBIS为邯钢的厂标。邯钢2016年8月生产，50千克/米U71MnH钢轨
26	邯钢		邯钢2020年11月生产，60N U75V钢轨

100 多年来，钢轨钢种的发展经历了利用碳强化、合金化强化、微合金化+热处理联合强韧化等手段，将钢轨强度/硬度从不到 700 兆帕和 HB200 提高到大于 1380 兆帕和 HB400，不仅满足了高速和重载铁路快速发展的需要，同时，在保证钢轨安全使用的前提下，其使用寿命也得到大幅度的提升。

钢轨铭牌中关于钢种/钢牌号由无钢号标记（20 世纪初期到 20 世纪 40 年代底），到 20 世纪 50—60 年代碳素钢标记，如重钢的 M68、鞍钢和包钢的 P71、P74，攀钢的 PD1，到 20 世纪 60—80 年代的 AP1（鞍钢）、PD3（攀钢），再到 20 世纪 80 年代及以后的 U74、U71Mn、U75V、U78CrVH 等，钢号标记逐渐规范，品种不断增加。钢轨钢种数量多了，虽然对用户而言具有多种选择，但也增加了管理的难度，尤其大幅度增加了无缝线路钢轨焊接的型式检验，平添了很多工作量。未来的发展方向应该是按强度等级合并钢种，同时发展新钢种后应该淘汰旧钢种。

钢轨化学成分和生产工艺尤其是在线热处理工艺的优化，是钢轨技术研究的核心，更是提升钢轨品质的关键。随着铁路的发展和冶金技术的进步，钢轨钢种的研究将继续引向深入，不断结出新成果，以更好满足美好生活的需要。

第四节　中国钢轨标准百年发展历程

1911 年，在汉阳铁厂的推动下，我国制定了首个钢轨标准，对统一我国铁路钢轨的轨型、轨式，提高和规范钢轨制造及验收技术要求，起到了重要作用。

1998 年，随着提出建设秦沈客运专线，我国发布了首个钢轨暂行技术条件《时速 200 公里客运专线 60 千克/米钢轨暂行技术条件》。该暂行技术条件的制定及随后系列技术条件的制修订和发布，引领和推动了我国钢铁企业的科技进步，大幅度提升了国产钢轨的实物质量，使我国高速铁路用轨全部实现自主研发和生产，满足了我国快速、大规模建设高速铁路的需要。至 2011 年，历经 13 年，最终形成了我国首个高速铁路钢轨铁道行业标准《高速铁路用钢轨》（TB/T 3276—2011），钢轨标准在我国高速铁路建设中起到了极为重要的作用。

一、我国钢轨标准制修订历程

（一）1911—1949 年

1881 年第 1 条标准轨距铁路——唐胥铁路开工，揭开了我国自主修建铁路的序幕。随后，东清、京汉、胶济、京张等铁路相继修建。作为轨道重要部件的钢轨大多依赖于进口。各个国家、各种制式的钢轨遍布我国铁路线。在汉阳铁厂的推动下，1911 年由清邮传部制定了我国首项钢轨标准《奏定八十五磅钢轨及附属品制造验收通行章程》（以下简称"1911 年清邮传部标准"）。该标准是以英国标准为蓝本，参考了当时我国生产实际情况而制定的，对统一钢轨的轨型、轨式、制造以及验收，起到了重要的作用。

在近代中国铁路技术标准化进程中，1922 年与 1936 年两次钢轨标准制定具有承续性。

1922 年 11 月，原北洋政府交通部铁路技术委员会颁布《国有铁路钢轨及附件规范》，该标准由中外技术人员共同讨论制定。在内容上，该标准与前清邮传部的标准没有直接相承关系，且汉阳铁厂的工艺条件不被作为制定依据，这项标准更像是在复杂条件下建立中国钢轨标准的过渡性尝试，仅包含了 1 种 43 千克/米钢轨轨型，且与 1911 年清邮传部标准不同。

1936 年 6 日，原国民政府铁道部技术标准审定委员会颁布《国营铁路钢轨规范》。从内容上看，该标准继承了 1922 年确定的轨式设计原则，且发展成为一部涵盖轻重轨、在轨式和理化性能等方面都具有详细规范的完整标准，标志着中国铁路工程初步实现标准化。该标准包含 30 千克/米、35 千克/米、43 千克/米、50 千克/米这 4 种轨型，改变了仅含 43 千克/米轨型的状况，以更好适应铁路发展的需要；同时，按不同轨型提出不同的化学成分要求，其技术体系和内容与英美 20 世纪 20 年代的标准接近。

1949 年以前我国钢轨标准制定情况见表 1-18。

表 1-18　1949 年以前我国钢轨标准制定情况

发布时间	标 准 名 称	发布部门
1911 年	《奏定八十五磅钢轨及附属品制造验收通行章程》	清邮传部
1922 年	《国有铁路钢轨及附件规范》	北洋政府交通部
1936 年	《国营铁路钢轨规范》	国民政府铁道部

（二）1949—1998 年

新中国成立以来，我国非常重视标准化事业的建设和发展。1949 年 10 月，成立中央技术管理局，内设标准化规格处。1950 年，原重工业部召开了首届全国钢铁标准化工作会议。

1950 年，原铁道部起草制定了《铁路钢轨及配件规范书（草案）》（以下简称"1950 年原铁道部标准草案"）。1953 年，原铁道部和重工业部引用苏联标准《45 千克/米以下之重轨技术条件》（ГОСТ 4228—48）和《重轨品种》（ГОСТ 3542—47），制定了《45 千克/米以下之重轨技术条件》（重暂 1—53）和《重轨品种》（重暂 2—53）（以下称"1953 年原重工业部标准"）。

这两项标准纳入了 3 种制造方法（平炉、平炉二次重熔、贝斯麦转炉），2 个碳素轨钢种，3 种轨型（38 千克/米、43 千克/米、50 千克/米，其中轨型尺寸我国使用至今未发生变化）。在钢轨技术条件中，严格规定了化学成分、白点、落锤、拉伸试验和轨端热处理这些影响钢轨安全使用的性能指标要求，钢轨标准反映了当时国际先进水平。这两项标准的制定和发布，使我国钢轨生产有了较为先进的标准可依。在苏联技术支援与国内建设者的协同努力下，鞍钢大型厂于 1953 年建成投产，并在国内生产出首支 43 千克/米钢轨。

1960 年，冶金工业部修订重暂 1—53，结合国内钢轨生产实际，制定发布了 3 项标准，即《33~50 千克/米铁路用平炉碳素钢钢轨技术条件》（YB 32—1960）、《33~50 千克/米铁路用转炉碳素钢钢轨技术条件》（YB 33—1960）和《38~50 千克/米铁路用低合金钢钢轨技术条件》（YB 34—1960）（以下合称"1960 年原冶金工业部标准"），分别规范了采用平炉和转炉生产碳素钢轨以及低合金钢轨的技术要求。

1963 年 4 月，第一次全国标准化工作会议召开。这一年，由原冶金工业部牵头，将重暂 2—53 确定为国家标准，发布《每米 50 千克钢轨型式尺寸》（GB 181—1963）、《每米 43 千克钢轨型式尺寸》（GB 182—1963）和《每米 38 千克钢轨型式尺寸》（GB 183—1963）。这次钢轨品种国家标准的制修订，虽然在轨型尺寸方面仍引用重暂 2—53 的规定，与苏联 1947 年发布的 ГОСТ 3542—47 基本一致，但钢轨定尺长度由原来的 12.5 米修改为 12.5 米和 25 米，并首次将 25 米定尺长度纳入标准。

随着冶金工业技术的进步以及铁路技术的发展，YB 32—1960、YB 33—1960、YB 34—1960 这 3 项标准难以满足需要。1973 年，我国成立了重轨标准协调小组和工作组，在这 3 项标准的基础上，制定了《铁路用每米 38~50 千克钢轨技术条件》（GB 2585—1981）。GB 2585—1981 是我国首个钢轨技术条件国家标准。该标准规定了采用平炉、氧气转炉冶炼的镇静钢（模铸坯）制造，纳入了 U71、U74 碳素钢种和 U71Cu、U71Mn、U70MnSi、U71MnSiCu 这 4 个低合金钢种，其中强度等级为 780 兆帕的 U74 和强度等级为 880 兆帕的 U71Mn 钢轨得到广泛应用；GB 2585—1981 提出了 6 项理化检验项目和 2 项外观检验项目，较全面地反映了当时我国钢轨生产和使用的技术水平。

以上标准在钢轨生产和使用中均得到了很好的贯彻执行。

1987 年原冶金工业部制定了推荐性标准《铁路用每米 38~60 千克钢轨》（YB(T)68—1987），首次纳入了 60 千克/米钢轨。

1993 年，原铁道部发布《43~75 千克/米钢轨供货技术要求》（TB/T 2344—1993）、《43 千克/米钢轨型式尺寸》（TB/T 2344.1—1993）、《50 千克/米钢轨型式尺寸》（TB/T 2344.2—1993）、《60 千克/米钢轨型式尺寸》（TB/T 2344.3—1993）（以下合称"1993 年铁道行业标准"）等行业标准。

这一时期，不同标准规定的钢轨断面的形式尺寸都是一致的，不存在分歧；但 1993 年原铁道部发布铁道行业标准后，在钢轨技术要求上出现了不同的标准，冶金和铁路 2 个行业基本上各自执行。

1950—1993 年我国钢轨标准制定情况见表 1-19。

表 1-19　1950—1993 年我国钢轨标准制定情况

发布时间	标准编号和名称	发布部门
1950 年	《铁路钢轨及配件规范书（草案）》	原铁道部
1953 年	《45 千克/米以下之重轨技术条件》（重暂 1—53）	原重工业部
1953 年	《重轨品种》（重暂 2—53）	原重工业部

发布时间	标准编号和名称	发布部门
1960 年	《33~50 千克/米铁路用平炉碳素钢钢轨技术条件》（YB 32—1960）	原冶金工业部、原铁道部
	《33~50 千克/米铁路用转炉碳素钢钢轨技术条件》（YB 33—1960）	原冶金工业部、原铁道部
	《38~50 千克/米铁路用低合金钢钢轨技术条件》（YB 34—1960）	原冶金工业部、原铁道部
1963 年	《每米 50 千克钢轨型式尺寸》（GB 181—1963）	原国家技术委员会
	《每米 43 千克钢轨型式尺寸》（GB 182—1963）	原国家技术委员会
	《每米 38 千克钢轨型式尺寸》（GB 183—1963）	原国家技术委员会
1981 年	《铁路用每米 38~50 千克钢轨技术条件》（GB 2585—1981）	原国家标准总局
1987 年	《铁路用每米 38~60 千克钢轨》（YB(T)68—1987）	原冶金工业部
1993 年	《43~75 千克/米钢轨供货技术要求》（TB/T 2344—1993）	原铁道部
1993 年	《43 千克/米钢轨型式尺寸》（TB/T 2344.1—1993）	原铁道部
1993 年	《50 千克/米钢轨型式尺寸》（TB/T 2344.2—1993）	原铁道部
1993 年	《60 千克/米钢轨型式尺寸》（TB/T 2344.3—1993）	原铁道部

（三）1949—1998 年

1. 高速铁路钢轨标准的制定

1998 年 7 月，国务院批准开建秦沈客运专线，起初设计全线最高运行速度时速 200 公里，其中在山海关—绥中北设置了 66.8 公里的综合试验段，设计试验速度达到时速 300 公里以上。为满足建设秦沈客运专线的需要，应该采用的标准、铺设的钢轨成为重要课题。我国还没有高速铁路建设和营运的经验，钢轨标准的制定需要借鉴国外经验。日本和欧洲的高速铁路较为发达，日本钢轨质量上乘，但标准上规定的指标宽松；欧洲和其他各国广泛使用国际铁路联盟（UIC）钢轨标准《钢轨供应技术规范》（UIC 860—1986），我国也是成员国之一，有观点认为应借鉴 UIC 钢轨标准来制定我国的高速铁路用钢轨标准。通过研究世界各国钢轨标准（包括当时正在建设高速铁路的国家），认为当时的欧洲钢轨标准草案在标准方面最为先进，决定借鉴欧洲钢轨标准草案《轨道交通　轨道　钢轨　第 1 部分：46 千克/米及以上 T 型钢轨》（prEN 13674.1）来制定秦沈客运专线用钢轨暂行技术条件。通过 1 年多的努力，起草和发布了科技基〔1999〕06 号《时速 200 公里客运专线 60 千克/米钢轨暂行技术条件》和《时速 300 公里高速铁路 60 千克/米钢轨暂行技术条件》。这两项暂行技术条件的制定，为日后高速铁路用钢轨行业标准的制定奠定了坚实基础。

随着我国对高速铁路认识的提高，我国决定修建两种高速铁路：一种是最高运行速度为 250 公里/小时的客运专线，另一种是最高运行速度为 350 公里/小时的高速铁路。为此，2004 年，对上述两个暂行技术条件进行了第 1 次修订。2004 年 11 月和 2005 年 4 月，原铁道部先后发布了铁科技函〔2004〕120 号《350 公里/小时客运专线 60 千克/米钢轨暂行技术条件》和铁科技函〔2005〕298 号《250 公里/小时客运专线 60 千克/米钢轨暂行技术条件》。

针对客运专线钢轨试生产中反映的一些问题，2007 年再次修订铁科技〔2004〕120 号，同年 8 月，原铁道部印发了铁科技〔2007〕164 号《350 公里/小时客运专线 60 千克/米钢轨暂行技术条件》局部修订条文的通知。

为了形成铁道行业标准，同时为了便于我国高速铁路成套技术走出国门，2010 年制定了《高速铁路用钢轨》（TB/T 3276—2011）。历经 13 年，完成了首次我国高速铁路钢轨行业标准的制定。

2017 年 10 月，国家铁路局发布国铁科发〔2017〕75 号《高速铁路用钢轨》（TB/T 3276—2011）第 1 号修改单，正式将新轨头廓形 60N 纳入标准。

这一时期，随着高速铁路的迅速发展，钢轨标准的制修订也非常频繁。

这些标准的制修订，极大推动了钢厂钢轨生产的升级改造，实现了高速铁路百米钢轨的自主研发和生产，形成了钢厂按照铁路需要生产的情况。

2. 普速铁路钢轨标准的修订

2003 年，原铁道部对普速铁路（时速 160 公里以下）热轧钢轨标准进行第 1 次修订，发布了《43~75 千克/米热轧钢轨订货技术条件》（TB/T 2344—2003）。

2004 年，原铁道部制定和发布了《热处理钢轨技术条件》（TB/T 2635—2004）。

2012 年，对普速铁路钢轨标准进行了第 2 次修订，将以上两项标准整合修订，形成了《43~75 千克/米钢轨订货技术条件》（TB/T 2344—2012）（以下简称"2012 年铁道行业标准"）。

2017 年 10 月，国家铁路局发布国铁科发〔2017〕75 号，正式将新轨头廓形钢轨 60N 和 75N 纳入标准。

3. 道岔用非对称断面钢轨标准的制修订

铁路道岔用钢轨主要指用于转辙器 AT 轨和辙叉翼轨及心轨的非对称断面钢轨，同时也包括用于伸缩调节器的 AT 轨。

2000 年，原铁道部发布科技基〔2000〕41 号《时速 200 公里客运专线 60AT 钢轨暂行技术条件》。2005 年，修订该技术条件，形成科技基〔2005〕101 号《客运专线 60AT 钢轨暂行技术条件》。2005 年，原铁道部发布《AT 钢轨》（TB/T 3109—2005）。2007 年，原铁道部发布工管技〔2007〕46 号《特种断面翼轨暂行技术条件》，规定了用于高速铁路道岔轧制翼轨 60TY 的技术要求。

2012 年，将以上 3 个技术条件整合修订，形成了《铁路道岔用非对称断面钢轨》（TB/T 3109—2013）。

4. 钢轨标准的整合修订

2016 年，国家铁路局对钢轨标准整合修订。历经 5 年，将 TB/T 3276—2011、TB/T 2344—2012、TB/T 2635—2004、《钢轨实物弯曲疲劳试验方法》（TB/T 1354—1979）4 项

标准整合修订为《钢轨 第 1 部分：43~75 千克/米钢轨》（TB/T 2344.1—2020）；同时将 TB/T 3109—2013、《道岔钢轨件淬火技术条件》（TB/T 1779—1993）整合修订为《钢轨 第 2 部分：道岔用非对称断面钢轨》（TB/T 2344.2—2020），加上新制定的《钢轨 第 3 部分：异型钢轨》（TB/T 2344.3—2018）（以下合称"2020 年铁道行业标准"），形成新的钢轨标准体系。

自 1998 年以来，冶金行业和铁道行业，双方生产制造、采购订货、检验复验、异议处理和钢轨使用等，均执行铁道行业标准。1998—2021 年期间，我国冶金和铁路行业执行的钢轨标准见表 1-20。

表 1-20 1998—2021 年期间我国铁道行业钢轨标准制修订情况

发布时间	标 准 名 称	发布部门
1999 年	科技基〔1999〕06 号《时速 200 公里客运专线 60 千克/米钢轨暂行技术条件》《时速 300 公里高速铁路 60 千克/米钢轨暂行技术条件》	原铁道部
2003 年	《43~75 千克/米热轧钢轨订货技术条件》（TB/T 2344—2003）	原铁道部
2004 年	铁科技函〔2004〕120 号《350 公里/小时客运专线 60 千克/米钢轨暂行技术条件》	原铁道部
2005 年	铁科技函〔2005〕298 号《250 公里/小时客运专线 60 千克/米钢轨暂行技术条件》	原铁道部
2005 年	《热处理钢轨技术条件》（TB/T 2635—2004）	原铁道部
2011 年	《高速铁路用钢轨》（TB/T 3276—2011）	原铁道部
2012 年	《43~75 千克/米钢轨订货技术条件》（TB/T 2344—2012）	原铁道部
2020 年	《钢轨 第 1 部分：43~75 千克/米钢轨》（TB/T 2344.1—2020）《钢轨 第 2 部分：道岔用非对称断面钢轨》（TB/T 2344.2—2020）	国家铁路局

5. 国家标准

2007 年 7 月，《铁路用热轧钢轨》（GB 2585—2007）发布。2021 年 3 月，《铁路用热轧钢轨》（GB/T 2585—2021）修订发布。由于近年来铁路发展较快，铁道行业钢轨标准修订频繁，国家标准的修订相较于铁道行业标准的修订通常有一定时滞，因此国家铁路一般执行铁道行业标准。

《铁路用热轧钢轨》（GB/T 2585—2021）由中国钢铁工业协会提出，全国钢标准化技术委员会归口。冶金工业信息标准研究院为该标准起草的牵头单位，中国铁道科学研究院金化所、中国铁道科学研究院标准所等单位的相关人员参加了该标准的起草，主要内容与《钢轨 第 1 部分：43~75 千克/米钢轨》（TB/T 2344.1—2020）相一致。由于 TB/T 2344.1—2020 历经 4 年多，期间经多次修改，而 GB/T 2585—2021 并没有及时纳入铁道行业标准后期修改内容，在钢种化学成分和几何尺寸、轨端热处理等方面，均存在不同。

二、钢轨技术进步在标准中的体现

（一）钢轨钢的冶炼

钢轨钢的冶炼有长流程和短流程之分。以矿石作原料为长流程，以废钢作原料为短流程。我国钢轨钢的冶炼自汉阳铁厂开始，至今100多年来均采用长流程炼钢。随着废钢量的增加，今后短流程炼钢会越来越多。美国钢轨钢的冶炼已多数采用短流程，即采用电弧炉炼钢。

19世纪50年代后，铁路轨道由铁轨改成钢轨，使用寿命提高了15～20倍，尤其随着贝塞麦转炉炼钢法、马丁平炉炼钢法以及托马斯碱性炼钢法的发明，钢铁冶炼实现了大规模生产，效率提升、成本下降，为铁路用轨材质由铁向钢转变奠定了基础。

汉阳铁厂在建厂初期，采用的是酸性转炉炼钢法，由于这种方法不能去除磷，导致钢轨脆性较大、质量不佳。1904年，汉阳铁厂改造之后采用西门子-马丁平炉炼钢法，钢轨质量大幅度提高。

新中国成立初期，我国钢厂生产设备以平炉为主。20世纪60年代随着氧气转炉炼钢法的迅速发展，70年代开始我国钢厂开展"平改转"技术改造，目前钢轨钢的冶炼均采用转炉，并增加了炉外精炼、真空脱气等设备工艺。100多年来，钢轨钢的冶炼经历了从转炉到平炉再到转炉的演变过程，冶炼设备和工艺的变化，主要是为了改善钢质和降低成本的需要。钢轨钢的制造方法要求见表1-21。

表1-21　钢轨钢的制造方法要求

标　准	制　造　方　法
1911年清邮传部标准	马丁碱基法
1922年北洋政府交通部标准	酸性贝塞麦法、碱性贝塞麦法、酸性马丁法、碱性马丁法
1936年国民政府铁道部标准	酸性平炉法、碱性平炉法、酸性贝塞麦法
1950年原铁道部标准草案	平炉炼钢法（若采用转炉炼钢法，应报部长批准）
1953年原重工业部标准	平炉炼钢法、平炉二重冶炼法、贝塞麦转炉法
1960年原冶金工业部标准	平炉法、碱性转炉（包括侧吹和纯氧顶吹）
GB 2585—1981	平炉法、氧气转炉法
YB（T）68—1987	平炉法、氧气转炉法
1993年铁道行业标准	平炉法、氧气转炉法
2012年铁道行业标准	碱性氧气转炉法、电弧炉法，并要求炉外精炼、真空脱气
2020年铁道行业标准	碱性氧气转炉法、电弧炉法，并要求炉外精炼、真空脱气

（二）内部质量检验项点

1911—2020年，钢轨标准中要求的内部质量检验项点见表1-22。

表 1-22　钢轨标准中要求的内部质量检验项点

标　准	检　验　项　目
1911 年清邮传部标准	2 项：化学成分、落锤
1922 年北洋政府交通部标准	3 项：化学成分、落锤、拉伸
1936 年国民政府铁道部标准	5 项：化学成分、落锤、断口缺陷检查、拉伸、硬度（参考）
1950 年原铁道部标准	5 项：化学成分、落锤、断口缺陷检查、拉伸、轨端热处理质量（硬度、淬火层形状、淬火裂纹）
1953 年原重工业部标准	6 项：化学成分、低倍、白点、落锤、拉伸、轨端热处理质量（硬度、淬火层形状、淬火裂纹）
1960 年原冶金工业部、铁道部标准	6 项：化学成分、低倍、白点、落锤、拉伸、硬度（轨端热处理）
GB 2585—1981	6 项：化学成分、低倍、白点、落锤、拉伸、硬度（轨端热处理）
YB(T) 68—1987	9 项：化学成分、低倍、白点、高倍、落锤、拉伸、硬度（轨端热处理）冲击、探伤
1993 年铁道行业标准	12 项：化学成分、低倍、白点、拉伸、冲击韧性、落锤、硬度（轨端热处理）、显微组织、晶粒度、非金属夹杂物、超声波探伤、轨底残余应力
2012 年铁道行业标准	17 项：化学成分、残留元素、氢、氧、氮气体含量，拉伸，硬度，显微组织，脱碳层，非金属夹杂物，低倍，落锤，超声波探伤，轨底残余应力，断裂韧性，疲劳裂纹扩展速率，试样疲劳
2020 年铁道行业标准	17 项：化学成分、残余元素，氢、氧、氮气体含量，拉伸，硬度，显微组织，脱碳层，非金属夹杂物，低倍，超声波探伤，轨底残余应力，断裂韧性，疲劳裂纹扩展速率，试样疲劳，热处理钢轨全长硬度波动

由表 1-22 可见，100 多年来，钢轨内部质量的检验项目不断细化，由最初只检查化学成分、落锤和拉伸 2~3 项，增加细化到化学成分，残余元素，氢、氧、氮气体含量，拉伸，硬度，显微组织，脱碳层，非金属夹杂物，低倍，超声波探伤，轨底残余应力，断裂韧性，疲劳裂纹扩展速率，试样疲劳，热处理钢轨全长硬度波动等，加上外观几何尺寸、平直度及扭曲和表面质量检验，总计 20 余项。检验项目不断增多，反映了钢轨技术进一步细化，对其要求也不断提高。

（三）化学成分变化

1911—2020 年，钢轨相关标准对于化学成分要求见表 1-23。

表 1-23　钢轨的化学成分要求变化

标　准	钢种或炼钢方法	化学成分（质量分数）/%
1911 年清邮传部标准	马丁碱基法	C 0.40~0.60，Si ≤ 0.10，Mn ≤ 0.90，P ≤ 0.075，S ≤ 0.06
1922 年北洋政府交通部标准	贝塞麦法	P ≤ 0.10
	平炉法	P ≤ 0.05

标　准	钢种或炼钢方法	化学成分（质量分数）/%
1936 年国民政府铁道部标准	平炉钢 30 千克/米、35 千克/米	C≤0.50, Mn 0.60~0.90, P≤0.05
	平炉钢 43 千克/米、50 千克/米	C≤0.55, Mn 0.60~0.90, P≤0.05
1950 年原铁道部标准	平炉钢 30 千克/米、33 千克/米、38 千克/米、43 千克/米	C 0.64~0.77, Si 0.10~0.23, Mn 0.60~0.90, P≤0.040, S≤0.040
	平炉钢 50 千克/米	C 0.67~0.80, Si 0.10~0.23, Mn 0.70~1.00, P≤0.040, S≤0.040
1960 年原冶金工业部标准	P71	C 0.64~0.77, Si 0.13~0.28, Mn 0.60~0.90, P≤0.040, S≤0.050
	P74	C 0.67~0.80, Si 0.13~0.28, Mn 0.70~1.00, P≤0.040, S≤0.050
1981 年国家标准	U74	C 0.67~0.80, Si 0.13~0.28, Mn 0.70~1.00, P≤0.040, S≤0.050
	U71Mn	C 0.65~0.77, Si 0.15~0.35, Mn 1.10~1.50, P≤0.040, S≤0.040
2012 年铁道行业标准	U71Mn	C 0.65~0.76, Si 0.15~0.58, Mn 0.70~1.20, P≤0.030, S≤0.025
2020 年铁道行业标准	U71Mn	C 0.65~0.80, Si 0.15~0.58, Mn 0.70~1.20, P≤0.025, S≤0.025

　　由表 1-23 可见，百年来，我国钢轨标准中规定的含碳量越来越高，而对于有害元素 P 和 S 的控制是越来越严格。

　　碳是增加钢轨强度和硬度的最便宜的元素，随着碳含量的增加，钢的强度和耐磨性增加。随着钢轨生产技术的进步，钢的洁净度增加，性能稳定性提高，可以有效抑制因碳含量增加导致的韧塑性下降。100 多年来，钢轨的含碳量由起初的 0.30%~0.40% 增加到 0.70%~0.80%，同时，含碳量达到 1.00% 以上的过共析轨已在国外大量使用。

（四）外观质量检验项点

　　钢轨外观质量包括几何尺寸、平直度和表面缺陷等指标，百余年来进步幅度很大，其中，几何尺寸公差和表面缺陷尺寸由原来的 1~2 毫米到现在的 0.5 毫米左右，作为轧制后直接使用的产品，制造难度很大，这也是我国高速铁路得以高速、平稳运行的关键。以钢轨平直度为例，钢轨平直度要求变化见表 1-24。

表 1-24　钢轨平直度要求变化

标　准	轨端平直度			轨端重叠区平直度		轨身平直度	
	垂直向上	垂直向下	水平方向	垂直方向	水平方向	垂直方向	水平方向
GB 2585—1981	0.5 毫米/1 米	0.5 毫米/1 米	0.5 毫米/1 米	—	—	—	—

标　准	轨端平直度			轨端重叠区平直度		轨身平直度	
	垂直向上	垂直向下	水平方向	垂直方向	水平方向	垂直方向	水平方向
TB/T 2344—2003	0.5 毫米/ 1 米	0.2 毫米/ 1 米	0.5 毫米/ 1 米	—	—	0.4 毫米/ 1 米	0.7 毫米/ 1 米
TB/T 2344—2012	0.5 毫米/ 1 米	0.2 毫米/ 1 米	0.5 毫米/ 1 米	0.5 毫米/ 1.5 米	0.7 毫米/ 1.5 米	0.4 毫米/ 1.5 米	0.6 毫米/ 1.5 米
TB/T 3276—2011	0.3 毫米/ 1 米	0.2 毫米/ 2 米	0.4 毫米/ 1 米	0.3 毫米/ 2 米	0.6 毫米/ 2 米	0.2 毫米/ 1 米	0.5 毫米/ 2 米
TB/T 2344.1—2020	0.3 毫米/ 1 米	0.2 毫米/ 1 米	0.4 毫米/ 1 米	0.3 毫米/ 1.5 米	0.5 毫米/ 1.5 米	0.2 毫米/ 1 米	0.45 毫米/ 1.5 米

（五）白点

由于氢和应力的联合作用而导致金属材料产生脆性断裂的现象，称为氢脆断裂，简称氢脆。白点（flake）是氢致金属脆化的一种类型。断口有银白色的斑点，故称白点。白点又称发裂，是由于钢中存在过量的氢造成的。钢中的氢，随着温度的降低，因溶解度减少而过饱和，并从固溶体中析出，这些析出的氢如果来不及逸出，便在钢中缺陷处聚集并结合成氢分子。气体氢在局部区域形成的压力增高，将钢撕裂，形成裂纹。

为防止白点形成，须将钢中残余氢限制在钢的无白点极限氢含量以下。钢的无白点极限含氢量受控于钢的白点敏感性并与钢化学成分、组织状态等因素有关。

从各个时期的钢轨标准来看，从 1953 年起明确规定了在冶炼、轧制、冷却以及钢轨之热处理时，应采取足以防止钢轨产生白点的各种有效方法。随后制定的钢轨标准均有对白点进行检验的条款，有的还专门规定了防白点的钢轨缓冷工艺，把防止白点作为钢轨质量控制的第一要素。随着在线热处理技术的诞生和钢轨的长尺化生产，再无法通过钢轨缓冷来控制白点，1999 年以后，为了防止产生白点，对钢中的氢含量进行了严格的控制。

（六）关于落锤试验

从制定钢轨标准起，就规定了要对钢轨进行落锤检验（1911—2012 年的标准，均有落锤试验），目的是使钢轨具有良好的抗断能力，以保证钢轨的安全使用。

钢轨落锤试验早期主要用于检验模铸生产条件下的钢轨母材缺陷。在模铸生产条件下，靠近模铸帽口位置的钢锭轧制成钢轨后容易存在缩孔、疏松和夹渣等冶金缺陷，残留到钢轨母材中将严重影响钢轨的安全使用。因此，需要对钢轨进行落锤试验。

重暂 1—53 中规定：经落锤试验后将整块试样折断，检查在断裂面内有无缩孔。若有缩孔现象时，则检查每根钢轨打有"1"字或"2"字的钢轨端。厂方应采取各种方法消除钢轨中的缩孔残余。

若落锤试验结果不符合要求，则在 2 根同一炉号打有"1"字的钢轨中各选出一根，取出靠缩孔一端以供复验试样之用。若复验结果中，即使其中 1 个试样不合格，则打有

"1"字的同一熔炼号全部钢轨都要报废。打有"1"字的钢轨作废后，试打有"2"字的钢轨，打有"2"字的钢轨如作废，试打有"3"字的钢轨，打有"3"字的钢轨如作废，则全熔炼号作废。打有"2"字、"3"字的钢轨取样、试验、报废均与打有"1"字的钢轨相同。

这里打有"1"字的为靠近缩孔端的第1支钢轨，打有"2"字的为靠近缩孔端的第2支钢轨，打有"3"字的为靠近缩孔端的第3支钢轨。

UIC 860—1986对落锤试验规定为：从钢轨端部（靠近钢锭帽口）取样，即A段钢轨，若落锤不合格，则按原位依次取样进行落锤，直至合格为止，不合格钢轨不得交货。

随着钢铁冶金技术的发展，连铸技术出现并在冶金行业中得到了广泛应用。模铸改为连铸后，不仅提高了金属收得率（利用率），也避免了模铸容易产生的帽口冶金缺陷，世界各主要钢轨生产国均已采用连铸技术生产钢轨。采用连铸技术后，钢轨潜在的帽口冶金缺陷问题得到彻底解决。同时，我国钢轨生产实践表明，连铸钢轨已多年未出现落锤试验不合格的现象。另外，国际国外标准基本取消了连铸钢轨的落锤检验。针对我国钢轨生产的实际情况，同时为了与国际先进标准接轨，我国现行的最新钢轨标准TB/T 2344.1—2020和GB/T 2585—2021均取消了钢轨落锤检验项目。

（七）关于轨端热处理

1950年起，我国执行的钢轨标准均规定要进行轨端热处理。这主要是，一方面由于当时有缝线路多，轨端承受的冲击力较大，另一方面，当时都为碳素轨，硬度比较低（U74为HB240以下，U71Mn为HB260以下）。因此，需要对轨端进行热处理，以提高其硬度。GB 2585—1981规定，要求U74轨端热处理后轨面硬度HB280～350，U71Mn轨端热处理后轨面硬度HB301～370。

现在，我国铁路基本上采用无缝线路（截至2017年底，我国无缝线路占正线总延长84.1%），孔轨使用很少。更重要的是，若轨端热处理工艺控制不好，会出现组织异常、硬度不符合要求的情况，严重影响安全。因此，现在国际标准、欧洲标准、北美铁路协会标准以及国际铁路联盟标准《钢轨供应技术规范》（UIC 860—2008）均未对轨端热处理作出规定。

三、钢轨标准体系

（一）欧洲钢轨标准体系

欧洲用10余年时间完成了钢轨及相关标准的制修订。欧洲钢轨标准于1994年提出初稿，2003年正式颁布实施。欧洲钢轨标准明确规定了该技术条件适用于高速铁路，是当今世界上最为先进的钢轨标准之一，欧洲钢轨标准由以下4部分构成：《铁路应用　轨道钢轨　第1部分：46千克/米及以上T型钢轨》（EN 13674-1：2011+A1：2017）；《铁路应用　轨道　钢轨　第2部分：用于46千克/米及以上T型钢轨连接的道岔和交叉用钢轨》（EN 13674-2：2019）；《铁路应用　轨道　钢轨　第3部分：护轨》（EN 13674-3：2006＋A1：

2010);《铁路应用 轨道 钢轨 第 4 部分：大于等于 27 千克/米小于 46 千克/米的 T 型钢轨》(EN 13674-4：2019)。

欧洲钢轨标准发布以来在许多国家得到了应用，日本、俄罗斯等国家在本国的钢轨标准中均修改采用了许多欧洲钢轨标准内容。国际钢轨标准《Flat bottom（vignole）railway rails 43 kg/m and above》(ISO 5003—2016)（43 千克/米及以上平底 T 型钢轨），也基本以欧洲标准为基础进行制定。

（二）我国钢轨标准体系

我国钢轨标准，最初钢轨轨型（断面）和技术条件分开，热处理钢轨和热轧钢轨分开，道岔用钢非对称钢轨和线路用对称钢轨分开，没有形成体系。

自 1998 年开始，我国在欧洲标准体系基础上制定了系列钢轨标准，经过 20 多年的不断修订，我国钢轨标准已与国际上最为先进的钢轨标准接轨，截至 2021 年，我国铁路用钢轨标准体系由以下标准构成，包括了道岔用轨以及热处理钢轨，涵盖了不同运行速度的线路，即 TB/T 2344.1—2020、TB/T 2344.2—2020 和 TB/T 2344.3—2018。另外，《33 千克/米护轨用槽型钢》(TB/T 3110—2018)，《热轧轻轨（30 千克/米及以下轻轨)》(GB/T 11264—2012)，单独形成标准。

1911—1949 年期间，我国共制定了 3 个钢轨标准：1911 年清邮传部《奏定八十五磅钢轨及附属品制造验收通行章程》。1922 年，北洋政府交通部《国有铁路钢轨及附件规范》。1936 年，国民政府铁道部《国营铁路钢轨规范》。

建国初期，百废待兴。初期的钢轨标准主要参考苏联标准制修订，随后几经修订，于 1981 年形成了首个国家标准 GB 2585—1981。这一阶段钢轨标准的制修订以冶金行业为主导，基本上是"钢厂生产什么，铁路使用什么"；到 1998 年，随着高速铁路的修建，铁路行业对钢轨提出了更高的要求，此后，钢轨标准的制修订以铁路行业为主导，基本上是"铁路需要什么，钢厂生产什么"，以满足高速、重载铁路快速发展的需要；高速铁路（客运专线）钢轨暂行技术条件的修订和发布，大大推动了钢厂升级改造的步伐，使我国生产的百米钢轨质量达到了世界先进水平，实现了高速铁路百米钢轨的自主研发和生产。钢轨标准在高速铁路建设中起到了关键的作用。2015 年，我国主持制定了钢轨国际标准《Flat bottom（vignole）railway rails 43 kg/m and above》(ISO 5003—2016)。

100 多年来，钢轨标准的制修订反映了冶金技术的进步和铁路技术的发展：钢轨钢的冶炼从转炉到平炉再到转炉，由模铸发展为连铸，还有真空脱气、炉外精炼等成套技术，极大地提高了钢轨钢的内部性能。钢轨的轧制由孔型轧升级为万能轧，采用平-立复合矫直、长尺化生产，极大地提高了钢轨的外观尺寸精度。钢轨的定尺长度由 12.5 米发展为 100 米，减少了焊接接头数量，极大地提高了钢轨通长的平顺性。钢轨的钢种（化学成分及热处理工艺）进行了长期连续不断的研究，钢轨的抗拉强度从大于 638 兆帕，发展到大于 1280 兆帕，极大地提高了钢轨的耐磨性能和使用寿命。钢轨的轨型，从 38 千克/米发展到 75 千克/米，基本形成了系列，满足我国高速、重载铁路发展的需要。

第五节　中国钢轨对中国铁路发展的贡献

钢轨是承担车载载荷、引导车辆运行的关键部件。当列车快速行驶通过钢轨时，其重量通过车轮传递给钢轨，再由钢轨传递给轨枕和道床，最终传导至路基。因此，钢轨质量的优劣、性能的高低对保证轨道的稳定性和安全性，发挥至关重要的作用。具有高平直度、高表面质量、高尺寸精度特性的钢轨，可有效减少列车行驶过程中的摩擦阻力，提高运输效率。此外，钢轨作为轨道电路重要组成部分，同钢轨绝缘、电源、限流设备、接受设备等，共同组成轨道电路网络。轨道电路主要用于自动、连续监测该条线路是否被机车车辆占用，也用于控制信号装置或转撤装置，保证机车安全行驶。总而言之，作为铁路建设的关键材料——钢轨，其配套的冶炼技术、完善的品种体系、先进无损检测技术、标准化专业化生产、合理的养护维护，为铁路高效运输奠定了坚实基础。

一、覆盖密集的铁路网络离不开钢轨技术与装备的日益成熟与完善

通过配套钢轨钢冶炼技术，充分保证钢轨钢满足高成分精度—高洁净度—高均质化要求。在服役过程中，由于钢轨承受车轮多向复杂载荷作用，其洁净度对钢轨的寿命产生重要影响，形态不一、软硬不同的非金属夹杂物是造成钢轨内部损伤、产生疲劳破损的主要原因之一。钢中非金属夹杂物对钢材基体连续性的阻碍作用，使得钢材在轧制加工、热处理以及使用过程中与夹杂物发生分离，导致缝隙产生，对钢材力学性能、抗腐蚀性等指标带来不利影响。为控制钢轨钢的成分精度、保持高洁净度，我国钢轨钢配套装备不断升级、冶炼技术日臻完善，铁水脱硫预处理、顶底复吹转炉冶炼、炉外精炼、真空处理等一系列新技术，被运用到钢轨生产中。

目前，国内钢轨钢冶炼，普遍采取铁水预处理—转炉—LF炉精炼—真空脱气—连铸工艺。铁水脱硫预处理技术，通过脱硫、脱磷工序，保证在铁水兑入炼钢炉之前，有效降低铁水中的硫、硅、磷含量，转炉冶炼后获得更为纯净的钢水。通过控制钢水的纯净度、成分精度，钢轨钢的高均质化得到有效保证。铁水预处理的成熟发展，也是实现钢材质量和新品种开发的前提。顶底复吹转炉冶炼，是目前国内外普遍采用的先进冶炼工艺，在原有的顶部氧气喷枪保持一定距离向金属熔池喷吹氧气外，从转炉底部吹入适量惰性气体进行搅拌，显著改善冶炼过程的冶金条件，减少吹损，提高废钢比，提高金属收得率，降低原料消耗，是一种高效成熟的冶炼方式。炉外精炼是近几年发展起来的一种新的炼钢技术，主要弥补传统炼钢技术在纯净度提升、各向异性控制、合金成分范围窄难以精准控制等方面的短板。钢轨钢炉外精炼主要包括温度控制、成分微调、非金属夹杂物控制和气体控制，为满足钢轨钢化学成分、气体含量及非金属夹杂物等精准控制，炉外精炼设备配置了多种功能，包括：（1）合金微调功能，用于调控钢水化学成分；（2）升温及保温功能，用于精准调节和控制钢水温度；（3）真空脱气功能，有效降低钢中气体含量；（4）脱硫功能，脱除钢中有害物质；（5）吹氩脱硫功能，均匀钢水成分和温度；（6）协调缓冲转炉和连铸之间紧张的生产调度。目前，国内钢轨钢冶炼设备有LF、RH、VD等。LF早期

用于提高电炉钢产量，后国内企业将其应用到钢轨钢冶炼中。LF 主要功能：（1）在炉外精炼过程中，钢轨钢成分微调，保证钢轨成分合格并实现产品低成本控制；（2）钢水纯净度得到保障；（3）钢水温度满足后续连铸工艺需求等。RH 工艺最早由联邦德国鲁尔钢铁公司（Ruhrstahl）和海拉斯公司（Heraeus）在 1957 年共同开发。随着洁净钢需求的不断提升，RH 已成为生产高品质钢种的核心精炼装备。RH 的功能也由最初的脱氢，逐渐发展成为集脱碳、脱气、温度补偿、均匀成分、均匀温度、去除非金属夹杂物等多种功能于一体的装置。钢水经过真空脱气后，溶解在钢水中的氢、氧等气体含量进一步降低，有害气体对钢轨性能影响显著降低。特别是钢水经过脱氧后，可以使钢中的氧化物夹杂显著减少。

在精整精轧关键环节，国内企业通过引进及开发万能轧机、在线热处理装置、平立复合矫直机等，实现了钢轨平直度、表面质量、尺寸精度等关键指标大幅提升，国内钢轨长流程特点"精炼—精轧—精整"基本形成。早期，我国钢轨生产技术主要特征是模铸、初轧、缓冷。工艺流程为：铁水→平炉（转炉）冶炼→锭模铸造→拔模→均热→1150 开坯→堆垛→清理→上料→加热→开坯→三辊往复轧制→锯切→打号→冷却→缓冷→上垛→水平矫直→铣头→钻孔→淬火→探伤→检查→入库→运输。坯料生产主要工艺设备为 500吨平炉/120 吨转炉、11.4 吨/9.6 吨钢锭模、均热坑、1150 初轧机、机械剪切机。钢轨轧制设备为二列横列式布置的轧机：950+800/800/850、950+760/760/760、800+650/650/650。长度 75 米钢轨热轧后热锯切为 25 米进行缓冷和后续的冷加工工序。950/800×2/850机列，是当时引进比较先进的生产设备，开坯、粗轧三架轧机采用胶木瓦轴承，精轧轧机为圆柱滚动轴承，轧机刚度高，径向弹跳小，产品精度高。随后，连续铸造大方坯的投产，替代模铸开坯工艺，开启连铸坯轧制钢轨的时代。工艺流程为：铁水→脱硫→转炉冶炼→真空脱气→连续铸造→切割→堆垛→清理→上料→加热→开坯→三辊往复轧制→锯切→打印→冷却→缓冷→上垛→水平/垂直联合矫直→锯钻加工→淬火→探伤→检查→入库→运输+离线淬火。随着万能轧制技术引进投产，国内钢轨生产技术迈上新的台阶，实现了一坯一轨的 100 米长尺生产模式，大大提高了钢轨实物质量水平。工艺流程：铁水→转炉冶炼→LF 精炼→VD/RH 真空处理→大方坯连铸→切割→堆垛→上料→加热→开坯→万能往复轧制→热打印→（余热淬火）→长尺预弯冷却→水平/垂直长尺矫直→长尺探伤→长尺锯钻加工→长尺检查→长尺入库→长尺运输。万能轧机可轧制大多数型材。在轧制钢轨时，可保证断面变形对称均匀，轨头和轨底加工良好，断面尺寸精度高，内应力少，表面质量好，因此，万能轧机在国内大型钢轨企业得到大范围应用。万能轧机采用自动化生产，在提升生产效率的同时，进一步提高了成材率，降低生产成本。此外，万能轧机可精准控制轧制力大小和方向，确保钢轨质量稳定性。由于万能轧机中轧机数目较多且各自相互独立，因此，万能轧机可灵活安排孔型及轧制道次，有利于开发异性断面的多种型钢。目前，国内钢企在引进万能轧机过程中，不断消化吸收，通过优化轧机孔型设计、轧机数量布置、轧机轧制规程等，在提高钢轨生产能力、改善钢轨质量的同时，还开发了多种产品。

借助万能轧机加工优势，我国钢轨定尺长度，也由最初汉阳铁厂时期，只能生产9.144 米（30 英尺），到后期的 25 米定尺、50 米定尺，再到后来的百米定尺钢轨。2004

年，我国具有自主知识产权的百米定尺钢轨，通过万能轧机加工，成功下线。

二、不断开发钢轨新品种满足铁路客运与货运的多重需求

进入 21 世纪以后，客运高速、货运重载是我国铁路的发展方向，钢轨由最初的 50 千克/米发展到 60 千克/米，钢轨强度级别也由最初的 780 兆帕提升至 880 兆帕；而重载铁路方面，由于列车轴重、运量、运输密度的不断提升，钢轨服役环境愈发苛刻，开发耐磨性高、抗疲劳，兼顾良好抗疲劳性能、易焊接钢轨的紧迫性和重要性，越发凸显。我国加紧开发出新的钢轨钢种，包括珠光体钢轨、过共析钢轨、耐蚀钢轨、贝氏体钢轨等。作为国内至今使用时间最长的钢轨——U71Mn 钢轨，其强度等级为 880 兆帕，轨顶面硬度为 HB260~300，强韧性及焊接性优良，相应的热处理钢轨强度 1080 兆帕级，轨顶面硬度 HB320~380。U75V 为钒微合金钢轨（最早也称"PD3"钢轨），其强度等级为 980 兆帕级，轨顶面硬度为 HB280~320，相应的热处理钢轨强度 1180 兆帕级，轨顶面硬度 HB340~400，U75V 钢轨是我国铁路使用最广泛的钢轨。U77MnCr 钢轨通过添加合金锰、铬，热轧钢轨强度为 980 兆帕级，轨顶面硬度 HB290~330；相应的热处理钢轨强度 1180 兆帕级，轨顶面硬度 HB350~410。U78CrV、U76CrRE 钢轨通过 V、Cr 复合微合金化，强度进一步提升，热轧钢轨强度为 1080 兆帕级，轨顶面硬度 HB310~360；热处理钢轨强度为 1280 兆帕级，轨顶面硬度 HB370~420，硬化层深度大于 20 毫米，U78CrV、U76CrRE 是目前我国铁标中强度等级最高的钢轨。作为耐蚀钢轨的典型品种——U68CuCr 耐蚀钢轨，通过添加 Cu、Cr 等合金元素，提升钢轨耐腐蚀能力，其强度 980 兆帕级，轨顶面硬度可达 HB280~320，目前该钢轨已完成前期考核试用，并通过了铁路部门认证。U95Cr 过共析钢轨是针对干线及重载铁路特别是小曲线半径路段磨耗突出、服役寿命短等研制的高强钢轨，其特点磨损性能更优，同时兼有适中的韧塑性和焊接性。过共析钢轨在国外重载铁路已规模化应用，我国正在逐步推广使用。相比于上述珠光体系列钢轨，我国也在积极开发贝氏体材质钢轨，已开发的产品主要涵盖 1180 兆帕级、1280 兆帕级、1380 兆帕级。其中，1280 兆帕级及以下主要采用热轧空冷+回火工艺生产，分为无碳化物贝氏体和贝氏体/马氏体复相组织两种类型，具有强度适中、韧塑性及抗疲劳性能好、焊接性优良等特性，已在部分线路应用，服役性能总体稳定可靠。同时，在铁路道岔领域也获得了推广应用，改善了道岔服役的安全性，使用寿命显著延长。1380 兆帕级贝氏体钢轨主要通过特定的成分设计，辅以在线热处理技术进行生产，相比于 1280 兆帕级产品，1380 兆帕贝氏体钢轨强韧性更高、耐磨性能更优，但线路应用表明，服役初期在钢轨轨头表层下方一定深度内产生的伤损使得该产品的稳定性和安全性受到质疑，限制了该产品的推广应用。目前，对于早期伤损产生的原因，业界存在争议，尚未发现有效解决早期伤损的方法，相关分析和改进措施仍在持续研究中。

三、先进无损检测技术快速识别钢轨缺陷保障铁路线路安全

在钢轨检测中，通过引进先进的钢轨无损检测技术，为铁路线路安全保驾护航。先进检测技术在提高钢轨缺陷检测准确率的同时，也推动传统无损检测技术向数字化、图像化

及智能化方向发展，促进了现代检测技术与钢轨制造业的深度融合。目前，工业生产中常用的无损探伤，主要有磁粉探伤、涡流探伤、射线探伤、超声波探伤。磁粉探伤，作为应用较早的一项检测技术，是以磁粉做显示介质对缺陷进行观察的方法。铁磁性材料工件被磁化后，由于不连续性的存在，使工件表面和近表面的磁力线发生局部畸变而产生漏磁场，吸附施加在工件表面的磁粉，在合适的光照下形成目视可见的磁痕，从而显示出不连续性的位置、大小、形状和严重程度。该检测方法主要检测钢轨工作表面或近表面缺陷，如裂纹、夹杂、白点、折叠、断层、夹层、结疤等。探伤前需按指定的磁化方法对工件进行磁化，探伤完毕后还应对工件进行退磁及磁粉清理。涡流探伤，是建立在电磁感应原理基础上的一种无损检测方法。由于检测感应线圈在导电工件表面或近表面激发的涡流是有规则地流动，当工件表面出现不连续性缺陷或瑕疵时，特别是裂纹、裂口、孔洞、刮痕、刮伤等，规则状的涡流将发生巨大畸变，因而当涡流检测遇到工作表面瑕疵时，计算机将表现出非常好的灵敏度，发现相应的缺陷。射线探伤基于具有强大穿透能力的放射线（如X射线）通过被检测工件后能使荧光材料激发出荧光或作用于感光底片使其发生不同的感光影响，由于工件材质厚薄差异，透过工件的射线强度衰减亦不同，在荧光屏或底片上显现出明暗不同的区域，最后通过人工的目测对缺陷进行判别。超声波探伤主要通过电脉冲激发超声波传感器（探头）晶片使其发射超声波，定向发射的超声波束在被测工件中传播遇到缺陷时被反射和衰减，经过仪器对信号的处理和分析，给出定量的缺陷指标。超声波探伤既可检测钢轨局部内部质量情况，也可检测钢轨全断面和全长内部质量情况。它能发现和定位存在于钢轨内部的各种冶金缺陷，如白点、夹杂、气孔等。目前，涡流探伤、超声探伤，两种检测技术在钢轨检测中应用较为广泛。

四、钢轨的标准化生产促进铁路技术的进步和产业发展

为满足国有铁路干线铁路、城际铁路与城市轨道交通日益增长的线路需求，国家相继出台制定了多项标准，用于严格规范不同牌号的钢轨标准化生产。而标准修订的过程，也反映出国内钢轨研究、生产和使用技术水平。目前，按照钢轨品种，将国内钢轨标准划分为普通铁路钢轨标准、高速铁路钢轨标准、铁路用道岔钢轨标准等。标准涵盖钢轨品种、订货所需信息、轨型尺寸及允许偏差、技术要求、试验方法、检验规则、标志和质量证明书、质量保证等内容。其中，钢轨订货标准主要从轨型尺寸、长度允许偏差、平直度及扭曲允许偏差等做出规定；钢轨技术要求结合制造方法、牌号、化学成分、拉伸性能、硬度、显微组织、脱碳层、非金属夹杂、低倍、落锤、表面质量、轨底残余应力、断裂韧性、疲劳裂纹扩展速率等，做出严格规范；试验方法主要从氢含量、总氧含量、含氮量、显微组织、轨底残余应力、断裂韧性等方面加以要求。而冶金和铁道行业各方，无论是生产制造、采购订货、检验复验、异议处理等，也均以对应牌号的钢轨标准，作为判定产品性能优良的重要依据。

五、钢轨是铁路维修养护的安全基石，是有效降低铁路养护成本的重要因素

对于铁路运输而言，只有在保证铁路基础设施正常运行条件下，运输才能得到根本性

保障。首先，要合理选用钢轨，既可以延长钢轨使用寿命，又能减少轨道养护维修工作量。钢轨的选用原则，应遵循铁路线路状态及载荷条件。研究表明，200 公里/小时以上高速客运线路，应首选强度等级为 880 兆帕的 U71Mn 热轧钢轨，200~250 公里/小时客货混运线路应选用强度等级为 980 兆帕的 U75V 热轧钢轨。曲线半径 $R \leqslant 2800$ 米的正线线路以及 $R \leqslant 1200$ 米的动车组运行入库和出库线、联络线等应选用相同材质的热处理钢轨。对于 200 公里/小时以下的普速铁路，年通过总重<5000 万吨的线路上，在直线和大半径曲线应选用 U71Mn 热轧钢轨，在半径≤800 米曲线选用 U71Mn 或 U75V 热处理钢轨。年通过总重≥5000 万吨的线路上，在直线和大半径曲线上应选用 U75V 热轧钢轨，半径≤1000 米的曲线上应选用 1180 兆帕级 U75V 热处理钢轨，在磨耗严重（磨耗速率>0.0005 毫米/万吨）的区段应选用 1280 兆帕的 U78CrV、U77MnCr 等热处理钢轨或贝氏体钢轨。重载铁路方面：（1）轴重为 25 吨及以上的重载铁路上，在直线和大半径曲线区段应选用 U75V 热轧钢轨；（2）在半径≤1500 米的曲线区段上应选用 U78CrV、U77MnCr 等热处理钢轨或贝氏体钢轨；（3）在直线和大半径曲线上不铺设热处理钢轨。高速铁路道岔用轨方面，300~350 公里/小时的高速铁路应选用 U71Mn 在线热处理钢轨。200~250 公里/小时的客货混运铁路选用 U75V 在线热处理钢轨。重载和普速铁路道岔用轨、全部道岔用轨（包括基本轨、尖轨、辙叉翼轨及叉心轨）应优先选用贝氏体钢道岔尖轨和贝氏体钢辙叉部件或选用 U75V 在线热处理钢轨，不选用离线热处理钢轨。其次，在钢轨强度等级的基础上，还应考虑轮轨硬度匹配关系。高速铁路上，钢轨硬度不宜太高，车轮硬度不宜太低。在普通铁路上，轮轨磨耗均较为严重时，应同时提高轮轨的硬度。在曲线上，钢轨硬度应高于车轮硬度。在直线上，钢轨硬度最好低于车轮硬度。

此外，为保证行车安全及轨道各部件处于良好状态，延长轨道各部件的使用寿命，需定期对轨道进行养护。在我国普通铁路线路中，由于曲线铁路占比达到 30%左右，运输大宗货物经过小半径曲线时，其内股钢轨轨头踏面通常承受较大的轮轨接触压应力，当轮轨接触压应力超过了钢轨的屈服强度时，将造成轨头踏面产生塑性变形，发展为剥离裂纹和掉块，并伴有踏面压溃和辗边伤损形貌。因此，在小半径曲线区段中，要做好养护工作，对特定线路，进行周期性的检查，特别是线路病害严重的地段，应适当增加检查次数，使钢轨处于有效监控之下。铁路的飞速发展离不开钢轨技术和产品的进步。为满足我国铁路对高性能钢轨的差异化需求，我国钢轨品种经历了从无到有，从单一进口到自主研发，钢轨尺寸由最初汉阳铁厂的 9.144 米，到自主知识产权的百米钢轨。我国钢轨的发展历程，见证了我国铁路的发展，为我国铁路整体技术进步做出了应有的贡献。

第六节　中国钢轨对世界铁路发展的贡献

作为当前全球经济发展的重要标志，区域经济一体化对国际经济贸易产生的影响是广泛而深刻的。区域一体化通过优化资源配置、生产要素流动、技术合作等，可有效降低信息不对称、贸易壁垒、地理位置疏远等，对区域经济有着深刻影响。当前融合程度最深、整体发展水平最高的区域一体化组织——欧盟，其成员国之间的经济贸易壁垒基本已经解除，形成了一个人口超过 5 亿、GDP 超过 17 万亿美元的统一大市场。东亚合作为亚洲区域经济一体化代表，从 1992 年签署建立自由贸易区协议开始，通过不同成员国之间建立自由贸易区框架协议，形成了"10+1"的模式业。目前，区域经济一体化覆盖大多数国家和地区。据世界银行统计，全球只有 12 个岛国和公国没有参与任何区域贸易协议（RTA）。174 个国家和地区至少参加了一个（最多达 29 个）区域贸易协议，平均每个国家或地区参加了 5 个。

区域经济一体化离不开高速发展的铁路基建。依靠四通八达的国际铁路网，大宗商品和资源运输到全球各地，直接促进了国际之间的贸易往来与合作。而近年来，在全球区域经济一体化过程中，成绩最为亮眼的，当属由"一带一路"搭建的铁路网络。"一带一路"重新把亚、欧、非、拉等区域紧密地连接在一起，形成全球经济新格局，同时带动了国内煤炭、钢铁、金属矿石、木材等重要物资出口。

据中国商务部数据统计，仅 2023 年一年，我国企业在"一带一路"国家非金融类直接投资 2240.9 亿元人民币，比上年（下同）增长 28.4%（以美元计为 318 亿美元，增长 22.6%）。其中，投资国家主要面向新加坡、印度尼西亚、马来西亚、泰国、越南、巴基斯坦、阿拉伯联合酋长国、柬埔寨、塞尔维亚和孟加拉国等。在全年对外承包工程方面，中国对外承包工程业务已遍及 200 多个国家和地区，我国企业在"一带一路"国家新签承包工程合同额 16007.3 亿元人民币，增长 10.7%（以美元计为 2271.6 亿美元，增长 5.7%）；完成营业额 9305.2 亿元人民币，增长 9.8%（以美元计为 1320.5 亿美元，增长 4.8%）。

作为中国与欧洲以及"一带一路"国家的国际铁路联运班列——欧亚班列（中欧班列），发挥其在时效、价格、运能、安全性等方面优势，逐渐被中欧广大客户所接受，成为中欧间除海运、空运外的第三种物流方式。2018 年以来，中欧班列年开行数量均突破《中欧班列建设发展规划（2016—2020 年）》确定的年开行 5000 列的目标，开行数量和质量持续稳步提升，开行范围已拓展到欧洲 21 个国家，铁路网络成为中国与"一带一路"国家政策沟通、设施联通、贸易畅通、资金融通的重要桥梁。目前，中欧间已形成了西、中、东三大铁路运输通道。西通道，主要吸引西南、西北、华中、华北、华东等地区进出口货源，经陇海、兰新线在新疆阿拉山口（霍尔果斯）铁路口岸与哈萨克斯坦、俄罗斯铁路相连，途经白俄罗斯、波兰等国铁路，通达欧洲其他各国。中通道，主要吸引华中、华北等地区进出口货源，经京广、京包、集二线在内蒙古二连浩特铁路口岸与蒙古国、俄罗斯铁路相连，途经白俄罗斯、波兰等国铁路，通达欧洲其他各国。东通道，主要吸引华东、华南、东北地区进出口货源，经京沪、京哈、滨州线在内蒙古满洲里铁路口岸、黑龙江绥芬河铁路口岸与俄罗斯铁路相连，途经白俄罗斯、波兰等国铁路，通达欧洲其他各国。

此外，通过对外合作修建铁路，中国加强了与共建"一带一路"国家的铁路技术合作与交流。巴基斯坦拉合尔橙线、中老铁路、印度尼西亚雅加达—万隆高铁项目等已建成并顺利运行。

一、中泰铁路

该项目是中泰两国共建"一带一路"、开展产能合作的铁路项目，是泛亚铁路重要组成部分。线路全长 845 公里，一期工程曼谷—呵叻段长度 253.2 公里，采用 EPC 模式开展合作，线下土建工程施工由泰国企业实施，轨道、四电系统和车辆（动车组）由中国国家铁路集团有限公司所属中国铁路国际有限公司牵头中方企业实施。2017 年 9 月，在厦门金砖国家峰会期间，在国家主席习近平和泰国国家总理巴育见证下，原中国铁路总公司现中国国家铁路集团有限公司所属中国铁路国际有限公司和所属铁路设计集团公司与泰国铁路局签署了一期（曼谷—呵叻段）土建工程设计合同和咨询监理合同。中泰铁路将有效提升泰国和本地区的基础设施建设和互联互通水平，加快泛亚铁路建设，促进泰国经济可持续发展，带动地区发展繁荣和民生改善。

中泰铁路合作项目一期工程先行段开工仪式如图 1-9 所示。

图 1-9　中泰铁路合作项目一期工程先行段开工仪式

中泰铁路合作项目中泰铁路路基如图 1-10 所示。

图 1-10　中泰铁路合作项目中泰铁路路基

二、巴基斯坦拉合尔橙线轨道交通项目

该项目是"一带一路"框架下中巴经济走廊首个正式启动的交通基础设施项目。项目

位于巴基斯坦第二大城市拉合尔市，是巴基斯坦第一条城轨项目，线路全长 25.58 公里，全线设置车站 26 座，其中地下车站 6 座，高架车站 20 座，总投资 16.02 亿美元，采用中国技术标准，地铁车辆及机电系统全部采用中国设备。2014 年 5 月亚信峰会期间，中巴双方就橙线项目签署了政府间合作框架协议。2015 年 4 月，在两国最高领导人见证下，中国国家铁路集团有限公司和中国北方工业有限公司组成联营体作为总承包商与旁遮普省公共交通公司签订了橙线项目 EPC 合同。2020 年 5 月通过巴方业主竣工验收，2020 年 10 月举行开通运营仪式。

巴基斯坦拉合尔橙线轨道交通项目地铁列车冷滑试跑如图 1-11 所示。

图 1-11　巴基斯坦拉合尔橙线轨道交通项目地铁列车冷滑试跑

巴基斯坦拉合尔橙线轨道交通项目地铁列车停车场如图 1-12 所示。

图 1-12　巴基斯坦拉合尔橙线轨道交通项目地铁列车停车场

三、中老铁路

中老两国互利合作的旗舰项目，作为"一带一路"倡议中，首条以中方为主投资方，全线采用中国技术标准、使用中国设备并与中国铁路网直接联通的国际铁路。项目线路由中老边境口岸磨憨/磨丁到老挝首都万象，向北连接中国境内玉磨铁路，由中国国家铁路集团有限公司所属中国铁路国际有限公司牵头中方企业与老挝国家铁路公司成立老中铁路有限公司，按照中国标准设计、建设、运营。线路全长 422 公里，单线，电气化，设计速度 160 公里/小时，运营后，磨憨铁路口岸通关时间已由原来的 40 多个小时缩减至 5 个小时以内。2021 年 12 月中老铁路通车。中老铁路是联通中老两国的重要基础设施，也是泛亚铁路重要组成部分，对于方便沿线民众出行、促进沿线经济发展、带动区域产业提升具有重要意义，同时对于加快泛亚铁路建设、实现共建"一带一路"国家设施联通、加强中国与东盟国家合作具有重要推动作用。

中老铁路的开通，为沿线各地带来客流的大幅增加，畅通了纵贯南北、连通欧亚的国际联运物流通道，交通便利所释放的红利日益扩大，成为促进中老经济走廊建设和地区繁荣发展的新动力。

中老铁路项目万象站如图 1-13 所示。

图 1-13　中老铁路项目万象站

中老铁路项目动车组驶过欣合楠里河特大桥如图 1-14 所示。

图 1-14　中老铁路项目动车组驶过欣合楠里河特大桥

中老铁路项目"澜沧号"动车组驶过琅勃拉邦跨湄公河特大桥如图 1-15 所示。

图 1-15 中老铁路项目"澜沧号"动车组驶过琅勃拉邦跨湄公河特大桥

四、印度尼西亚雅加达—万隆高铁项目

该项目为中国境外首条采用中国标准和技术合作建设的时速 350 公里高速铁路。项目线路正线全长 142.3 公里，全线设计 4 座车站，由中国国家铁路集团有限公司所属中国铁路国际有限公司牵头的中方企业联合体与印度尼西亚企业联合体采取合资、合作建设和管理方式建设和运营。

印度尼西亚雅万高铁项目如图 1-16~图 1-18 所示。

图 1-16 印度尼西亚雅万高铁项目（一）

图 1-17 印度尼西亚雅万高铁项目（二）

图 1-18　印度尼西亚雅万高铁项目（三）

五、匈塞铁路

作为中国与中东欧国家合作铁路项目，铁路线路自匈牙利首都布达佩斯至塞尔维亚首都贝尔格莱德，线路全长 342 公里，设计速度 200 公里/小时，改造既有线并增建二线，形成双线电气化客货共线快速铁路。2013 年 11 月，在罗马尼亚布加勒斯特召开中东欧-中国国家领导人会晤时，中华人民共和国国务院总理李克强与匈牙利总理欧尔班和塞尔维亚总理达契奇共同宣布合作改造升级匈塞铁路。2015 年 11 月，在苏州举行的中东欧 16+1 会议上，在中国、匈牙利、塞尔维亚三国总理的见证下，中国与匈牙利政府签署了《关于匈塞铁路项目匈牙利段开发、建设和融资合作的协议》，中国企业联合体与塞尔维亚政府及企业代表签署了匈塞铁路塞尔维亚段合作总合同，标志着匈塞铁路项目正式启动。2016 年 11 月，在拉脱维亚里加的中东欧 16+1 峰会期间，原中国铁路总公司现中国国家铁路集团有限公司所属中国铁路国际有限公司和中国交通建设股份有限公司联营体与塞尔维亚共和国政府和塞尔维亚铁路基础设施股份公司签署匈塞铁路项目现代化及改造贝旧段工程商务合同，标志项目进入实施阶段。

2023 年 5 月，匈塞铁路项目匈牙利段中方段正式启动轨道铺设工作，标志着匈塞铁路匈牙利段全面进入铺轨施工阶段。2024 年 3 月，匈塞铁路塞尔维亚境内贝诺段（贝尔格莱德至诺维萨德）安全平稳运营满两周年，累计发送旅客超 683 万人次，极大便利了沿线民众出行，诺苏段（诺维萨德至苏博蒂察至匈塞两国边境）工程建设加快推进，将于 2024 年底前具备开通运营条件。

在对外修建铁路的同时，也直接带动了国内钢轨生产及出口。据统计，我国 2022 年累计生产 355.5 万吨钢轨，其中出口量为 40.4 万吨，占总生产量的 11.4%，其中，向墨西哥出口量达到 4.2 万吨，其次为蒙古国、巴西，见表 1-25 和表 1-26。

匈塞铁路项目——塞尔维亚段启动仪式，如图 1-19 所示。

图 1-19　匈塞铁路项目——塞尔维亚段启动仪式

匈塞铁路项目——列车奔驰在匈塞铁路萨瓦河铁路桥上，如图 1-20 所示。

图 1-20　匈塞铁路项目——列车奔驰在匈塞铁路萨瓦河铁路桥上
（图片来源于中国国家铁路集团有限公司）

表 1-25　2012—2022 年国内钢轨产量及出口量情况

年份	2012	2013	2014	2015	2016	2017	2018	2019	2020	2021	2022
产量/万吨	321.5	428.2	405.4	331.3	348.6	369.3	453.3	476.1	357.1	310	355.5
出口量/万吨	54.1	66.4	61.5	64.4	61.9	48.0	46.7	54.4	31.7	31.6	40.4

注：数据来源于国家统计局、中国海关。

表 1-26　2022 年国内钢轨出口国家情况

国家	墨西哥	蒙古国	巴西	尼日利亚	埃及	越南	坦桑尼亚	新西兰
出口量/万吨	4.2	3.8	2.9	2.7	2.5	2.5	2.2	2

注：数据来源于国家统计局、中国海关。

参 考 文 献

[1] 任屹，张银花，金万智，等. 百年钢轨研究及展览 [R]. 北京：中国铁道科学研究院集团有限公

司，2019.

[2] 薛福成. 出使英法意比四国日记 [M]. 长沙：岳麓书社，1985.

[3] 方一兵. 中日近代钢铁技术史比较研究：1868—1933 [M]. 济南：山东教育出版社，2013：46.

[4] 方一兵，董瀚. 中国近代钢轨：技术史与文物 [M]. 北京：冶金工业出版社，2020：31.

[5] 李仲都. 京汉铁路沿革史（卷一）[M]. 北京：京汉铁路管理局，1918：1-2.

[6] 肯德. 中国铁路发展史 [M]. 北京：三联书店，1958：215-221.

[7] 佚名. 汉冶萍公司纪略 [J]. 东方杂志，1918，15（4）.

[8] 方一兵. 汉冶萍公司与中国近代钢铁技术移植 [M]. 北京：科学出版社，2011：37.

[9] 方一兵，董瀚. 中国近代钢轨：技术史与文物 [M]. 北京：冶金工业出版社，2020：99

[10] 方一兵. 汉冶萍公司与中国近代钢铁技术移植 [M]. 北京：科学出版社，2010：51.

[11] Hoyt L W. Blast furnaces and steel mills in China [J]. The Far Eastern Review, 1923 (5): 305-312.

[12] 方一兵. 中日近代钢铁技术史比较研究 [M]. 济南：山东教育出版社，2013：79.

[13] 方一兵，董瀚. 中国近代钢轨：技术史与文物 [M]. 北京：冶金工业出版社，2020：36.

[14] 汉冶萍煤铁厂矿记略·附录己酉九月上海时报译泰晤士报 [J]. 东方杂志，1910，7（7）：70.

[15] 刘明汉. 汉冶萍公司志 [M]. 武汉：华中理工大学出版社，1990：31.

[16] 李维格. 中国钢铁实业之将来 [J]. 东方杂志，1913，10（6）.

[17] 肯德. 附录丁：沪宁铁路借款合同. 中国铁路发展史 [M]. 伦敦：爱德华·安德诺书店，1907.

[18] 方一兵. 中日近代钢铁技术史比较研究 [M]. 济南：山东教育出版社，2013：170.

[19] 解学诗. 满铁史资料（第4卷）：煤铁篇 [M]. 第4分册. 北京：中华书局，1987：1367.

[20] 解学诗，张克良. 鞍钢史 1909—1948 [M]. 北京：冶金工业出版社，1984：236-239.

[21] 解学诗，等. 鞍钢史 [M]. 北京：冶金工业出版社，1984：276.

[22] 解学诗. 满铁史资料（第4卷）：煤铁篇 [M]. 第4分册. 北京：中华书局，1987：1440.

[23] 解学诗，等. 鞍钢史 [M]. 北京：冶金工业出版社，1984：285.

[24] 解学诗，等. 鞍钢史 [M]. 北京：冶金工业出版社，1984：323.

[25] 方一兵. 中日近代钢铁技术史比较研究 [M]. 济南：山东教育出版社，2013，256.

[26] 申大礼. 修筑綦江铁路经过概述 [J]. 建设评论，1948，1（8）：20-22.

[27] 綦江铁路工程处撰綦江铁路建筑概况. 中国第二历史档案馆. 第五辑第二编 财政经济（十）[M]. 南京：江苏古籍出版社，1997：334-336.

[28] 王子祐. 抗战八年来之我国钢铁工业 [J]. 资源委员会季刊，1946，6（1/2）：102-103.

[29] 钢迁会八十五磅钢轨试轧报告. 重庆市档案馆. 抗战后方冶金工业史料 [M]. 重庆：重庆出版社，1988：602-605.

[30] 周清跃，张银花，刘丰收，等. 高速铁路钢轨技术发展历程回顾 [J]. 中国铁路，2018（3）：1-8.

[31] European Committee for Standardization. Railway application-track-rail-part 1: Vignole railway rails 46 kg/m and above: EN 13674. 1—2011 [S]. Brussels: European Committee for Standardization, 2011.

[32] European Committee for Standardization. Railway application-track-rail-part 2: Switch and crossing rails used in conjunction with vignole railway rails 46 kg/m and above: EN 13674. 2—2006 [S]. Brussels: European Committee for Standardization, 2006.

[33] 国家铁路局. TB/T 2344. 2—2020 钢轨 第2部分：道岔用非对称断面钢轨 [S]. 北京：中国铁道出版社，2020.

[34] 中华人民共和国国家质量监督检验检疫总局，中国国家标准化管理委员会. GB/T 11264—2012 热轧轻轨 [S]. 北京：中国标准出版社，2012.

［35］ European Committee for Standardization. Railway applications-track-special purpose rail-grooved and associated construction：EN 14811：2006 + A1：2009 ［S］. Brussels：European Committee for Standardization，2009.

［36］中华人民共和国工业和信息化部．YB/T 4653—2018 城市有轨电车用槽型钢轨［S］.北京：冶金工业出版社，2018.

［37］中华人民共和国工业和信息化部．YB/T 5055—2014 起重机用钢轨［S］.北京：冶金工业出版社，2014.

［38］周清跃，张银花，刘佳朋，等．城市轨道交通钢轨成套技术研究［R］.北京：中国铁道科学研究院集团有限公司，2020.

［39］CEN. EN 13674. 1—2003：Railway applications-track-rail-part 1：Vignole railway rails 46 kg/m and above ［S］.Brussels：CEN，2003.

［40］AREMA Manual for Railway Engineering：Section 2—Specifications for Steel Rails ［S］.Lanham，MD：AREMA，2011.

［41］TB/T 2344—2012：43~75 kg/m 钢轨订货技术条件［S］.北京：中国铁道出版社，2012.

［42］张银花，李闯，周清跃，等．我国重载铁路用过共析钢轨的试验研究［J］.中国铁道科学，2013，34（6）：1-7.

［43］武汉钢铁公司史志编纂委员会．武钢志［M］.武汉：武汉出版社，1988.

［44］周清跃，张银花，刘丰收，等．高速铁路钢轨技术发展历程回顾［J］.中国铁路，2018，3：1-7.

［45］稀土钢是怎样炼成的——包钢 65 年科技发展之路．包钢内部资料，2019.

第二章　中国钢轨生产装备及工艺进步

1894 年，汉阳铁厂正式投产，1896 年轧制出我国第一支钢轨，结束了我国钢轨全部依靠进口的历史。其生产流程为：高炉炼铁→酸性转炉/碱性平炉炼钢→钢锭铸造→钢锭再加热→二重可逆式轧机轧制→冷却→矫直→加工及入库。但当时钢轨生产流程简单、生产技术落后、生产装备全部由国外进口、钢轨产品标准复杂，导致汉阳铁厂钢轨生产效率、产品质量、总产量均有限。尽管如此，汉阳铁厂的钢轨生产技术及装备为中华人民共和国成立初期重庆钢铁的钢轨生产奠定了重要基础，为我国钢轨发展做出了重要贡献。

中华人民共和国成立后，我国钢轨生产进入了快速发展阶段。随着工业化进程的加速和铁路建设的需要，我国主要钢铁生产企业如鞍钢、包钢、武钢、攀钢均开展了钢轨生产线建设，钢轨生产技术和装备得到了显著提升。这时的典型钢轨生产流程为：高炉炼铁→平炉/吹氧转炉炼钢→VD 脱气→钢锭模铸→铸坯均热炉加热→初轧机开坯轧制→钢坯表面缺陷清除→推钢式加热炉钢坯加热→二辊式可逆轧机孔型法轧制→冷床冷却→缓冷→矫直→探伤→加工→检查及入库。这一时期，钢轨的生产流程更加完善，增加的脱气、开坯、缓冷、探伤等工序有效提高了钢轨的表面和内部质量、综合力学性能以及服役可靠性，但此时的钢轨生产过程中仍然存在模铸钢坯生产效率低下、内部洁净度低、推钢式加热炉易对铸坯表面产生损伤、孔型法轧制钢轨变形不均匀、轨头轨底等关键位置规格尺寸精度较低等问题，难以满足我国铁路快速发展对钢轨质量要求的持续提升。

进入 21 世纪，我国钢轨生产技术及装备迈入了现代化、自动化阶段。为了满足我国高速重载铁路对高质量钢轨的需求，国内主要钢轨生产企业如鞍钢、包钢、攀钢、武钢、邯钢等均引进或自主开发连续铸造、万能轧制生产线、在线热处理、自动化检测与控制系统等先进装备及技术，进一步提高了钢轨实物质量水平，典型的钢轨生产工艺流程主要包括以下工序：高炉炼铁→铁水预处理→转炉冶炼→LF 炉外精炼→VD/RH 真空脱气→连铸→铸坯缓冷→步进式加热炉钢坯加热→万能轧制→在线热处理→步进式冷床冷却→钢轨矫直→表面及内部质量检测→锯钻加工→入库。

国内某厂钢轨生产全流程工序示意图如图 2-1 所示。

经过 100 多年的发展，我国钢轨生产技术及装备实现质的飞跃，整体装备技术已达到国际先进水平，部分核心装备已达到国际领先水平，一流的装备和过硬的产品品质为我国钢轨生产企业在国内外钢轨市场上赢得了良好的声誉和竞争力。

本章将根据钢轨生产流程工序顺序，介绍我国主要钢轨生产企业生产装备及生产工艺的发展进步历程。

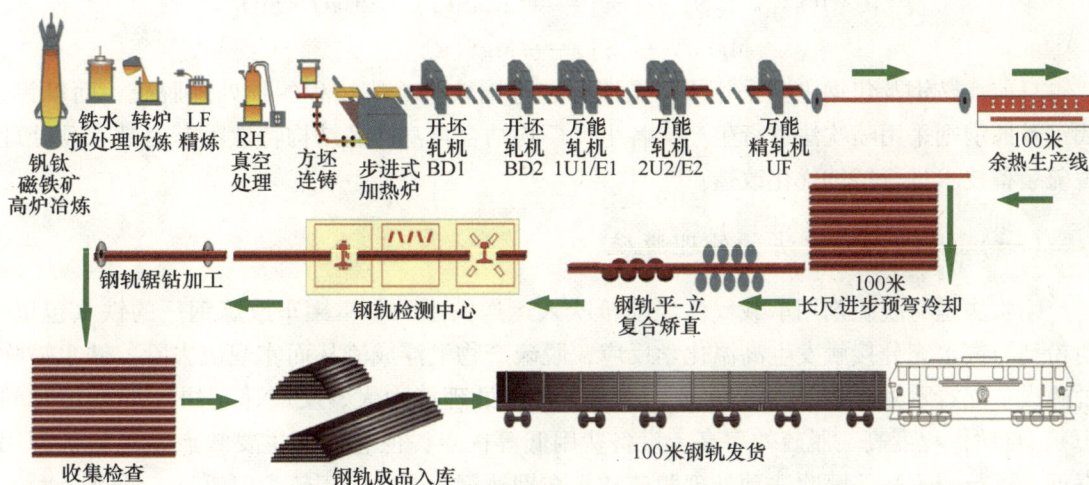

图 2-1 国内某厂钢轨生产全流程工序示意图

第一节 铁水预处理

铁水预处理是指铁水兑入炼钢炉之前，为去除某些有害成分或回收某些有益成分的处理过程。普通铁水预处理主要为了脱除铁水中的硫、硅、磷，以达到转炉冶炼获得纯净钢水的目的。而特殊的铁水预处理除脱硫、脱硅、脱磷之外还包括脱铬等特殊元素提纯，以及资源综合利用而进行的提钒、提铌、提钨等。一般是在不外加热源的情况下，利用处理剂中的活性物质和铁水中待脱元素进行快速反应，形成稳定的渣相并和铁水分离的过程。

由于硫元素除在易切削钢等钢中用以改善钢的切削性能外，通常情况下其他多数品种钢因硫的存在会恶化钢材性能。钢轨钢的洁净度对钢轨质量性能控制具有重要影响，因此，铁水预处理对钢轨钢高质量生产具有重要意义。在钢轨钢的冶炼过程中，铁水预处理主要脱除铁水中的硫元素。对于钢轨钢而言，由模铸工艺向连铸工艺转变后，为有效改善铸坯缺陷，一般要求钢轨钢中硫的质量百分含量≤0.020%，随着铁路运输的不断发展，钢轨钢质量要求不断提升，钢轨钢中的硫含量控制水平不断提升，普通铁路用钢轨钢中硫的质量百分含量≤0.010%，而高速铁路或重载铁路用钢轨钢中硫的质量百分含量则极大比例地控制在0.005%以内。

一、钢轨钢铁水预处理脱硫装备技术与发展

铁水脱硫的主要化学反应原理如下列公式所示。搅拌脱硫工艺主要通过渣中的CaO与铁水中的S反应结合成CaS进入渣中，从而实现铁水中S的降低。喷镁脱硫工艺是通过喷吹镁粉到铁水中发生化学反应生成硫化镁进入渣中，扒除渣料，从而实现铁水中S的降低。一般通过机械搅动或喷吹搅动增加铁渣界面促进铁渣反应，以实现脱硫速率及效率的提升。铁水脱硫方法通常有喷吹法和KR搅拌脱硫法。

$$CaO(s) + [S] \Longrightarrow CaS(s) + [O]$$

$$4CaO(s) + 2[S] + [Si] \Longrightarrow 2CaS(s) + 2CaO \cdot SiO_2$$
$$Mg(s) + [S] \Longrightarrow MgS(s)$$

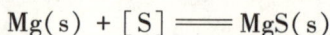

目前，鞍钢及包钢主要采用 KR 搅拌法进行钢轨钢冶炼过程的预处理脱硫，而攀钢、武钢及邯钢则采用喷吹法进行生产，各生产厂均结合自身产品结构特性不断对铁水预处理脱硫装备技术进行持续优化改造。

（一）钢轨钢喷吹法预处理脱硫

喷吹法是将脱硫剂用承载气体经喷枪吹入运送铁水的鱼雷罐车或炼钢厂的铁水包里，使粉剂与铁水充分接触发生高温化学反应，脱硫产物上浮成渣从而实现硫去除。铁水喷吹脱硫设备配置示意图如图 2-2 所示。喷吹法具有处理能力大、反应速度快（即处理时间短）、自动化程度高、脱硫效率高、设备费用低等优点，但它们的主要缺点是脱硫剂利用率低、运行成本高。喷吹法预处理脱硫技术在钢轨钢冶炼中应用较为广泛。

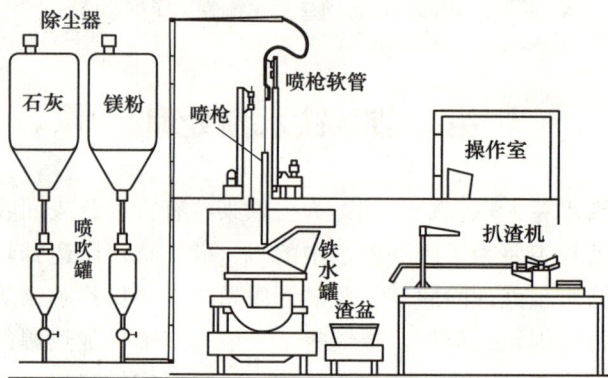

图 2-2　铁水喷吹脱硫设备配置示意图

1. 鞍钢

1990 年，鞍钢开始喷吹法脱硫装备建设，建成了年处理能力为 180 万吨的国产铁水脱硫扒渣工艺设备，后续依次分别从美国、德国引进脱硫装备技术，同步自主研发配套自动控制系统，处理能力大幅提升并稳定运行。

2. 包钢

1978 年，包钢第一次开展铁水预处理工业试验。

1986 年，在 100 吨铁水罐工业试验装置上共进行 16 罐次喷吹石灰粉铁水脱硫工业试验，为包钢建设铁水脱硫生产车间设计提供了工艺数据。

1988 年，进行了 18 次（其中钙系粉剂脱磷硫 11 次）铁水预处理工业试验，结果表明：原材料消耗使吨钢成本下降 14.15 元，转炉生产能力提高 9%～18%。同年冶金工业部组织专家对包钢铁水预处理工业试验进行技术鉴定，鉴定认为：采用高炉铁水脱硅—罐内脱磷、脱硫—转炉炼钢的工艺流程，属中国首创。

1989 年，开展了铁水脱磷、脱硫工业试验及预处理铁水转炉炼钢试验，均取得了良好成果。

2001 年 8 月，引进加拿大镁基脱硫工艺技术，使得供给转炉铁水中的 S 含量 <0.010%，为提高钢的质量、扩大钢的品种、优化炼钢工艺流程打下了坚实基础。

2007 年，"纯镁脱硫工艺消耗吸收与应用"提高了铁水脱硫效率，为转炉冶炼洁净钢创造了条件，提高了转炉生产效率。

3. 攀钢

1978 年，冶金工业部选定攀钢为铁水炉外脱硫的试点单位，攀钢设计出先进的实验装置，开展了相关的研究工作。1987 年，在 3 号高炉建成首座混合喷吹脱硫站，含钒铁水脱硫比例达到 28%。1992 年，在炼钢厂建成两套混合喷吹脱硫站。1997 年，脱硫铁水量达到 244 万吨，不断优化脱硫剂，先后使用电石粉、AD 粉、含镁脱硫剂等。2004 年，引进美国 ESM 公司 Ca-Mg 复合喷吹脱硫装置，采用半钢脱硫工艺，实现超低硫钢批量生产。2008 年，实现含钒铁水 100% 脱硫。2010 年，铁水脱硫量达到 600 万吨。2020 年，对原两套混合喷吹脱硫升级改造成自主设计 Ca-Mg 复合喷吹脱硫装置，喷吹时间缩短 30%，有效控制过程增硫、回硫，同时减少钒损失。

Ca-Mg 复合喷吹脱硫装置示意图如图 2-3 所示。

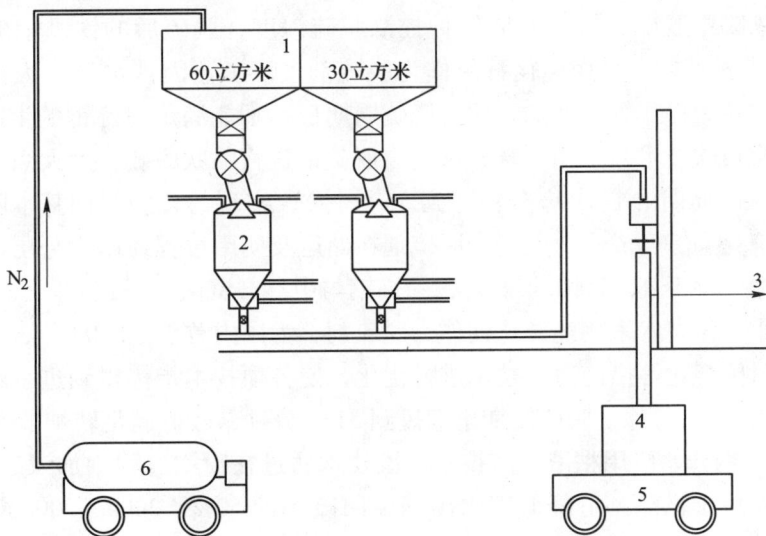

图 2-3　Ca-Mg 复合喷吹脱硫装置示意图

1—高位料仓；2—喷吹罐；3—喷枪；4—铁水罐；5—脱硫铁水车；6—粉料输送车

在攀钢的现有条件下，镁喷吹速度最大为 16 千克（Mg-90）/分钟，总的粉剂喷吹速度可在一定范围调整，采用单枪复合喷吹脱硫为 40~60 千克/分钟。脱硫喷吹采用直筒喷枪，其头部离包罐底部设定为 300 毫米。

Ca-Mg 复合喷吹脱硫如图 2-4 所示。

图 2-4　Ca-Mg 复合喷吹脱硫

4. 武钢

在平炉时期，采用 TN 钢包喷粉脱硫的工艺保证低硫钢的生产质量。1991 年 3 月，武钢从德国麦索公司引进一套同时处理两罐钢水的钢包喷粉装置，通过插入钢水的喷枪，喷入硅钙粉脱硫，喷入量每吨 1~2 千克，可将钢水中的硫从 0.035% 脱至 0.010% 以下，最低可达 0.004%。1998 年，武钢一炼钢"平改转"后，2 座铁水脱硫站均采用喷粉脱硫装置，年处理铁水 164 万吨，即全部入炉铁水都经过脱硫，脱硫剂采用颗粒镁，采用插入式喷枪在转炉兑铁罐中脱硫，根据不同钢种控制脱硫深度，脱硫后的铁水中硫含量不大于 0.005%。脱硫站投产初期采用钝化石灰作为脱硫剂，该工艺因铁水温降大、铁损高而导致生产成本高、转炉操作难度增加，而且脱硫周期长，不能满足一炼钢的生产需要。1999 年开发出了混合喷吹技术，采用石灰+Mg 混合脱硫剂进行喷吹脱硫，大大缩短了喷吹时间及脱硫周期（脱硫周期由平均 42 分钟降到 35 分钟），实现与转炉周期基本匹配，同时也降低了脱硫剂消耗和综合成本。但混合脱硫剂在储运及使用过程易产生分层，而导致脱硫效率不稳定，命中率不高。2001 年 8 月，一炼钢与中乌合资戴斯玛克有限公司合作开发出单吹镁脱硫技术，该技术采用纯钝化镁作为脱硫剂，为国内首创。2002 年，通过喷吹模型优化和喷枪耐材国产化等措施对该技术进行优化，使各项技术指标得到进一步提高，平均脱硫喷吹时间为 5.21 分钟，脱硫周期也缩短到 31.2 分钟，较好满足转炉节奏要求。

2003 年，武钢开始应用粘渣扒渣技术。该技术通过在喷吹过程中加入适量的粘渣剂，使脱硫渣变黏而易于扒除，可降低钢水出钢硫回硫率约 50%。2004—2006 年，开发了铁水罐侧吹气辅助除渣技术。该技术的特点是在扒渣的后期，通过铁水罐侧面安装透气砖向铁水渣面吹入惰性气体，使渣液流向罐口处，从而减少扒渣死区。采用辅助除渣综合技术后，扒渣时间由原来平均 12 分钟缩短到 7 分钟；脱硫渣去除率由 85% 提高到 95% 以上。

5. 邯钢

2012 年，邯钢从加拿大达涅利康力斯公司引进了复合喷吹脱硫工艺，该工艺采用的复合喷吹脱硫剂为钝化石灰和钝化镁粉，粉剂喷吹比例根据钢种需要可设定为 3∶1~7∶1（钝化石灰∶钝化镁粉）不等。

2013 年，通过工艺优化并结合工艺实际需要，完成了超低硫生产工艺固化，铁水中 S 含量≤0.001%，在满足高速轨生产标准要求的情况下，实现了钢轨生产品种全覆盖。

（二）KR 搅拌脱硫技术

KR 法是指在铁水罐内通过搅拌器旋转搅动铁水，使铁水产生漩涡，将加入的脱硫剂卷入铁水内部进行充分反应，从而实现铁水脱硫，具有脱硫效率高、脱硫剂耗量少、金属损耗低等特点。该方法设备配置示意图如图 2-5 所示。该方法利用机械搅拌作用使铁水与脱硫剂很好地接触，脱硫效率高而稳定，能得到低硫或超低硫铁水。但它们的主要缺点是设备一次性投资高，设备比较复杂，需要二次扒渣、铁水温降大和罐衬寿命较低等。

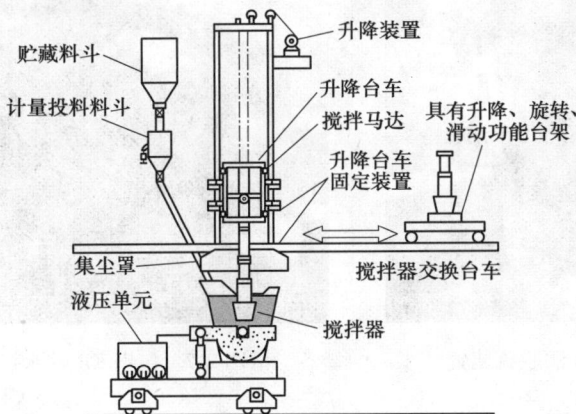

图 2-5 铁水搅拌法脱硫装置示意图

在钢轨钢冶炼过程中，国内采用 KR 搅拌法进行铁水预处理脱硫的企业主要有鞍钢、包钢和武钢。

1. 鞍钢

2015 年，鞍钢投产了两套由宝钢工程公司设计的 KR 搅拌脱硫装置，如图 2-6 所示，设计处理能力为 350 万吨/年；2019 年，投产了三套由鞍钢自行开发设计的 KR 搅拌脱硫装置，设计处理能力为 360 万吨/年。采用 KR 搅拌脱硫后的铁水硫含量得到有效控制，转炉入炉铁水中的硫含量稳定控制在 0.010% 以下。

鞍钢 KR 法脱硫装置如图 2-6 所示。

2. 包钢

2001 年，包钢投入使用 2 座 150 吨的 KR 法脱硫站，如图 2-7 所示。设计处理能力为 300 万吨/年。2011 年"包钢铁水预脱硫工艺现状分析与发展研究"技术攻关，通过对包钢铁水预脱硫工艺现状进行分析，对 KR 法和喷吹脱硫工艺的技术设备、脱硫效果、温降、铁损、成本及对流程的影响等多方面的综合比较，论证了 KR 法脱硫的优势。最终该项技术成为主流铁水预处理脱硫应用技术，配置于重轨和高等级线材专业化生产线。2015

年以后已经完全突破了超低硫控制技术，以钢轨钢为例，成品硫含量小于 0.010% 的比率大于 90%。

图 2-6　鞍钢 KR 法脱硫装置

图 2-7　包钢 KR 铁水搅拌法脱硫站

3. 武钢

武钢一炼钢于 2024 年初完成了一座 100 吨 KR 脱硫装备技术改造。解决了喷镁脱硫工艺扒渣不干净、转炉冶炼回硫、低硫品种钢扒渣铁损高等问题，经 KR 搅拌脱硫后，铁水入炉硫可达到 0.001% 以下。一炼钢 KR 脱硫技术改造后，低硫品种钢在采用 KR 脱硫后未发生过硫高工艺事故，同时减少了扒渣铁损，取得了良好的经济指标。

武钢 KR 脱硫主要技术特点包括：（1）选用 $CaO+CaF_2$ 作为脱硫剂，生产成本低，易扒渣；（2）有效利用了原脱硫站的扒渣功能，形成"双扒渣"模式，节省了深脱硫工序时间；（3）设计新型 KR 脱硫搅拌头，改善搅拌动力学条件，提高脱硫效果，降低耐材消耗；（4）采用吹气赶渣辅助扒渣技术，提高扒渣效率和效果，降低铁损；（5）自主开发脱硫工艺模型，可实现 KR 一键脱硫；（6）配置有自动扒渣智能系统、自动测温取样枪、吹气赶渣枪等装备，有效减轻劳动强度，提高生产效率。

目前武钢一炼钢拥有 KR 搅拌脱硫站和喷镁脱硫站各一座，可同时满足超低硫品种钢（KR 脱硫工艺）和快速脱硫品种钢（喷镁脱硫工艺）的技术要求。KR 机械搅拌脱硫过程温降大，对铁水温度有要求，纯镁基喷吹法可以在低温情况下应用，两种工艺的良好互补为品种钢实现 100% 脱硫合格率创造了有益条件。

二、铁水预处理提钒技术

钒元素最早在 1801 年由墨西哥矿物学家德尔·里奥在研究基马潘铅矿时发现，其化学性质与铬、铀相似，当时，由于它的盐类在酸中加热时呈红色，故命名为红色素。直到1830年，瑞典化学家尼尔斯·格·塞夫斯特姆用瑞典塔堡附近出产的矿石炼生铁时，分离出该元素，并根据这种元素的化合物具有绚丽的颜色而以希腊神话中美丽女神娃娜迪斯（Vanadis）的名字命名为钒（Vanadium）。

钒元素在钢中会影响钢的组织性能，为了实现钒元素合金作用的精准调控利用，炼钢过程一般需要对铁水中的钒进行预处理脱除，并在转炉之后的工序进行精准添加调控。

攀钢炼铁使用的攀枝花钒钛磁铁矿不但含铁，还共生有钒、钛、铬、钴等多种金属元素，且含量均达到工业综合利用水平，其中钒、钛资源储量均居全国第一，攀西地区也因此被称为得天独厚的"聚宝盆"。因此，攀钢进行钢轨钢转炉冶炼之前需要提取钒元素，即进行铁水预处理提钒。

提钒过程是铁水中铁、钒、碳、硅、锰、钛等元素的氧化反应过程，这些元素的氧化反应进行的速度取决于铁水本身的化学成分、吹钒时的热力学和动力学条件。在氧势图（见图2-8）中，碳氧势线与钒氧势线有一个交点，此点对应的温度称为碳钒转化温度。低于此温度，钒优先于碳氧化，高于此温度，碳优先于钒氧化。提钒就是利用选择氧化的原理，采用高速纯氧射流在顶吹转炉中对含钒铁水进行搅拌，将铁水中的钒氧化成高价稳定的钒氧化物制取钒渣的一种物理化学反应过程。温度的控制则是在反应过程中通过加入冷却剂以控制熔池温度在碳钒转换温度以下，达到"提钒保碳"的目的。

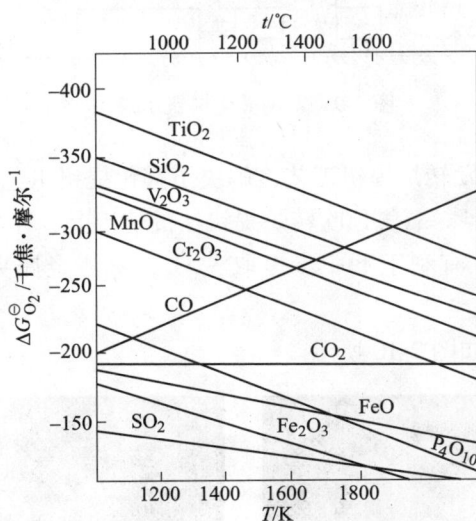

图2-8　铁液中元素氧化的 $\Delta G_{O_2}^{\ominus}\text{-}T$ 图

受矿产资源影响，目前生产钢轨的企业中，需要在铁水预处理阶段进行提钒的企业主要为攀钢。

1978—1995年，攀钢采用雾化提钒法从铁水提取钒渣。攀钢研究人员江耀华攻破了雾化提钒（见图2-9）这一世界级难题，填补了我国钒钛冶炼技术的空白，使中国从钒进口国跃居钒出口国。炼铁厂输送来的铁水罐经过倾翻机将铁水倒入中间罐，铁水进行撇渣和整流，然后进入雾化器。雾化器外形如马蹄，在雾化器的相对两个内侧面各有一排形成一定交角的风孔。当富氧空气（氧气+空气：10%+90%）从风孔高速射出时，形成一个交叉带，当铁水从交叉带流过时，高速富氧流股将铁水击碎成雾状，雾状铁水和富氧空气强烈混合，使铁水和氧的反应界面急剧增大，氧化反应迅速进行。同时，压缩空气中其他成分的进入，对反应区进行非常有效的冷却，使反应温度限制在对钒氧化有利的范围内。被击碎的铁水在反应过程中汇集到雾化室底部，通过半钢出钢槽进入半钢罐，钒渣漂浮于半钢表面形成渣层，最后将半钢与钒渣分离。由于铁水从中间罐水口到半钢罐中的时间差很短，因此雾化提钒中钒的氧化只有50%~60%是在雾化炉中完成的，其余40%~50%的钒是在半钢罐中完成氧化的。1988年12月，雾化提钒工艺获国家科学技术进步奖一等奖。

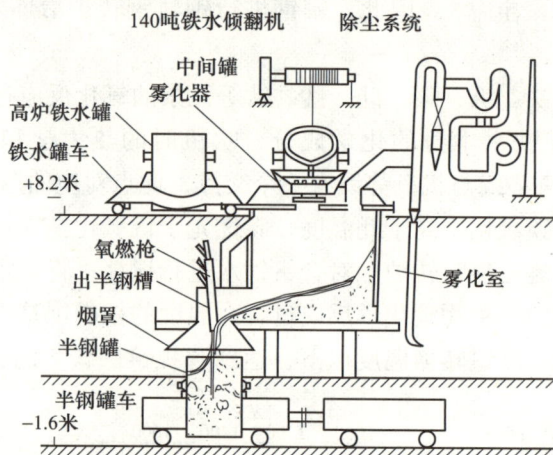

图 2-9　攀钢雾化提钒示意图

　　1995年，攀钢成功开发转炉提钒工艺，解决了雾化提钒工艺存在的钒氧化率低、生产效率不高、半钢粘罐等不足。氧气顶吹转炉提钒法的优点是：半钢温度高。制取的钒渣含钒高，CaO、P等杂质少，有利于下一步提取 V_2O_5；钒渣金属夹杂物少、转炉衬砖寿命高、钒氧化率高。

　　提钒转炉兑铁及钒渣如图2-10所示。

图 2-10　提钒转炉兑铁及钒渣

　　在转炉提钒过程中，钒在铁水侧扩散是钒氧化反应的限制性环节。钒氧化速度与钒浓度呈线性关系，而钒从钒渣向半钢的逆向还原位于化学反应限制环节内，钒还原速度跟温度呈指数关系。因此，为了有效提钒，从热力学角度看，应使熔体及元素与氧化剂接触表面保持适宜的温度；从动力学角度看，加速钒在铁侧扩散传质是加快低钒铁水中钒氧化的首要条件。加强搅拌，不仅可以加快低钒铁水传质，而且还可增加反应界面，是加快钒氧化的主要手段。为此，攀钢研究开发了"顶底复合吹钒工艺"以提高熔池的搅拌强度，即采用炉底吹入搅拌气体、炉顶吹氧的工艺。

第二节　炼　　钢

钢轨钢冶炼过程中，铁水经过预处理后洁净度得到明显提升，但铁水中依然含有含量较高的磷等杂质元素，再者，经过预处理后的铁水或半钢整体温度较低、碳含量较高，且波动较大，不能满足化学成分调配需求。钢轨钢的性能要求很高，不同性能级别的钢轨钢需要进行碳、硅、锰等合金组分的精准调配。通过转炉吹炼得到钢水一般具有更高的纯净度，钢液的温度更高而碳含量很低，为后工序对钢液进行合金组分精准调配提供了有利条件。

在钢轨钢的冶炼过程中，把铁水冶炼成钢液的主要技术为平炉炼钢和转炉炼钢，平炉炼钢在早期占据主导地位，而转炉炼钢则是炼钢技术进步到一定阶段后形成的更高效、更节能环保的炼钢技术。

一、平炉炼钢

平炉炼钢法是以废钢和生铁为原料，需要外加燃料作为热源的炼钢方法，它是根据英国人西门子提出的方案，由法国人马丁首先实验成功的。在氧气转炉出现前，平炉炼钢法在很长时间占主导地位。随着氧气转炉的发展，平炉逐渐走上了衰退道路。

（一）平炉的主要特点

（1）必须利用外来热源。平炉在使用与转炉相同的原料时，虽然带入炉内同样物理热和化学热，但转炉炉气带走和炉衬散失的热量仅占化学热的一部分，而平炉则不同，它炉体庞大、冶炼时间长，仅废气带走热量、漏气损失和炉衬散热就比化学热多几倍。当平炉主要使用固体金属料时，熔化炉料也需要耗费大量热量。因此，平炉必须外加燃料，靠外加燃料实现精炼任务。

（2）以蓄热原理工作。平炉火焰温度的高低，取决于燃料发热值和预热温度。平炉炼钢法就利用自身排出的高温废气来预热进入炉内的空气和燃料。在平炉下部两侧，各建有一对分别预热燃料和空气的内砌耐火材料格子砖的蓄热室。当高温废气（约 1923 K）通过右边蓄热室时，蓄热室温度升高，这就是蓄热过程。经过一段时间，再使废气经过左边蓄热室。与此同时，使冷燃料和空气通过换向始终经过热的蓄热室进入炉膛。这样，利用换向装置可以周而复始地改变炉子进气和排废气方向，从而实现用本身废热预热燃料和空气的目的。进入炉膛的高温火焰是从炉料上方通过，从顶部来加热炉料的。在炉料熔化后，熔渣位于炉气和钢液之间，因此熔渣状态对冶炼起重要作用。为了加速向钢中传氧传热，需要增加炉气和火焰与熔池的接触面积，所以平炉熔池面积很大。蓄热原理的应用及熔池面扩大，使平炉设备庞大、结构复杂，因此平炉散热面积大、热效率低，基建投资和维修费用高。

（3）氧化特性。为了使燃料在炉膛内完全燃烧，必须供给超过理论燃烧所需要的空气量。为了强化冶炼，在装料和精炼期还要加铁矿石作氧化剂，也可直接向熔池吹氧。

（二）关键工艺制度

1. 补炉工艺

在熔炼过程中，由于机械碰撞、熔渣浸蚀和高温火焰的作用，炉体各部位遭受不同程度的损坏。为了提高炉体寿命，保证熔炼正常进行，每次出钢后要进行必要的修补。补炉材料有镁砂、镁砂粉、白云石，铁皮、卤水、焦油等。一般用熟白云石或熟白云石和镁砂的混合材料补后墙渣线和袖墙，前墙则用卤水调合镁砂粉贴补。补炉操作应做到高温、快补；以保证耐火材料良好烧结。为了缩短冶炼时间，补炉应采用交叉作用，尽可能采用机械化喷补。

2. 装料工艺

废钢矿石法至少要装入约 20% 的废钢和一定数量的矿石、石灰等。冷料的装入顺序、装入速度、加热时间对熔化、成渣速度和冶炼时间有很大影响。确定冷料装入顺序主要应考虑保证炉料快速熔化和易于成渣。根据经验，各厂通常采用散状料—废钢—生铁的装料顺序。散状料导热性最差，装在底层有利于炉料吸热；若将其装在金属料之上，会严重阻碍火焰向金属料传热。此外，散状料装在底层对炉底有保护作用，可以避免大块废钢直接冲击炉底。石灰和矿石装在炉底，能形成有一定碱度的高氧化性熔渣，以满足熔炼需要。废钢导热性比散状料好，故装在散状料上面。生铁的熔点较低、导热性强，生铁液滴滴在废钢上可使废钢增碳，降低废钢熔点，加速其熔化，所以把生铁装在废钢上面。合理的装料方法很重要，有的厂采用"高温快装、铺平散开、分层烧透"的方法，收到了较好的效果。

3. 熔化工艺

从兑完铁水到炉料全部熔化止称为熔化期。它是整个熔炼过程最长的一个阶段，约占总熔炼时间的一半甚至更多，因此，缩短熔化期对提高平炉生产率具有重要意义。熔化期的主要任务是将炉料全部熔化，并加热金属到一定的温度。熔毕时，要求熔池有合适的含碳量。此外，熔化期要放好初期渣，熔毕渣要有合适的成分和碱度，为精炼期创造条件。

4. 精炼工艺

从熔毕到脱氧出钢这段时间称为精炼期，精炼期又分矿石沸腾和纯沸腾两个阶段。矿石沸腾是熔毕后加矿沸腾阶段，纯沸腾是最末批矿石和造渣材料加完到出钢前的阶段。精炼期的主要任务是：调整钢中碳、硫、磷等成分，使之达到脱氧前的要求；将钢液加热到出钢温度；去除钢中有害气体和夹杂物。

（1）钢液成分的控制。含碳量的控制——控制熔池中碳氧反应，是实现精炼期任务的最主要手段。精炼期碳的氧化除需要炉气供氧以外，还要靠加矿石供氧。矿石加入时间和数量对熔池降碳速度影响很大。因此，应根据平炉的加热能力、熔池温度和熔渣性质制订好矿石加入制度。熔池温度低时，矿石加入量过多或者间隔时间短，将使脱碳速度降低，延长冶炼时间；相反，矿石加入量不足或加矿间隔时间长，也将延长冶炼时间。为提高降碳速度，最好吹氧强化冶炼。

脱磷——使用低磷生铁时一般在熔毕就基本完成了脱磷任务，而生铁含磷高时，则在精炼期要继续脱磷。精炼期脱磷和熔化期脱磷有很大区别，熔化期是在温度比较低的情况下通过放出初期渣脱磷；而精炼期温度较高，磷氧化后形成 $3CaO \cdot P_2O_5$ 进入高碱度的渣中被脱除。在操作中，可以向熔池中加铁钒土、石灰造渣，用提高熔渣碱度和增大渣量的方法来提升脱磷效果。

脱硫——脱硫主要是在精炼期进行。碱度高、渣量大、流动性良好的熔渣，活跃沸腾的熔池，较高的炉温都有利于脱硫。由脱硫反应可知，降低（FeO）含量有利于脱硫，但一定的（FeO）含量，有助于石灰熔化，有利于提高碱度、降碳和熔池的活跃沸腾。

（2）钢液温度的控制。精炼期为了降碳、脱磷、脱硫，熔池需要有一定的温度，为保证顺利进行浇铸，钢液也要达到一定的温度。因此，调整好熔池温度是精炼期的一项重要任务。温度的调整要和熔池降碳、脱硫、脱磷等操作紧密配合，只有当钢液中碳、硫、磷的含量和温度同时达到要求时才能脱氧出钢。

5. 脱氧和出钢工艺

平炉常采用炉内脱氧和炉外脱氧两种方法。炉内脱氧是在出钢前将脱氧剂加入炉内，这种方法有充分时间排除脱氧产物，脱氧后钢液成分比较均匀，对钢液温度的影响也比较小，但脱氧剂收得率低。炉外脱氧是在出钢过程中将脱氧剂加入盛钢桶内，它可以缩短熔炼时间（10~15 分钟以上），减少回磷的可能性，脱氧剂收得率较高。钢液成分和温度达到出钢要求时要及时出钢。若打出钢口时间过长，不仅钢液成分会发生变化，而且高温熔体浸蚀炉体的时间亦延长。因此，必须加强出钢口的日常维护和开、堵操作，准备好必要的操作工具。

（三）平炉炼钢装备工艺的发展

1. 鞍钢

解放初期，残存的鞍钢旧有生产设备部分恢复了生产。其中，鞍钢第一炼钢厂先后拥有 9 座平炉。期间经过不断改造升级，降低氧耗，降低钢铁料消耗，提高了生产效益。

1954 年，与中国科学院金属研究所合作，进行了低锰铁水炼钢的研究试验。试验证明钢水含氧和含碳量主要取决于钢水含碳量和熔渣的碱度，取消了各工业先进国家一贯执行的"锰制度"（即炼钢使用的铁水含锰量必须大于0.2%的规定），为国家节约了锰矿资源。

1957年，在平炉上试验由石灰、铁矾土、铁皮组成的混合造渣材料，取得了缩短造渣过程和精炼时间的初步效果。

1958—1959年，向平炉熔池喷吹焦炭粉和精矿粉以强化冶炼过程的生产性试验，取得了缩短冶炼时间1~2小时的显著效果，并为20世纪70年代发展的喷粉新工艺提供了先例。

1978年，与中国科学院金属研究所合作，成功研制在线测温定碳装置，在15秒内能同时测出平炉精炼期熔池内钢水温度和含碳量，该装置在当时技术先进、国内首创。

20世纪80年代，鞍钢开展了氧气平炉顶喷石灰粉造渣研究，用石灰粉代替石灰块造渣，节省了原料，喷粉时间短、强度大、成渣迅速、脱硫率高，填补了平炉炼钢喷石灰粉造渣的空白。

1991年，鞍钢第一炼钢厂开展由传统顶吹氧平炉改造为单向顶吹氧平炉和连续出渣新工艺等设备改造，由于采用炉顶重油—氧燃枪代替过去的炉头氧油枪供热，克服了供热不均、热效率低等问题。

2. 包钢

1960年5月5日，乌兰夫同志为包钢1号平炉出钢剪彩，包钢生产出历史上第一炉钢水，正式拉开了包钢炼钢工艺技术不断进步的序幕。

1号平炉出钢现场如图2-11所示。

图2-11　1号平炉出钢现场

1962—1963年，炼钢厂组成攻关组，对中高磷铁水的冶炼、护炉及热工操作进行攻关，总结出快装料、加好热、快兑铁水、晚放渣、多放初期渣、降低熔毕磷等一整套工艺制度。同时，采用白云鄂博富矿和氧化铁皮脱磷等措施，解决了500吨平炉用高磷铁水炼钢的问题。

1974年，开展平炉炉门用氧技术研究。同年9—10月，炼钢厂在2号平炉进行10炉冶炼试验，取得了成功，随即在3座平炉上采用此项技术。

1978年，包钢开展平炉双枪顶吹氧设计研究，对1号平炉进行双枪吹氧工艺设计。

1979 年，技术改造工程投入生产，并且达到了预期目标。接着 2 号平炉、3 号平炉和 4 号平炉全部采用双枪顶吹氧冶炼工艺。

1982 年，炼钢厂开始将平炉双枪吹氧改为炉顶三枪吹氧，同年 9 月，首先在 1 号平炉实现三枪吹氧。之后，3 号平炉和 2 号平炉也分别在 1984 年 2 月和 7 月全部三枪吹氧。

2001 年 12 月 28 日 10 时，1 号平炉流淌出最后一炉钢水，包钢最后一座平炉也是全国最后一座大型平炉结束了生产的历史。自此，包钢炼钢生产进入全转炉冶炼的新时期。

包钢 1 号平炉如图 2-12 所示。

图 2-12　包钢 1 号平炉

3. 武钢

从 1959 年 9 月 29 日 1 号平炉投产至 1973 年 10 月 26 日 8 号平炉竣工，先后建成 8 座大型碱性固定式平炉。其中 1 号、2 号平炉容量为 250 吨，3~8 号平炉容量为 500 吨。从建厂到 1998 年，一炼钢厂主要采用的是平炉配模铸生产工艺。

武钢平炉炼钢如图 2-13 所示。

(a)　　　　　　　　　　　　　　　　　(b)

图 2-13　武钢平炉炼钢
（a）混铁炉；（b）平炉

（1）煤气平炉改为重油平炉。1966 年 4 月 13 日开始，首先在 3 号平炉采用单上升道、单沉渣室、双蓄热室系统，之后逐步改造全部平炉为单上升道、单沉渣室、单蓄热室、单支烟道系统。从而简化了炉子结构，减小了系统阻力。

（2）重油平炉改为氧气平炉。1973 年 1 月 7 号炉率先试验顶吹纯氧炼钢，冶炼时间缩短一半。1983 年开始逐步改造 1、3、5、6、8 号平炉为三枪顶吹氧气平炉。1988 年已形成 6 座 500 吨顶吹氧气平炉，年产规模达到 300 万吨，平炉改三枪吹氧不仅熔时大为缩短且单炉年产量均超过 50 万吨。

平炉改三枪吹氧后，为缩短出钢时间，将原砖砌出钢口的断面逐步扩大，使出钢时间从 40 分钟缩短到 20 分钟左右。为使出钢口与炉底同步，试验过多种材料的异形出钢口，如电熔镁质、镁铬质、镁碳质等，以镁碳质异形出钢口砖的效果最好。用该砖砌里口的寿命达 58 次。

1981 年开始，为解决炼钢释放的烟气严重污染环境的公害问题，先后增建了 7、1、3、8 号平炉的电除尘器，5 号和 6 号平炉也先后与 8 号平炉收尘器联网，于 1987 年 11 月 23 日消灭了最后一条"黄龙"，烟气排放浓度低于国家允许排放标准（≤150 毫克/立方米，标态），综合利用了资源。

（3）采用活性石灰造渣和冶炼全过程碳-温协调。1987 年 4 月，开始采用活性石灰取代冶金石灰在吹炼中期集中造渣。它杂质少、气孔率高、粒度小、活性度大。实践表明，使用后成渣快，除磷、除硫效果好，消耗低，是氧气平炉的良好造渣剂。

（4）采用石灰石铺炉底和一次补炉。1984 年底，为适应顶吹氧气炼钢，改使用石灰石取代铁矿石铺炉底，实践表明：炉型正常，熔毕碳温基本协调，熔毕碱度合格率高，冶炼时间稳定，还可冷却和保护炉底。1984 年 5 月采用镁砂、白云石、铁皮、废机油混合成油拌料进行一次补炉试验成功，1986 年 12 月通过部级鉴定，1991 年又采用富镁白云石取代油拌料进行一次补炉，缩短了冶炼时间，节约了补炉材料。

二、转炉炼钢

转炉炼钢是以铁水、废钢、铁合金为主要原料，不借助外加能源，靠铁液本身的物理热和铁液组分间化学反应产生热量而在转炉中完成炼钢过程。转炉按耐火材料分为酸性和碱性，按气体吹入炉内的部位有顶吹、底吹和侧吹；按气体种类分为空气转炉和氧气转炉。碱性氧气顶吹和顶底复吹转炉由于其生产速度快、产量大，单炉产量高、成本低、投资少，是使用最普遍的炼钢设备。

（一）基本任务

炼钢的基本任务包括：脱碳、脱磷、脱硫、脱氧，去除有害气体和夹杂物，提高温度，调整化学成分。炼钢过程通过供氧、造渣、合金化、搅拌、升温等手段完成炼钢基本任务。

根据一炉钢吹炼过程中金属成分、炉渣成分、熔池温度的变化规律，吹炼过程大致可以分为以下 3 个阶段：

（1）吹炼前期，也称硅锰氧化期。兑入铁水加废钢后，供氧的同时加入大部分造渣料。吹炼前期的任务是早化渣，多脱磷，均匀升温。这样不仅对去除 P、S 有利，同时又可以减少熔渣对炉衬的侵蚀。为此，开吹时必须有一个合适的枪位能够加速第一批渣料的熔化，及早形成具有一定碱度、一定 TFe 和 MgO 含量并有适当流动性和正常泡沫化的初期渣。

（2）吹炼中期，也称碳的氧化期。由于碳激烈氧化，渣中 TFe 含量往往较低，容易出现熔渣"返干"现象，由此而引起喷溅。在这个阶段内主要是控制碳氧反应均衡地进行，在脱碳的同时继续去除 P 和 S。操作的关键仍然是合适的枪位。这样不仅对熔池有良好的搅拌，又能保持渣中有一定 TFe 含量，并且还可以避免熔渣严重的"返干"和喷溅。

（3）终点控制。终点的任务是在拉准碳的同时确保钢中 P、S 含量合乎要求；钢水温度达到所炼钢种要求的范围；控制好熔渣氧化性；使钢水中氧含量合适，以保证钢的质量。

（二）关键工艺制度

转炉炼钢冶炼工艺分为五大制度：装入制度、供氧制度、造渣制度、温度制度、终点控制及脱氧合金化制度。

（1）装入制度。装入制度就是确定转炉合理的装入量，合适的铁水废钢比。转炉的装入量是指主原料的装入数量，它包括铁水和废钢。实践证明每座转炉都必须有个合适的装入量，装入量过大或过小都不能得到好的技术经济指标，若装入量过大，将导致吹炼过程的严重喷溅，造渣困难，延长冶炼时间，吹损增加，炉衬寿命降低。装入量过小，不仅产量下降，由于装入量少，熔池变浅，控制不当，炉底容易受氧气流股的冲击作用而过早损坏，甚至使炉底烧穿，进而造成漏钢事故，对钢质量也有不良影响。

（2）供氧制度。供氧制度就是使氧气流股最合理地供给熔池，创造良好的物理化学反应条件。因此，供氧制度的内容包括确定合理的喷嘴结构、供氧强度、氧压和枪位操作。熔池供氧的主要设备是氧枪。氧枪由喷嘴和枪身两部分组成，并通水冷却。喷嘴也叫喷头，它的结构有整体式的，也有组合式的。大多数喷嘴是用紫铜锻造后切削加工而成，也有直接铸造成型的。枪身是无缝钢管。喷枪与枪身通过焊接连接。

（3）造渣制度。转炉的供氧时间仅仅十几分钟，在此期间必须形成具有一定碱度、良好流动性，合适的 TFe 和 MgO 含量、正常泡沫化的熔渣，以保证炼出合格的优质钢水，并减少对炉衬的侵蚀。造渣制度就是要确定合适的造渣方法、渣料的加入数量和时间以及如何快速成渣。

（4）温度制度。温度制度主要是指过程温度控制和终点温度控制。热量来源：转炉炼钢的热量来源是铁水的物理热和化学热。物理热是指铁水带入的热量，与铁水温度有直接关系；铁水化学热就是铁水中各成分氧化、成渣所放出的热量，它与铁水的化学成分有关。在炉料中，哪些元素是主要热源，不单看它的热效应大小，还要取决于该元素被氧化的总量是多少。由于铁水中碳含量高，碳元素是炼钢的主要热源，其次是硅。

（5）终点控制及脱氧合金化制度。终点控制是指终点温度和成分的控制，通过供氧、造渣操作，达到所炼钢种成分和温度要求的时刻，称之为"终点"。转炉吹炼后进行出钢，在出钢过程完成钢水的脱氧及合金化，使钢水成分接近目标成分。

（三） 钢轨钢转炉炼钢技术进展

1997 年，鞍钢第一炼钢厂以平炉改转炉打开了老企业结构调整的突破口。新诞生的 3 座转炉，成为全国首次由平炉改为转炉的钢厂，结束了炼钢工序多年亏损的历史，为冶金行业 20 世纪末全面淘汰平炉，探索出一条"高起点、少投入、快产出、高效益"的技术改造之路。由此，各钢轨钢生产厂结合自身资源条件、产品结构及装备工艺技术实际进行了针对性的装备技术革新，有力推动钢轨钢转炉冶炼技术持续进步。

1. 鞍钢

1996 年，鞍钢决定利用第一炼钢厂平炉大修时机，将 5 座 300 吨平炉改造成 3 座 100 吨转炉，1997 年实现钢轨钢转炉冶炼，并持续稳定生产。

2005 年，鞍钢将挡渣球挡渣改为挡渣标挡渣，即在转炉出钢过程中，当液面下降到一定高度时会发生涡流卷渣，挡渣标挡渣是在出钢过程中，当钢水出到 2/3 时，用挡渣标投放小车将挡渣标投入到出钢口上方，挡渣标杆随钢水漩涡对准出钢口并定位，同时破坏出钢涡流卷渣，当钢水将要出尽时，挡渣标堵住出钢口，阻止炉内熔渣流入钢包。剩余钢水则从镖头上的小槽中流净，完成挡渣操作。挡渣标挡渣技术有效改善下渣控制，转炉下渣进入钢包的渣厚可稳定控制在 80 毫米以下，为减少钢水回磷、减少钢中夹杂物及提高钢液中的合金收得率提供了有利条件。

2008 年，鞍钢自主开发出转炉过程动态控制系统，解决了鞍钢第一炼钢厂 100 吨转炉无法安装副枪、过程检测需倒炉人工操作、冶炼周期延长 3~5 分钟的问题，该系统包括自动加料、自动控制氧枪及自动判定吹炼终点三部分，开发的系统及其模型实现 100% 国产化并集成一体，打破国外在本领域的绝对垄断，结束了鞍钢炼钢过程控制系统长期引进的历史。

2017 年，鞍钢实现转炉底吹，经过多轮攻关，鞍钢转炉复吹工艺技术实现重大突破。该技术可实现碳含量一定的前提下，降低终点钢水中的氧含量，也就是降低碳氧积，有利于降低后期用来脱氧的合金消耗，由此也可以减少脱氧过程中形成更多的夹杂物，从而达到降低冶炼成本、提高钢水质量的作用。此外，鞍钢围绕转炉顶底复吹持续开展了多轮次装备工艺优化：通过改进炉底材质，采用首创的"特殊型"炉底砌筑方式，延缓炉底侵蚀速度；增加底枪可视率，保证全炉役底吹可视，提高复吹效果；细化炉体维护方案等措施，使得转炉出钢氧下降、终点温度和氧值控制能力加强、钢水质量提升。

鞍钢转炉兑铁水作业如图 2-14 所示。

2017—2019 年，将自然循环锅炉改为强制循环锅炉。强制循环的循环推力大幅提升，可使循环稳定性大幅改善，蒸发受热面内受热较弱的管子不易发生循环停滞或倒流循环故障，控制循环锅炉的水冷壁管子进口处装有节流圈，避免了出现循环故障和受热偏差。在锅炉启停期间，充分利用水的强制流动，使各承压部件得到均匀的加热或冷却，提高升降负荷的速度，缩短锅炉的启停时间。

图 2-14　鞍钢转炉兑铁水作业

2018 年，增加红外下渣检测。红外转炉下渣检测系统一般由红外热像仪、设备防护罩、工控机、声光报警输出单元以及后端处理软件组成。系统中，红外热像仪是负责下渣图像连续采集的重要检测器件，红外热像仪检测到图像之后，通过传输网络传输到后端处理软件上经过图像分割、灰度处理等一系列操作后完成钢水与钢渣的图像特征变量的提取，最后在工控机上显示检测画面。通过热像仪可以区分出倾倒过程中的钢水和钢渣，当检测到钢渣的时候热像仪发出警告信号及时停止倾倒，有效减少转炉出钢过程下渣量，改善钢水的纯净度保障水平。

2018 年，升级除尘系统。鞍钢集团站在战略发展高度，主动响应国家环保新标准，积极承担社会责任，对炼钢转炉进行一次除尘干法除尘升级，按照最"严苛"标准立项改造。一次除尘系统全部"升级"为干法除尘工艺，烟尘排放浓度一举实现低于每立方米 10 毫克，工艺技术实现了提质环保新飞跃。

2019 年，增加音频化渣功能。应用音频化渣仪上的音频曲线预报喷溅。该技术通过检测转炉炼钢过程中的噪声强弱来判断炉内化渣状况，进一步根据化渣曲线来判断分析是否会产生喷溅，辅助喷溅主动防控。

2022 年，实现副枪功能。转炉副枪自动化炼钢是现代炼钢厂先进性的重要标志之一和发展趋势，可以实现不倒炉测量温度、结晶定碳和采样等功能。使 90%～95% 的炉次都能在停吹后立即出钢，无须检验化学成分、补吹、核正，大大提高了转炉产量，实现了全自动化炼钢。

2. 包钢

1992 年，炼钢厂转炉改造工程列入包钢"八五"规划并正式启动，炼钢厂新建两座现代化的 80 吨转炉。

1994 年，完成三座 50 吨氧气顶吹转炉扩容改造为 80 吨顶底复吹转炉，并配备了先进的自动化控制系统。同时，随着转炉的扩容改造，不断优化冶炼吹炼工艺，经济技术指标不断提升。

1997 年，5 号转炉建成投产，炼钢厂转变"二座平炉、五座转炉、全模铸"的组产模式，具备了年产钢 420 万吨的生产能力。

1997 年，随着大方坯连铸机和方圆兼用连铸机的投产，炼钢厂成功地开启了以平炉冶炼优质钢转变成以转炉冶炼优质钢的时代。这一转变，标志着炼钢厂将逐步转向全转炉生产。

2000 年，溅渣护炉技术推广应用。为了进一步提高转炉炉龄，炼钢厂不断改进冶炼工艺，提高吹炼终点碳的控制水平，加强炉体维护，五座转炉全部推广应用顶底复合吹炼技术，使全年转炉平均炉龄达到历史最高纪录。通过炉龄攻关，2000 年炼钢厂创造了 10455 炉的炉龄纪录。

稀土轨是包钢的特色产品，2000 年以前采用平炉—模铸工艺生产第一代稀土轨 BNbRE，2000 年后随着连铸工艺的投产顺行，包钢首创使用连铸坯生产重轨钢，同时采用转炉—连铸工艺生产了第一代稀土钢 BNbRE。

2001 年，开展节能降耗改造。转炉每吨钢综合钢铁料消耗降低了 7.82 千克，1~3 号炉转炉煤气回收设施投入使用后，转炉工序能耗每吨钢降低 3 千克标煤。开发了包钢长寿复吹转炉工艺并取得国家专利。

2001 年 11 月 28 日，炼钢厂 1 号平炉出完最后一炉钢水后停炉，标志着炼钢厂从此进入全转炉生产格局。平炉辉煌地走完了 41 年的生产历程。通过持续攻关，转炉—连铸工艺技术基本成熟，2001 年炼钢厂淘汰平炉实现了全转炉生产，转炉和连铸生产效率显著提高。同时随着转炉连铸工艺稳定运行，炼钢厂显著加快了转炉—连铸工艺高效品种钢的开发，使得轨、管、线三大类产品结构极大地丰富和优化，彻底改变了以沸腾钢和普碳镇静钢为主的局面，2000—2004 年新钢开发如雨后春笋。

2003 年，1 号转炉大修，采用了先进的工业控制网络和全数字控制系统，取代了二次仪表模拟控制系统，实现了三电合一计算机集散控制。

2005 年，转炉易地改造，在转炉系统推广使用五孔大流量氧枪，对氧枪的喷头结构、供氧制度、枪位控制等供氧制度进行优化，改善转炉冶炼条件，缩短冶炼时间，为炉机匹配创造了条件，从而提高转炉自身冶炼水平，经济效益明显改善，充分发挥了五座转炉的生产能力。

2006 年，两座 100 吨转炉达产攻关。从冶炼周期、出钢控制、各种生产消耗入手，把整个转炉—精炼—铸机新工艺打通并理顺，对底吹和自动炼钢系统、干法电除尘等先进技术进行消化、吸收，使新转炉尽快发挥出了产量效益和技术优势。同时，炼钢厂将新转炉除尘灰及污泥压制成的污泥球应用于转炉冶炼造渣中，大大降低了石灰、铁皮、萤石等造渣材料的消耗。

2008—2010 年，炼钢厂转炉易地改造扩容。8 号、9 号转炉采用了底吹脱磷、干法除尘、气动挡渣等先进技术，实现了绿色环保型生产，成为包钢技术装备水平最高、节能环保效果最好、配套设施最完善的两座转炉。

包钢 150 吨转炉如图 2-15 所示。

图 2-15　包钢 150 吨转炉

2014—2015 年，改进转炉工艺。"少渣、双渣冶炼工艺"不仅降低了铁水波动对炼钢的影响，而且降低了钢铁料和白灰消耗；"转炉底吹快换技术"保证了转炉整个炉役期间底吹正常，强化了冶金效果；150 吨转炉滑板挡渣技术应用，转炉全炉役底吹攻关，实现了快换底吹枪工艺；低磷钢轨钢冶炼攻关，从转炉合金烘烤、转炉冶炼工艺的优化，实现了低磷低氢工艺开发，为生产优质钢轨钢提供工艺与装备的保障。

2017 年，150 吨转炉使用滑板挡渣设备，同时炼钢厂转炉开始全炉役底吹攻关，实现了快换底吹枪工艺。2018 年，1~3 号炉开始陆续进行滑板挡渣工艺项目推进与改造，显著提升了炼钢厂低磷钢生产能力和洁净化控制水平。

2018 年，开展出钢碳提升研究。大大减少了终点钢水含氧量，成本质量效益显著提升，品种钢出钢碳 ≥0.10%，比率达到 83%。

3. 攀钢

1965 年，攀钢开始炼钢转炉一期工程建设，建有 120 吨氧气顶吹转炉 3 座以及相应的辅助生产、公用和试验设施，设计年产钢锭 150 万吨，采用了 120 吨大型氧气转炉炼钢工艺，既能满足炼钢的需要，又能提取铁水中价值很高的钒；采用了 140 吨大型铁水罐供应铁水，两座 1300 吨大型混铁炉调剂和混匀铁水，选用载重量为 200 吨的大型铸锭吊车，大大减少了车辆台数，运行流程顺利，调度灵活。

1971 年，攀钢 120 吨炼钢转炉投产。由于其独特的资源特点，铁水中含有 V、Ti 等元素，铁水经提钒后形成"半钢"，"半钢"再进入炼钢转炉进行冶炼，形成了与常规铁水不同的"半钢"冶炼模式。由于在提炼钒渣过程中，铁水中的硅、锰、钒、钛、磷、碳等元素被氧化，半钢中［Si］、［Mn］等发热元素很低，甚至微量，成渣困难，必须通过外加酸性材料来保证形成具有相应功能的炉渣。因此，半钢炼钢初期渣形成困难，炼钢热源不足，终点氧化性高。

攀钢先后试用过河砂、火砖块、玄武岩、石英砂等酸性造渣材料，同时使用锰矿、萤石作为助熔剂，成渣困难的问题得到了有效缓解。1998年，随着铁水脱硫的实施，以及钢种结构的变化，采取活性石灰造渣、多组元造渣工艺、降低炉渣碱度、适量留渣操作、氧枪喷孔的改进等措施，形成了独具特点的攀钢半钢炼钢工艺。

攀钢转炉炼钢如图2-16所示。

图2-16 攀钢转炉炼钢

1980年，主要经济技术指标超过设计水平，当年钢产量达到162万吨。由此开启了攀钢特色的半钢顶底复吹冶炼工艺研发之路。

1981年，开始二期建设。1985年4月8日，国务院批准攀钢二期工程恢复建设。确定攀钢二期工程投资29.28亿元，扩建1350立方米高炉1座，130平方米烧结机2台，50孔6米高焦炉2座；新建冷轧、热轧、铸锭跨等项目。

1987年，开展炉龄攻关。先后经过4个阶段的攻关试验，通过改变炉衬砖大小、材质、砌筑方式、炉底形状和优化炼钢操作一系列措施，转炉炉龄由1990年的平均700炉提高到1995年的1113炉。

1994年，炼钢转炉倾动和氧枪的电气传动改造为可控硅系统。原系统为电动机-发电机拖动的直流调速系统，效率低下，响应速度慢。将电动机-发电机拖动系统改成可控硅整流调速系统，减少了中间环节，提高了系统响应速度和控制精度，保证了转炉倾动和氧枪系统安全稳定运行。

1997年，开展溅渣护炉试验研究，通过"炉渣性能与状态调节技术开发""溅渣层的形成及蚀损机理研究""冶炼与溅渣结合技术的开发"等成果研究，使炉龄得到逐步提高，3号转炉炉龄突破10000炉大关，达10048炉，创造了半钢炼钢转炉炉龄的新纪录。

1996—1998年，完成转炉炼钢基础自动化改造，实现了氧枪的自动控制，倾动系统的操作监控，渣料的自动称量及自动振料控制，种类过程参数的实时数据采集及操作实现全

CRT 显示的计算机化。同时开展转炉炼钢基础自动化改造，少渣炼钢技术、热补偿技术的建立、高效炼钢技术等技术研究为连铸的连续生产和质量稳步提高提供了强有力的保障。

2003—2006 年，适应由模铸转向连铸的钢轨钢冶炼需求。2003 年 9 月，以浇铸钢轨钢为主的六机六流方坯连铸机（即 1 号方坯连铸机）建成投产，2004 年 6 月实现全连铸。期间，易地大修 6 号、7 号炼钢转炉，2006 年 3 月投产。其技术装备特点有：（1）转炉炉容比 0.9~1.0 立方米/吨。转炉供氧强度可达到 3.5~4.0 标准立方米/分钟，实现高强度冶炼；转炉采用顶底复合吹炼技术和溅渣护炉技术，采用热更换透气元件技术，透气砖数量达到 6 块；采用挡渣标挡渣出钢技术，减少下渣量。（2）转炉倾动装置采用全悬挂方式，具有安全性高，设备简单等优点；转炉托圈采用水冷却方式及托圈与炉腹空冷方式。（3）从奥钢联引进副枪和炉气分析技术，可实现"不倒炉"炼钢，通过数学模型及转炉两级计算机运用，实现转炉控制自动化；采用双小车、双卷扬氧枪系统，实现快速换枪，减少了转炉辅助作业时间。（4）采用激光测厚装置监控炉衬厚度，可以随时掌握转炉的炉衬侵蚀情况，为转炉维护提供可靠的技术支撑；采用上修方式砌筑转炉炉衬，安全性好，工人劳动强度低；从国外引进镗孔—拆炉机实现快速更换出钢口和快速拆衬。（5）配备完善的二次除尘系统，实现转炉煤气回收，实现环保的同时又对资源进行综合利用。（6）采用新型离心式泥浆过滤设备，利用离心沉降原理分离悬浮液，对固相颗粒当量直径 ≥3 微米、重量浓度比 ≤10% 或体积浓度比 ≤70%、液固密度差 ≥0.05 克/立方厘米的各种悬浮液均适合采用该类离心机进行液固分离，适用范围广；离心机脱水后污泥含水率低（25%）；自动化程度高，设备运行维护简单、方便。在此期间，攀钢针对半钢炼钢的特点和全连铸的工艺要求，围绕稳定冶炼工艺的顺行和缩短冶炼周期开展的一系列工艺技术优化研究取得了显著效果。复合造渣工艺研究使初期渣形成时间平均提前了 1 分钟，降低了转炉渣料消耗，脱磷、脱硫能力同步提高；终点钢水氧活度降低（50~200）×10^{-6}，渣中 TFe 降低 2%~4%；转炉增碳法炼钢工艺，简化了转炉操作，转炉终点命中率提高到了 80%以上，缩短了转炉冶炼时间 7~10 分钟；提高转炉供氧强度研究使转炉供氧强度提高到了 3.2~3.5 标准立方米/分钟，供氧时间缩短到了 15~17 分钟，平均缩短转炉冶炼周期 2.6 分钟，氧枪平均使用寿命提高了 300 余炉，对促进全连铸的炉机匹配发挥了重要作用；半钢炼钢脱氧工艺技术的研究使钢水温度、成分控制的稳定性以及钢质纯净度得到进一步的提高。

攀钢 6 号、7 号转炉如图 2-17 所示。

4. 武钢

1998 年，第一炼钢厂实施平炉改转炉技术改造工程，12 月 25 日，武钢最后一座平炉——1 号平炉退役，标志着武钢形成全转炉炼钢新格局。这是武钢炼钢工艺的一次划时代的历史跨越，它宣告了武钢全部淘汰平炉。

武钢平炉改造现场及转炉炼钢如图 2-18 所示。

"平改转"工程中，一炼钢厂建成了两座 100 吨顶底复吹转炉，设计年生产能力为 170 万吨。

1999 年 6 月，与转炉配套的 2 台五机五流的方坯连铸机相继建成投产，形成全连铸生

图 2-17　攀钢 6 号、7 号转炉

(a)

(b)

图 2-18　武钢平炉改造现场及转炉炼钢

（a）平改转投产现场；（b）平改转后 100 吨转炉

产格局。主要装备有：1 座容量为 1300 吨的混铁炉；2 座铁水脱硫站；2 座容量为 100 吨的顶底复吹转炉；2 套在线吹氩站；1 套双工位 100 吨钢包精炼炉和 1 套双工位 100 吨 VD真空脱气炉；2 台五机五流的方坯连铸机。同步配套了先进的环保设施。其中，转炉采用计算机自动控制静态模型炼钢、顶底复吹、溅渣护炉、挡渣出钢技术。

一炼钢厂所生产的铸坯存 B 库、C 库，除部分外销外，主要供武钢大型厂轧制型材、线材和武钢汉阳棒材厂轧制棒材。转炉连铸生产工艺流程图如图 2-19 所示。

2008 年 6 月至 2009 年 6 月，先后完成 2 座 100 吨顶底复吹转炉扩容改造，扩容后公称容量 120 吨，最大达 130 吨；利用原有转炉倾动设备，通过更换炉壳、增加炉壳直径和高度、减小炉壳与转炉托圈间隙的方法增加出钢量；更换 8 台 80 千瓦转炉倾动直流电机及调速装置；改造了相应的吊车；并对汽化冷却、除尘和能源介质等系统进行部分改造。主要控制技术包括转炉顶底复吹控制，复吹转炉炉龄长寿控制，转炉倾动、氧枪直流调速控制，转炉静态模型炼钢控制及动态炼钢技术研究。通过多种综合技术，实现了炉龄长寿

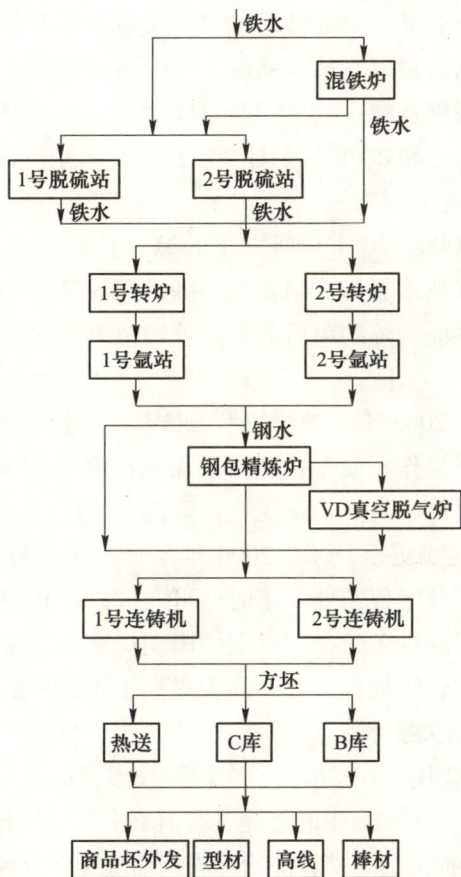

图 2-19 1998 年平改转后转炉连铸生产工艺流程图

控制，全炉役无漏钢且终点 $[\%C][\%O]$ 积控制在 $0.0030×10^{-4}$ 以下。

武钢一炼钢转炉现貌如图 2-20 所示。

图 2-20 武钢一炼钢转炉现貌

（1）复吹转炉炉龄长寿技术。转炉安全炉龄和复吹效果是转炉生产的两个非常关键却又相互制约的因素。一炼钢通过以下技术确保了转炉品种兑现，提高了转炉利用系数，降低了生产成本，全炉役无漏钢且终点 $[\%C][\%O]$ 积控制在 0.0030×10^{-4} 以下。同时 2 号转炉先后于 2005 年 5 月 20 日和 2008 年 5 月 20 日，分别创出了 100 吨转炉复吹同步炉龄 21161 炉和 24708 炉的全国纪录。

（2）综合护炉技术。2000—2001 年研究出的综合护炉技术，以操作护炉和溅渣护炉为主、以喷补护炉为辅。该技术通过控制转炉冶炼过程的热量平衡和终点炉渣成分，减少吹炼过程对炉衬的损害，保证吹炼结束后的溅渣护炉效果，也有效防止了因转炉炉底连续过高影响到复吹效果。

（3）镁碳料喷补技术。2003 年，护炉技术人员总结出镁碳料"1+1"喷补技术，它采用一次性投补加一次性干喷操作，使得转炉补大面频次降低到原来的 1/3，且避免了半干法水分对工作层的侵蚀，保证了转炉炉况受控，降低了生产成本。

（4）转炉出钢口座砖在线更换技术。2006 年 8 月，在 2 号转炉炉役中后期实施了转炉出钢口在线更换技术。该技术仅需要 8 小时即可完成以前必须停炉大修才能解决的出钢口座砖在线更换问题，不仅减少了炉役中后期的出钢口穿钢及下渣等生产和质量事故，也避免因出钢口异常而导致的转炉提前大修，大大提高了转炉炉龄。

（5）提高转炉产能的相关技术。

1）一次拉碳技术。2002 年，开发出的一次拉碳技术，通过对不同条件下的各工艺参数进行优化，从而在保证终点 C-T 双命中的前提下取消了中间倒炉操作，既减少了因倒炉而产生的熔池温度损失和钢铁料损失，又使转炉冶炼周期缩短约 3 分钟，提高了转炉产能。

2）大氧量吹炼技术。2005 年开发出的大氧量吹炼技术，通过优化吹炼枪位、拉碳枪位及倒炉时间等工艺参数，并最终提高供氧强度的技术。该技术使得供氧强度由 2.8 标准立方米/分钟提高到 3.0 标准立方米/分钟，使转炉吹炼时间缩短约 6%，提高了转炉产能。

3）转炉扩容。2008—2009 年，利用原有的转炉倾动设备，通过更换炉壳，并对吊车、冷却除尘系统和能源介质系统等进行部分改造后，将两座转炉扩容至公称容量 120吨，最大达 130 吨。从而与新建的 3 号大方坯连铸机产能相匹配，并使一炼钢达到年产220 万吨合格坯的能力。

4）转炉高碳低磷出钢技术。高碳钢在一炼钢品种结构中的比例达 20% 以上，转炉生产时一般采用低拉碳工艺，它能稳定控制终点碳、磷和温度，但因其终点 $[O]$ 含量高而使钢铁料消耗高，合金收得率低，对炉衬侵蚀严重。2003—2004 年，开发出转炉高碳出钢技术，该技术在高硅高磷铁水条件下，可将终点碳由 0.08% 提高到 0.50%，终点磷稳定控制在 0.015% 以内，提高了钢水纯净度，显著降低了钢铁料和合金消耗。

5. 邯钢

2011 年，老区异地改造后新建的两座 120 吨顶底复吹转炉（包括 1 座脱磷炉）投产，涵盖德国鲁奇公司的干法除尘设备、达涅利康丽斯的副枪在线测量及一键式炼钢系统。

2013 年，邯钢通过大量数据摸索，并结合现场实际，真正实现了"一键式"自动化炼钢技术，全面取代之前以人工为主的炼钢操作法，在大大减轻工人的劳动强度的同时，也极大地提升了转炉终点命中率。

2015 年，邯钢开展了转炉少渣炼钢攻关，并围绕转炉终渣留渣和前期倒渣两个环节开展了模型、工艺和设备革新，将石灰等辅原料消耗控制到极低水平，再次领跑行业。

2018 年，针对顶底复吹寿命炉役期同步课题进行攻关，开发了底吹在线更换技术，首次实现全炉役期，复吹效果良好，产品实物质量不断提升。

6. 永洋特钢

2007 年永洋特钢建成 1 座 70 吨交流电弧炉，带水平上料，平均出钢量 85 吨/炉，设计年生产能力 60 万吨。

2017 年异地建成 1 座 120 吨顶底复吹转炉，配备了国内先进的一次干法除尘和二次、三次除尘系统，有效解决了生产过程中的环保问题，实现了国家和地方的超低排放要求，配备声纳化渣检测、智能加料系统。

出钢挡渣：在转炉出钢过程中使用钢水下渣自动检测与滑板挡渣控制技术，配合挡渣锥的复合挡渣法，减少或控制氧化渣进入钢包，实现转炉出钢控制低回 P 量，[P]含量≤0.002%。

合金烘烤：配备合金烘烤装置，烘烤温度≥400 ℃，红块率约 60%，减少出钢过程温降，并减少合金化过程的增氢。

第三节　炉外精炼

炉外精炼主要指转炉冶炼之后的钢液的进一步冶炼。钢轨钢属于高品质钢，其高品质的要求主要体现于钢质洁净化、成分精准化、溶质分布均质化和微观组织细晶化四个方面的高水平控制。其中，成分精准化指钢轨钢中合金组成及含量的精确控制。各种级别（牌号）钢轨钢组织性能要求不同，其对应于钢中不同的合金组分体系，钢轨钢组织性能的精准控制有赖于钢中合金组分的精准调配，在钢轨钢的冶炼生产过程中，合金组分的调配完成于炉外精炼工序。钢轨钢的洁净化则主要体现在钢中杂质元素及非金属夹杂物的低含量控制，如全氧含量（T[O]）、氢含量、氮含量，以及脱氧产物等。再者，钢轨钢冶炼工序多，工艺复杂，生产组织及装备状态等都会造成钢液温度波动，通过精炼调控可以实现钢轨钢的钢液温度波动减小，为浇铸过程的钢液温度稳定奠定重要基础。

一、LF 精炼

LF 炉（ladle furnace）即钢包精炼炉，1971 年由日本特钢公司开发成功。由于它的设备简单、投资费用低、操作灵活和精炼效果好，而成为冶金行业精炼设备的后起之秀，在日本及世界各地得到了广泛的应用与发展。LF 钢包炉既可以与电炉配合，以取代电炉的还原期，还可以与氧气转炉配合，生产各种优质钢种。此外，LF 钢包炉还是连铸车间，特别是钢轨钢类钢种连铸生产线上不可缺少的控制成分、温度及保存钢水的设备。因此，LF 炉的出现形成了 LD-LF-RH-CC 或 EAC-LF-VD-CC 新的生产优质钢的联合生产线。几乎所有的钢厂都配有 LF 炉，且均发挥类似的冶金作用。

（一）关键设备组成

LF 炉由盛钢桶、水冷炉盖、电极加热系统组成。通过安装在盛钢桶底部的透气砖对钢轨钢钢液吹入氩气泡，利用氩气泡的上浮搅拌来达到均匀钢液温度与成分，利用氩气泡的上浮过程中钢中的氢、氮、氧等气体物质向氩气泡内扩散上浮实现局部脱气功能，通过氩气泡上浮带动钢中夹杂物向钢渣界面运动加速了钢-渣反应，促进了精炼渣对夹杂物的吸收。水冷炉盖是用于隔绝精炼室与环境气氛的，目的是保持精炼室的还原性气氛、降低温度损失。炉盖上有电极加热系统，盛钢桶底部装有滑动水口便于浇铸。LF 炉精炼钢水的示意图如图 2-21 所示。

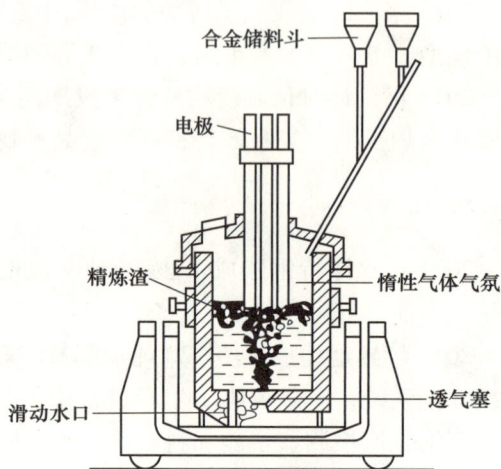

图 2-21　LF 炉精炼钢水示意图

（二）工作原理及特点

LF 炉是以交流或直流电通过石墨电极与盛钢桶面的钢渣之间产生的高温电弧，作为热源来加热钢水的。电弧在物理学上就其本质而言是一种气体放电现象。电弧温度可高达几千甚至上万摄氏度。经变压器输出的低电压高电流的电子穿过电极头与钢液之间的空气，使该区域空气电离导电，在钢液面形成几千甚至上万摄氏度的高温弧光向钢液传递热量。在整个加热过程中，钢包底部持续吹氩，使钢液表面高温区的热量被流动的钢液不断地带到低温区，整炉钢不断地吸收来自高温电弧的热量，使整炉钢温度升高。

LF 炉精炼钢水如图 2-22 所示。

图 2-22　LF 炉精炼钢水

LF 炉本身一般不具备真空系统，通常在大气压下进行精炼，主要靠钢包包沿与水冷炉盖间的密封气幕起到隔离空气的密封作用。再加上在造还原渣过程中，渣料中的碳及加热时的石墨电极与炉渣中的 FeO、MnO、Cr_2O_3 等氧化物作用生成 CO 气体，增加了炉气的还原性，并通过除尘控制保持炉内微正压，可使 LF 炉内气氛中的氧含量减为 0.5% 左右，阻止了外界及炉气中的氧向钢液传递，保证了精炼时炉内的还原性气氛。钢液在还原条件下精炼，可以进一步脱氧、脱硫及去除非金属夹杂物，有利于钢液质量的提高。

良好的氩气搅拌是 LF 炉精炼的又一特点。氩气搅拌有利于钢-渣间的化学反应，它可以加速钢-渣之间的物质传递，有利于钢液的脱氧、脱硫反应的进行。吹氩搅拌还可以去除非金属夹杂物，特别是对 Al_2O_3 类型的夹杂物上浮去除更为有利。值得说明的是 LF 炉的吹氩搅拌是在排除了大气密封还原气氛下进行的，因此可以适当加大吹氩流量，通常吹氩搅拌处理约 15 分钟后，可使钢中大于 20 微米的 Al_2O_3 夹杂基本全部去除，残留钢中的只是小颗粒的 Al_2O_3 夹杂。吹氩搅拌的另一作用是可以加速钢液中的温度与成分均匀，能快速精确地调整复杂的化学组成，而这对优质钢来说又是必不可少的要求。

LF 精炼炉采用三根石墨电极进行加热，加热时电弧插入渣层中采用埋弧加热，这种方法的辐射热小，对炉衬有很大的保护作用，与此同时加热的热效率较高，热利用率好，通常升温幅度每分钟能达到 3~5 ℃，可以大大降低初炼炉的出钢温度，同时考虑到 LF 炉进行的是电极物理升温，避免了如 RH-OB 升温所产生大量 Al_2O_3 夹杂对钢内在质量的影响。

C 与渣中氧化物主要发生如下反应：

$$C + FeO \longrightarrow Fe + CO$$
$$C + MnO \longrightarrow Mn + CO$$

其结果不仅使渣中不稳定的氧化物减少，提高了炉渣的还原性，而且还可提高合金元素的收得率，合金元素的收得率都较电炉单独冶炼有了较大程度的提高。碳与氧化物作用的另一结果是生成 CO 气体，CO 的生成使 LF 炉内气氛具有还原性，钢液在还原性气氛下精炼，可进一步提高质量。

为提高钢轨钢的纯净度，LF 炉必须进行白渣精炼，它不同于主要靠真空脱气的其他精炼方法。白渣在 LF 炉内具有很强的还原性，这是 LF 炉内良好的还原气氛和氩气搅拌互相作用的结果。通过白渣的精炼作用可以降低钢轨中氧、硫及夹杂物的含量。

（三）关键冶金功能

LF 炉所具有的独特功能是互相影响、互相依存与互相促进的。炉内的还原性气氛及在加热条件下的钢渣搅拌，进一步提高了渣的精炼能力，创造了一个理想的精炼环境，从而能生产出在质量上和生产率上与其他精炼装置不大相同的钢液。经过 LF 炉处理后，可以为连铸提供成分温度准确、低氧、低硫、低夹杂、低气体含量的高质量钢水。

（1）加热升温。LF 炉可通过变压器、二次短网将电能输送至电极，电极起弧将电能转化为热能传输到钢水，从而达到加热升温并准确控制钢水温度的目的。LF 炉有电极自动调节功能，生产自动化程度高。二级模型可以根据不同的钢种、不同的钢水初始温度及目标温度、不同的精炼阶段自动计算并给定下步需输入钢水的功率，以控制升温速度。一般在精炼初期采用短电弧，大功率，以快速熔化渣料；在渣料熔化后，适当拉长电弧，增大输入功率，快速升温；在精炼后期，根据钢种要求选择适当的电弧长度和合适的输入功率，将钢水温度控制在较窄的范围内（±5 ℃），同时控制钢水增碳，以满足连铸对钢水成分及温度的要求，中包温度合格率95.1%。

（2）控制成分。钢轨钢虽然主要的合金在转炉出钢过程中加入钢包并将其成分控制在钢种要求的下限，但在 LF 炉根据需要加入少量合金进行微调。测温取样后，LF 炉计算机根据取样分析值与钢种目标值的差异计算出需要加入 LF 炉的物料种类和物料量，经人工确认后，将指令发送至合金系统 PLC，该系统可根据 LF 炉计算机指令向 LF 炉加入造渣料或铁合金，从而达到成分微调的目的。合金计算的结果是采用线性回归的算法对经济的投入合金进行了最优化。钢轨钢的钢水成分控制的精度可以达到：$w(C)$ 为 ±0.010%；$w(Si)$ 为 ±0.02%；$w(Mn)$ 为 ±0.03%，完全满足连铸连浇的要求。

（3）控制夹杂物。炉盖的结构设计和控制炉压，可保持钢包炉内还原气氛，以防止钢水二次氧化。在精炼前期，通过加入专用的精炼渣料，可以控制钢包顶渣的组成，达到白渣精炼的目的，脱除钢中的夹杂物，同时为钢水脱硫和成分微调创造良好的条件。通过精炼后期的软吹氩，促使钢水中的夹杂物上浮到渣中，以达到去除夹杂物的作用，钢中夹杂总量可降低50%，全氧可降至 20×10^{-6} 以下。钢轨钢 LF 精炼的脱硫率可达 30%~80%。在精炼末期可向钢水中喂入 CaSi 丝以控制夹杂物，特别是可以改变硫化物夹杂的形态。

（四）各厂 LF 装备工艺发展历程

1. 鞍钢

2000—2001 年，鞍钢第一炼钢厂共有三座 LF 炉陆续投入生产，其额定容量 100 吨，最大出钢量 110 吨。变压器额定容量 18000 千伏·安，采用十三级有载调压开关控制，最大输出电流 35000 安，平均单炉处理时间 27.5 分钟，处理后钢水含硫量控制在 10×10^{-6} ~ 80×10^{-6}。其主要生产钢种有船板、结构板、锅炉板、高压容器板、海洋平台板及深冲板、硬线、普碳、低合金及重轨钢等。具备年产 350 万吨的能力。

2007 年，鞍钢自行开发一二级系统，实现了 LF 数据自动采集，数据直接进入 MES 记录系统，全面取消了纸质记录，既保证了数据准确性，也降低了人为录入的劳动强度。

2008 年，LF 炉原电极升降缸端盖为法兰连接，法兰与立柱内加强筋间隙较小，更换液压缸时法兰与加强筋经常刮碰导致液压缸很难从立柱中吊出和吊入，既耽误时间又有液压缸坠落的危险。将 LF 炉电极升降缸端盖法兰取消，改为焊接方式，端盖径向尺寸与缸筒一致，保证液压缸不会与立柱内加强筋产生刮碰，缩短了更换时间，减少了更换危险。

2009 年，鞍钢通过 LF 炉生产钢轨钢的大量工业试验，固化了精炼渣料加入量、稳定了精炼渣系。针对 VD 氢含量控制要求，自主研发了 LF 炉稠渣工艺，大大改善了 VD

保压效果，提高了脱氢效率并稳定运行，为重轨钢高质量稳定生产提供了重要精炼技术保障。

2019 年 6 月，一分厂 LF 炉原电控系统 PLC 使用 AB 公司 logix5 系列产品已经在线运行 20 年，产品经过多次迭代后，新型号处理器与在线使用处理器不兼容，无法替换，在线使用处理器已无备品，处理器及通信模块运行状态不稳定，多次出现故障，影响 LF 炉的稳定运行。炼钢总厂对 LF 炉的 PLC 系统进行了升级换代，采用 AB 公司最新 logix5000 系列产品，系统的稳定性得到保证，系统的扫描时间由原系统的 200～300 毫秒，缩短到 30 毫秒左右，系统响应速度得到了成倍的提高。同时对原有的手动加料程序进行改进，新增自动加料程序，加料的精度得到保证。

2. 包钢

2005 年 6 月，筹建 4 号 LF 精炼炉和 3 号 VD 炉，为 5 号连铸机生产重轨钢、轴承钢和 SWRH82B 硬线等高效益产品提供了设备保证。

目前炼钢厂精炼工序有 2 座 150 吨 LF 精炼、2 座 100 吨 LF 精炼，2 套 VD 精炼炉。

关键经济技术指标包括：精炼钢比率可达 100%，冶炼周期≤40 分钟。

以精炼渣系优化为核心，开展了全流程炼钢—精炼—连铸夹杂物控制研究，从耐火材料，顶渣工艺，终点控制，装备提升，操作标准全维度进行系统研究，并固化研究成果。针对重轨钢进行生产工艺的智能化改造，铸坯的均质化、钢液的洁净度攻关，成效显著。

经过 20 年品种钢的开发与生产，炼钢厂着力在精炼工序加快了技术提升与进步。依托贝氏体钢轨的发展，开发了双 LF 精炼+双 VD 工艺流程、低氢钢控制技术、冶炼—连铸全流程夹杂物控制技术等，显著提升了品种钢制造能力。

2000 年，炼钢厂精炼钢占比达到 28%，精炼工序为重轨、石油管、锅炉管、车桥管、气瓶等高级别钢种的生产奠定了基础。

2005—2010 年，累计开发 97 个新产品覆盖轨、管、线、棒四个产品大类。重轨钢中高速钢轨完成了全流程控制技术的攻关，产品性能达到行业先进水平，针对海外市场开发了美标钢轨，开发了具有自主知识产权的二代稀土轨 U76CrRE 和未来钢轨替代产品高强高韧贝氏体钢轨，实现了钢轨系列品种的升级，开启了重轨专业化生产之路，确立了包钢钢轨发展战略。

2009 年，"高速轨钢炼成率技术攻关"通过采取一系列针对性的措施，将高速轨钢炼成率由攻关前的 40%～60% 提高到 80%，稳步提升了产品质量，为包钢提高高速轨市场占有率、加快产品结构调整步伐创造了条件。

2009 年，"转炉—精炼（LF+VD）—连铸工艺生产铝脱氧低硫钢的工艺研究"将铝脱氧低硫钢（[S]≤0.005%）的炼成率提高到 90% 以上，拓展了产品结构，提升了盈利能力。

2005—2010 年，在装备水平提升、工艺技术进步的有力保障下，产品结构向着高钢级、高洁净度、高效益的方向加速前行。

2011 年，进一步通过"LF+VD 高效脱硫精炼工艺研究"的技术开发，通过对包钢铁水预脱硫工艺现状进行分析，通过对 KR 法和喷吹脱硫工艺的技术设备、脱硫效果、温降、铁损、成本及对流程的影响等多方面的综合比较，论证了 KR 法脱硫的优势。开发出硫含量不大于 0.003% 钢种生产新工艺，形成批量性生产能力，炼成率达到 98% 以上，最终该项技术成为我厂主流铁水预处理脱硫应用技术，配置于重轨和高等级线材专业化产线。

2012 年，"低碳低硅铝镇静钢生产实践"通过强化转炉终点控制、精炼过程控制，有效地解决了焊丝钢、焊条钢等低碳含铝钢的限制性问题，有效减少铸机絮水口，铸坯合格率大幅提升。

2014 年，开发小方坯高端品种钢生产工艺。在精炼造渣工艺方面进行了大量的改进，改变了原有渣中 FeO 偏高，白渣保持时间短、脱氧强度偏高、氩气流量控制不当等问题，通过规范渣料的原料标准、使用标准和作业标准，使得小方坯品种钢生产工艺获得成功，并在实践中良好的固化。

2015 年以后，钢厂已经完全突破了超低硫控制技术，以重轨钢为例，成品硫小于 0.010% 的比率大于 90%，2019 年对重轨钢硫过程控制能力与国内其他钢轨生产厂对标。

2016 年以来，炼钢厂不断进行品种钢的技术攻关，针对重轨钢、高碳硬线等钢种的洁净度进行系统性攻关，优化精炼渣系，调整碱度，调整顶渣工艺，进行吹氩系统改进，对精炼造渣进行动态监控实时调整。改进精炼除尘设备设施，实现了精炼炉微正压操作。

2019 年，再次借助包钢引进的钢种开发平台，与外部合作优化 SWRCH22A、70 钢生产工艺，对转炉至连铸各个工序的关键技术均进行了精确的控制，形成了标准化的钢种作业指导书，使制造水平显著提高。

2010—2020 年，提高钢的品质，实现提质增效，是有效扩大市场份额的手段。因此在普碳钢领域内，买方市场不断提高有害元素磷、硫的控制要求，磷含量小于 0.020%、硫含量小于 0.020% 的钢种成为多数，受此导向，钢厂在低成本控制的基础上，完成了低磷、低硫控制技术的集成。

3. 攀钢

攀钢用于生产钢轨钢的 2 座 LF 精炼炉分别于 2003 年和 2007 年建成投产，公称容量 130 吨，实际处理钢水量 130~140 吨。变压器额定容量 20000 千伏·安/35 千伏，精炼过程采用十一级有载调压开关控制，最大输出二次侧电流 40000 安，具备钢水加热升温、造渣精炼、合金微调及二次喂线等冶金功能。每炉钢水在站处理时间 30~40 分钟，处理后钢水硫含量控制在 0.010% 以内，具备年产 160 万吨钢轨钢的能力。

攀钢 LF 炉如图 2-23 所示。

电加热精炼是现代炼钢生产中重要的工艺环节，高精度及适应性强的 LF 精炼模型是准确控制攀钢 LF 精炼过程的基础，也是实现攀钢 LF 精炼过程的高效化及自动化生产的重要保证。为了提高攀钢炼钢厂 LF 精炼生产的技术水平和自动化控制水平，开展了 LF 精炼控制模型开发与应用的研究。结合攀钢的 LF 精炼工艺、设备等具体条件，通过对 LF 精炼工艺模型及其相应的控制系统的研究和开发，提高攀钢在线检测及控制水平，实现先进工

图 2-23　攀钢 LF 炉

艺技术的集成与应用，实现全线高效自动化 LF 精炼，LF 炉控温精度±5 ℃，命中率≥92%，钢中的成分控制综合合格率≥90%，不仅可以满足产品质量稳定控制、提高成分控制精度的需求，而且将为全流程物流协调创造条件，提高全线生产作业率。同时，通过自动控制精炼控制系统的应用可以显著降低 LF 精炼生产成本、劳动强度，确保高品质钢种的顺利开发和生产项目的顺利实施，缩短攀钢 LF 精炼与国内外先进企业自动化 LF 精炼技术的差距，整体提升攀钢 LF 精炼系统的技术水平。

为更好发挥 LF 精炼冶金效果，对钢包吹氩模型进行了开发研究，形成精炼过程动态满足电极加热、合金熔化、喂丝及化渣的吹氩搅拌供气模型。

为不断提升钢轨钢产品质量，开展了大量工业试验。2011 年，为提高 LF 炉脱硫率以及降低钢渣氧化性，开展了高碱度精炼渣+熔渣发泡剂+碳化硅试验。

2014 年，针对 LF 精炼炉钢包底吹氩吹成率偏低、搅拌强度不够、吹氩流量控制波动大的问题，对钢包底吹氩供气系统进行了改造。通过改造，能够实时显示吹氩流量、压力及吹氩曲线，实现了氩气流量的精确控制，吹氩设定流量与实际流量偏差波动值为−8～+9 标准升/分钟，可根据钢液面波动情况对吹氩流量进行±10 标准升/分钟的快速微调。在钢包底吹氩供气系统成功改造的基础上，根据不同钢种要求，建立了弱搅拌、中强搅拌、强搅拌三种吹氩工艺制度，并对工艺参数进行不断优化，钢包底吹氩吹成率达到 99.8%以上，LF 加热时间缩短 2 分钟左右，精炼过程操作控制更加稳定，为提高产品质量提供了重要支撑。

2015 年，随着转炉滑板挡渣技术的应用，转炉下渣量大幅减少，开展了高碱度精炼渣+电石+石英砂试验，采用电石造渣工艺，LF 出站钢包渣碱度平均为 2.18，（FeO+MnO）含量平均为 1.28%，渣钢间 S 分配比平均为 43.11，可有效控制钢轨钢硫含量，普轨脱硫率提升 6.19%，高速轨提高 6.1%。采用电石造渣工艺吨钢渣料成本降低 1.49 元。促进了钢轨钢低硫降本生产。

2021 年，为实现快速成渣，进一步降低成品硫含量控制，开展了高碱度精炼渣+高碳钢专用精炼渣试验。通过不断地进行工艺优化及改进，LF 炉精炼功能得到更好发挥，钢轨钢质量得到更好保证，高速轨硫含量≤0.006%，普速轨硫含量≤0.008%，全氧含量控制在 $10×10^{-6}$ 以内，A 类夹杂物（≤2.0 级）控制在 92% 以上，C 类夹杂物（≤1.0 级）控制在 95% 以上。

攀钢 LF 生产现场如图 2-24 所示。

图 2-24　攀钢 LF 生产现场

4. 武钢

随着平改转工程的推进，1999 年 5 月 20 日，武钢一炼钢厂 1 号 LF 炉投入使用。1 号 LF 炉为双工位 100 吨钢包精炼炉，具有吹氩、测温取样、合金微调、加各种精炼渣料、加热升温等功能，其变压器功率为 18 兆伏·安，钢水升温速度每分钟 4~5 ℃。

2006 年 7 月 31 日，2 号 LF 炉一次性热负荷试车投产成功，扩大了一炼钢的 LF 处理能力，提高品种钢的生产能力，同时为平衡、协调转炉连铸生产创造了有利条件，2 号 LF 炉采用双钢包车三工位形式。

2010 年，按照武钢"十二五"规划要求及公司工作会议精神，为满足型钢、线材和棒材生产线品种 270 万吨的年需求，新建了 3 号 LF 钢包精炼炉。并于 2011 年 10 月完成 3 号 LF 炉建设和投产，采用回转台式双工位、三臂式三相电极分别调节的模式，并新建了 1 套 LF 炉铁合金上料系统和加料系统。

武钢钢轨钢 LF 精炼关键控制技术包括 LF 炉内微正压控制、电极调节控制、加热模型、底吹氩搅拌模型、合金模型控制等。重轨钢在 LF 精炼过程中可通过造白渣进一步脱除钢中氧和硫，脱硫率可达到 70% 以上。进一步将重轨成分调节至目标值，并依据生产节奏及温降规律对钢水进行温度补偿，为下道工序提供良好条件。同时通过 LF 精炼渣有效吸附钢中夹杂物，精炼处理后钢液中全氧可降低至 $15×10^{-6}$ 以下。

5. 邯钢

邯钢两座精炼炉于 2011 年投产，公称容量为 120 吨，设计为双钢包车式、旋转电极双工位钢包炉。2012 年，结合钢轨生产需要，邯钢与钢铁研究总院开展了 LF 精炼无铝脱氧工艺研发，通过使用低铝含量的脱氧合金，并在精炼过程中采用中等碱度精炼渣精炼工艺，有效地控制了钢中的酸溶铝，达到了理想的效果，满足国铁用高品质钢过程需要。

2011 年，邯钢两座由西安桃园冶金设备工程有限公司设计和建造的精炼炉投产，公称容量为 120 吨，设计为双钢包车式、旋转电极双工位钢包炉。主体设备包括：LF 本体设备、液压系统、集中润滑系统、氮气系统、冷却水系统、钢包车、测温取样设备、钢包底搅拌系统、喂丝机、电极存放及接长装置等。具有如下特点：

（1）采用带炉压控制的水冷炉盖，有利于保持炉内惰性气氛；

（2）采用钢水罐底部氩气搅拌技术，均匀钢水成分和温度；

（3）采用自动测温取样装置，改善劳动条件；

（4）完备的自动化控制系统具备 HMI 显示、报警、自动记录；

（5）配备双钢水罐车，提高生产效率，缩短精炼周期；

（6）先进的冶金模型（优化供电模型、合金模型、造渣模型、底吹模型、脱硫模型等）实现高效的生产和准确的控制。

2012 年，围绕高品质钢轨精炼工艺控制，制定了转炉少渣操作和精炼低铝合金脱氧、高效脱氧与吹氩搅拌等技术方案。转炉出钢采用滑板挡渣控制，尽可能减少出钢下渣；出钢前，出钢钢包烘烤温度 ≥ 800 ℃；在转炉出钢过程中，往钢包中加入一定数量的脱氧剂、脱硫剂和钢种所需要的 60% ~ 70% 的铁合金。转炉出钢时，钢包的透气砖接通氩气，开始搅拌钢水，同时可防止透气砖堵塞。转炉钢水罐车把钢水运至精炼跨或钢水接受跨后，由天车把钢包吊运至钢包炉钢包车上。接通钢包底吹氩气系统，继续搅拌钢水。根据对钢水的初次测温和取样结果，下降电极，以适当的功率加热钢水。当钢水温度满足要求时，再分期、分批地添加脱氧剂、脱硫剂和合金剂。在整个精炼过程，始终要对钢水进行吹氩搅拌。通过 30 分钟左右的精炼操作，当达到设定的钢水温度和成分后，进行喂丝辅助作业，有效地控制了夹杂物的生成，提升了钢轨内部洁净度，满足国铁用高品质钢轨质量要求。

6. 永洋特钢

2007 年，永洋特钢建成 1 座 70 吨 LF 钢包精炼炉。2017 年异地建成 2 座配套的 120 吨 LF 炉，可实现埋弧精炼（脱氧、脱硫、升温）、吹氩搅拌（去除夹杂物）、合金微调（成分精确控制）、温度精确控制、洁净钢变性处理技术（经变性处理后可生成熔点更低、颗粒更大的夹杂物，有利于夹杂物上浮，提高钢水纯净度）。

二、真空处理

真空即减压脱气，主要脱除钢液中的氢和氮，也通过改变碳氧平衡实现深度脱碳，以上为真空处理的基本任务之一；此外，在脱气过程中，良好的动力学条件也促进了钢液中非金属夹杂物的碰撞聚集和去除。

真空处理的主要装备技术有：VD-真空脱气罐、VAD-真空电弧脱气炉、RH-真空脱气。目前，两种真空精炼装备被广泛使用，分别为 RH 炉和 VD 炉。几大钢轨生产企业中，鞍钢和包钢采用 VD 进行真空处理，而攀钢、武钢及邯钢则采用 RH 进行真空处理。

（一）VD 脱气

钢包真空脱气法（vacuum degassing）简称 VD，是一种广泛应用的真空精炼炉，其示意图如图 2-25 所示。处理过程中，将待处理的钢液随钢包一同放置于真空室内，随后通过减压抽吸降低真空室内压强，从而改变钢液内部与外界的气体平衡，进而实现钢液中的气体元素向真空室内扩散。该方法能有效地减少钢中氢、氮含量，并通过碳氧反应去除钢中的氧，

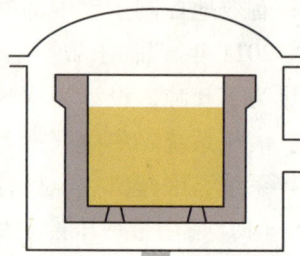

图 2-25　VD 真空处理示意图

通过碱性炉渣与钢水的充分反应脱除钢中的硫。VD 炉原理是利用蒸汽喷射泵工作，使真空室工作真空度达到 67 帕以下，通过负压的作用达到精炼目的。

1. 鞍钢

1999 年，鞍钢第一炼钢厂 VD 炉投产，VD 炉为 2 号方坯重轨生产的关键设备，也是蒸汽消耗大户，其抽真空系统有 6 级泵控制，原设计各级泵均为手动控制，由操作人员手动在 MMI 画面上点击操作按钮控制各级泵的开关，因操作人员的习惯不同，手动操作中间干扰因素多，进泵及停泵时间控制不精确，浪费蒸汽，操作人员劳动强度大。

鞍钢 VD 炉对钢水真空脱气处理如图 2-26 所示。

图 2-26　鞍钢 VD 炉对钢水真空脱气处理

2015 年，为稳定 VD 炉真空抽空工艺，节约蒸汽消耗，根据现场实际及设计说明书，编写各级泵自动进泵逻辑限制条件及破空程序，新编自动抽真空及自动破真空程序，各级泵根据不同的真空度值自动启停，实现 VD 炉各级泵的自动控制。在原 HMI 手动画面的基础上，参考 RH 炉控制画面及工艺人员的操作习惯，在 HMI 画面上增加自动抽真空及自动破空操作画面，实现自动进泵操作，采用自动控制时，真空度完全按照设计曲线下降，提

高各级泵控制的精确度，命中率 100%，蒸汽消耗量下降，实现 VD 真空过程的模型化操作，减轻了工人劳动强度，稳定了真空操作工艺，重轨钢质量得到保证。

2. 包钢

1997 年，包钢 1 号 VD 炉建成投产。

2005 年，对原有 VD 炉罐进行扩容改造，提高 VD 产量。

2006 年，"80 吨 VD 双工位工艺关键技术开发研究"通过对 1 号 VD 双工位作业的开发，满足深脱气高质量钢种批量生产的需要。

2006 年，配套于 5 号连铸机的 VD 炉进行热试，为 5 号连铸机生产重轨钢等高效益产品提供了设备保证。

2011 年，进一步通过"LF+VD 高效脱硫精炼工艺研究"的技术开发，开发出硫含量不大于 0.003% 生产新工艺，形成批量性生产能力，炼成率达到 98% 以上。

2012 年，干式 VD 在包钢炼钢厂的应用，在节能降耗方面给予了很好的验证。干式 VD 与蒸汽 VD 相比较，更环保，减少了蒸汽消耗，降低了工艺能耗。

2013 年，《干式 VD 技术的应用研究》，干式真空泵技术在大型 VD 处理工艺的应用在国内属于首创，在降本增效方面效果尤为显著，采用干式 VD 技术生产钢水质量达到蒸汽 VD 处理技术水平，可以大幅降低生产成本，提升同类产品的市场竞争力。

2019 年，进行了干式 VD 与蒸汽 VD 工艺控制水平提升攻关及装备能力稳定性提升研究。

2020 年，进行 VD 与 RH 脱气处理研究，以提升重轨钢产线真空脱气能力水平。

充分利用 6 号精炼炉干式 VD、4 号精炼炉蒸汽泵 VD 的不同优势，同时生产工业纯铁并试制成功，探索了 VD 前扒渣处理工艺。

3. 武钢

1999 年 5 月 26 日，武钢一炼钢厂 100 吨 VD 精炼炉投入使用，是国内自行设计、制造的真空精炼设备，采用一盖二罐、交替式脱气的精炼方式。真空泵为 6 级蒸汽喷射泵，工作真空度可低于 67 帕，抽气能力为 400 千克/小时，设计年产量 120 万吨。VD 炉采用当时先进的自动化控制系统，包括 PLC 系统、变频调速系统、计算机网络系统、通信技术、工业视频和计算机监控站等技术及装备。

VD 炉主要用于对钢轨钢、帘线钢等品种钢进行真空脱气处理，具备取样、测温、定氧、定氢、合金微调、喂线软吹等功能。

2004 年，对 VD 炉真空泵系统进行改造，将 B 系统、C 系统改造为直排式，更换了一级泵，自主设计二级泵渣液排放装置，配套重新设计了 VD 炉电气控制系统，提高了 VD 炉的自动化程度，改造后减少了吨钢蒸汽耗量，VD 真空度及生产效率也有显著提升。2007 年，RH 真空精炼设备投产，钢轨钢的真空精炼由 VD 改为 RH，VD 炉逐步退出使用。VD 工艺在重轨和其他品种钢质量控制上有一定的效果，但在产能发挥上没有优势，加上设备厂家已不再生产相关备件，2019 年，武钢一炼钢对 VD 设备进行了拆除。

4. 永洋特钢

2007 年，永洋特钢建成 1 座 70 吨 VD 炉。2017 年异地建成 1 座 120 吨双罐单盖 VD

炉，具有真空脱气、吹氩搅拌、非真空条件下测温取样、喂线等功能，可以实现对钢水脱氢、氧、氮三种气体和促进钢中夹杂物排出的效果。总体结构采用双罐单盖单车、罐盖移动方案，罐体为高架式固定不动，双罐之间设一个罐外漏钢事故接钢坑。

（二）RH 真空脱气

RH 真空精炼技术起源于 20 世纪 50 年代。1957 年，阿尔贝德公司申请了钢水真空精炼脱气法发明专利，这是真空脱气法发展的开端。1958 年，德国 Rheinstahl 公司和 Hutlenwerke 公司合作进行了研制，并进行了第一次工业性生产实验，取得了可喜的处理效果，在 1959 年德国冶金工作者协会上引起同行的极大兴趣。其后陆续在各国冶金企业中开展了钢水真空处理研究。

RH 法又称真空循环脱气法。在 RH 装置中，钢液的真空脱气在一座特殊的真空室中进行。这个真空室内砌有耐火砖衬，其底部有两个用耐火材料制成的并可插入钢液中的管子，当向其中一根管中通入驱动气体，就能促使钢包中的钢液，经真空室而循环。这种循环做到了用一个较小的真空设备，分批处理大量钢液。

RH 法脱气效果好，处理过程中降温少，处理容量的适应性强，所以发展较快，应用较广。据统计投产的 RH 装置已有百余台，最大设备的处理容量是 350 吨。常规的 RH 法只用于钢液的脱气，但是随着炉外精炼技术的发展和广泛应用，促使已安装有 RH 装置的工厂考虑如何改进和改造已有设备，从而扩大 RH 的精炼功能。其中最为突出的是 RH-OB，RH 法的另一方面的发展是与喷粉相结合。RH 的主要功能是脱氢、脱氧、去氮、提高钢质纯净度。

脱氢——氢是钢轨中主要的气体杂质和有害成分，氢在 α-Fe 中的溶解度仅为 1.5×10^{-6}，而在 1600 ℃ 的钢轨钢钢液中的溶解度高达 27×10^{-6}。氢在钢水中的实际含量虽然随冶炼方法不同而变化，但一般都远高于在固态铁中的溶解度。连铸后，钢坯外壳急冷凝固，钢液中的氢来不及逸出而被凝固在钢中。在常温下，过饱和溶解的氢要逐渐游离出来，导致钢材产生白点缺陷。

为此，对白点极其敏感的钢轨，必须使钢中含氢量降到小于 2×10^{-6} 的安全范围内。

钢液的脱氢反应为：

$$[H] + [H] \Longrightarrow \{H_2\}$$
$$K_H = \alpha_H^2 / P_{H_2}$$

式中，$\alpha_H = f_H^* [H]$。

平衡常数 K_H 为温度的函数，$f_H \approx 1$，于是可粗略表示钢水中的氢含量与炉气中 H_2 的分压的关系：$[H] = 27.5\sqrt{P_{H_2}}$，式中溶解氢的浓度单位为 ppm[1]，氢气分压单位为 atm[2]（大气压）。

整个处理过程在循环气体流量保持恒定的条件下，真空度随时间的延长而快速降低，其目的是经过一定时间的脱气，降低钢中的 [H]、[N] 活度，减少夹杂物、提高钢水纯净度。通过大量实验研究，脱氢处理工艺效果较好。经过 RH 在高真空度下的处理，大大

---

[1] 1 ppm = 10^{-6}。

[2] 1 atm = 101325 帕。

降低钢轨钢钢液中的［H］含量，RH 处理后［H］含量可控制在 $1.0×10^{-6}$ 以内。利用 RH 真空处理脱氢，脱氢效果十分显著，脱氢率可达 60%～80%。

脱氧——钢轨中大部分氧化夹杂物都是由于钢水的氧化造成的。碳是一种很好的脱氧元素，其反应生成物是气态的 CO，不会污染钢水。但常压下碳的脱氧能力很弱。在真空状态下，情况发生了很大的变化，碳的脱氧能力很强。钢液中的碳氧反应为：

$$[C] + [O] \Longrightarrow \{CO\}$$
$$K_{CO} = P_{CO}/[C][O]f_C f_O$$

随着 P_{CO} 的降低，钢液中［C］［O］的含量也降低，即碳脱氧的能力很高。有学者专门比较了在不同的一氧化碳分压下，碳和其他元素的脱氧能力。当 $P_{CO}=0.01$ atm 时，碳的脱氧能力接近金属铝，而当 $P_{CO}=0.0001$ atm 时，碳的脱氧能力甚至可与金属锆比美。真空下碳脱氧的优点是明显的，而且由上述分析不难看出，碳脱氧并不需要很高的真空度，在 1 千帕的真空度下就能达到很好的脱氧效果。

1. 鞍钢

2005 年，鞍钢第一炼钢厂 RH 炉投入生产，主体设备厂商为德国西马克，主要由钢包回转系统、钢包托盘、钢包顶升系统、真空室系统、真空系统（采用四级蒸汽喷射真空泵系统）、顶枪系统、铁合金加料系统等组成。采用双真空室平移交替，整体吊换形式，并在每个待机位进行真空室更换操作。在处理位的真空室通过真空室顶部与气体冷却器连接后，就可使真空室随时投入使用。在待机位中的第二个真空室将保持热备用状态以便快速更换真空室。经真空处理后钢液中［H］含量 $\leq 2.0×10^{-6}$。平均处理周期为 35 分钟，年产量为 60 万吨。设备投产初期，鞍钢开展了钢轨钢的小批量生产试验，评估结果表明，设备具备处理钢轨钢能力，即鞍钢具有 RH 和 VD 两种真空脱气装备技术条件，考虑到鞍钢设备布局以及钢轨钢生产组织实际情况，最终确定采用 VD 炉进行钢轨钢真空脱气处理。

鞍钢 RH 精炼炉生产如图 2-27 所示。

图 2-27　鞍钢 RH 精炼炉生产

2. 攀钢

攀钢采用 RH 真空脱气生产钢轨钢，攀钢 RH 装置为双室平移下动式结构，主要由真空室系统、真空系统（采用四级蒸汽喷射真空泵+水环泵）、合金与渣料添加系统、液压提升系统、水处理系统和自动控制系统等构成。

2011年，RH增设线外顶枪化渣装置，化渣装置主要由化渣顶枪、真空槽盖及接渣斗等设备组成。

2021年初，攀钢RH真空改造，主要改造有B1、B2、S3a、S3b真空泵重新设计、制造、更换，泵间连管贴陶瓷片提高耐磨性能，水环泵机组改造，抽气能力由1800千克/小时提高到2100千克/小时，插入管扩径设计，升级更换提升气体阀站，调节回路改进为4路调节，1路带3支吹氩管，配置真空泵性能智能模块性能自动检测及分析软件包等项目。改造完成全部项目后，随即投入运行使用，其效果正常处理钢水，从主阀开启到抽至100帕以下，抽气时间≤3分钟；钢水处理期间，真空度≤100帕；中间包氢含量小于$1.5×10^{-6}$比例为98.56%，较改造前提高36.35%。同年三季度，RH插入管衬砖外径不变，内径在原有基础上扩大50毫米；氩小管数量由原来10支增加至12支，提升气体分布更均匀，可减轻提升气体受热膨胀时对衬砖的冲蚀，插入管内壁凹坑现象得到有效缓解。

攀钢RH真空处理如图2-28所示。

图2-28　攀钢RH真空处理

3. 武钢

为满足钢轨生产工艺要求，2007年1月12日，一炼钢新建RH精炼炉主体工程基础，2007年11月，RH精炼实现一次热负荷试车成功，当班连续处理8炉钢水的达产目标，这标志着历时9个月的一炼钢RH技改工程顺利建成投产。

武钢一炼钢RH精炼采用真空室双室平移、整体吊换、单顶部、双钢包车方式布置，主要由真空室本体设备、真空泵系统、MFB顶枪系统、合金上料及加料系统、保温剂加料设备、喂丝机、钢包车及钢包顶升装置以及配套的插入管喷补设备组成。RH精炼炉真空度可达到67帕以下，钢轨氢含量可降低至$0.6×10^{-6}$，同时具备脱氧、脱氮、调节钢水成分及温度，以及提高钢水洁净度的作用。RH脱氢：随着处理时间的延长，钢中氢含量均有明显下降趋势，当RH保持12分钟时，钢中氢含量基本能够满足$≤1.5×10^{-6}$要求，但RH处理过程加入C粉（或其他合金）对钢液增氢具有重要影响，因此武钢在重轨钢生产过程中，RH工序控制合金加入量，同时确保加料后的循环时间。另外，在RH真空处理过程中还发挥脱氧作用：实际生产中，真空碳脱氧的效果主要决定于反应的动力学条件，钢中氧含量脱除到很低水平时，碳氧反应的限制性环节由相内的扩散反应转变为界面反应。而随着氧含量的降低，碳氧反应层逐渐减薄，因此反应速度逐渐变慢直到完全停止。RH 精炼脱氧工业试验结果表明：真空处理 12 分钟后钢轨钢中氧含量基本稳定在较低水平，采用适当高碱度的 RH 精炼渣、氩气流量 80~100 立方米/小时时脱氧效果较好。RH 精炼脱氧工艺能将钢中自由氧含量降至（5~10）×10^{-4}%。

图 2-29　武钢 RH 真空处理

4. 邯钢

2007 年，邯钢第 1 座 RH 真空精炼炉在三炼钢厂热试成功，为 100 吨四车六位型双工位。

2011 年，一炼钢厂 RH 真空精炼投产，选用四车六位型双工位，具有精炼处理能力大辅助时间短的特点，专门用于生产钢轨等优特钢产品。RH 装置具有以下处理功能：脱气、脱氧、强制吹氧脱碳及自然脱碳、钢水化学升温、合金化及调整合金成分、去除夹杂和净化钢水。多功能化可使钢水在 RH 一个精炼位完成全部处理，使转炉—精炼—连铸的物流更加顺畅，调度更加灵活，从而提高连铸工序的连浇炉次。除此之外，RH 还可进行轻处理，利用真空下的自然脱氧脱碳反应来减少脱氧合金用量并净化钢液。

设备工装特点：RH 真空罐的主要部分为分体设计。与铁合金加料入口相连的真空密封连接插口位于真空罐的中上部，通过特殊的真空密封气动膨胀节实现与合金加料系统的连接。在真空罐主要部分的顶部配备有真空法兰用于连接热弯管。真空罐的所有内表面都安装有支撑耐火材料用的支撑环和锚固件。真空罐部件的真空密封法兰与真空罐的罐体焊接为一个整体，有效地保证了密封性。

在工艺流程设计上，当钢水罐车驶至真空罐下方，用钢水罐车提升装置将钢水罐车顶起，直到真空罐的吸嘴插入钢水中为止；然后进行测温、取样的操作；此后打开真空阀，启动真空泵，降低系统压力，这时真空罐与外界的压差会使钢液上升进入真空罐中；与此同时，将其中一个吸嘴惰性气体接通，由于气体的作用，钢水在真空罐和钢水罐之间循环；在约 20 千帕压力下进行吹氧脱碳；继续降低系统压力，进行真空下处理，合金化，测温取样，成分合格后就可以准备结束处理，破除真空，降下钢包车，行驶至吊包工位，RH 真空处理结束。

2012 年，围绕高速轨等高品质钢对氢含量的苛刻要求，经过实验室模拟和工艺试验研究，成功开发了钢轨低氢高真空精炼技术，将钢轨氢含量控制在 1.0×10^{-6} 以下，氮含量控制在 30×10^{-6} 以下。

第四节　钢坯制备

钢坯是炼钢生产的最终产品，钢水浇铸是指把合格的钢水浇成钢锭（模铸）或铸坯（连铸）的一种工艺方法。经过本章第一至第三节冶炼的钢水，其温度及合金组成达到目标要求后，需要进行浇铸，以实现钢液至钢坯的转变，该过程即为钢坯制备，该工序直接关系到优质钢液是否能够得到优质坯料。坯料中的缺陷绝大部分会在后续的轧制过程中发生"遗传"演变，进而对钢轨质量产生影响。如坯料中的非金属夹杂物会在轧制过程中随钢的基体迁移或随钢的基体一同发生塑性变形，也可能伴随基体轧制变形而发生聚集。再如钢坯中的溶质不均匀分布——偏析，较大尺度的偏析在钢坯的加热过程中无法有效改善进而在钢中影响钢轨组织性能的均匀性，甚至影响钢轨的焊接性能。钢液的浇铸过程就是控制钢水凝固以获得良好凝固组织结构钢坯的过程。

正确的浇铸操作能使冶炼质量欠佳的钢水得到一定的补救，铸成良锭；而不合理或失误的浇铸操作可使合格钢水铸成废锭。因此，生产实际中常有"三分冶炼、七分浇铸"的说法，即浇铸是炼钢生产过程中影响钢质量的一个核心环节。早期的钢轨生产采用模铸的方法制备钢坯，伴随冶金装备工艺技术的不断发展进步，钢轨钢早期的模铸生产逐步被更加高效、绿色的连铸生产所替代。

一、模铸

钢锭是炼钢生产的最终产品，模铸指用钢锭模进行钢液浇铸的方法。模铸按工艺流程和车间类型的不同分为坑注法和车注法两种，按钢水进入钢锭模的方向又分为上注法和下注法，上注法指钢水直接由钢锭模上口注入，下注法指钢水经中注管和流钢砖，从钢锭模底部注入。

模铸法生产钢锭已有 100 多年历史，目前在炼钢生产中仍然占有相当的位置，主要用于一些特殊钢或者特殊产品的制造。随着我国钢铁工业的不断发展，连续铸钢法已大规模取代了模铸法。早期的钢轨钢轧制坯料来源于模铸铸锭。

（一）模铸主要设备

1. 盛钢桶

盛钢桶俗称钢包，不仅是盛装钢水进行浇铸的主要设备，而且是钢水炉外精炼的主体设备，在炼钢生产中至关重要。一般盛钢桶是上大下小底部开有注钢口的圆台体，高度与上口直径之比值（H/D）常取 $1.0 \sim 1.2$，锥度取 $10\% \sim 15\%$。盛钢桶内衬一般由隔热层、永久层和工作层三层组成。

盛钢桶隔热层紧靠外壳，起保温和防止外壳变形的作用，一般使用石棉板、轻质黏土砖铺砌而成；永久层介于隔热层与工作层间，其作用是当工作层被侵蚀到较薄时，能防止钢水从工作层穿漏时烧坏外壳，起到保护盛钢桶外壳的作用，一般由黏土砖砌筑或耐火混凝土打结而成；工作层直接接触高温钢水和炉渣，承受钢水和炉渣的高温及化学侵蚀，且在急冷急热条件下工作，一般由黏土砖、高铝砖、镁碳砖砌筑或耐火材料打结而成。

随着钢水炉外精炼技术的发展，盛钢桶作为炉外精炼设备还要适应以下特点：（1）钢水温度高；（2）渣的腐蚀性强；（3）搅拌和冲刷剧烈；（4）周期性作业、热循环频繁；（5）具备真空条件；（6）钢水滞留时间长。因此，对盛钢桶内衬耐火材料的要求是：（1）耐火性能好；（2）耐侵蚀、抗冲刷性好；（3）良好的抗热震性；（4）真空条件下具有良好的使用性能；（5）不污染钢水；（6）价格低、货源好、结构简单易砌筑，有良好的冶金性能和效果。

为满足上述要求，国内外钢厂在内包衬材质上研制和应用了硅砖、蜡石砖、红柱石砖、烧成白云石砖、碳（或沥青）结合白云石砖、镁铬砖、镁碳砖、铝铬砖、铝镁碳砖、锆质砖等耐火材料；这些材料抗蚀能力强，使用寿命长，能满足连铸及炉外钢水精炼的要求，但这些材料导热系数大、传热快，必须设置隔热层，以避免钢水温降太大。

2. 滑动水口

滑动水口由滑动机构、传动机构、调节机构和耐火材料四部分组成，是一种借助于盛钢桶外水口的滑动来控制钢流的开闭和调节钢流大小的新型节流装置。

滑动水口工作原理如图 2-30 所示。

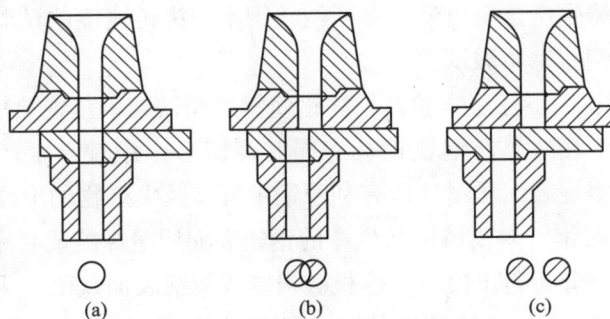

图 2-30　滑动水口工作原理
（a）全开状态；（b）半开状态；（c）关闭状态

3. 钢锭模、保温帽、中注管

（1）钢锭模。钢锭模的断面尺寸、高宽比和锥度等参数的设计合理，必须做到缩孔集中在头部，浇铸的钢锭轧制道次较少，切头切尾率低等要求。

一般，镇静钢采用上大下小带保温帽封底式钢锭模，沸腾钢采用上小下大无底无帽的敞口或瓶口式钢锭模。

（2）保温帽。保温帽的作用是保证容纳足够的未凝钢水来补充钢锭本体的凝固收缩，主要有以下参数。

帽容比——指保温帽的容积与钢锭总体积之比。一般按经验取该值，帽衬材质为黏土砖衬取 16%～20%，绝热砖衬取 12%～16%，发热砖衬取 10%～14%，大锭取下限，小锭取上限，质量要求高及收缩性大的钢种取上限。

锥度——锥度太小热损失大，锥度太大会使脱模和均热炉装入夹持困难，通常取4%～10%。

肩宽——指钢锭模上部内边长和保温帽下部内边长的差。肩宽过大，保温帽下沿阻碍钢液表面薄壳自由上升形成翻皮，而且保温帽下沿容易被钢水熔化；肩宽过小，保温帽容易坐偏，致使钢锭悬挂产生横裂，一般肩宽取值 20～50 毫米。

重量——保温帽的重量必须大于钢锭最大浇高时钢水对保温帽产生的浮力。

（3）中注管。中注管是为下注钢水提供动能的，为使钢水在锭模内上升过程中具有足够的能量和速度并确保浇铸质量，中注管一定要比钢锭高些，否则，稳定性差。一般，中注管要比钢锭高出 200～300 毫米，当底板有分支汤道时，则应高出 400～600 毫米。

（二）各厂模铸装备工艺发展历程

1. 鞍钢

20 世纪 50 年代初，鞍钢大型厂建成投产后，钢轨采用模铸工艺生产，主要以生产 P43 和 P50 规格钢轨为主，80 年代开始生产 60 千克/米轨型，钢轨最大定尺长度为 25 米，根据钢轨不同规格、不同定尺长度进行多种尺寸的钢锭模设计研究，形成对应的专用钢锭模。先后围绕改进模铸生产重轨质量开展了钢轨钢不同浇铸速度的试验研究、钢轨钢帽浇铸高度的研究、浇铸钢轨钢防溅试验等。

1986 年，开展钢轨钢下注法试验及下注钢轨钢采用铁壳帽挂绝热板浇铸试验等研究工作。与上注法相比，下注法生产钢轨钢具有同时浇铸多个钢锭、生产效率高、浇铸时间短、钢液上升平稳、钢锭表面质量好、有利于钢中气体及夹杂物的上浮排出等优点。

1997—1998 年，鞍钢针对模铸工艺生产的钢轨表面质量影响成材率问题开展了技术攻关，经工艺排查及缺陷分析得出模铸绝热板破损造成钢锭表面缺陷，采取了及时更换破损绝热板以及开坯轧制钢坯抢温清理等措施，钢轨表面质量得到明显改善，成材率有效提升。

2. 包钢

1963 年，包钢开展模铸钢钢液密度测定研究。先后进行了两次沸腾钢钢液密度测定试验，采取整炉钢锭集中过磅方法进行计量测定，确定沸腾钢钢液密度为 6.88 吨/立方米。

1964 年，进行第二次测定。研究人员根据测量钢锭模内腔尺寸计算容积、分锭称重、计算密度，测定结果认为：钢液密度随含碳量增加而增加。研究人员采用两个钢液密度测定标准；钢锭含碳量≥0.14%，密度为 6.8 吨/立方米；钢锭含碳量≤0.13%，密度为 6.7 吨/立方米。

1966 年，称量一支钢锭实重，并根据测重尺寸和设计尺寸，计算出钢液密度为 6.815 吨/立方米。截至 1983 年，沸腾钢钢液密度一直以此数据作为模型设计和钢产量的计量依据。

1981 年，鉴于镇静钢和半镇静钢未做过钢液密度测量的状况，由炼钢厂、钢研所主持包钢钢液密度测定研究，经过 4 个多月研究，包钢发出《关于修订钢液密度的通知》，修订了钢液密度标准。

1983 年，包钢开展模铸钢锭模设计研究，设计轧制 60 千克/米钢轨用的 B114 钢锭模。钢研所进行 B114 钢锭解剖研究，分析了钢锭内部质量、钢锭组织结构、化学成分、气体和夹杂物的分布规律，评价了锭型、模型设计参数的合理性，为 B114 钢锭模正式投入生产提供了科学依据。1987 年，通过冶金工业部技术鉴定，同年包钢将此锭型投入生产流程使用。

1986 年，包钢开展双锭下注工艺研究，充分利用 160 吨注车的承载能力，决定改为双注管六锭底板，采取将一个下注四锭底板与一个下注双锭底板和为一个整底板，分别浇铸四锭和二锭工艺。结果表明：钢液上升平齐，每套铸车可减少 4 台占用量，可供转炉炼 B96 锭型镇静钢，有利于提高整模、铸锭生产效率，能弥补注速过快的缺点，提高模铸钢合格率。同年，研究项目获包钢科研成果二等奖。

1990 年，开展降低钢锭保温帽帽容比研究，将 B96、B114 钢锭保温帽帽容比由 12.5% 和 13% 均降至 11%，及改进 B114 钢锭尾部形状的设计与试验，基本实现设计指标。成果的实施，使包钢钢锭成坯率跃入我国先进水平。

为满足钢轨轧制坯料要求，包钢对模铸钢锭进行初轧。包钢初轧厂 1966 年 12 月 5 日建成投产，主体设备是中国自行设计，由富拉尔基重型机械厂制造的国产第一台 $\phi1150$ 毫米大型可逆式初轧机，是当时包钢主体生产线上唯一的一台国产大型主体设备，也是当时自力更生发展中国钢铁和重型机械制造业的一个突破，为包钢的发展发挥了重大作用，堪称"功勋轧机"。

2003 年 12 月，包钢初轧厂并入轨梁厂；2009 年 5 月 11 日，初轧工序停产，运行长达 43 年的初轧生产线彻底关闭，标志着包钢进入全连铸生产的时代。

供包钢轨梁厂的初轧坯生产工艺主要流程如图 2-31 所示。

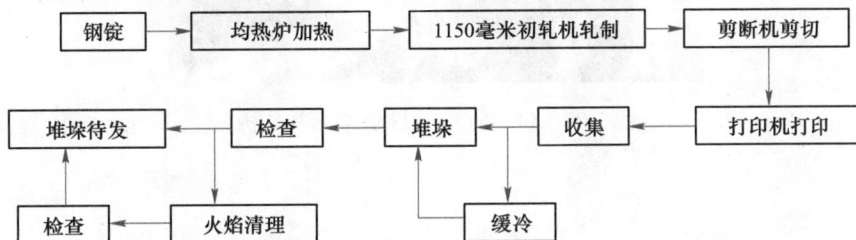

图 2-31　供包钢轨梁厂的初轧坯生产工艺主要流程

均热炉是初轧生产中重要的加热设备，其作用是将来自冷热钢锭均匀地加热到轧制所要求的温度，供给初轧机轧制。

初轧厂先后建起16组（32个）均热炉，其中1~6号炉为四角烧嘴换热式均热炉，炉膛尺寸：4.86米×4.56米×4.21米，采用陶土换热室对空气进行预热；7~8号炉为引进单侧上部烧嘴换热式均热炉，炉膛尺寸：8.8米×3.2米×4.8米，采用陶土换热室+金属预热器对空气进行预热；9~14号炉为单侧上部烧嘴换热式均热炉，炉膛尺寸：8.8米×3.2米×4.57米，采用金属预热器对空气、煤气进行预热；15~16号炉为双侧上部烧嘴换热式均热炉，炉膛尺寸：8.8米×3.2米×4.57米，采用陶土蓄热室对空气、煤气进行预热。

1150毫米初轧机为单机座二辊可逆式轧机。主机主要包括工作机座、接轴、主联轴节和主电机，以及轧辊更换设备和机架辊及其更换设备等。

轧制锭重：6~12吨；

轧制钢坯断面：方坯为200~400毫米；

板坯为（100~250）毫米×（650~1050）毫米；

异型坯：40号、56号、63号；

轧辊名义直径：1150毫米；

最小直径：1075毫米；

最大直径：1180毫米；

辊身有效长度：2800毫米；

轧制速度：6~12米/秒；

初轧机最大压下量：120毫米。

包钢初轧厂1150毫米初轧机如图2-32所示。

图2-32　包钢初轧厂1150毫米初轧机

3. 攀钢

2003年前，攀钢钢轨钢钢坯均采用模铸法进行生产，经精炼后的钢水由钢水运输车送入模铸车间使用钢锭模进行铸造，铸造成型后脱模检查，合格产品送往初轧厂进行初轧。

钢轨钢采用下注法进行生产，即钢水经中注管、流钢砖从钢锭模底部注入。主要装备包括盛钢桶、钢锭模、保温帽、中注管等，生产过程中会使用到保护渣、防缩孔剂等辅料来控制铸坯质量。该工艺优点是能同时浇铸多支铸坯，钢水在模内上升平稳，钢锭表面质量好。

攀钢模铸现场如图 2-33 所示。

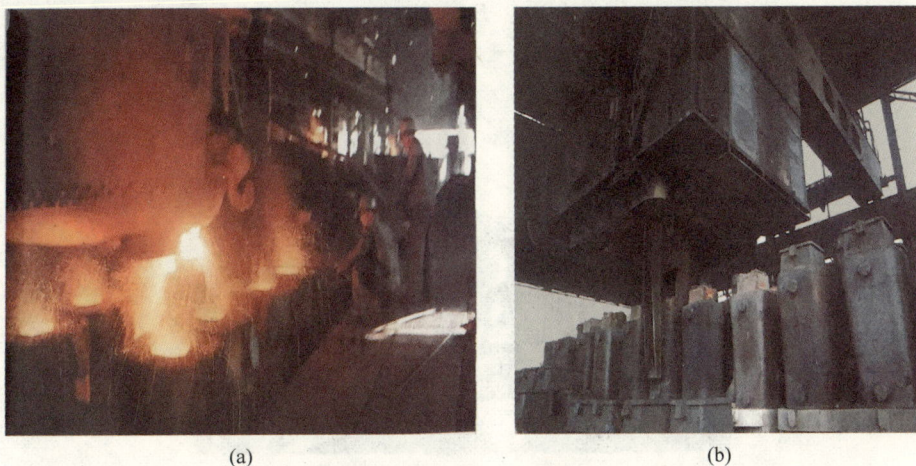

图 2-33　攀钢模铸现场
（a）模铸浇钢；（b）钢锭脱模

铸钢工艺优化——攀钢钢轨钢模铸遵循"高温慢注，低温快注，上注快注，下注慢注"原则，采取"对正、稳开、下慢、上快、均匀加速、帽部充填好"的十七字操作法，下注线速度控制在 150~250 毫米/分钟，钢水在模底形成熔池后，当上升到 80~100 毫米高度时，上升的流股不能穿过模底钢水层射向模壁，此时可适当增大注速（称跟板或增流），钢液上升到模内 1/3 高度（80~100 毫米）以上时，模内钢液静压力增加，锭模断面也增加，而盛钢桶内的钢水减少，静压力下降，此时须及时增流至全速，以防止钢锭产生翻皮或重接等缺陷，直至浇到帽口线（模子与帽子的接口）后，再减速充填帽部，注至帽部浇高的 1/4~1/3 高度时，应减速浇铸，以使帽部的钢水充填好，对钢锭进行充分的补充，填补缩孔，浇铸完后动车时间 30~50 分钟，注完到脱模（脱帽）时间不小于 170 分钟。

盛钢桶改进——攀钢盛钢桶内衬在 1989 年 12 月前采用铝质黏土砖砌筑，其寿命为 15~18 次/罐役，吨钢耐火材料消耗为 8.5~9.0 千克，1989 年 12 月—1994 年 12 月采用铝镁浇注料打结内衬，其寿命为 70~80 次/罐役，耐火材料单耗为 3.1~3.6 千克/吨。

钢锭模及保温帽设计——钢锭模的断面尺寸、高宽比和锥度等参数的设计做到缩孔集中在头部，浇铸的钢锭轧制道次较少，切头切尾率低。攀钢采用上大下小带保温帽封底式钢锭模。钢锭模高宽比（H/D）取 1.7~2.8，锥度（i）取 2%~5%，保温帽锥度取 4%~10%，保温帽肩宽取 20~50 毫米。

滑动水口优化——攀钢于 1973 年 12 月对滑动水口进行试验，1979 年获得成功，于

1980 年 10 月全面推广，用销子式滑动水口取代了塞棒式水口。攀钢于 1991 年 10 月进行"501"滑动水口试验并取得成功，1992 年 8 月通过鉴定后全部推广使用。

为满足钢轨轧制坯料要求，攀钢对模铸钢锭进行初轧。攀钢初轧厂于 1970 年开始建设，于 1972 年 12 月开始投产，主要生产板坯、方坯和异形坯三类产品。

攀钢初轧厂厂房建设如图 2-34 所示。

图 2-34　攀钢初轧厂厂房建设

攀钢模铸钢锭初轧现场如图 2-35 所示。

(a)　　　　　　　　　　　　　　　　　(b)

图 2-35　攀钢模铸钢锭初轧现场
（a）攀钢初轧厂钢锭均热坑出炉送运输辊道；（b）攀钢初轧厂 1972 年 12 月第一次试轧

初轧生产主要由均热、轧钢、精整三大工序组成。其生产过程是把 F8.5 吨、9.42 吨、P11.25 吨、F10.20 吨、Z11.02 吨的沸腾钢锭和镇静钢锭，按照一定的加热制度在均热炉内加热后送入初轧机，分别轧制为 160 毫米×160 毫米~400 毫米×400 毫米方坯或 100 毫米×500 毫米~250 毫米×1150 毫米板坯，供轨梁厂、热轧板厂及部分商品坯，其中供轨梁厂钢轨轧制用方坯为 372 毫米×280 毫米和 325 毫米×280 毫米两种断面规格尺寸，372 毫米×280 毫米用于 60 千克/米及以上钢轨铸坯原料，325 毫米×280 毫米用于 50 千克/米及以下钢轨铸坯原料，初轧厂生产工艺简图如图 2-36 所示。

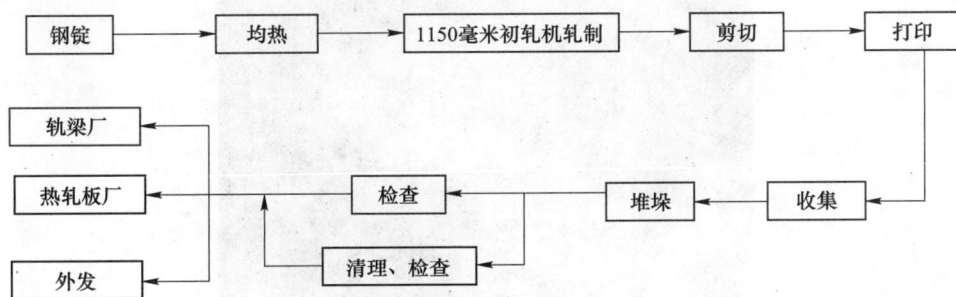

```
┌──────┐   ┌──────┐   ┌──────────────────┐   ┌──────┐   ┌──────┐
│ 钢锭 │──→│ 均热 │──→│ 1150毫米初轧机轧制 │──→│ 剪切 │──→│ 打印 │
└──────┘   └──────┘   └──────────────────┘   └──────┘   └──────┘

┌────────┐
│ 轨梁厂 │←──┐
└────────┘   │
┌────────┐   │   ┌──────┐      ┌──────┐   ┌──────┐
│热轧板厂│←──┼───│ 检查 │←─────│ 堆垛 │←──│ 收集 │
└────────┘   │   └──────┘      └──────┘   └──────┘
┌────────┐   │      ↑
│ 外发   │←──┘   ┌──────────┐
└────────┘       │ 清理、检查 │
                 └──────────┘
```

图 2-36 初轧厂生产工艺简图

初轧厂主要设备有 φ1150 毫米二辊可逆式方板坯初轧机一套，用于将 16 吨以下的钢锭轧制成 160 毫米×160 毫米~400 毫米×400 毫米及 100 毫米×500 毫米~250 毫米×1150 毫米断面的坯料。轧辊公称直径为 1150 毫米，最大工作直径为 1180 毫米，最小工作直径为 1070 毫米；辊身长度为 2800 毫米；上辊最大提升高度 1.64 米，最大工作提升高度 1.59 米；2 台主传动电机型号为 ZJD-285/155-14，功率为 2×4300 千瓦。

与之配套的设备有：上部单侧单烧嘴换热式均热炉 6 组 17 座炉坑（每坑年处理钢锭加热能力为 10.7 万吨）；带翻斗的运锭车、回转升降台、轧机前/后推床翻钢机、换辊小车、1600 吨大剪机、定尺机、链式运输机、打印机各 1 台；以及 30 吨推钢机 3 台，20 吨/30 吨钳式吊车 3 台，25T 耙吊 6 台等设备。

1986 年，开展了钢锭的热送热装攻关工作，1986 年热锭入炉温度达到 853 ℃。

1987 年，均热炉使用了计算机与智能仪表，显示出节能的优越性，工序能耗与煤气单耗刷新历史同期最好水平。

1988 年，开展了降低镇静钢切尾率试验和降低低碳镇静钢浇高试验；在轧辊使用方面用开槽淬火辊代替平辊，其运用取得了显著效果。

1990 年，开展了沸腾钢液芯加热轧制、固体刮渣、火焰可调烧嘴、Z9.42 吨钢锭模、P11.25 吨钢锭模、沸腾钢 9.42 吨直轧、加热工艺、轧辊堆焊研究和推广应用。

1991 年，进行了"减少轧制道次、提高产量"课题的可行性论证与实施。

1992 年，试验成功了"大型直流电机建立氧化膜、保护氧化膜新工艺"。

1993 年，开展了减少 PD3 钢锭烧化技术攻关，取得了较好的效果。

随着 2003 年攀钢 1 号方坯连铸机建成，攀钢钢轨钢生产中铸造环节采用更高效率、高质量的连铸生产法替代了原本的模铸法，模铸也退出了重轨钢生产的历史舞台。

4. 武钢

武钢模铸生产如图 2-37 所示，期间主要围绕保护浇铸、出钢稳定、滑动水口优化及模型底板优化开展工作。

采用保护渣、发热剂——投产初期，为了防止钢水二次氧化，在镇静钢模内壁涂焦

图 2-37　武钢模铸生产

油，效果不理想。1964 年开始，试验石墨渣保护浇铸。1965 年，先后采用蛭石粉、焦炭粉防缩孔剂做发热剂，起到绝热保温作用。1976 年，研制成功 W-3 渣，开铸之后直接投入钢锭模。

出钢槽的优化——为解决两罐温差大，出钢量不均衡问题及提高坐罐后中间渣罐更换的便利性，从 1984 年到 1985 年逐步将长短边出钢槽改为等边对称形出钢槽。1986 年试用整体出钢槽，永久层用钢玉-碳化硅浇铸料，寿命达 200 次；工作层仅涂 20 毫米厚的镁质涂料，每次出钢后将工作层清除掉，再涂一层镁质涂料就可再次出钢，减轻了劳动强度，降低了生产成本。

滑动水口的改进——1973 年以前钢包使用塞棒系统，后开始研制滑动水口。1977 年，定型为 W-77 滑动水口。1985 年，针对原使用的 W-77 型滑动水口可靠性差的缺陷，设计出 W-85 型滑动水口机械。滑板长度从 420 毫米增加到 501 毫米，采用压紧弹簧，使滑板面压均匀，提高了可靠性，满足快速上注要求。1992 年，又按方坯连铸双滑动水口要求设计出 W92 滑动水口机械。

模型与底板改进——1985 年对 Z13.2 吨钢锭模锭型进行改进，帽部改成双锥度，底部改成锥台，减少轧制形成的折叠，提高成坯率 1%。将镇静钢方形无底模底板改为凸台底板，减少切尾，成坯率提高 0.8%。上小下大的无底模改凹型底板，减少了切尾，成坯率提高 1.8%。

1982 年 11 月 13 日，武钢一炼钢厂生产的 U71Mn 重轨钢质量达到国标要求，正式纳入生产计划。1982—1994 年，平炉钢全部为模铸钢锭，模铸钢锭分为方锭和扁锭，方锭经初轧开坯成方坯，供大型厂二次轧制成钢轨。直到 1999 年 6 月"平改转"连铸投入生产后，武钢重轨钢轧制用坯料由一炼钢厂连铸生产提供。

二、连铸

随着钢铁冶金装备工艺技术的发展，具有更高生产效率的连铸逐步替代模铸生产。经 LF+VD 或 LF+RH 精炼后的钢水由钢水运输车送入连铸车间，通过钢水接受跨的起重机吊运到钢水罐回转台上，钢水罐经回转台回转到浇铸位进行浇铸，连铸机生产的高温无缺陷铸坯全部通过辊道送往轧钢厂。

连铸工艺流程图如图 2-38 所示。

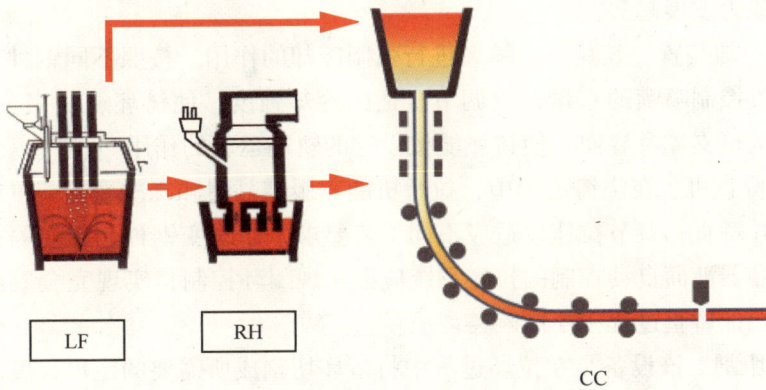

图 2-38 连铸工艺流程图

（一）连铸关键装备技术及其冶金作用

连铸设备主要有钢包回转台、中间包、结晶器、结晶器振动机构、电磁搅拌系统、二次冷却装置、拉矫装置、切割装置和铸坯输送装置等。

（1）钢包回转台。用于承受盛装钢水的钢包，向中间包注入钢水，并通过旋转实现炉与炉的交换。

（2）中间包。用以分配钢水，稳定注速，保持注流圆整，促使夹杂物上浮分离。近年来发展的具有加热功能的中间包则可以补偿钢水温度，实现恒温浇铸，有利于提高铸坯质量。

（3）结晶器。作为连铸系统中的关键部件，钢水在结晶器内被迅速地冷却形成一个与结晶器内腔形状一致、有一定厚度的初生坯壳，并被连续拉出进入二冷区。

（4）结晶器保护渣。结晶器保护渣是钢水经过浸入式水口进入结晶器后，为实现连铸全封闭无氧化浇铸而添加的冶金辅料。保护渣覆盖在结晶器液面上，具有下述冶金功能：1）在结晶器壁和凝固坯壳间形成润滑膜；2）充填结晶器和铸坯间气隙，改善传热条件；3）绝热保温防止结晶器钢液面结壳；4）隔绝空气，保护结晶器内钢液不受空气二次氧化；5）吸收上浮至钢水液面的非金属夹杂物。

（5）结晶器振动。即结晶器的上下往复运行，实际上起到了"脱模"的作用，由于坯壳与铜板之间的黏附力因结晶器振动而减小，因而防止了在初生坯壳表面产生过大应力而导致裂纹的产生或引起更严重的后果。当结晶器向下运动时，因为"负滑脱"作用，可"愈合"坯壳表面裂痕，有利于获得理想的表面质量。

（6）电磁搅拌系统。电磁搅拌根据安装位置分为结晶器电磁搅拌、二冷区电磁搅拌和凝固末端电磁搅拌。结晶器电磁搅拌（M-EMS）可起到均匀温度、消除过热，析出气体及促使夹杂物上浮，形成较宽的细小等轴晶带等作用，以提高铸坯的表面和内部质量；采用二冷区电磁搅拌（S-EMS）的目的在于提高铸坯等轴晶率，进而实现铸坯凝固组织致密性与均匀性的有效提升；凝固末端电磁搅拌（F-EMS）可以减轻铸坯缩孔，改善铸坯中心疏松及中心偏析。我国钢轨钢连铸均投用结晶器电磁搅拌，且采用结晶器+凝固末端的组合式电磁搅拌已成为发展趋势。

（7）二次冷却装置。其具有对铸坯进行强制冷却的作用。按照不同钢种、不同断面的冷却要求，通过控制喷嘴的水量，以调节合适的冷却强度，使铸坯逐步完全凝固；另外，还起到对铸坯进行支撑及导向，使铸坯能按设定的轨迹运动的作用。

（8）拉坯矫直机。在浇铸过程中，拉矫机能克服结晶器和二次冷却装置的阻力，顺利地把铸坯拉出并矫直；调节拉速以适应不同工艺要求，如改变钢种、断面等；对采用调整拉速来进行结晶器液面自动控制的拉坯系统应能实现闭环控制；实现完全凝固或带液相铸坯的矫直，并保证矫直过程中不影响铸坯质量。

（9）火焰切割。该设备是在拉坯过程中将铸坯切割成所需要的定尺长度。为了保证铸坯能自动按定尺切割，切割区设有自动定尺装置。切割成定尺后的铸坯采用辊道输送，缓冷或热送进行随后的轧制。

（二）连铸工序铸坯的主要凝固过程

连铸坯的凝固过程为：（1）结晶器中快速凝固形成的激冷层坯壳，其凝固组织为等轴晶细晶组织；（2）结晶器出口附近开始时柱状晶均匀生长；（3）由于铸坯传热的不均匀性，导致局部区域柱状晶优先生长；（4）优先生长的柱状晶在某一局部区域两边相对连接，或者等轴晶的下落，被杜状树枝捕集而形成"搭桥"；（5）液相穴内钢液被"凝固桥"分开，桥下面的残余钢液凝固时的收缩，得不到钢水的补充而形成疏松或缩孔；（6）最后形成铸坯的宏观结构。

（三）各厂连铸装备工艺发展历程

1. 鞍钢

2000年，鞍钢第一炼钢厂完成模铸转连铸设备改造，由此，鞍钢的钢材逐步实现全连铸生产。其中，用于生产钢轨钢的2号大方坯连铸机为四机四流三点矫直全弧型连铸机，连铸断面尺寸为280毫米×380毫米，设计连铸拉速0.2~0.85米/分钟，钢轨钢实际连铸拉速在0.60~0.75米/分钟范围内进行调控，结晶器及振动、电磁搅拌、二冷系统等关键装备实现国产化，实现国内自主集成建设，标志着鞍钢大方坯连铸机国产化取得很大突破。2001年，鞍钢2号大方坯连铸机一次热试成功，随后开展了U71Mn和U75V钢轨的连铸工艺开发，由此实现了钢轨钢全连铸工艺生产。鞍钢采用连铸+铸坯热装热送的短流程生产钢轨，实现节能高效生产，同时推动了百米定尺钢轨生产及推广。钢轨成材率由模铸的80%提升到90%以上。

大包回转台采用了两臂能单独升降的连杆式大包回转台，并具有回转、升降、称量和加盖等多种功能。加盖装置的设置可有效减少浇铸过程中钢水的温度损失，保证浇铸钢液温度高稳定性的多炉连浇。大包回转台设有自动连续称量系统，可以检测大包浇铸重量及剩钢量；中间包台车设有自动连续称量系统，可辅助中间包钢液重量稳定控制，以保证浇铸时中包深度，为高稳定性连铸生产奠定重要基础条件。

用于生产钢轨的连铸坯生产如图 2-39 所示。

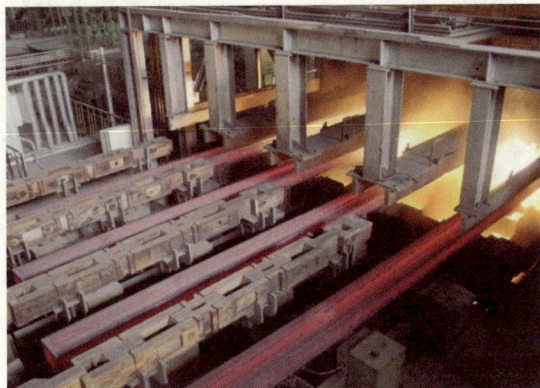

图 2-39　用于生产钢轨的连铸坯生产

其他关键设备特点有：（1）结晶器长度 800 毫米，有利于在高拉速下保证结晶器出口的凝固壳厚度，减少漏钢事故。（2）长度 2505 毫米的四面密排辊支撑导向段，有利于减少铸坯的鼓肚应变和脱方，使铸坯的鼓肚应变控制在 0.1% 以下。（3）采用了 $R12$ 米的大圆弧半径和三点矫直，分散了铸坯的矫直应变，使铸坯固液两相界面的矫直应变控制在 0.1% 以下，铸坯表面的应变控制在 1.2% 以下，以满足重轨钢的质量要求。（4）结晶器铜板采用 CCM-B 冷轧铜板，表面镀 Ni，提高了铜板的使用寿命，避免高温坯壳与铜壁摩擦时铜元素沿晶界扩散，降低晶界的高温强度而产生龟裂。优化结晶器水缝结构，使结晶器铜板表面温度尽可能均匀，减少铜板的热变形和凝固壳纵裂的发生率。结晶器冷却水流速为 7~13 米/秒，结晶器冷却水压力为 7.0~85 兆帕，结晶器冷却水流量为 90~140 立方米/小时。结晶器冷却水各参数的选择根据所浇铸的钢种、铸坯断面、目标拉速等因素确定。（5）鞍钢大方坯连铸机配有结晶器电磁搅拌（M-EMS），可显著改善大方坯表面和皮下的质量，减少夹杂和针孔，提高铸坯内部质量，扩大等轴晶带，减少树枝晶搭桥，改善中心疏松和中心偏析。（6）结晶器液面采用自动检测和控制系统，控制精度高，能保持液面稳定，减少卷渣和内部夹杂。自动检测方式一般有放射源和涡流检测，也有同时采用两种检测系统的。（7）鞍钢大方坯连铸机采用放射源检测 Cs137，保证结晶器液面的稳定，使保护渣均匀铺展和熔化，减少保护渣卷入，改善铸坯的表面质量。采用板弹簧导向的四偏心正弦振动机构，实现结晶器的高频小振幅振动，以减少铸坯表面的振痕深度。（8）鞍钢大方坯连铸采用钢包和中间包上加盖，以及钢包至中间包用长水口和氩气密封，全程无氧化浇铸，防止或减少二次氧化。（9）中间包至结晶器用浸入式水口加保护渣保护浇铸。铸机保护浇铸是控制增氮的重要环节。铸机增氮主要发生在钢包和中间包之间。除采用覆盖剂覆盖外，还采用长水口进行保护浇铸，长水口连接氩气和纤维体密封。（10）设计了大容量 T 型中间包，包内合理设置挡渣墙和溢流堰，使夹杂物能在包内充分上浮分离，提高钢水的清洁度，中间包正常容量 32 吨，工作液面高度 800 毫米。液面高度 800 毫米，能保证多炉连浇时连铸机保持正常的浇铸速度。中间包钢水向结晶器的注入采用滑板控流。（11）鞍钢大方坯连铸机采用气雾喷嘴。气雾喷嘴调节范围宽，易调节，冷却强度大且均匀，很少堵塞，使铸坯表面温度波动范围小，回温幅度低，可保证铸坯温变应力最小，避免产生热力裂纹，特别是对裂纹敏感性强的钢种冷却更为有利。不同区域采用不同的回路控制水量，以实现平滑的冷却强度变化。采取内、外弧分区冷却，即内、外弧采取不同的冷却水流量，这样减少铸坯内弧积水量，减少了铸坯内、外弧冷却强度不均，从而减少了铸坯表面裂纹及铸坯内部质量问题。根据钢种成分、质量、性能等因素要求对铸坯有目的地采取"强冷"或"弱冷"，以保证铸坯内、外部质量。二次喷雾冷却系统，由二次喷淋开路浊环水系统和二冷压缩空气系统组成。为提高二冷水、气控制精度和冷却的合理性，整个二次冷却共分5个区，9个回路，每个回路均设有流量检测及控制装置，其控制模式有手动控制、自动控制等模式。选择自动控制时二冷水的流量随着拉速变化而自动跟踪。

2007年，鞍钢从中包涂抹料、中包滑板、下水口、浸入式水口等关键耐材长寿化质量改进，自主开发了渣线调整技术，中包浇钢时间实现突破，由12小时提高至18小时，单中包炉数由18炉提高至25炉以上，铸坯质量稳定。

2012年，鞍钢实现结晶器自动加保护渣功能，代替了传统的人工推渣，大大减轻了劳动强度，自动布渣也使保护渣加入更加均匀，消除了人工操作的差异性和不稳定性，稳定了结晶器液面，改善了铸坯表面质量，由此实现了钢轨钢高质量稳定连铸生产。

2021年10月，鞍钢液位自动控制系统升级改造，对现有射源进行更新，取缔裸源方式，更新为带防护套的大剂量射源，提高脉冲数，提高检测精度，对现有液位自动控制系统进行更新。项目液位自动系统改进后，高液位脉冲显著提高（约为原系统的5倍），液位控制精度由±5毫米提高至±3毫米。

2022年10月，2号方坯PLC及变频器的升级改造，实现处理器整体升级；更新原单网通信，实现PLC与各子站间的Controlnet网双网通信，增加系统可靠性，提高了2号方坯PLC系统的稳定性。

2. 包钢

1997年，包钢从德马克引进成套连铸工艺技术装备，实现40%连铸比。

2008年，实现全连铸生产。2008年，"包钢5号连铸机动态配水及动态轻压下技术研究与应用"，冶金效果明显，使包钢的钢轨钢产品质量提高到一个新的水平，对降低钢轨内伤挑出率有积极作用。该技术目前正在申请国家专利。"炼钢厂5号铸机结晶器非正弦振动方式的研究与应用"，通过对机械式振动装置的改造和电动伺服振动装置调试使用，改善了铸坯表面质量，为品种钢开发提供了有利条件。"油气润滑在大方坯连铸机二冷室的应用研究"，为油气润滑应用开辟了新的领域。该技术为提高铸坯质量，降低生产成本和环保生产提供了有力保障。

包钢5号连铸机如图2-40所示。

图 2-40　包钢 5 号连铸机

2014 年，"包钢高级别重轨钢动态轻压下系统升级与综合质量优化"开发了贝氏体钢动态轻压下模型，显著提升了贝氏体钢的内部质量。

包钢连铸现有主要工艺技术包括：

（1）连铸配套电磁搅拌技术的应用，包括结晶器电磁搅拌（M-EMS）、末端电磁搅拌（F-EMS），其中 1 号坯铸机、2 号坯铸机、6 号铸机配备结晶器电磁搅拌（M-EMS）和末端电磁搅拌（F-EMS），5 号铸机、7 号铸机配备结晶器电磁搅拌（M-EMS）。

（2）同时采用保护浇铸技术，钢包至中间包采用保护管法（长水口）保护，中间包至结晶器的保护采用浸入式水口。2019 年，5 号铸机采用长水口内外置吹氩生产高等级特钢，保护浇铸效果明显提升。

（3）2006 年，对振动参数进行优化，采用高频小振幅液压振动，有利于降低振痕，改善铸坯表面质量，可实现结晶器振动导向的高精度。在浇铸过程中，实现了频率、振幅、波形、非正弦系数、负滑脱时间等振动参数的单独自动调整，实现了波形的无扰切换。同时，实现了振动设备的免维护，减少了设备投资和铸坯表面振痕的深度。通过采用正向和反向振动模式，适应各钢种的浇铸工艺要求。通过优化的振动工艺参数，有效改善结晶器保护渣的润滑特性，提高铸坯表面质量和减少漏钢事故。小方坯铸机在国内率先使用的液压自振式结晶器，液压自振结晶器结构紧凑，降低了制造和维修成本。

（4）2012 年底进行轻压下改造，大方坯连铸采用了轻压下与动态配水工艺技术，大方坯连铸全部采用了轻压下工艺技术，随着用户对钢材品质要求的日益提高，如何提高产品质量是当今钢铁界的重要课题。而中心偏析、中心疏松等也会对产品的质量产生重要影响。改善产品中心偏析方法有很多种，如低过热度浇铸、连续锻压、软冷却、电磁搅拌、轻压下等技术措施。其中，轻压下技术（简称 SR）在改善铸坯内部质量方面的显著效果，被越来越多的应用实践所证明。

（5）2012 年，开始逐步引入氢氧切割技术，环保节能的高质量切割技术。使用氢氧切割节能环保新技术，并在 6 号铸机实现了天然气与氢氧切割互换使用，铸坯切缝减少至 6 毫米以内，连铸坯收得率大幅提升，经济效益显著提升。

（6）2018 年，通过国内特钢厂的考察，投入了补偿式加热缓冷坑，配置缓冷罩，改善缓冷效果，消除铸坯因组织应力和热应力引起的表面裂纹及因内部氢扩散不良造成的内部白点裂纹。

（7）2018 年实现专业化生产，5 号铸机以生产重轨系列品种为主。

（8）2018 年，炼钢厂在重轨钢产线 5 号连铸机上率先实现机器人自动喷号，拉开了智能制造的序幕。2019 年，炼钢厂在 5 号连铸机进行结晶器自动加渣试验，在大方坯上实现了结晶器保护渣的实时测厚，保证结晶器渣厚稳定，液位波动明显减少，质量效益明显。

（9）2015—2016 年，炼钢厂在大方坯连铸上先后对中间包浸入式水口进行改进，将直通水口改为侧开孔水口，并进行结晶器流场研究。普遍采用侧开孔水口后，铸坯质量改善明显。炼钢厂还进行了四孔旋转水口的试验，为连铸耐材进一步优化改进提供了的技术储备。

（10）2016—2017 年，炼钢厂进行了连铸中间包流场研究，进行了中间包挡墙的改进，对出钢口、排渣孔进行优化，减少了钢液在中间包的污染，同时减少了中间包低液位下的卷渣可能性，提高非稳态浇铸下铸坯质量。

（11）炼钢厂进行重轨钢连铸技术长水口吹氩、中间包干式料的优化研究，实现了生产重轨低氢化。2019 年，炼钢厂建成连铸坯补偿式缓冷坑，大方坯铸坯实现退火去氢。

2020 年，炼钢厂在重轨钢连铸上首次引进了中间包冶金技术，计划在 5 号铸机使用中间包感应加热，进一步提升中包冶金功能，同时实现与连铸恒拉速相匹配的恒过热度控制，通过提升钢轨钢的产线装备，提高工艺控制的稳定性，从工艺控制上实现质的飞跃，为产品质量的提升与稳定提供设备保障，为包钢重轨钢的品牌塑造提供内生源动力。

3. 攀钢

2003 年 9 月，攀钢 1 号方坯连铸机建成，为全弧型、连续矫直机型，铸机半径 12.0 米，六机六流，流间距 1.5 米。平均浇铸钢水量 131 吨/炉，设有 280 毫米×325 毫米、280 毫米×380 毫米两个断面，设计拉速 0.2~0.85 米/分钟，工作拉速 0.65~0.70 米/分钟，配备火焰切割机和后区下线系统，设计年产能 120 万吨。

2005 年 12 月，2 号方坯连铸机建成，全弧型、连续矫直机型，铸机半径 15 米，四机四流，流间距 1.5~2.0 米。2014 年，通过改进扇形段、增加凝固末端电磁搅拌（F-EMS）、优化凝固末端轻压下，采用 320 毫米×410 毫米断面生产大断面长定尺钢轨钢，设计拉速 0.2~2.5 米/分钟，工作拉速 0.2~0.8 米/分钟，配备火焰切割机和后区下线系统。

两台连铸机结构和工艺相似，都具备生产钢轨钢的条件，技术装备和工艺顺序如下：全功能钢水罐回转台、大容量带挡渣墙中间罐、中间罐钢水称量、保护浇铸、整体式塞棒浇铸、浸入式水口事故闸板、保护渣加入装置、组合式结晶器、结晶器液位检测及自动控制、结晶器液压振动、结晶器电磁搅拌、连续矫直辊列、铸流电磁搅拌、二冷气水喷雾冷却及动态自动控制、凝固末端轻压下、最佳定尺切割、铸坯喷印、铸坯称量、两级自动控制系统。主要装备如下：（1）结晶器电磁搅拌（M-EMS）系统，该搅拌系统由电磁线圈、变频装置、水冷却装置、控制系统等组成。（2）结晶器振动。结晶器是连铸机生产中核心设备，通过对结晶器振动参数检测，跟踪振频、振幅和波形随拉速变化，可判断传动系统磨损、导向系统偏差等故障，对铸坯的质量和拉速的提高具有重要的意义。（3）拉矫机。连铸坯拉矫指的是把连铸坯从弧形连铸机的结晶器中以一定的拉坯速度拉出并矫直的工艺过程。目前，1号和2号方坯连铸机每流配备7台拉矫机。（4）凝固末端压下。1号方坯现有一套轻压下系统，压下量分别为3~9毫米；2号方坯有重压下系统。

攀钢1号方坯连铸机如图2-41所示。

图2-41 攀钢1号方坯连铸机

2020年，1号方坯铸机新增大包下渣检测、中包感应加热、中包排渣、末端电磁搅拌四项提质改造项目，上线设备试运行正常，铸机质量控制手段得到大幅提升。主要改进如下：（1）增加大包下渣检测，实现钢包下渣自动检测和控制。通过钢包下渣自动检测及控制，能大大实现下渣量的精准稳定控制，提高钢水纯净度，改善钢轨夹杂物评级，稳定提升铸坯实物质量。（2）增加中间包感应加热。中间包通道式电磁感应加热的工作原理基于电磁感应原理，当感应器反馈给变频电流时，交变的电流在铁芯的闭合磁路中建立起主磁通 Φ，交变的磁通 Φ 就在与铁芯匝链的通道里流动的钢水中感应起电势 E，由中间包内的钢水组成一个闭合回路，由于钢水具有导电性，进而在其中形成感应电流，大环流的感应电流在钢水中产生焦耳热，从而实现对钢水的保温及加热效果。与加热效应相伴生的是钢水的精炼效应。其机理，一是在通道内的感应电流与其自身激发的感生磁场相互作用产生指向通道中心的箍缩力，箍缩力是体积力，作用在钢水体积元上，使钢水名义密度增加，导致与夹杂物的密度差增大，从而使轻相夹杂物容易向通道壁泳动而被通道壁吸收、去除；二是被加热了的流动钢水借箍缩力的助推加速由通道口喷出而形成上升流，促使夹杂物上浮到自由面而被覆盖剂吸收与去除；同时上升流也促进中间包内冷热钢水的混合而使其温度分布均匀。系统采用非接触式对钢水进行加热，不会对钢水造成污染；对中间包钢水温度控制能力强，能达到目标温度±3 ℃。（3）增加中间包排渣功能。随着单中包炉数的增加，中间包内的大包渣数量也逐渐增多，中间包内大包渣数量越多，一方面会导致中间包卷渣的几率大大增加，另一方面会导致中间包钢水液位的降低，影响中间包冶金功能发挥。为此，设计了中包排渣工艺，在包次浇铸过程中将中包渣部分排除，这样就可以确保包次后期中包渣量较少，提高单中包浇铸炉数。通过中间包排渣，减少了包次中后期中间包渣量，提高熔池深度，利于夹杂物上浮，减少钢水夹杂物，改善了钢轨钢的成品质量，进而减少了钢轨钢内部质量缺陷造成的异常改判。（4）增加末端电磁搅拌（F-EMS）。F-EMS 的作用原理如下：对 F-EMS 通以三相电源，F-EMS 内感应器便会产生一旋转磁场，旋转磁场作用于铸坯便会在铸坯中激发感生电流，而感生电流在旋转磁场中又必然会受到电磁力的作用，且电磁力的方向与磁场运行方向一致，始终沿圆周方向运动，这样就推动了铸坯中的钢液作圆周运动，从而达到搅拌钢液的目的。

4. 武钢

2007 年 12 月 26 日，武钢一炼钢 3 号大方坯连铸机热负荷试车一次成功，作为高速重轨生产线的重要组成部分，这也标志着武钢由此掀开了百米钢轨及大型结构用钢等"双高"条材产品开发的序幕，年生产能力 105 万吨。

武钢 3 号大方坯连铸机如图 2-42 所示。

图 2-42　武钢 3 号大方坯连铸机

设备参数：五机五流弧型大方坯连铸机；断面尺寸 280 毫米×380 毫米、320 毫米×420 毫米、320 毫米×480 毫米；设计厂商：Siemens-VAI；全弧型（连续弯曲，连续矫直）；铸机半径 12 米；结晶器类型，铜板组合式结晶器；结晶器长度，800 毫米；电磁搅拌，M-EMS；二冷控制，5 个水冷区动态配水，气雾冷却；铸坯动态轻压下；自动火焰切割机及最佳定尺优化切割。

（1）中间包冶金综合技术。连铸中间包流场对非金属夹杂物的上浮去除以及温度和成分的均匀有着非常重要的影响。对于多流连铸中间包，控流装置结构不合理不仅造成钢液流动状态不理想，而且会导致各流流动特性的一致性差，并造成各流之间温度差以及所含夹杂物的大小和数量存在较大的差异，直接影响到钢液的洁净度和连铸生产的稳定顺行。中间包钢液在第三流附近的流动强劲，流线非常密集，并且流程较短，在中墙附近有两个高速流动区域。同时第三流钢液流程过短，从水口流出进入结晶器，形成短路流，导致钢液停留时间过短而使钢液中夹杂物来不及上浮去除，无法发挥中间包冶金的作用，因此应对中间包钢液流场等方面进行整体优化。

（2）连铸耐材安全长寿化技术。随着单中间包连浇炉的提高，中间包冲击区渣线处侵蚀越来越严重。2000—2002 年，在冲击区增设挡墙和护板，以提高渣线部位的耐侵蚀能力。由于塞棒碰撞和钢流冲刷作用，中间包水口碗内部受损严重，2000 年在水口内衬增设了锆环，2003 年又增加水口渣线部位的壁厚，从而提高了中间包水口寿命。

（3）改进中间包挡墙。生产初期中间包采用的是 13 孔 U 型挡墙进行控流，其各流之间的钢水温差大，且三流因温高易拉漏，一、五流则因温低易结冷钢。2003 年改用 9 孔 U 型挡墙，但效果仅略有改善。2004 年改用 6 孔 U 型挡墙后，中间包内死区比例大大减小，各流间温差由 8.1 ℃大幅降至 3.5 ℃，钢水平均停留时间由 534 秒提高到 663 秒，有利于夹杂物上浮，可使夹杂物总量减少 4.1%，尤其使大颗粒夹杂物显著减少（夹杂物最大直径缩小 34.3%），且分布较均匀。

（4）采用多孔浸入式水口。此前采用直筒型浸入式水口（SEN）浇铸，结晶器流场分布不合理。2001 年下半年开始采用 VAI 提供的 5 孔型 SEN，效果也不理想。2002 年，在完成数学物理模拟研究和工业性试验后，一炼钢开始采用正交四孔水口，且水口侵入深度为 170 毫米，偏装角度约 15°。采用该技术后，铸坯等轴晶率明显上升，偏析也有所降低，且不会导致卷渣，有利于夹杂物上浮。

（5）弱二冷技术。原来高碳钢二冷水采用 VAI 提供的 Q3 水表比水量大，冷却速度过快，铸坯表面回温过大。2001 年，通过数模计算制定了新水表 Q0，降低比水量约 40%，并使用直径更小的喷嘴以满足了小水量喷雾特性的要求，减小了铸坯表面温降和温度回升速率，可有效降低偏析，改善铸坯质量。

（6）轻压下技术。一炼钢采用轻压下技术，通过连铸机辊缝的收缩，从而使铸坯的凝固组织更加致密，进一步改善中心偏析和减少中心疏松。

5. 邯钢

2012 年，邯钢一炼钢厂由奥钢联引进大方坯/异型坯复合的五机五流弧型连铸机，铸机半径为 R12 米，由奥钢联公司总体设计，关键设备国外引进，其他设备国内配套，主要由板式结晶器及电磁搅拌器、集连续矫直工艺和动态轻压下技术为一体的拉坯矫直装置组成。年产设计产能 145 万吨，连铸坯送至大型轧钢厂轧制型材产品。此连铸机以 280 毫米×380 毫米断面为主生产重轨钢。

邯钢重轨钢连铸机配备有：钢包下渣检测、全程保护浇铸、结晶器液面自动控制、结晶器正弦/非正弦振动、结晶器电磁搅拌（M-EMS）、二冷动态配水、连续矫直、动态轻压下、切割定尺优化、铸坯热送等先进装备工艺技术。

（1）铸机主要设备特点。二次冷却采用二级系统动态配水模型进行精准控制，控制铸坯冷却速度，避免出现铸坯中心缩孔、表面裂纹等，系统通过现场采集数据根据钢水成分、温度、浇铸速度等诸多数据，确定二冷水量的大小，并且随浇铸钢水条件的变化进行动态调整，目前大方坯主断面由 2 个扇形段、4 个冷却区域组成，配合有甘油润滑系统，保证了铸坯质量。

配合二冷动态配水的凝固末端动态轻压下技术。钢水经过结晶器浇铸，通过二冷区域，进入拉矫机后铸坯内部仍有部分液态钢水，会导致铸坯产生中心疏松、中心偏析，甚至缩孔等缺陷。因此，通过二冷动态配水后，配合使用动态轻压下功能，根据二级模型计算出的凝固终点，相应拉矫辊启动轻压下模式，使铸坯凝固末端中心的液态钢水回流，降低了中心疏松、中心偏析，中心疏松基本为零，中心偏析控制到 0.5 级以下，铸坯质量提升取得了良好的效果。

铸坯切割使用编码器控制铸坯长度配合氢氧切割技术，以满足高端钢种，包括重轨钢、轴承钢、帘线钢等对铸坯切面的高要求。为满足百米轨轧制的成材率要求，减少百米轨的长尺或短尺，对连铸设备进行改进，在每个流均增加了在线铸坯称量装置，在线铸坯称重与红外摄像技术相结合，按照铸坯单支重量的目标值，高精度测量每根铸坯的重量，把重量信号通过软件处理，通过不断修正定尺长度的值，在线自动调整铸坯切割长度，确保铸坯定重在正负 25 千克内，提高了百米轨的定尺合格率。经数据分析，实测重量偏差（实测单重−目标单重）在 ±25 千克的合格率达到了 100%，平均 1.51（波动 −17~19）千克，保证了轧制成材率。

配备有一台铸坯在线取样设备，铸坯切割完成后直接在该设备上取低倍样，做热酸蚀，查看铸坯表面质量及中心疏松等情况，针对每个流的低倍情况可以反追到二冷水、轻压下及甘油润滑等一系列问题得以及时解决，保证铸坯质量。

铸坯堆垛缓冷工艺制度。通过堆垛缓慢冷却，可以有效降低铸坯表层温度梯度，减小铸坯相变应力，减少表面微裂纹的产生。通过一种大方坯连铸机步进冷床下线收集装置的研发和使用，铸坯和固定齿板之间的摩擦力减小，避免冷床齿板受冲击或高温烘烤而损坏，减少了连铸机事故停机，增加了连铸机连续生产时间，提高了连铸机作业率，为重轨铸坯下线温度不低于 600 ℃创造了条件。

（2）关键连铸装备工艺优化进展。2015 年，邯钢钢轨钢生产初期，由于各种原因导致铸坯合格率和探伤合格率一直处于较低的水平，经过工艺优化和设备改造，稳定生产工艺控制，铸坯一次合格率达到了 98.9%以上，重轨探伤合格率达到了 99%以上。具体优化涉及中间包流场优化、中间包烘烤标准制定实施、中间包非稳态浇铸控制、倒包连浇操作等关键控制点。

2020 年，开发了连铸中包烘烤监控和预警系统，修订完善中包烘烤相关操作规程。在前期中包完成烘烤温度的自动采集，以及实现温度趋势的生成和保存的基础上，经过大量数据积累，组织技术人员制订了中包烘烤曲线标准，并完善了相关工艺操作制度和操作规程；同时完成了烘烤自动预警系统研制，当烘烤温度达不到标准时，系统自动判断和识别，实现声光报警。操作人员能够及时调整煤气压力、流量等烘烤参数，实现了定量控制，确保达到工艺制度的要求。此系统实施后，烘烤合格率达到了 100%，确保了大方坯开浇成功率和满流率达到了 100%的水平；同时解决了长期存在的浇次前期探伤不稳定的技术难题。

2021 年，在二级系统程序中开发建立倒包模型，在倒包条件下，二冷水量采用科学的间歇性喷水模式。采用该模式，倒包连浇炉数 53 炉，单中包连浇炉数最高达到了 27 炉，比 2020 年提高 8 炉，最高连续生产 4 个浇次。

非稳态浇铸可控制技术方案的制定，在基本不增加生产成本的情况下，通过控制钢包精炼渣的黏稠度而产生良好的保温效果，中包温度在浇铸过程中降温幅度小于 10 ℃，使中包钢水过热度控制在 25~35 ℃ 的变化区间，通过全冶炼过程温度调配，实现了浇铸过程中包钢液温度的稳定。

为减少大包下渣，采取大包下渣检测与大包剩钢相结合的操作模式。当下渣自动声光报警，或者大包剩钢为 3 吨时，人工关闭大包水口，减少下渣量，冲击区每 5~6 炉测量渣层厚度，严格控制中间包渣量，渣层厚度过厚超过 30 毫米时进行排渣作业。

改进中间包耐材材质，优化水口结构，提高浇次连拉炉数。2020 年，重轨每浇次的连浇炉数为 17 炉，伴有探伤不稳定情况。通过提高中间包材质，改善铸坯夹杂物控制，同时提高连浇炉数降低成本。通过改进中间包耐材材质，减少了重轨钢钢水对中间包工作层的侵蚀，降低了钢水侵蚀中包耐材带来的外来夹杂物。优化水口结构，提高开浇成功率，单中包连浇炉数由 17 炉提高到 27 炉。

邯钢大方坯连铸机如图 2-43 所示。

图 2-43　邯钢大方坯连铸机

6. 永洋特钢

2007 年永洋特钢建成五机五流 $R10$ 米全弧型矩形坯/圆坯复合连铸机 1 台，具备结晶器液面自动控制、结晶器电磁搅拌、末端电磁搅拌装备工艺条件。

2017 年，异地建成两台方（矩）坯连铸机：一台 $R10$ 米八机八流连铸机，具有钢包下渣检测、钢包和中间包氩封、中间包升降、中间包称重、首末端电磁搅拌、铸坯在线计重功能；一台 $R12$ 米六机六流连铸机，具有钢包下渣检测（钢包下渣检测系统最初采用振动预警方式，后升级改造为电磁感应控制，提高了下渣检测精度）、钢包和中间包氩封、中间包升降、中间包称重、首末端电磁搅拌（结晶器电磁搅拌为外装式）、轻压下（每流配备 7 架压下装置，总压下量可达到 15 毫米）、自动喷号、铸坯在线计重功能。全程保护浇铸，配备缓冷坑。

第五节 钢 坯 加 热

钢坯加热是把经缓冷后冷却至室温的钢轨钢铸坯重新加热到均匀的、适合轧制的温度，并使连铸坯组织完全转化为奥氏体。首先，温度提高以后，钢的塑性提高，变形抗力降低，更加容易变形，如 T12 钢室温下变形抗力约为 600 兆帕，加热到 1200 ℃时变形抗力下降到 30 兆帕左右，只相当于室温下变形抗力的二十分之一。其次，加热温度合适的钢，轧制时可以采用更大的压下量，减少因磨损和冲击造成的设备事故，提高轧机的生产率和作业率，同时轧制耗能降低。最后，加热能改善钢坯的内部组织和性能，将不均匀组织通过高温加热的扩散作用而均匀化。

钢坯加热工艺直接影响钢轨的表面质量、规格尺寸精度和力学性能，随着铁路发展对钢轨的各项要求日益严格，对钢坯加热质量，如加热温度、均匀程度等指标提出了更高的要求，尤其是钢坯加热温度的均匀性改善、钢坯温度波动减小和钢坯脱碳层深度降低等。

因此，目前国内外主要钢轨生产企业均已逐步将原来的推钢式连续加热炉升级成步进式加热炉，以满足现代高速、重载铁路对钢轨表面脱碳层、规格尺寸精度的要求，同时减少氧化烧损，提高钢轨成材率。

一、钢坯加热技术

（一）加热过程

钢坯的加热温度控制包括表面温度、沿断面上的温度差及沿坯子长度方向上的温度差。钢坯在炉内的最终加热温度是考虑了轧制工艺、轧机的结构特点以及加热炉的结构特点等实际情况后制定的。加热到规定温度所需时间，取决于钢坯的尺寸、钢种、采用的温度制度及其他条件。钢坯在炉内以对流方式和辐射方式获得热量，前者是炉气冲刷钢坯表面，后者是炉气和炽热的炉衬辐射热。一般来说，加热炉沿长度方向上分三段控制，即预加热段、加热段和均热段。钢坯进入加热炉预热段，热流逐渐增大；钢坯到加热段，热流基本保持不变；钢坯到均热段，热流逐渐减小。钢坯在均热段内，钢坯表面温度基本保持不变，而断面温差逐步缩小，钢坯表面获得的热量以热传导的方式向内部扩散。传给钢坯表面的热流越小、受热面积越大、钢坯的断面尺寸越小、钢的热导率越大，断面温差就越小。一般断面大的钢坯要比断面小的钢坯加热时间要长，合金钢比碳钢的加热时间要长。

（二）加热缺陷

过热和过烧：加热温度过高或高温下停留时间过长，会使钢的晶粒过度长大，削弱晶粒间的结合力，钢变脆，这称为过热。过热的坯料轧制时会产生裂纹；即使轧制没有开裂，成品的力学性能也难以满足要求。过热钢坯进行正火可以挽救。过热进一步发展，晶粒继续长大，并且晶界出现氧化或熔化，轧制时往往碎裂或崩裂，称之为过烧。过烧的坯料是不可挽救的废品。在轧制作业突然出现故障停轧时，容易出现过热或过烧现象；高碳钢如温度控制不当，也很容易造成过热或过烧。

加热过烧缺陷图如图 2-44 所示。

图 2-44　加热过烧缺陷图

钢坯的氧化和脱碳：钢坯在炉内加热过程中，钢中金属元素与炉内的氧化性气氛发生反应并生产氧化铁皮（氧化铁皮的内层是氧化亚铁、中间层是四氧化三铁、最外层是三氧化二铁）。脱碳是钢中碳元素向表面扩散并和炉内气氛反应而引起的。轴承钢、工具钢、弹簧钢和其他一些钢种，钢的脱碳是有害的，脱碳后的钢件表面在淬火时达不到所要求的硬度，此外，还降低材料的抗压性能、耐磨性能及弹性性能。

氧化与脱碳过程同时进行，它们都和加热条件（温度、炉内时间、炉内气氛以及坯料的化学成分）有关。一般来说，温度小于 750 ℃ 时氧化和脱碳都不明显。但温度大于 800 ℃ 时氧化和脱碳迅速增加。

（三）热工制度

热工制度涉及燃料与空气进入炉内的情况、燃烧情况、燃烧产物的排除情况以及余热回收利用等情况。热工制度包括温度制度、炉压制度和炉子燃烧制度。

加热炉内炉压大小及其分布是调整温度场、控制火焰及炉内气氛的一个重要手段，它影响加热速度和加热质量，也影响燃料利用的好坏。特别是炉子出料段处炉膛压力尤为重要。

炉压设定应比大气压力高出 0~30 帕。炉压过大则装料口、出料口、观察孔等开口部位都会往外冒火，其结果是：（1）炉气损失增大，使热损失增大；（2）SO_2 等有害气体进入车间使作业环境污染；（3）冒火部位的炉墙、附近的钢结构或机械设备受损或者变形。反之，炉压过低，则吸收车间冷空气将使：（1）炉温降低燃料消耗量增加；（2）低温空气对坯料冷却导致温度不均；（3）炉气的含氧量增加导致烧损增加。

燃烧制度要保证燃料在炉膛范围内燃烧完全，同时空气系数 α 要小。空气过剩则烟气量大，带走的热量增多；空气量不足，炉内形成不完全燃烧，同样使热损失增加。

（四）步进式加热炉

步进式加热炉是一种机械化炉底炉，它依靠步进梁的有顺序地运动使加热坯料在炉内逐步地从炉尾移动到炉头，使坯料达到规定的温度后出炉。步进炉可以采取坯料之间分开的加热方式，这样加热速度快而且内外温度均匀，一般来说，在步进炉内可以实现三面或四面加热，但严格说起来这是不够确切的，因为相邻坯料之间的间隔还没有大到足以不考虑坯料彼此间的相互影响问题，但加热面是增加了一些。同时，步进炉可以通过改变坯料之间的间距和水平行程的长短以及步进周期的时间来实现坯料的灵活加热。工艺特点是将钢坯从入炉辊道运至步进炉定梁的钢坯等待位置，定位装置将钢坯推至步进梁取料位置，由步进梁将钢坯装进加热炉，从加热炉入口输送至加热炉出料口，同时钢坯被加热至轧制温度，出钢机将热钢坯从加热炉出口端定梁上取出，放至加热炉出口辊道中心线处。钢坯由出炉辊道运往轧机区，进行轧制。设备主要由入炉辊道、装钢机、钢坯定位装置、步进机械、出钢机、出炉辊道、装料炉门、出料炉门等组成。装钢机可以在钢坯定位装置处于零位的任意时刻上料，不受步进梁运行周期限制，使上料周期与步进梁循环周期分离，解决了型钢生产周期短的关键问题，通过装钢机工作，各流铸坯均可进入入炉辊道，装钢与进坯互不影响，从而解决了各流铸坯运行速度不同，不能同时到达入炉辊道的关键问题，高架式装钢机除装钢时靠近加热炉炉门，其余均在等待位置，远离高温区，因而可避免原机械设备因高温而带来的损坏。步进式加热炉示意图如图 2-45 所示。

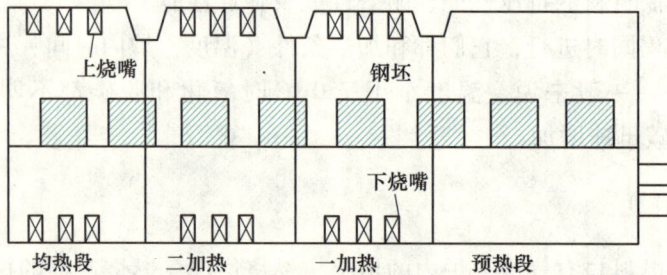

图 2-45　步进式加热炉示意图

二、钢轨生产企业钢坯加热技术发展

（一）鞍钢

20 世纪 50 年代初，鞍钢大型厂建成投产，钢坯加热采用两座三段推钢式加热炉进行钢坯加热。

鞍钢大型厂推钢式加热炉如图 2-46 所示。

图 2-46 鞍钢大型厂推钢式加热炉

鞍钢大型厂 1 号推钢式加热炉设备参数见表 2-1。

表 2-1 鞍钢大型厂 1 号推钢式加热炉设备参数

技 术 性 能		1 号加热炉
炉底有效尺寸：长×宽/毫米×毫米		10824×8818
出料口高度/毫米		500
进料口高度/毫米		450
煤气压力/帕		4903
煤气发热量/焦耳		$(8.79\pm0.419)\times10^6$
烧嘴形式	上加热	平焰烧嘴
	下加热	低压涡流烧嘴
	均热	平焰烧嘴
冷却水温度/℃		40~55
冷却水压力/兆帕		0.0981~0.196
换热器形式		金属管状换热器
预热空气温度（最高）/℃		450

　　1956 年，在原有 1 号、2 号加热炉基础上，增建 3 号加热炉，3 座加热炉均为三段推钢式加热炉，炉内坯料按轧制节奏连续运动，炉内炉气连续流动，加热的坯料为初轧坯，轧制 43 千克/米、50AT 钢轨的坯料尺寸为 180 毫米×274 毫米，轧制 50 千克/米钢轨、QU80、QU100 起重机钢轨的坯料尺寸为 198 毫米×225 毫米，轧制 60 千克/米钢轨、QU120 起重机钢轨的坯料尺寸为 215 毫米×250 毫米。

　　1965 年，为解决推钢式加热炉内钢坯接触炉内水冷运输滑道，造成接触部位热量降低导致的黑印问题，在均热段采用含镍铬钨材质热滑轨，取代普通滑轨，提高了使用寿命，使黑印区域钢坯温度提高50℃。

1975年，为解决冬季鞍钢焦炉煤气紧张局面，3号加热炉采用重油作为燃料烧钢，烧嘴采用油气两用烧嘴，春夏秋三季改成煤气。

20世纪90年代末，为解决加热炉原先采用的苏联设计中炉顶火压砌体结构、施工工期长、施工要求高、经常漏火而被迫停产等问题，采用新型散装材料，在均热段火压改浇注料，整体浇筑，施工工期快且不易漏火。

2002年，随着模铸向连铸的冶炼方式转变，铸坯断面尺寸统一为280毫米×380毫米，具备了直接采用连铸坯生产钢轨的能力，建成步进式加热炉并投入使用。

2014年，鞍钢股份大型厂实施了万能生产线改造，更换了步进炉水梁及垫块，解决了水管老化漏水事故频发及因炉痕造成钢轨质量降级的问题，保证了加热炉的稳定运行。

鞍钢大型厂步进式加热炉加热钢轨连铸坯如图2-47所示。

图2-47　鞍钢大型厂步进式加热炉加热钢轨连铸坯

鞍钢大型厂步进式加热炉设备参数见表2-2。

表2-2　鞍钢大型厂步进式加热炉设备参数

技 术 性 能		单位	参　数
炉子有效尺寸	砌体尺寸	毫米	38425×9688
	有效尺寸	毫米	36295×8600
钢坯尺寸（代表坯）		毫米	280×380×6600
炉子产量（热坯850℃）		吨/小时	170
空气预热温度（最高）		℃	500
煤气预热温度（最高）		℃	300
空气需要量		立方米/小时	63000
燃料最大消耗量		立方米/小时	30000
最大烟气量		立方米/秒	25
步进行程	升降	毫米	200
	水平	毫米	400~575
步进周期		秒	45~75

（二）包钢

投产初期，包钢轨梁厂有三座推钢式加热炉，单炉设计小时产量为 100 吨。原设计是以煤气为燃料，但由于煤气供应不足，后改为一座加热炉专烧重油，其余两座加热炉的不同供热点上安装了煤气烧嘴。鉴于煤气和重油混合使用的要求，1971 年 5 月开始研制重油和煤气两用烧嘴，1972 年 12 月正式安装在加热炉上，但此次研制的烧嘴不能混合使用重油和煤气。1978 年 11 月，3 号加热炉改烧煤气。

包钢轨梁厂推钢式加热炉主要设备及技术性能见表 2-3。

表 2-3　包钢轨梁厂推钢式加热炉主要设备及技术性能

序　号	项　目	单　位	技术参数
1	设备用途	—	钢坯轧制前加热
2	炉型	—	推钢连续式加热炉
3	炉子数量	座	3
4	炉体主要尺寸	毫米	有效长度为 30000
5	炉子有效面积	平方米	204
6	炉子加热能力	吨/小时	100（冷坯）

1981 年 5 月，研制了低压两用烧嘴，此烧嘴既能灵活更换重油和煤气，又能使重油和煤气两种燃料混烧，1982 年 10 月，在 2 号加热炉安装使用，起到了较好的效果。因此种烧嘴中有的雾化效果良好，因而降低了蒸汽和重油的消耗，同时提高了加热炉的有效作业率。因此，先后于 1983 年 10 月和 1984 年 10 月在 1 号和 3 号两座加热炉上全部安装了低压两用烧嘴。1986 年 8 月，冶金工业部通过了低压两用烧嘴的技术鉴定。

包钢轨梁厂的三座加热炉采用六点供热，使用燃料为高焦炉混合煤气及重油混烧，炉底管全部采用自然循环的汽化冷却方式。在使用过程中存在能耗高，余热利用效率低，使用寿命低，维修量大等问题。1988 年，对 3 号加热炉进行改造性大修，采用高效喷流式空气换热器和平焰烧嘴，炉底管采用 PA-80 胶包扎，同时采用美国贝利公司生产的网络 90 微型电子计算机对加热炉的烧钢过程进行自动控制。经过改造后的加热炉节能效果显著，并使钢坯烧损率减少了 1%。

1991 年，在 1 号加热炉新上了 PC 自动控制，即相当于微机控制烧钢。未上 PC 自动控制前，由人工控制调节烧钢，监控仪表也比较落后，不能有效合理地组织燃料的燃烧，更不能合理用能、节能；采取 PC 自动控制后，炉温偏差控制在 ±8 ℃之内，改善了加热质量，合理地控制了空燃比，使加热炉的可比能耗下降了 3.21 千克标煤/吨坯，氧化烧损降低 0.09%；另外减少了化钢、粘钢及炉底积渣、化炉底现象，提高了炉子的使用寿命，同时降低了工人的劳动强度，改善了工作环境。

1992 年 3 月，对加热炉进行改造，主要包括：

（1）改进了加热炉的炉型结构，使加热炉六点供热变为五点供热，供热点前移，相当于增加了预热段的长度，降低了炉尾排烟温度，减少了烟气带走的热量损失。

（2）改进了炉顶结构，改为三层复合浇注料整体浇注结构，大大提高了炉顶强度，减少了散热量，并显著延长了炉顶使用寿命。

（3）改进了余热利用回收系统，取消了第二蒸发面，增加了第一蒸发面管束的壁厚，总高度降低200毫米，总换热面积由233平方米降为188平方米，改进后，提高了蒸发面管束的使用寿命；充分发挥预热器的换热作用，热风温度由160℃左右提高到350℃，节约了大量的一次能源。改进了汽包的汽水分离结构，加强了炉子的汽化循环，提高了汽化系统的稳定性。

加热炉改造后，首先是炉膛热效率提高。加热炉炉膛热效率达到43.91%，接近了国内大型推钢式加热炉效率的上限，比改造前的热效率提高了3.5%，同时小时产量提高10%，炉子的燃耗降低为54.3千克标煤/吨坯，接近了冶金工业部规定的特等炉（45千克标煤/吨坯）的水平。其次是热风温度大幅度提高，改造后空气预热温度可达到350℃左右，明显高于改进前160℃左右的平均热风温度，年可节约标煤312.5吨，同时预热器使用寿命提高了2~3倍。

1997年8月，对1号加热炉进行改造，改造内容包括：将均热段上的6个端烧嘴改为16个顶部平焰烧嘴，以消除端烧嘴射流作用引起的吸冷风，改善炉压分布，使均上温度趋于均匀分布，提高钢坯的加热质量；将密封不严密的4片旋转式炉门改为整体的密封严密且绝热性能好的升降式炉门，减少出口的散热和吸风；均热段下部、加热段Ⅰ下部炉底结构下移200~300毫米，均热段下部改为平炉底结构，且均热段下部烧嘴角度由上倾11°改为0°，消除了火焰对热滑轨的冲刷作用，提高其使用寿命；将所有重油/煤气两用烧嘴改为煤气烧嘴，使空气和煤气更好地混合，改善了燃烧状况，使煤气得到充分利用。同时烧嘴与烧嘴墙之间不再有间隙，消除此处冷风的吸入，使空燃配比更接近控制值，更合理，避免了不必要的煤气消耗，达到了合理用能的目的；炉顶和炉墙采用三层复合结构，保温绝热层改用导热系数较小的新型耐火材料，以降低炉体的散热损失，节约能源；将蒸发面及换热器整体西移1250毫米，并在蒸发面东侧增设一检修人孔，这样就可在不停产的情况下，处理蒸发面漏水事故，为生产节约了时间，同时也避免了倒炉产生的能源消耗。改造后投入使用，在生产实践中，能耗比以前有明显降低，再热坯率亦有所降低而且上温快，钢坯出炉温度均匀。

2003年10月，针对3号加热炉存在的"黑印"较大、均上烧嘴煤气阀和排污阀易掉砣、斜坡料易掉、热滑轨寿命和保温等问题，进行四项技术改造。主要包括：

（1）采用当时国际先进的蓄热式燃烧技术，可将助燃空气预热到1000℃左右，排烟温度在150℃以下，根据现场情况，只在均热段采用该技术，共选用18个蓄热式烧嘴，其燃烧属弥漫燃烧，温度均匀性很好。

（2）将均热Ⅰ段上部的6个端烧嘴改为20个顶部平焰烧嘴，总供热能力虽减少一半，但是能满足生产要求；将均热Ⅰ段上部空间由2400毫米降到1250毫米，取消炉喉水梁，同时将加热Ⅱ段下部、加热Ⅲ段下部的油气两用烧嘴改成煤气烧嘴，并调整能力，避免和Ⅰ下火焰干扰。

（3）将四条滑道的前后中心错开190毫米，减小"黑印"。

（4）改进炉墙、炉顶、炉底结构，提高绝热效果；在均热段和炉喉之间的斜炉顶处试用纤维组块；改进斜坡砌体结构，改进最低点排外管线。

3 号加热炉经改造投入生产使用后，炉子上温快、钢坯加热均匀，燃耗明显降低。经统计，小时煤气量 3 号加热炉比 1 号加热炉、2 号加热炉少用 4000 立方米；炉子运行稳定，消除了部分事故隐患。经测试，全炉热效率和炉膛热效率分别达到 78.8%、58.6%，比改造前分别提高 9.2%、11.7%，表明该加热炉从产量、热能利用、余热回收等方面都有了显著提高。

包钢轨梁厂推钢式加热炉如图 2-48 所示。

图 2-48　包钢轨梁厂推钢式加热炉

2005 年 10 月，轨梁厂 1 号中型万能轧钢生产线新建一座步进梁式加热炉，加热能力为 200 吨/小时，燃料采用高焦混合煤气。钢坯在步进式加热炉内经过预热、加热和均热，达到所需温度后出炉。加热炉采用计算机控制烧钢，炉内调焰烧嘴使钢坯受热温度均匀，节能环保效果突出；炉底结构由活动梁和固定梁组成，运用了步进梁交错技术，消除了传统直线型步进梁与钢坯接触点位置始终不变而形成较大水冷"黑印"的缺点，对最终产品的尺寸精度提供了先决条件。

包钢轨梁厂 1 号中型万能轧钢生产线步进梁式加热炉主要设备及技术性能见表 2-4。

表 2-4　包钢轨梁厂 1 号中型万能轧钢生产线步进梁式加热炉主要设备及技术性能

序号	项　目	单　位	技术参数
1	设备用途	—	钢坯轧制前加热
2	炉型	—	上部、侧部供热步进梁式加热炉
3	炉体主要尺寸	毫米	有效长度为 45970，内宽为 8700，砌砖长度为 48320，砌砖宽度为 9700
4	炉子加热能力	吨/小时	200（冷坯）
5	炉底强度	千克/平方米	544

序号	项 目	单 位	技 术 参 数
6	额定煤气消耗量	立方米/小时	28080
7	额定空气消耗量	立方米/小时	71885
8	最大步距	毫米	500
9	步进周期	秒	50
10	钢坯出炉温度	℃	1250（最高）
11	燃料种类	—	高、焦炉混合煤气
12	烧嘴数量	个	平焰烧嘴 25，煤气调焰烧嘴 31

包钢轨梁厂 1 号中型万能轧钢生产线步进梁式加热炉如图 2-49 所示。

图 2-49　包钢轨梁厂 1 号中型万能轧钢生产线步进梁式加热炉

2012 年 10 月，包钢轨梁厂 2 号大型万能轧钢生产线新建一座步进梁式蓄热加热炉，加热能力为 280 吨/小时，燃料采用高焦混合煤气。加热炉采用空、煤气双蓄热燃烧方式，空煤气烧嘴上下布置，全炉采用分散换向。加热炉采用四段式炉温制度：加热一段、加热二段、加热三段和均热段。该加热炉按照坯料钢种、规格的加热工艺要求，合理确定炉长、炉子结构及炉温制度，有效减少钢坯的氧化和脱碳；采用多段供热控制，可根据产量、钢种、入炉钢坯温度灵活准确地控制钢坯加热；为减轻水梁对钢坯产生的"黑印"，采用高温垫块技术；采用高效、成熟的燃烧自动控制系统，保证加热炉高效安全生产及钢坯的加热质量，同时可减少废气中的 NO_x 含量，降低氧化烧损。在节能方面，主要采用如下技术：

（1）采用带插入件的换热器将空气预热至 500 ℃左右，有效回收延期预热。

（2）炉体砌筑采用复合炉衬，强化绝热，减少热损失，提高炉子使用寿命。

（3）步进梁采用优化设计，减少管底比，并采用双层绝热包扎，减少步进梁吸热损失。

（4）步进梁采用汽化冷却，可回收蒸汽，节约水资源。

（5）步进机械采用液压驱动，节省电耗。

（6）采用先进、适用、可靠的热工控制系统，燃料投入量的控制精度高，节约燃料消耗量。

包钢轨梁厂 2 号大型万能轧钢生产线蓄热式步进梁加热炉主要设备及技术性能见表2-5。

表 2-5　包钢轨梁厂 2 号大型万能轧钢生产线蓄热式步进梁加热炉主要设备及技术性能

序号	项　目	单　位	技 术 参 数
1	设备用途	—	钢坯轧制前加热
2	炉型	—	侧部供热蓄热式步进梁加热炉
3	炉体主要尺寸	毫米	有效长度为 36500，内宽为 14600，砌砖长度为 38900，砌砖宽度为 15640
4	炉子加热能力	吨/小时	280（冷坯）
5	炉底强度	千克/平方米	564
6	额定煤气消耗量	立方米/小时	52475
7	额定空气消耗量	立方米/小时	97079
8	最大步距	毫米	500
9	步进周期	秒	60
10	钢坯出炉温度	℃	1250（最高）
11	燃料种类	—	高、焦炉混合煤气
12	烧嘴数量	个	空、煤气双蓄热式烧嘴 44 组，88 个

包钢轨梁厂 2 号大型万能轧钢生产线步进梁式蓄热加热炉如图 2-50 所示。

图 2-50　包钢轨梁厂 2 号大型万能轧钢生产线步进梁式蓄热加热炉

2013 年 5 月，对 1 号线加热炉进行了节能改造，主要技术措施包括：

（1）在加热二段和预热段炉底增加辐射体，进一步利用烟气余热对钢坯加热，降低加热炉的排烟温度，增加烟气余热利用率。

（2）将空气预热器进行优化改进，缩小空气预热器风管之间的距离，增加风管列数，风管纵向采用 S 形走向，增加换热面积，提高空气预热器的换热效果从而达到提高热风压力和温度的目的。

（3）将加热炉内部炉墙上半部分及整个炉顶粘贴多晶莫来石纤维块，一方面能够保证炉墙的热辐射能力，另一方面可以降低炉体的散热，降低加热炉的热损失。

（4）将炉底水梁进行整根支预制模具，整体浇注后水梁耐材表面整齐，将滑块周围按照一定的坡度打灌沿料，延长水梁的使用寿命，减少氧化铁皮堆积。

2021 年 12 月，包钢轨梁厂 1 号线和 2 号线加热炉集控及智能化改造项目顺利完成。主要改造项目包括：

（1）加热炉燃烧系统智能烧钢控制模型，实现钢坯加热过程智能控制。

（2）从轧钢上料开始自动匹配数据，准确测量钢坯长度、重量、铸坯异常等信息，并将数据传送给集控中心计算机系统，实现坯料一一对应及质量闭环控制，问题可追溯。

（3）将 1 号加热炉、2 号加热炉入炉操作台与监控、出炉操作台与监控整合到集控室。在集控室增加两个炉子的装、出炉操作台，并通过 Profibus-DP 网络接入电气 PLC 系统中，可通过转换开关切换到集控室控制。

（4）建立设备诊断云平台，为生产设备现场管理的全面软硬件智能解决提供数据支撑，可实现跨区域（多生产基地）、集设备效率、质量控制及维护保养的电子化、网络化、智能化，同时实现设备关键参数的实时集中监控、实时报警，使每台设备都成为一个子智能中心，各子智能中心共同组成一个智能网络。

目前，轨梁厂加热炉智能集控项目已经投入使用，不仅达到了整合人员配置，提升加热炉设备运行效率、加热质量和节约能源的目的，同时对环保也有提升的作用。

包钢轨梁厂加热炉智能集控中心如图 2-51 所示。

图 2-51　包钢轨梁厂加热炉智能集控中心

（三）攀钢

1. 钢坯加热装备技术发展历程

20 世纪 70 年代中期，攀钢轨梁厂开始生产钢轨，期间使用的是推钢式加热炉，生产能力为 100 吨/小时，分为均热段、加热段两段供热。燃料为攀钢炼铁工序自产高焦混合煤气。从钢坯装炉、出炉到送往轧制线，整个生产设备均由人工操作来满足连续生产需要，使用汽化冷却炉内支撑梁，高温烟气余热没有回收，能耗偏高。加热炉燃烧控制采用 DCS 调节器控制现场阀门开口度，属于半自动化设备，整个物流信息也是以纸质卡片、物理标记来传递和识别。其间对耐火材料、炉内耐热滑块、水梁包扎、烧嘴等关键设备进行了局部改进。该装备一直延续使用到 20 世纪 90 年代末。但推钢式加热炉的缺点是加热质量不稳定，炉役周期较短，生产效率偏低，检修成本偏高，导致无法满足高品质钢材生产要求。

2003 年，利用炉龄到期的时机，对原 950 线 1 号加热炉进行了技术改造，引进了北京神雾公司的蓄热式燃烧技术，通过将空气预热到 1000 ℃左右进行钢坯加热，同时实现了以计算机为手段的 DCS 燃烧控制系统。加热炉的能耗大幅降低，生产效率显著提升。这也是我国真正意义上第一代蓄热式燃烧技术。由于引进、消化的时间不长，还存在设备故障率较高、炉压偏高、炉墙冒火、燃烧不充分等问题。

2004 年 12 月，攀钢轨梁厂万能轧机生产线建成投产，与之配套了两座步进式连续常规加热炉，由中冶京诚工程技术有限公司总承包，单座加热炉的加热能力为 120 吨/小时，分为四段式加热，过程控制引入 PLC 系统、液压系统、变频控制系统、数字化检测、工业控制总线等多种先进设备，并在攀钢加热炉首次使用了英国 Morgan 公司的可塑捣打料作为加热炉炉顶耐火材料，其优异的耐热震性、抗暴烈性延长了加热炉使用寿命。并新增了插件式金属换热器对烟气余热进行回收，助燃空气温度提升至 400 ℃以上，烟气排烟温度降至 300 ℃左右。整个生产过程实现了计算机全自动化控制。

为了适应攀钢钢轨全断面、多定尺、多标准的生产要求，导致坯料规格多、定尺多、加热要求也不同的现状，加热炉也不断完善、升级，并建立了钢坯加热的数学模型、钢坯脱碳氧化预报模型，整个加热炉的装备及技术水平达到了一个全新的高度，实现了从钢坯加热、物流跟踪、数据处理等全自动化的高效生产。

攀钢轨梁厂推钢式加热炉主要设备及技术性能指标见表 2-6。

表 2-6　攀钢轨梁厂推钢式加热炉主要设备及技术性能指标

序号	项　目	单　位	技术数据
1	设备用途	—	矩形钢坯轧制前加热
2	炉型	—	上下供热的蓄热推钢加热炉
3	炉体主要尺寸	毫米	有效炉长 29535，有效宽度 6804
4	钢坯尺寸	毫米	钢坯规格：200×200，200×500，280×325，280×380 钢坯长度：3900~4800，5300~6000

序号	项 目		单 位	技 术 数 据
5	布料方式		毫米	单排
6	进料温度	冷装	℃	约 80
		温料	℃	80~300
		热装	℃	300 以上
7	出炉温度		℃	1200
8	炉子生产能力		吨/小时	额定：100
9	炉底强度		千克/平方米	565
10	燃料种类		—	高、焦炉混合煤气
11	燃料热值		千焦/立方米	低发热值：7524±5%
12	单位燃料消耗		吉焦/TP	1.2
13	额定燃料消耗		立方米/小时	27470
14	额定空气消耗		立方米/小时	54940
15	空气预热温度		℃	1000
16	烧嘴前煤气压力		帕	>800
17	总管煤气压力		帕	>3500
18	总管空气压力		帕	>3500
19	压缩空气总管压力		兆帕	>0.4
20	燃烧器形式		—	蜂窝体蓄热式烧嘴

攀钢轨梁厂步进式加热炉连铸坯出炉如图 2-52 所示。

图 2-52　攀钢轨梁厂步进式加热炉连铸坯出炉

　　2005 年，随着攀钢连铸的全面建成及达产达效，国内铁路基建规模扩大，尤其是高速铁路快速发展。攀钢轨梁厂在原 950 生产线进行技术改造，原推钢式加热炉已经不能满足高标准钢轨的生产需要，在原 2 号、3 号推钢式加热炉的位置重建一座新 2 号加热炉，生产能力为 200 吨/小时，设置 4 个供热段，并按 6 个控制段来精准控制炉温。该加热炉为使用混合煤气的步进式蓄热加热炉，以万能重轨生产线为样板同步对控制系统进行升级改造，装备水平也与万能生产线基本一致。新 2 号炉建成投产后，1 号炉正式退出历史舞台。从此，攀钢重轨生产加热炉全部使用步进式加热炉。

2015 年，950 生产线再次进行技术改造时，对新 2 号加热炉进行了改造性大修，燃料由混合煤气改为高炉煤气，由煤气单蓄热改为空气、煤气双蓄热，分散控制的燃烧方式改为部分集中控制的燃烧方式，加热炉的热负荷分配、炉型结构、烧嘴布置、三通换向阀结构形式进一步优化，同时采用汽化冷却回收热量用于低压蒸汽发电。加热炉的保温、绝热材料的纤维化比重也大幅提高。使加热炉的生产效率、加热炉寿命、劳动条件、加热质量得到进一步提升，同时加热炉能耗、污染物排放量、设备故障率持续降低。

攀钢轨梁厂改造后的 4 号双蓄热步进式加热炉如图 2-53 所示。

图 2-53　攀钢轨梁厂改造后的 4 号双蓄热步进式加热炉

2021 年，对该加热炉均热段的烧嘴结构形式再次改进，以适应不同生产品种条件下不同热负荷，烧嘴均能正常燃烧，减少局部高温可能带来的风险，考虑蓄热式加热炉排烟方式发生了明显改变，取消了均热段与加热段之间的压火梁，使连续加热的温度更均匀，过渡更平缓。

攀钢轨梁厂 1 号、2 号步进式加热炉主要性能见表 2-7。

表 2-7　攀钢轨梁厂 1 号、2 号步进式加热炉主要性能

序号	项　目		单　位	技 术 数 据
1	设备用途		—	矩形钢坯轧制前加热
2	炉型		—	上下供热的步进梁式加热炉
3	炉体主要尺寸		毫米	有效炉长 32000，有效宽度 8900，砌体长度 33100
4	钢坯尺寸		毫米	钢坯规格：280×325，280×380，360×450，200×200 钢坯长度：3400~8150
5	布料方式	单排	毫米	4000~8150
		双排	毫米	3400~3999
6	进料温度	冷装	℃	约 80
		温料	℃	80~300
		热装	℃	300 以上

序号	项 目	单 位	技 术 数 据
7	钢坯出炉温度	℃	1200±20
8	炉子生产能力	吨/小时	额定：120；最大：156
9	炉底强度	千克/立方米	469
10	燃料种类	—	高、焦炉混合煤气
11	燃料热值	千焦/立方米	发热值：7524±5%
12	单位燃料消耗	吉焦/TP	1.26
13	额定燃料消耗	立方米/小时	26000
14	额定空气消耗	立方米/小时	51500
15	烧嘴前空气压力	帕	3000~3500
16	烧嘴前煤气压力	帕	2500~3000
17	总管煤气压力	帕	>8000
18	总管空气压力	帕	>3500
19	压缩空气总管压力	兆帕	>0.4
20	空气预热器型式	—	带麻花形插入件的二行程金属管状预热器
21	空气预热温度	℃	>300

2. 攀钢钢坯加热技术特点

攀钢钢轨从普通钢轨发展到百米钢轨，再升级到高速钢轨、重载钢轨、耐寒钢轨等。随着钢轨性能、质量不断地提升，为了满足高标准钢轨生产的需要，钢坯加热技术也必须随之不断地升级、优化。

（1）适时开发了钢轨生产的防脱碳、防氧化的加热工艺。其中，万能生产线的钢坯氧化烧损控制在了 0.5%~0.6% 的较好水平。

（2）为适应高速铁路钢轨高表面质量的要求，开发了加热钢坯表面质量控制技术。通过升级改造水梁垫块，采取分级燃烧控制，周期清理氧化结瘤等多项技术，有力地保证了钢轨适应中国高速铁路的发展需要。

（3）为提高出口钢轨的强度、韧性等关键性能指标，开展了 SS、LH 为代表的系列低合金钢质钢轨的加热工艺攻关，生产出了满足国外客户要求的产品。

（4）与国内高校和科研院所合作，利用多次的钢坯加热"黑匣子"试验和不同材料的热物性参数检测，掌握了目前钢轨钢主要钢质的一般加热规律和相变规律，为制定合理的热工制度提供了科学依据，钢坯加热温度的均匀性更好，目前端部温差、内外温差均控制在 20 ℃以内。

（5）减碳、减排节能降耗技术研究。轨梁厂加热炉在煤气净化、工艺优化、节能降耗、应急响应、尾端治理、风机变频改造等方面不断完善改进。同时，与研究机构合作，开展多轮次加热炉热平衡测试，掌握加热炉热收入、热支出以及热损失的主要方面，遵循"二八"原则开展攻关；同时利用纳米保温材料、高强、轻质隔热材料、辐射强化黑体材料、快速修补材料等先进材料来提高加热炉的热效率。同时，所有加热炉的烟气排放口安装了烟气污染物排放浓度监控设备，接入国家监控平台和加热炉燃烧控制系统，实现实时监控和适时调整，满足国家排放要求。

（6）智能化烧钢技术研究。为响应国家数字化战略发展的需要，进一步提升加热炉效能，加热炉围绕钢坯加热、坯料跟踪、坯料身份识别、坯料自动筛检、坯料加热信息采集、数据分析、效率提升、设备劣化趋势监控、生产过程追溯等多方面开展技术的升级和迭代。突出在以钢坯加热的数学模型为中心，不断升级基础自动化水平、使用先进的数字仪表、大数据管理等手段来保证整个钢坯加热过程完全实现计算机控制和生产过程可追溯，并实时将关键数据传至云端为决策提供大数据支持，实现了高效、稳定、可控的最优生产模式。未来，将以数字化为依托，创造更绿色、更智能、更高效的生产流程。

（四）武钢

1960 年，武钢大型轧钢厂建成了 2 座 30.3 米×7.2 米炉底有效加热面积为 218 平方米的三段连续式加热炉（预热段、加热段、均热段），采用混合煤气，包括空气预热（预热温度为 400~500 ℃），气化冷却，加热能力为 91 吨/小时，可加热钢坯截面尺寸为 300 毫米×230 毫米~400 毫米×320 毫米，钢坯长度为 3000~6000 毫米。钢坯吊送到装置在初轧厂精整第一、二、三跨的钢坯台架上，由推钢机送入辊道，输送至加热炉进料端，再由推钢机顺序推入加热炉内加热，钢坯在炉内连续经过预热、加热和均热，温度达到 1200~1250 ℃ 以后，从炉内推至出炉辊道，送往 800 轧机进行开坯轧制。

该加热炉于 1960 年 6 月 30 日点火烘炉，8 月 5 日开始试轧，8 月 31 日试轧成功，随后断续生产，至 1961 年 2 月因加热炉烧嘴冒火、回火和炉体剧烈颤动而停产。由于国内设备制造经验不足，产线建设质量问题较多，施工质量也低，从 1962 年开始，逐步对工程遗留问题进行处理，至 1966 年形成了年产大型钢材 60 万吨的生产规模。

1975 年 11 月至 12 月，对地面设备进行了改造性大修，重建了 2 号加热炉，改进了炉子结构，实际加热能力可达 102 吨/小时。

1987 年，大型厂先后对 2 座三段连续式加热炉进行了较大的技术改造，纵水管由圆管改为厚壁方管，滑轨改为帽形整体滑轨，并采用高温复合砖包扎绝热，消除了纵水管热胀冷缩而产生断裂漏水和滑轨脱焊而停炉的事故，减少了炉内因冷却带走的热损失，循环水冷却全部改造为汽化冷却，使每炉每小时冷却耗水量由 720 吨下降到 200 吨，每年所产蒸汽除自给价值 45 万余元的蒸汽外，还可向武钢内部供送价值 32 万元的蒸汽。同时改善和稳定了炉内温度，提高了烧钢质量，恢复了陶土预热器，有效地利用了废气余热使入炉冷空气温度预热到 300~450 ℃，改善了炉内煤气的燃烧和气氛。1987 年，吨钢实际工序能耗为 87.63 千克标煤，比计划考核指标降低 5.37 千克标煤，比 1986 年降低 1.88 千克标煤。

1988 年，对 1 号、2 号加热系统进行了大修，重砌了 2 座加热炉炉体、烧嘴墙，更换了炉门、出料端导梁、烧嘴等，修复了受料台架滑道。

1997 年，对 2 号加热炉进行易地大修改造，加热系统采用计算机控制，并使用了一系列新技术和新材料，与原 2 号加热炉相比，单炉最大加热能力由每小时 90 吨提高到 120 吨，热效率显著提高。这座加热炉的易地改造获得成功，为提高大型轧钢厂生产能力，降低吨钢工序能耗发挥了巨大作用。

武钢 2 号加热炉如图 2-54 所示。

图 2-54　武钢 2 号加热炉

2007 年，为配套重轨万能生产线改造，新建了 2 座步进梁式加热炉以及入炉推钢机、出钢机、废坯剔除辊道、出炉辊道等设备。加热炉采用的是蓄热式加热炉，使用高炉与转炉煤气的混合煤气作为燃料。

加热炉平均小时能力：冷装坯平均 120 吨/（小时·座），最大 140 吨/（小时·座）；

热装坯平均 150 吨/（小时·座），最大 175 吨/（小时·座）。

加热炉燃料：高转混合煤气，燃料热值：Q_{dw} = 1800×4.18 千焦/立方米（±5%）。

钢坯加热温度：进炉温度：环境温度（冷装），500～700 ℃（热装）；

出炉温度：1150～1300 ℃。

武钢大型厂步进梁式加热炉如图 2-55 所示。

图 2-55　武钢大型厂步进梁式加热炉

（五）邯钢

2012 年，邯钢大型轧钢厂型钢线加热炉建成投入使用，设备由法浮斯坦因提供，共有 2 座加热炉，单炉生产能力为 150 吨/小时，加热炉采用 3 段炉温自动控制，即预热段、加热段和均热段，加热温度可达到 1050~1250 ℃，其中均热段根据钢种及轧制工艺要求，确保铸坯出炉温度加热到 1180~1250 ℃，加热二段具有较大的热负荷供应能力，对加热炉产量起着重要的调节作用，加热一段热负荷随着钢种不同由铸坯升温速度决定了供入炉内热负荷的大小。采用常规烧嘴供热和改进型双交叉限幅连续燃烧控制，通过设定各段的温度值，对该段的燃料量进行自动控制。加热炉采用混合煤气为燃料，其低发热值为 1800× 4.18 千焦/立方米，额定消耗量 25000 立方米/小时，最大消耗量为 29000 立方米/小时。炉型为端进端出的、上下加热的、混合煤气常规燃烧的步进梁式加热炉，具有以下特点。

（1）加热炉采用平炉顶，结构简单，操作和维护方便。

（2）在加热炉各供热段之间设有炉底隔墙和炉顶压下，对炉内烟气进行扼流，以改善炉内传热，实现炉温分区控制，使钢坯的加热严格按照预设的加热曲线来进行，可节省加热时间，减少钢坯的氧化与脱碳。

（3）采用空气预热器将空气预热到 500 ℃ 左右，充分回收烟气预热，节约燃料消耗量。

（4）水梁和立柱采用汽化冷却，产生的蒸汽可供生产和生活利用，有效回收余热，降低整个加热工序的工序能耗。

（5）水梁采用双管小直径结构，立柱采用大跨度设计，降低管底比，同时对水梁立柱采用双重绝热包扎，增强其隔热效果。上述措施可减少水梁冷却带走的热量，节约燃料消耗量。

（6）水梁在高、低温段错开布置；垫块在水梁上交错布置，并根据加热炉不同温度段，采用不同的材质和高度。通过上述措施，可以有效减少钢坯与水梁接触处的黑印温差，提高钢坯的加热质量。

（7）采用优化的复合炉衬结构，强化绝热；同时对炉体开孔的数量和开孔结构进行优化设计，加热炉的气密性好，局部热损失小，节能且提高加热炉使用寿命。

（8）加热炉配备完善的热工自动检测系统，采用先进的控制理念，根据多点供热加热炉合理供热制度的原则，在保证均热段为最大允许供热条件下，随着加热炉产量增加，由炉头（出料端）向炉尾（装料端）方向逐渐增多供热量，增加热负荷；随着炉子产量的降低，由炉尾向炉头逐渐减少供热量，降低热负荷；同时确保加热炉的空燃比、炉压等的稳定，保证燃料的完全燃烧并严格控制炉内气氛，使钢坯的加热在近似中性气氛中完成，优化了加热工艺，减少了钢坯的脱碳与烧损。

（9）全炉设 5 个炉温自动控制段，可以充分适应加热钢种及产量的变化，并根据轧制工艺要求和轧线的温降特点，设计出合理的加热炉温度控制制度，灵活调节炉温制度，控制铸坯在加热炉高温段的加热时间，分段控制炉内气氛，采用正确的空、煤气配比和燃料燃烧空气过剩系数，对钢坯进行灵活有效地加热，提高钢坯加热质量，节约燃料消耗。

（10）炉底步进机械采用全液压驱动滚轮斜台面形式，安装调整方便、维护量小，同时具有运行平稳、可靠、承载大以及跑偏少等特点。

（11）步进机械动作轻缓，对钢坯可实现轻抬、轻放，防止钢坯表面产生划痕。当钢坯较长时间停在炉内时，步进机构可以停中位，以避免钢坯变形、弯曲和黑印加重。

（12）加热炉采用节能型液压系统，可降低装机容量、节省电耗。液压系统采用变量泵、比例阀及配套的行程检测与控制装置，步进梁开始托起和放下钢坯时均以低速运行，实现"轻托轻放"，以减少氧化铁皮脱落和避免由于撞击而使水梁立柱的绝热层遭受破坏。

（13）通过研究加热过程中铸坯在炉内加热过程的温度分布、加热温度控制与供热制度对铸坯加热的影响、建立适合钢轨钢加热过程的离线数学模型、分析主要加热参数对钢表面脱碳层厚度的影响规律、加热制度对氧化脱碳和改善中心碳偏析的影响、脱碳层对钢的疲劳性能影响、钢轨钢坯的加热时间和加热温度对脱碳的影响等，制定了合理的钢轨钢坯加热制度。

邯钢大型轧钢厂型钢线加热炉如图 2-56 所示。

图 2-56　邯钢大型轧钢厂型钢线加热炉

邯钢大型轧钢厂型钢线加热炉结构示意图如图 2-57 所示。

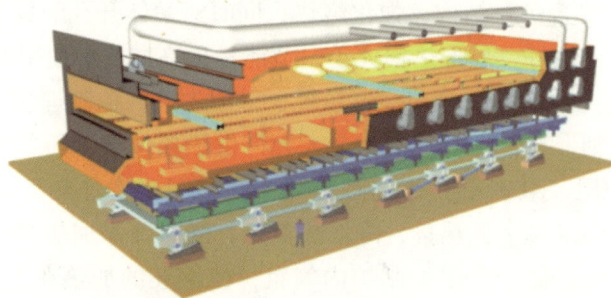

图 2-57　邯钢大型轧钢厂型钢线加热炉结构示意图

2018 年，为了进一步降低钢轨铸坯在加热炉内的氧化烧损和脱碳层厚度，邯钢大型轧钢厂与唐山某科技公司合作，在产线引进自动喷涂装置对重轨铸坯实行在线喷涂技术，采用防氧化脱碳涂料为可附着于钢轨铸坯表面的某水溶性黏着剂，对即将装炉的钢轨铸坯进行防脱碳涂料的喷涂，铸坯脱碳层深度明显降低，高速轨脱碳内控合格率控制水平明显提升。

2022 年，邯钢成功自主研发了钢轨铸坯防脱碳涂料并实现了稳定应用，防脱碳涂料使用成本进一步降低。

（六）永洋特钢

轻轨、重轨生产线各布置有 1 座上海嘉德节能型空煤气双蓄热步进梁式加热炉。

轻轨车间加热炉加热能力为 120 吨/小时（冷坯），主要坯料规格：150 毫米×150 毫米、160 毫米×225 毫米。加热炉全长 31.56 米，有效长度 30 米，外宽 8.5 米，内宽 7.5 米。加热炉采用 3 段供热控制。

重轨车间加热炉加热能力为 180 吨/小时（冷坯），主要坯料规格：160 毫米×225 毫米、220 毫米×220 毫米、230 毫米×280 毫米、280 毫米×380 毫米。加热炉全长 42.4 米，有效长度 38.9 米，内宽 10.2 米，有效炉底面积 358.27 平方米。加热炉采用 3 段供热控制。

钢坯布料方式为单排布料。加热炉根据入炉钢坯的钢种、温度，调整其供热制度，使钢坯在到达出炉端时其温度也加热到预定出钢温度。步进梁运动周期是"上升—前进—下降—后退"的矩形运动轨迹，步进梁交错技术，消除了传统直线型步进梁与钢坯接触点位置始终不变而形成较大水冷"黑印"的缺点。交错步进梁可使"黑印"温差降至 15～20 ℃，给最终产品的尺寸精度提供了先决条件。

当钢坯按照不同钢种加热制度加热到预定的要求温度后，按照轧制节奏出炉。加热炉采用蜂窝体蓄热烧嘴，每对蓄热式烧嘴单独控制，通过每个烧嘴前的手动阀门来控制供热能力，这样可灵活调节上下段间的供热分配，保证钢坯上下表面加热的均匀性。采用高效、成熟的燃烧自动控制系统，保证加热炉高效、安全生产及钢坯的加热质量，可有效保证钢坯氧化烧损率、氧化铁皮厚度、脱碳层以及成材率。同时，可减少废气中 NO_x 含量。

永洋公司步进式加热炉如图 2-58 所示。

图 2-58　永洋公司步进式加热炉

第六节 钢 轨 轧 制

轧制是钢轨生产中最重要的一个工序，其直接影响钢轨产品的质量和综合力学性能。钢轨轧制过程包括开坯、粗轧、精轧三个步骤。

开坯工序中，将加热后的钢坯进行往复轧制，轧制成一定尺寸的中间坯料供后续粗轧机组使用，现代开坯机的工艺设备布置图如图2-59所示。通过开坯机轧制到满足钢轨轧制尺寸要求的坯料，再通过粗轧机轧制成钢轨异型坯。通过粗轧得到的轨形轧件，经过精轧机轧制成规格尺寸满足要求的钢轨轧件，后续送至冷床冷却或进行在线热处理。

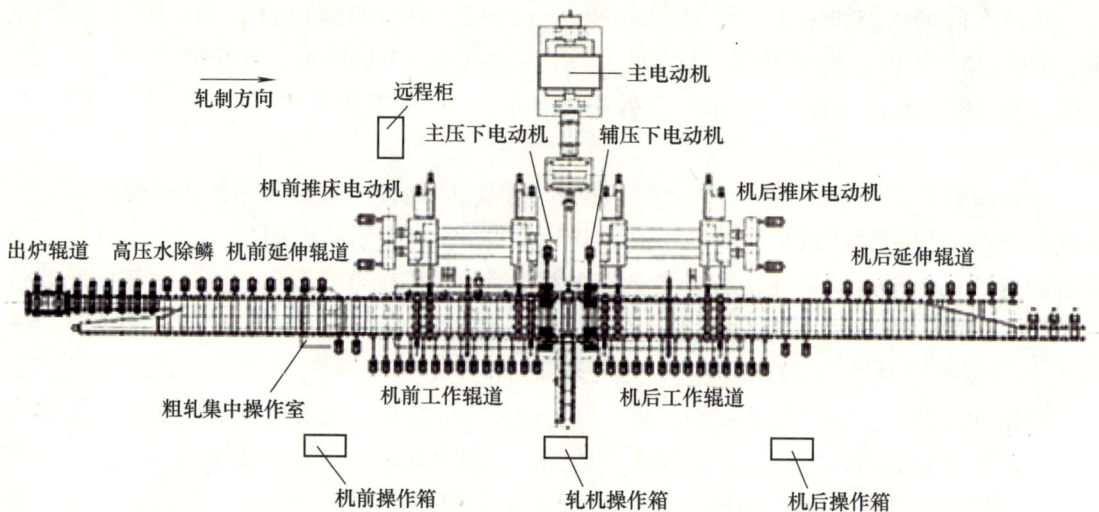

图 2-59 开坯机的工艺设备布置图

目前，世界上普遍采用的钢轨孔型系统分为两类：一种为普通二辊孔型系统，另一种为万能孔型系统。

由于钢轨生产主要采用矩形连铸坯，其与成品钢轨在断面形状上没有几何相似性，加上在钢轨整个轧制过程中其腿部处于拉伸变形状态，因此为保证成品腿高，就要求采用异形孔，首先切出高而宽的腿部，这是钢轨孔型设计中的一个关键。

在轧制过程中，普通二辊孔型轧制法需要采用上下非对称孔型的轧辊进行轧制，轧制钢轨的对称性差，且难以从本质上提高，导致轧出的钢轨表面质量、规格尺寸等合格率较低。为解决此问题，国内外主要钢轨生产企业引入万能孔型轧制法，把经过开坯机轧制的具有初步轨形的轧件在万能粗轧机和轧边机上进行终轧，最后通过成品万能精轧机轧制成成品钢轨。

随着钢轨轧制工艺从早期的横列式轧机发展成为现代的万能轧机，开坯机也由早期的单独轧机轧制方式发展为现代的连轧方式，从钢坯到钢轨的生产过程也由两次加热方式转变为一次加热方式，大大降低了能耗和生产成本。

一、钢轨万能轧制技术应用历程

世界上第一套万能轧机建于 1902 年卢森堡的 Arbed（阿尔贝德）厂，但当时轧出的较宽翼缘的工字钢内仍有斜度。1908 年，按照格林轧制法（必须有一架轧边机和一架万能轧机配合使用）在美国伯利恒公司建成了第一个宽翼缘 H 型钢厂；1914 年，德国培因公司也采用同样的方法建成了培因 H 型钢厂；1955 年，欧洲煤钢联营开发了 IPE 钢梁系列；1957 年，联邦德国的培因 H 型钢厂生产了第一批 IPE 钢梁，但直到 1970 年，工字钢的生产仍占较大比例。

20 世纪 60 年代以后，随着世界钢铁工业的发展，万能轧机得以迅速发展，大多数国家的钢铁界都积极筹建新型的万能轧机。各国充分利用原有的大型轧机和轨梁轧机进行技术改造，这种做法在日本得到普遍采用，从 1961 年到 1972 年，日本先后改造了三个大型厂和一个轨梁厂，主要是引进万能轧机。用了大约 5 年时间进行技术改造和改进新技术。到 1965 年日本已经大量生产 H 型钢。至 20 世纪 60 年代末，世界上共有大型轧机 74 套，轨梁轧机 24 套，宽边钢梁轧机 12 套。

在我国，由于政策和技术原因，万能轧机在我国的应用历史很短，长时间以来，我国还不能生产高质量的热轧 H 型钢。1998 年 7 月马钢从国外引进的万能轧机轧制出中国的第一根 H 型钢以后，H 型钢这一新型钢材品种开始在我国进入一个崭新的时代。

此后，莱钢、日照、津西等型钢厂相继引进国外万能轧机，到 2007 年，中国万能轧机数量呈现快速增加的态势，鞍钢、攀钢、包钢、武钢、邯钢先后从国外引进万能轧机生产钢轨。

到目前为止，国内主要钢轨生产企业均使用万能轧制法进行钢轨生产，从根本上提高了钢轨的表面质量、规格尺寸精度及综合力学性能。

二、钢轨万能轧制技术特点

生产钢轨的粗轧、中轧、精轧机均采用万能机组，万能机组由万能轧机和轧边机组成，万能轧机分别由 1 对主动水平辊和 2 个被动立辊组成，且四辊的轴线位于同一平面上，平辊对重轨的腰部和轨头进行加工，立辊与平辊的侧面形成加工变形区对轨底和轨头进行加工；轧边机孔型对轨头、轨底的端部进行加工，万能轧机使用了液压 AGC（辊缝自动控制系统）与 TCS 控制系统，提高了轧机的轧制精度。

与普通二辊孔型轧制法相比，万能孔型轧制法能够采用孔型对称设计，可灵活控制轨头、轨底方向压下量，能够降低轧辊磨损、电能消耗，且自动化水平较高。

万能法孔型系统的孔型设计要考虑均匀变形，对称设计。初具轨形的轧件，在万能孔中其腰部承受万能轧机上下水平辊切楔作用，其头部和腿部外侧承受万能轧机立辊侧压垂直作用。为确保钢轨头、腿宽度和侧面形状，还要在轧边机孔内，对其轨头和轨底侧面进行加工。这样的孔型系统可以保证钢轨从粗轨形孔到成品孔轧件的变形是均匀、对称的，各部分金属延伸也接近相同，大大提高了钢轨断面尺寸精度。

国外某厂 60 千克/米钢轨万能孔型系统如图 2-60 所示。

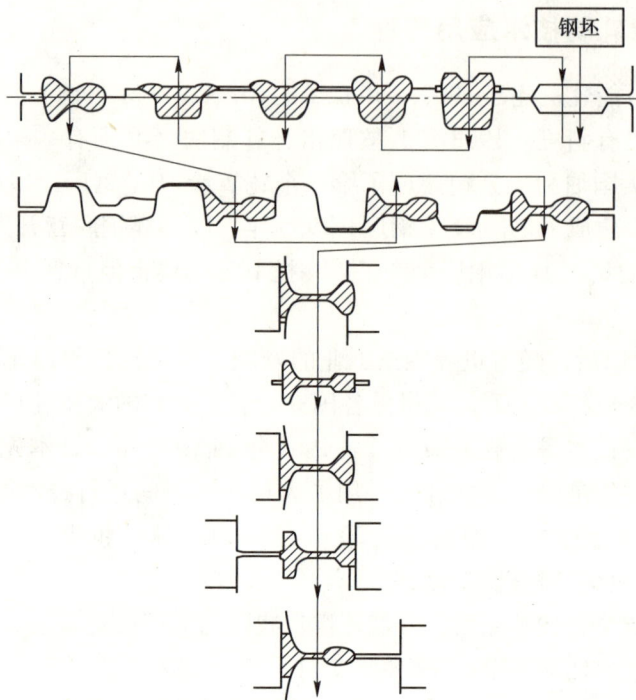

图 2-60　国外某厂 60 千克/米钢轨万能孔型系统

　　万能轧机的优点是：（1）由四个轧辊所组成的复杂断面孔型，可以使轧件断面上的各组成部分同时受到压缩，因而轧件变形较均匀，轧件断面上各部分的速度差较小；轧件的内应力小。（2）可用小直径的轧辊轧大号钢材，例如可轧出腿部较宽、腰部较高的工字钢，并且可轧制腿内侧无斜度的 H 型钢。（3）腿部和腰部的压下量可以单独调整，简化了轧机的调整工作，与常规轧法相比，可使产量提高 1.8 倍，作业率提高 10%，轧辊消耗降低 20%。

　　普通闭口式机架由闭口式牌坊、上下水平辊和轴承座以及立辊辊箱的万能机座组成。换辊时，水平辊和立辊及其轴承座只能从牌坊窗口侧进出。由于万能轧机的水平辊直径大，立辊辊轴座体积也大，而牌坊窗口宽度又必须大于上述两者，因此机架的上横梁较宽，立柱较高，设备重大，机架的刚性也较差。

　　UD 预应力式/短应力机架由带有下水平辊及轴承座的下机架、带有上水平辊及轴承座的上机架和带有立辊的中部等三部分组成，机架的这三部分分别由四根液压的预应力拉杆连在一起，拉杆可向外侧摆出，所加的预应力可达最大轧制力的两倍以上。UD 机架轧辊由顶部吊出，机架窗口尺寸只与辊颈、轴承座的大小有关，因此窗口宽度可以减少 40%，立柱高度可以减少 20%，横梁的轧制压力下的弯曲减小了三分之一，在立柱和横梁的截面尺寸相同的情况下，UD 机架刚度大约是闭口机架的 3 倍。

　　SC 机架的两片牌坊不在水平辊的两侧，而是布置在轧辊的前后，用连接板将牌坊与上、下横梁连成一体。轧制时，机架牌坊在轧制力的作用下，成为处于平面受力状态的钢板，使整个机架的强度和刚度得到提高，机架的顶部和侧面都是开口的，换辊方便。这种机架采用偏心结构调节水平辊和立辊开口度，调节范围较小，适用于连轧机组。

短应力线式轧机没有普通的牌坊，承受轧制负荷的部件是一个高刚度的封闭式框架，水平辊竖直方向的压力由包括两个上横梁和两个下横梁、用拉杆连接在一起的系统形式，四根压下螺丝与拉杆连成一体，可以对上、下横梁进行对称于轧制线的调整，与闭口式机架相比，刚性好，设备重量仅为普通闭口式机架的三分之二。

UD 预应力机架和 SC 连接板式机架，一般用于生产 H400～500 毫米以下的中、小规程产品，大规格 H 型钢常用闭口式万能机架及紧凑式机架轧机来生产。马钢万能型钢厂采用的是开轭闭口式万能机架轧机，生产 H200～600 毫米的 H 型钢。此轧机的主要特点是：换辊时，轭框架打开，立辊从框架开口处移出，采用开轭式结构，可以加大框架的厚度提高轧机的刚性，改善闭口式机架刚性差的缺陷。

钢轨轧制现场照片如图 2-61 所示。

图 2-61　钢轨轧制现场照片

三、我国主要钢轨生产企业钢轨轧制的发展历程与技术进步

（一）鞍钢

1953 年 11 月，鞍钢大型轧钢厂仿苏联下塔吉尔钢铁厂轨梁车间建成投产，由苏联提供全套设备和技术，共有重轨线、型钢线、管坯线三条生产线，设计年生产能力为 50 万吨，是我国冶金工业战线上著名的"鞍钢三大工程"之一，新中国第一支重轨的生产企业。建成初期的大型轧钢厂采用三段式推钢加热炉，800 毫米横列式三辊轧机，800 毫米门式矫直机，是我国第一座最大的机械化、自动化、近代化的轧钢厂和专门轧制大型钢材的生产厂。

复工投产的大型厂，主体轧钢设备是三架 φ800 毫米横列式轧机，初期年产量仅为 30 万吨，经全厂职工的不断努力以及技术革新、工艺改进，到 1960 年底，实际年产量已达到 70 万吨。1993 年生产创历史最好水平，全年产量达 105 万吨。

在市场经济飞速发展和国内外市场激烈竞争的新形势下，曾经作为国内型钢市场龙头企业的鞍钢大型厂，面对国内外同行后来居上的挑战，终于踏上了鞍钢实现三步走战略的"十五"技改列车。通过充分的论证，制定了实施大规模技术改造，使企业重新焕发青春的战略。为此，坚持以"高起点、低投入、快产出、高效益"为技改方针的短流程重轨、H型钢万能生产线改造工程揭开了序幕。

2001年以前，鞍钢主要生产钢轨品种有：43千克/米、50千克/米、60千克/米、UIC60千克/米和日标50N钢轨；QU80、QU 100、QU 120规格的吊车轨，B1电车轨、DU48和DU52导电轨、50AT和60AT道岔轨。钢轨的材质有：U74、U71Mn、PD3、900A、ANbRE、800N；可按GB、UIC、BS、JIS、中国时速200公里、300公里高速轨暂行技术条件组织生产重轨，也可按供需双方协商的钢轨牌号生产。2001年9月26日，开发生产的PD3含钒高强度钢轨和时速200公里高速钢轨通过了铁道部技术质量认证，并迅速形成了批量生产规模，产品已铺设在中国第一条时速200公里的铁路客运专线——秦沈线（秦皇岛到沈阳）上。至2001年底，该厂累计生产钢轨1822.6万吨。

1953—2001年，鞍钢生产钢轨一直采用三辊横列式轧机，三辊横列式轧机是一种用于轧制金属材料的设备，特别适用于钢轨的轧制。这种轧机主要由三个水平排列的轧辊组成，这些轧辊直径相等且都是传动的。在轧制过程中，金属材料从下、中辊之间穿过，然后从上、中辊之间返回，实现在一个机座上的往返轧制。该设计使三辊横列式轧机能够有效地调整和控制金属材料的厚度和形状。

表2-8为2000年以前鞍钢初轧厂为钢轨轧制模铸钢锭开坯机（1150毫米初轧机）设备参数。

表2-8　鞍钢初轧厂钢轨轧制模铸钢锭开坯机参数

项　　目		参　　数
轧机	轧机名称	BD1：φ1150毫米轧机
	机架结构形式	二辊闭口式
	轧制工作制度	可逆
	机架窗口高度/毫米	4700
	机架窗口宽度/毫米	1260
轧辊	轧辊公称直径/毫米	φ1150（辊颈φ690）
	最大轧制力/千牛	2000
	轧辊转速/转·分钟$^{-1}$	0-50-100
	轧辊最大开口度/毫米	1470
	压下装置	竖马达圆柱齿轮传动
	压下螺丝升降速度/毫米·秒$^{-1}$	90~180
	轧制力矩/千牛·米	2400
	轧辊平衡形式	重锤平衡
	轧辊重量/吨·支$^{-1}$	32（毛重）
	轧辊材质	60CrMnMo锻钢

注：轧辊经过探伤合格以后才能使用。

初轧厂为钢轨开坯断面规格为：

180毫米×227毫米用于轧制43千克/米钢轨、50AT道岔轨；

198 毫米×225 毫米用于轧制 50 千克/米钢轨、60AT 道岔轨 QU80、QU100 起重机钢轨；

215 毫米×250 毫米用于轧制 60 千克/米钢轨、UIC60、QU120 起重机钢轨。

轧制钢轨时，轧机来料经过初轧厂开坯机轧制成矩形坯料，经检查合格的钢坯，由推钢机推入三段连续式加热炉以后，经加热至 1050~1320 ℃，出炉轧制。出炉后钢坯经高压水除鳞后，送至 800 毫米三架横列式轧机轧制，第一架轧制 5 道，第二架轧制 4 道，第三架轧制 2 道，开轧温度≥1050 ℃，钢轨轧制孔型系统包括一个箱形孔、三个帽形孔、七个轨形孔，普通孔型系统在技术上实现简单，金属变形稳定，适合大压下变形，一般用于粗轧变形（万能法生产重轨的粗轧变形也采用此种方式），控制系统简易，由于其孔型设计多是采用不对称设计，因此其成品断面的对称性不理想，其轨高、底宽、腹高等尺寸的控制精度也不高，孔型磨损较快，表面质量不易控制。轧机调整要靠经验，常常还会因孔型磨损，对轧件产生楔卡作用，造成重轨腿尖和轨底加工不良等缺陷。

在成品孔型轧辊上刻有标记，以保证在钢轨一侧轧制上清晰、牢固的生产厂标志、钢轨型号、钢号、钢轨生产年、月等标记。

经成品轧机轧制出的钢轨，由辊道输送至 1800 毫米四连杆热锯，锯切成用户要求的长度。中国当时通用钢轨定尺长度为 25 米、12.5 米。锯切后的钢轨，采用从奥地利 NUMTEC 公司引进的钢轨在线热打印机上打印钢轨熔炼号等标志。

鞍钢轨梁厂钢轨在线打印设备如图 2-62 所示。

图 2-62　鞍钢轨梁厂钢轨在线打印设备

鞍钢三辊 800 型钢轧机参数见表 2-9。

表 2-9　鞍钢三辊 800 型钢轧机参数

项　　目		参　　数
轧机	轧机名称	三辊 800 型钢轧机
	机架结构形式	三辊半闭口式
	轧制工作制度	不可逆
	机架数量	三机架
	机架布置形式	横列式

项　　目		参　　数
主电机	型号	1DQ5640-60A06-Z
	功率/千瓦	6000
	转数/转·分钟⁻¹	0-80-160
	额定电流/安	2173
	过载系数	2.5
	额定力矩/千牛·米	716
	最大力矩/千牛·米	1647
轧辊	轧辊名义直径/毫米	800
	轧辊使用最大直径/毫米	860
	轧辊材质	锻钢、铸钢、球墨铸铁
	允许轧制压力/千牛	2940

鞍钢三辊横列式轧机的普通孔型系统如图 2-63 所示。

图 2-63　鞍钢三辊横列式轧机的普通孔型系统

1953 年 12 月 8 日，鞍钢成功生产出 43 千克/米、12.5 米定尺钢轨。

鞍钢"三大工程"开工典礼如图 2-64 所示。

图 2-64　鞍钢"三大工程"开工典礼

1958 年 2 月，增设 5 个重轨缓冷坑，提高了精整生产能力，释放轧钢产能。

1980 年 12 月，将轧钢北延伸台加长 18 米，提高了轧机作业率和钢材定尺率。

1994 年 3 月 15 日，800 毫米轧机主电机改造，原为 DC4560 千瓦发电机组调速，更换为德国西门子公司的 AC-AC 变频调速装置和 AC-AC6000 千瓦变频调速同步电动机。

1994 年 3 月，将苏制滑板式热锯改为自行设计的四连杆滚动式热锯。

鞍钢 800 毫米轧机轧制钢轨如图 2-65 所示。

图 2-65 鞍钢 800 毫米轧机轧制钢轨

鞍钢大型厂苏制滑板式热锯如图 2-66 所示。

图 2-66 鞍钢大型厂苏制滑板式热锯

鞍钢轨梁厂四连杆滚动式热锯锯切如图 2-67 所示。

图 2-67 鞍钢轨梁厂四连杆滚动式热锯锯切

鞍钢轨梁厂四连杆滚动式热锯锯切作业如图 2-68 所示。

图 2-68　鞍钢轨梁厂四连杆滚动式热锯锯切作业

1997 年，从奥地利的 NUMTEC 公司引进自动打印机，实现了钢轨打印自动换号的功能，减少了人员的操作强度，保证了钢轨打印信息的准确性。

2002 年底，大型厂万能线万能轧机投产，引进德国 SMS 公司万能机组，并安装了 1150 毫米开坯机和 1100 毫米初轧机，具备 50 米之内任意定尺钢轨生产能力。

鞍钢轨梁厂 1150 毫米开坯机如图 2-69 所示。

图 2-69　鞍钢轨梁厂 1150 毫米开坯机

鞍钢轨梁厂 1100 毫米初轧机如图 2-70 所示。鞍钢轨梁厂万能机组如图 2-71 所示。鞍钢轨梁厂 50 米钢轨横移台架如图 2-72 所示。

2006 年 2 月，60AT 钢轨在万能线试轧成功，并批量生产 U75V 和 AB1 材质 60AT 钢轨。

2007 年 4 月，大型厂进行了 100 米重轨线改造。改造后具备了 100 米定尺、时速 350 公里高速钢轨的生产能力。

图 2-70　鞍钢轨梁厂 1100 毫米初轧机

图 2-71　鞍钢轨梁厂万能机组

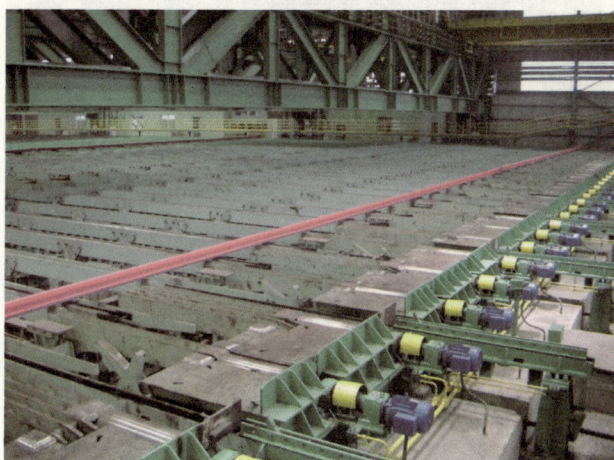

图 2-72　鞍钢轨梁厂 50 米钢轨横移台架

2021 年 11 月，完成了 BD1 轧机、UF2 轧机、万能主电机、预弯机、取钢机及超声波检测等万能线设备升级改造，达到预期效果，有效提升钢轨实物质量控制水平。

鞍钢轨梁厂 100 米钢轨横移台架如图 2-73 所示。

图 2-73　鞍钢轨梁厂 100 米钢轨横移台架

鞍钢轨梁厂 2021 年新建 BD1 轧机如图 2-74 所示。

图 2-74　鞍钢轨梁厂 2021 年新建 BD1 轧机

鞍钢轨梁厂 2021 年新增 UF2 轧机如图 2-75 所示。

2018—2023 年，持续开展钢轨轧制技术科研攻关、工艺创新：

（1）"全万能孔型轧制"及"有限元仿真"新技术应用。万能机组最后一道次突破传统的三辊轧制模式，采用四辊全万能轧制方法，直接对轨头踏面进行加工，钢轨端部高低点控制在 0.1 毫米以内、端部弯曲度控制在 0.15 毫米以内、轨高同根差 0.2 毫米以内。

图 2-75　鞍钢轨梁厂 2021 年新增 UF2 轧机

钢轨轧制有限元仿真如图 2-76 所示。

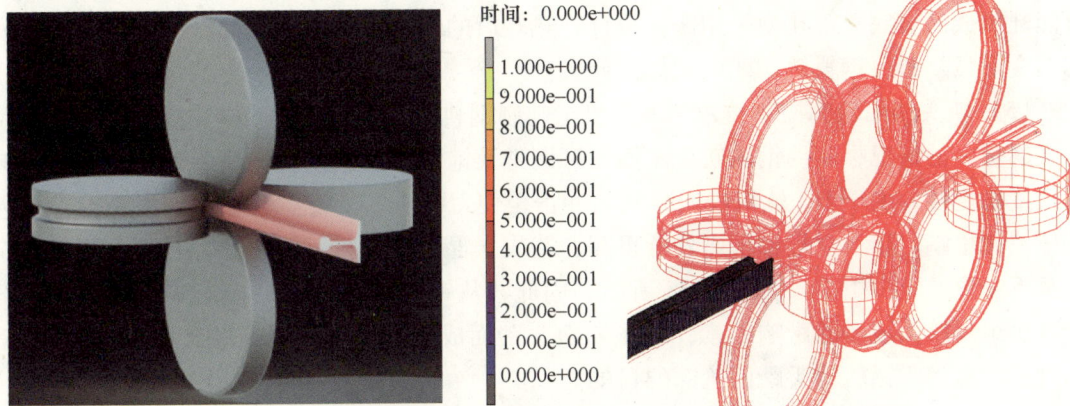

图 2-76　钢轨轧制有限元仿真

钢轨防划伤技术应用如图 2-77 所示。

图 2-77　钢轨防划伤技术应用

（2）钢轨腰偏控制技术。万能轧机生产百米钢轨时，由于UF孔型为水平布置，轨头受重力作用向下倾斜，给钢轨规格不对称调整带来很大难度，又加上钢轨通长下腿波动较大，北端下腿短、南端下腿长，而且钢轨通长轨腰下偏的程度也不一致，给日常正常生产带来很大困难，经常出现不对称超标废品的问题。经过研究将轨腰向上倾斜，轨头与轨腰整体顺时针旋转一定角度，克服轨头受重力作用下的自然下偏，改善成品钢轨的轨腰与轨底的垂直度问题。

（3）钢轨腰部商标轧制技术。钢轨生产中经常出现标识（包括生产商标志、钢轨规格、钢种、年月）不清问题，原因为成品前孔轧件轨腰厚度不足，经过成品孔轧制不能满足标识高度要求，为了解决此问题，在成品前孔型设计上，为成品标识处预留更多的金属量，解决钢轨标识不清晰问题，在钢轨日常维护和故障处理中具有清晰的产品标识和可追溯性。

（4）轨底凹向控制技术。钢轨生产中经常出现轨底凹下超出0.3毫米的标准要求，原因为热轧后的钢轨轨底端部比中心薄、底端比中心冷却快，造成钢轨冷却到环境温度时轨底凹向变形，矫直后的成品钢轨底凹尺寸不满足高铁钢轨标准要求，为了解决此问题，在万能轧机成品轨底立辊孔型采用凹向设计，热轧后的钢轨轨底出现微凸，冷却后弥补轨底凹向变形量，解决钢轨轨底凹向超标准问题。

（5）轨头踏面轮廓控制技术。万能机组轧制钢轨时，钢轨轨头经常出现下踏面比上踏面金属量多的情况，制约钢轨轨头踏面轮廓调整及饱满度控制，影响百米钢轨合格率及轧制质量稳定性，由于UR轧机咬入时轧制冲击，使UR轧机机架立辊轴承座滑道窗口侧外端压馈比里端严重，立辊轴承座外低里高，造成立辊孔型倾斜，导致立辊孔型上下部分金属量不一致，上少下多，如图2-78所示，因此，从钢轨轨头踏面成型影响因素入手、分析各机组对踏面成型的影响因素，对影响轨头踏面成型的立辊轴承座装配数据进行规范，达到更好地控制钢轨轨头踏面轮廓的目的。

（6）钢轨轧制对称度尺寸精度控制方法。万能轧机轧制钢轨时，除了需要合理的孔型设计，还需要轴承座装配精度的保证，实现轧辊孔型精确定位，确保孔型精度，才能轧制出尺寸精度高的钢轨。因此，根据多年生产中成品钢轨尺寸精度与轴承座装配公差间的关系，对固定轧辊的轴承座装配尺寸公差进行规范。首先规范轧机水平轴承座轴向装配公差，降低轧辊在轴向方向窜动，提高成品钢轨对称度尺寸精度；其次规范操作侧与传动侧下水平辊轴承座本体压溃差值，避免钢轨中心轴线偏移，提高成品钢轨对称性。

（7）钢轨万能轧制工艺技术应用。目前，世界上生产重轨主要采用的是横列式轧机和万能轧机两种，2002年之前，我国四家重轨厂家（鞍钢、攀钢、包钢、武钢）均采用的是横列式轧机的孔型轧制法，2002年鞍钢率先从德国SMS公司引进万能轧制机组，成为国内首家采用万能轧制法生产重轨的厂家。随着我国高速铁路建设对钢轨尺寸精度要求的提高，采用万能轧机生产重轨成为当前的主流。

（8）钢轨轧制润滑技术应用。轧制润滑在冷轧薄板及热轧连带钢中应用较为普遍，但在型材尤其是高速铁路钢轨轧制方面应用较少、大多采用水润滑冷却轧制，无法消除轧辊

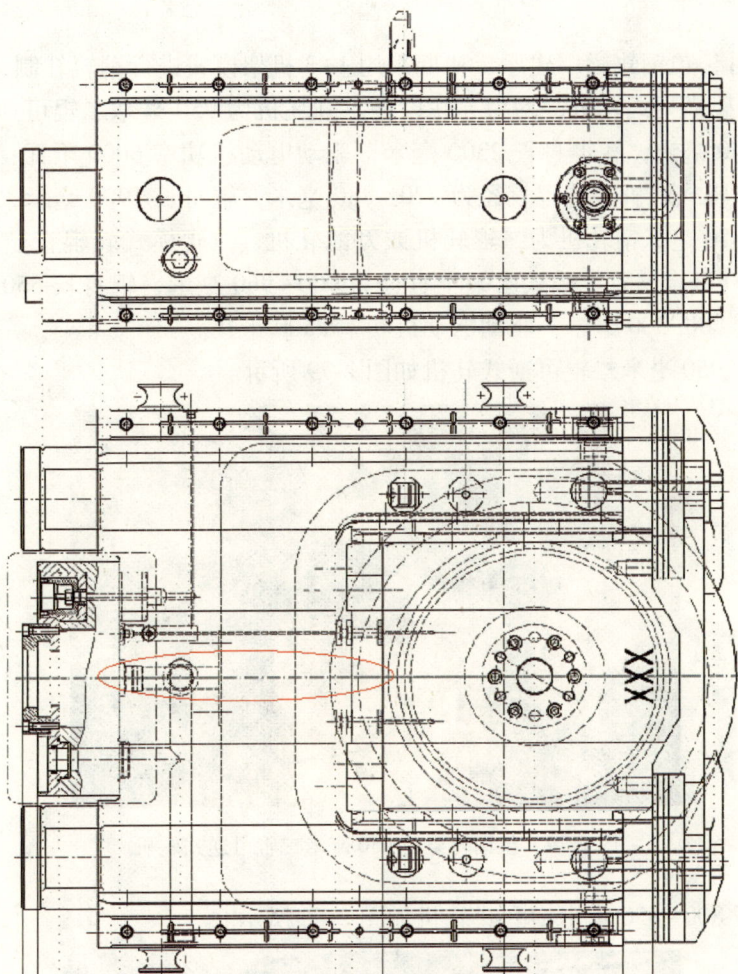

图 2-78　立辊轴承座装配图

表面易产生的铁皮粘着，在后续轧制时铁皮被压入钢轨表面，会产生周期轧痕影响钢轨表面质量，严重时产生废品，影响钢轨合格率。此外，由于轧辊粘结氧化铁皮，需要多频次停机对轧辊进行人工手动修磨，严重影响生产节奏，随着我国高速铁路的快速发展，对钢轨的表面质量提出更高要求。因此，开展高温条件下润滑轧制新技术研发与工业应用，减轻或消除现有润滑条件带来的对钢轨质量和轧制效率的影响，提高钢轨表面质量、降低辊耗和能耗，具有重大经济和社会效益。

轧制中采用水基轧制润滑技术对水平辊和立辊进行润滑，提高钢轨表面质量和光洁度，润滑轧制中润滑液燃烧没有异味，规格波动较小。纳米水基润滑剂应用于高速铁路钢轨轧制润滑后，具有提高钢轨表面质量，降低轧制电流，节约能耗，减少轧辊表面铁皮粘着，降低轧痕废品率，降低轧辊消耗等优点。此外，应用纳米水基润滑轧制剂进行轧制润滑，可以避免热轧油燃烧产生油烟及有害气体，符合国家经济与环境的可持续发展战略要求，实现节能减排，具有很高的推广价值。

（二）包钢

1969 年 1 月，包钢轨梁厂建厂，初期采用 1+3 机架模式进行钢轨轧制，其中 1 架 950 毫米开坯机，3 架横列式轧机，均为苏联设备。开坯机为 950 毫米二辊可逆式轧机，轧辊直径为 980～1050 毫米，轧辊身长 2300 毫米，驱动电动机功率 6000 千瓦；粗、中轧机为两架 800 毫米三辊式轧机，轧辊直径为 720～880 毫米，辊身长 1900 毫米，驱动电动机功率 8100 千瓦；850 毫米精轧机为二辊轧机或万能轧机，二辊模式轧辊直径为 770～930 毫米，辊身长 1200 毫米；万能模式水平辊直径为 900～960 毫米，辊身长 550 毫米，立辊直径 700 毫米，辊身长 300 毫米，驱动电动机功率 2500 千瓦。

包钢轨梁厂 950 毫米二辊可逆式轧机如图 2-79 所示。

图 2-79　包钢轨梁厂 950 毫米二辊可逆式轧机

包钢轨梁厂 800～850 毫米横列式轧机如图 2-80 所示。

图 2-80　包钢轨梁厂 800～850 毫米横列式轧机

轧制工艺采用孔型法轧制，该工艺主要存在轨头踏面形状精度难保证、钢轨断面形状的不对称、轨高和轨底的尺寸精度不够、轨头和轨底的加工量小、质量相对差、孔型法轧制重轨的轨头踏面处于自由展宽状态，导致沿重轨长度方向的轨高有差异等问题。

1993 年，850 毫米轧机电机改造，我国第一台大容量国产交变频矢量控制系统在轨梁厂诞生。改造后能耗明显降低，故障率低，响应快，维护及备件量很小。该系统属当时电机传动的最新技术成果，以后按此理论生产出了全数字控制矢量系统。包钢轨梁厂 850 毫米轧机改造的成功，标志着我国已具备了生产先进的交流传动设备的技术。

1994 年 7 月，对 950 毫米轧机副传动电气控制部分进行了改造，选用的是 AEG 的 miniDC 全数字直流调速装置，共 9 套。包括 2 台推床，2 个工作辊道，4 个机架辊，1 台翻钢机。改造后设备克服了原旧系统故障率高，推床和翻钢机调整困难，设备备件多、难于维护，能耗大、噪声强等缺点，主要表现在系统响应快、能耗低、噪声小、无粉尘，调整只需改动软件，快而且无漂移。改造后设备可基本达到零故障运行。

1998 年，为了提高设备装备水平，加快轧制节奏，节能降耗，降低故障率，决定引进新的大电机。在项目前期，分别同美国 GE、日本东芝、德国西门子、瑞典 ABB 四家公司进行了技术谈判后，与美国 GE 公司签订了购买大电机的合同。引进 6000 千瓦同步机及其控制系统一套，更换旧有 5350 千瓦直流电机。根据工艺要求确定了设备参数，同时对设计接口、设备布置、电机通风、润滑等进行详细确认。该电机的投入生产，节能降耗效益明显，年节电 156 万元，年提高产量 6.5 万吨，年节约设备维护费 10 万元以上，达到了预期目的。

2002 年，800 毫米轧机主传动的旧控制系统仍然是老式的继电器接触式控制，系统在准同期启动过程中，电流完全由操作者手动控制，易过流，启动不易成功。为此，对励磁系统进行了改造。改造后，新的控制系统主要有以下优点：

（1）采用了西门子公司的 6RA70 直流数控装置，简化了控制线路，而且增加了系统的可靠性，参数调整容易、简便。

（2）采用了新型的国产 DS14 型快开，消除了快开经常发热的隐患。

（3）准同期系统将已废弃的 5АП 机组重新利用，将 5Г 和 6Г 串联，拖动 2Г1 转动，增加了发电电压，弱磁升速的深度大大降低。

（4）准同期启动时，对电枢电流进行闭环控制并限幅，减少了系统过流，降低了启动难度。

（5）系统主机 PLC 和 6RA70 装置以及 ET-200M 之间都采用通信方式进行信息交换，简化了控制线路，减少了维护量。

（6）PLC 和 ET-200M 的开关量输入输出多有指示，利用编程器还可以在线查看程序的运行情况，帮助查找故障。

（7）新系统可以消除剩磁，避免出现电机爬速现象；保护功能更加完善，有利于系统的安全运行；系统用电由单独的变压器供电，避免了由附属设备事故引发停机组现象。

通过改造消除了旧系统的事故隐患，降低了事故时间，减轻了岗位人员的维护量，保证了 800 毫米轧机的正常运行。

2004 年 4 月，1 号中型万能轧钢生产线破土动工，2005 年 12 月热轧线全线贯通，2006 年 9 月竣工投产。CCS 万能轧机等关键设备从德国西马克公司引进，BD1、BD2 开坯机由外方设计国内制造。该生产线是公司为提升轨梁材产品档次而建设的一条精品线，实现了百米高速钢轨的生产，百米钢轨的质量具备高尺寸精度和高平直度的标准要求。

包钢轨梁厂 1 号中型万能轧钢生产线轧机主要技术性能见表 2-10。

表 2-10　包钢轨梁厂 1 号中型万能轧钢生产线轧机主要技术性能

序号	项　目		单　位	技术参数
BD1 轧机				
1	主电机		千瓦	5000
2	转速		转/分钟	0-60-120
3	轧辊辊身长度		毫米	2600
4	轧辊直径		毫米	950~1100
5	辊环直径		毫米	1350（最大）
6	轧机轴向力		千牛	2500
7	轧机轧制力		千牛	8000
BD2 轧机				
1	主电机		千瓦	4000
2	转速		转/分钟	0-75-150
3	轧辊辊身长度		毫米	2300
4	轧辊直径		毫米	750~850
5	辊环直径		毫米	1150（最大）
6	轧机轴向力		千牛	1200
7	轧机轧制力		千牛	4500
CCS 轧机组——万能粗轧机（UR）、万能精轧机（UF）				
1	水平辊	辊身长度	毫米	800（最大） 600（最小）
2		辊子直径	毫米	1120（最大） 970（最小）
3		辊颈直径	毫米	340
4		最大轧制力	千牛	5000
5	立辊	辊身长度	毫米	285
6		辊子直径	毫米	740（最大） 640（最小）
7		最大轧制力	千牛	3000
CCS 轧机组——水平轧边机（E）				
1	辊身长度		毫米	1200
2	辊子直径		毫米	800（最大） 680（最小）
3	辊环直径		毫米	900
4	辊颈直径		毫米	300
5	最大轧制力		千牛	2500
6	轧制速度		米/秒	1.25~10

　　BD1 开坯轧机采用成熟的重型封闭式牌坊、上辊机电压下、液压防卡钢、过载保护、轧制力测量、液压平衡、带负荷压下等先进技术，可有效地保证轧件的轧制质量；采用自动换辊，缩短换辊时间。BD2 粗成型轧机对钢坯再进行切分轧制，轧出钢轨的初始形状。万能轧制采用 CCS 紧凑式万能机组的 UR 粗轧孔型、E 轧边孔型和 UF 精轧孔型往复轧制成品，轧制过程全流程自动控制，保证钢轨尺寸精度和表面质量。CCS 万能轧机采用紧凑式滑移技术设计，是型钢轧机机架设计领域的最新发展和大型型钢轧机的新一代机架。具有以下优点：

　　（1）串列机组机架布置为：UR—E—UF，即由 1 架万能粗轧机、1 架轧边机和 1 架万能精轧机组成，三机架呈连轧布置。万能粗轧机与万能精轧机结构型式完全相同。

　　（2）全液压压下系统，万能机架液压单个水平辊轴向移动。SMS 工艺控制系统用于液压压下系统的动态控制，确保生产能力最大、成品公差最小；20 分钟内完成自动选择 CCS 机架自动化程序。

　　（3）钢轨采用万能轧制模式，第一架和第三架轧机为万能轧机，其优点有快速完成全自动换辊，AGC 全自动液压辊缝系统确保轧件的理想几何尺寸，对辊缝自动调整，并且在轧制过程中对整个轧件长度进行带压调整。

　　（4）钢轨生产中通过 CCS 轧机机前高压水除鳞装置除掉钢轨表面二次氧化铁皮层，从而提高表面质量，生产的钢轨能够满足高速钢轨等高要求。

　　包钢轨梁厂 1 号中型万能轧钢生产线 BD1 轧机如图 2-81 所示。

图 2-81　包钢轨梁厂 1 号中型万能轧钢生产线 BD1 轧机

　　包钢轨梁厂 1 号中型万能轧钢生产线 BD2 轧机如图 2-82 所示。

　　包钢轨梁厂 1 号中型万能轧钢生产线 CCS 轧机如图 2-83 所示。

　　2006 年 6 月开始，对 950 毫米轧机的 1100 毫米人字齿轮机座和 800 毫米轧机的 800 毫米人字齿轮机的轴承进行改造。由于原设计为钨金瓦滑动轴承，每次更换钨金瓦滑动轴承只能利用轧线中修期间在线手工刮研，刮研的时间和刮研的质量取决于施工者的操作水平，质量波动较大。为此，针对两个关键的人字齿轮机座滑动轴承进行同时改造，将钨金

图 2-82　包钢轨梁厂 1 号中型万能轧钢生产线 BD2 轧机

图 2-83　包钢轨梁厂 1 号中型万能轧钢生产线 CCS 轧机

瓦滑动轴承改为滚动轴承。改造过程中，根据图纸对人字齿轮机座的相关尺寸进行测量和确认，并在现场进行预组装和研齿工作，经试运平稳正常。此次改造在原齿轮机座各部尺寸不变的情况下，实现了改造后的齿轮机性能不变的预期目标，有效缩短了更换钨金瓦滑动轴承的时间。

2010 年，800 毫米轧机主传动因设备老化，故对主传动整流变压器进行改造，新换德国西门子主传动电机裂解式定子整流变压器 1 台，主传动电机转子整流变压器 1 台。改造完成后，通过近一年数据分析，节能效果显著，达到了改造前的节能预期，同比耗电量降低约 5.6 千瓦·时。

2011 年，苏联设计制造的横列式轧机生产线，完成了 43 年的历史使命，包钢轨梁厂开启了 2 号大型万能轧钢生产线建设工作。2 号大型万能轧钢生产线于 2011 年 5 月 28 日破土动工，2012 年 12 月 30 日热轧区全线贯通，年设计产能 120 万吨。CCS 万能轧机等关键设备从德国西马克公司引进，BD1、BD2 开坯机由外方设计国内制造。与国内同类钢厂相比，2 号大型万能轧钢生产线轧机的轧制能力较大，可生产一些特殊材质的钢轨。2 号大型万能轧钢生产线，是在1号中型万能轧钢生产线"引进、消化、吸收"的基础上，着眼于提高核心能力和国际化水平投资建设的，成为包钢调整产业结构、转型升级的又一新亮点。2号大型万能轧钢生产线的建成投产，与1号中型万能轧钢生产线生产的产品实现互补，在提升产能的同时，使包钢的钢轨产品更全。

包钢轨梁厂2号大型万能轧钢生产线轧机主要技术性能见表2-11。

表 2-11　包钢轨梁厂 2 号大型万能轧钢生产线轧机主要技术性能

序号	项　目		单　位	技术参数
BD1 轧机				
1	主电机		千瓦	6000
2	转速		转/分钟	0-70-110
3	轧辊辊身长度		毫米	2600
4	轧辊直径		毫米	920~1100
5	轧机轴向力		千牛	3500
6	轧机轧制力		千牛	12000
BD2 轧机				
1	主电机		千瓦	8100
2	转速		转/分钟	0-110-165
3	轧辊辊身长度		毫米	2600
4	轧辊直径		毫米	920~1100
5	辊环直径		毫米	1350（最大）
6	轧机轴向力		千牛	3500
7	轧机轧制力		千牛	12000
CCS 轧机组——万能粗轧机（UR）、万能精轧机（UF）				
1	水平辊	辊身长度	毫米	1000
2		辊子直径	毫米	万能模式： 1400（最大） 1100（最小） 两辊模式 1150（最大） 900（最小）
3		辊颈直径	毫米	1350
4		最大轧制力	千牛	10000
5	立辊	辊身长度	毫米	340，450
6		辊子直径	毫米	980（最大） 880（最小）
7		最大轧制力	千牛	6000

续表 2-11

序号	项　目	单　位	技术参数
CCS 轧机组——水平轧边机（E）			
1	辊身长度	毫米	1300
2	辊子直径	毫米	1000（最大） 850（最小）
3	辊颈直径	毫米	440
4	最大轧制力	千牛	4000
5	轧制速度	米/秒	1.2~8

包钢轨梁厂 2 号大型万能轧钢生产线 BD1 轧机如图 2-84 所示。

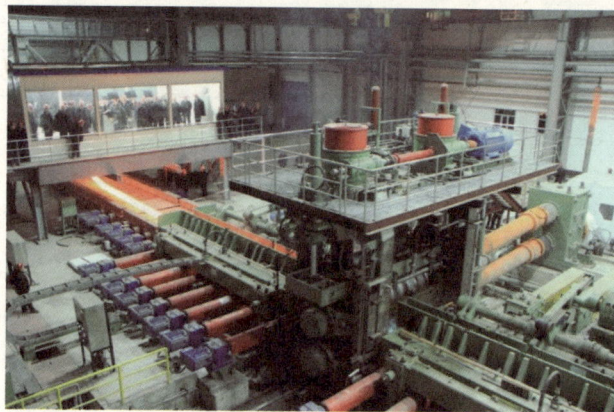

图 2-84　包钢轨梁厂 2 号大型万能轧钢生产线 BD1 轧机

包钢轨梁厂 2 号大型万能轧钢生产线 BD2 轧机如图 2-85 所示。

图 2-85　包钢轨梁厂 2 号大型万能轧钢生产线 BD2 轧机

包钢轨梁厂 2 号大型万能轧钢生产线 CCS 轧机如图 2-86 所示。

图 2-86　包钢轨梁厂 2 号大型万能轧钢生产线 CCS 轧机

2014 年，1 号线 CCS 轧机出现了滑板磨损快及更换频繁的现象，通过统计更换的滑板主要集中在 UR 轧机上，经过检测发现滑板更换快的原因是因为轧机牌坊本体底面磨损严重造成。UR 轧机水平辊窗口衬板底面腐蚀磨损，不同部位磨损在 1~1.5 毫米。立辊箱定位槽口更加严重，变形达 6~7 毫米。为此，2015 年，对轧机牌坊进行修复处理。针对机架窗口、槽口及底面、横梁上油缸定位面等先进行加工、铣削；之后，进行激光熔覆及表面处理。修复后通过对机架牌坊进行测绘，两次检查所有的数据都在标准范围内，检修和维护质量得到了保证。

2017 年，1 号线 CCS 区精轧机使用的 TCS 辊缝控制系统已运行 11 年，TCS 系统 IPC 计算机系统数据采集板已老化严重，这些电气元器件已经停产无法订购，同时 IPC 控制系统内的控制程序都是外方人员固化好的，没有源程序，如果电路板等元器件烧坏我们只能恢复硬件，无法装载程序。同时，压力和位置信号采集以及伺服阀控制采用硬接线方式，在查找设备故障时比较困难，不利于设备维护，因此急需升级为稳定的控制系统。改造后的 TCS 辊缝控制系统具备精轧机辊缝的自动校准、辊缝静态和动态控制；能接收一级或二级的轧制表、辊组数据的设定指令，反馈实时状态信息，有轧机辊缝的状态监控及报警监控功能，有轧制曲线记录、分析功能等。改善后的控制系统，查找故障方便，控制程序更加智能化，同时与一级和二级数据实现良好的对接。

包钢轨梁厂两条万能轧钢生产线，轧机布置为"1+1+3"模式。钢轨"高低点"的产生主要是由于万能轧机三机架连轧工艺，UF 轧机成品孔型为半万能孔型，轨高方向为自由展宽，在连轧过程中 UR 粗轧机、E 轧边机与 UF 精轧机之间存在张力作用，轧件脱离孔型时会瞬间失张产生"甩尾"现象，使下一个孔型的金属充填出现瞬间异常，造成钢轨尾端约 2 米处局部出现"高低点"缺陷，严重影响钢轨平直度。

三机架连轧半万能孔型如图 2-87 所示。

上述万能轧机连轧工艺，不仅会产生明显"高低点"，同时也对百米钢轨通长尺寸偏差和轨冠形状造成大的影响。因张力的存在，导致百米钢轨头尾轨高尺寸明显高于中部稳定轧制区域；同时，头尾轨冠充填也容易出现过充满现象。

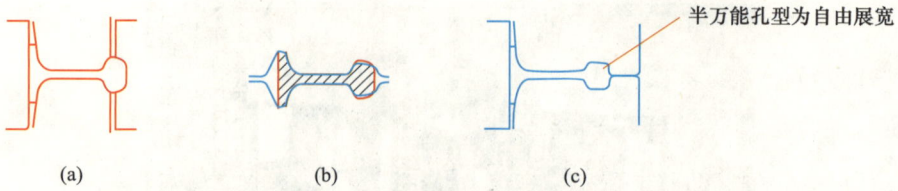

图 2-87　三机架连轧半万能孔型

（a）UR 粗轧机孔型；（b）E 轧边机孔型；（c）UF 精轧机孔型

三机架连轧半钢轨全长高低点分布如图 2-88 所示。

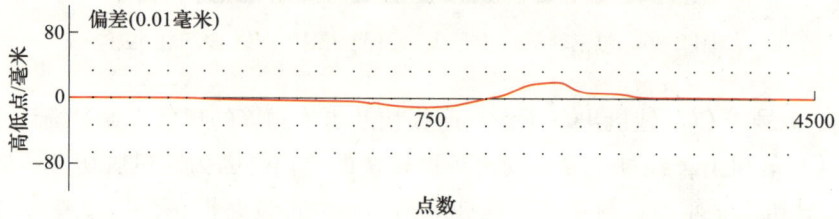

图 2-88　三机架连轧半钢轨全长高低点分布

　　为了彻底解决轨高尺寸精度以及钢轨"高低点"缺陷等问题，使钢轨产品满足用户要求，包钢轨梁厂从 2020 年 2 月开始研发全万能轧制工艺，通过对全万能轧制孔型进行多次论证，完成了 60 千克/米、60N 百米钢轨全万能孔型设计工作；之后通过有限元模拟分析，优化了 CCS 连轧机各个道次的变形量。从有限元模拟分析过程可以看出，全万能轧制工艺孔型尺寸要求严，调整难度大，但合理的轧制控制可以保证钢轨高的尺寸精度和高的平直度水平。

　　有限元模拟分析如图 2-89 所示。

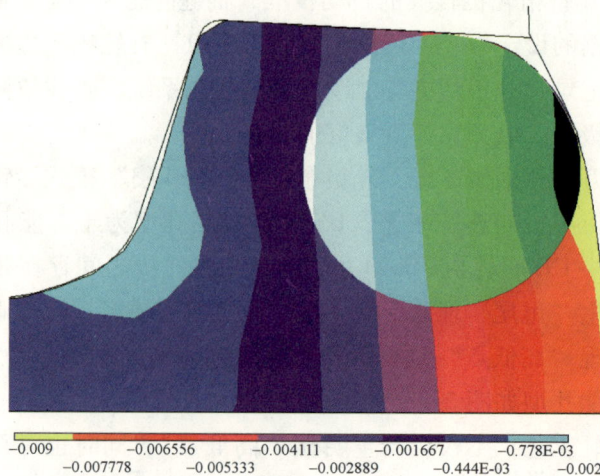

图 2-89　有限元模拟分析

采用全万能轧制后的高低点差值分布图如图 2-90 所示。

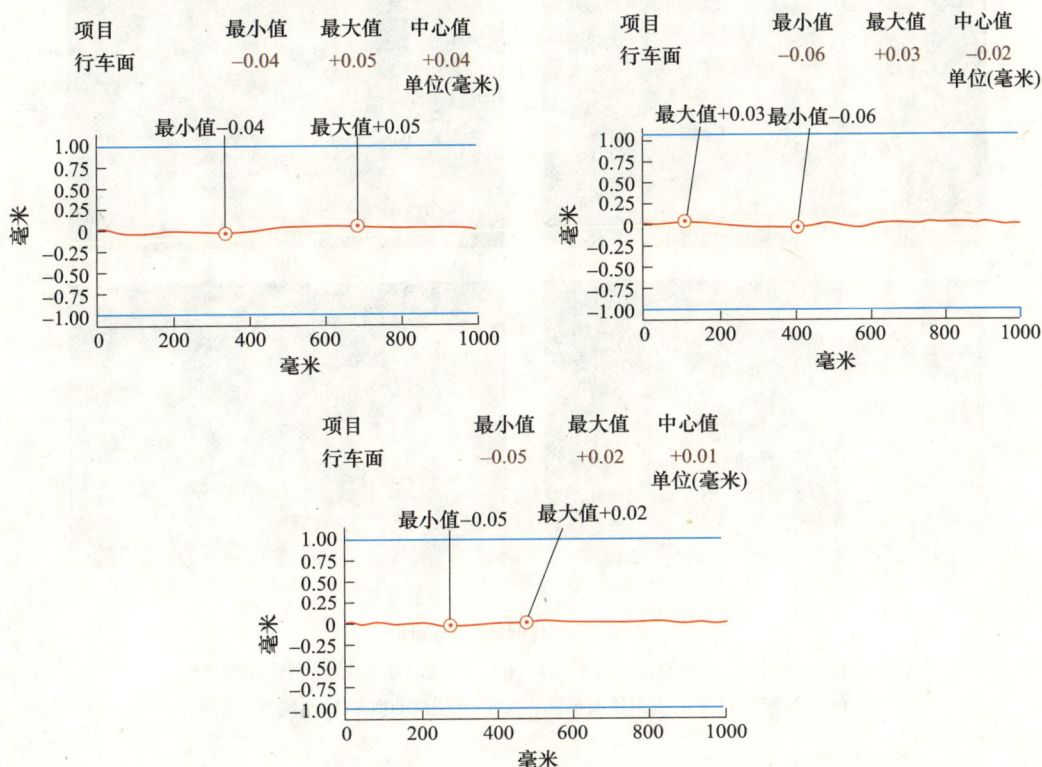

图 2-90　采用全万能轧制后的高低点差值分布图

2020 年 8 月，包钢轨梁厂两条生产线的百米钢轨全部使用全万能轧制工艺，钢轨"高低点"差值控制在 0. 20 毫米以内。

包钢钢轨踏面廓形如图 2-91 所示。

2021 年，对万能轧机 TCS 控制程序进行升级完善，增加 20 点动态压下调整功能。通过全万能轧制工艺的研发，轧制参数的控制优化，以及 TCS 系统升级、动态调整功能的实现，在解决钢轨"高低点"缺陷的同时，钢轨的廓形、底宽、轨高、不对称等尺寸都得到了极大改善，有效提升了钢轨的尺寸精度，更好地满足了高速钢轨的使用要求。

（三）攀钢

1. 攀钢钢轨轧制装备及技术发展历程

1965 年 12 月，由冶金工业部牵头在渡口市（现为攀枝花市）召开了初步设计审查会，初步设计工、槽、角、重轨、方圆钢等产品，并拟定在轨梁厂预留万能轧机位置。攀钢轨梁厂于 1971 年 3 月动土兴建，1974 年 8 月一期工程正式投产，攀钢轨梁厂主要设备是国内自行设计制造的，轧机系统包括 ϕ950 毫米可逆式二辊开坯机一架，ϕ800 毫米三辊不可逆半开口式轧机两架，ϕ850 毫米不可逆二辊半开口式精轧机一架（该机架加装立辊后变成"万能式"机架，用于生产普通工字钢）。

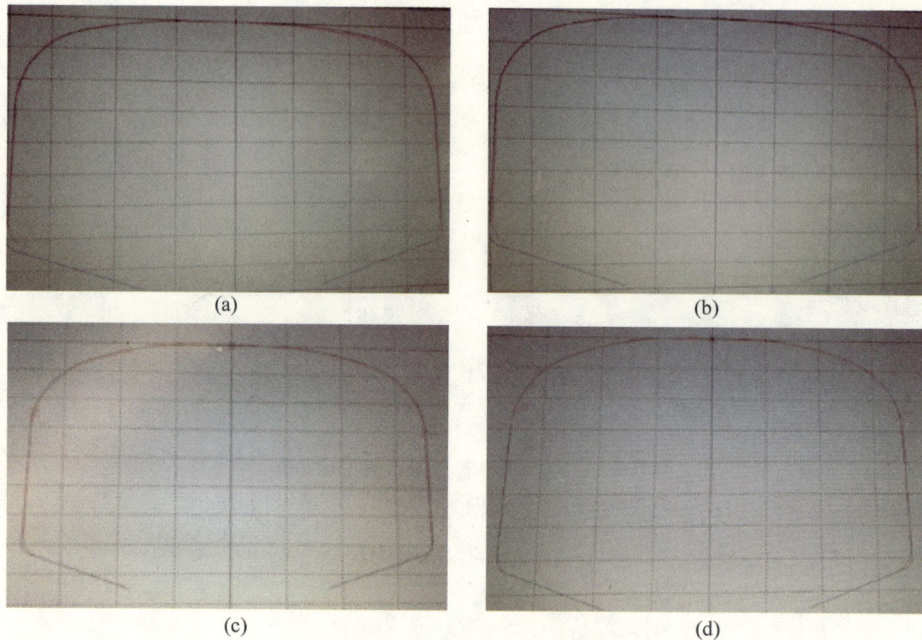

图 2-91　包钢钢轨踏面廓形
（a）万能轧 60 千克/米钢轨南端廓形图；（b）万能轧 60 千克/米钢轨北端廓形图；
（c）万能轧 60N 钢轨南端廓形图；（d）万能轧 60N 钢轨北端廓形图

　　钢轨轧制工艺为当时世界上较先进的"孔型法"工艺，孔型系统由"箱形孔+梯形孔+帽形孔+轨形切深孔+轨形孔+成品孔"组成，即常称的"五个轨形孔"孔型系统。一头大一头小的梯形箱形孔是为适应帽形孔和产品特点而设置的，小头是为了减少帽形孔的侧压和磨损，大头是为了形成足够的成品轨底宽度；帽形孔的作用是利用其切深楔子强迫展宽形成轨底雏形；轨形切深孔采用强烈的不均匀变形，形成轨头和轨底。运用上述钢轨轧制工艺，1975 年 6 月开始生产 50 千克/米钢轨，1979 年试轧成功 60 千克/米钢轨。

　　1974 年攀钢轨梁厂建成投产如图 2-92 所示。

图 2-92　1974 年攀钢轨梁厂建成投产

1975 年攀钢轨梁厂第一支普轨成功轧制如图 2-93 所示。

图 2-93　1975 年攀钢轨梁厂第一支普轨成功轧制

1993 年，对 950 毫米轧机、800 毫米轧机系统、850 毫米轧机系统应用了新技术改造。同步机、发电机及电动机等控制系统采用了先进的可编程控制新技术、励磁采用西门子全数字直流调速装置，从而使轨梁厂三大主传动系统具有可调速、精度高、可靠性高、维护费用低及保护功能完善等优点。同时在工艺上使用六个轨形孔孔型系统，于 1993 年完成出口 4 万吨 UIC 60 千克/米钢轨的任务，产品满足 UIC 标准对钢轨断面尺寸精度和外形等远高于中国国家标准规定的要求。

1996 年，完成了 950 毫米副传动——推床、压下、机架辊、工作辊等 9 台直流电机传动控制系统的技术改造，实现了直流发电机组控制到逻辑无环流可控硅控制技术的改造，设备可靠性大大提高。改造后的电机全部采用 F 绝缘，直流电机绕组结构采用新型结构，增强了抑制换向火花的能力。从而使轨梁厂大负荷产品的限负荷轧制成为历史，为轨梁厂新产品研发提供了强有力的保障。

1998 年，我国第一条设计时速达 200 公里的客运专线铁路——秦（皇岛）—沈（阳）客运专线建设纳入国家计划，攀钢随即成立时速 200 公里客运专线钢轨开发项目组，着手客运专线钢轨的研究开发和攻关工作。通过优化加热炉加热制度、孔型系统、矫直工艺，新增高压水除鳞装置，采用滚动导卫装置等，提高了钢轨的尺寸精度、平直度和表面质量。2000—2003 年，向提供秦沈客运专线提供钢轨 48562 吨。

2002 年 3 月，攀钢三期工程轨梁万能生产线建设项目开始破土动工。在原初轧厂的基础上，结合轨梁厂预留的万能跨，新建了万能生产线（现万能二线），主轧线于 2004 年 12 月底建成投产；新建的万能生产线拥有国内领先、世界一流的生产工艺及设备，是中国第一家、世界第三家 100 米钢轨生产线。至此，攀钢拥有两条钢轨生产线：万能生产线（现万能二线）、950 毫米生产线（现万能一线）。

2. 攀钢钢轨轧制装备及技术现状

（1）万能二线。万能二线新建的七机架万能轧机系统，工艺布置上为 1-1-2-2-1 布置形式，万能轧机机组为分离布置，轧件轧制时为脱开轧制，以避免连轧张力对轧件尺寸的影响，同时布置上实现了钢轨轧制"成品前孔单道次轧制"的工艺，能够提高钢轨实物质量。

攀钢轨梁厂万能二线开工典礼如图 2-94 所示。

图 2-94　攀钢轨梁厂万能二线开工典礼

2004 年 12 月 29 日，攀钢轨梁厂万能二线成功轧出第一支 100 米钢轨如图 2-95 所示。

图 2-95　2004 年 12 月 29 日，攀钢轨梁厂万能二线成功轧出第一支 100 米钢轨

万能二线由 7 架轧机组成，其中开坯机 2 架（BD1、BD2）、万能粗轧机组 2 架（U1、E1）、万能中轧机组 2 架（U2、E2）、万能精轧机组 1 架（UF）。开坯机为 2 台结构型式相同的二辊可逆式牌坊轧机；上辊压下电动；上辊为液压平衡；轧机前后设置推床翻钢机。开坯机由 SMS-MEER 公司设计，上重转化设计和制造。万能轧机的机架由两部分组成：传动侧为固定牌坊，操作侧为可移动牌坊。采用快速换辊；水平辊由 1 台同步可逆主

电机通过齿轮箱驱动；轧辊为液压平衡；机架为液压锁紧。万能轧机有四辊万能模式和两辊模式两种。轧边机为移动式两辊机架，轧制钢轨时可以快速横移，更换孔型。万能粗、中轧机组前后及精轧机前设置升降辊道及对中装置。

万能轧机和轧边机采用 CCS 紧凑式结构全液压压下、采用 HPC（液压位置控制系统）及 AGC（自动辊缝控制系统）为主要技术的 TCS 控制系统和下水平辊动态轴向调整；万能轧机主传动全部采用交流传动控制系统，各机架主传动电机使用交-交变频变流装置，控制装置采用 SIEMENS 公司的 SIMADYN D 全数字矢量控制系统，SIMADYN D 控制系统完成对各机架电机的调速控制，包括同步电动机的矢量运算控制、电机的启停控制和电机保护。通信网将 SIMADYN D 设备及上位机有机地连接起来，实现本地现场数据采集，故障显示、诊断及综合控制和网络集中管理。

（2）万能一线。为实现产品转型升级，攀钢 950 毫米生产线于 2015 年 1 月 10 日拆除、升级改造，成为攀钢轨梁厂万能一线，2015 年 3 月 23 日正式投入生产。

万能一线改造围绕钢轨生产的工装水平定位：基于国内高速钢轨标准、满足世界先进钢轨标准、打造精品钢轨生产基地，持续引进世界先进成熟的工艺和工装。万能一线采用五机架布置形式，设计了独特的高速铁路钢轨五机架万能轧制工艺（"1+1+2+1"布置方式）。

攀钢轨梁厂万能一线主要设备如图 2-96 所示。

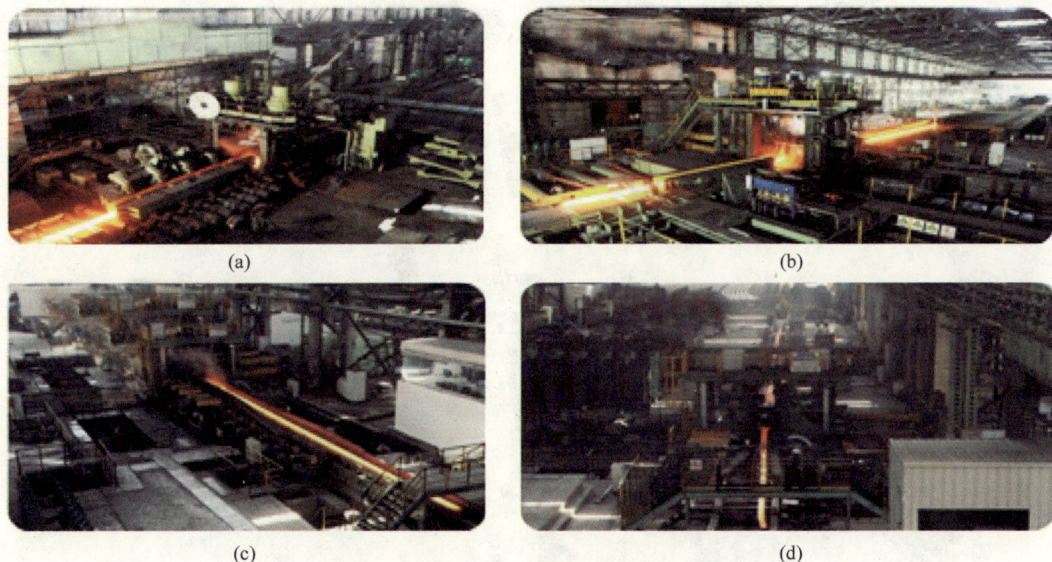

图 2-96　攀钢轨梁厂万能一线主要设备
（a）BD1 轧机；（b）BD2 轧机；（c）URE 万能轧机；（d）UF 精轧机

2015 年，启动 950 毫米万能线改造：保留 950 毫米开坯机，拆除 800 毫米×2/850 毫米×1 横列机组，新增第二架开坯轧机及 3 架万能轧机，增加重轨、型钢精整线，均衡万能二线的钢轨作业率。按照产品设计，目前万能一线只具备生产热轧钢轨的能力，钢轨生产主要以百米轨为主，同时兼备方钢、型钢生产，年产量 60 万吨。

攀钢轨梁万能一线工艺布置图如图 2-97 所示。改造后的攀钢轨梁厂万能一线如图 2-98

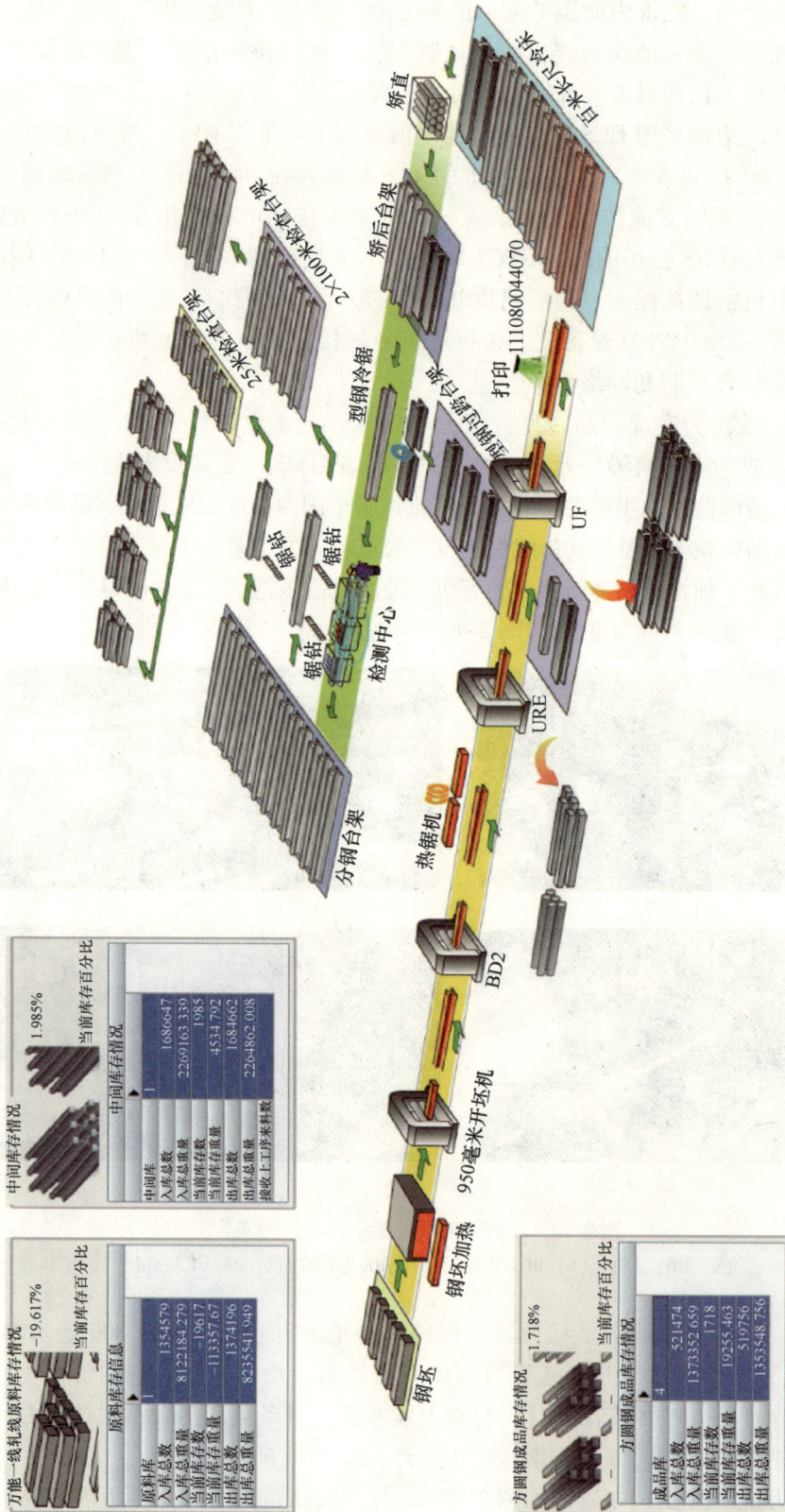

图 2-97 攀钢轨梁万能一线工艺布置图

图 2-98 改造后的攀钢轨梁厂万能一线

所示。

随着 950 毫米轧机设备系统日趋恶化，已经与现有工艺特征以及用户对钢轨的高质量要求极为不匹配，为适应轨梁厂自身发展的需要，2021 年 8 月 26 日 950 毫米轧机改造性检修项目启动，2021 年 10 月 22 日，完成项目改造并轧出 100 米长尺轨，标志着轨梁厂万能一线设备升级换代全部完成。

攀钢轨梁厂万能一线新 BD1 轧机第一支 60 U75V 钢轨试轧如图 2-99 所示。

图 2-99 攀钢轨梁厂万能一线新 BD1 轧机第一支 U75V 60 千克/米钢轨试轧

3. 攀钢钢轨轧制工艺技术

近年来，攀钢在钢轨轧制新工艺、新技术上持续开展工艺升级、技术创新，实现了钢轨质量稳步提升。

（1）工艺升级。2018年，轨梁厂提出钢轨轧制工艺平台升级"五步走"，在钢轨实物质量提升的过程中，创新性地提出"十大工艺技术"，形成了一套"可复制"的钢轨轧制工艺技术体系。

1）BD轧辊低辊耗轧制工艺技术：优化孔型配置及轧辊堆焊等技术，有效降低轧辊消耗。

2）BD2来料一致性控制技术：通过控制BD2孔型充满情况，确保BD区域来料规格一致性。

3）万能区域腹腔梯度设计技术：分梯度对万能区域腹腔进行设计，有效控制成品腹腔。

4）钢轨踏面廓形通长波动最优化技术：钢轨踏面廓形通长波动最优化技术是指通过数学模型和算法对钢轨踏面廓形进行优化设计，以减少钢轨踏面廓形的波动，提高钢轨的整体性能和使用寿命。

5）钢轨底部通长波动最优化技术：通过钢轨底部通长波动最优化技术，控制钢轨轨底波动，可以实现钢轨的生产效率提高、质量改善和成本降低。

6）万能区域轧制出钢扭转控制技术：万能区域轧制出钢扭转控制技术是指在轧钢生产过程中，通过对钢轨的轧制参数和工艺条件进行调整和优化，以控制钢轨的扭转形状和性能，实现钢轨的高质量生产和使用。

7）万能轧机粘铁皮控制技术：万能轧机粘铁皮控制技术是指在轧钢过程中，控制轧机防止粘铁皮，以实现轧钢产品的高精度和高质量。

8）U2/UF轧机头部立辊廓形控制技术：U2/UF轧机头部立辊廓形控制技术是指在U2/UF型轧机的头部部分，使用立辊方式控制钢轨的廓形，实现钢轨的高精度廓形控制。该技术在钢轨生产中应用广泛，能够提高钢轨的质量和生产效率。

9）成品底凹控制技术：成品底凹控制技术的目的是确保底凹的形状和尺寸符合要求，提高产品的质量和可靠性。

10）UF全万能轧制工艺技术：万能机组最后一道次突破传统的三辊轧制模式，采用四辊直接对轨头路面进行加工，根据生产的要求，改变轧机的轧制参数，以获得高稳定性规格。

（2）钢轨轧制创新技术。

1）钢轨规格通长波动补偿控制技术。针对钢轨断面形状复杂、各部位变形相互关联从而造成通长尺寸波动问题，分析钢轨各部分的变形规律，通过大量仿真及数据实测分析建立了各个道次水平辊、立辊压下对底宽及头宽的宽展模型，同时开发了轨高、底宽及对称补偿的综合模型，形成了补偿长度分析、补偿时机分析、波动曲线过渡区的处理方法。该模型在基础自动化上直接运用，大幅提高钢轨尺寸精度。

钢轨规格通长波动控制技术如图2-100所示。

2）表面光洁度控制技术。氧化铁皮粘结是半万能法生产腿内侧为双斜度断面钢轨的主要问题，影响钢轨表面质量，降低轧辊使用寿命及生产效率，增加人工劳动强度，通过仿真分析，认为腿内侧交界处摩擦阻力大，"刮蹭"流动的金属是形成氧化铁皮粘结的主要原因。采用润滑轧制工艺可有效降低腿内侧交界处的摩擦因数，解决氧化铁皮粘结、轧疤问题，同时孔型修磨次数、孔型磨损量、轧制负荷及人工强度等均不同程度降低。

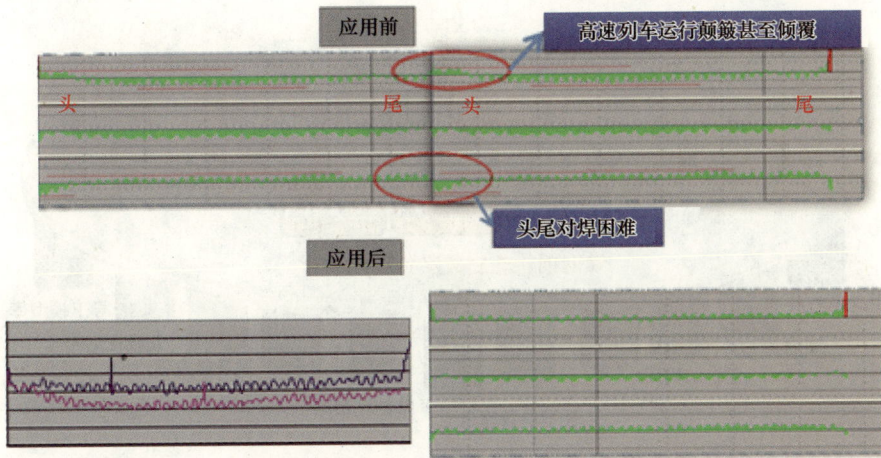

图 2-100 钢轨规格通长波动控制技术

PLR 控制技术如图 2-101 所示。

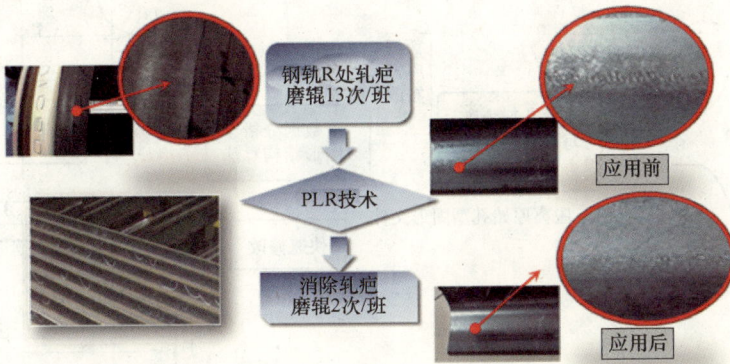

图 2-101 PLR 控制技术

3）钢轨轧制工艺智能辅助设计技术。集成开发出"钢轨轧制工艺数字化设计平台"，实现钢轨轧制工艺智能辅助设计，使新产品设计效率大幅度提高。系统平台以材料库、模型库、参数化数据库为基础，应用数字化、数据库、有限元方法及金属成形控制等先进理论技术，开发了钢轨廓形、样板、孔型数字化、孔型智能化设计技术、钢轨"拖拽式"智能配辊、"一键出图"、NC 代码自动输出等技术，开发出集多功能为一体的"钢轨轧制工艺数字化设计平台"。

高质量钢轨轧制工艺数智化高效设计平台功能及技术架构如图 2-102 所示。

① 孔型自动参数化及绘制技术。实现任意孔型、轨型二维 CAD 文件参数化分析、数据库建立及快速修改绘制"一键出图"。

孔型自动参数化及绘制技术如图 2-103 所示。

② 智能廓形及样板设计技术。结合头—腰—底构成钢轨的任意结构设计思想方法，实现任意结构钢轨廓形设计；在智能钢轨设计基础上，实现所有样板"一键出图"。

智能廓形及样板设计技术如图 2-104 所示。

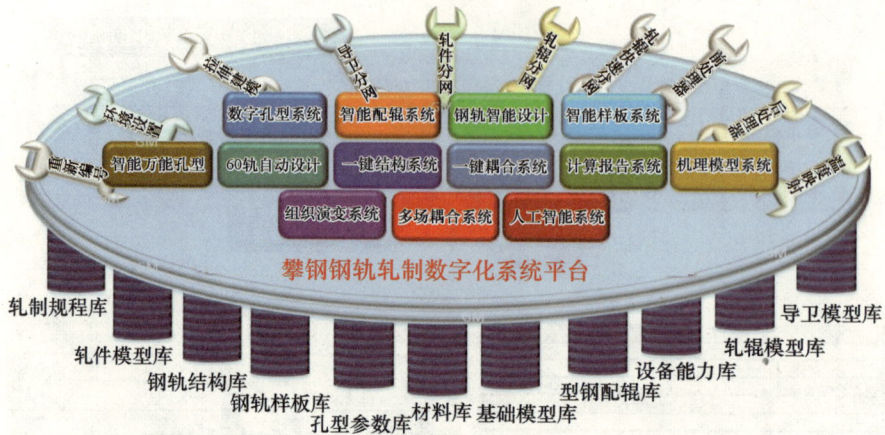

图 2-102　高质量钢轨轧制工艺数智化高效设计平台功能及技术架构

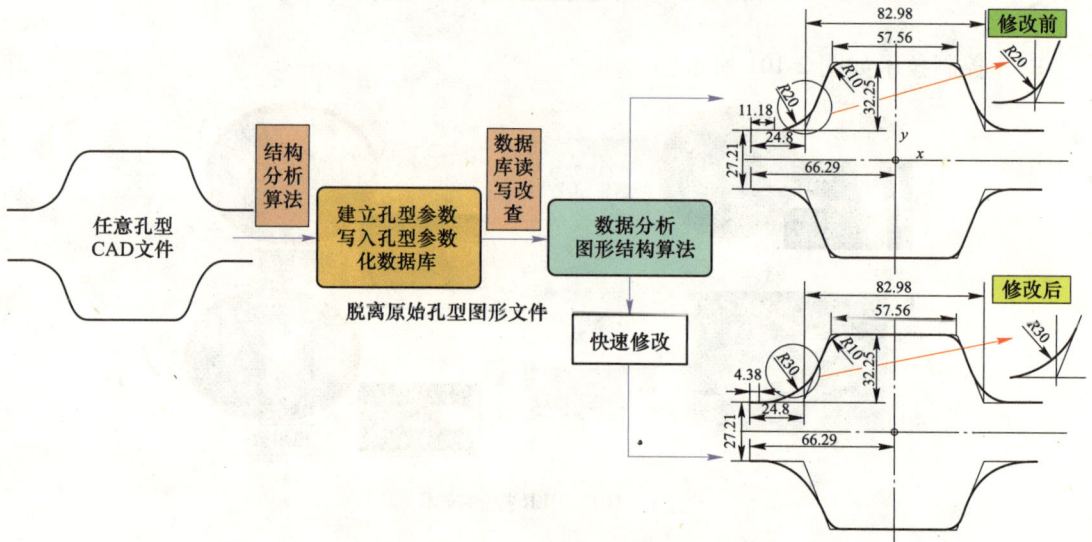

图 2-103　孔型自动参数化及绘制技术

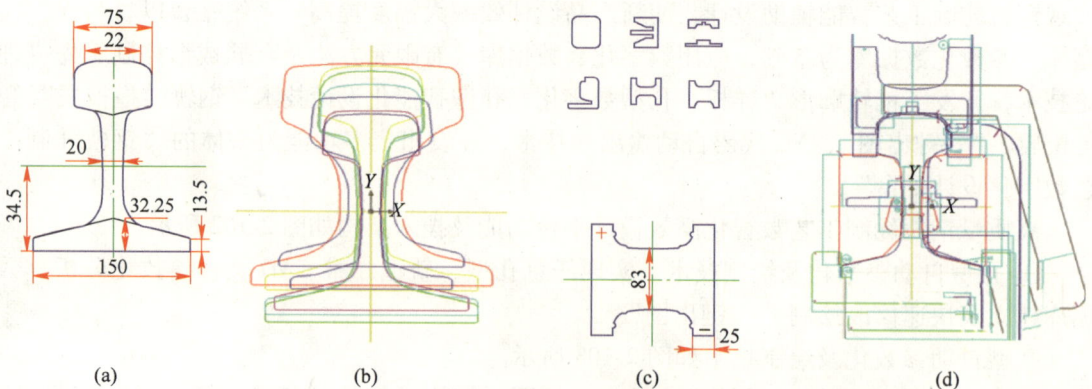

图 2-104　智能廓形及样板设计技术

（a）任意钢轨廓形设计及数据库；（b）任意钢轨廓形绘制叠加；

（c）产品样板设计及数据库；（d）任意钢轨廓形所有样板绘制叠加

③ 钢轨孔型智能设计技术。针对任一钢轨廓形，结合变形机理模型，面向工艺装备产线，开发出钢轨孔型工艺智能设计技术，完成各道次中间坯形的自动计算，结合中间坯形智能匹配孔型系统结构，完成孔型系统智能设计。

钢轨孔型智能设计技术如图 2-105 所示。

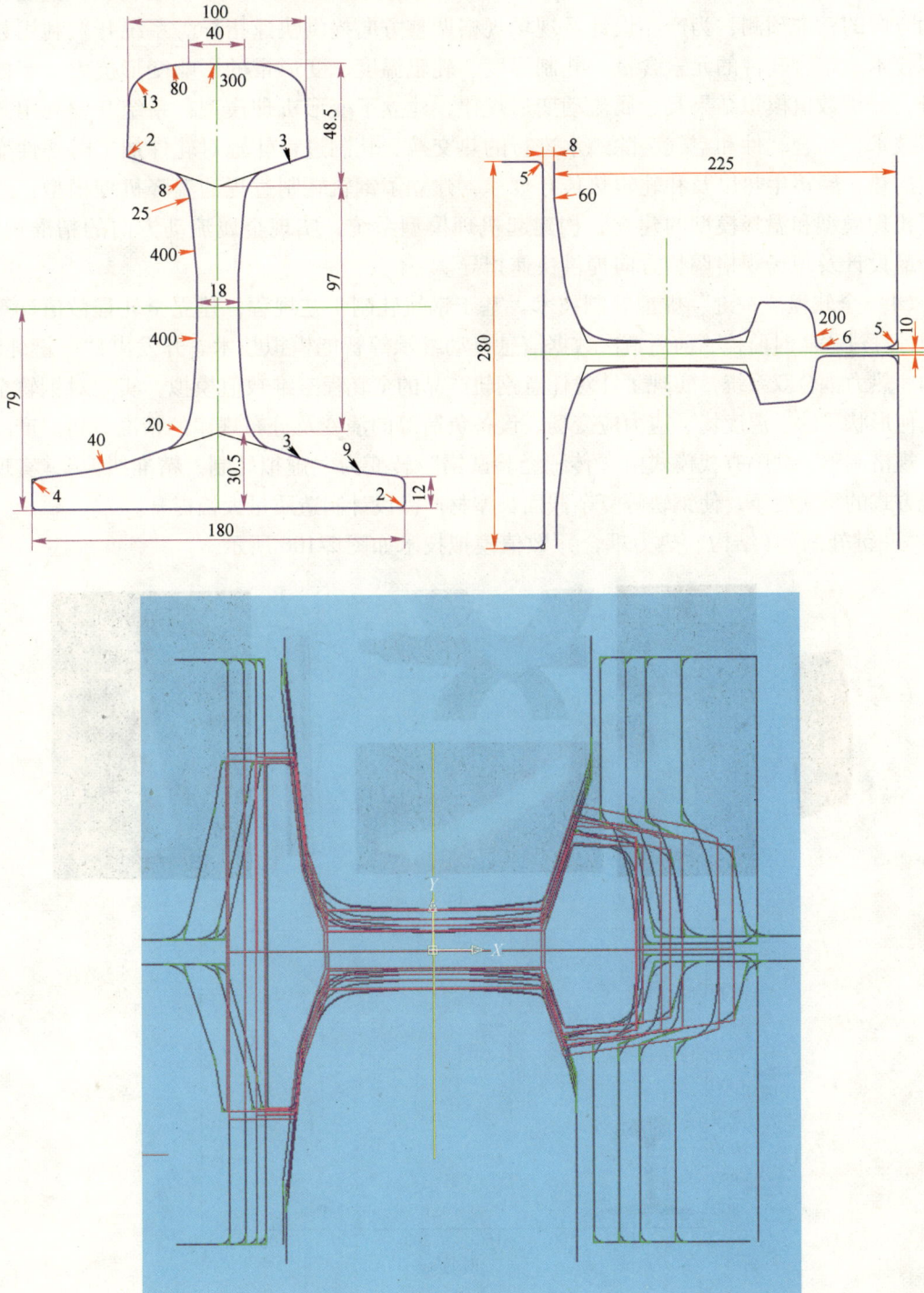

图 2-105　钢轨孔型智能设计技术

④ 智能配辊设计技术。创建配辊孔型结构及配辊需求的智能判断技术，实现孔型—辊环自动匹配及单独调节，在确保"智能"基础上避免了"智障"；开发出型钢"拖拽式"智能配辊系统，实现配辊图的"一键出图"及轧辊机加工 NC 代码的自动输出。

（3）钢轨金属流动变形机理预测技术。开发出钢轨金属流动变形机理模型，实现金属流动方向的精准预测，为产品设计及现场规格调整方向提供快速指导。系统开发利用数值模拟技术，结合轧件的元素含量、轧制温度、轧辊温度、变形量的影响变形抗力、摩擦系数等，分析数值模拟结果及金属流动变形规律，建立了变形机理模型；系统开发利用数值模拟技术，结合轧件和空气、除鳞水进行的热交换、轧制过程轧辊对轧件加工时塑性变形产生的热、摩擦生热以及和轧辊热传导规律，建立了钢轨轧制过程的温降机理模型；通过变形机理模型和温降模型的建立，构建起机理模型系统，实现金属流动方向的精准预测，为产品设计及现场规格调整方向提供快速指导。

（4）全轧程"一键"虚拟轧制技术。基于钢轨轧制工艺规程，建立全轧程数值计算模型及计算过程实时监控、前后道次数据信息自动继承等智能模拟技术。开发出"一键轧制"结构、热力耦合双系统，实现了针对任意钢轨产品的全轧程三维数值模拟，实现对钢轨全轧程几何形状尺寸、温度场、应力应变场、设备负荷等的演变及分布规律的精准分析。产品开发、规格调整、缺陷查找模式由"传统经验试错"转变为"虚拟轧制、精准纠偏"，实现了传统方式的重大变革，使钢轨等复杂截面长型材产品设计制造质量大幅提升。

"一键轧制"（结构、热力耦合）数值模拟技术如图 2-106 所示。

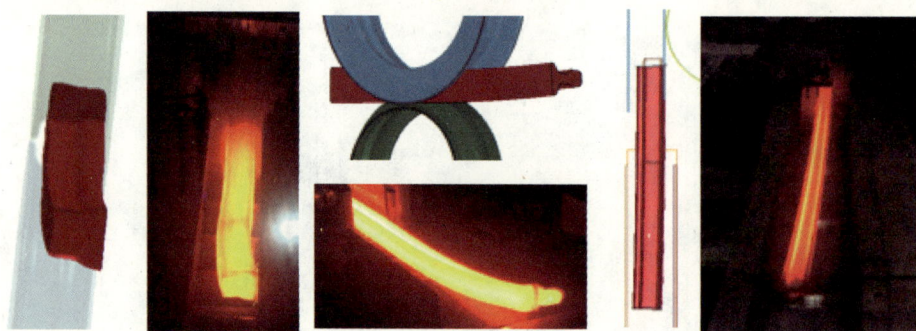

(a)

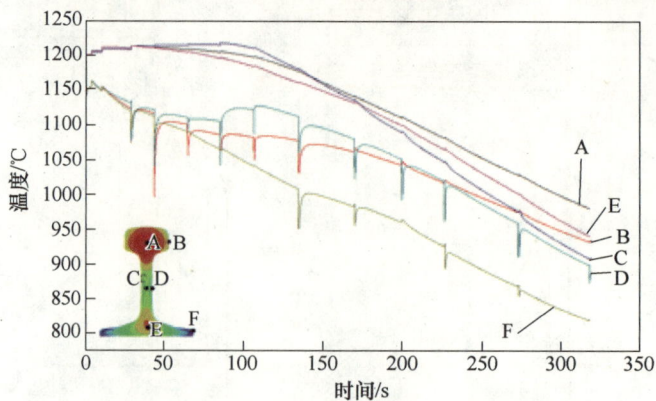

(b)

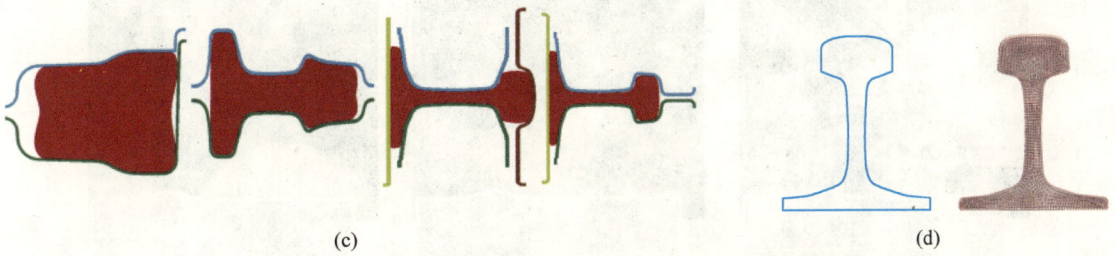

图 2-106 "一键轧制"（结构、热力耦合）数值模拟技术

（a）典型道次走钢状态；（b）全轧程温降曲线；（c）典型道次充满状态；（d）模拟结果与国标对比

同时，实现钢轨轧制变形形态、冷却变形及缺陷的精准分析，显著提高新产品开发精度及生产效率。

不同仿真应用场景如图 2-107 所示。

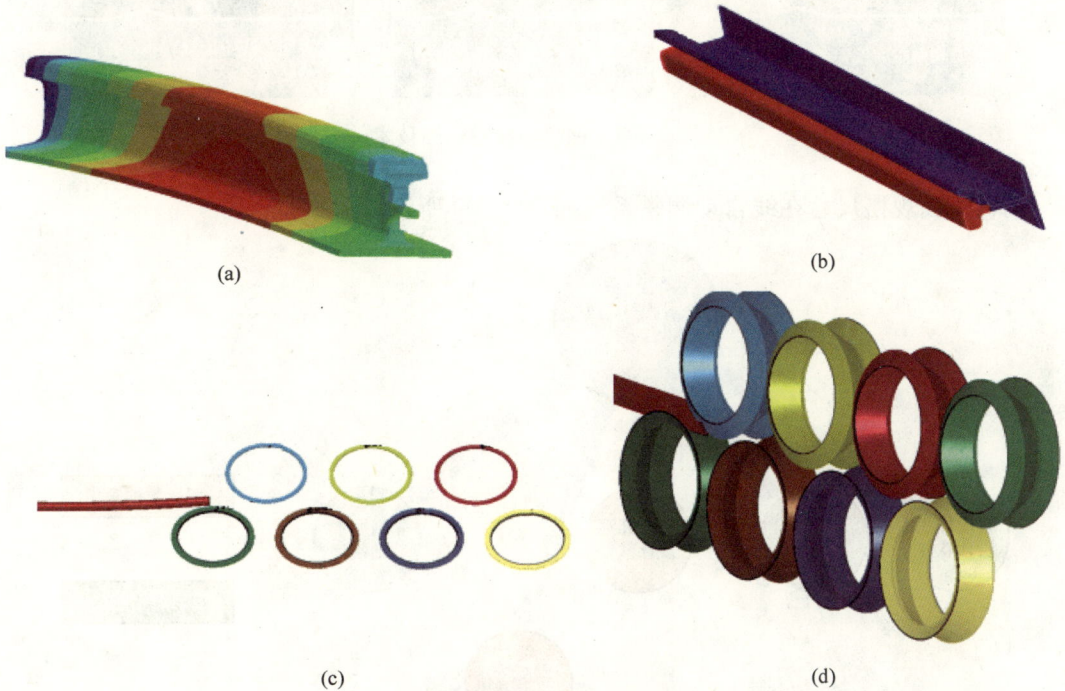

图 2-107 不同仿真应用场景

（a）钢轨冷却；（b）槽形轨冷却；（c）钢轨矫直；（d）乙字钢矫直

（5）钢轨防接触伤损技术。为提升钢轨表面质量，解决轨底横刮伤、头侧刮伤等问题，建立钢轨表面防接触伤损体系。如热区辊道表面长寿化处理、冷区辊道、冷床尼龙化处理等。

钢轨防接触伤损技术如图 2-108 所示。

（6）钢轨断面规格尺寸在线自动调整技术。结合现场工艺、专家经验、轧制原理，运用大数据、数据挖掘、仿真技术等多种手段，分别建立钢轨智能轧制规格控制基础模型系统与钢轨断面尺寸在线自动调整系统，最终实现钢轨断面尺寸在线自动调整控制。该技术目前已进入现场在线自动调整测试及自学习优化阶段。

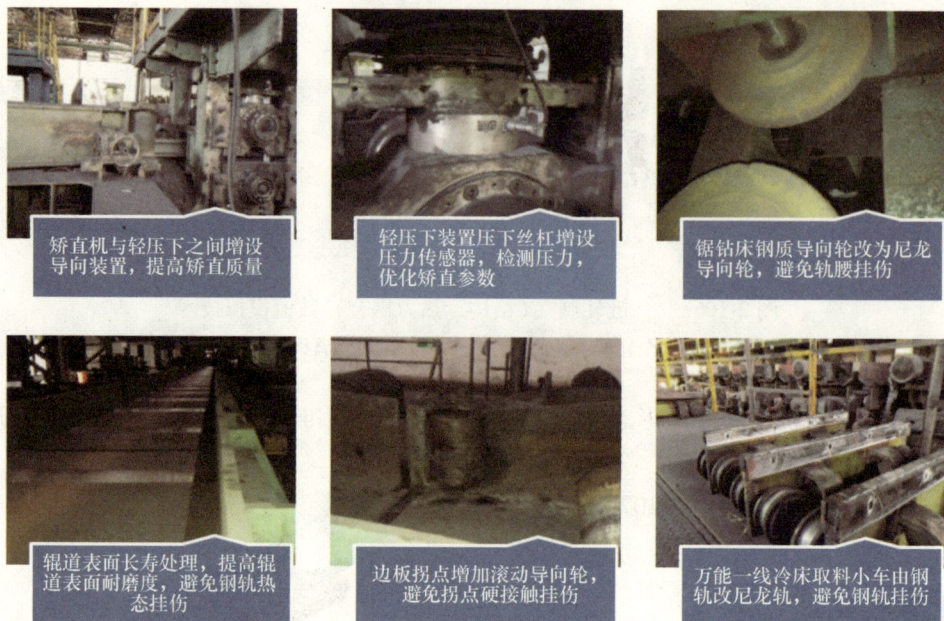

图 2-108　钢轨防接触伤损技术

钢轨断面规格尺寸在线自动调整系统如图 2-109 所示。

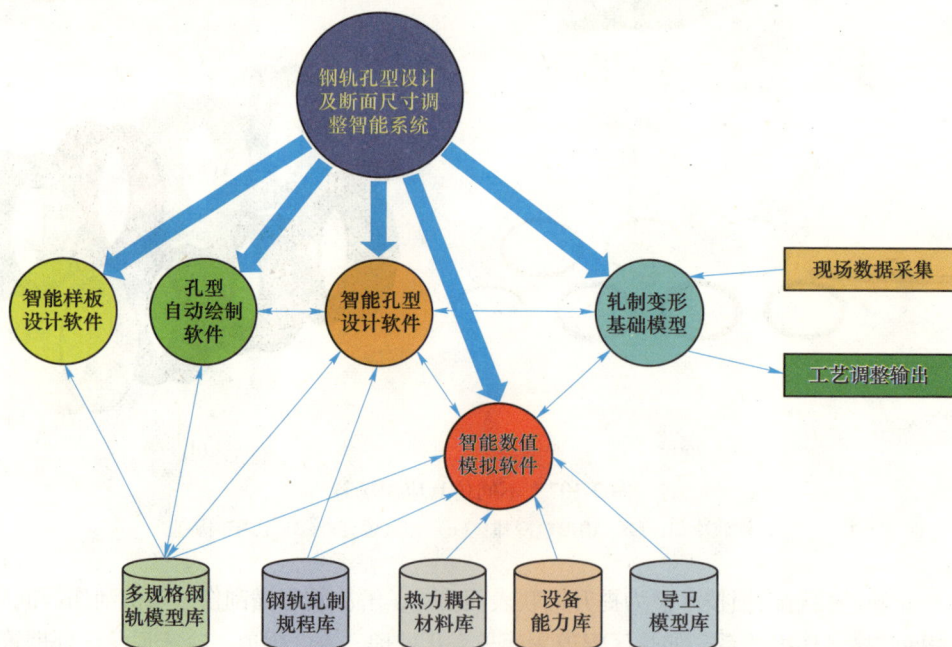

图 2-109　钢轨断面规格尺寸在线自动调整系统

（四）武钢

1960 年 2 月，武钢大型轧钢厂全面施工兴建，其为第一个五年计划期间，由我国自己设计、自己制造、自己施工建设的一座大型轧钢厂。全部工程设计由武汉黑色冶金设计院负责，成套设备由沈阳重型机械器厂总包，施工任务由武钢所属专业公司承担。同年主要工程部分建成，同年7月主体工程建成，8月5日开始试轧，8月31日试轧成功，10月全厂基本完工。

由于国内设备制造经验不足，产线建设质量问题较多，施工质量也差，生产断断续续。从1962年开始，逐步对工程遗留问题进行处理。1964年4月修复了加热区厂房屋面，并将厂房扩建延长42米。1964年5月对原设计的800/650毫米×3并列式轧机系列进行改造，加大650毫米轧机一、二机架辊径，改为800/760毫米×2/650毫米并列式轧机系列，提高了轧机的生产能力，为生产重轨和型钢打下了基础。至1966年形成了年产大型钢材60万吨的生产规模。

1974年，根据武钢"双400"配套需要，从联邦德国引进了1800千瓦电机，作为第3架轧机单独传动。

1975年11月10日—12月30日，对地面进行了改造性大修，重建了2号加热炉，改进了炉子结构，并将800/760毫米轧机的副传动电磁盘控制改换成22套可控硅集成控制，提高了调速的灵敏度。

1980年，将3号、4号加工线以及厂房延长66米，增建10组缓冷坑。经过以上的扩建、配套和改造，具备年产80万吨钢材的生产能力。

主要生产设备有：3组6.2米×6.5米钢坯台架；2座30.3米×7.2米炉底有效加热面积218平方米三段（预热段、加热段、均热段）连续式加热炉；名义辊径800毫米二辊可逆式开坯机1架，名义辊径760毫米三重式粗轧机2架，名义辊径650毫米二重式精轧机1架，1800毫米移动式热锯机5台等，2组31.11米×24.62米冷床，1组30.2米×24.62米冷床，14个13.5米×2.28米×2.29米缓冷坑，6个13.5米×2.24米×2.29米缓冷坑，800毫米龙门式矫直机1台（后停用拆除报废），800毫米悬管式矫直机1台（辊数8个，辊距800毫米），1200毫米龙门式矫直机1台（辊数8个，辊距1200毫米），2台200吨立压矫直机，2条重轨加工线等。

1988年对轧机、热锯和冷床进行了改造。（1）800毫米开坯机系统：更换了全套人字齿轮机及主联轴器、牌坊大小钢滑板、螺栓、上平衡装置等，修复了前三辊非传动轴承座，上连杆东侧托瓦改用尼龙托瓦。（2）760毫米×2/650毫米轧机系统：更换了760毫米轧机2架牌坊，650毫米轧机牌坊的滑板，人字齿花拉杆螺栓及半圆滑块，摆动台大小杠杆及全部主轴，平衡砣方轴等。760毫米轧机增设了8套电动压上和压下装置，安装了控制屏和控制器。主传动装置采用S6-150V可编程序控制器；CM-2电磁站新装6个计算机控制柜取代15块控制屏，并相应增设了一整套配套设施。（3）ϕ1800毫米热锯机系统：5台热锯机全部更新，热锯机移动轨道和基础以及水电管路重新设计、施工和安装。通过这次大修改造，使生产线上的工艺设备性能得到了提高和改善，有利于稳定和提高产品质量。

1992年，为增强钢轨生产能力，提高重轨质量，拆除ϕ800毫米二重式开坯轧钢机机架，更新为ϕ860毫米开坯轧钢机，使轧钢压力由800吨提高到1000吨。ϕ760毫米主轧机拖动系统引进大功率可控硅装置，增设了无功补偿及高次谐液抑制装置，淘汰了老式直流机组供电方式，使ϕ760毫米轧机的供电方式跨入国内先进水平。

1995年，大型轧钢厂在生产任务繁重、资金严重短缺的情况下，克服重重困难，停产

38 天，耗资近 4000 万元，进行了设备综合性技术改造，更新了 650 毫米精轧机，使现有的 4 架轧机全部实现了压下装置机械化，轧制精度也明显提高。经过技术改造，大型轧钢厂的主体生产设备基本实现了更新换代。

1997 年，针对 860 毫米轧机直流发电机组设备老化，同步机绝缘低，电动机转子扶板开裂，升高片断裂较多，能耗高，维护费用大，事故频繁等突出矛盾，筹措资金 2000 多万元，对这套主传动系统进行更新改造。采用具有当今世界先进水平的 5400 千瓦交-交变频系统，其中从德国西门子公司引进控制核心系统，其他主体部分由国内配套。这套主传动电气系统是目前我国引进与国内配套系统中规模最大的一套，设备安装与调试一次试车成功。与老系统相比，交-交变频系统具有维护量小，能耗低，运行可靠，工人操作劳动强度小等显著特点。

1999 年，大型轧钢厂对 760 毫米轧机升降台进行更新改造，大胆采用国内先进技术，解决了多年来困扰生产的设备难题。目前，国内同类型型钢生产线的轧机升降台普遍采用"机械连杆机构与重锤平衡"系统，由于这种机械系统设备总吨位大，升降高度已不能满足进一步扩大生产的需要，升降台结构复杂，维护和检修强度高，由此而导致的各类事故时间成为制约生产的突出矛盾，为了有效解决这一问题，大型轧钢厂经过广泛的考察和论证，大胆采用国内较为先进的"机械柔性驱动与液压平衡"系统升降台，并实现了计算机控制管理。

武钢大型轧钢厂大门如图 2-110 所示。

图 2-110　武钢大型轧钢厂大门

武钢轧钢现场如图 2-111 所示。

图 2-111　武钢轧钢现场

武钢横列式轧机如图 2-112 所示。

图 2-112　武钢横列式轧机

武钢移动式热锯机如图 2-113 所示。

图 2-113　武钢移动式热锯机

大型厂投产后，产量逐年上升，1973 年达到设计水平，1978—1980 年，连续三年过设计水平，其中 1979 年年产 73.56 万吨。截至 1981 年底，大型厂共生产钢材 638 万吨，产品包括钢轨、工字钢、方钢、圆钢、扁钢、角钢、槽钢、球扁钢等 10 大类。

1969—1975 年，为坦桑尼亚、赞比亚提供 45 千克/米钢轨 22.2 万吨，铺设坦赞铁路 1859 公里。

武钢钢轨历史照片如图 2-114 所示。

(a)

(b)

(c)

图 2-114 武钢钢轨历史照片

（a）1966 年生产的 43 千克/米钢轨；（b）1969 年生产的 45 千克/米出口坦赞铁路钢轨；

（c）1987 年生产的 43 千克/米钢轨

2007 年 4 月，为满足我国铁路建设对高质量钢轨的需求，将大型厂横列式型材生产线进行了拆除，并在原址上新建重轨万能生产线。2008 年 2 月，新建完成，开始带热调试，4 月进行全线热负荷试车，7 月正式生产普速钢轨，2009 年生产高速铁路用钢轨。

武钢重轨轧线采用五机架万能法轧制钢轨，包括 2 架开坯机（BD1 和 BD2），串列式万能轧机机组（U1/D1-E-U2/D2）。

重轨生产最终精轧为万能-轧边-万能三机架连续微张力轧制，轧制时间短，终轧温度高。

2 架开坯机结构型式相同，均为二辊可逆式牌坊轧机。轧辊由同步可逆主电机通过齿轮箱驱动，最大轧制力 8000 千牛，轧辊最大直径 1100 毫米，辊身长度 2300 毫米，轧制速度 0.5~5.0 米/秒，轧机前后设置推床翻钢机。

武钢大型厂开坯轧机如图 2-115 所示。

2 架万能轧机，均为紧凑卡盘式（CCS），传动侧为固定牌坊，操作侧为可移动牌坊。水平辊最大轧制力 6000 千牛，立辊最大轧制力 4000 千牛，轧制速度为 0~8 米/秒。

万能轧机水平辊：万能模式最大辊径 1200 毫米，最小辊径 1040 毫米；辊身长度 600 毫米。

万能轧机立辊：最大直径为 800 毫米，最小直径为 700 毫米，辊身长度 340 毫米或 285 毫米。

图 2-115 武钢大型厂开坯轧机

1 架轧边机，为二辊可逆移动式机架，轧制钢轨时可快速横移，更换孔型。最大轧制力为 2500 千牛。轧辊直径为 800~1000 毫米，辊身长度为 1200 毫米。

武钢钢轨万能轧制布置形式如图 2-116 所示。连铸坯经过 BD1 和 BD2 开坯轧机轧制后，在万能连轧机组往复 3 道次轧制成钢轨。万能机组控制系统采用计算机自动控制，实现自动轧钢，使用 SMS 公司开发的液压 AGC（辊缝自动控制系统）与 TCS 张力控制系统，提高轧机控制精度，轧边机 E 采用移动定位设计，一架轧边机相当于两架轧机使用，设备布置极为紧凑。

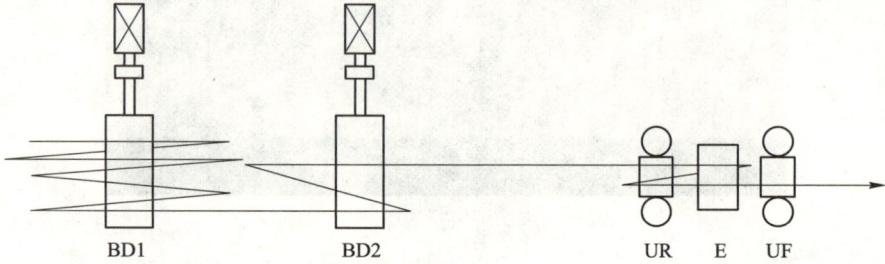

图 2-116　万能轧制法两机架布置形式

武钢钢轨万能轧机如图 2-117 所示。

图 2-117　武钢钢轨万能轧机

武钢钢轨热打印机如图 2-118 所示。

图 2-118　武钢钢轨热打印机

　　2012 年，为了改善钢轨端部高低点，武钢先后开展了一系列控制技术研究。起初主要通过投入动态厚度自动控制系统（AGC）和微张力控制系统，确保抛钢瞬间张力稳定，降低尾部轧制速度等措施，高点可控制在 0.3~0.4 毫米，达不到控制≤0.3 毫米的目标。

采用全万能孔型轧制后，钢轨高度得到了良好控制，轨高的通长波动可控制在 0.2 毫米以内，很好地解决了高点问题。随后逐步在高速和普速钢轨的生产中进行了全万能孔型轧制方法的推广应用。

（五）邯钢

2012 年，邯钢型钢生产线建成投产，主要生产钢轨及 H 型钢，具备生产船用型钢、钢板桩及大型工字钢、槽钢等产品的能力，本轧线采用万能轧制法生产 100 米长尺钢轨和最大腰高 600 毫米的 H 型钢，主轧设备包括 BD1、BD2 两架开坯轧机、三架可逆式万能连轧机组（U1EU2）和一架万能精轧机（UF）。

钢坯加热到 1150~1280 ℃出炉，经高压水除鳞后在第 1 架开坯机（BD1）上往复轧制 5~9 道次，在第 2 架开坯机（BD2）上往复轧制 3~5 道次，轧出万能轧机所需要的中间坯。开坯轧件经摆锯锯切轧件头部后，移钢至可逆式万能连轧机组（U1EU2）往复轧制 3 个轧程，最后再经万能精轧机（UF）精轧一道次出成品。

邯钢大型轧钢厂型钢线开坯轧机如图 2-119 所示。

图 2-119　邯钢大型轧钢厂型钢线开坯轧机

为保证成品表面质量，轧件在进入可逆式万能连轧机组（U1EU2）前及进入万能精轧机（UF）前，需用高压水清除轧件表面的次生氧化铁皮。

邯钢万能轧机机组从德国西马克公司引进，为新一代 CCS 紧凑型轧机，具备全液压压下、液压位置控制 HPC、自动辊缝控制 AGC 和下水平辊动态轴向调整等功能，并且液压压下系统的所有动态控制由 TCS 实时监控，主传动采用 ABB 公司的控制系统，生产钢轨时，其轨头、轨底得到充分加工。万能轧机采用 3+1 布置方式，可以避免因连轧时张力产生的尺寸波动，为钢轨的尺寸稳定性控制提供了条件。

邯钢大型轧钢厂型钢线万能轧机如图 2-120 所示。

2012 年起，为了提升钢轨表面质量和尺寸精度，邯钢组织多个攻关团队从多个维度提升钢轨产品质量：开展了液压 AGC 控制技术对钢轨精度的影响分析，对万能轧机自动化

图 2-120　邯钢大型轧钢厂型钢线万能轧机

控制程序进行优化，提升钢轨通长尺寸的稳定性；开展钢轨温度分布对尺寸精度的影响分析，优化钢轨铸坯头尾加热温度控制、轧机咬入速度、轧机冷却水水量和轧辊冷却水布置等，减小了钢轨通长温差；开展钢轨万能轧制平直出钢控制技术，优化轧辊孔型、配辊制度和导卫调整方案等，提升了钢轨轧制过程出钢平直度，减轻了钢轨轧制过程撞击轧辊、辊道和推床等造成的表面磕伤，并提升了钢轨端部平直度；开展无刮伤万能轧机导卫设计与应用，对万能导卫材质和结构进行了优化，提升了万能导卫的实用性，减少因导卫剐蹭对钢轨表面质量造成的影响，钢轨的表面质量和尺寸精度获得了明显提升。

2018 年开始，为了解决万能轧辊粘钢问题，邯钢对万能轧辊孔型、轧制工艺、轧辊运行温度和冷却水结构进行了优化，并开展了万能轧辊石墨润滑和轧辊新材质等方面的研究，取得了良好的应用效果。

2020 年，邯钢钢轨生产实现全万能轧制，该技术使钢轨通条轨高波动小于 0.4 毫米，头尾高低点控制在 0.2 毫米以下，廓形通条偏差控制在 0.3 毫米以内，有效解决了钢轨通条轨高波动、头尾局部高点、钢轨踏面廓形不良、平直度难于控制等问题。

（六）永洋特钢

钢轨生产线包括轻轨生产线、重轨生产线各一条。

轻轨生产线原采用横列式轧机，轧机布置为：ϕ550 毫米×2/ϕ500 毫米×2/ϕ450 毫米×1。2019 年投产的新轻轨线采用万能轧机生产轻轨，产品主要有轻轨、矿用工字钢、电力角钢等。布置方案选用 1+1+7 半连续布置形式，即 2 架二辊可逆开坯机+7 架精轧机组。

在万能轧机生产线轧制轻轨过程中，可利用轧机前后带有翻钢钩的推床对轧件进行横移换孔和翻钢。钢坯在进入第一架 650 毫米二辊可逆轧机上轧制相应道次后，通过输送辊道送往第二架 650 毫米二辊轧机再次进行往复轧制。根据轧件和轧制产品情况切头后送往精轧机组轧制。带有中间形状的轧件连续一次通过精轧机组最终轧制成成品断面，然后送往冷床进行冷却。根据不同的产品特点，万能轧机可选择万能模式和二辊模式（轧制轻轨时采用万能模式）。

开坯机采用先进的液压防卡钢、过载保护、液压平衡、带负荷压下等先进技术，可有效地保证轧制质量。采用自动换辊技术，可保证在 30 分钟内完成换辊。精轧机组由 5 架万能轧机，2 架轧边机组成。为保证产品的高尺寸精度，机架上设置有全液压压下的 TCS 控制系统。7 机架轧机可同时进行自动换辊，换辊时间小于 60 分钟。

重轨生产线装备技术情况如下：

重轨生产线原横列式轧机于 2002 年建成投用，轧机布置为：ϕ700 毫米×1/ϕ700 毫米×2/ϕ700 毫米×1。2021 年投产的新重轨线为国内首条核心装备全国产万能轧机重轨生产线，主要品种：38～50 千克/米工业重轨、QU70～QU120 起重机钢轨、矿用 U 型钢、矿用工字钢、电力角钢等。

轧线采用先进的 1+1+3 万能法连轧技术。配备了先进的双机架可逆式开坯轧机。开坯轧机采用先进的液压防卡钢、过载保护、液压平衡、带负荷压下等先进技术，可有效保证轧制质量。采用自动换辊技术，可保证在 30 分钟内完成换辊，缩短换辊时间，提高生产效率。

采用由 UR、E、UF 组成的三机架万能往复连轧机组，三机架串列紧凑式布置，可减少占地面积，节约投资，缩短轧制周期，同时该机组在轧制 U 型钢、角钢等产品时，还可以全部转换为二辊模式，生产组织灵活，产品范围较广。为保证产品的高尺寸精度，机架上设置有全液压压下的 TCS 控制系统。三机架轧机可同时进行自动换辊，换辊时间小于 30 分钟。

永洋特钢重轨线万能轧机如图 2-121 所示。

图 2-121　永洋特钢重轨线万能轧机

第七节　钢轨热处理

高速、重载铁路在世界各国的兴起和发展，使列车的行驶速度和轴重都大幅提高。轴重的增加必然引起轮轨间的接触应力和轨头内部剪应力的增加，促使钢轨表面接触疲劳损伤和内部损伤的增加，特别是曲线及大坡道路段钢轨的磨耗、剥离掉块、压溃、核伤、擦伤等逐年增多。根据世界各国的经验，提高钢轨性能，增强其强韧性有三个途径：（1）合金化，通过在标准碳素轨中加入合金元素强化钢轨，提高其强度，增加抗磨耗性能，延长钢轨使用寿命。尽管钢轨合金化可以大幅度地提高钢轨的强度，但韧性难以提高、焊接性能降低，且成本高。（2）钢轨全长热处理，是各国公认的提高钢轨耐磨耗、抗压溃、抗剥离、抗疲劳、耐冲击性能，延长使用寿命，提高线路质量的最有效、最经济的方法。

目前，最广泛使用的珠光体钢轨的显微组织是由软韧的铁素体片和硬脆的渗碳体片交替排列构成的片层状珠光体组织，细化珠光体片间距，可以提高强度和塑性，细化奥氏体晶粒尺寸，可以提高冲击韧性。研究表明，珠光体转变时过冷度越大，即转变温度越低，则珠光体片间距越小。钢轨热处理就是利用这一原理，通过加速冷却，使珠光体片间距细化，从而提高其强度等力学性能。

对轧制后的钢轨进行热处理是提高钢轨强度、韧性的主要途径之一。国内外铺设使用实践表明，在弯道上使用热处理钢轨可比普通轨延长寿命至少一倍以上。

一、钢轨热处理技术

钢轨全长热处理工艺经历了由 Q-T 工艺到 S-Q 工艺的发展过程。所谓 Q-T（Quench Tempering）工艺，即淬火-回火工艺，就是将钢轨加热到奥氏体化温度后，用水或油迅速冷却，在钢轨表层一定的深度范围内形成马氏体组织，随后进行高温回火，最终形成回火索氏体组织（即球状珠光体）的一种热处理工艺。S-Q 工艺（又称欠速淬火或缓慢淬火），是将钢轨加热到奥氏体化温度，随后采用水雾或压缩空气等冷却介质进行连续缓慢冷却，直接得到片间距极细的珠光体组织（也称之为淬火索氏体）。这种细片状组织，由于片间距小，约为 0.1 微米（一般热轧碳素钢轨的珠光体片间距为 0.2~1 微米），不仅有很高的强度（可达 1200~1300 兆帕）和硬度（≥HB320），并且有很好的塑性（$A \geq 10\%$）。因此，自 20 世纪 70 年代中后期起，各国钢轨热处理均采用 S-Q 工艺，Q-T 工艺即被逐渐淘汰。

钢轨热处理有离线和在线两种基本类型，而离线又有整体加热和仅轨头加热两种。

（1）离线整体加热淬火：采用加热炉或中频电感应设备，将钢轨整体加热至奥氏体化温度以上，再采用压缩空气或水雾或油等冷却介质加速冷却，实现钢轨的欠速淬火。

（2）离线轨头加热淬火：采用电感应或火焰加热轨头，采用压缩空气或水雾冷却实现淬火。

离线轨头加热淬火，设备投资少，生产较为灵活。因重新加热，可以细化奥氏体晶粒，钢轨韧性好；轨头分布有残余压应力，有利于提高其疲劳寿命。但因需要重新加热，能耗高；生产效率低；轨头淬硬层深度较浅；热处理过程中一旦发生加热断火，会造成软化带，对使用性能带来影响。

钢轨在线热处理是将钢轨通长进行热处理，目的是使轨头部位得到硬化，利用钢轨轧制余热通过不同冷却介质对热态钢轨实施冷却以改变金属的组织结构，实现奥氏体向珠光体转变过程中加速冷却获得细片状珠光体的工艺，获得更高的强度和硬度，达到提升钢轨使用性能的目的。

由于在线热处理无须重新加热，且采用冷却速度稳定的喷风冷却工艺，热处理钢轨质量稳定，同时其生产效率高、生产成本低，该技术获得推广应用。目前，美国、日本、德国等西方国家，已基本淘汰了离线热处理工艺，转而采用在线热处理工艺。钢轨在线热处理除了采用喷风冷却外，还有将钢轨浸入冷却槽采用特定冷却液冷却的方式，如奥钢联在线热处理钢轨。这种在线热处理钢轨，具有硬度高等优点，但冷却液的要求较高，成本相对较大。与离线热处理工艺技术相比，钢轨在线热处理技术具有生产效率高、生产成本低、钢轨综合质量好的特点，可与钢轨轧制生产节奏同步，在人力、能耗、效率等方面降低了生产成本，轨头硬度分布均匀，硬化层深度可达 35 毫米以上，不仅轨头强化，轨底也得到适当强化，钢轨整体强度高，通过对轨头、轨底部位的控制冷却，有效减少了钢轨的变形，热处理后的钢轨平直度较好，改善了钢轨整个断面的残余应力分布。

随着炼钢技术的进步，炉外精炼、真空脱气、连铸等技术的相继应用，钢中的气体尤其是钢中的氢含量得到有效控制，具备了取消钢轨缓冷的条件，为在线热处理工艺的开发应用奠定了基础。在线检测和计算机过程控制技术的发展，也促进了在线热处理技术在工业上的应用。尽管钢轨在线热处理技术研究较早，但直到 20 世纪 80 年代中期才逐渐成熟。

攀钢是国内最早开展钢轨在线热处理装备与技术研发的企业。20 世纪 90 年代初，攀钢开展在线热处理技术开发的尝试，在国内率先建成具有完全自主知识产权的 25 米钢轨在线热处理生产线，可年产 20 万吨在线热处理钢轨，2007 年建成了 100 米钢轨在线热处理生产线，相继完成了 100 米 U71MnH、U75VH 和 U78CrVH 在线热处理钢轨的研发和认证，具备了年产 60 万吨 100 米在线热处理钢轨的能力。

二、钢轨离线热处理装备与技术进步

（一）攀钢

1976 年，攀钢轨梁厂建成了钢轨离线淬火生产作业线。采用了 20 世纪 50 年代至 70 年代发展起来的钢轨 Q-T 工艺。该工艺所采用的淬火介质为水。1977 年开始投入工业试验和试生产，直至 20 世纪 80 年代中期，采用 Q-T 工艺共生产了 11 万多吨 PD1 50 千克/米、12.5 米定尺淬火钢轨。

1985 年，开始 PD2 50 千克/米 S-Q（Slack Quenching）全长淬火热处理钢轨的技术研究，该工艺的研究被纳入国家"七五"重点科技攻关项目。S-Q 淬火工艺的研究，借鉴了在这之前进行的 Q-T 淬火工艺的研制经验。首先，改进了工频感应圈的结构，解决钢轨的预热问题。其次，改进了中频加热器的结构，解决加热温度不均匀的问题，同时决定采用淬火形状为帽形，并对淬火介质和冷却装置的结构进行了系统的研究，重新设计制作了压缩空气冷却装置、控制变形装置和冷却系统随动装置。同时，新建了两条离线热处理钢轨生产线，淬火钢轨长度由 12.5 米增加到 25 米，扩大了离线热处理钢轨生产能力。

1986 年，在成功生产 PD2 50 千克/米淬火钢轨后，开始进行大断面、重型化的 PD2 60 千克/米、75 千克/米全长热处理钢轨的研制，该研究被原国家计划委员会列入了国家"八五"科研计划，作为研究热处理钢轨的重点项目。根据 PD2 60 千克/米、75 千克/米钢轨的断面尺寸的特点对原有的淬火机组进行了技术改造：电气系统进行扩容，重新设计制作电感应加热器、冷却装置，改造机组送钢系统和一些机械设备，并从国外引进了三辊液压卧式矫直机和双向液压矫直机。其次，进行了加热工艺、冷却工艺的试验，加热工艺试验摸索出保证钢轨加热后的头部能得到对称帽性的加热层和适当的加热层深度，同时也有利于冷却后变形的控制。冷却工艺试验确定对钢轨的淬火过程实行先压缩空气冷却、再进行雾冷却的分段欠速淬火冷却技术。

1990 年，铁路部门希望在小半径曲线上使用强韧性和耐磨性均优于 PD2 热处理钢轨的另一种热处理钢轨。为了适应铁路运输发展的需求，决定采用合金化+热处理的方法研制新材质热处理钢轨。1991 年，攀钢与铁路部门签订了"PD3 60 千克/米全长热处理钢轨研制"的科研协议书，并列入当时的冶金工业部 1992—1995 年新材料科研试制计划。针对 PD3 热处理钢轨开发的难点，先在实验室进行了研究，摸索该钢轨的加热特性和冷却特性，找出适合于这种钢轨热处理的工艺。在实际的生产过程中通过降低雾冷却水量和改变二次冷却方式，以使钢轨在高温相变区滞留较长时间。同时，重新设计制作了一套新型的淬火冷却装置，该装置能实现对轨头各部位不同冷速的控制，以保证钢轨硬化层深度和组织。

（二）包钢

1. 离线轨头加热淬火热处理

建厂初期，包钢轨梁厂有 4 台钢轨端头淬火机。

1973 年，包钢轨梁厂对原淬火机组和平面型感应器进行了改进，开始帽型感应器的试验。1974 年，冶金工业部和交通部在钢轨协调会上商定，并以（74）冶字 0008 号文和（74）交科技字第三号文发出了联合决定，要求由包钢完成钢轨轨端帽型淬火的试验课题。

包钢轨梁厂经过长期试验后，于 1979 年提出了《铁路用轨轨端淬火部分标准（草案）》，上报冶金工业部标准研究所。

1980 年 9 月，包钢轨梁厂与攀钢钢铁研究院合作，对钢轨轨端帽型淬火进行进一步试验。

1981 年 8 月 20 日，包钢轨梁厂铁道部物资局和工务局签订了将 50 千克/米钢轨轨端平面淬火改为帽型淬火的协议。

1982 年 4 月，包钢与攀钢联合上报冶金工业部钢铁司和科技司《关于包钢 50 千克/米钢轨轨端帽型淬火的投产鉴定申请》；同年 7 月，包钢与攀钢共同完成《包钢 50 千克/米钢轨轨端帽型淬火试验总结报告》，此报告比较详细地总结了从 1973 年至 1982 年的轨端帽型淬火实验的工艺技术，从理论和工业性试生产的角度上明确地阐述了包钢轨梁厂的 50

千克/米钢轨轨端帽型淬火工艺具备了正式投产的条件。同年，包钢轨梁厂与攀钢钢铁研究院联合研制的钢轨轨端帽型淬火工艺通过冶金工业部的技术鉴定，包钢轨梁厂生产的50千克/米钢轨成为最先符合轨端淬火技术要求的钢轨（GB 2585—1981 标准）。

1998 年，对 4 台淬火机在设备及工艺上进行了改进，主要改进内容如下：

（1）钢轨定位。设计了淬火机对中装置，通过 PLC 实现自动控制。淬火时钢轨平稳不动，保证了感应器与钢轨踏面、下颚的间隙符合标准要求及喷水器与钢轨的相对位置正确，起到了稳定淬火质量的目的。

（2）淬火机机头部分的整体设备更换为新设备。

（3）喷水系统的改造。喷水器的工作情况直接影响淬火的质量，为了保证喷水均匀，水量、水压稳定，对喷水器的结构进行了改动，改动后淬火机机头升降或左右移动的压力减小，随动动作轻便；变压器的进出水量稳定，避免了变压器烧损。

（4）匹配了新的电容，重新配置了电气柜内的控制线路、更换了标准的仪表。将原 4 号淬火机机组用具有高可靠性和高抗干扰能力的 KGPS 可控硅中频电源控制系统取代，保证淬火机安全稳定运行。

改造后的淬火机保证了钢轨淬火硬度均匀，各部位的淬火硬度达到了标准要求，提高了钢轨端头的淬火质量和钢轨使用寿命。

2002 年，对钢轨轨端淬火工艺进行技术改造，由原来的喷水冷却改为喷风冷却。

包钢轨端淬火生产现场如图 2-122 所示。

图 2-122 包钢轨端淬火生产现场

2. 离线整体加热淬火热处理

1964 年，包钢轨梁厂开始筹备钢轨全长淬火试验。4 月，冶金工业部决定，由包钢轨梁厂与重庆钢铁公司在重钢进行钢轨全长淬火试验，但由于当时重钢只生产小规格钢轨，不能做这项试验，冶金工业部取消了此次试验。因此，包钢轨梁厂和包钢中央实验室进行了钢轨全长淬火的试验。

1966 年 3 月 9 日至 13 日，冶金工业部在北京召开了钢轨全长淬火会议，并以（69）冶基字总 182 号文发出通知，要求包钢轨梁厂进行钢轨全长淬火试验。

1966 年 7 月，土建工程开始施工；1969 年 5 月，包钢轨梁厂钢轨全长淬火机组开始施工；1970 年 6 月，设备安装工程竣工，并开始试运转；同年 7 月，正式对钢轨全长淬火进行工业性试验。经过多年试验研究，1981 年 7 月试验获得成功。经过全长淬火的钢轨，各部组织得到细化，钢轨的应力分布合理，提高了疲劳强度，延长了钢轨使用寿命。

1982 年，钢轨整体加热全长淬火工艺通过冶金工业部的技术鉴定。

2002 年 8 月，钢轨离线全长淬火生产线正式建成投产。该生产线采用三台 320 千瓦、1000 赫兹可控硅中频电源对钢轨进行整体预热和轨头加热，由于先预热后加热使钢轨头部加热快，因而使钢轨运行速度较高，可达 1.2 米/分钟，这样既消除了轧态钢轨的残余应力，又保证了轨头加热深度。冷却工艺采用先风后雾，在组织转变阶段采用风冷，随后采用雾冷，其优点是既节约能源（与全风比）又可避免内部出现马氏体组织的风险，并且可以通过调节喷雾冷却速度，来进一步控制钢轨的变形，使用压缩空气作淬火介质，其压力、流量易控制，冷却速度和冷却强度波动范围小，对钢轨表面不敏感，人为因素少，保证了钢轨通长淬火均匀，性能稳定。

包钢电淬火生产线如图 2-123 所示。

图 2-123　包钢电淬火生产线

三、钢轨在线热处理装备与技术进步

（一）鞍钢

2011 年，鞍钢结合我国铁路的客运高速、货运重载对具有耐磨性、抗压馈性和抗接触疲劳的高性能钢轨的需求，开展万能线钢轨全长在线热处理生产线改造可行性研究。实施方案经过论证具备可行性，随后与攀钢开展技术对接，启动了钢轨在线热处理生产线设计和建设的准备工作。

2014 年底，鞍钢 100 米钢轨在线热处理生产线建成，完成了冷床、快速运钢、热处理机组等设备安装调试，万能生产线具备 70 万吨年生产能力，其中热处理钢轨 20 万吨。在线热处理生产线具有 140 米喷风冷却区，全过程自动化控制，轨头硬度分布均匀，100 米钢轨全长性能波动小，同时轨底通过适当的压缩空气冷却性能也得到强化，使钢轨整体性能显著提高，同时有效控制了钢轨冷却变形，较小的矫直压力就可达到钢轨平直度要求，轨底残余应力明显降低，提高了钢轨的使用安全性。

鞍钢钢轨在线热处理生产线如图 2-124 所示。

图 2-124　鞍钢钢轨在线热处理生产线

生产线由热矫直机机组、热处理机组及后横移台架组成。热矫直机机组位于机组入口，将辊道运输过来的钢轨对中、矫直，保证进入热处理机组的钢轨冷却强度一致，热处理机组进行喷风冷却，热处理后钢轨经后横移台架横移运输至矫前冷床，冷却至室温矫直。

2015 年 3 月，鞍钢股份大型厂钢轨在线热处理生产线进行热处理品种开发，先后开发了规格为 60 千克/米的 U75VH、U71MnH、U78CrVH 和规格为 75 千克/米的 U75VH、U78CrVH、U77MnCrH 材质钢轨的热处理工艺，5 月分别进行了规格为 60 千克/米（60N）的 U75VH 及规格为 75 千克/米（75N）的 U77MnCrH 钢轨的小批量生产，9 月通过了在线热处理钢轨技术评审，10 月完成了钢轨上道试铺，2016 年通过了上道试用考核评审，2017 年取得 CRCC 认证证书。

（二）包钢

2013 年 3 月，包钢开始建设 100 米钢轨全长在线热处理生产线，该生产线引进普锐特冶金技术和 RINA Centro Sviluppo Materiali SpA（意大利钢铁工业研究院）合作开发的优质钢轨轧制和处理的先进生产工艺和技术，2014 年 4 月 19 日开始热负荷调试。该条生产线年设计生产能力 40 万吨，总投资约 2.5 亿元。

包钢 100 米钢轨全长在线热处理生产线利用廉价、高效的雾为冷却介质，采用风雾混合冷却方式，通过热处理控制技术，实现百米长尺钢轨通长在线处理。采用计算机模拟灵活控制，实现了较高的自动化控制水平。系统主要由输送辊道、液压翻钢机、热矫直装置、在线温度补偿装置、淬火机、横移台架、返回辊道、布置在冷床中的可升降辊道等组成。

包钢 100 米钢轨全长在线热处理生产线具备以下特点：

（1）生产线设备运行精准度高，安装了先进的监测仪器，能够对关键工艺变量进行实时监控。

（2）采用风和水两种冷却介质，冷却能力强，能够满足大断面高强度珠光体钢轨或贝氏体钢轨热处理需求。

（3）冷却强度调整范围广，根据用户不同等级热处理钢轨要求，可灵活匹配风压和水压，可单独采用喷风冷却方式，也可以采用喷雾冷却方式。

（4）配备进口高精度测温仪、流量计和风水比例阀，工艺监控精准，全程自动逐支采集存储设备、工艺过程参数，数据信息的可追溯性强。

（5）配套引入先进的高速感应加热装置，根据钢轨通长温度变化自动调节加热功率实现快速补温，精准控制钢轨的冷却机组入口温度及通长温度均匀性，保证了钢轨热处理后的组织、性能稳定性。

（6）设备自动化程度高，全自动生产，节能环保。

（7）与原有离线热处理生产线相比，扩大了包钢热处理钢轨生产规模，大幅度提升了产能。

2019年7月，轨梁厂完成100米钢轨全长在线热处理生产线冷却机组的优化升级工作，从而进一步提升机组冷却能力、介质稳定性及工艺调整灵活性，也为研发H370及以上等级珠光体高强度在线热处理钢轨和贝氏体在线控冷高强度钢轨提供了有效保障。百米钢轨全长在线热处理生产线优化升级后，钢轨通长热处理组织、性能稳定性均得到一定的提升和改善。

包钢在线热处理钢轨生产线如图2-125所示。

图2-125　包钢在线热处理钢轨生产线

（三）攀钢

由于离线热处理需要消耗大量的电能，且生产工艺流程复杂、成本高。为此，攀钢针对在线热处理钢轨不需要对钢轨进行二次加热、能源消耗低、生产工序简化、生产周期短等诸多优点，开始进行在线热处理钢轨生产的技术开发。

1994年，经过多年技术攻关，建成了国内第一条25米在线热处理钢轨的半工业性试验线，分别开展多轮雾+风冷、风冷冷却介质试验，根据半工业试验的生产情况，确定了冷却介质为压缩空气，随后进行了相应的技术改造。

1997 年，成功建成国内第一条钢轨在线热处理生产线，当年年底生产出了符合技术标准的 25 米 PD3 60 千克/米在线热处理钢轨。

2000 年，为了扩大生产规模，再次进行了改造，加长了风冷段，增加了淬后收集台架，在线热处理机组由 20 米改建成 40 米，保证了 2001 年 2.5 万吨在线热处理钢轨合同兑现。

2003 年 4 月，随着在线热处理钢轨需求量的增加，攀钢第三次对此在线热处理机组进行延长改造，将 40 米机组扩容成 80 米机组，仅用 3 个月时间就短、平、快地完成了这一项目。改造后的在线热处理线普遍采用先进的变频调速、PLC 逻辑控制及工艺参数的计算机控制等。改造后的产量从最初的 5 万吨/年提高到了 25 万吨/年，生产品种包括了 U75V、PG4、U71Mn 三大品种。

2004 年底，随着 100 米万能轧制钢轨生产线建成，致使生产在线热处理的原料钢轨发生相应变化。为此，攀钢决定自主开发 100 米长尺钢轨在线热处理生产工艺及装备。2007 年 3 月，攀钢依靠自身的技术力量，研制出了结构合理的在线热处理机组和各辅助机组，建成了具有完全自主知识产权的 100 米长尺钢轨在线热处理生产线。采用了与轧制节奏相同的连续处理模式，实现钢轨全长热处理，具有精确控温、冷却均匀、钢轨通长性能稳定等特点，生产过程实现了程序全自动控制。100 米长尺钢轨在线热处理生产线建成后，相继开发出 U71MnH、U75VH、U78CrVH、PG5（U95Cr）等系列对称在线热处理钢轨，50AT1、60AT1、60AT2 等系列在线热处理道岔钢轨，成为我国钢轨品种、规格最为齐全的在线热处理钢轨生产企业。

（四）武钢

武钢在万能生产线设计建设时，预留了钢轨全长热处理的设备接口和建设场地。

2010 年，先后开展了钢轨喷风、喷水雾和轨头浸入淬火液不同方式热处理试验，积累了钢轨热处理经验。

2016 年，完成钢轨热处理工艺最终选型。

2017 年 3 月，完成钢轨在线热处理生产线的建设并一次性热负荷试车成功。热处理钢轨生产节奏与轧钢节奏匹配，设计年产能与轧钢产能相同。在线热处理生产线全过程自动化控制，轨头硬度分布均匀，热处理深度深，热处理过钢速度快，百米钢轨全长性能波动小。同时对轨底中心施加一定的冷却强度，通过合理分布热处理后钢轨断面温度，保证矫直前钢轨基本平直，在矫直过程只需要较小的矫直压力就可达到平直度要求，具有轨底纵向残余应力低的优点。

通过自主开发，先后完成了铁标 U75VH、U71MnH、60AT1，欧标 R350HT、R370CrHT、R400HT 以及美标 IS、HH 等热处理钢轨品种的开发，实现抗拉强度 880~1280 兆帕级别钢轨品种的全覆盖。

2023 年 4 月，U75VH 通过 CRCC 认证；2024 年 6 月，U71MnH 钢轨通过 CRCC 认证；2024 年 9 月，U71MnH G 和 U75VH G 高速钢轨取得 CRCC 证书。

武钢重轨线余热热处理生产线如图 2-126 所示。

图 2-126　武钢重轨线余热热处理生产线

（五）邯钢

邯钢大型轧钢厂余热淬火热处理线全长约 308 米，余热淬火热处理线开始于冷床入口辊道后，该区域包括钢轨翻转和保温段、感应加热段、冷却模块段，并包含夹送辊、横移装置、输出辊道等设备。钢轨翻转和保温段含保温盖板和翻钢装置，所有钢轨翻钢机可各自工作，通过两个液压缸完成移动和翻转动作。

邯钢大型轧钢厂钢轨余热淬火热处理线是由德国西马克公司最新研制开发的一种针对钢轨产品进行在线热处理的工艺技术，其核心技术是对钢轨选择性软冷却技术，其目的是冷却后在轨头的硬化层内产生均匀的细片状珠光体组织，以及通过抑制回复和再结晶的过程来获得更小的晶粒尺寸。该条淬火线以普通水作为冷却介质，利用钢轨轧后的余热，将处于奥氏体区（发生相变之前）的钢轨进行快速冷却，降低珠光体转变温度，在钢轨轨头的横断面上获得细片状的珠光体组织，这样钢轨轨头的硬度和强度将大幅提升。根据现场调试结果，余热淬火钢轨的硬度比未经淬火的普通热轧钢轨平均提高 20% 以上。

邯钢大型轧钢厂余热淬火线如图 2-127 所示。

2010 年 7 月，邯钢与德国西马克公司签订"百米全长在线水质淬火钢轨开发"合同，分阶段进行高强度淬火钢轨生产的研究。

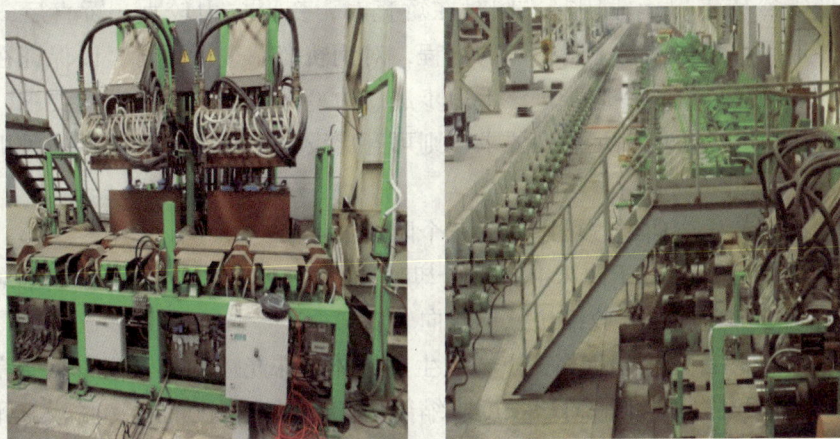

图 2-127　邯钢大型轧钢厂余热淬火线

2014 年，邯钢与中国铁道科学研究院合作开展了钢轨在线热处理工艺的调试，通过百米全长在线水质淬火钢轨研发、基于快速冷却技术的 100 米钢轨全长均温处理技术研究、百米钢轨平直度控制技术研究、高均质化钢轨炼钢生产技术集成研究、基于电磁超声探伤的百米钢轨过冷组织在线识别技术的研发等工作的开展，邯钢淬火线具备了批量生产在线热处理钢轨的能力，淬火轨产品主要出口东南亚、南美、非洲等地区，在印度尼西亚、巴西、南非等重大铁路工程中，以优异的质量和性能深受客户的广泛赞誉。

第八节　钢轨冷床冷却

冷床是钢轨生产线上的重要设备，其功能是将轧制或在线热处理后的钢轨暂时存放并通过横向移送至下一工序，在移送过程中逐渐冷却，在保证产品质量的前提下达到均匀、快速冷却的效果。根据钢轨 100 米定尺生产的需要，钢轨采用长尺冷却、长尺矫直生产工艺，为保证最终钢轨表面质量和平直度，要求轧件在冷却过程中控制好弯曲、扭转、划伤，为此，钢轨冷床一般在入口侧均配备有钢轨预弯装置，采用步进式前进。

冷床入口钢轨预弯装置能够对钢轨进行全长范围内的预弯，在冷却过程中需要根据不同季节、不同冷却速率等实际情况，制定不同的预弯冷却参数，通过调整冷床入口钢轨预弯装置中横移小车的横移速度，根据建立的预弯模型对钢轨进行预弯，使钢轨冷却后有较小的矫前弯曲度，保证矫直前钢轨平直度，降低钢轨残余应力。

冷床动台面升降和平移以及翻钢和横移装置的驱动机构均采用液压步进式和同步机构，工作平稳，减小对轧件的冲击，并确保钢轨在冷却过程中冷床台面与轧件之间没有相对滑动，能够有效地避免因钢轨和冷床间的相对滑动而导致产品表面划伤，同时能够避免因为不同步而导致的附加钢轨弯曲。

一、钢轨冷床冷却技术介绍

对于钢轨产品，由于其断面不对称，在冷却过程中因冷却速度不同，导致轧件产生较大的弯曲，使得冷床下料运输困难，同时在矫直时，变形抗力较大，矫直后，残余应力大。基于上述原因，可调整各上料小车的行程，对钢轨产品进行预弯，以保证在冷却后获得相对平直的轧件。轧件在冷床步进梁上边步进、边冷却，根据生产节奏要求，如果轧件在输送到冷床出口时，不能满足温度要求，则可开启设置在冷床步进梁下的风机对其进行强制冷却。

钢轨自然冷却产生弯曲过程可以分为三个阶段：

（1）钢轨锯切定尺后置于冷床上自然冷却时，由于钢轨轨头和轨底截面不对称，初始阶段轨底、轨腰冷却速度快，收缩快，钢轨向轨底弯曲。

（2）轨底、轨腰首先冷却到相变点，发生奥氏体向珠光体的相转变，相变完成后，轨底轨腰部分产生体积膨胀，上一阶段长度收缩部分又有一定程度的线膨胀，与此同时，轨头继续冷却收缩，轨底、轨腰完成由奥氏体向珠光体的相转变，钢轨回弹达到平直状态；此时轨底、轨腰不再产生塑性压缩变形，而轨头仍然处于奥氏体或部分奥氏体状态，轨头产生一定塑性变形来适应轨底、轨腰达到平直。

（3）轨头冷却速度较慢，在轨底、轨腰均完成相变后仍继续冷却收缩，并发生相变，轨头收缩量大于轨底、轨腰收缩量，由于此时轨底、轨腰已不能产生塑性压缩变形，钢轨开始向轨头方向弯曲，轨底产生一定量的弹性拉伸变形适应轨头收缩。当轨头完成珠光体相变时，钢轨的弯曲状态基本确定下来，此时整个钢轨向轨头方向弯曲，直至冷却至室温时，钢轨的弯曲变形停止，这个弯曲度就是钢轨矫前弯曲度。

由于矫前弯曲度对钢轨矫直工艺和矫直后钢轨平直度、残余应力影响较大，因此钢轨在冷床冷却的同时，需要尽量地减小轧件冷却后的弯曲度，以便下一步的矫直工序顺利进行。要想改变钢轨的矫前弯曲度，可以在冷床区通过预弯控制系统使用"预变形法"来改变钢轨的矫前弯曲度。

热轧钢轨预弯变形的原理是：在终轧钢轨进入冷床后，对钢轨预先进行一个与自然冷却后的相反弯曲方向的反向预弯，随着冷却进行，所施加的预弯曲能"补偿"钢轨冷却过程形成的应力弯曲，其在冷却过程中逐渐变得平直，从而达到冷却后拥有最小的弯曲度，最终达到改善钢轨矫前平直度、使矫直顺利进行的目的。

二、中国主要钢轨生产企业冷床冷却生产装备及技术进步

（一）鞍钢

1953年，冷床为2组12米台架，一组用于冷却钢轨，另一组用于冷却型钢。

1957年，为增加精整工序产能，改造横移收集冷床12米一架，矫前中冷12米冷床一架，与另一冷床采用离合器连接，托运机可拆可合，同时具备12米及25米钢轨生产能力，收集冷床实现热轧钢轨的横移冷却。冷床形式为拉钢式，热轧钢轨经冷床横移冷却，翻钢至轨头向上后进行装坑缓冷，去除白点，缓冷后钢轨吊运到矫前台架进行矫直。因滑道接头和钢绳托运机的结构限制，设备故障和钢轨刮伤时有发生，制约了产品质量。

鞍钢拉钢式冷床钢轨冷却如图2-128所示。

图 2-128　鞍钢拉钢式冷床钢轨冷却

鞍钢拉钢式冷床如图 2-129 所示。

图 2-129　鞍钢拉钢式冷床

　　2003 年，在万能轧机改造的同时，进行了 50 米冷床改造，冷床为步进加链式横移，释放产能的同时，减少了钢轨横向刮伤，提高了质量保证能力。

　　2007 年 1 月，在 100 米重轨线改造过程中，对 100 米快速横移冷床进行了改造，改造后冷床为步进式，同时具备预弯功能，具备了生产 100 米、时速 350 公里高速钢轨的生产能力。

　　鞍钢 100 米预弯冷床如图 2-130 所示。

图 2-130　鞍钢 100 米预弯冷床

鞍钢预弯冷床技术性能见表 2-12。

表 2-12　鞍钢预弯冷床技术性能

项　目		参　数
长×宽/米×米		24×102.15
最大载荷/吨		520
步长/毫米		300
动梁间距/米		1.5
步距周期/秒		30
轧件最大根数/根		65
电机	型号	Z4-355-32
	电压/伏	440
	电流/安	875
	转速/转·分钟$^{-1}$	600/1600
	功率/千瓦	280
	数量/台	2

　　2014 年，鞍钢股份大型厂 100 米全长热处理工程改造完工，将原 1 号冷床设备搬迁至原 2 号冷床区域并将冷床加长，传动结构不变；原 1 号冷床区域改造为钢轨快速运钢冷床。

　　鞍钢 100 米钢轨冷床如图 2-131 所示。

　　1 号冷床为快速运钢冷床，冷床出口增设两组辊道，分别运输热轧钢轨和热处理钢轨，2 号冷床为预弯冷床。

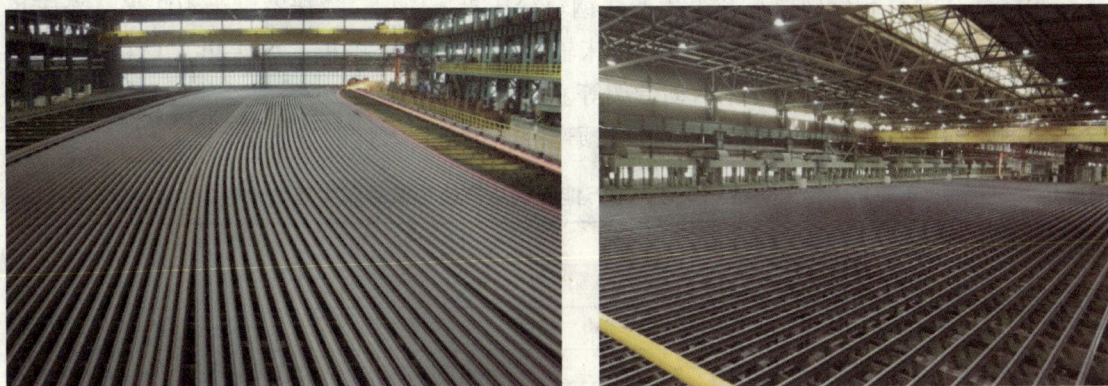

图 2-131 鞍钢 100 米钢轨冷床

鞍钢预弯冷床技术性能见表 2-13。

表 2-13 鞍钢预弯冷床技术性能

项　目	参　数
预弯钢轨长度范围/米	25~103
输送速度/米·秒$^{-1}$	0~0.6
数量/个	39
最大行程/毫米	5150
小车间距/米	两侧：1.5，中间：3
小车升降距离/毫米	190
小车上升速度/毫米·秒$^{-1}$	30
小车下降速度/毫米·秒$^{-1}$	50

（二）包钢

2006 年 6 月，包钢轨梁厂 1 号生产线百米定尺钢轨冷床投入使用，冷床宽度为 112 米，冷床长度为 30.5 米。步进梁的行程可以根据钢轨规格和最佳冷却条件进行调节。钢轨预弯装置布置在冷床的入口处，钢轨的最大出口温度为 80 ℃。

2010 年，为提高冷床冷却能力，对 1 号线冷床进行了改造，在步进冷床输出辊道入口处的定梁上增加两排风机，提高了冷床冷却能力，达到均匀冷却的效果。

包钢轨梁厂 1 号中型万能轧钢生产线预弯冷床主要技术性能见表 2-14。

表 2-14 包钢轨梁厂 1 号中型万能轧钢生产线预弯冷床主要技术性能

序号	项　目	单　位	参　数
1	冷床长度	米	112
2	冷床宽度	米	30.5
3	步进梁数量	个	70
4	水平移动行程	毫米	1200（最大）
5	垂直行程	毫米	120

2013 年 1 月，包钢轨梁厂 2 号生产线钢轨冷床投入使用，冷床宽度为 102 米，冷床长度为 36 米，主要包括冷床输入辊道、冷床输出辊道、固定挡板、冷床出入口横移装置、翻钢装置、冷床固定台架、冷床活动台架等。

包钢轨梁厂 2 号大型万能轧钢生产线预弯冷床主要技术性能见表 2-15。

表 2-15　包钢轨梁厂 2 号大型万能轧钢生产线预弯冷床主要技术性能

序号	项　目	单　位	参　数
1	冷床长度	米	36
2	冷床宽度	米	102
3	步进梁数量	个	70
4	水平移动行程	毫米	1200（最大）
5	垂直行程	毫米	120

2019 年 6 月，对 2 号生产线冷床返回辊道进行了改造，同时增加热处理钢轨翻钢机，以保障热处理后的钢轨能正常进入步进式冷床。

包钢带预弯功能的步进式冷床如图 2-132 所示。

图 2-132　包钢带预弯功能的步进式冷床

（三）攀钢

攀钢钢轨冷却工艺大致经历三个阶段演变过程：钢轨热轧完成后缓冷坑缓冷、钢轨热轧完成后中间库堆冷、钢轨热轧完成后冷床自然冷却。

第一阶段（1975—2003 年）：钢轨热轧完成后缓冷坑缓冷。此阶段为轨梁厂 950 毫米线钢轨投产沿用至 2003 年。热轧钢轨经 850 毫米精轧机轧出后，通过七台滑座式热锯按照 12.5~25 米不同合同定尺进行热锯定尺，锯切后短尺成品钢轨通过过跨台架拉钢小车将成品钢轨由三跨运输至四跨台架南侧，再由吊车调运至四跨 14 个缓冷坑，每个缓冷坑最多可堆放 6 层钢轨，钢轨冷却 72 小时及以上出坑后进行矫直。

攀钢钢轨滑座式热锯锯切分段如图 2-133 所示。攀钢钢轨过跨台架如图 2-134 所示。攀钢钢轨过跨台架钢轨运输及吊运如图 2-135 所示。

图 2-133 攀钢钢轨滑座式热锯锯切分段

图 2-134 攀钢钢轨过跨台架

图 2-135 攀钢钢轨过跨台架钢轨运输及吊运

第二阶段（2003—2015 年）：钢轨热轧完成后中间库堆冷。因轨梁厂万能二线型钢线配套施工需要，2003 年原 950 毫米生产线用钢轨缓冷坑被迫拆除，万能二线主要生产高速百米、出口等高品质钢轨，原 950 毫米生产线根据市场合同饱满度衔接普轨或吊车轨等钢轨产品，形成双产线品种互补优势，而原 950 毫米生产线生产的普通钢轨热轧后直接进行中间库堆冷，冷却后上料矫直。此工艺一直延续到 2015 年原 950 毫米生产线改造完成（即万能一线建成投产）。

攀钢钢轨中间库堆垛与吊运如图 2-136 所示。

图 2-136　攀钢钢轨中间库堆垛与吊运

第三阶段（万能二线从 2005 年开始，万能一线从 2015 年开始）：100 米冷床长尺带预弯冷却工艺。

攀钢在万能线改造后，建设了钢轨冷床，该区域控制的设备包括：热锯、翻钢机、带预弯装置的上料小车、冷床步进梁、下料小车和相关辊道。冷床为液压驱动的步进梁式冷床，其长度为 42.5 米，宽度为 108 米，最大承载能力为 900 吨。采用两组控制，可单体控制，也可整体控制。

攀钢钢轨冷床冷却过程：终轧后，经热锯锯切头尾，不需余热淬火的钢轨直接送至冷床，上料小车根据轧制规程对钢轨两端各 20 米进行预弯；需要余热淬火的钢轨用辊道直接运送到余热淬火线，淬火后由返回辊道运送回冷床；钢轨在冷床上冷却到 60 ℃以下，进入矫直机进行矫直，下冷床时，每一个下料小车上均安装有金属检测仪，当检测到钢轨后，下料小车自动在钢轨下等待，当所有的小车上的金属检测仪均得到钢轨的信号后，下料小车升起将钢轨移出冷床。

攀钢轨梁厂带预弯功能 100 米冷床如图 2-137 所示。

（四）武钢

1960 年，武钢兴建大型轧钢厂时，配套建成 2 组 31.11 米×24.62 米冷床，1 组 30.2 米×24.62 米冷床。钢轨经锯切机械打印后，送至冷床空冷到 500～600 ℃，再用吊车吊运至缓冷坑进行缓冷处理。

图 2-137 攀钢轨梁厂带预弯功能 100 米冷床

2007 年，在万能线改造后，步进式冷床包括冷床输入辊道、带预弯功能的入口横移小车、入口翻钢机和出口翻钢机、取料小车、冷床出口辊道。冷床宽度 104 米，长度 41 米，最大承载能力为 900~1000 吨；移动梁数量 65+65 个，水平行程最大为 1200 毫米，垂直行程 100 毫米。

预弯小车布置宽度为 104 米，最大横移距离为 5 米，横移速度 0.6 米/秒。取料小车布置宽度 104 米，横移距离 6.3 米，横移速度 0.7 米/秒。钢轨在万能终轧并热锯锯切头尾后，热轧钢轨直接送至冷床，上料小车根据轧制规程对钢轨进行预弯。需要热处理的钢轨通过辊道直接输送到热处理机组，热处理后通过返回辊道输送回冷床。钢轨在冷床上冷却到 ≤60 ℃后，通过取料小车每次自动将钢轨移出冷床进入矫直机进行矫直。

武钢步进式冷床如图 2-138 所示。

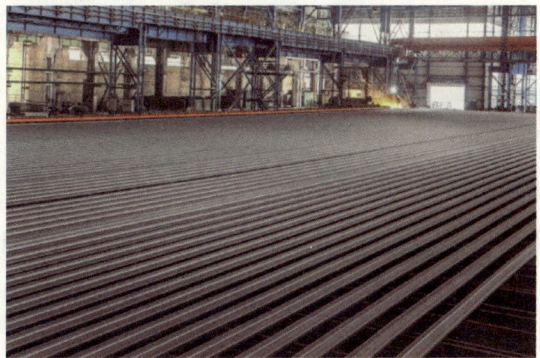

图 2-138 武钢步进式冷床

（五）邯钢

2012 年，邯钢大型轧钢厂型钢大冷床投入使用，冷床宽度达 100 米以上，长度超过 40 米，对型钢和钢轨进行冷却，同时包括预弯、翻钢、出口自动取料等配套技术，并配套全长淬火工艺输入输出设施和通风冷却系统，是一个不仅满足 H 型钢和钢轨生产，而且满足船用型钢生产的综合性冷床。能够实现钢轨长尺冷却、长尺预弯，并能配合淬火装置实现在线全长淬火等技术。

根据冷却轧件的工艺需要，针对对称断面型钢、非对称简单断面型钢冷却过程中的变形，可以通过冷床预弯技术控制出冷床轧件的弯曲度，满足型钢、钢轨的长尺冷却、长尺矫直，并能显著提高轧件成材率。配套了通风冷却系统，提高了冷床的冷却效率从而缩小冷床面积。

2012 年开始，邯钢针对钢轨预弯和冷却对钢轨平直度和轨底残余应力的影响开展研究，通过研究分析钢轨的预弯温度、组织转变和应力、应变三方面之间的相互作用，对钢轨预弯温度、预弯曲线、冷却速度、冷床步距和冷床设备进行了优化和改进，从而使 100 米钢轨冷却后弯曲最大弦高控制在 40~60 毫米，大幅提高钢轨平直度，钢轨翻转后在自重影响下以微翘形态顺利进入矫直机。

邯钢钢轨步进式冷床如图 2-139 所示。

图 2-139　邯钢钢轨步进式冷床

（六）永洋特钢

轻轨生产线原采用"链式冷床"，最大链条间距 1350 毫米，推钢速度 1.13 米/秒。新轻轨线建有步进式冷床 1 座 [75 米（宽）×33 米（长）]。布置在精轧机组之后、矫直机之前。采用带预弯功能的长尺大冷床技术，液压步进+链条复合式。在冷床底部设风机进行强制风冷，提高冷床冷却能力。

重轨生产线原布置有大、小 2 座冷床。小冷床面积 303.4 平方米，大冷床面积 2499 平方米。新重轨线建有步进式冷床 1 座 [105 米（宽）×41 米（长）]。根据产品情况，采用带有预弯和翻钢装置的长尺复合式大冷床。对于钢轨产品，在冷床入口通过预弯装置进行预弯，以降低冷却后的轧件弯曲度，提升轧件冷却质量，同时在冷床的下方设有风机，冷床基础设有通风坑，提高了冷床效率和成材率。

永洋特钢带预弯功能冷床如图 2-140 所示。

图 2-140　永洋特钢带预弯功能冷床

第九节　钢轨矫直

矫直是钢轨生产的重要工序，它决定了钢轨的平直度、轨面的平顺性和钢轨的残余应力。

平直度是衡量钢轨质量的主要指标之一。钢轨平直度低会导致钢轨接头错牙、焊接困难、线路不平顺，从而加剧轮轨撞击，引起线路剧烈振动，轮轨作用力成倍增大，恶化轮轨受力状态，影响列车运行速度的提高，有可能会发生钢轨和车轮的脱离，甚至是断裂，会造成运输事故的发生，严重危害轨道和机车车辆部件，引起列车脱轨倾覆，危及行车安全。由于钢轨平直度直接影响着列车的运行速度和安全性以及旅客的舒适性，也是决定钢轨使用寿命的重要参数，在钢轨的生产过程和使用上均有严格的标准控制。

钢轨热轧成形后，无论是自然冷却还是经热处理强制冷却，轧件在垂直方向、水平方向都存在较大的弯曲变形和局部的不均匀变形，必须通过矫直使之产生稳定的塑性变形，以达到稳定的平直状态。因此，要求钢轨矫直装备应具备垂直和水平两个方向的二维矫直功能，能够矫直垂直和水平方向弯曲，使钢轨的平直度和规格尺寸精度能够满足标准要求。

矫直过程中，由于钢轨产生多次弹塑性弯曲变形而产生的残余应力也是影响钢轨性能质量的重要因素之一：拉伸状态的残余应力易导致裂纹形成，并促使裂纹扩展，直接影响钢轨的断裂韧性，进而降低钢轨使用寿命。因此，在矫直过程中，需要对钢轨矫直工艺及装备进行优化，以降低钢轨的矫后残余应力。

钢轨矫直后，由于矫直盲区的存在；为保证钢轨两端的平直度达到标准规定，除切除钢轨端部外，有时还需采用双向/四向压力矫直机对钢轨两端进行补矫。

一、钢轨矫直技术介绍

（一）钢轨矫直原理及技术发展

钢轨矫直采用反弯矫直的方式，把弯曲的钢轨轧件，根据原始弯曲程度的不同加上不同的反向弯曲，是一个弹塑性变形的复杂过程，会对钢轨进行多次弹塑性弯曲变形，以达到消除原始曲率的目的。矫直过程中，需要在钢轨水平和垂直方向上施加矫直力，所施加矫直力的大小需确保矫直应力最小要等于被矫钢轨的屈服强度，否则不可能产生永久塑性变形，同时必须小于被矫钢轨抗拉强度，否则会将钢轨矫断。

钢轨矫直可分成两阶段，即反向弯曲阶段和弹性恢复阶段。在反向弯曲阶段：钢轨受到外力和外力矩作用，产生弹塑性变形；在弹性恢复阶段：钢轨在存储在自身内的弹性变形能的作用下，力图恢复到原来的平衡状态。在此过程中，由于钢轨横截面发生了不均匀弹塑性变形，残余应力的大小和分布状态发生改变，需要通过矫直工艺优化进行控制。

随着力学、材料、计算机等科学领域的研究进步，钢轨矫直装备历经多次发展，从早期的门式（简支梁）结构发展至目前主流的悬臂梁结构多辊矫直，通过增加矫直辊数量，降低钢轨矫直过程变形从而降低钢轨矫后残余应力，并将水平与垂直矫直机结合起来，一次在两个方向对钢轨进行矫直，称为平立复合式矫直机。联合矫直后的钢轨具有更好的平直度、较低的残余力和较好的尺寸稳定性。

在钢轨辊式矫直中，根据矫直工艺的不同，分为大变形量矫直与小变形量矫直。用小变形量矫直，需要较多的矫直辊，但钢轨的残余应力较小。大变形矫正方案就是前几个矫直辊采用大的压下量，使轧件经过几次剧烈的反弯，以消除其原始曲率的不均匀度，形成单值曲率，后面的矫直辊采用小变形矫正方案中的压下量。采用大变形矫直方案，可以用较少的辊数获得较好的矫直质量，因此在钢轨矫直中普遍采用。一般水平矫直机采用9辊方案，垂直矫直机采用7辊方案，它们的辊系布置方式分别如图2-141和图2-142所示。

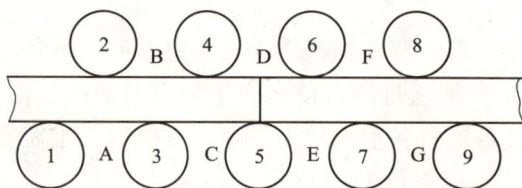

图 2-141　9 辊矫直辊系位置示意图　　　　图 2-142　7 辊矫直辊系位置示意图

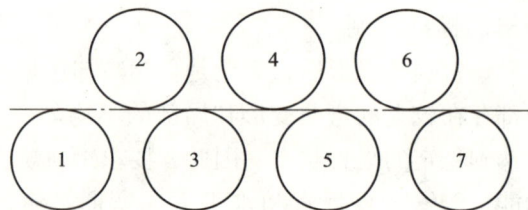

（二）钢轨辊式矫直机的工作原理

钢轨原始弯曲曲率的大小及方向是不同的，辊式矫直机使金属经多次反复弯曲以消除曲率的不均匀性，从而使曲率由大变小而使其平直。

在辊式矫直过程中，矫直辊施加的压下作用使钢轨发生了弹性变形和塑性变形。钢轨经过多次弹塑性反复弯曲后从而达到矫直的目的，钢轨在矫直过程中外部既有拉伸变形又有压缩变形，其内部同时有弹性变形层和塑性变形层，矫正过程就是弹塑性弯曲过程。钢轨在矫直过程中，各层纵向纤维的变化是遵循材料的拉伸-压缩应力、应变规律的。随着钢轨弯曲变形程度的增大（弯曲外力矩的增大），钢轨断面上应力将呈现不同的曲率变化和弹塑性弯曲状态（见图 2-143），一部分纤维层产生塑性变形。外力矩越大，塑性变形区由表层向中性层扩展的深度也越大（见图 2-144）。外力矩去除后，纵向纤维的变形只有部分的弹性恢复。因此，当矫直力达到足够大，钢轨内部的塑性变形部分达到一定的比例，即产生稳定的变形，可使钢轨保持稳定的平直度。

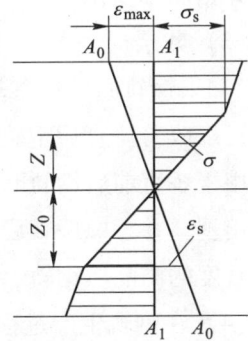

图 2-143　弹塑性弯曲
状态示意图

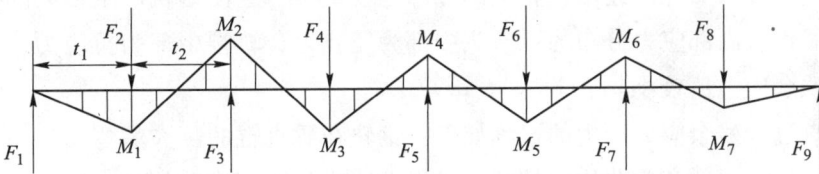

图 2-144　弯矩用矫直力模型图

　　钢轨生产中的矫直工序不但直接影响钢轨的平直度，而且还对其残余应力、断面尺寸及力学性能等有较大的影响。因此，在矫直参数设计及矫直过程中需要综合考虑。

（三）　钢轨矫直过程对钢轨质量的影响

　　矫直机的基本参数、矫直工艺参数和矫前状态是影响钢轨平直度、残余应力的大小和分布状态的主要因素。矫直机的基本参数包括：矫直辊径、矫直辊距、矫直辊数、矫直辊身长度。由于上述参数在设备改造完毕后基本上已经确定，因此需要制定适应设备和产品的生产工艺，即确定上述的平立式复合矫直机的核心控制工艺。平立式复合矫直工艺主要影响因素有：矫直机矫直辊施加压力以及矫直压下量，钢轨的矫前（原始）弯曲度，钢轨的强度、硬度，钢轨的断面系数，钢轨的矫直温度，钢轨的矫直方式，钢轨的矫直次数。通过控制这些影响钢轨矫后平直度和残余应力的因素，可以获得良好的平直度，同时控制矫后残余应力。

　　矫直工艺对钢轨的主要影响如下：

　　（1）钢轨矫直的同时也伴随着钢轨规格尺寸的变化，并且在矫直后保留下来，如头宽增加、轨高减少等，如 60 千克/米钢轨矫直后，一般轨高减小 0.4~0.6 毫米；轨头踏面增宽 0.1~0.2 毫米；轨头下颚变窄 0.1~0.2 毫米；轨底底宽增大 0.1~0.3 毫米；轨头与轨底间距变小 0.2~0.4 毫米。

　　（2）钢轨矫直后均产生缩短现象，其缩短率波动在 0.5‰~1.5‰ 之间，它随矫直变形量及原始曲率变化。

（3）残余应力的大小主要取决于矫直工艺和矫前钢轨原始状态（特别是矫前弯曲度）。如果钢轨原始状态基本相同，矫直工艺对残余应力的影响非常显著，采用复合矫直工艺可以改善矫直后钢轨的残余应力。

由于矫直前后钢轨断面尺寸经常出现变化，在矫直工艺控制时要避免矫直时平直度缺陷的出现，并考虑矫直后钢轨断面尺寸变化制定轧制及矫直工艺，从而获得高尺寸精度和高平直度的高品质钢轨。

（4）在钢轨生产过程中，要经过轧制、冷却、矫直等工艺。热轧成型的钢轨在冷床上缓慢冷却时，由于钢轨外表面和内部的冷却速度不同所引起的温度梯度以及微观显微组织发生转变，产生很大的热应力和相变应力。在热应力和相变应力的作用下，使钢轨产生不均匀的塑性变形，从而产生了残余应力。同时，由于钢轨断面为变截面，在冷却时，轨腰和轨底边缘具有较快的冷却速度，轨头的冷却速度最慢，这使钢轨产生很大的残余应力和畸变。冷却后钢轨内部应力分布为：轨头中部为压应力，轨腰中部为拉应力，轨底中部为拉应力，但残余应力值较小。

钢轨矫直过程残余应力产生的过程如下：钢轨在矫直辊的巨大的弯曲应力、剪切应力和接触应力的作用下，产生非均匀的塑性变形，轨头和轨底横向伸长，纵向变短，而轨腰相对于矫直前变长，因此在轨头和轨底产生纵向拉伸应力，轨腰产生纵向压缩应力。钢轨内残余应力的产生，应是钢轨冷却过程中产生的应力和矫直产生的应力相叠加的结果，但起主导作用的还是钢轨的矫直工艺。

由于生产工艺所限，钢轨内部残余应力是不可避免的，普遍认为合适的残余应力是在钢轨的轨头和轨底存在纵向压缩残余应力，轨腰存在纵向拉伸残余应力。但就目前钢轨的生产工艺而言，所生产的钢轨内部残余应力正好与其相反，即钢轨的轨头和轨底存在纵向拉伸残余应力，轨腰存在纵向压缩残余应力。这种残余应力分布特点对钢轨的使用很不利，因为轨头表面的残余拉应力会使钢轨进入失效状态——早期疲劳和断裂；轨底的残余拉应力与列车在运行时产生弯曲应力（也是拉应力）叠加，极易超过钢轨的疲劳极限而使钢轨发生失效，故对轨底的残余应力必须加以限制。因此，我国铁道行业标准规定轨底残余应力不超过 250 兆帕。

矫直后残余应力的大小大致受到以下因素影响：钢轨矫前弯曲度、矫直辊压下量、屈服极限、矫直方式及矫直次数等。

钢轨矫前弯曲度与矫直辊压下量对残余应力的影响是最直接的，两者对矫直过程中钢轨的变形量起作用。变形量与残余应力大小直接相关，变形量越大，塑性变形深度越大，变形方式越复杂。文献调研结果表明，通过对应力、应变模型的分析，得出变形量越大，矫直后钢轨残余应力也越大。矫直辊的载荷越大，矫直的压下量越大，由矫直后钢轨的残余应力越大。因此，需要考虑各矫直辊压下量的配合，合理调整矫直辊的载荷、位移及矫直工序，在保证钢轨平直度的前提下使钢轨残余应力最小。

二、中国主要钢轨生产企业矫直装备及技术进步

（一）鞍钢

1953 年，鞍钢大型厂采用德马克 800 毫米门式 8 辊矫直机，如图 2-145 所示。

图 2-145 鞍钢大型厂 8 辊矫直机

1957 年，鞍钢大型厂采用苏联 1200 毫米门式 8 辊矫直机。鞍钢大型厂门式矫直机图示如图 2-146 所示。

图 2-146 鞍钢大型厂门式矫直机

1994 年，鞍钢大型厂更新 1250 毫米悬臂式 8 辊矫直机。鞍钢大型厂悬臂式矫直机图示如图 2-147 所示。

图 2-147　鞍钢大型厂悬臂式矫直机

　　2001 年，鞍钢大型厂引进德国西马克公司平立复合矫直机，采用臂式结构，可实现钢轨在横向和纵向两个方向上进行联合矫直。平辊矫直辊数为 8+1 个，辊距为 1600 毫米，矫直钢轨的轨头踏面和轨底。立辊矫直辊数为 7+1 个，辊距为 1300 毫米/1200 毫米/1100 毫米，矫直钢轨的轨头侧面，联合矫直使得矫直精度明显优于单个方向的立矫或卧矫，且实现计算机控制，矫直产量高；矫直速度为 0~2.5 米/秒，设计年产量为 60 万吨，矫直精度可满足客运专线 350 公里/小时高速轨技术条件要求。

　　鞍钢矫直机参数见表 2-16。

表 2-16　鞍钢矫直机参数

项　目	参　数	项　目	参　数
平矫直辊直径/毫米	1100~1200	立矫直辊直径/毫米	700~750
矫直辊数目/个	9	矫直辊数目/个	7
矫直辊轴向调整范围/毫米	±40	矫直辊轴向调整范围/毫米	±25
矫直辊最大矫直力/千牛	3600	矫直辊纵向间距/毫米	1200
矫直辊纵向间距/毫米	1600	矫直辊横向间距/毫米	650~850
矫直辊垂直间距/毫米	900~1400	矫直辊最大矫直力/千牛	1800

　　鞍钢平立复合矫直机如图 2-148 所示。

　　同时引进了两台德国 BERNER 四面压力矫直机，可对钢轨端部平直度进行精准四方向补充矫直，以进一步提高钢轨端部的平直度。改进原有立式压力矫直的工艺，可通过控制画面操作，自动化程高，大幅提高补充矫直的效率。

　　鞍钢四面压力矫直机参数见表 2-17。

图 2-148　鞍钢平立复合矫直机

表 2-17　鞍钢四面压力矫直机参数

项　目		参　数
垂直矫直力/千牛		2×3500
水平矫直力/千牛		2×2000
立式模具的行程长度	上模具/毫米	200
	下模具/毫米	200
立式模具的行程长度	两模具/毫米	270
砧座之间的距离	范围/毫米	350~2000
矫直盲区/毫米		250
监视器显示精度/毫米		0.1
测量精度/毫米		<0.01
矫直温度/℃		≤80

鞍钢四面压力矫直机如图 2-149 所示。

图 2-149　鞍钢四面压力矫直机

2007 年，鞍钢大型厂增加 SMYL 压力矫直机一台，通过手动调整垫铁及压下量，完成对钢轨端部平直度，进行四方向补充矫直，提高钢轨端部的平直度。与进口设备比较，矫直盲区小，设备维护简单，但自动化程度低，操作技术要求高。后续为了提高工作效率，技术升级为半自动操作，可针对生产品种的规格高度，设定垫铁定位和压下量行程的定位，克服弹性变量实现塑性变量矫直，以实现快速准确的补充矫直目的。

鞍钢大型厂 SMYL 压力矫直机照片如图 2-150 所示。

图 2-150 鞍钢大型厂 SMYL 压力矫直机

鞍钢 SMYL 压力矫直机参数见表 2-18。

表 2-18 鞍钢 SMYL 压力矫直机参数

项　目	参　数
垂直矫直力/吨	250
水平矫直力/吨	200
矫直弯度/毫米·米$^{-1}$	5
矫直时间/秒	≤30
矫直温度/℃	≤80
矫直钢轨强度/牛·平方毫米$^{-1}$	880~1300

（二）包钢

建厂初期，包钢轨梁厂钢轨矫直机为 1200 辊距 6 辊悬臂水平矫直机。

包钢 6 辊悬臂水平矫直机如图 2-151 所示。

1994 年 7 月，在钢轨作业线水平 6 辊矫直机后增设了一台 7 立辊矫直机，组成平立联合矫直机，使用 6 辊矫直机矫直钢轨的上下弯、7 辊矫直机矫直钢轨旁弯，解决了钢轨 X 轴及 Y 轴均需要原有 6 辊矫直机矫直导致的机体负荷大、传动装置及设备易损坏的技术难题，提高了钢轨的矫直质量。

1997 年 6 月，在 2 号钢轨加工线新增一台德国 Berner 公司制造的四面压力矫直机，对

图 2-151　包钢 6 辊悬臂水平矫直机

原有水平 6 辊矫直机钢轨端部 1.5 米内矫直"盲区"进行补矫，使钢轨端部上下弯满足UIC 钢轨标准要求，提高了钢轨的加工质量。

包钢四面液压矫直机如图 2-152 所示。

图 2-152　包钢四面液压矫直机

2000 年 9 月，对 7 立辊矫直机传动系统结构进行改造，降低了维护检修难度，减少了工人维护工作量，提高了 7 立辊矫直机作业率，满足了生产需要。

2003 年 7 月，引进了德国 SMS 公司的水平—垂直辊式钢轨矫直机，水平矫直机对钢轨进行 Y—Y 方向的矫直，由 8+1 个辊组成，1~8 号辊有孔型，9 号无孔型；垂直矫直机对钢轨进行 X—X 方向的矫直，由 7+1 个辊组成，1~7 号辊有孔型，8 号无孔型。通过优化钢轨矫直工艺，提高了钢轨矫后平直度，矫直质量稳定，满足高速铁路用轨的要求。

包钢轨梁厂水平—垂直辊式矫直机主要技术性能见表2-19。

表2-19　包钢轨梁厂水平—垂直辊式矫直机主要技术性能

序号	项	目	单 位	参 数
1	水平矫	单辊最大矫直力	千牛	3600
2		单辊最大轴向力	千牛	500
3		轴向调整	毫米	±40
4		矫直辊直径	毫米	1100～1200
5		矫直辊间距	毫米	1600
6		矫直辊数目	个	9
7	垂直矫	单辊最大矫直力	千牛	1700
8		单辊最大轴向力	千牛	250
9		轴向调整	毫米	±28
10		矫直辊直径	毫米	700～750
11		矫直辊数目	个	8

水平矫直机如图2-153所示。

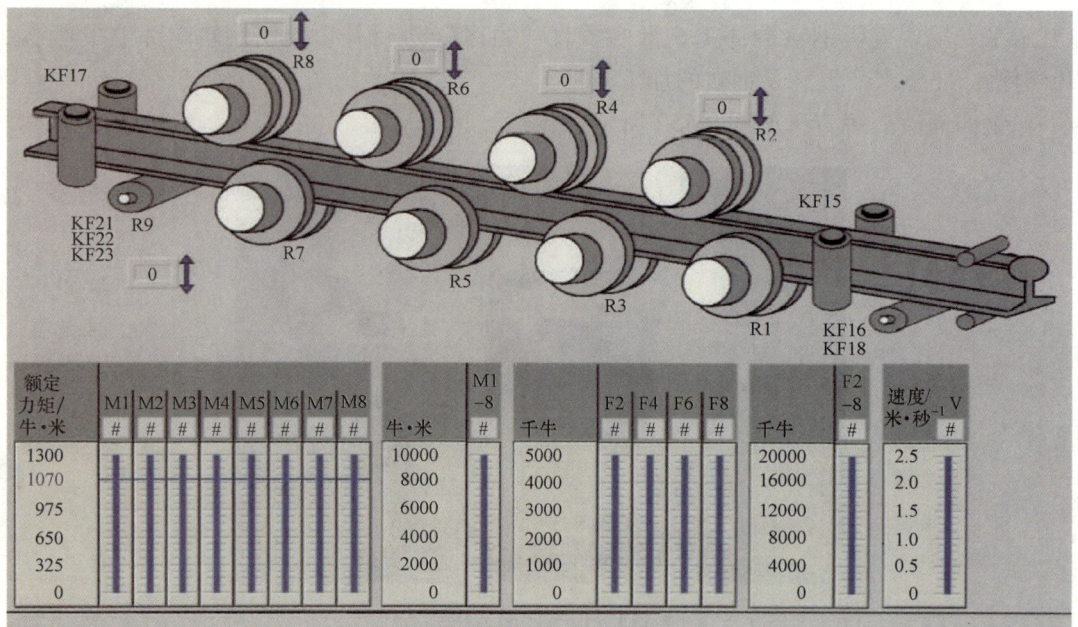

图2-153　水平矫直机

垂直矫直机如图2-154所示。

2006年9月，1号中型万能轧钢生产线投产，矫直机采用德国SMS公司水平—垂直辊式钢轨矫直机，有效提高了矫直精度，确保矫直后产品为最佳的几何形状和最低的内部残余应力，产品质量达到国内外先进标准要求。

包钢1号中型万能轧钢生产线平立复合式矫直机如图2-155所示。

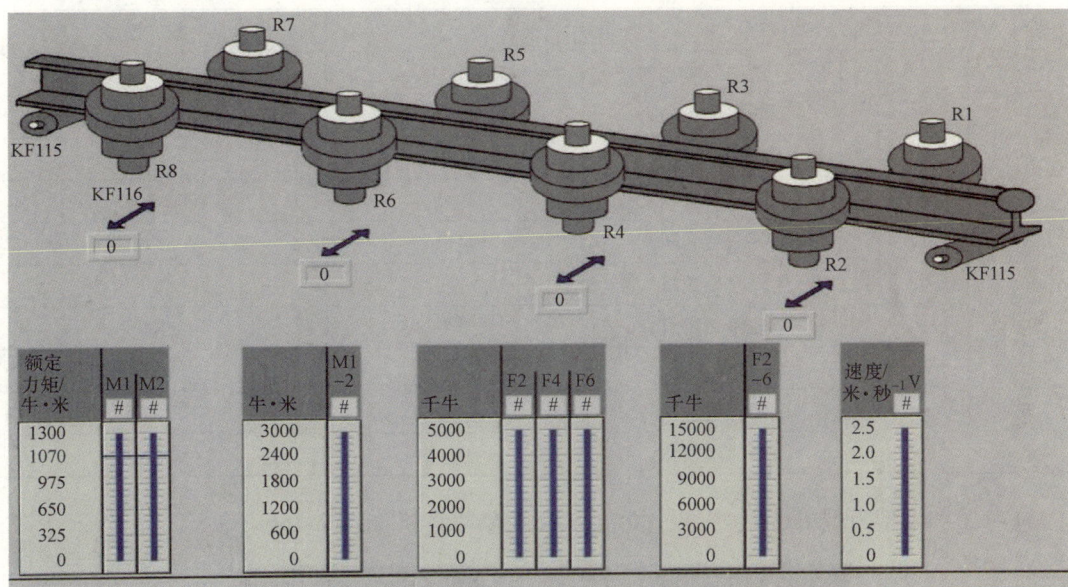

图 2-154 垂直矫直机

图 2-155 包钢 1 号中型万能轧钢生产线平立复合式矫直机

2007 年 6 月，对原 6 辊矫直机电气控制设备及电气传动系统进行修改和重新设计，提高了设备可靠性，降低事故时间，同时节省备件消耗，生产效率有较大提高。

2013 年 1 月，2 号大型万能轧钢生产线投产，矫直机采用德国 SMS 公司 CRS 平立复合双支撑矫直机，其水平矫直机为 8+1 个辊、垂直矫直机为 7+1 个辊，最后的矫直辊无孔型，各矫直辊均为独立传动。该平立复合矫直机具有变节距、大辊距、参数模型化、计算机自动控制等技术特点，能够实现带钢调速、受载液压调整等功能，能够确保矫后钢轨规格尺寸及平直度均在最好状态。该矫直机具有较大的矫直能力，能矫直贝氏体高强度钢轨。

包钢轨梁厂 CRS 平立复合双支撑矫直机主要技术性能见表 2-20。

表 2-20　包钢轨梁厂 CRS 平立复合双支撑矫直机主要技术性能

序号	项　目		单　位	参　数
1	水平矫	单辊最大矫直力	千牛	4000
2		单辊最大轴向力	千牛	1000
3		轴向调整	毫米	±30
4		矫直辊直径	毫米	1000~1200
5		矫直辊间距	毫米	2000
6		矫直辊数目	个	9
7	垂直矫	单辊最大矫直力	千牛	2100
8		轴向调整	毫米	±25
9		矫直辊直径	毫米	700~750
10		矫直辊数目	个	8

包钢 2 号大型万能轧钢生产线平立复合双支撑矫直机如图 2-156 所示。

图 2-156　包钢 2 号大型万能轧钢生产线平立复合双支撑矫直机

（三）攀钢

1974 年 8 月，攀钢轨梁厂一期工程投产，钢轨使用水平辊式和端部式压力矫直机，分别对轨身、端部进行矫直，用升降辊在辊矫前翻钢和喂料。使用的矫直设备为中国第二重型机器厂自主设计制造的 1300 毫米 8 辊矫直机和 200 吨立式压力矫直机，其中 1300 毫米矫直机是我国当时最大的、国产第一套辊距为 1300 毫米的悬臂式 8 辊矫直机，矫直辊采用上 4 下 4 的方式布置，有 5 个主动辊和 3 个被动辊，矫直辊节距为 1300 毫米，矫直辊最大直径为 950 毫米；200 吨立式压力矫直机主要用于弯头弯料的补矫。但 1300 毫米矫直机设计最大能力是矫直 65 千克/米钢轨，试矫 75 千克/米钢轨时，实测最大扭矩为 118.5 千牛·米，比允许扭矩超载 55%，难以满足更大断面钢轨的生产需求。

攀钢轨梁厂 1300 毫米 8 辊矫直机辊系布置如图 2-157 所示。攀钢轨梁厂 1300 毫米 8 辊矫直机如图 2-158 所示。

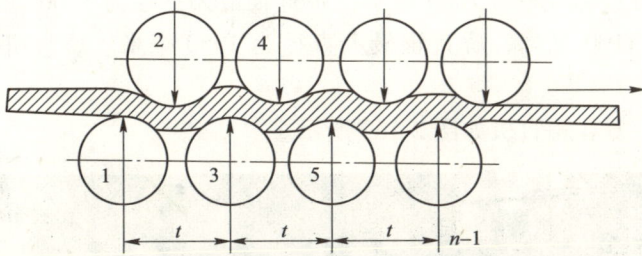

图 2-157 攀钢轨梁厂 1300 毫米 8 辊矫直机辊系布置

图 2-158 攀钢轨梁厂 1300 毫米 8 辊矫直机

1990 年，在攀钢轨梁厂二期改造过程中，在 1300 毫米 8 辊水平矫直机后新建了一台 7 辊立式矫直机，对钢轨进行立式矫直，该设备由第一重型机器厂设计制造，与原 8 辊水平矫直机组成了我国第一套钢轨平立联合矫直机，能明显提高矫直钢轨的平直度、扭转和波浪弯，同时对矫直旁弯更有效，满足 UIC 标准钢轨要求。但该联合矫直机运行时存在两台矫直机之间有一定的扭矩干涉问题，对矫直质量有影响，同时对矫正圈的磨损、矫直机设备本身的损害较大。同年，从德国 Berner 公司引进了 3 台钢轨四面液压矫直机和一台 3 辊矫直机。钢轨四面液压矫直机支撑架最大开口度为 1500 毫米，最小开口度为 750 毫米，矫直最大行程为 300 毫米，垂直方向油缸最大压力 250 吨，水平方向油缸最大压力 150 吨，用于钢轨端部的局部补充矫直，极大地提高了钢轨的质量。经过不断的维修改造，至今仍在良好运转使用，完全满足高速轨的端部平直度标准要求，其中，三辊矫直机布置于攀钢离线淬火线，用来矫直热处理后的钢轨。

2002 年，在攀钢轨梁厂三期建设中，从意大利达涅利公司引进具有先进制造和控制水平的平立复合矫直机，该矫直机由 9 辊悬臂水平辊式矫直机和 7 辊垂直辊式矫直机组成，采用悬臂式设计和安装，实现对钢轨的复合矫直，可矫直钢轨水平方向和垂直方向的弯曲度，同时引进了全长自动平直度检测装置、端部平直度自动测量装置、端部扭转自动测量装置，可对百米长尺钢轨的轨身平直度作出精确测量。9 辊水平矫直机的矫直辊采用上 4

下 5 的方式布置，矫直辊节距为 1600 毫米，矫直辊最大直径为 1200 毫米。7 辊垂直矫直机的矫直辊节距为 1100 毫米，矫直辊最大直径为 1050 毫米。矫直机矫直速度为 0.5~2 米/秒。

攀钢轨梁厂平立复合矫直机如图 2-159 所示。

图 2-159　攀钢轨梁厂平立复合矫直机

攀钢目前采用的达涅利平立复合矫直机具有如下技术特点：

（1）采用刚性设计，在保证主轴承的长期使用寿命下，钢轨通长方向受力稳定、均匀，保证轨身垂直方向平直度小于 0.3 毫米/3 米，水平方向平直度小于 0.5 毫米/2 米，矫直钢轨最大屈服强度可达 1350 兆帕。

（2）水平矫直机 9 个矫直辊及立式矫直机 4 个主动辊矫直辊均采用单独 AC 主电机驱动，其余矫直辊采用可控制加速度和可分离传动的自由联轴器辅助驱动，钢轨进入矫直机后，矫直辊与钢轨一同加速，矫直辊与钢轨不会产生相对滑动，消除了矫直噪声，减少了钢轨端部对辊圈的冲击，减少断辊，同时消除了负扭矩，保护了电机。

（3）采用大直径高强度矫直圈，延长使用寿命、减小残余应力，矫正圈压下采用液压锁紧，弹跳幅度较小，矫直圈工作面采用弧面设计，有助于控制矫后规格。

（4）水平矫直机前采用翻钢机、导向系统确保钢轨安全进入矫直机，矫前稳固的导向系统保证了进钢方向稳定，钢轨在矫直机辊系中运行位置固定，防止受力波动。

（5）水平矫直机机架整体可升降，立式矫直机机架整体可平移，有利于不同规格品种的工艺调整。

（6）具备压下位置、轴向位置定位，各辊矫直力、扭矩等数据精确测量及显示功能，能够实时优化矫直工艺参数，合理分配压下量，使钢轨的残余应力控制在较低的水平。

矫直过程各道次矫后钢轨残余曲率示意图如图 2-160 所示。

（四）武钢

1960 年，兴建大型轧钢厂时，配套建成有 800 龙门式矫直机 1 台（后停用拆除报

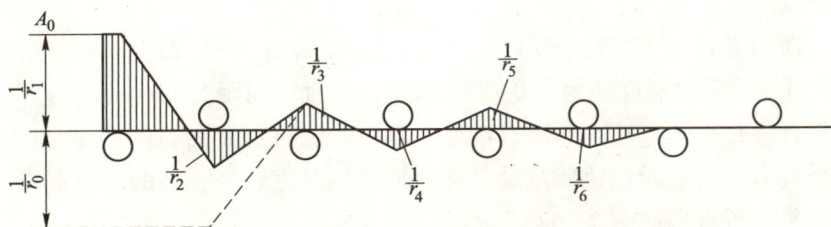

图 2-160　矫直过程各道次矫后钢轨残余曲率示意图

废），800 毫米悬臂式矫直机 1 台（辊数 8 个，辊距 800 毫米，用于型钢矫直），1200 毫米龙门式矫直机 1 台（辊数 8 个，辊距 1200 毫米，用于钢轨矫直），2 台 200 吨立压矫直机。

1995 年 10 月，将原 1200 毫米龙门式矫直机更换为 1200 毫米悬臂式矫直机，矫直辊易于调整，更换速度快，精度高，矫钢过程便于监控和调整。目前，还用于万能生产线型钢产品的矫直。主电机功率只有 550 千瓦，设备能力较小。

矫直机设备参数见表 2-21。

表 2-21　矫直机设备参数

项目	工作辊节距/毫米	矫直辊数/个	矫直辊有效直径/毫米	矫直速度/米·秒$^{-1}$	轴向调整量/毫米	压下调整量/毫米	电机功率/千瓦	被矫钢材屈服强度/牛·平方毫米$^{-1}$	水平辊开口度/毫米
参数	1200	8	1020~860	0.8~2.4	±30	220	550	350~650	80~680

武钢矫直机如图 2-161 所示。

图 2-161　武钢矫直机

2007 年 4 月，为满足我国铁路建设对高质量钢轨的需求，配套万能生产线的建设，新引进了德国 SMS 公司的平立复合辊式矫直机。钢轨平立复合辊式矫直机包括钢轨翻钢机、水平辊式矫直机和垂直辊式矫直机。水平辊式矫直机为悬臂辊式矫直机。矫直辊数量 9 个（传动辊 8 个），矫直辊节距为 1600 毫米，矫直辊直径为 1100~1200 毫米，矫直速度为

0.1~2.25 米/秒。

垂直辊式矫直机为悬臂辊式矫直机，矫直速度为 0.1~2.25 米/秒，矫直辊数量 8 个（传动辊 4 个）；矫直辊直径为 700~750 毫米，矫直辊间距为 650~850 毫米。

该平立复合矫直机具有较高的矫直精度，可以确保矫直后钢轨的高平直度，并且具有低的轨底残余应力，矫直后钢轨质量满足高速铁路用对钢轨平直度的严格要求。

武钢平立复合矫直机如图 2-162 所示。

图 2-162　武钢平立复合矫直机

（五）邯钢

2011 年，邯钢大型轧钢厂型钢线引进德国西马克平立复合矫直机，水平矫直机为双支撑固定节距矫直机，较之悬臂梁式矫直机，其设备刚度更高，矫直质量更好，并且在国内率先采用了 1800 毫米的矫直辊节距，降低了产品的矫后残余应力。立式矫直机设计为可横移式，生产型钢时可将空过辊道横移到水平矫直机后。

水平矫直机矫直辊数量为 8+1 个，最大矫直力是 2400 千牛，最大轴向力为 500 千牛。立式矫直机矫直辊数量为 7+1 个，矫直辊直径为 ϕ700~750 毫米。

2014 年，为了解决水平矫直辊备辊效率低、矫直辊运行稳定性差的问题，邯钢大型轧钢厂对水平矫直辊结构进行了优化，并采取整体辊替代组合辊的方案，提高了备辊效率和矫直辊的运行稳定性。

2015 年开始，通过对矫直工艺、平直检测方法、补矫方法及锯切定位等工艺的不断优化改进，邯钢百米钢轨矫后残余应力和端部平直度控制水平提升明显。

邯钢钢轨平立复合矫直机如图 2-163 所示。

（六）永洋特钢

轻轨生产线原采用"550 等距 10 辊"和"550 不等距 9+1 辊"两种型式矫直机。新轻轨线在冷床出口设置悬臂式水平辊式矫直机 1 台，该设备由矫直机入口导板、矫直机、换辊装置、氧化铁皮收集装置以及液压润滑设施组成，最大矫直能力 159 吨/小时。通过

图 2-163　邯钢钢轨平立复合矫直机

对产品长尺矫直，提高了平直度和成材率。轧件冷却到工艺要求的矫直温度后，通过冷床输出辊道运输，由矫直机入口对中装置导向将轧件导入矫直机进行长尺在线矫直。

重轨生产线原布置有 600 毫米和 800 毫米辊式矫直机各 1 座。600 毫米矫直机辊径为 ϕ540~600 毫米，辊距 600~750 毫米，为 "9+1 辊不等辊距" 型式。800 毫米矫直机辊径为 ϕ700~790 毫米，辊距 800~900 毫米，为 "7+1 辊不等辊距" 型式。

新重轨线在冷床出口设置平立复合矫直机 1 台（具体由 "双支架水平辊式矫直机" 和 "立辊式矫直机" 组成），该设备由矫直机入口导板、翻钢机、平辊矫直机、立辊矫直机、换辊装置以及液压润滑设施组成。根据产品规格情况，合理选择矫直机。矫直材温度 ≤80 ℃，矫直速度为 1.5~4 米/秒，最大矫直能力为 303 吨/小时。对于钢轨产品，在进入矫直机之前，先由水平辊矫直机入口翻钢机将其翻转 90°（对于吊车轨，可以根据立辊矫直机能力，选择是否利用立辊矫直机），使钢轨的轨头向上然后送进平立复合矫直机进行矫直，水平辊矫直机矫直钢轨上下弯曲，立辊矫直机矫直钢轨的侧弯。

永洋特钢钢轨平立复合矫直机如图 2-164 所示。

图 2-164　永洋特钢钢轨平立复合矫直机

第十节　钢轨超声波探伤

钢轨超声波探伤是 20 世纪 70 年代发展起来的一种高效无损探伤法，它既可检测钢轨局部内部质量情况，也可检测钢轨全断面的全长内部质量情况。它能发现和定位存在于钢轨内部的各种冶金缺陷，如白点、夹杂、气孔等。超声波探伤通常采用脉冲回声技术，这种检测方法是基于脉冲超声波在其传播路径上被缺陷反射回来的原理而实现的，由于发射的是超声波脉冲，因此可以利用脉冲的间歇时间来接收从缺陷界面反射回来的超声波脉冲。

20 世纪 80 年代末期，世界上钢轨生产企业已全部采用超声波探伤技术检测钢轨内部质量，检测速度可达 0.7~1.5 米/秒，其准确率可达 95% 以上。所使用探伤仪均为多探头型，主要有 6 个探头、12 个探头、24 个探头等，这几种探伤仪的主要区别为探伤盲区大小不同，探头越多盲区越小。

如今，钢轨超声波探伤均采用在线全自动探伤设备，通过传输辊道将矫直后钢轨输送至自动检测设备，以水作为耦合剂，当钢轨进入后，各部位检测探头全自动贴合，将检测脉冲信号转换为跟踪走线电信号，将缺陷以线条形式显示在计算机报表上，根据报表显示位置将缺陷在实物上做出标记。为确保检测精度和可靠性，每次检测前都需用标准人工试样对仪器灵敏度进行校对。

一、钢轨超声波探伤技术介绍

超声波探伤主要是基于超声波在工件中的传播特性，如声波在通过材料时能量会损失，在遇到声阻抗不同的两种介质分界面时会发生反射等，其原理就是利用超声波能量大、指向性好、穿透能力强的特点，根据超声波在材料中传播至界面时产生反射或使透过的能量下降等物理现象，通过在界面边缘发生反射的特点利用测量反射或透过的超声波强度来检查钢轨内部质量的一种方法。

在超声波探伤过程中，当超声波束自钢轨表面由探头通至金属内部，遇到缺陷与钢轨底面时就分别发生反射波，在荧光屏上形成脉冲波形，根据这些脉冲波形来判断缺陷位置和大小，如图 2-165 所示。

超声波检测根据原理不同，可分为脉冲反射法、衍射时差法、穿透法以及共振法等；根据检测采用波形不同，可分为纵波法、横波法、表面波法、板波法、爬坡法等；根据使用探头数目不同，可分为单探头法、双探头法以及多探头法；根据探头与工件的接触方式不同，可分为接触法、液浸法、电磁耦合法等。

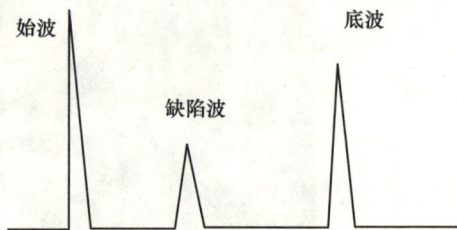

图 2-165　超声波探伤脉冲波形示意图

为改善探头与工件间声能的传递，需要在探头与检测面之间添加液体，形成液体薄层，该液体称为耦合剂。

以脉冲反射法为例解释超声波探伤的基本原理：声源产生的脉冲波进入到工件中—超声波在工件中以一定方向和速度向前传播—遇到两侧声阻抗有差异的界面时部分声波被反射—检测设备接收和显示—分析声波幅度和位置等信息，评估缺陷是否存在或存在缺陷的大小、位置等。

两侧声阻抗有差异的界面可能是材料中某种缺陷（或不连续），如裂纹、气孔、夹渣等，也可能是工件的外表面。声波反射的程度取决于界面两侧声阻抗差异的大小、入射角以及界面的面积等，通过测量入射声波和接收声波之间声传播的时间，计算出反射点距入射点的距离。

超声波探伤仪利用脉冲发射器通过探头将超声波短脉冲送入试件，当回波从试件的缺陷或边界返回时，通过信号处理系统，在示波器上加以显示，并将其幅度和传播时间显示出来。如果已知试件中的声速，则根据示波器上的读数所获得的脉冲间的传输时间即可获得缺陷的深度，如图 2-166 所示。

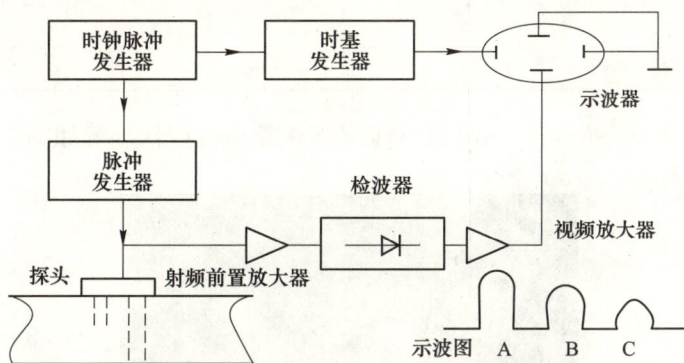

图 2-166　超声波探伤仪基本原理示意图

二、中国主要钢轨生产企业钢轨超声波探伤装备及技术进步

（一）鞍钢

1. 鞍钢钢轨超声波探伤装备及技术更新

20 世纪 70 年代中期，鞍钢大型厂在国内率先应用手持探头探伤装置，对钢轨的内部缺陷进行人工探伤，这一装置的应用使得鞍钢大型厂在钢轨检测方法领域上处于领先地位。

1982 年，对探伤区域进行了改造升级，针对原设备需要人工移动探头，不能实现在线探伤的缺点，引进了营口仪器厂 SA-10 型晶体管超声波探伤仪，该仪器具有灵敏度高、体积小、耗电低、可以长时间工作等优点，并通过后续技术改造，使其能够同时对轨头、轨腰、轨底进行探伤。

1997 年，引进德国 KD 公司的 "ECHOGRAPH1150" 的重轨超声波探伤装置。该设备采用组合式结构以适应不同规格的钢轨，可同时进行钢轨探伤及钢轨厚度测量。且该设备具有多通道探伤系统，每台 1150 主机可匹配 16 个通道：头 7 个，腰 5 个，底 4 个，可自由编程 16 个检测功能，以确定各探头的不同作用，有 16 条特征曲线，用以补偿不同探头的探伤灵敏度，每个检测功能可分设 8 个闸门，用以在不同的深度范围内各自独立地对信号波幅进行评判，每个闸门内分设 3 个不同的阈值，分别用以确定判废、基准灵敏度及背景噪声等的门限值，3 个可供自由选用的厚度测量程序，通过全机统一的基准信号发生器完成各通道间自我功能监控，并通过连接同步装置实现自我功能监控，进而实现了超声波探伤和计算机技术有机结合。

钢轨超声波探伤机性能参数见表 2-22。

表 2-22　钢轨超声波探伤机性能参数

项　目	参　数	项　目	参　数
风压/兆帕	1	检测速度/米·秒$^{-1}$	1.8
水压/兆帕	0.08	检测范围	头：>70%
水柱厚度/毫米	50~70		腰：>60%
晶片尺寸（探头）/毫米	$D=12$		底：>30%

鞍钢引进德国 KD 公司 ECHOGRAPH1150 重轨超声波探伤装置如图 2-167 所示。

图 2-167　鞍钢引进德国 KD 公司 ECHOGRAPH1150 重轨超声波探伤装置

2007 年，引进加拿大 NDT 公司的钢轨在线 16 通道超声波数字探伤机，进一步提升超声波系统机械系统的水平、垂直实时随动能力及缺陷定位技术，该设备由全数字超声波探伤仪、探头部分、耦合单元、探伤机械部分、自动控制部分、计算机网络、其他辅助部分等组成的一套完整的在线钢轨超声波探伤机。其超声波探头液压伺服垂直随动技术和四连杆+弹簧的水平实时随动设计，具备垂直、水平位置实时跟随能力，具有自动控制、缺陷定位和钢轨测长技术，钢轨运行速度 0～1.5 米/秒，可及时进行缺陷定位，保证高速钢轨检测质量。

鞍钢引进加拿大 NDT 公司的超声波数字探伤机如图 2-168 所示。

图 2-168　鞍钢引进加拿大 NDT 公司的超声波数字探伤机

2021 年，为提高钢轨超声波探伤过程稳定准确度，满足钢轨超声波探伤灵敏度需在人工缺陷波高 50% 的基础上 +6 分贝，同时检测过程中灵敏度波动 ≤3 分贝的严格要求，对超声波自动化探伤系统进行了整体改造升级，有效提升鞍钢大型厂钢轨在线质量检测准确率。

2. 鞍钢现有钢轨超声波探伤装备技术特点

针对原有钢轨超声波探伤机长期使用反映出超声波信号分析处理系统，检测技术和相关技术指标落后，动态样轨调试稳定性差导致的误检和漏检等问题，鞍钢大型厂在二期改造工程中对超声波自动化探伤系统进行改造升级，主要包括以下部分：

（1）仪表国产化升级，解决了因无备件导致系统无法探伤的问题。

（2）对系统进行改造升级，更换全数字 24 通道钢轨在线超声波探伤仪，实现闸门对底波或界面波实时跟踪和底波在线监控。

（3）更换探头垂直和水平实时随动系统，实现单探头独立地对钢轨相应检测区域垂直和水平实时移动。

（4）更换探伤机整体水平随动、被动托辊和钢轨夹紧系统，提升探伤机整体水平随动能力和钢轨在探伤机内运行平稳性，解决主框架随动问题和耦合机构的局限性，实现钢轨全系列产品检测。

（5）更换传统的双晶超声波探头系统，提升探伤机检测稳定性。

（6）提升自动控制、缺陷定位和钢轨测长技术，实现钢轨非接触式自动测长，缺陷定位精度≤±50毫米。

（7）改进探头及覆盖率，提高检测系统信噪比（不小于18分贝）。

改造后的钢轨超声波探伤机漏检率和误报率满足大生产需求，做到漏检率为零，误报率不大于4%。

（二）包钢

1978年7月，原铁道部要求对生产的重轨进行探伤。

1981年6月，包钢轨梁厂建成超声波探伤作业线。1981年6月24日，对50千克/米钢轨进行超声波探伤试验。1981年7月1日开始试生产，依据《钢轨超声波探伤方法》（YB/T 951—1981），对钢轨轨头、轨腰和轨底进行"三点式"在线超声波探伤，即钢轨的轨头、轨腰和轨底各布置一个探头；同年11月，冶金工业部和铁道部对50千克/米钢轨进行探伤鉴定，并同意转产。1983年3月，开始对60千克/米钢轨进行超声波探伤试验。1984年4月，经鉴定后正式转产。

包钢超声波探伤装置如图2-169所示。

图2-169　包钢超声波探伤装置

2001年，在轨梁厂钢轨生产线一期一步改造工程中，为了完善钢轨内部检测质量，引进了加拿大NDT公司的钢轨质量检测设备。

包钢引进加拿大的钢轨检测设备如图2-170所示。

2006年7月，在100米钢轨生产线上开始使用加拿大NDT公司的钢轨检测设备，所包含的主要设备有：激光断面尺寸检测站、激光平直度检测站、涡流检测站、超声波检测站共计四套检测设备，配合检测设备检测的辅助设备还有清洁站、喷标站等。其中，钢轨超声波检测站用于在线检测和分析存在于钢轨内部的缺陷。检测探头分为水膜探头、冲水探头两种。共有探头17个，可自动检测和评估钢轨轨头、轨腰、轨底内部的缺陷。超声站主要技术参数：探头频率范围0.5~18兆赫兹，检测通道数量32个，报警闸门每个通道

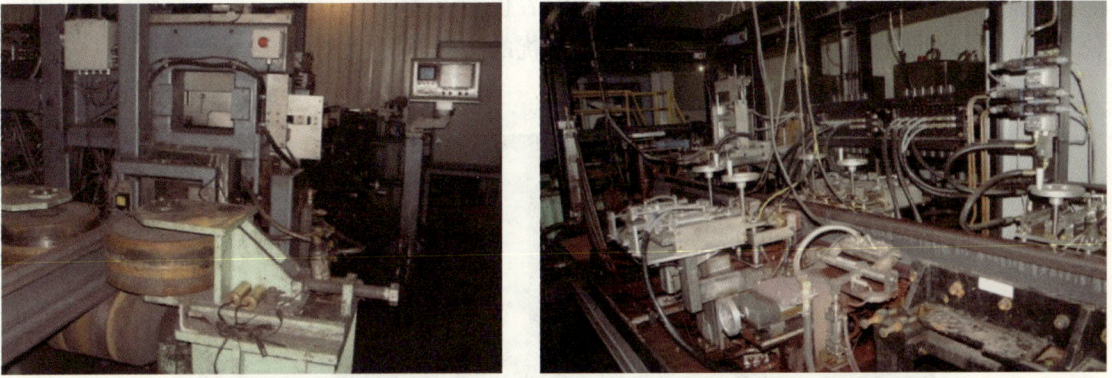

图 2-170　包钢引进加拿大的钢轨检测设备

4 组。检测形式：通过连续检测工艺探测钢轨全长位置上的缺陷，速度为 2 米／秒时，探测灵敏度为 1.5 的平底孔。

钢轨超声检测站设备原理简图如图 2-171 所示。

检测中心超声探头布置及扫查面积图

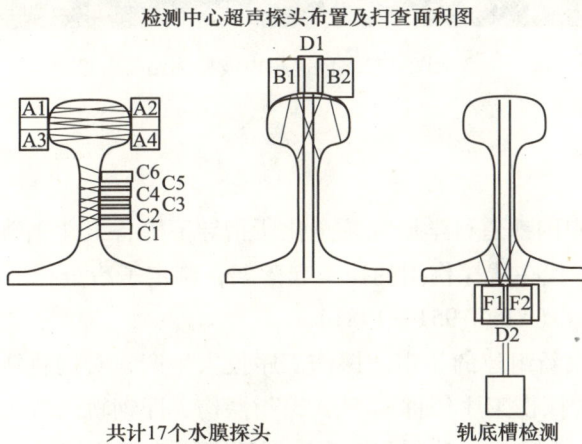

共计17个水膜探头　　　　　　　　轨底槽检测

图 2-171　钢轨超声检测站设备原理简图

2013 年 1 月，在 2 号生产线安装的国产超声波检测站投入使用。该设备可以在线全自动使用超声波探伤法，检测和分析存在于钢轨内部的缺陷。主要技术性能如下。检测探头：水膜探头，探头正常工作距离：水膜探头为 0.5 毫米，检测钢轨长度范围：9～105 米，重复频率：每通道 2000 赫兹，检测通道数：24 个，使用通道数：17 个，检测部位：钢轨踏面、钢轨轨头侧、钢轨轨腰、钢轨轨底侧、轨底底面。

2015 年 5 月，在 1 号生产线安装的国产超声波检测站，解决了原有钢轨质量检测设备误报率高、样轨调试稳定性差、仪表抗干扰能力差的技术难题。该设备采用方晶片检测探头，检测覆盖面积大，增加重叠扫查区域，探头耐磨板全部按照钢轨各部位接触面角度加工，有效地增强了与检测钢轨的贴合性；起落架本体增加缓冲装置，与探头盒连接部位使用弹性软连接，增强了探伤装置与检测钢轨的耦合性、随动性，有效减少钢轨检测波动产生的误报；在检测程序上采集编码器信号，增加检测走线倒退功能，可实现报警缺陷的实时复检，减少后续返钢复探的繁杂工作；在仪表板卡上集成抗干扰模块，并将各检测通道使用专用屏蔽通道电缆，有效地实现电信号干扰的阻隔，降低电磁干扰引起的误报。

包钢超声波检测站如图 2-172 所示。

图 2-172　包钢超声波检测站

（三）攀钢

1980 年，攀钢在中国铁道科学研究院金化所指导下筹备组建钢轨超声波探伤工序，在筹备过程中开发了第一代在线探伤用的探头起落架，制定了冶金行业钢轨超声波探伤标准《钢轨超声波探伤方法》（YB/T 951—1981）。

1981 年 3 月，攀钢新组建的超声波探伤工序投入生产，对钢轨轨头、轨腰和轨底进行在线超声波探伤，整个探伤工序俗称"三点式"探伤，即钢轨的轨头、轨腰和轨底各布置一个探头，在线针对钢轨轨头、轨腰和轨底布置三个探头起落架，探作室布置三台超声波探伤仪（CTS-6 型）。

2001 年，为了满足中国第一条高速铁路秦沈高铁对钢轨超声波探伤要求，攀钢自主研发了多通道数字化钢轨超声波探伤仪，该套装置最多可实现 16 个通道同时进行探伤，整个装置沿钢轨纵向方向布置了 13 个探头（轨头踏面布置 1 个双晶探头，轨头左右侧面各布置 2 个双晶探头，轨腰布置 6 个双晶探头，轨底腿尖上表面布置 1 个双晶探头，轨底底面布置 1 个单晶斜探头）。多通道数字化钢轨超声波探伤仪在现场的成功应用使得攀钢生产的钢轨超声波探伤能满足 EN 标准、中国铁道科学研究院《时速 200~300 公里高速铁路 60 千克/米钢轨暂行技术条件》和 UIC860 标准，满足国内铁路运输重载、提速和快速客运铁路建设用轨要求。

2003 年 5 月，引进了德国 KrautKramer 公司的"NSP-VIS771859"超声波探伤装置，该套装置最多可实现 18 个通道同时进行探伤，整个装置沿钢轨纵向方向布置了 18 个探头（轨头踏面布置 3 个双晶探头，轨头左右侧面各布置 2 个双晶探头，轨腰布置 6 个双晶探头，轨底底面中心表面布置 3 个双晶探头，轨底底面左右侧各布置 1 个单晶斜探头），探头布置与扫查范围如图 2-173 所示。

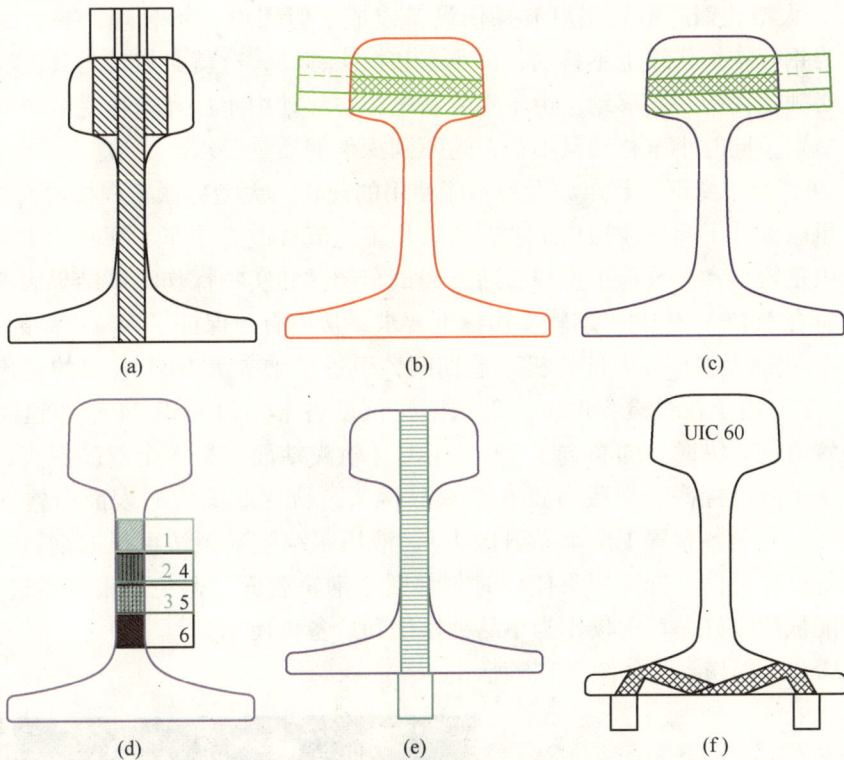

图 2-173　攀钢超声波探伤仪探头布置与扫查范围示意图

（a）轨头踏面探头；（b）轨头左侧探头；（c）轨头右侧探头；

（d）轨腰探头；（e）轨底中心探头；（f）轨底中心裂纹探头

2020 年，根据用户需求的变化和技术水平的提高，攀钢对钢轨超声波探伤装置软硬件进行升级优化，确保检测结果更稳定可靠。

攀钢轨梁厂钢轨检测中心如图 2-174 所示。

图 2-174　攀钢轨梁厂钢轨检测中心

（四） 武钢

1982 年，大型轧钢厂钢轨超声波探伤设备建成，但因设计不合理，一直未能投入使用。该设计为钢轨在探伤线上不移动，由小车和探头移动，这就必然使与其配套的冷却水管和电源也必须随探头一起移动。由于水管和电源在移动中水压和电压受到影响，导致探测强度逐步减弱，同时小车移动又不稳，达不到探伤的质量要求。

1988 年初，为改变钢轨超声波设备不能使用的现状，大型厂派工程技术人员到其他钢厂考察后，重新设计了超声波探伤工艺，将探伤工艺流程改为小车、探头、水管、电源固定不动，而由重轨移动。改造工程竣工后，经试车调试和实物探伤测试结果表明，钢轨超声波探伤线符合 YB 951—1981 钢轨探伤标准要求，从而有效保证了钢轨产品的质量。

2008 年，武钢大型厂在万能轧机改造期间，引进了加拿大 NDT 公司的超声波探伤设备 UMS280，主要用于在线检测钢轨内部缺陷，该设备最多可实现 24 个通道同时进行探伤，整个装置沿钢轨纵向方向布置了 23 个探头（轨头踏面布置 3 个双晶探头，轨头左右侧面各布置 4 个双晶探头，轨腰布置 6 个双晶探头，轨底底面中心表面布置 3 个双晶探头，轨底底面左右侧各布置 1 个单晶斜探头），液压跟踪随动系统可根据钢轨运行位置的变化及时进行位置补偿，确保探头任何时刻都紧贴钢轨表面，避免误报。经过 15 年的运行，设备功能依然完好，目前仅作为小品种探伤和后备机使用。

武钢 UMS280 探伤系统如图 2-175 所示。

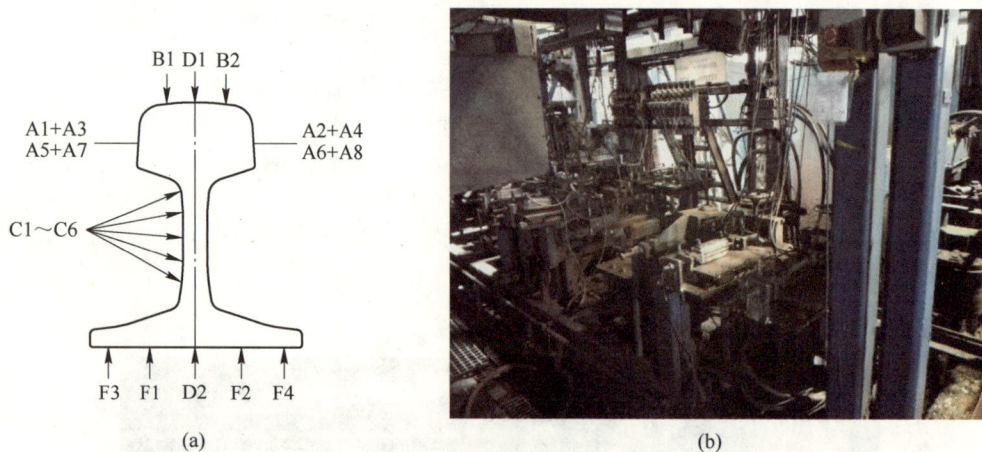

图 2-175　武钢 UMS280 探伤系统
（a）探头布局；（b）UMS280 探伤设备

2021 年 9 月，新增一台 TYCS-11 超声波检测设备。该设备有占地小、样轨调试稳定性强、仪表抗干扰能力强等优点，目前主要用于 60 千克/米钢轨在线探伤，探伤速度为 1.5 米/秒。由于超声站前后增加了辅助对中装置，减少了钢轨在检测过程中的摆动和跳动，大大降低了钢轨在线检测时的误报率。

武钢 TYCS-11 探伤设备如图 2-176 所示。

图 2-176　武钢 TYCS-11 探伤设备

（五）邯钢

2012 年，引进了加拿大 NDT 钢轨无损检测系统，该系统包括钢轨轮廓仪、激光平直度仪、涡流探伤仪、超声波探伤仪以及辅助检测系统设备，最大检测钢轨长度 120 米。整套系统随动性很强，具有 6 组夹紧导向装置，保证钢轨与中心线以及导向夹送辊的对中。超声站、涡流站均具有内外两个机架，外部机架提供整个设备的支撑和定位功能，内部机架坐落在固定机架上可以浮动，当钢轨存在微小的尺寸波动或平直度变化，内部机架可以通过气缸、液压缸等部件进行随动，保证检测起落架、探头组件与钢轨的贴合，耦合层声程稳定、检测结果稳定可靠。NDT 系统对钢轨的尺寸、平直度、表面质量、内部缺陷进行全长实时监测，对钢轨进行不同级别分类。系统均为全自动一体化控制，多通道多探头，实现钢轨的全方位检测，速度快、准确性高、结果稳定可靠，适合于大批量钢轨生产的在线集中检测。

2016 年，进行了超声站电气自动化控制程序的优化，实现了钢轨的倒钢复检，保证钢轨质量同时，提高了生产效率。

2018 年，开展了腰部探头改造工作，利用水膜式国产探头代替水浸式探头，并自主增加了斜探头，同时设计并加装了一套"钢轨腰部氧化铁皮自动清扫系统"，大大降低了钢轨超声波探伤时的误报率，提高了生产效率，腰部探头的误报率降低至 30%，并且观察探头晶片的磨损情况也有了很大改善，增加了探头的使用寿命。

邯钢钢轨超声波探伤设备如图 2-177 所示。

（六）永洋特钢

重轨生产线设置钢轨探伤机组，对重轨和起重机钢轨等产品的内部瑕疵，如轨头、轨底及轨腰部分的层状缺陷、夹杂缺陷和裂纹等进行在线探伤。设备包括：探伤入口导卫、超声波探伤机组本体、预留涡流探伤和平直度检测仪的位置和相关接口、钢轨表面清理装置以及调试和生产所需的标定试块、样轨和手持式数字超声波检测仪等辅助设备。按生产

图 2-177　邯钢钢轨超声波探伤设备

工艺设计的探伤软件和电气控制程序，实现了钢轨生产过程中的全自动超声波检测、评估和探伤数据处理、储存。

探伤速度 0~1.5 米/秒可调，标准样轨缺陷出伤率为 100%。超声波评估系统扫查速度不低于 2 米/秒。检测钢轨尺寸：钢轨长度为 9~105 米，轨高为 100~200 毫米，底宽为 100~200 毫米，轨头宽度为 50~130 毫米，轨腰厚度为 10~50 毫米，设备最大过轨高度≤240 毫米。

第十一节　钢轨涡流探伤与表面质量检测

钢轨表面存在的轧痕、轧疤、裂纹等缺陷影响钢轨质量，因此，在钢轨生产过程中必须严格控制表面质量，杜绝存在表面缺陷的成品出厂，这就需要在成品发货之前，对钢轨的表面缺陷进行严格检测。

目前，国内主要钢轨生产企业均采用了磁粉探伤、涡流探伤、人工检测相结合的方法对钢轨表面质量进行检测，并配合计算机信号处理、人工智能分析等技术提高钢轨表面质量检测的精确度和可靠性。

一、钢轨涡流探伤技术与表面质量检测技术介绍

（一）钢轨涡流探伤技术

随着铁路的快速发展，钢轨需求量持续增大，为了保证线路的安全和稳定运行，用户对钢轨的质量要求也变得更加严格。为了进一步减少人工表面检查存在的不确定性和偶然性，减少漏检，钢轨生产企业开始采用钢轨涡流探伤设备，实现了轨头、轨底在线非接触式动态无损探伤功能。

涡流检测是建立在电磁感应原理基础上的一种无损检测方法。利用交变磁场对被检测试件激励出涡流电流，通过测量这个涡流电流引起的磁场变化来进行检测的方法称为涡流检测。

由于检测感应线圈在导电工件表面或近表面激发的涡流是有规则地流动，当工件表面

出现不连续性缺陷或瑕疵时，特别是裂纹、裂口、孔洞、划痕、刮伤等，规则状的涡流将发生巨大的畸变，所以当涡流检测遇到工件表面存在瑕疵时，计算机将会表现出非常好的灵敏反应，这也是涡流探伤检测的意义所在。

涡流近表面无损探伤示意图如图 2-178 所示。

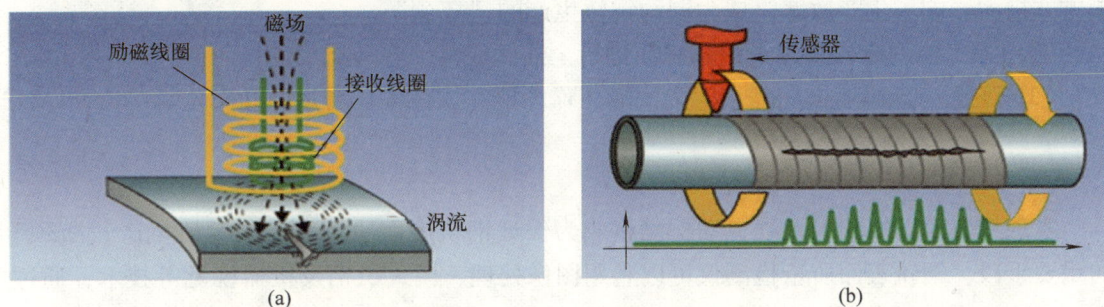

图 2-178　涡流近表面无损探伤示意图
（a）平面点式检测；（b）旋转式信号

与肉眼检查相比，涡流探伤更可靠，探伤速度可达 1～1.5 米/秒，检测精度可达 ±0.1 毫米，其所能检测的最小深度为 0.3 毫米，其检测准确率可达 99%。现在各焊轨厂采用的涡流探伤装置主要有两种，一种是带有固定探头的涡流探伤仪，另一种是带有扫描装置的涡流探伤仪。

带有固定探头的涡流探伤仪，主要用于检测钢轨头部表面缺陷，其探头按不同方向排列，覆盖整个轨头表面，可以检测钢轨轨头纵向及横向上的表面缺陷，可检测出深度在 0.3 毫米以上、长度 20 毫米以上缺陷。

具有扫描装置的涡流探伤仪是借助安装在其旋转扫描装置上的探头，对钢轨表面缺陷进行检测。其扫描装置旋转速度为 2000 转/分钟。它可发现在钢轨表面深度为 0.4～1 毫米的缺陷，检测速度为 1 米/秒。该装置的计算机系统可以自动识别缺陷信号，并分类这些信号。

（二）磁粉探伤技术

磁粉探伤的优点是简便，国外约有 30% 的钢轨生产厂采用这种方法。开始是采用人工磁粉探伤，但速度慢，效率低，后发展了在线磁粉探伤技术。在线磁粉探伤速度可达 0.75～1.0 米/秒。其工作原理是首先通过磁极将钢轨磁化，然后用喷枪将荧光粉喷吹到整根钢轨表面上，磁粉将吸附于表面缺陷处，带有缺陷的钢轨可经人工或计算机控制下的传感器识别，根据标准要求与人工缺陷样轨进行比较后，仅在那些超过标准的缺陷处留下标记，为检察员判级和修磨提供依据。这种磁粉探伤仪对深度超过 0.13 毫米、0.25 毫米、0.38 毫米的裂纹等缺陷能灵敏反应。其优点是设备投资少、可靠性高；缺点是操作成本较高、不能对缺陷进行准确分类。

（三）人工在线检查技术

传统钢轨质量检查方式是在钢轨加工及其他检查之前设立表面缺陷检测岗位，由 4 名工人用肉眼同时检查钢轨表面，每名工人检查其中的一个表面，其中下表面通过安装在钢轨下方的镜子，利用镜面反射影像原理观察。这种人工肉眼检测方式存在着以下问题：

（1）人工检测方式的效率低。由于人眼生理功能的影响，人工检测钢轨表面需要将钢轨运行速度降到 30 米/分钟以下，而钢轨检测线正常的速度是 1.5~2 米/秒，因此人工检测方式极大影响了生产效率，成为制约钢轨生产的"瓶颈"。

（2）人工检测方式难以对钢轨表面进行全连续检测，容易造成漏检。

（3）工人劳动强度大，需要 4 人同时工作才能完成任务，增加劳动岗位。

（四）其他检测技术

实现钢轨表面缺陷的在线自动检测将成为保证钢轨表面质量和解决钢轨生产"瓶颈"的重要手段。钢轨表面质量检测仪可以利用图像处理、模式识别及机器视觉等技术，通过围绕钢轨四周搭建多套检测设备实现了钢轨踏面、底面和轨腰面的全方位覆盖测量；通过采取主动条纹光源和双目视觉技术，实时提取钢轨表面轮廓，从而检测钢轨表面的三维缺陷；钢轨表面质量检测仪实现了对钢轨表面缺陷的在线测量，不仅可以提高检测速度和精度，而且可以大大节省人力物力。

钢轨的断面形状采用具有最佳抗弯性能的工字形断面，由轨头、轨腰及轨底三部分组成。钢轨的表面是多平面—多曲面的复合面，为了能够同时对钢轨的四个面（踏面、底面和两个腹面）进行检测，需要对系统的照明光场、拍摄方式进行全面设计。拍摄到钢轨的清晰图像后，系统采用了基于多 PC 的多处理器实时并行处理技术，每台采集端采集处理完数据后传送到服务器，由服务器进行整理保存，记录下缺陷发生的位置、类型，并且把缺陷的图像保存到磁盘中，同时对各种缺陷情况通过专家系统与缺陷图库进行分析、对比，得到统计数据，通过这些数据来指导优化工艺。

钢轨表面缺陷从外观上看可分为两类：一类是轧疤、压痕、凹坑等在外观上可以看到有深度变化的缺陷，这类缺陷称为开放式缺陷；另一类是折叠、裂纹、夹杂等在外观上难以看到深度变化的缺陷，这类缺陷称为封闭式缺陷。为了解决氧化铁皮等干扰因素对钢轨表面缺陷检测的影响，用红、蓝两种不同颜色的光源从不同角度对钢轨表面照明，并通过两种不同颜色图像的对比来凸显开放式缺陷，消除氧化铁皮的影响。

二、中国主要钢轨生产企业钢轨涡流探伤与表面质量检测装备及技术进步

（一）鞍钢

2001 年，鞍钢大型厂为进一步提升出厂钢轨产品表面质量，在一期改造工程中引进加拿大 NDT 公司的涡流探伤机（EDDYRON4.3），主要用于检测钢轨头部（顶部及两侧）和轨底的表面缺陷，该设备具有多个静态探头和动态探头，可同时检测横向缺陷和纵向缺陷。但由于存在误报和漏报问题，该检测设备未应用于钢轨生产中，钢轨表面缺陷仍以人工检查为主。

鞍钢涡流探伤机如图 2-179 所示。

图 2-179　鞍钢涡流探伤机

2020 年，鞍钢大型厂历经三年攻关，研发成功多向敏感涡流检测新技术，实现静态探头对轨底 0°~90°各方向、各类型开闭口的轧痕、折叠、冷伤、表面裂纹等全部缺陷的准确检测，彻底解决了钢轨在线涡流检测设备误、漏报率高的顽疾。同时研发成功轨底在线涡流自动检测系统，实现在线替代人工检测，大幅度提升检测准确率和生产效率，实现轨底下表面零缺陷出厂，赢得铁路用户广泛好评。

鞍钢自主研发的轨底双涡流检测设备如图 2-180 所示。

图 2-180　鞍钢自主研发的轨底双涡流检测设备

2021 年，为提升大型厂钢轨在线表面质量检测准确率，鞍钢与越策联合（厦门）检测科技有限公司共同研发钢轨在线涡流自动化探伤检测系统。研发成果显著，在国内率先实现涡流静态探头检测 0°~90°缺陷。

2022 年，为提升钢轨在线冷态表面质量检测的稳定性和准确率，鞍钢大型厂引进冶自欧博钢轨在线冷态表面质量检测系统，对钢轨全长冷态表面质量进行检测，目前钢轨在线冷态表面质量检测系统已经在镜面检查 3 线投入使用。该系统采用非接触式的光学测量方法，使用高速工业相机采集图像并实时处理，测量出的结果也更加地精确。镜面检查人员通过数据查看软件访问服务器数据，可以查看测量完成的钢轨上的缺陷信息，定位缺陷具体位置，辅助人员发现缺陷，极大地减少视野盲区的缺陷漏检，大幅提高产品表面质量检测准确率，但部分缺陷仍需检查员人工检查与确认。

鞍钢钢轨在线冷态表面质量检测系统如图 2-181 所示。

图 2-181　鞍钢钢轨在线冷态表面质量检测系统

（二）包钢

2006 年，包钢轨梁厂引进加拿大 NDT 公司的钢轨质量检测设备，其中涡流检测站可以全自动检测钢轨表面缺陷。

检测探头分为静态、动态探头两种；共 18 个探头，其中静态探头 10 个，用来检测钢轨表面的横向缺陷；动态旋转探头 8 个，用来检测钢轨表面的纵向和斜向缺陷；检测部位包括钢轨踏面、轨头侧面、轨腿尖部、轨底表面。

包钢涡流检测站设备原理简图如图 2-182 所示。

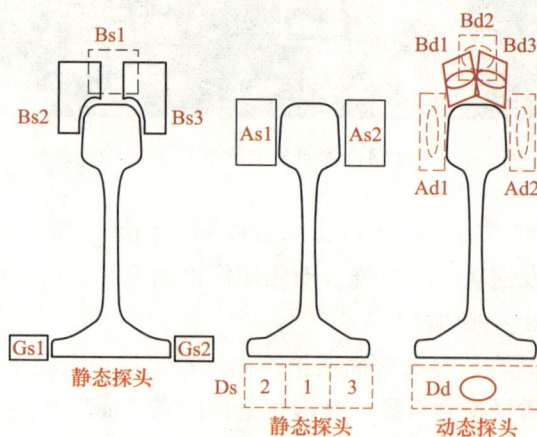

图 2-182　包钢涡流检测站设备原理简图

2006 年，包钢轨梁厂 1 号中型万能轧钢生产线投产，钢轨表面质量检查从线下 25 米台架翻钢目测检查变为在线四面目测检查。在线表面检查辊道速度应不大于 0.65 米/秒。

包钢翻钢目测检查如图 2-183 所示。

图 2-183　包钢翻钢目测检查

2016 年 8 月，在现场安装钢轨表面质量检测仪，该检测系统能够尽早检测出表面缺陷并采取相应措施，实现 100% 的在线检测。该系统的优点是：具有支持对连续缺陷的合并，形成一个整体的长缺陷；对周期性缺陷的检测，并及时报警；系统能够可对不同的钢轨进行不同的设置参数的，系统能够自动调整；用户对按照缺陷大小严重程度设置声光报警；测量数据可存储一年；数据库维护简单。该设备可以有效解决轧机轧制速度与人工检测速度不匹配，形成生产"瓶颈"的难题，将轧机的产能发挥出来。

钢轨表面质量检测仪利用机器视觉技术，通过围绕钢轨四周搭建四套检测设备实现了钢轨的踏面、底面和腰面的全方位覆盖测量；通过采取机器视觉+三维重建技术，实时提取钢轨表面信息，检测钢轨表面缺陷。

测量原理：激光切片法。

3D 测量：在被测物体表面投射一条激光线，物体表面形状会使激光线发生扭曲，使用高速相机实时拍摄扭曲后的激光线图像，根据激光线扭曲程度，恢复被测物体表面轮廓。

2D 测量：使用"激光切片法"的激光线作为光源，采集钢轨二维信息。

激光切片法测量原理示意图如图 2-184 所示。钢轨表面质量检测仪设备组成示意图如图 2-185 所示。在线高清影像表面检查装置如图 2-186 所示。

（三）攀钢

2003 年，攀钢轨梁厂引进由德国 Dr. Forster 公司制造的多频在线自动化涡流检测设备，其具有轨头、轨底表面及近表面的动态检测功能，进一步加强了表面质量的把关力度。该设备轨底检测由 4 个旋转探头组成，同时在轨底边缘配备 2 个 LMD 扇形线圈；轨头踏面由 4 个旋转探头组成，同时头侧、圆弧处均各配置 1 个旋转探头，1 个 LMD 线圈。头、线圈的布局满足了轨头、轨底全覆盖检测，实现了在线动态全检。

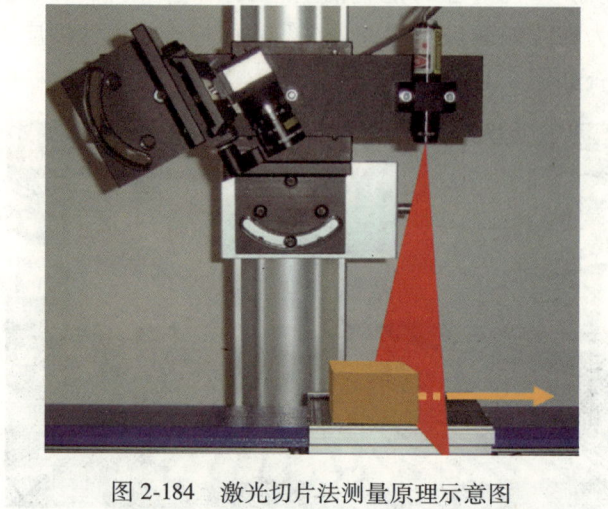

图 2-184　激光切片法测量原理示意图

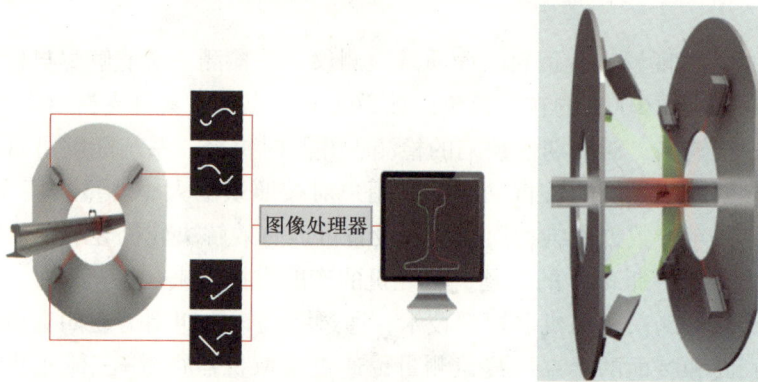

图 2-185　钢轨表面质量检测仪设备组成示意图

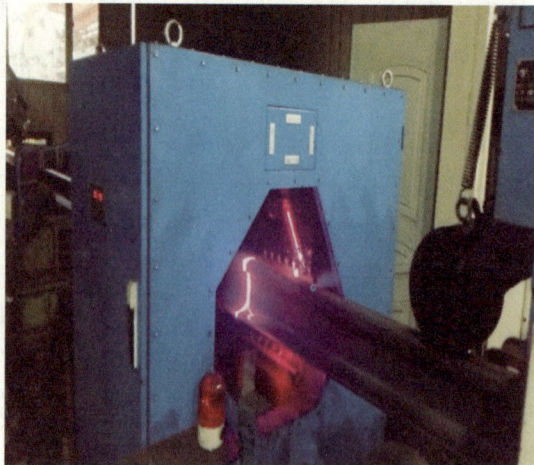

图 2-186　在线高清影像表面检查装置

2005 年，攀钢轨梁厂万能轧线全面投产，钢轨表面质量检查从 25 米台架翻钢两人目测检查升级为在线一点近距离四人四面检查。检查员与钢轨实物距离缩短在 1 米以内，同时采用暖光白炽灯直射进行实时辅助照明。另外，在 100 米钢轨收集台架安排专人对缺陷修磨质量和下线钢进行管理，大幅度降低缺陷漏检。

2007 年，为了满足生产节奏的需求，钢轨在线表面检查由一点模式转变为三点模式，同时结合钢轨表面接受照明的视觉变化，将检查辅助照明升级为白色日光灯来提高缺陷色差识别。

攀钢涡流探头分布如图 2-187 所示。攀钢早期人工检查照明图如图 2-188 所示。

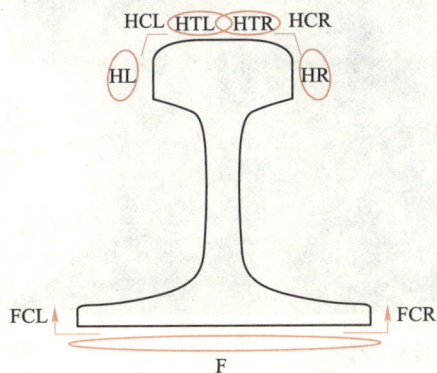

图 2-187　攀钢涡流探头分布

图 2-188　攀钢早期人工检查照明图

2017 年，引进意大利 MERMEC 公司的 2D 冷态钢轨表面检测设备，以更好地对钢轨表面质量进行把控，做到"零缺陷"出厂。对于钢轨可见表面的缺陷识别开始建立在线人、机共检模式，同时结合二级物流系统建立已检钢轨表面图片数据库，实现钢轨在线钢轨表面预检。2D 冷态检测设备是由一套 Surface Check 光学成像系统和世界顶流康耐视机器视觉 VIDI（4.1）系统组成。光学系统通过一系列 LED 灯和线性排列的摄像头来读取冷态钢轨表面二维高清图片来进行像素分析，通过视觉系统对缺陷的学习，构建高、低评分模型分类，利用独有的像素组合算法来对钢轨表面的瑕疵进行报警。

攀钢 2D 冷态表面检测设备及样品照片如图 2-189 所示。

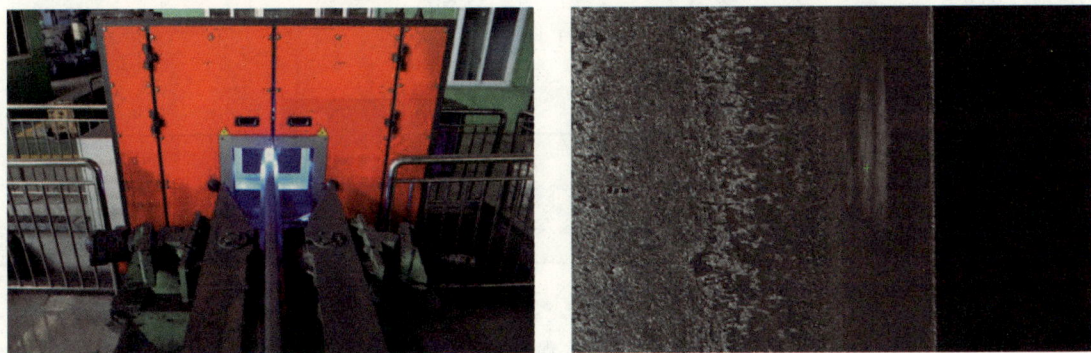

图 2-189　攀钢 2D 冷态表面检测设备及样品照片

2019 年，引进了奥地利 NEXTSENSE 公司的 3D 热态表面及轮廓检测设备。设备的投用可以快速地在钢轨生产轧制期间发现表面存在的瑕疵，从源头上对追踪产品质量起到预估预判的效果。3D 热态表面及轮廓检测设备是由光学采集组件和 Osiris 光学表面检查及轮廓测量系统组成。测量基于激光光刻技术对钢轨进行横向切片，利用轮廓三维重建重新获取剖面数据，然后转换为三维坐标构成三维点云，最后根据产品预定的轮廓值找出表面偏差而形成残差图像可视化。

攀钢 3D 热态表面检测设备如图 2-190 所示。

图 2-190　攀钢 3D 热态表面检测设备

2023 年 7 月，轨梁厂对涡流检测设备轨底探头再次进行改造，轨底探头从原旋转式 4 探头升级为穿过式 8 探头。此次升级的穿过式 8 探头在主板上按九宫格布局交替分布，保证了钢轨轨底全贯穿。同时每个探头均由 10 组感应线圈组成，检测期间 10 组线圈全部以顺时针高速旋转作业，填补了钢轨轴向长条状缺陷不敏感的漏洞。新升级轨底涡流探伤软件实现计算机多频化操作，20000~60000 赫兹的探头信号频率可适用于多种材质钢轨的当量调整。主板针对于轨底量身定做，硬件与软件增益可调整数值已做区间处理，不同特征、深度的表面缺陷可针对性调试。同时探头提离间隙和原探头相比，高度增加为 2.5~2.8 毫米，钢轨弹跳间隙最大可放宽至 5 毫米，硬件的革新对检测灵敏度起到了很好的保障作用。此次同时平衡滤波参数可调整范围整体缩小，对于不同生产节奏的变化起到了很好的可控性。

攀钢轨底涡流探伤布局示意图如图 2-191 所示。

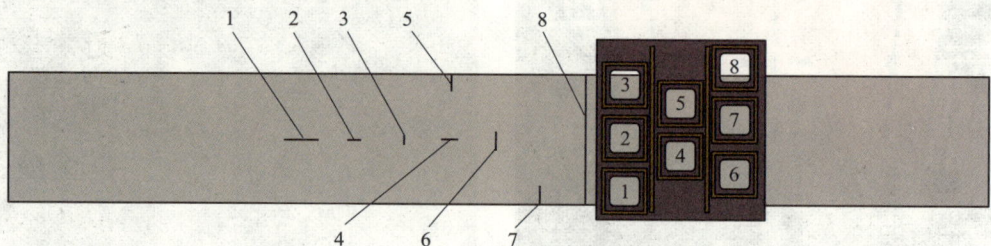

图 2-191　攀钢轨底涡流探伤布局示意图
1~8—探头

2023 年 8 月，通过多年人工在线检查发现缺陷的特征积累，结合辅助照明与钢轨表面阴影成像的变化，攀钢轨梁厂将所有表面检查辅助灯源更换为 6500 K 白光 LED 斜射灯光，让钢轨表面闭合缺陷边缘更好得到暴露，进一步消除检查盲区，让钢轨质量得到了更好的把控。

攀钢轨梁厂现用检查照明如图 2-192 所示。

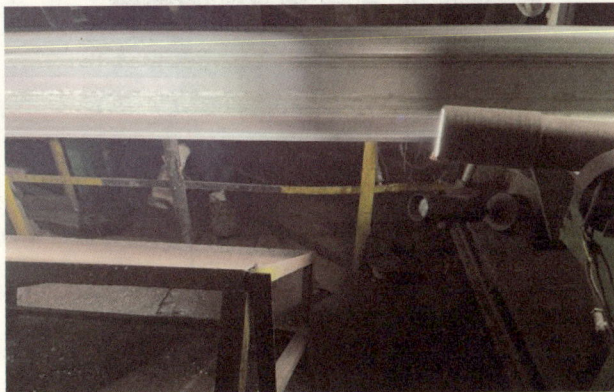

图 2-192　攀钢轨梁厂现用检查照明

（四）武钢

2008 年，武钢大型厂在万能轧机改造期间，引进了加拿大 NDT 公司的涡流探伤设备，主要用于检测钢轨头部（顶部及两侧）和轨底的表面缺陷，该设备具有多个静态探头和动态探头，可同时检测横向缺陷和纵向缺陷。但由于存在误报和漏报问题，设备投用率不高，表面缺陷以人工检查为主。

2022 年初，武钢大型分厂不断寻求与科研院所、高校合作，研究钢轨在线涡流检测技术和设备。2024 年 10—11 月完成涡流探伤设备的安装，以及电气和涡流探伤整体联动测试，2024 年 11 月 26 日投入使用。

武钢钢轨涡流探伤如图 2-193 所示。

图 2-193　武钢钢轨涡流探伤

武钢钢轨探伤人工刻槽测试如图 2-194 所示。

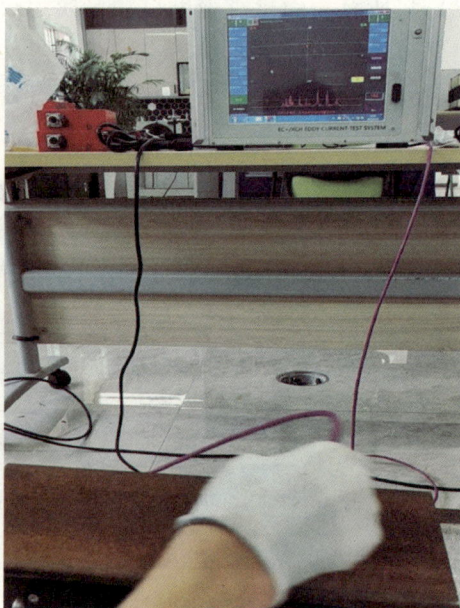

图 2-194　武钢钢轨探伤人工刻槽测试

表面质量检测方面，目前主要采用人工肉眼检查的方式，对行进中的钢轨表面缺陷进行四面检查。

武钢百米钢轨检查线镜面检查车间如图 2-195 所示。

图 2-195　武钢百米钢轨检查线镜面检查车间

（五）邯钢

2018 年，为了提升钢轨表面检查效率和质量，邯钢大型轧钢厂与高校合作，开发了专用冷态表检仪，采用多光谱成像技术实现两维检测与三维检测的结合，利用同一台多光谱相机同时获取钢轨表面的深度信息与灰度信息，通过深度信息与灰度信息的融合检测钢轨表面开放式缺陷与封闭式缺陷，实现钢轨表面缺陷的在线可靠检测，提高钢轨检测效率，解决了生产线的"瓶颈"问题。

邯钢大型轧钢厂型钢线冷态表检仪示意图如图 2-196 所示。

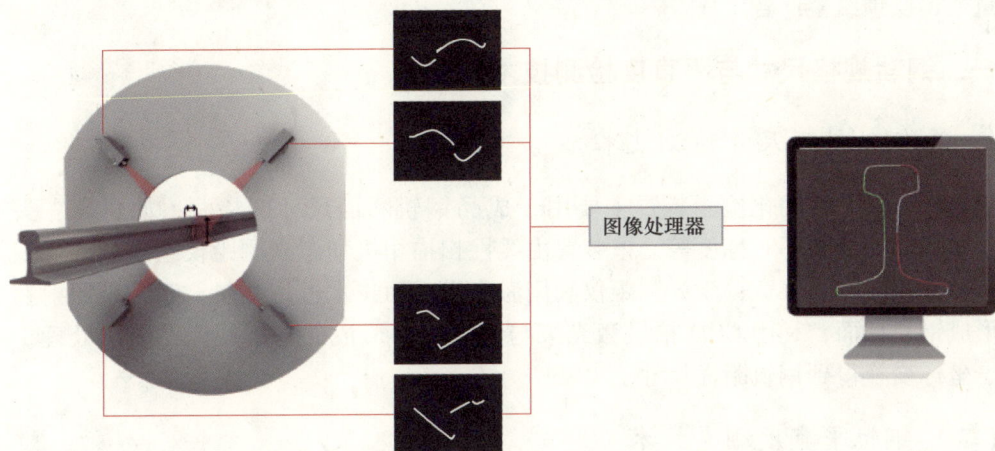

图 2-196　邯钢大型轧钢厂型钢线冷态表检仪示意图

邯钢钢轨冷态表检仪如图 2-197 所示。

图 2-197　邯钢钢轨冷态表检仪

第十二节　钢轨规格尺寸与平直度检测

随着铁路运输的快速发展，对列车运行速度、安全性及旅客乘坐时的舒适性等指标的要求越来越高。因此，世界各国均对钢轨的规格尺寸和平直度提出了更加严格的要求。

目前，经过冶金工艺专家和自动化专家的共同努力，已使钢轨质量检测技术达到了一个更高的水平，即建立钢轨质量在线自动化检测中心。该中心一般设在钢轨精整作业线矫直工序之后，各种检测设备分布在一个长 15 米左右的区域内，以计算机技术为基础，包括对钢轨进行综合检测的检测站和计算机信息管理系统，在检测钢轨表面及内部质量的同时，对钢轨的断面尺寸、平直度进行逐支检查，将其检测数据传输给计算机系统，经过数据整理加工，并绘制成各种图表和曲线，显示出被检钢轨的全面质量状态，及时将钢轨有关质量数据反馈给生产各工序。

一、钢轨规格尺寸与平直度检测技术介绍

（一）钢轨外观尺寸检测技术

钢轨断面尺寸自动化检测装置主要用于成品钢轨断面尺寸的检测，如轨高、头宽底宽、腰厚、底凹凸和不对称度等。该装置由线性扫描相机和激光测距仪组成。线性扫描相机用于计算轨头、轨底宽；激光测距仪利用激光光截面技术进行测量，激光束照射在钢轨表面形成钢轨截面，利用 CCD 拍摄激光束与钢轨表面形成的轮廓线，经图像处理、曲线拟合、坐标变换得到钢轨断面尺寸。

（二）钢轨平直度测量技术

用于钢轨端头平直度测量的激光装置已在大部分钢轨厂投入使用，该装置可精确地测量距轨头 1.5 米以上钢轨水平或垂直方向的平直度。该装置由一个带电位计的测尺和一个弹性扣针组成，在扣针上有一个灵敏的位移传感器，它随被测表面移动，不断把信号传给计算机数据处理中心，经过数据处理计算机绘出被测表面的平直度曲线。

（三）钢轨踏面不平度检测技术

采用激光技术与计算机波形分析技术，可以精确地测量钢轨踏面起伏波动在 0.05 毫米以上的不平度。这个测量装置由一个测量轨高的激光仪和一个测量踏面不平度的传感器组成，借助计算机波形分析技术，可以把钢轨踏面不平整度有关数据打印出来。

（四）钢轨波浪弯曲检测技术

采用一支 3 米长的刚性直尺，在直尺上安有 4 个高精度位移传感器，在对钢轨进行测量时，装在刚性直尺上的位移传感器不断发出变化的脉冲信号，信号经过计算机处理后，打印出被测轨波浪弯曲状况图。

（五）钢轨轨高检测技术

对轨高的检测是采用非接触式激光仪进行测定，其所用探头频率为 16000 赫兹，通过调整探头，可以测量不同断面钢轨轨高。

二、中国主要钢轨生产企业钢轨规格尺寸与平直度检测装备及技术进步

（一）鞍钢

2001 年，大型厂为进一步提升出厂钢轨产品质量，在一期改造工程中引进加拿大

NDT 公司的平直度检测仪，用途是测量平度、直度和弯曲度，当钢轨通过该系统时，有五个激光器可测得平度的数据，五个激光器可测得直度的数据，最后有四个激光器可测得弯曲度的数据。

鞍钢引进加拿大 NDT 公司的平直度检测仪如图 2-198 所示。

图 2-198　鞍钢引进加拿大 NDT 公司的平直度检测仪

2019 年，引进了奥地利 NEXTSENS 公司的平直度测量仪（FMG），该设备可校准和建立互相平行的五组坐标系，可更精准地测量出钢轨的平直度，并将数据反馈至镜面检查人员，镜面检查人员通过靠尺或者对钢轨进行补压，保证钢轨轨端平直度规格符合标准要求。

鞍钢引进奥地利 NEXTSENS 公司的平直度测量仪（FMG）如图 2-199 所示。

图 2-199　鞍钢引进奥地利 NEXTSENS 公司的平直度测量仪（FMG）

2022 年，由于钢轨南北两端扭转规格仍需镜面检查人员人工测量，为提升钢轨扭转规格测量数据的准确性同时提升检查效率，引进奥地利 NEXTSENS 公司的钢轨扭转规格测量设备。该设备的引进使大型厂实现三个独立的扭转测量设备动态和静态在线自动测量钢轨扭转。

鞍钢引进奥地利 NEXTSENS 公司的钢轨扭转规格测量设备如图 2-200 所示。

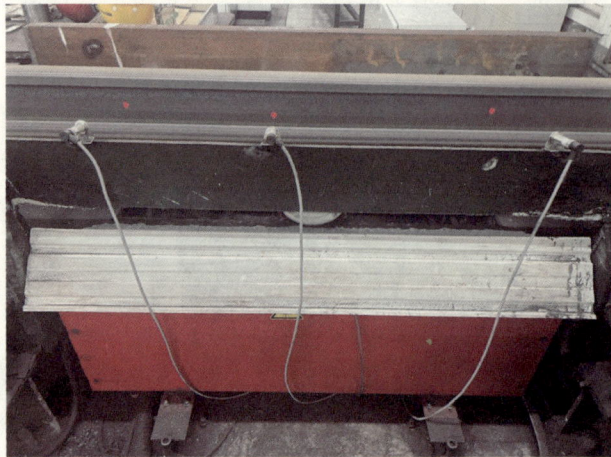

图 2-200 鞍钢引进奥地利 NEXTSENS 公司的钢轨扭转规格测量设备

（二）包钢

2006 年 7 月，引进加拿大 NDT 公司的钢轨检测设备，其中激光断面尺寸检测站用于检测钢轨的断面尺寸合格度，包括带状激光器 1 对，点状激光器 3 对，底部激光器 2 个，用这 5 组激光器来测量整根钢轨的断面尺寸，并绘制出尺寸曲线。测量数据包括头宽、腰厚、底宽、轨高、头不对称和底不对称。检测精度：速度 2 米/秒时为 0.01 毫米。

包钢激光断面尺寸检测站设备原理简图如图 2-201 所示。

激光平直度、扭转检测站用于在线自动检测钢轨平直度、上下弯曲度和钢轨扭转。激光器数量 14 个，包括用 5 个横光束（平行光束）激光器来测量重轨的上下弯曲度；用 5 个三角激光器来测量重轨的侧面平直度；用 4 个三角激光器来测量钢轨端头及整体的扭转。检测精度在最大 2 米/秒速度下为 0.01 毫米。

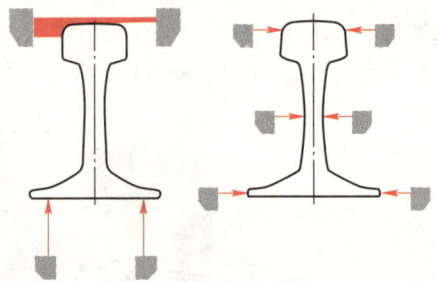

图 2-201 包钢激光断面尺寸
检测站设备原理简图

包钢激光平直度、扭转检测站设备原理简图如图 2-202 所示。

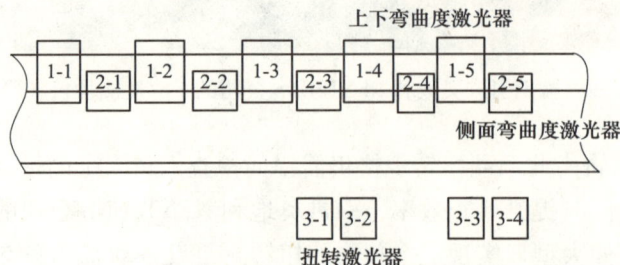

图 2-202 包钢激光平直度、扭转检测站设备原理简图

2014 年，引进西门子公司提供的在线热态断面轮廓仪设备，实现了钢轨轧制后断面尺寸质量信息的实时反馈，为岗位人员提供调整数据，确保产品断面尺寸稳定、可控、可靠。

钢轨轮廓仪检测原理如图 2-203 和图 2-204 所示。

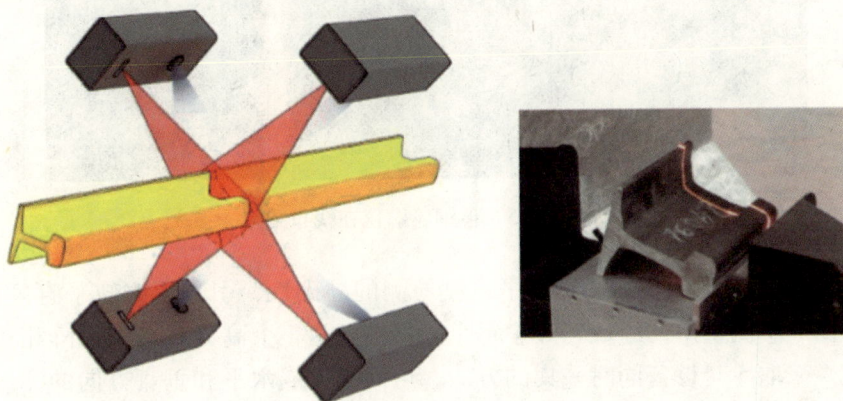

图 2-203　钢轨轮廓仪检测原理图（一）

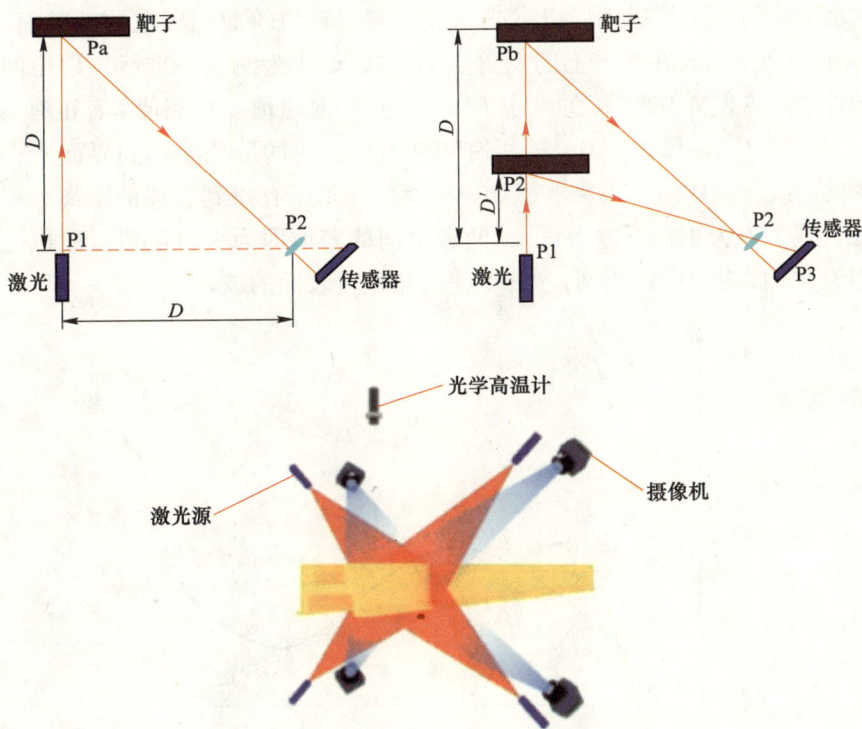

图 2-204　钢轨轮廓仪检测原理图（二）

包钢轮廓仪在线布置如图 2-205 所示。

图 2-205　包钢轮廓仪在线布置

　　2016 年，为了更进一步提高钢轨平直度检测的准确性，引进了钢轨平直度测量设备。该设备主要由 5 个测量单元组成，其中每个测量单元由 1 个高分辨率的面阵相机和 1 个激光光源组成。采取 5 套设备同时采集的方法，可同时完成水平和垂直方向的测量，能校准物体倾斜误差。设备检测时对钢轨平直度质量有即时的数据反馈，并且能够在超标准处做出相应标记，测量结果能反馈给立压操作岗位职工，保证了钢轨检测的准确性。

　　设备采用弦测法为模型来检测钢轨的不平顺度。如图 2-206 所示，在检测过程中三个传感器发射激光束打在钢轨表面，以激光切片法测得钢轨轨面到标定的基准面的距离 y_1、y_2 和 y_3。以前后两束激光在轨道上的反射点的连线 ac 作为测量基准线，以中间位置传感器在轨道的照射点 b 偏离弦线 ac 的大小 f 作为 b 点的测量值。检测值 f 有正有负，当 b 点位于弦 ac 上方时，$f>0$，反之 $f<0$。把所有测到值用曲线的形式绘制到界面上，截取其中长度为 1 米的曲线，利用最小二乘法拟合一条直线，求所有点到直线的距离，得出最大和最小值（在直线上方为正，下方为负），两者之间的差值即为平直度值。所以，平直度界面是把检测值 f 以曲线的形式绘制，f 并不完全是钢轨表面的波动情况。

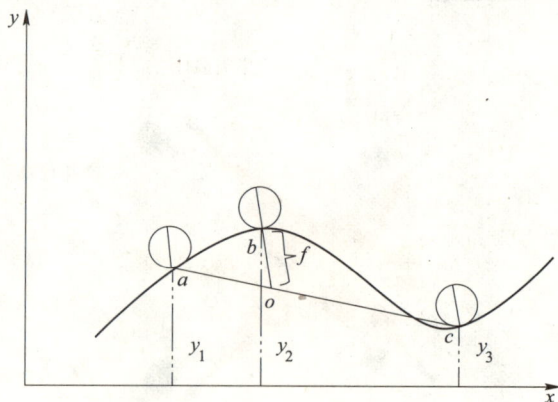

图 2-206　平直度检测设备原理示意图

　　钢轨平直度检测曲线如图 2-207 所示。

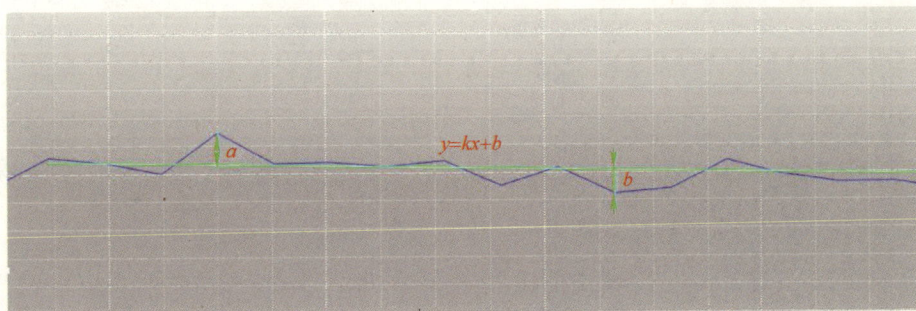

图 2-207　钢轨平直度检测曲线

设备是通过颜色来定性的反应平直度的高低，绿色表示在正常范围，黄色表示稍微偏大，红色表示超出报警范围，阈值的设置给用户留有接口。同时在界面左侧，可以显示具体位置的不同长度尺子测得的平直度值。

钢轨平直度显示曲线如图 2-208 所示。

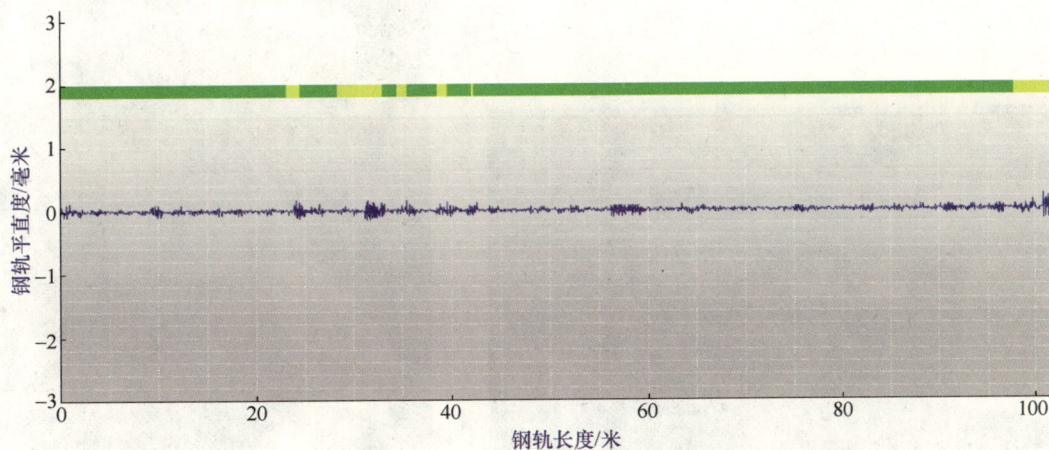

图 2-208　钢轨平直度显示曲线

不同长度平尺平直度值的大小如图 2-209 所示。包钢平直度测量设备如图 2-210 所示。

（三）攀钢

早期，攀钢在生产过程中对于钢轨规格尺寸控制采用的是人工用样板对钢轨固定点进行逐支对比测量、对于钢轨平直度测量采用的是人工用平尺（1 米、1.5 米、2 米、3 米）对钢轨不同区域进行测量，这种测量方式人员劳动强度大、测量结果精度低、钢轨全长覆盖区域少。

攀钢人工样板测量钢轨规格尺寸如图 2-211 所示。攀钢人工平尺测量钢轨规格尺寸及平直度如图 2-212 所示。

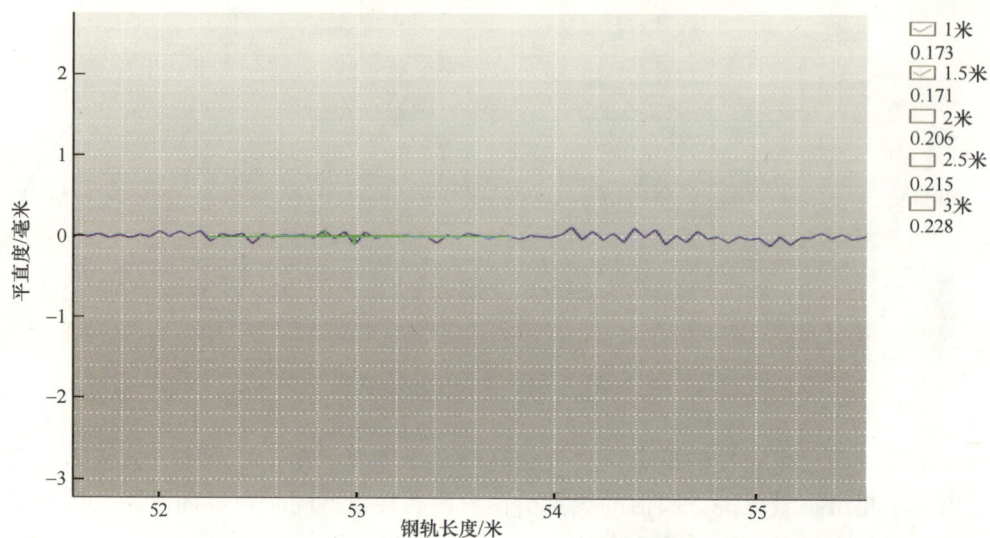

图 2-209　不同长度平尺平直度值的大小

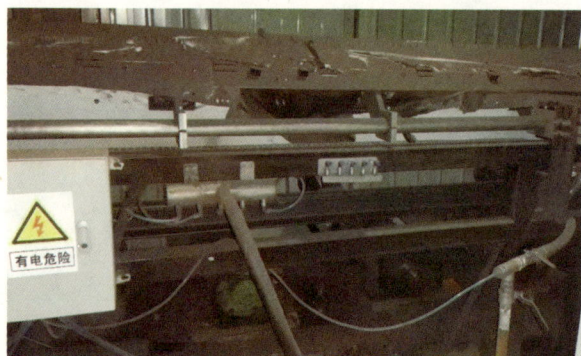

图 2-210　包钢平直度测量设备

图 2-211　攀钢人工样板测量钢轨规格尺寸

图 2-212　攀钢人工平尺测量钢轨规格尺寸及平直度

2003 年 5 月，攀钢三期技术改造引进了奥地利 JOANEUM RESEARCH 公司的 "PMGCN" 钢轨规格尺寸测量装置及 "FMGCN" 钢轨平直度测量装置，该装置包括 4 个激光测量单元、4 个 CCD 摄像单元、信号评估单元，其中 4 个激光测量单元全部安装在同一截面上，每个激光测量单元后都有一个单独的 CCD 摄像机，每个摄像机与激光器成 45° 夹角，整个测量系统精度为 ±0.05 毫米。该设备采用与钢轨无接触式测量，能适应不同规格品种的钢轨。钢轨规格尺寸测量装置在线测量的项目包括：轨高、头宽、底宽、腰厚、对称、腹腔等 20 个尺寸。钢轨平直度测量装置在线测量的项目包括：钢轨端部平直度、钢轨过渡区平直度、钢轨轨身平直度。

攀钢钢轨规格尺寸测量装置如图 2-213 所示。攀钢钢轨平直度测量装置如图 2-214 所示。

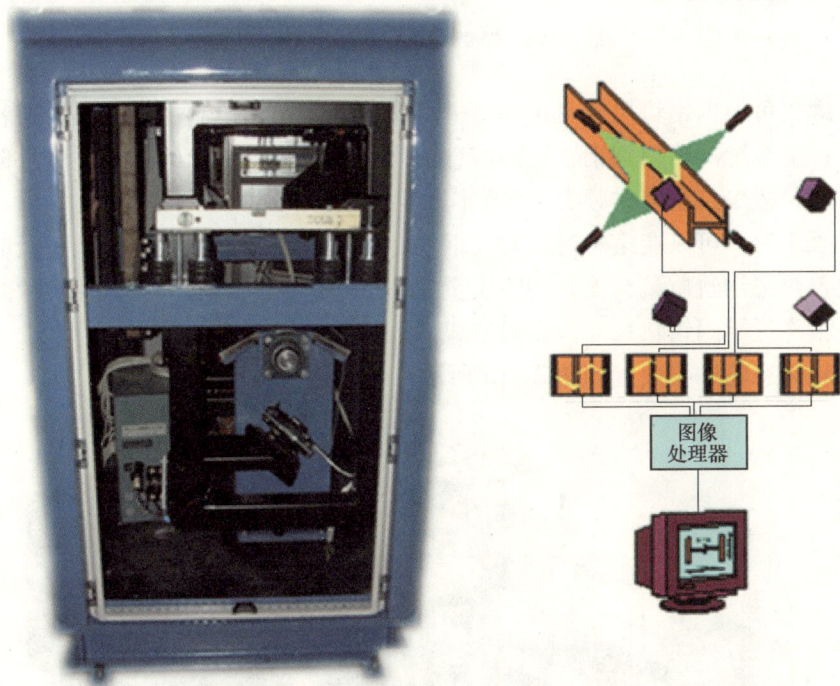

图 2-213　攀钢钢轨规格尺寸测量装置

2014 年，由于标准更新，攀钢轨梁厂对在线钢轨规格尺寸测量装置进行全新的优化升级，确保测量结果精度更高。

（四）武钢

2021 年 4 月，武钢从国外引进了热态轮廓仪，该设备采用激光作为照射光源，高速相机对行进中的热态钢轨表面进行高速连续采样，并利用计算机对钢轨表面轮廓进行三维影像还原，精确重现被测钢轨三维的表面形状和轮廓尺寸，实现了热态、连续、在线轮廓尺寸和表面缺陷检测并完整记录。钢轨断面规格检测均采用激光三维断面坐标分析，尺寸精度达到 ±0.07 毫米以上的检测精度。

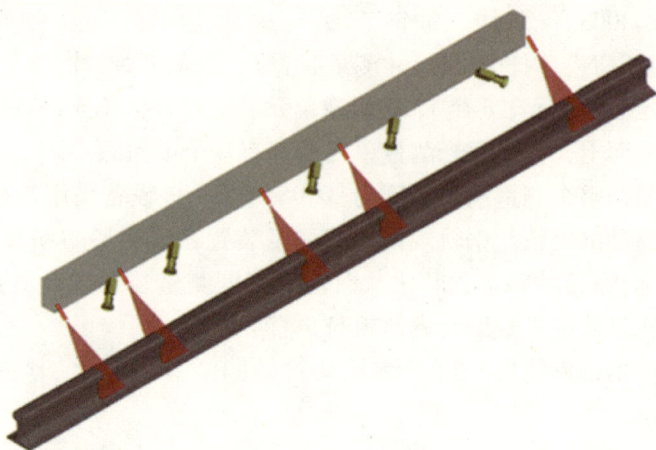

图 2-214　攀钢钢轨平直度测量装置

热态轮廓仪可根据钢轨尺寸变化规律进行针对性调控，控制更加精准，通长尺寸一致性得到提高；能系统准确识别钢轨缺陷信息，自动报警，有效杜绝批量质量缺陷。自动检测全断面尺寸，减少红检取样频次，降低岗位人员劳动强度。

该设备投用后，可以在第一时间发现钢轨轧制过程中产生的问题，从而及时地人工干预调整，改善热态钢轨质量，提高钢轨质量控制水平。有效防范了批量性尺寸及表面缺陷的发生，显著降低了因钢轨尺寸、表面造成的改切和判废。

武钢钢轨热态轮廓仪装置如图 2-215 所示。

图 2-215　武钢钢轨热态轮廓仪装置

（五）邯钢

1. 钢轨热态三维断面检测

2023 年，邯钢大型轧钢厂型钢线对在线轮廓仪进行升级改造。目前钢轨断面规格检测均采用激光三维断面坐标分析，精度达到 0.07 毫米以上的检测精度。

邯钢钢轨在线轮廓仪如图 2-216 所示。

邯钢大型轧钢厂热态钢轨表面质量检测系统的钢轨 3D 检测算法总体设计主要包括算法输入、算法输出、算法流程三部分。

算法输入是单条钢轨检测输入为实时获取到 4 路激光传感器获取到的钢轨扫描信息，则每个钢轨轮廓由 4 路传感器获取到的部分轮廓拼接而来。算法输出是实现对每个轮廓进行检测，对钢轨表面缺陷进行检测，输出包括所有钢轨轮廓组合生成的钢轨 3D 表面模型，每个钢轨轮廓关键尺寸信息，整个钢轨表面缺陷。算法流程是根据算法的需求，算法的主要内容可以划分钢轨轮廓获取、轮廓的尺寸测量和缺陷检测三大模块。

钢轨三维表面检测原理图如图 2-217 所示。

图 2-216　邯钢钢轨在线轮廓仪

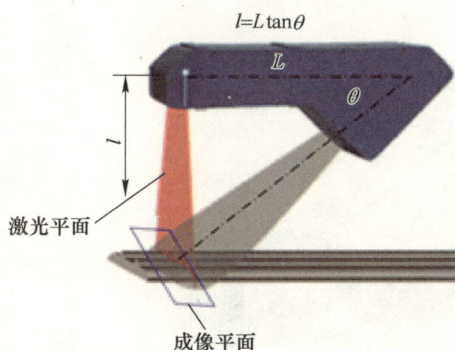

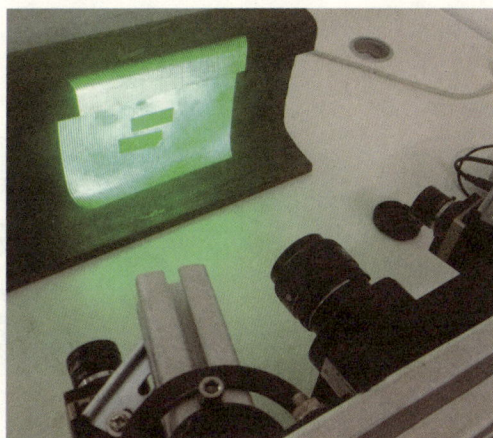

图 2-217　钢轨三维表面检测原理图

2. 钢轨表面轮廓测量

2023 年，邯钢大型轧钢厂对钢轨轮廓测量设备进行升级，新设备测量精度小于 0.05 毫米，该设备的应用使轧制过程的连续检测成为了现实，并且整合了钢轨的尺寸测量、表面测量、字符、商标检测，新开发了扭转、平直度的数字化判定技术。通过非接触式轮廓仪对轧制过程中轧件尺寸的连续检测，可在显示终端上实时显示钢轨断面图形及各部位尺寸，从而使得操作人员据此快速调整轧线工艺参数，实现了高精度轧制。同时热态轮廓仪还可对钢轨表面质量、热轧标识和热打印质量进行监测，并开创性地打造了 3D/2D 综合表面缺陷判定试验系统，向智能识别缺陷迈进。

钢轨轮廓边解析示意图如图 2-218 所示。

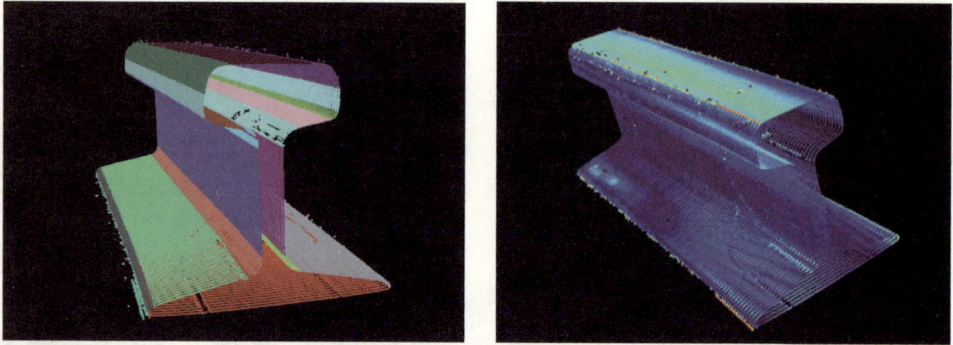

图 2-218   钢轨轮廓边解析示意图

邯钢大型轧钢厂型钢生产线建设时引进的 NDT 检测中心内部配置有钢轨平直度检测系统，该系统采用激光摄像原理，对钢轨全长进行水平、垂直方向上的平直度检测。钢轨检测后，可得到钢轨的原始弯曲度，通过设定的 4 把尺子对钢轨任意位置进行平直度评估。

钢轨平直度检测主要通过激光装置完成，激光数据被传送到激光数据处理器，数据被处理并通过以太网发送到控制室内的数据采集计算机，在工作站的标定站和控制室的工作台的监控屏上，实时显示钢轨的检测过程。

钢轨平直度检测示意图如图 2-219 所示。

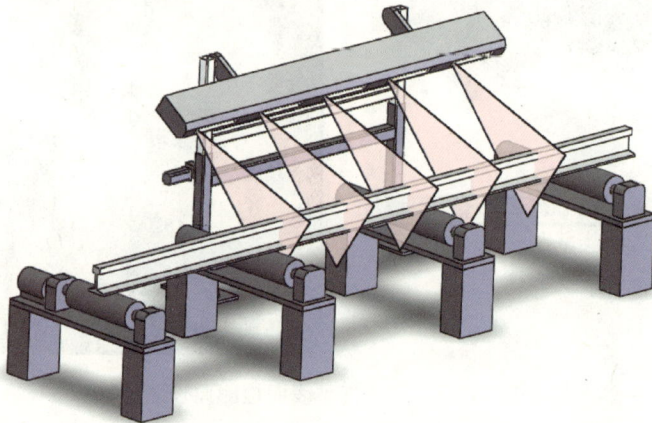

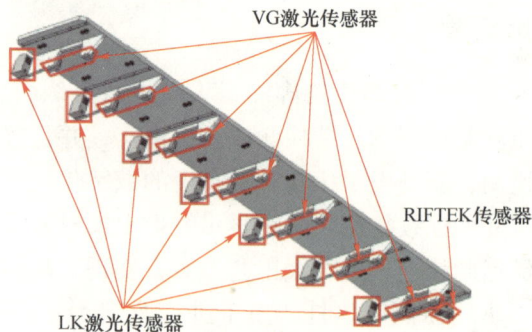

图 2-219   钢轨平直度检测示意图

第十三节　钢轨锯钻加工

钢轨锯钻加工是钢轨生产的最后一个工序，由于目前各家钢铁生产企业采用连铸坯+万能法生产的钢轨长度均在 60 米及以上，在完成冷却、矫直、规格尺寸及平直度检查、表面及内部质量检查后，需要在锯钻加工线切除钢轨端部矫直盲区，并根据不同客户的要求将长尺钢轨加工成相对应的定尺长度和进行轨端钻孔后，才能作为成品钢轨，装车运输并交货。

一、钢轨锯钻加工技术介绍

早期钢轨锯钻加工主要采用带锯进行锯切，钻孔采用传统的麻花钻头，其加工表面粗糙，钻孔精度不高，调整频繁，加工效率低，人员劳动强度大。

随着硬质合金锯片和硬质合金组合潜孔钻的使用，以及钢轨锯钻联合机床的出现，实现了钢轨锯钻加工半自动乃至全自动化，有效地提高了生产效率，锯钻质量也得到质的飞跃和保证。

钢轨锯钻联合机床由锯钻床本体、传动机构、定尺测长系统、头尾运输系统、铁屑处理系统以及为锯钻床配置的液压设施组成，具有加工焊接轨头尾端部、加工非焊接轨头尾端部、剖分长尺焊接轨、剖分长尺非焊接轨等功能，能将 100 米及以上钢轨加工至 100 米、50 米、25 米乃至其他任意定尺钢轨。

钢轨锯钻联合机床能够根据所加工钢轨的不同要求，进行锯切、锯切+三钻、锯切+六钻、不锯不钻空过等工作模式选择，能够在锯切定尺的同时完成相邻两段钢轨端部各三孔的六孔钻孔作业，可减少锯切余头，进一步提高生产效率和提高成材率，在此同时改进了锯切余头的收集方式，由原垂直坠落到铁头收集箱，人工调整码放顺序，改进到侧翻有序自然码放到收集箱内，增加收集量并大大减轻人工操作体力强度，提高作业效率。

二、中国主要钢轨生产企业锯钻加工生产装备及技术进步

（一）鞍钢

1953 年，鞍钢大型厂采用苏联设备钻床和铣床，对钢轨分别进行铣端头和钻连接孔。重轨切头后进行铣床铣平钢轨端头和铣到定尺长度，再进行钢轨两端钻孔作业，生产效率低，铣刀和钻头使用和维修成本高。

鞍钢加工线钻床工作图示如图 2-220 所示。鞍钢加工线铣床工作图示如图 2-221 所示。

图 2-220　鞍钢加工线钻床工作图示

图 2-221　鞍钢加工线铣床工作图示

　　1989 年，对重轨加工线进行改造，更换了苏联的铣床、钻床分别加工钢轨的定尺和钻孔作业方式，引进了 4 台美国的 CMI 锯钻组合机床。采用硬质合金齿锯片切割和硬质合金钻头钻孔，实现了定尺锯切和钻孔同时联合作业，提高了生产效率、降低了加工成本，加工质量得到全面提高，钢轨端面平整光滑，定尺准确。

　　鞍钢 CMI 锯钻组合机床参数见表 2-23。

表 2-23　鞍钢 CMI 锯钻组合机床参数

项　目	参　数
型号	WHCB1002/S3
可加工钢轨尺寸范围/毫米	轨高：130~200 轨宽：110~200
可加工钢轨最大抗拉强度/牛·平方毫米$^{-1}$	1300
锯片锯切速度/米·分钟$^{-1}$	75~150
锯片进给速度/米·分钟$^{-1}$	40~800
锯片最大行程/毫米	380
钻杆转速/转·分钟$^{-1}$	450~1200
钻杆进给速度/毫米·分钟$^{-1}$	10~300
钻杆最大行程/毫米	368

　　1997 年 7 月，引进 4 台德国 WAGNERG 公司生产的锯钻组合机床，替换原美国的 CMI 锯钻组合机床。进一步提高锯钻加工的效率，并自主实现了钻孔同时完成钻孔倒棱作业，弥补原有进口机床钻孔与倒棱不能联动作业的缺陷。

　　鞍钢 WAGNERG 锯钻组合机床参数见表 2-24。

表 2-24　鞍钢 WAGNERG 锯钻组合机床参数

材料技术规格		加工精度保证值	
项　目	参　数	项　目	参　数
可锯钻钢轨规格	43千克/米、50千克/米、60千克/米、75千克/米 UIC54、60	钻孔保持公差/毫米	±0.4
可锯切钢轨规格	QU80、QU100、QU120	锯切垂直度/毫米	±0.4
可加工钢轨尺寸范围/毫米	轨高：70~220 轨宽：80~220	8~50米钢轨长度精度公差/毫米	±2
材料初始长度/米	9~52	钢轨端部粗糙度/微米	3.2
成品长度/米	8~50	钻孔和倒角粗糙度/微米	3.2
钢轨最大抗拉强度/牛·平方毫米$^{-1}$	1350	切头长度/毫米	20~1200
钻孔规格 φ/毫米	29、31、36	钢轨温度	室温

鞍钢引进德国 WAGNERG 公司生产的锯钻组合机床如图 2-222 所示。

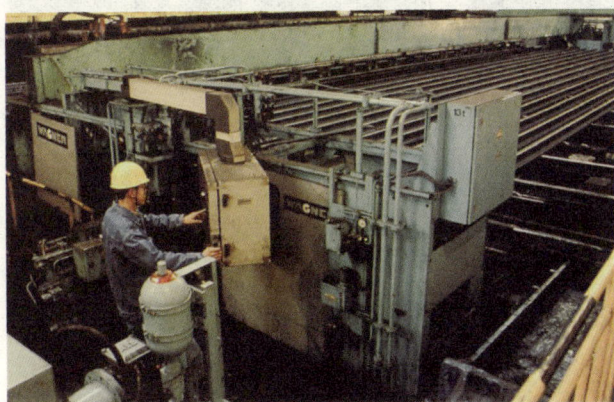

图 2-222　鞍钢引进德国 WAGNERG 公司生产的锯钻组合机床

2007 年 3 月起，鞍钢陆续引进 3 台奥地利林辛格（LINSINGER）锯钻组合机床。完成百米钢轨连线生产工艺布局，同时具有 100 米、25 米钢轨及其他各种定尺钢轨的锯钻加工能力。生产 25 米钻孔钢轨时，可同时完成定尺中切后两支钢轨相邻端的钻孔作业，提高了生产作业效率。

鞍钢 LINSINGER 锯钻组合机床参数见表 2-25。

表 2-25　鞍钢 LINSINGER 锯钻组合机床参数

材料技术规格		加工精度保证值	
项　目	参　数	项　目	参　数
可锯钻钢轨规格	43 千克/米、50 千克/米、60 千克/米、75 千克/米、UIC60、50N、60N、75N、BS90A、BS100A	钻孔保持公差/毫米	≤±0.4
可锯切钢轨规格/毫米	QU80、QU100、QU120、50AT、60AT、59R2、60R2	锯切斜度/毫米	≤0.4
可加工钢轨尺寸范围/毫米	轨高：100~220　底宽：100~200　头宽：50~130	8~100 米钢轨长度精度公差/毫米	±2
材料初始长度/米	9~102	钢轨端部粗糙度/微米	Ra20
成品长度/米	8~100	钻孔和倒角粗糙度/微米	Ra20
钢轨最大抗拉强度/牛·平方毫米$^{-1}$	800~1400	—	—
切头长度/毫米	50~1500	切头长度/毫米	50~1500
钻孔规格 φ/毫米	24~40	钢轨温度	室温

鞍钢引进奥地利 LINSINGER 锯钻组合机床如图 2-223 所示。

图 2-223　鞍钢引进奥地利 LINSINGER 锯钻组合机床

（二）包钢

20 世纪 50 年代，包钢轨梁厂原建的钢轨加工线采用苏联制造的设备，由于设备落后和质量上的缺陷，钢轨加工质量不高，钢轨的再加工量大，产量低、人员劳动强度大。

1985 年 11 月至 1986 年 7 月，对原 1 号、2 号线的钢轨加工设备进行了更换性的技术改造，采用 4 台从德国瓦格纳公司制造的钢轨锯钻联合加工机床，并全部采用可编程序控制器自动控制，使钢轨加工质量达到了 UIC 标准。

包钢钢轨锯钻联合机床如图 2-224 所示。

图 2-224 包钢钢轨锯钻联合机床

1999 年 10 月，新增设的第三条钢轨加工线建成投产。该工程的竣工标志着包钢钢轨生产加工向国际先进水平迈进了一大步，钢轨加工能力由原来的 30 万吨增加到 50 万吨，该生产线整体工艺布置先进，钢轨加工长度实现了 9~25 米自动定尺，整条作业线实现了 PLC 自动控制。

2009 年 10 月，为解决轨梁厂加工线锯钻联合机床已使用多年，设备老化较严重，经常出现铣斜和螺旋线等现象，影响生产和产品质量的问题，从 LINSINGER 公司引进 2 台型号 LSB800、S6 的硬质合金锯钻联合机床，包括一锯六钻 2 套、辅助设备（切头、切屑输送带和锯片更换装置）、测长装置等成套机械和电气设备、液压润滑系统，锯片采用硬质合金锯片，钻头采用嵌入式硬质合金刀片。项目从开始安装、调试设备，经两个多月的时间，于 2010 年 1 月投入使用。经测试，产品切割公差、长度公差、切割后表面粗糙度、2 个孔之间的水平距离公差、孔的高度公差、孔径公差等均达到标准要求。不仅实现了多种产品自动化的锯切、钻孔工作，大大提高了产能，同时降低了工人的劳动强度，改善了工人的工作环境。

包钢轨梁厂锯钻联合机床主要技术性能见表 2-26。

表 2-26 包钢轨梁厂锯钻联合机床主要技术性能

序号	项 目	单 位	参 数
1	型号	—	LSB 800
2	锯片直径	毫米	660~830
3	水平张开宽度	毫米	90~230
4	垂直张开宽度	毫米	45~250
5	水平夹紧力	千牛	25
6	垂直夹紧力	千牛	40

（三）攀钢

1973 年，建厂初期采用分离工艺铣、钻加工，只能生产 12.5 米的定尺钢轨，生产效率及自动化程度低，人员劳动强度大。

1982 年，从联邦德国引进了一套 WKB630 锯钻床，将铣、钻工艺由一台机床同时完成，提高了生产效率。锯切工艺开始采用硬质合金锯片，提高了锯切效率；锯孔工艺采用传统的麻花钻，钻完孔后需要人工再单独进行孔的两端倒棱，生产效率不高。

随着铁路建设的发展，25 米定尺钢轨成为铁路建设的主要产品，1982 年 12 月至 1983 年 3 月完成了第一条 25 米定尺钢轨加工线的改造；1983 年 7 月至 1984 年 3 月，完成了第二条 25 米定尺钢轨加工线的改造。

1987 年 5 月，从联邦德国瓦格纳厂引进 4 台硬质合金联合锯钻床，锯片采用硬质合金锯片，钻孔采用安装凸三边硬质合金的潜孔钻；使加工效率和质量有了大幅的提高，但钻孔的两边仍采用人工倒棱的生产模式。

1995 年，从德国 WAGNERG 公司引进 WHCB1002/S3 钢轨联合锯钻机床，实现了钢轨 25 米定尺半自动化钢轨锯钻加工。钻孔仍采用安装凸三边硬质合金的潜孔钻，但在潜孔钻上新增加了组合式的倒棱刀片，可以实现钻孔的过程中自动完成孔的两端倒棱。钻孔锁紧装置采用机械锁紧方式，每次换模调整孔距时间偏长。

WHCB1002/S3 锯钻机床主要技术参数见表 2-27。

表 2-27 WHCB1002/S3 锯钻机床主要技术参数

项 目	单 位	参 数
锯片直径	毫米	ϕ660~830
锯齿	个	80
法兰盘直径	毫米	250
锯片宽度	毫米	约6.5
行程	毫米（最大值）	380
进给速度	毫米/分钟	800
快速进/退	毫米/分钟	5000
钻范围	毫米	底宽最大220，腰厚最大25
钻孔直径	毫米	31~36
钻杆数量	个	3
行程	毫米	0~45368
进给速度	毫米/分钟	10~300
快速进/退	毫米/分钟	5000
锯切周期	秒	30~45
锯钻周期	秒	45~60

2004 年，从奥地利林辛格（LINSINGER）公司引进了 3 台 LSB800/S6 型钢轨联合锯钻床，采用纵向布局，实现自动定尺及远距离集中控制。同时钻孔锁紧采用液压锁紧方式，减少了换模孔距调整时间；同时通过硬质合金锯片刃磨工艺、硬质合金锯片在线钝、钻孔潜孔钻合金块及倒棱结构和刀片的装备工艺等技术的深入优化、研发，形成了"钢轨端面斜度在线纠偏技术""钢轨钻孔高精度控制技术"等钢轨加工质量控制技术；在保证锯、钻加工质量的前提下，其加工效能也得到了进一步的提升，形成了攀钢特有的钢轨锯

钻加工技术。

LSB800/S6 锯钻床相关技术参数见表 2-28。

表 2-28　LSB800/S6 锯钻床相关技术参数

名　称	单　位	规　格
钢轨规格	千克/米	37.2~75（国标、铁标、UIC 和 EN 标准）
道岔轨和吊车轨	千克/米	吊车轨头宽 80~120 毫米或 AT 轨
轨底	毫米	最大 200、最小 100
轨高	毫米	最大 200、最小 120
腰厚	毫米	10~50（钻孔最大 30）
钢轨抗拉强度	兆帕	最大 1400（普轨 1050）
来料长度	米	25.2~103
定尺长度	米	9~50
端部切料长度	毫米	切头：30~1000；切尾：30~3000
螺栓孔直径	毫米	29~36
加工钢轨的温度	℃	1~60
钢轨头尾平直度	毫米/米	4/1.5

攀钢钢轨锯钻组合机床加工生产线如图 2-225 所示。

图 2-225　攀钢钢轨锯钻组合机床加工生产线

万能二线加工线 100 米、50 米系列定尺加工布置图如图 2-226 所示。

2015 年，攀钢在 950 毫米轧机升级改造的同时，新增了一条钢轨加工线，称为万能一线加工线。万能一线加工线主要有 1 台 1987 年引进联邦德国 WAGNERG 锯钻床（利旧）和 2007 年从奥地利引进的 2 台 MFL 锯钻床组成。

生产 9~25 米定尺轨时，只投用两台 MFL 锯钻床进行生产；生产 100 米定尺轨时，一台 WAGNERG 锯钻床（利旧）床子切头，一台 MFL 锯钻床进行定尺切尾；100 米下线轨加工时，使用另一台 MFL 锯钻床进行 9~25 米定尺轨的生产。

图 2-226　万能二线加工线 100 米、50 米系列定尺加工布置图

MFL 钢轨联合锯钻床技术参数见表 2-29。

表 2-29　MFL 钢轨联合锯钻床技术参数

锯切钢轨尺寸	最小值/毫米	最大值/毫米
轨底	100	200
轨高	120	200
轨腰	10	50
轨腰钻孔深度	10	30
钻孔孔径	28	36
原料来料长度	25200~26000	103000
锯切长度	9000	100000
切头长度	300	2000
切尾长度	1500	1600
加工钢轨抗拉强度	—	1600 牛/平方毫米

万能一线精整加工线布置图如图 2-227 所示。

图 2-227　万能一线精整加工线布置图

（四）武钢

2006 年改造之前，老生产线采用分离的铣、钻工艺对钢轨进行加工。

铣床：型号为 X28，铣刀盘直径为 470 毫米，铣刀片数量为 8 块，主轴最大行程 110 毫米。

钻床：型号为 Z12，可对 43~60 千克/米断面规格钢轨进行钻孔，钻孔直径范围为 φ3~29 毫米。

1992 年 11 月，为增强重轨生产能力，提高重轨质量，大型轧钢厂从德国引进锯钻联合机床。总投资为 200 万德国马克。这项技措项目的实施，不仅增强了年加工重轨能力，更重要的是在定尺精度、轨头端面加工光洁度和钻孔精度等方面，都达到了国际标准，为重轨出口创造了条件。

2007 年，从奥地利 MLF 公司引进了三台锯钻机床。该设备采用 SEMENS 的控制系统，锯片使用合金锯片，直径 φ660~712 毫米，主要功能是锯切定尺和钻孔。经探伤检测合格的钢轨移送到三条锯钻加工线进行锯钻定尺加工，对存在其他缺陷的钢轨则进入锯钻加工线改短后剔除或进行再加工。锯钻机床概况如下。

设备数量：三台进口，均为双锯双钻机床，能够锯切和钻孔，并倒棱。

设备组成：由锯床、钻床、测长定尺系统、切头切尾收集系统及铁屑收集系统等组成。

加工规格：38~75 千克/米，QU70~120，U71Mn，U75V，UIC54~60，60AT 等。

尺寸偏差：锯切断面垂直偏差：<0.5 毫米；

钻孔直径偏差：±0.5 毫米；

钢轨 1~3 孔中心偏差：最大±0.5 毫米；

钻孔距离最大偏差：±0.5 毫米；

9~25 米钢轨长度偏差：±2.0 毫米。

武钢钢轨锯钻联合机床如图 2-228 所示。

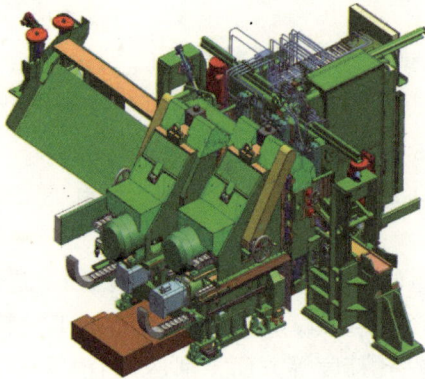

图 2-228　武钢钢轨锯钻联合机床

（五）邯钢

目前，邯钢大型轧钢厂使用的锯钻机床，是奥地利 LINSINGER 公司的 LSB800/S6 钢轨锯钻联合机床，能够满足 220 吨/小时机时产量的要求，可以将铁标及其他标准钢轨加工成 12.5 米、25 米、50 米、100 米等定尺长度。钢轨锯钻联合机床主要功能有：夹紧、锯切、双侧钻孔及倒棱、测长定尺系统、温度补偿系统、切头切尾分离收集系统、切屑收集系统、锯片及钻头冷却装置、液压站及电控、调整系统等。

邯钢钢轨锯钻联合机床如图 2-229 所示。

图 2-229　邯钢钢轨锯钻联合机床

（六）永洋特钢

轻轨生产线原先采用"铣床+冲床"模式进行冲孔及端面加工。铣削头刀盘直径 φ125～320 毫米，主电机功率为 7.5 千瓦。冲床公称力为 1600 千牛，公称力行程 8 毫米。

新轻轨线建成投产后，采用铣钻一体化技术，铣钻台架为"链式小车+固定梁"结构形式，共配置有 13 套设备。轻轨在铣钻床铣头和钻孔同时进行，减少了生产工序，加快了生产节奏。铣钻时间为 30 秒，辅助时间为 15 秒，铣钻周期为 45 秒，最大铣钻能力为 190 吨/小时。

重轨生产线原先采用"铣床+冲床"模式进行冲孔及端面加工。铣削头刀盘直径 ϕ220 毫米，主电机功率为 7.5~11 千瓦。冲床公称力为 2500 千牛，滑块行程为 150 毫米。在此基础上进一步扩展了铣钻生产线。

新重轨线建成投产后，整体采用"剖分锯+联合锯钻"模式。钢轨经超声波探伤检查完毕后，经辊道送往钢轨编组台架，钢轨编组后经剖分锯剖分，之后由辊道送往横移缓冲台架，横移缓冲台架输出三条加工线，每条加工线对钢轨单支联合锯钻。之后由辊道送往加工台架，在加工台架完成码垛、自动打捆等工序，最后收集下线。

共使用 8 台锯钻联合机床对工业重轨进行定尺和端部钻孔加工，对吊车轨进行定尺加工。工业重轨、吊车轨的锯钻加工时间为 28~55 秒，最大锯钻能力为 214 吨/小时。

第三章 中国钢轨典型产品

作为承担列车载荷并引导其运行的关键组件，钢轨的质量与性能直接关乎铁路的运输效率与行车安全。鉴于列车在运行速度、轴重、行车密度以及运量等方面存在差异，致使不同铁路对于钢轨的性能指标，诸如轨型、强度、硬度、耐磨性能、抗疲劳性能等的要求不尽相同，进而发展出了契合不同用途和需求的系列钢轨产品，如普速铁路钢轨、高速铁路钢轨、重载铁路钢轨、铁路道岔钢轨、耐腐蚀钢轨、轻轨以及起重机钢轨等。本章内容重点从钢轨的生产技术、热处理工艺、材质、断面规格、强度等级、应用领域等方面，对中国钢轨的典型产品展开介绍。

从生产技术看，钢轨的发展经历了从早期的"平炉冶炼+模铸+孔型法轧制"到现阶段的"转炉冶炼+连铸+万能轧制"，钢轨的尺寸规格和平直度控制水平不断提高，如今已能够满足时速 350 公里高速铁路运输需求。相应的钢轨产品也从早期的 AP1（鞍钢平炉第一号）钢轨和 WP1（武钢平炉第一号）钢轨，发展至现阶段的高速铁路用 U71Mn 及 U75V 钢轨。

从热处理工艺看，钢轨的发展历经了由早期的 Q-T（淬火–回火）工艺到全长离线热处理 S-Q（欠速淬火）工艺，再到目前利用轧后余热实施的在线热处理工艺，对应的钢轨强度、韧塑性以及使用寿命逐步上升。就 Q-T 工艺而言，代表性钢轨产品为 60 千克/米 PD1（攀钢第一代）热处理钢轨。就 S-Q 工艺而言，代表性钢轨产品涵盖了 60 千克/米和 75 千克/米 PD2（攀钢第二代）离线热处理钢轨、60 千克/米攀钢 U71Mn 离线热处理钢轨、60 千克/米和 75 千克/米攀钢 U75V 离线热处理钢轨以及 60 千克/米包钢 U74 离线热处理钢轨。对于在线热处理工艺生产的钢轨，除了国内各个厂家均能够生产的 U71MnH、U75VH 热处理钢轨外，还包含攀钢 U78CrVH 与 U95Cr、鞍钢 U77MnCrH、包钢 U76CrREH 等各具特色的热处理钢轨。

从钢轨材质看，钢轨和道岔钢轨的材质可划分为珠光体和贝氏体两类。对于珠光体钢轨，其微观组织为全珠光体或者近乎全珠光体，典型产品如 U71Mn、U75V（包含道岔）以及 U77MnCr、U76CrRE、U78CrV、U95Cr 等。为了克服传统珠光体钢轨材料在韧塑性及抗疲劳性能不足等问题，鞍钢、包钢、攀钢等企业相继开发出成分体系、强度等级、技术路线各有不同的贝氏体钢轨（包含道岔钢轨）。此类钢轨的微观组织以贝氏体为主，包含少量马氏体（或马氏体-奥氏体岛）和残余奥氏体等，典型产品包括鞍钢 AB1 热轧贝氏体钢轨、包钢 KB1250 热轧贝氏体钢轨等。

从运行速度看，经历了从早期运行时速在 120 公里以下的普速铁路用 43 千克/米普通碳素热轧钢轨，到运行时速在 160 公里以下的普速铁路用 50 千克/米和 60 千克/米 U71Mn、U75V 热轧及热处理钢轨，再到能够满足运行时速在 200 公里、350 公里的高速铁路用 60 千克/米 U71Mn、U75V 热轧和热处理钢轨。现阶段，鞍钢、包钢、攀钢、武钢及邯钢均已具备高速铁路用钢轨生产能力。

从断面规格看，经历了从早期的 43 千克/米到 50 千克/米、60 千克/米，再到 75 千克/米的变化，以满足铁路运行时速、运量等对钢轨廓形的不同要求。为了改善轮轨匹配关系、降低铁路维修养护成本及延长钢轨使用寿命，在原有 60 千克/米、75 千克/米基础上，进一步发展出廓形优化后的 60N、75N 等轨型，在我国高速及普速铁路上应用，对改善服役初期钢轨的接触疲劳性能、更快地促进轮轨共形接触及良好匹配起到了重要作用。

从力学性能看，经历了从早期的 780 兆帕级热轧钢轨（依据苏联成分生产），到后续的 880 兆帕级 U71Mn 热轧钢轨、980 兆帕级 U75V 与 U77MnCr 热轧钢轨、1080 兆帕级 U78CrV 与 U76CrRE 热轧钢轨、1180 兆帕级 U75VH 与 U77MnCrH 热处理钢轨，再到 1280 兆帕级 U78CrVH 与 U76CrREH 热处理钢轨，直至 1330 兆帕级 U95Cr 热处理钢轨等，满足不同线路条件对钢轨性能的不同需求，实现钢轨长寿化应用。

从耐蚀性能看，经历了从早期的 WP1 普通碳素含铜钢轨到 WP2（武钢平炉第二号）高硅含铜低合金钢轨，再到现阶段的 U68CuCr 耐蚀钢轨。此类钢轨均以珠光体为基体，通过高碳与微合金元素的配合来提升钢轨的耐腐蚀性能。同时，国内各家钢轨生产企业联合相关高校和科研院所，研发出不同耐蚀性能的防腐涂料，通过涂层的方式提升钢轨在特定腐蚀环境下的耐腐蚀性能，目前处于试验验证阶段，尚未实现工业化稳定应用。

从应用领域看，除了高速铁路钢轨、普速铁路钢轨和重载铁路钢轨外，还涵盖了城市轨道交通用钢轨、铁路道岔用钢轨、轻轨及起重机钢轨等。城市轨道交通用钢轨主要包括地铁用轨、有轨电车用槽型轨、磁悬浮轨道用轨及胶轮导轨电车用轨等。地铁用轨主要包括 50 千克/米以及 60 千克/米、60N 的 U71Mn、U75V 热轧及热处理钢轨。有轨电车用槽型轨主要包括 60R1、60R2、59R2 等轨型的槽型轨，钢种以 U75V、U71Mn 为主。磁悬浮轨道用轨主要包括 S355N π 型轨、F 型轨和 H 型轨等。胶轮导轨电车用轨主要包括 JD300 等。铁路道岔用钢轨具有非对称断面规格，代表性产品包括普速铁路用 50AT（50AT1）、60AT（60AT1）道岔钢轨以及高速铁路用 60D40（60AT2）、60TY（60TY1）、60AT3 道岔钢轨等，钢种以 U75V、U71Mn 为主。轻轨主要应用于矿业、林业和起重设备小车，主要包括 9~38 千克/米热轧轻轨，钢种包括 55Q、36CuPCr、55PV 等。起重机钢轨主要用于起重设备及工业厂区，主要包括 QU70、QU80、QU100 和 QU120 等，钢种以 U75V、U71Mn 为主，中小型起重设备通常采用断面规格为 38 千克/米、43 千克/米及 50 千克/米的起重机钢轨，钢种为 50Mn。

第一节 普速铁路钢轨

普速铁路（简称普铁），一般指设计时速较低、仅允许列车以常规运行速度行驶的铁路。我国铁路建设的初期，并没有普速铁路这一概念，直到进入高铁时代，将不同的速度指标作为划分铁路类型的依据，普速铁路的概念才慢慢形成。在我国，普速铁路通常是指运行速度不超过 160 公里/小时速度级别的非客运专线、不超过 140 公里/小时速度级别的客运专线以及客货混运线路。

一、普速铁路用钢轨品种

我国早期使用的钢轨主要为碳素钢轨，碳含量为 0.6%~0.7%。随着经济的快速发展，铁路运输朝着轴重持续加大、运行速度与密度不断提升的方向迈进，碳素钢轨的碳含量逐步提高，强度相应增强。与此同时，微合金和合金钢轨也获得了发展。20 世纪 80 年代，我国所使用的碳素钢轨平均碳含量为 0.74%，强度级别为 780 兆帕。在既有线路上使用时，表现出强度欠佳、伤损严重、使用寿命短暂等问题，已难以满足铁路发展的需要。目前，普速铁路主要采用 880 兆帕级 U71Mn 及 980 兆帕级 U75V 钢轨。U71Mn 钢轨是我国使用时长最久的 C-Mn 钢轨，平均碳含量为 0.71%，抗拉强度等级为 880 兆帕。由于碳含量较低、锰含量较高，U71Mn 钢轨钢的韧塑性良好，同时还具备优良的低温力学性能及焊接性能。U75V 钢轨属于平均碳含量为 0.75% 的微合金钢轨。这种钢轨在 U71Mn 钢轨成分的基础上，提高了碳、硅含量，同时添加了微合金化元素 V 并降低了锰的含量，热轧后的强度等级为 980 兆帕。热轧态的 U71Mn 和 U75V 钢轨在直线路段的使用效果较好，但在小半径曲线上使用时，耐磨性明显不足。为保留既有钢轨在焊接、疲劳性能方面的优势，开发出了热处理状态的 U71Mn 和 U75V 钢轨，相应的强度等级提升至 1080 兆帕和 1180 兆帕，有助于提高小半径曲线钢轨的使用寿命。国内现行普速铁路用钢轨的牌号及性能指标详见表 3-1~表 3-3。

表 3-1　普速铁路用钢轨牌号及主要化学成分（质量分数）　　　（%）

钢牌号	C	Si	Mn	P	S	Cr	V	Al
U71Mn	0.65~0.80	0.15~0.58	0.70~1.20	≤0.025	≤0.025	≤0.15	≤0.03	≤0.010
U75V	0.71~0.80	0.50~0.80	0.75~1.05	≤0.025	≤0.025	≤0.15	0.04~0.12	≤0.010

表 3-2　热轧普速铁路用钢轨性能

钢牌号	抗拉强度 R_m /兆帕	断后伸长率 A /%	轨头顶面中心硬度 HBW（HBW10/3000）
U71Mn	≥880	≥10	260~300
U75V	≥980	≥10	280~320

表 3-3　热处理普速铁路用钢轨性能

代号	钢牌号	抗拉强度 R_m /兆帕	断后伸长率 A /%	轨头顶面中心硬度 HBW（HBW10/3000）
H320	U71MnH	≥1080	≥10	320~380
H340	U75VH	≥1180	≥10	340~400

二、国内钢轨生产企业代表性普速铁路钢轨研制及发展历程

在 U71Mn 钢轨产品定型以前，国内各个钢轨生产厂家鉴于自身矿产资源、产线以及

生产工艺的差异，经历了极具自身特色的产品发展进程，衍生出了相应的钢轨产品。其中，具有代表性的钢轨产品主要有鞍钢 AP1、攀钢 PD1 与 PD2、武钢 WP1 与 WP2 以及包钢 U74 钢轨。

（一）鞍钢 AP1 钢轨

20 世纪 50—60 年代，国内主要使用的是依据苏联钢轨成分生产的强度级别为 780 兆帕的碳素钢轨，该种钢轨在小半径曲线上表现出了较差的耐磨性和耐压性。鉴于此，鞍钢依据我国的自然资源状况及当时钢轨使用过程中存在的问题，开展新成分钢轨试制工作，适度提高锰含量，对新钢轨的各项性能进行系统性测定，即进行铺设试验。

结合我国当时钢轨及参照国外中锰钢轨化学成分对性能影响较大的碳、锰、硅元素进行调配，在 200 吨和 300 吨倾动式平炉中进行冶炼，炉内采用硅、锰合金进行脱氧，运用上注法浇铸单重为 5.7 吨的钢锭，浇铸完成后静置 50 分钟，送往脱模厂进行脱帽松动，并热送至初轧厂。按照碳素钢轨的生产工艺进行钢轨轧制、缓冷、矫直，通过对钢轨各项性能的测定，初步明确了 AP1 钢轨的化学成分范围。试验的新成分钢轨平均抗拉强度为 980 兆帕，硬度为 HB270，相较于碳素轨抗拉强度为 850 兆帕、硬度为 HB245 的性能有显著提升。1965 年 10 月，初步确定了 AP1 钢轨化学成分，见表 3-4，并将其命名为 AP1。

表 3-4　AP1 钢轨化学成分（质量分数）　　　　　　　　　　（%）

钢种	C	Mn	Si	P	S
AP1	0.65~0.77	1.10~1.40	0.15~0.30	≤0.04	≤0.04

1974 年，鞍钢重轨标准工作组决定摸清 AP1 钢轨的上、中、下限成分钢轨的性能，以便确定 AP1 钢轨的适宜化学成分。试验钢轨化学成分及试验结果分别见表 3-5 和表 3-6，化学成分上、中、下限的钢轨抗拉强度为 915~990 兆帕，锰含量达到 1.5% 左右钢轨的抗拉强度为 985~1020 兆帕，比初步规定的 AP1 钢轨提高约 30 兆帕，而其伸长率及冲击值出现了偏低值。结果表明，当碳、硅含量在上限，锰含量超过规定的上限达 1.5% 左右时，抗拉强度有所提升，而塑性略有下降趋势；碳、硅含量为下限，锰含量低于 AP1 的下限达 1.0% 左右时，抗拉强度有所下降，最低值为 905 兆帕。

表 3-5　AP1 试验钢轨化学成分（质量分数）　　　　　　　　（%）

序号	成分范围	炉号	C	Mn	Si	P	S
1	上限	743019 甲	0.75	1.34	—	—	—
2	中限（1）	741007 甲	0.71	1.24	0.22	—	—
3	中限（2）	741007 丙	0.71	1.26	0.22	—	—
4	下限（1）	747010 丙	0.67	1.10	0.21	—	—
5	下限（2）	742095 丙	0.65	1.15	0.15	—	—

续表 3-5

序号	成分范围	炉号	C	Mn	Si	P	S
6	超锰钢（1）	742204 甲	0.73	1.46	0.30	0.016	0.034
7	超锰钢（2）	742204 乙	0.73	1.51	0.26	0.018	0.032
8	超低锰	766388 甲	0.66	1.04	0.18	0.017	0.038

表 3-6　AP1 试验钢轨力学性能结果

序号	成分范围	拉伸性能				硬度	冲击韧性/焦耳·厘米$^{-2}$				
		σ_s/兆帕	σ_b/兆帕	δ_5/%	Ψ/%	(HB)	+20 ℃	0 ℃	−20 ℃	−40 ℃	−60 ℃
1	上限	580	985	13.5	26.0	262	14	12	7	7	7
		630	975	12.0	22.0	279	11	11	7	7	5
		640	975	12.5	24.0	273	12	9	7	10	5
		635	990	13.0	22.0	—	—	—	—	—	5
2	中限（1）	585	955	11.5	18.0	255	14	10	10	5	5
		590	960	11.5	20.5	277	15	11	7	5	5
		535	955	12.5	23.0	281	15	13	7	7	5
3	中限（2）	535	970	12.5	21.5	241	14	12	7	7	5
		570	985	11.5	21.5	281	15	10	7	7	5
		595	985	11.5	20.5	293	11	11	10	7	7
		615	980	11.5	19.5	—	11	7	10	10	7
4	下限（1）	575	940	13.0	34.0	241	14	12	7	7	8
		580	935	13.0	26.0	248	15	12	7	7	5
		595	940	12.5	24.0	258	12	14	10	8	—
		565	940	13.0	25.0	—	—	—	—	10	—
5	下限（2）	600	915	13.0	26.0	241	15	14	10	10	7
		505	925	13.5	25.0	255	17	15	10	9	7
		560	930	13.0	25.0	255	14	15	5	10	9
		515	930	13.5	25.0	—	16	10	7	6	—
6	超锰钢（1）	580	1020	11.5	21.5	255	15	9	11	9	5
		580	1000	13.0	21.5	302	—	11	12	5	6
		620	1010	11.5	23.0	285	15	10	7	7	7
		600	1010	10.5	21.5	—	15	10	8	7	6

序号	成分范围	拉伸性能				硬度 (HB)	冲击韧性/焦耳·厘米$^{-2}$				
		σ_s /兆帕	σ_b /兆帕	δ_5 /%	Ψ /%		+20 ℃	0 ℃	-20 ℃	-40 ℃	-60 ℃
7	超锰钢（2）	645	1000	11.5	20.0	277	9	12	10	6	6
		580	985	13.5	24.0	277	14	14	10	10	7
		575	1000	12.5	23.0	285	12	9	10	9	6
		565	990	12.0	23.0	—	—	12	5	7	6
8	超低锰	—	905	13.5	24.0		15	15	10	10	7
		—	910	14.0	22.0		15	12	12	10	7
		—	930	13.0	21.5		12	12	12	10	7

AP1钢轨的金相组织为细珠光体，而一般碳素钢轨的金相组织为珠光体和铁素体的混合组织，这说明AP1钢轨中的珠光体组织含量显著增加，钢轨钢的强度及硬度提升。1966—1976年，AP1钢轨累计生产超过400万吨。实践证明，该钢轨的生产工艺及设备要求与碳素钢轨相近。

1. 钢轨钢的冶炼

AP1钢轨钢由鞍钢第一炼钢厂冶炼。在十多年的生产过程中，积累了丰富的生产经验，表明此钢轨钢适于大生产冶炼。然而，AP1钢轨化学成分中的锰硅比为6∶1，高于碳素钢轨P71、P75化学成分中的锰硅比4∶1，在生产AP1钢轨钢时需要在炉前加入高碳锰铁，脱氧效率波动较大。另外，AP1钢轨钢的锰含量相对P75钢轨波动范围要求窄，使得AP1钢轨钢的成分控制难度增加。随着冶炼水平的提升，这一问题逐渐得到解决。

2. 钢轨轧制

在投产的前几年（即1967—1968年）中，AP1钢轨的一级品率稳定在95%以上。1969年后，AP1钢轨的一级品率稍有波动，稳定在92%～98.8%之间，其轧制一级品率与碳素钢轨相当。不同年份AP1钢轨轧制质量情况统计结果见表3-7。

表3-7　不同年份AP1钢轨轧制质量情况统计结果

年份	1967	1968	1969	1970	1971	1972	1973	1974	1975
一级品率/%	97.07	95.69	98.80	95.5	94.30	93.82	93.52	92.0	91.40

3. 钢轨疲劳性能

实验表明，AP1钢轨的疲劳极限强度为255～355兆帕，其中限、下限疲劳极限强度与碳素钢轨接近，AP1钢轨的疲劳极限强度上限低于超低锰、超高锰钢轨的疲劳极限。AP1

试验钢轨实物疲劳试验结果见表3-8。

表3-8　AP1试验钢轨实物疲劳试验结果

序号	轨型	成分范围	疲劳极限强度/兆帕	施加载荷/千牛
1	P42	上限	275	240
2	P43	中限（1）	355	310
3	P43	中限（2）	320	280
4	P43	下限（1）	320	280
5	P43	下限（2）	335	290
6	P50	超高锰（1）	280	320
7	P50	超高锰（2）	270	310
8	P43	超低锰	255	220
9	P43	碳素轨	320~345	280~300

4. 钢轨落锤试验情况

钢轨落锤试验根据冶标32—60及有关规定进行。P50钢轨的挠度在31~35毫米，P43钢轨的挠度在34~38毫米，落锤试验中钢轨均未发生断裂。

5. 热锯白点生产检验情况

过去生产的碳素钢轨的热锯白点率约为15%，而AP1钢轨的热锯白点率为45%。AP1钢轨的白点敏感性较碳素钢轨有明显提升，但经正常缓冷后白点可全部清除，未对钢轨使用造成影响。

6. 轨端淬火

通过轨端淬火试验，明确了AP1钢轨的轨端淬火工艺，淬火质量达到标准要求。由于AP1钢轨本体硬度高于碳素钢轨，降低了淬火与未淬火钢轨端面的硬度差，鞍形磨耗得到显著改善，钢轨使用寿命得以延长。在研制成功后的十余年间，AP1钢轨的使用范围覆盖全国。根据用户反馈以及线路考察，这种钢轨的耐磨性和耐压性都优于碳素钢轨，使用寿命提高约1倍。此外，从气压焊、闪光焊以及铝热焊接的情况来看，AP1钢轨的可焊性良好，是我国发展无缝线路的优质钢轨钢种。

20世纪60—70年代，我国铁路线路钢轨的主要伤损为曲线外轨轨头内侧上圆角的剥离掉块。与碳素钢轨相比，AP1钢轨通常在使用三年后才开始出现这种伤损，这表明AP1钢轨具有较好的抗剥离性能。1981年，国家标准总局发布的《铁路用每米38~50千克钢轨技术条件》（GB 2585—1981）将AP1钢轨纳入其中，钢号定为U71Mn。此后，U71Mn钢轨获得了广泛应用，至今仍是我国普速和高速铁路的主要钢轨品种。

（二）攀钢 PD1 和 PD2 钢轨

1. 攀钢 60 千克/米 PD1 热处理（Q-T）钢轨

提高钢轨的耐磨性，国内外通常从合金化和热处理两方面进行。钢轨的热处理依照其加热方式、淬火部位以及热处理类型，可归纳见表 3-9。经过热处理的钢轨，其耐磨性较碳素轨可提高 2 倍，较高硅轨可提高 1 倍。采用热处理钢轨，还可降低铁路的维修费用。从热处理类型来看，过去通常采用 Q-T（Quenching Tempering，淬火-回火）工艺，也就是将钢轨淬火形成马氏体，然后通过回火使钢的组织转变为回火索氏体。后来，国外研发了 S-Q(Slack Quenching，欠速淬火）工艺，能够让钢由奥氏体直接转变为极细珠光体。相较于 Q-T 工艺，S-Q 工艺能够更好地提升钢轨质量。

表 3-9　钢轨的热处理分类

按加热方式分类	电加热	中频（只加热轨头）
		双频（工、中频）
	火焰加热	火焰炉（整体加热）
		火焰喷枪直接加热（对轨头加热）
按钢轨淬火部位分类	整体淬火	放油槽
		喷压缩空气
	轨头淬火	轨头淬火，轨腰、轨底轧态
		轨头淬火，轨腰、轨底常化
	轨头、轨底淬火	轨腰常化
按热处理方式分类	淬火	一次组织转变，奥氏体→细珠光体
		二次组织转变，奥氏体→马氏体→回火索氏体
	常化	奥氏体空冷

1976 年 3 月，攀钢采用 Q-T 离线热处理工艺成功试制出 50 千克/米全长离线淬火钢轨。经不断改进，一级品率由 82.42% 提高到 96.5%（1979 年），钢轨移动速度由 1.2 米/分钟提高到 1.5 米/分钟，淬火层形状为帽形，淬硬层深度在 12~15 毫米，其硬度范围在 HRC32.5~40.0。淬火后钢轨弯曲度 90% 以上控制在 40% 以内（12.5 米轨）。从 1977 年到 1980 年生产超 8.4 万吨全长淬火轨。这些全长淬火轨在全国各铁路局铺用，据铁路局反映，较普碳轨寿命提高 2~3 倍。

所采用的工艺为：选取碳含量处于 0.66%~0.77% 的 PD1 一级品轨作为原料，利用 50 赫兹工频感应器将钢轨整体预热至 600~650 ℃，接着采用 1500 赫兹、功率为 200~220 千瓦的中频把轨头加热到 930~985 ℃，随后对轨头喷水冷却，并借助余热在 440~480 ℃ 进行自回火，整个处理过程以连续的方式进行，处理一支 12.5 米的钢轨大约需要 8 分钟。此工艺因采用喷水淬火，导致轨头表面冷却速度超过临界冷速而获得马氏体组织，里层由于冷却速度较慢而得到片状珠光体组织，中间层冷却速度介于两者之间，进而获得贝氏体组织。

从 PD1 钢（碳含量处于中限 0.72%）的连续冷却曲线数据可知，在 750~500 ℃ 的范围里，当冷却速度处于 34.3～19.6 ℃/秒的区间时会发生贝氏体转变。据相关资料介绍，车轮对钢轨作用的最大剪应力产生在距钢轨表面以下 5～7 毫米之处。由于曲线上股内侧和车轮的相对滑动形成摩擦力，这种摩擦力与接触应力的叠加使最大剪切力趋向于表面，此种剪应力往往超出材料的剪应力极限。在这种剪应力的交替作用下，在钢轨亚表面会产生微裂纹，微裂纹逐渐发展至表面就会产生剥离掉块。为此，采用 Q-T 老工艺，钢轨的抗接触疲劳性能较差。为此，许多国家都致力于研究 S-Q 新工艺取代 Q-T 老工艺。

新工艺的优点如下：

（1）S-Q 工艺所得轨头硬度比 Q-T 工艺高出 HV30，并且在距轨表面 20 毫米深处仍具有较高的硬度。

（2）相同硬度条件下，S-Q 工艺的微细珠光体相较于 Q-T 工艺的回火索氏体具有更高的耐磨性。

（3）Q-T 工艺的贝氏体组织在相同强度下，易出现早期剥离。

（4）Q-T 工艺在促使高碳钢轨发生马氏体转变时，极易形成显微裂纹，这对于整体疲劳、接触疲劳和抗剥离性能都极为不利，也容易发展成为横向断裂。

（5）实物疲劳极限测定显示，S-Q 工艺的疲劳极限高于 Q-T 工艺的疲劳极限。

（6）滚动接触疲劳试验证明，相同强度下，S-Q 工艺的微细珠光体具备更高的抗接触疲劳性能。

（7）由于 S-Q 工艺未发生马氏体转变，从而变形小，应力集中也小。

但这种工艺相对复杂，对参数控制的要求较为严格。

根据国外资料及国内试验中存在的问题，要实现 S-Q 工艺，关键有两点，即加热工艺和冷却工艺。就冷却工艺来说，须采用喷风或喷雾的弱冷却方式进行欠速淬火，如此能够防止轨表面冷却速度超过临界冷速而发生马氏体或贝氏体组织的转变。在加热方面，则要求对轨头进行快速加热，这样有利于形成一定的温度梯度。据资料介绍，由表及里的温度梯度，须控制在 15 ℃/毫米以上。这样轨头在欠速淬火过程中才有可能由表及里以近似的冷却速度同时进行冷却。为获取一定的温度梯度，须选择恰当的预热温度和合适的加热参数。若预热温度过高，一方面不易形成一定的温度梯度，即便形成了一定的梯度，轨表面温度也会过高，引发烧化或者使奥氏体晶粒粗大；另一方面从节能角度来看，也是不可行的。

攀钢试制的 PD1 60 千克/米热处理钢轨化学成分和轧态力学性能见表 3-10。

表 3-10　化学成分和轧态力学性能

方案	化学成分（质量分数）/%							拉伸性能	
	C	Si	Mn	P	S	V	Ti	σ_b/兆帕	δ_5/%
1	0.65	0.15～0.37	0.80～0.90	≤0.04	≤0.04	0.01～0.06	≤0.01	≥880（850 也可）	10
2	0.77	0.15～0.37	1.00～1.10	≤0.04	≤0.04	0.01～0.06	≤0.01	≥900	8
3	0.70	0.15～0.37	0.90～1.00	≤0.04	≤0.04	0.01～0.06	≤0.01	≥900（880 也可）	8

2. 攀钢 PD2 全长热处理（S-Q）钢轨

20 世纪 80—90 年代，我国铁路主要使用 880 兆帕热轧钢轨，随着运量的不断提升，钢轨服役寿命偏低的问题日益突出，如津浦、京广、京包、丰沙、大秦等线路的曲线上股钢轨，少则 8~10 个月，多则 15~20 个月，就会因侧磨超限而更换下道，线路的维修与养护工作负担加重，换轨周期缩短，对铁路运输及发展造成了严重影响。

对钢轨实施全长热处理，是提升钢轨强度、优化韧塑性、延长使用寿命的有效途径。20 世纪 90 年代，世界各国生产高强度钢轨主要采用离线热处理工艺，离线热处理工艺特点及产品主要力学性能见表 3-11。

表 3-11　世界先进和典型钢轨热处理工艺和性能

国别 厂别	工艺特征	钢轨运行速度 /米·分钟$^{-1}$	硬化层深度 /毫米	金相 组织	$\sigma_{0.2}$ /兆帕	σ_b /兆帕	δ_5 /%
中国 攀钢	双频电感应加热，压缩空气冷却、雾二次冷却	1.2	≥15	细珠光体	825	1175	11
日本 钢管	煤气加热轨头，压缩空气冷却、水二次冷却	0.6	≥12	细珠光体	825	1175	12
澳大利亚 BHP （新日铁）	中频电感应加热，压缩空气冷却、水二次冷却	0.8 0.6	≥10	细珠光体	780	1130	10
苏联 下塔吉尔	燃体整体加热，油整体淬火	—	全断面	细珠光体	785	1165	6

注：1. 国外钢轨化学成分为碳素钢轨。

　　2. 性能为试验数据，非大生产数据。

我国钢轨热处理技术始于 20 世纪 70 年代。攀钢、包钢先后以水或雾作为冷却介质开展了相关研究。1976 年，攀钢建成了采用电加热、水冷却的全长淬火生产线，累计生产 50 千克/米 12.5 米定尺离线热处理钢轨 11 万余吨，由于工艺不够完善，钢轨使用时出现了早期剥离掉块，影响产品进一步推广应用。1985 年，攀钢重新组织开展技术攻关，并对生产线进行改造。在重庆钢铁设计院和中国铁道科学研究院的积极协作下，研制出 50 千克/米的 S-Q 工艺全长热处理钢轨，并于 1989 年通过技术鉴定。同时，打通了 75 千克/米钢轨的 S-Q 热处理工艺。1986 年，国家正式下达研制 60 千克/米 S-Q 热处理钢轨的任务，其要求的技术条件如下：

（1）硬化层低倍组织为对称端正帽型；

（2）金相组织为单一细珠光体；

（3）力学性能：$\sigma_{0.2}$≥755 兆帕（力争≥825 兆帕）、σ_b≥1080 兆帕（力争≥1175 兆帕）、δ_5≥10%（力争≥12%）；

（4）表面硬度：HRC36.0~42.0；

（5）踏面深度：≥12 毫米，12 毫米处≥HRC32.5；

（6）生产工艺稳定可靠，可连续生产。

鉴于轨型不同，在研制过程中，对 60 千克/米钢轨的特殊性进行了充分剖析，如单重、断面系数以及轨头、轨腰、轨底各部位尺寸等，重新设计了电感应加热装置和冷却装置，并在加热、冷却以及控制变形等方面形成了60千克/米钢轨工艺。在大量实验室研究及数十次现场试验基础上，于1988年打通了60千克/米钢轨热处理工艺，生产的1.8万吨60千克/米PD2热处理钢轨各项性能指标均满足技术条件要求。硬化层金相组织为单一细珠光体；低倍为均匀对称的帽型，硬度为HRC36.0~42.0；踏面硬化层深度≥15毫米。试生产钢轨力学性能 $\sigma_{0.2} \geqslant 760$ 兆帕，$\sigma_b \geqslant 1130$ 兆帕、$\delta_5 \geqslant 10\%$，其平均值较U71Mn热轧钢轨分别提高66.5%、32%、45%；铺路结果表明，攀钢60千克/米PD2热处理钢轨适用于重载、大运量的各种线路条件使用。在条件苛刻的小半径使用证明，该产品具有优良的抗剥离掉块、波浪磨耗性能，具有优良的耐磨性。在 $R381$ 米半径曲线使用比U71Mn热轧轨延长使用寿命近3倍。攀钢60千克/米PD2热处理钢轨研制成功，完成了国家"七五"攻关合同规定任务，填补了国内空白。

（三）武钢WP1和WP2钢轨

1. 武钢WP1普通碳素含铜钢轨

武钢大冶铁矿中含铜，残留在钢中的铜含量为0.2%~0.4%。钢中含铜能够提升钢轨的强度、耐磨性以及耐大气腐蚀性能。正因如此，结合武钢自然资源所试制和生产的普通碳素含铜钢轨对于发展铁路交通运输及延长钢轨的使用寿命具有重要意义。1958年以来，在大冶钢厂、重庆钢铁公司（简称重钢）、鞍山钢铁公司（简称鞍钢）以及中国铁道科学研究院（简称铁科院）等单位的支持下，武钢在普通碳素P71钢轨钢的基础上，利用含铜生铁或者通过往钢锭模内加铜的方式增加钢中的铜含量并先后试制了8批含铜钢轨。其中，5批以含铜P71为主（即WP1的前身），3批为铜轨，这8批试验钢轨钢的铜含量见表3-12。

表3-12　八批试验钢轨钢的铜含量

试验时间	试轧工厂	试验批次	钢　种		
			名　称	炉号	铜含量（质量分数）/%
1958年	重钢	1	铜轨	重钢坯	0.33~0.64
1959年	重钢	2	铜轨	大冶坯	0.15~0.32
1960年	重钢	3	铜轨及含铜P71（WP1）	重钢坯	0.14~0.47
1960年	重钢	4	铜轨及含铜P71（WP1）	重钢坯	0.14~0.47
1962年1月	重钢	5	含铜P71（WP1）	161153	0.22
				161198	0.47
				161147	0.18
				161217	0.37
1962年9月	鞍钢	6	铜轨	161127	0.23
				361153	0.41
				161120	0.35
				161227	0.50

试验时间	试轧工厂	试验批次	钢　种		
			名　称	炉号	铜含量（质量分数）/%
1964 年 4 月	鞍钢	7	含铜 P71（WP1）	164164	0.25
				164158	0.27
				161167	0.26
				164137	0.20
1964 年 4 月	鞍钢	8	含铜 P71（WP1）	164164	0.42
				164158	0.42
				164167	0.42

　　试验钢在重钢和鞍钢被分别轧制成 38 千克/米及 43 千克/米的钢轨。1960 年和 1961 年，重钢进行了两次 38 千克/米含铜 P71 钢轨的轧制，其性能见表 3-13～表 3-15。

表 3-13　重钢 1960 年轧制的含铜 P71 轨性能

钢种	炉号	抗拉强度/兆帕	屈服强度/兆帕	伸长率 δ/%	收缩率 Ψ/%	硬度（HB）	$w(C+1/4Mn)$/%	$w(Cu)$/%
含铜 P71 轨	702	818	429	20.7	38.8		0.67	0.33
	703	922	527	12.0	29.0		0.81	0.39
	721	887	538	12.4	30.7		0.89	0.47
	749	818	442	17.3	29.1		0.82	0.30
	718	892		8.5			0.83	0.20
	719	840		10.6			0.87	0.14
普碳轨	494033	881.3	407	12.9	21.7	250	0.86	0
	493901	834.4	392.7	13.2	25.1	230	0.85	0

表 3-14　含铜 P71 与 P71 轨性能对比

钢　种	σ_b/兆帕	$\sigma_{0.2}$/兆帕	δ/%	Ψ/%	$w(C+1/4Mn)$/%	$w(Cu)$/%
（1）含铜 P71 轨	863.2	484	13.6	31.9	0.815	0.3
（2）碳轨	843	392	12.15	23.4	0.855	0
（1）-（2）差值	20.2	92	1.45	8.5	-0.04	0.3

　　由表 3-14 可知，含铜 P71（WP1）相较于不含铜的普通碳素轨（P71），抗拉强度提高 20.2 兆帕，屈服强度提高 92 兆帕，断面收缩率提高 8.5%，断后伸长率提高了 1.45%。含铜 P71 与普通碳素轨相比，当两者成分接近时，抗拉强度相差不大。但屈服强度较后者提高了 11%～14%，表明铜能够提升钢轨钢的屈服强度。

　　由表 3-15 可知，重钢在 1961 年底轧制的含铜 P71 钢轨性能与同时期轧制的鞍钢普碳轨相比，含铜 P71 轨的强度有所提升，伸长率及断面收缩率有所降低，钢轨获得高强度及相应耐磨性的同时具有适中的韧塑性。

表 3-15　重钢 1961 年底轧制的含铜 P71 轨性能

炉号	空冷试样				缓冷试样				铜含量 /%
	σ_b/兆帕	δ_{10}/%	Ψ/%	HB	σ_b/兆帕	δ_{10}/%	Ψ/%	HB	
161147	945	11.0	22.6	251					0.18
	915~1000	8~12	13~27.5	245~255					
161153	971	11.1	18.4	249	955	10.7	20.7	252	0.22
	970~975	9~15	16.5~21.5	240~260	935~995	10.5~11.0	19~22.5	250~255	
161217	925	12.5	28	248	911	10.6	26.2	246	0.37
	940~965	11.5~13.5	27~31.5	245~255	900~920	9~11.5	20~29	240~255	
161198	958	9.0	25	249					0.47
	925~980	4.5~12	22.5~26.5	240~265					

1964 年，鞍钢进行了一次 43 千克/米含铜 P71 钢轨的轧制，性能见表 3-16。与不含铜的普通碳素钢轨相比，含铜轨的抗拉强度（计算值）分别增加了 31.7 兆帕、24.8 兆帕、45.5 兆帕、95.5 兆帕。由此可见，含铜钢轨的抗拉强度明显高于不含铜的普通碳素钢轨，但伸长率与断面收缩率差异不大。另外，含铜钢轨的硬度平均值为 HB266，较普碳轨的 HB213~230 高出 HB36~53。

表 3-16　1964 年鞍钢轧制的含铜 P71 和普通钢轨性能

钢轨种类	炉号	σ_b /兆帕	$\sigma_{0.2}$ /兆帕	δ_{10} /%	Ψ /%	$w(Cu)$ /%	按公式计算不含铜时的 σ_b/兆帕
高铜 P71	164164	892.5	482.5	12.37	23.50	0.42	860.8
低铜 P71	164137	908.8	481.2	11.75	23.50	0.20	884.0
低铜 P71	164164	906.3	485.0	13.15	20.12	0.25	860.8
含铜高硅轨	163258	997.5	526.3	11.60	20.12	0.32	905.0
普通轨	638456	766.0	370.0	15.01	29.40	0.05	801.0

上述试验表明，当钢轨中的铜含量处于 0.2%~0.47% 范围时，与不含铜的普碳轨相比，抗拉强度高出 20 兆帕以上，通常能够达到 50 兆帕，屈服强度也相应提升，塑性指标及断面收缩率与普碳轨基本一致，轨顶基体的硬度增加 HB20~40 。

对于试验的含铜 P71 钢轨（WP1），分别于 1962 年和 1964 年在滨绥线杜草隧道、内蒙古平庄矿务局和黔桂线乐埠段进行了铺轨试验。经 3~4 年的使用，展示出较好的耐磨性能和耐大气腐蚀性能，尤其在滨绥线杜草隧道地段的使用效果更为出色。

滨绥线属于铁路干线，其使用条件相较于其他两个试验段更为复杂。杜草隧道试验段全长 4 公里，1964 年 11 月将含铜 P71 钢轨（WP1，43 千克/米）铺设于隧道内外，该地段的最小曲线半径为 400 米。1968 年 8 月，由铁道部和冶金工业部（简称冶金部）的有关单位组成调查小组前往调查，情况如下：

（1）钢轨的耐磨性相较于普碳轨有所提高，在半径 400 米的曲线地段，其上股的耐磨性能相较于同期铺设用作对比试验的普碳轨提高 25.1%，下股提高 10.3%，直线段提高

15%左右。

（2）钢轨的耐大气腐蚀性能良好，杜草隧道长约 4 公里，洞内大气的相对湿度为 99%～100%，洞壁严重漏水，隧道内没有排烟设备，钢轨常年在水和煤烟的覆盖下使用，既遭受大气锈蚀，又受到煤烟的化学侵蚀。过去铺设的普碳轨腐蚀极为严重，调查时 WP1 钢轨已使用 3 年 9 个月，钢轨腐蚀情况大幅减轻。与普碳轨相比，曲线上股的耐蚀性提高了 76%，曲线下股的耐蚀性提高了 21%，在腐蚀最为严重的直线段耐蚀性提高了 44%，见表 3-17。

表 3-17　缤绥线杜草隧道 WP1 钢轨使用 3 年 9 个月后腐蚀情况

线路特点	测量部位	钢轨种类	钢轨轨腰厚度及氧化铁皮厚度/毫米						大气相对湿度/%
			轨腰厚度			氧化铁皮厚度			
			1965 年	1968 年	差值	1965 年	1968 年	总和	
曲线 R400 米	上股	WP1	14.75	14.50	0.25	0.55	0.78	1.33	95～99
曲线 R400 米	下股	WP1	14.70	14.41	0.29	0.18	0.83	1.01	95～99
曲线 R400 米	上股	普碳轨	14.88	14.44	0.44	0.38	0.97	1.35	95～99
曲线 R400 米	下股	普碳轨	14.60	14.25	0.35	0.48	1.01	1.49	95～99
直线	左股	WP1	14.90	14.11	0.79	1.61	6.31	7.92	99～100
直线	右股	WP1	14.59	14.10	0.49	1.53	6.46	7.99	99～100
直线	左股	普碳轨	14.45	13.72	0.73	3.10	6.56	9.66	99～100
直线	右股	普碳轨	14.70	13.88	0.82	2.46	6.89	9.35	99～100

经过轨端淬火的含铜 P71 钢轨（WP1），同样出现了普碳轨在轨端淬火后常见的马鞍形和淬火区掉块等常见问题，而未经淬火钢轨则出现了低接头缺陷。尽管程度相对较轻，但这也表明含铜 P71 钢轨（WP1）仍需进行轨端淬火处理并进一步优化轨端淬火工艺，以提升其轨端硬度，延长钢轨使用期限。

在此基础上，1965 年 6 月，武钢轧制出普通碳素含铜 43 千克/米钢轨。同年 10 月，由冶金部牵头，国家科委、铁道部的单位参与，在鞍山对武钢试制的普通碳素含铜钢轨进行了初步鉴定，肯定了该钢轨的优良性能和初步使用效果。建议调整化学成分，持续改进操作并提高质量，开展试生产。

1966 年下半年，武钢依据初步鉴定意见，按照建议调整后的化学成分正式生产了普通碳素含铜钢轨钢，代号 WP1，即武钢平炉生产的第一号钢轨钢，并在大型厂轧制成 43 千克/米钢轨。1966—1974 年，共生产 43 千克/米 WP1 钢轨约 47 万吨。WP1 钢轨的成分范围见表 3-18。

表 3-18　WP1 钢轨化学成分和性能要求

钢种	代号	化学成分/%						抗拉强度/兆帕	轧制规格/千克·米$^{-1}$
		C	Si	Mn	P	S	Cu		
普通碳素含铜钢轨	WP1	0.65～0.77	0.15～0.30	0.70～1.00	≤0.050	≤0.040	0.15～0.40	≥800	43

WP1 钢轨钢在 250 吨和 500 吨碱性固定式平炉中冶炼，铸锭采用下铸的方法浇铸。铸锭开坯后轧制成 43 千克/米重轨，共轧制 12 道，其中 800 毫米轧机轧制 5 道，650 毫米轧机（改造后人字齿轮直径实为 760 毫米）轧制 7 道，轨端采用高频淬火。其他工艺过程基本上与 45 千克/米 WP2 重轨相同。

WP1 钢轨的抗拉强度满足技术条件中 ≥800 兆帕要求，相比不含铜的普通碳素钢轨，抗拉强度高出约 50 兆帕。在塑性相近的情况下，基体硬度提高 HB25～42。此外，轨端高频淬火后的硬度也均符合 HB261～320 要求。

WP1 钢轨具备较好的疲劳性能，与普碳轨相比，旋转疲劳强度提高约 50 兆帕，打击疲劳与缺口疲劳性能也较好，后者中高铜的表现较低铜更佳，腐蚀疲劳性能则与普通碳素轨相近。

WP1 钢轨比普碳轨具有更强的耐磨性，在其他成分相近的情况下，含铜 0.30% 的钢轨其磨耗量仅为不含铜普碳轨的 60%～70%。适当提高 WP1 钢轨钢的磷含量，不仅能增强抗大气腐蚀能力，还能提升耐磨性能。

武钢不同时期生产的 WP1 43 千克/米钢轨如图 3-1 所示。

图 3-1　武钢不同时期生产的 WP1 43 千克/米钢轨
（a）1966 年；（b）1970 年；（c）1977 年；（d）1978 年

2. 武钢 WP2 高硅含铜低合金钢轨

我国幅员辽阔，地形复杂，山区多，线路中弯道、大坡度及隧道所占比重大。线路中弯道约占全国铁路总长的四分之一，弯道地段钢轨寿命很短，特别是曲率半径在 400 米以下的弯道，碳素钢轨的寿命一般只有 2~4 年。一些货运强度大的干线，其小半径弯道上的碳素钢轨，甚至 1 年就因磨耗超限而更换。此外，大坡道及隧道内钢轨也因磨耗、压溃、腐蚀而大大缩短使用年限。因此，试制新品种钢轨成为迫切任务。国内历经十余年研发，对低合金钢轨进行了研制，其中有中锰、高硅、含铜、钒钛、稀土、高碳等钢轨钢种。使用结果表明，高硅轨的综合性能最好。钢中含铜能提高钢轨的强度、硬度、抗磨、抗疲劳及耐大气腐蚀性能。同时，普通碳素含铜钢轨钢 WP1 的试制表明，含铜能提高钢轨钢的抗缺口敏感性，并且铜对钢轨无明显的时效作用。因此，武钢结合含铜矿石资源，在鞍钢试制的高硅低合金钢轨基础上，并对其成分作了适当调整。1963 年开始，先后试制了两批高硅含铜钢轨钢，性能和使用效果良好。1969 年底正式投产，简称 WP2，即武钢平炉生产的第二号钢轨钢。截至 1975 年 6 月，WP2 钢轨共生产 44.6 万吨。WP2 钢轨化学成分和性能要求见表 3-19。

表 3-19　WP2 钢轨化学成分和性能要求

钢种	代号	化学成分（质量分数）/%						抗拉强度/兆帕	轧制规格/千克·米$^{-1}$
		C	Si	Mn	P	S	Cu		
高硅含铜低合金钢轨	WP2	0.65~0.77	0.70~1.10	0.80~1.20	≤0.040	≤0.040	0.15~0.40	≥920	43、45

生产检验数据表明，WP2 钢轨抗拉强度较高，平均值为 1000 兆帕，屈服强度平均值为 534 兆帕。轨顶踏面基体硬度的平均值为 HB299.7，达到了普碳轨轨端淬火硬度范围的要求（HB260~321），接近于全长淬火试验钢轨硬度值的下限。这种钢轨由于基体硬度高，不需要淬火，避免了普碳轨常因轨端淬火工艺不良而造成的轨头掉块、"马鞍形"压溃等常见问题。因此，使用 WP2 钢轨不但可延长钢轨使用期限，而且还大大减轻了钢轨维修、保养工作，同时还简化了生产工序，提高了生产效率并降低了成本。

WP2 钢轨不但强度高、硬度高，而且在常温和低温下，轨底横向试样亦有较好的冲击性能，常温冲击值一般均大于 10 焦耳/厘米^2。-40 ℃冲击值均大于 5 焦耳/厘米^2。

WP2 钢轨钢轧成 43 千克/米和 45 千克/米钢轨，分别铺于石太、丰沙、京广、海南石八等线，武钢与铁道部有关单位共同作了调查，铺设试验情况概况如下：

（1）WP2 钢轨的耐磨耐压性能较普通碳素钢轨有显著的提高。铺于丰沙线官厅站外的试验钢轨，使用 3 年后垂直磨耗量：WP2 钢轨上股为 0.29 毫米、下股为 0.79 毫米，同期铺设的对比普碳轨上股为 2.83 毫米、下股为 1.29 毫米。经过 10 年运行，通过运量达 1 亿吨以上，WP2 钢轨在曲线下股平均垂直磨耗为 2.8 毫米，上股侧面磨耗平均为 1.3 毫米。铺于石太线娘子关隧道的钢轨使用 3 年后，磨耗量为 0.29 毫米，同期铺设的普碳轨为 0.97 毫米。资许线的试验钢轨，经过 5 年 1 个月的使用，通过总运量近 5000 万吨，曲线上股侧面磨耗平均为 2.2 毫米，同区段铺设的 50 千克/米 P75 中磷钢轨，使用 1 年 10 个月后，曲线上股侧面磨耗已达 2.2 毫米。海南石八线铺设的 45 千克/米钢轨，5 年多来已通过货运量 1700 万吨，弯道下股垂直磨耗最大处（$R=300$ 米、坡度 11.40‰）为 2.4 毫米，一般多在 0.54~0.68 毫米范围内，弯道上股侧面磨耗一般多在 2.0~2.8 毫米范围内，个别地段最大达 4.4 毫米。石八线的磨耗大，主要是线路条件复杂，弯道多、坡度大，下坡重车行驶抱闸制动，尤其是小半径弯道超高和加宽未能达到规定要求，这对钢轨磨耗有很大影响。虽然如此，海南铁路办事处反映：海南过去曾用过的 37 千克/米国外钢轨是比较好的，但由于磨耗超限，一般只能用 3~4 年就要拆换，而 WP2 钢轨已用 5 年，据磨耗情况，估计还可用 7~8 年。此外，各试验段钢轨均未发现波浪形磨耗。

（2）耐冲击性能较好。所有试验钢轨经过不同气温的 4~11 年的运营考验，未发现与钢种有关的断裂现象。资许线和石八线的试验轨经过 4~5 年运行，通过运量为 1700 万~5000 万吨，没有发现核伤和剥离，丰沙线试验钢轨通过 1 亿吨货运量后，仅出现轻微的剥离，这是其他钢轨钢品种所不具有的特点。

（3）具有一定的耐大气腐蚀性能。丰沙线使用 10 年后，轨腰处的炉罐号及标记仍清晰可见。资许线反映，一般钢轨（包括中锰和不含铜高硅钢轨）每年腐蚀 1 毫米多，最多达 2 毫米，而 WP2 钢轨每年腐蚀约 0.8 毫米。海南石八线地区近海，大气相对湿度约为 80%，试验轨所铺隧道内有几处终年滴水，但钢轨轨腰使用 5 年后没有因此而锈蚀，标记依然清晰。八所车站靠近海边，车站附近铺设的 45 千克/米道岔钢轨向海一侧锈蚀较重，但未见块状氧化层剥落。铺在同一地段的 WP2 钢轨没有发现此类缺陷，同时资许线所铺的道岔轨也无此现象。

（4）接头良好，习惯性缺陷少。随着运行时间增加，钢轨不断产生伤损，尤以接头处最明显。这些伤损是造成钢轨使用年限缩短的重要原因之一。由于 WP2 钢轨基体硬度高，不淬火使用避免了常常因淬火工艺不当引起的淬火过渡层硬度不均而造成大量的习惯性缺陷，如"马鞍形"压溃、低接头、轨头掉块等常见问题。丰沙线通过 1 亿吨运量后接头良好，表面光滑。资许线使用 3 年 4 个月后钢轨接头很少出现辗压肥边。即使出现个别此种伤损，也未见轨头掉块现象。而同地段晚铺 1 年 6 个月的 50 千克/米中磷碳素钢轨轨头已压宽 2 毫米和出现明显的辗压肥边。此外，还由于 45 千克/米钢轨的轨型较合理，螺栓孔位置排列适当，以及采用新鱼尾扳和高强度螺栓，更促使接头牢固，线路平整，轮轨接触良好。这些优点大大减轻了线路维修工作量，深受使用部门欢迎。

高硅含铜低合金钢轨（WP2）的综合性能良好。其抗拉强度 ≥920 兆帕，冲击韧性、塑性良好，基体硬度 ≥HB280，可以不淬火使用，疲劳强度较普碳轨大为提高，是一个优良的耐磨钢轨品种。

钢轨铺设试验表明，钢轨耐磨、耐压、耐冲击性良好，接头伤损少，易于维护保养，线路稳定，列车通过平稳，振动小，磨耗较普碳轨大为减轻，与普碳轨相比，耐磨性提高 3 倍左右，且具有一定的耐大气腐蚀性能。1969 年生产的 45 千克/米 WP2 钢轨如图 3-2 所示。

（四）U71Mn 热轧钢轨

20 世纪 50 年代，我国参考苏联标准生产了轨型为 P43 和 P50 的碳素钢轨。P43 钢轨的抗拉强度等级为 720 兆帕，P50 钢轨的抗拉强度等级为 750 兆帕。随着铁路运输的发展，列车运行速度及载重提升，对于钢轨的要求也逐渐加严，要求钢轨有足够的强度及硬度以

图 3-2　1969 年生产的 45 千克/米 WP2 钢轨

保证耐磨性。同时，提高了对于规格和表面质量的要求且钢轨内部不能产生"白点"。鞍钢充分利用加热、轧制、精整 3 个完整钢轨生产工序的产线布置，采用 196 毫米×196 毫米初轧坯通过三架一列式轧机轧制钢轨，冷却至 550~620 ℃后装入缓冷坑缓冷 7 小时后出坑，矫直后钢轨经 4 条加工线进行铣头、钻孔及端部淬火后进行检查和收集入库。通过技术改进和操作水平的提升，消除了"白点"和轨底裂纹缺陷，钢轨质量进步显著，为生产合金含量、强度级别更高的钢轨产品积累了丰富的技术储备。

20 世纪 60 年代初期，碳素钢轨在线路上普遍存在不耐磨、不耐压之类的伤损情况，最短的使用寿命仅为 1 年，铁道部迫切要求改进钢轨的材质。基于此，鞍钢钢研所依据我国的资源状况，在碳素钢轨的基础上充分发挥碳的强化效用，适度增添锰、硅等合金元素，以提升钢轨的强度及耐磨性能，研制出中锰钢轨，钢牌号为 AP（U71Mn 钢轨雏形产品），钢轨抗拉强度≥882 兆帕、伸长率≥8%。由于钢中 Mn 元素易引起微观偏析，重新加热后易在偏析部位形成高碳马氏体组织，故曾多次对 U71Mn 钢轨中的 Mn 含量进行调整。

1981 年，铁道部要求攀钢按照 GB 2585—81 开展 50 千克/米 U71Mn 钢轨生产。同年 10 月，在参照已生产的 43 千克/米 U71Mn 钢轨成分和工艺基础上，完成了 50 千克/米 U71Mn 钢轨试制和生产，各项指标均达到标准要求。此后，为了适应铁路发展需要，国家经委要求试制抗压、耐磨及可焊性良好的 60 千克/米钢轨。1982 年，铁道部安排攀钢试制 6 炉 60 千克/米 U71Mn 钢轨。其中，360 吨 25 米标准轨发往郑州局试铺，另 100 吨短尺轨分别发往沈阳局、郑州局进行焊接性能试验。截至 1984 年 5 月，攀钢向铁路部门提供 60 千克/米 U71Mn 钢轨 4 万余吨，在干线铁路应用，取得了良好的服役效果。1983 年 9 月，铁道部向冶金部提出试制 U71Mn 75 千克/米钢轨的任务，同年 10 月，冶金部向攀钢、包钢提出各试制 1500 吨并发往郑州局、济南局、北京局试铺的要求。在试制和生产过程中，攀钢按照 75 千克/米断面尺寸设计了孔型，成功掌握采用 800 毫米/850 毫米轧机 6 个孔型轧制 75 千克/米钢轨的新工艺，在辊矫设备超设计负荷的情况下，采用合理选择矫直辊辊径和使用乳化液的方式降低矫直扭矩，在冶炼、初轧开坯、轨梁轧制和成品精加工等工序中，运用近年来科技攻关成果，引进新设备，强化工艺控制，试生产的钢轨内部质量、断面尺寸和力学性能都达到了技术协议要求。截至 1987 年底，累计生产 75 千克/米 U71Mn 钢轨 3.6 万吨，在 75 千克/米钢轨市场占有率超过 90%。

1982 年 11 月 13 日，武钢 U71Mn 钢轨质量达到国标要求，正式纳入生产计划。2002 年 10 月 18 日，武钢采用连铸坯生产的 50 千克/米、60 千克/米 U71Mn 钢轨通过湖北省科技鉴定。2007 年，武钢开始客运及客货混运铁路用普速铁路产品及其制造技术的研发工作。2008 年 6 月，武钢 U71Mn 热轧钢轨通过铁道部组织的上道审查，具备了国有铁路供货资格。

2013 年 7 月和 2018 年 3 月，包钢和邯钢 U71Mn 热轧钢轨相继获得 CRCC 认证，具备国有铁路供货资格。目前，U71Mn 热轧钢轨已成为国内产量最大的普速铁路用钢轨之一，与国外相同级别的耐磨钢轨相比具有造价低廉、工艺稳定、各项性能和组织优良的特点，该牌号钢轨仍是国内普速铁路干线采用的钢种。

（五）U71MnH 热处理钢轨

1. U71Mn 离线热处理钢轨

合金化和热处理是提高钢轨综合性能的两条途径。基于我国国情，明确了提升钢轨综合性能的途径是发展热处理钢轨。20 世纪 70 年代，我国开启了热处理技术研究工作。铁科院与上海局工务工厂通过感应加热+喷雾冷却淬火工艺，实现了 250 米焊接长钢轨的全长淬火。随后，呼和浩特铁路局与铁科院合作采用喷雾淬火进行了 500 米焊接长钢轨的全长淬火。

包钢曾开展过煤气整体加热 U74 钢轨，并用水、雾作为冷却介质的淬火试验。1964 年，包钢开始筹备钢轨全长离线淬火试验工作。1965 年 4 月，包钢轨梁轧钢厂和中央试验室在室内进行了钢轨全长淬火试验。1969 年 5 月，包钢轨梁轧钢厂钢轨全长淬火实验机组开始动工建设。1970 年 6 月，设备安装工程完工并开始试运行。1970 年 7 月，正式进行钢轨全长淬火工业性试验。1981 年 9 月，试验取得成功。1982 年 11 月，通过部级技术鉴定。1983 年，上海宝山钢铁总厂、武汉钢铁公司以及铁道部与包钢轨梁轧钢厂签订了 1500 吨合同。后续，包钢全长离线淬火生产线引用铁科院的生产工艺，新建了一条电感应加热+风冷热处理生产线。2016 年 5 月，包钢全长离线淬火生产线停产。

2. U71MnH 在线热处理钢轨

为适应我国铁路运输量大、曲线多、线路条件苛刻的形势，解决离线热处理钢轨产量不足的问题，更好地满足我国铁路重载化的需求，国内迫切需要大量在线热处理钢轨。然而，严密的技术封锁以及苛刻的引进条件，致使国内钢轨在线热处理生产技术长期处于空白状态，我国亟须自主研发在线热处理钢轨。

1994 年，攀钢与原国家经贸委签署了"高强耐磨全长热处理钢轨技术开发"合同。由于钢轨在线热处理技术具有显著的经济效益和社会效益，导致掌握此技术的发达国家纷纷进行了技术封锁。在缺乏技术资料的情况下，1999 年，攀钢攻克了钢轨热矫直、导向约束等技术难题，自主研发的利用钢轨轧后余热连续式喷风冷却热处理技术工艺装备独具创新性，建成了我国首条钢轨在线热处理工业生产线。2002 年，在原有在线热处理技术的基础上，通过调整钢轨化学成分和在线热处理工艺，研制出 25 米长 50 千克/米、60 千克/米 U71MnH 在线热处理钢轨，产品组织、力学性能均符合技术条件要求。同时，U71MnH 在线热处理钢轨也凭借其出色的性能和低廉的生产成本，成功取代 U71Mn 离线热处理钢轨。

随着攀钢在线热处理钢轨生产品种增多，各路局纷纷将开发 100 米在线热处理钢轨的重任交付给攀钢。2003 年，建设 100 米定尺在线热处理钢轨生产线被纳入攀钢轨梁万能生产线建设规划。2006 年 10 月，攀钢 100 米定尺在线热处理钢轨生产线主体项目正式动工建设。2007 年，攀钢 100 米在线热处理生产线建成，为百米在线热处理钢轨的开发创造了条件。2009 年，攀钢以百米 U71Mn 钢轨为原料，利用在线热处理生产技术系统开展了钢轨热处理特性、相变规律、工艺及性能的工业试验研究。借鉴以 25 米钢轨为原料成功生产 U71MnH 在线热处理钢轨的技术，利用攀钢独创的在线热处理生产线调整热处理加速冷却工艺参数，确保了 U71MnH 钢轨组织、性能达到铁标或铁路暂行技术条件要求。2010 年，100 米 U71MnH 60 千克/米在线热处理钢轨开发成功，填补了国内无 100 米 U71MnH 在线热处理钢轨的空白，彰显了攀钢在线热处理钢轨的技术优势，终结了我国只能生产 25 米在线热处理钢轨的历史。

2012 年 2 月，包钢开始筹备钢轨在线热处理生产线，并于 2013 年 3 月动工建设。2014 年 4 月，完成 50 千克/米 U71Mn、60 千克/米 U75V（U71Mn）、UIC54 900A 等品种钢轨的工艺调试，具备了批量生产条件。2015 年 4 月，研制出 H320 级 U71MnH 60 千克/米百米在线热处理钢轨，该品种钢轨于次年 9 月通过铁科院形式检验。2018 年 8 月，H320 级 60 千克/米 U71MnH 百米在线热处理钢轨通过中国铁路总公司运输局试铺技术评审，并于兰州局兰新线上道试铺。

2014 年，鞍钢开始建设钢轨在线热处理生产线。2015 年 1 月，完成 100 米钢轨全长在线热处理生产线改造工程建设并通过热负荷试车，随后利用 U71Mn、U75V 钢轨进行了在线热处理设备调试。2015 年 3 月，开始对 60 千克/米及 75 千克/米 U71Mn、U75V、U77MnCr 三个钢种的钢轨进行了工艺调试。2015 年 5 月，具备了在线热处理钢轨批量生产能力。2017 年 11 月，鞍钢 U71MnH 在线热处理钢轨通过中国铁路总公司工电部组织的试用评审，并在沈阳局平齐线和沈大线开展了 15 公里的钢轨上道试铺。2021 年 3 月，鞍钢 U71MnH 在线热处理钢轨通过 CRCC 认证。

2017 年，武钢通过在线热处理工艺技术研究，研制出 50 千克/米和 60 千克/米 U71MnH 百米在线热处理钢轨，并具备了钢轨批量生产能力。2022 年 10 月—2024 年 3 月，武钢 U71MnH 热处理钢轨于郑州局月山工务段新焦外包线和侯月疏解线完成上道试用考核。2024 年 4 月，武钢 U71MnH 热处理钢轨通过考核评审，获得 CRCC 认证。武钢 U71MnH 钢轨上道试用考核跟踪如图 3-3 所示。

（六）U75V 热轧钢轨

随着铁路运输朝着重载、大运量方向发展，对于部分运量较大的线路，880 兆帕强度等级的 U71Mn 钢轨呈现出耐磨性能欠佳、使用寿命短的问题。国际铁路联盟（UIC）建

图 3-3　武钢 U71MnH 钢轨上道试用考核跟踪

议，当运输密度达到 5000 万吨公里/年及以上或者轴重大于 22 吨时，不论是直线还是曲线线路条件，都应铺设高强度钢轨（抗拉强度为 1030~1080 兆帕）。依照此提议，我国多数线路应铺设高强度钢轨。然而，实际铺设的钢轨几乎均为 883 兆帕强度等级及以下的钢轨，这势必导致钢轨损伤严重，使用寿命缩短。尽管攀钢已具备年产 5 万吨 U71Mn 热处理钢轨的能力，并且铁道部门也建起了数条钢轨热处理生产线，但热处理钢轨较低的产量与实际需求之间差距极大，只能应用于运营条件苛刻的小半径曲线。因此，研制开发并推广抗拉强度大于 980 兆帕的钢轨已成为当时的紧迫任务。作为我国钢轨主要生产厂家之一的攀钢，根据国家"七五"期间安排，在研制出 PD2 S-Q 热处理钢轨的同时，利用攀西钒钛磁铁矿中丰富的钒资源，开发出了代号为"PD3"（即 U75V，下同）的含钒高强度钢轨。

　　攀钢以 U71Mn 钢种成分为基础，设计出了以碳、硅、锰和钒共同构成的 Si-Mn-V 系 PD3 钢种雏形。之后，通过实验室对各元素与性能进行回归分析和计算，设计出了 PD3 钢种的成分和性能指标。1987 年，开展了首轮工业试验以及焊接性能、线路使用性能研究，并逐步实现钢轨成分和工艺的优化。截至 1992 年，PD3 热轧钢轨产量接近 2 万吨。针对现场反馈的 PD3 钢轨耐磨性能差、焊接困难和易断裂的问题，攀钢于 1998 年降低了钢轨钢中的碳、硅、钒含量，在略微牺牲耐磨性的同时，极大地提升了钢轨钢的韧性、塑性和焊接性。经繁忙干线及重载铁路多年使用，成分调整后的 PD3 钢轨性能良好。1999 年，产量达 30 万吨。特别是在线路上较为显著的磨耗指标方面，PD3 热轧钢轨较 U71Mn 热轧钢轨降低 50% 以上。同时，轨头圆角和轨端均未出现压溃和掉块现象，线路服役性能良好。综合工业生产和线路使用情况来看，采用高碳、微钒微合金化成分设计的攀钢 PD3 热轧钢轨开发获得成功，填补了我国微合金化钢轨的空白。根据钢轨牌号的命名规则，2004 年实施的《43~75 千克/米热轧钢轨订货技术条件》将 PD3 改为 U75V，并一直沿用至今。

　　2001 年，鞍钢具备了 U75V 热轧钢轨的批量生产能力，并于沈阳、兰州、哈尔滨等铁路局进行了上道铺设，5万余吨 U75V 热轧钢轨铺设于秦沈铁路时速 200 公里的客运专线。2008 年 7 月，武钢 U75V 热轧钢轨通过铁道部组织的上道审查，拥有了国有铁路钢轨供货资质。在铁路产品开展 CRCC 认证后，2013 年 7 月，包钢 43~75 千克/米 U75V 热轧钢轨获得 CRCC 认证，具备了国有铁路钢轨供货资质。2018 年 3 月，邯钢 U75V 热轧钢轨获得 CRCC 认证，具备国有铁路钢轨供货资质。

截至 2024 年，我国共生产了 U75V 热轧钢轨数百万吨，在京广、京九、陇海、南昆、内昆、朔黄等铁路主干线上被大量使用，已成为我国普速铁路中占比最高的钢轨产品。

（七）U75V 热处理钢轨

1. U75V 离线热处理钢轨

"八五"期间，用于晋煤外运的重载运输线大秦线竣工。伴随铁路运量的增多以及车速的提升，大秦线原有的 75 千克/米 PD2 离线热处理钢轨逐渐暴露出性能欠佳的问题。1998 年，铁路部门期望攀钢能够供应比 75 千克/米 PD2 碳素热处理钢轨强度更高（抗拉强度≥1275 兆帕、伸长率≥10%）、组织为单一细珠光体的 75 千克/米高强韧性钢轨，并在大秦线的小半径曲线上进行试铺使用。

1991 年，攀钢与铁路部门签署了"60 千克/米 PD3 全长热处理钢轨研制"科研协议书，并被纳入冶金部 1992—1995 年"新材料科研、试制"计划。1994 年，"1300 兆帕钢轨热处理技术开发"课题被列入国家经贸委"高强度耐磨全长热处理钢轨技术开发"项目当中，要求以 PD3 热轧钢轨为原料，开发出具有高强韧性的含钒微合金热处理钢轨，并且要求轨头硬化层深度≥12 毫米、硬度为 HRC33.5~45.0（表层硬度≥HRC38.0）、$R_{p0.2}$≥880 兆帕、抗拉强度 R_{m}≥1275 兆帕、组织为细珠光体的含钒微合金热处理钢轨。攀钢针对 PD3 热处理钢轨的工艺难点，在掌握 PD3 钢种热处理特性的基础上，开展了多轮加热、冷却工艺实验，掌握了热处理工艺与钢轨性能的对应关系。1991 年，进行了首轮工业试制，而后经多轮工艺优化，形成了 60 千克/米 PD3 热处理钢轨的工业生产技术。同时，在工业生产中，运用计算机对热处理工艺进行自动控制，确保了工业生产钢轨的质量。截至 1996 年，共生产出 6500 余吨 60 千克/米 PD3 全长热处理钢轨。在此基础上，继续开展了 75 千克/米 PD3 钢轨的热处理工艺研究。1998 年，完成 3880 余吨 75 千克/米 PD3 钢轨的首轮工业试制。至此，60 千克/米、75 千克/米 PD3 钢轨的开发获得成功，产品的各项性能指标均满足科研协议任务书要求，钢轨使用性能优良。特别是 75 千克/米 PD3 热处理钢轨的使用寿命达到了 U71Mn 热轧钢轨的 3 倍以上。

2. U75VH 在线热处理钢轨

尽管 U75V 热轧钢轨性能优良，但在小半径曲线上却显现出了耐磨性欠缺的问题。2007 年，攀钢利用钢轨在线热处理生产技术，开展了 100 米 U75VH 在线热处理钢轨的开发工作。为提升钢轨抗磨损、抗接触疲劳性能以及节省生产成本，以 UIC900A 钢种下限成分为基础，依据已有的钢轨在线热处理技术，确定了以压缩空气作为淬火介质对轧后钢轨进行冷却，并在国内率先生产出了性能稳定的 1100 兆帕级 U75VH 在线热处理钢轨。客货混运线路应用结果显示，U75VH 在线热处理钢轨的磨耗速率低于 U75V 热轧钢轨，同时抗接触疲劳性能出色。目前，U75VH 在线热处理钢轨已成为普速铁路小半径曲线的首选钢种。

2015 年 1 月，鞍钢百米在线热处理钢轨生产线建成。2015 年 3 月，鞍钢依照 TB/T 2344—2012 标准 C、Si、Mn 含量上限，V 含量维持热轧水平生产出了 U75VH 钢轨，在保障钢轨性能的同时，还显著降低了合金成本。2015 年 9 月，鞍钢 U75VH 在线热处理钢轨通过了中国铁路总公司工电部组织的试用评审。2015 年 8 月，鞍钢生产出 5430 吨 60 千克/米 U75VH 100 米定尺在线热处理钢轨应用于太原铁路局大秦铁路轻车线、沈阳铁路局通霍线以及兰州铁路局包兰线和陇海线。2015 年 9 月，鞍钢生产出 3254 吨 60N U75VH 100 米定尺在线热处理钢轨，应用于沈阳铁路局通霍线。2016 年 12 月，鞍钢 60N U75VH 在线热处理钢轨获得 CRCC 认证。

2014 年 12 月，包钢对钢轨在线热处理生产线冷却机组进行改造，并优化了 60 千克/米 U75VH 钢轨冷却工艺。2015 年 1 月，研发出 H340 级 60 千克/米 U75VH 100 米在线热处理钢轨并实现批量生产。2015 年 4 月，包钢 60 千克/米 U75VH 100 米在线热处理钢轨通过铁科院形式检验及中国铁路总公司运输局试铺技术评审，并于呼和浩特铁路局上道试铺。2016 年 6 月，包钢 50 千克/米、60 千克/米、60N U75VH、在线热处理钢轨通过 CRCC 认证，获得国家铁路线路使用许可。作为对照，武钢 U75VH 热处理钢轨于 2021 年 10 月在兰州局北环线实现了上道试用（见图 3-4），并于 2023 年 3 月通过 CRCC 认证。

图 3-4 武钢 U75VH 钢轨上道试用考核跟踪

现阶段，U71Mn、U75V 热轧及热处理钢轨依然是我国产量最高、使用范围最广的钢轨品种。为适应铁路的发展需求，近年来，国内钢厂以 U71Mn、U75V 钢轨化学成分为基础，衍生出高速铁路用 U71Mn 与 U75V 钢轨、高原铁路用低碳 U71Mn 等钢轨品种。

第二节 高速铁路钢轨

高速铁路（简称高铁）在不同的国家、不同的时代以及不同的科研学术领域有着各异的规定。中国国家铁路局颁布的《高速铁路设计规范》文件中，将高铁界定为新建设计时速为 250 公里（包含）至 350 公里（包含）、运行动车组列车的标准轨距的客运专线铁路。国内把时速 250 公里及以上标准的新线或既有线铁路定义为高铁，并颁布了相应的《中长期铁路网规划》文件，同时也把部分时速 200 公里的轨道线路归入中国高速铁路网的范畴。

1964 年，日本新干线铁路建成，标志着全球开始发展商业运营的高速铁路。20 世纪 90 年代初期，我国开启了高速铁路技术的攻关。1991 年，《中长期科学技术发展纲要》发布，"八五"科技攻关课题立项，我国开始独立开展高速铁路关键技术研究。同年 12 月，广深铁路的准高速化改造启动。1998 年 8 月，广深铁路列车运营时速达到 200 公里，成为我国第一条达到高速指标的铁路。2003 年 10 月，秦沈客运专线全线通车（见图 3-5），设计时速为 250 公里，成为我国第一条高速铁路线路，从此开启了我国高速铁路发展新篇章。2007 年，我国铁路进行了第六次大面积提速，部分路段列车的最高运营时速达到 250 公里，并首次在全国局部地区开通运营时速在 200 公里的动车组列车。2008 年，京津城际铁路开通运营（见图 3-6），成为我国第一条设计时速在 350 公里的高速铁路。2009 年，京广高速铁路武广段开通运营，列车最高运营时速为 350 公里，首次突破中国铁路春运瓶颈，标志着中国正式迈入高铁时代。

图 3-5 秦沈客运专线

钢轨作为保障铁路安全、平稳运营的关键部件，其质量的持续提升是高速铁路得以大发展的重要前提。随着我国高速铁路技术的不断进步，高速铁路钢轨标准也相应地经历了多次修订。1998 年，铁科院等单位率先起草并制定了《时速 300 公里高速铁路 60 千克/米钢轨暂行技术条件》和《时速 200 公里客运专线 60 千克/米钢轨暂行技术条件》，用于秦沈客运专线钢轨的生产、采购和检验工作。2004 年，对这两项标准进行了首次修订，铁道部先后发布了《350 公里/小时客运专线 60 千克/米钢轨暂行技术条件》和《250 公里/小时客运

图 3-6　京津城际客运专线

专线 60 千克/米钢轨暂行技术条件》。2007 年，再次对 250 公里/小时和 350 公里/小时钢轨暂行技术条件予以修订，重点针对钢中硫含量下限和成品氢含量要求等进行了调整。2011年，为构建铁道行业标准，促进我国高速铁路成套技术走向国际，将 250 公里/小时和 350公里/小时钢轨暂行技术条件合二为一，正式发布并实施了《高速铁路用钢轨》（TB/T 3276—2011）。2020 年，发布《钢轨　第 1 部分：43~75 千克/米钢轨》（TB/T 2344.1—2020），以此替代上述标准或技术条件，形成了涵盖高速铁路钢轨的铁道行业标准。

鉴于动车组列车载重较轻、速度较高的特点，在各个标准中明确将 U71Mn 和 U75V 两种材质确定为高速铁路用钢轨的牌号。同时，依据不同运营速度需求，对这两个牌号钢轨的质量也提出了相应的要求。各钢轨生产企业围绕铁路对于高速铁路钢轨的需求，开展了产线改造与升级，实现了高速铁路钢轨全部国产化，其产线也达到了世界一流水平。

高速铁路钢轨主要为运行时速在 200 公里、350 公里的 60 千克/米 U71Mn 和 U75V 100 米定尺钢轨产品。

一、时速 200 公里高速铁路钢轨

1996 年，攀钢参照欧洲 EN 标准草案，以法国 TGV 钢轨为目标，开展了高速铁路钢轨开发基础研究工作。1997 年，中国铁路提速全面推进。基于铁路提速对于钢轨的新需求，攀钢确定了高速铁路钢轨开发的三步走战略。1998 年，随着秦沈客运专线建设计划的确定以及《时速 200 公里客运专线 60 千克/米钢轨暂行技术条件》的颁布，攀钢随即着手客运专线钢轨的研发工作，并于 2000 年初成功开发出国内首批具有高纯净度、高尺寸精度、高平直度和优良力学性能的时速 200 公里客运专线钢轨。同时，为配合秦沈客运专线的建设，攀钢在短短一个月内又研发出了国内第一批时速 200 公里客运专线用 60AT 道岔钢轨。2000—2003 年，近 5 万吨攀钢产时速 200 公里客运专线钢轨应用于秦沈铁路客运专线。其中，8000 吨攀钢钢轨与法国高速铁路钢轨并行铺设，这也是当时唯一铺设在时速300 公里高速铁路试验段上的中国钢轨。2001 年 9 月，鞍钢依据铁道部《时速 200 公里客运专线 60 千克/米钢轨暂行技术条件》，批量试制出能够满足时速 200 公里客运专线要求的 PD3 钢轨产品，并向秦沈客运专线供轨近 4 万吨。

2000 年 5 月，包钢基于国内首条连铸坯—钢轨生产线试制出 1200 吨时速 200 公里客运专线用 60 千克/米钢轨，铺设在沈阳铁路局既有线上试用。2004 年 4 月，批量生产出 2 万吨钢轨，供济南铁路局胶济线时速 200 公里客运专线使用。2006 年 5 月，包钢百米高速钢轨进入试生产阶段。包钢百米高速钢轨首次发运如图 3-7 所示。

图 3-7　包钢百米高速钢轨首次发运

二、时速 350 公里高速铁路钢轨

时速 350 公里客运专线对于钢轨的内部质量以及外形尺寸均有更为严苛的要求。攀钢依托先进的装备，同时注重消化吸收再创新以及集成创新，成功攻克了诸如高洁净度钢水冶炼、高质量钢坯连铸、高精度钢材轧制、高平直度钢材精整、高表面质量钢材综合控制等一系列技术难题，构建了以 350 公里/小时高速客运专线钢轨为代表的高品质长条材产品的冶炼、连铸、轧制以及精整集成技术。2005 年，开发出国内首批 350 公里/小时客运专线钢轨。2007 年，国内首条时速 350 公里高速铁路——京津城际客运专线正式投入运营，全线钢轨均由攀钢提供。在此基础上，又研制出时速 250 公里、时速 300 公里 60D40、60TY 高速道岔钢轨，为京沪、京广、郑西等高速铁路供应了品质上乘的客运专线钢轨，实现了国内高铁用轨的完全国产化。

2007 年 4 月，鞍钢大型厂对生产线实施改造，从而具备了时速 350 公里百米高速钢轨的生产能力。同年，完成了 60 千克/米 U71Mn 和 U75V 百米定尺钢轨的型式检验，并通过了铁科院的验收检查和铁道部运输局组织的客运专线用百米长定尺钢轨上道技术审查。2007 年，鞍钢首批百米钢轨铺设于胶济客运"奥运专线"，同时还为郑西客运专线试铺段提供了时速 350 公里百米定尺 U71Mn 钢轨 2 万余吨。2009 年，鞍钢为我国严寒地区建设标准最高的哈大高速铁路供应 60 千克/米 U71Mn(K) 高速钢轨 16.3 万吨，占全线总需求量的 75.5%。2010 年 10 月，沪杭高速铁路正式开通运营，5 万吨鞍钢钢轨助力"高速"连接沪杭，其最高试验时速达到 416.6 公里，再度刷新了世界铁路运营试验的最高速度。2011 年 2 月，京沪高铁上海段开启"试跑"。在这条全球一次建成线路里程最长、标准最高的高速铁路中，鞍钢供应了高速钢轨 1 万余吨。鞍钢百米重轨发车如图 3-8 所示。

图 3-8　鞍钢百米重轨发车

2006 年 8 月，包钢依据《250 公里/小时客运专线 60 千克/米钢轨暂行技术条件》进行了百米高速钢轨试轧。同年 9 月，铁道部运输局在北京组织召开了包钢高速钢轨上道技术审查会议，针对包钢百米长定尺钢轨的形式检验及性能予以了综合评定。在完成生产技术改造后，包钢 U71Mn(K) 百米定尺钢轨具备了批量生产能力。同年 12 月，时速 350 公里高速钢轨在武汉铁路局进行试铺，标志着"包钢高速铁路钢轨生产技术的集成创新和应用"实现了产业化。2013 年 7 月，包钢 60 千克/米 U71MnG/U75VG 热轧钢轨获得了中铁检验认证中心（简称 CRCC）认证。2016 年 5 月，包钢 60N U71MnG/U75VG 热轧钢轨获得 CRCC 认证。2022 年 12 月，包钢 60 千克/米（含 60N）U71MnH G/U75VH G 热处理钢轨获得 CRCC 认证。和谐号动车组在京雄高铁线上行驶如图 3-9 所示。

图 3-9　和谐号动车组在京雄高铁线上行驶

2007 年 12 月，武钢完成大型厂轨梁线升级改造，具备了时速 350 公里百米高速钢轨生产能力。2009 年 1 月，武钢 U71Mn(K) 和 U75V 高速钢轨通过铁道部组织的上道审查，具备了向国有铁路供货的资格，并于 2013 年 9 月通过 CRCC 认证。武钢 U71MnH 和 U75VH 高速铁路用钢轨于 2024 年 9 月获得 CRCC 证书。武钢高速钢轨铺设于京沪高铁如图 3-10 所示。

图 3-10　武钢高速钢轨铺设于京沪高铁

邯钢的钢轨生产线于 2009 年开始筹建，2012 年 7 月成功轧制出第一支钢轨。2019 年 5 月，邯钢向太焦高速铁路供应了 6.5 万吨高速钢轨，由此开启了邯钢高速钢轨批量化供应国铁的征程。2020 年 6 月起至今，邯钢高速钢轨已在京唐城际、津兴高铁、沪苏杭高铁、济郑高铁、莱荣高铁、朝凌高铁、牡佳高铁等多个国铁重点项目中得到应用。

第三节　重载铁路钢轨

我国地域广袤，资源分布不均，这一状况决定了铁路货运主要以能源、原材料等大宗货物为主。在这种情况下，具备运量大、效率高、运输成本低等优点的重载铁路运输得以迅猛发展。

重载铁路指的是用于运输大宗散货，且列车总重较大、轴重较大、行车密度高和运量庞大的铁路。依据 2005 年国际重载协会理事会提出的新准则，重载铁路至少要满足以下三个条件中的两个：（1）列车牵引质量不低于 8000 吨；（2）车列中车辆轴重达到或超过 27 吨；（3）线路长度不小于 150 公里的区段，年计货运量不少于 4000 万吨。

我国重载铁路起步于 20 世纪 80 年代，彼时铁路运输能力与国民经济发展严重不匹配，铁路主干线列车的平均重量仅为 2400 吨，与美国、苏联等铁路运输先进的国家存在显著差距。1985 年，我国在对既有线路进行改造、增加列车重量以及提高运营速度的同时，着手建设国内第一条双线重载电气化运煤专用的一级铁路——大秦铁路。1992 年，大秦铁路全线建成并投入运营。20 世纪 90 年代，我国又建成了神朔、朔黄等西煤东运重载铁路。进入 21 世纪后，为进一步提升我国煤炭等大宗货物的运输能力，又建成了国内第一条运行 30 吨大轴重重载列车的瓦日铁路，以及我国最长的北煤南运专线重载铁路——蒙华铁路。

目前，我国已建设超过 1 万公里的重载铁路，仅大秦铁路的年运量就已超过 4 亿吨。钢轨作为铁路的关键部件，随着重载铁路运力的不断提升，对于钢轨的质量以及生产技术水平也提出了愈发严苛的要求。

一、我国重载铁路钢轨发展历程

1988 年，在大秦铁路试运行期间所使用的 60 千克/米 U71Mn 热轧钢轨乃是我国最早的重载铁路钢轨，其服役寿命相对较短。1997 年，钢轨单重由 60 千克/米提升至 75 千克/米，自此确定了我国重载铁路正线主要采用 75 千克/米单重的钢轨。大秦铁路开通之初，采用的是 880 兆帕级热轧钢轨，其小半径曲线段的月均磨耗高达 2 毫米以上，耐磨性能欠佳。20 世纪 90 年代后期，大秦铁路在曲线段逐步使用 1180 兆帕级及以上的热处理钢轨，在直线段使用 980 兆帕级的 U75V 等品种的热轧钢轨，并通过焊接实现了线路无缝化，钢轨的使用寿命得以延长。然而，U75V 热轧钢轨的轨顶面硬度仅为 HB280~320，而热处理态钢轨的轨顶面硬度也仅为 HB340，面对重载铁路的应用需求，U75V 钢轨的性能依旧偏低。

鉴于我国钢轨伤损的实际状况，铁道部提出在重载线路上使用高强度钢轨或热处理钢轨。为保障我国重载铁路发展，国内主要的钢轨厂家，如鞍钢、攀钢、包钢、武钢等均根据铁道部需求在重载铁路用钢轨领域开展研究，开发出了契合我国重载铁路环境的大断面热轧及热处理钢轨。

我国重载铁路用钢轨开发历程如下：

（1）1984 年，包钢成功轧制出 75 千克/米钢轨，填补了国内冶金行业的空白。

（2）20 世纪 90 年代，攀钢成功开发出 980 兆帕级 PD3 热轧钢轨和 1180 兆帕级 PD3 在线热处理钢轨，纳入铁标后分别称为 U75V 和 U75VH 钢轨。

（3）1999 年，包钢运用连铸坯成功轧制出 765 兆帕含铌稀土钢轨。

（4）2005 年，攀钢开发出 1280 兆帕级 PG4 在线热处理钢轨，纳入铁标后称为 U78CrVH 钢轨。

（5）2006 年，鞍钢开发出 980 兆帕级 60 千克/米 U77MnCr 热轧钢轨并于郑州铁路局进行了上道试铺，使用状况良好。

（6）2007 年，鞍钢开发出 75 千克/米 U77MnCr 热轧钢轨，并于大秦铁路进行了上道试铺，使用状况良好。服役将近 6 年，累计通过总重达 27 亿吨。

（7）2015 年，鞍钢开发出 75 千克/米 U77MnCrH 在线热处理钢轨，在大秦铁路 $R1000$ 米曲线路段服役时长为 3 年 5 个月，累计通过总重达 18.6 亿吨。

（8）2016 年，包钢基于 320 毫米×415 毫米大断面连铸坯轧制出 75 千克/米（75N）U75VH 百米在线热处理钢轨，并于 2020 年通过 CRCC 认证。

（9）2017 年，武钢基于新建的在线热处理生产线轧制出 U75VH 在线热处理钢轨。2021 年，于兰州局上道试铺钢轨 3 公里。2023 年，该产品通过 CRCC 认证。

（10）2019 年，攀钢基于 320 毫米×410 毫米大断面连铸坯轧制出了 75 千克/米 U78CrVH 百米定尺钢轨，该产品应用于国内各大重载铁路。

（11）2020 年，攀钢研制出 1330 兆帕级 75 千克/米 PG5 高强耐磨过共析钢轨，填补了国内空白，产品应用于大秦铁路、朔黄铁路、澳大利亚及巴西国内的多条重载铁路。

（12）2022 年，包钢研制出 60 千克/米 U76CrREH 热处理钢轨，并于呼和浩特铁路局集宁工务段上道试铺 3.5 公里。2023 年，该产品通过 CRCC 认证。

二、国内钢轨生产企业代表性重载铁路钢轨研制及发展历程

随着我国铁路运输的不断发展以及货运线路运营量的持续增长，重载铁路列车总重不断增大、轴重持续增高，对高强耐磨钢轨的性能要求也日益提升。普通钢轨强度级别偏低，耐磨性能欠佳，使用寿命较短，已难以满足重载铁路的发展需求，高强耐磨钢轨的"升级换代"迫在眉睫。

大量有关钢轨的研究和应用显示，热处理强化优于合金强化。热处理能够使钢轨的组织细化，在提升强度的同时还改善了钢轨的韧塑性，并且节省了合金费用。而对于合金强化，无论是固溶强化还是析出强化，都需要添加一定量的合金元素，还会导致钢轨的韧塑性下降。同时，热处理钢轨的焊接性能也要优于合金钢轨，这对铁路大力推进无缝线路建设而言极为重要。还需指出的是，热处理能够使轨头得到强化，而轨腰、轨底保持正常的强度，作为耐磨轨在曲线上使用，契合钢轨的使用工况，并且性价比高。此外，实际应用也表明热处理钢轨能够有效地提升耐磨性能和抗接触疲劳性能，延长钢轨的使用寿命。在线热处理是提升钢轨强度最为有效、最为经济的工艺手段，也是钢轨技术的发展趋势。因此，钢轨热处理技术受到国内钢轨生产厂家的广泛关注，在线热处理钢轨在中国铁路的应用也愈发广泛。

现阶段，我国重载铁路用钢轨生产企业主要包括鞍钢、攀钢、包钢和武钢，主要选用 75 千克/米钢轨廓形，牌号有 U75V、U77MnCr、U78CrV、U76CrRE、U95Cr 等。主要通过合金化或者热处理的方式来提高钢轨强度，改善钢轨抗剥离、抗磨损的性能，使得钢轨在高速、重载工况下的使用寿命得以延长。钢轨性能指标见表 3-20。

表 3-20　我国重载铁路用钢轨力学性能指标

钢牌号	抗拉强度 /兆帕	断后伸长率 /%	轨顶面硬度 （HBW10/3000）
U75V	≥980	≥10	280~320
U75VH	≥1180	≥10	340~400
U77MnCr	≥980	≥9	290~330
U77MnCrH	≥1180	≥10	350~410
U78CrV	≥1080	≥9	310~360
U78CrVH	≥1280	≥10	370~420
U76CrRE	≥1080	≥9	310~360
U76CrREH	≥1280	≥10	370~420
U95Cr	≥1330	≥8	390~450

（一）75 千克/米 U75V 热轧及热处理钢轨

20 世纪 90 年代初，攀钢依托自身的钒资源和技术优势，成功开发出 980 兆帕级 PD3 高碳微钒热轧钢轨，实现了中国重载铁路用钢轨从无到有的突破。20 世纪 90 年代末，攀

钢利用轧后余热对钢轨进行在线热处理，研制出 PD3 在线热处理钢轨。该钢种抗拉强度达到 1175 兆帕，其强度级别与英国 U78 和日本 DHH 热处理钢轨相同，拉伸性能和硬度也与这两种热处理轨相当。PD3 在线热处理钢轨在对轨头进行热处理强化的同时，轨腰、轨底也相应得到强化，这有益于钢轨整体性能的改善。

PD3 钢轨纳入铁标后，被称为 U75V（H）钢轨，国内其他钢轨生产企业也开展了该钢种钢轨的生产。2016 年 4 月，包钢基于 280 毫米×380 毫米大断面连铸坯研制出 H340 级 75 千克/米（75N）U75VH 在线热处理钢轨，并于同年 9 月通过试铺形式检验。同年 6 月，包钢基于 320 毫米×415 毫米大断面连铸坯研制出 H340 级 75 千克/米（75N）U75VH 百米在线热处理钢轨，并于次年 5 月通过试铺形式检验。2019 年 4 月—2020 年 5 月，包钢 75 千克/米 U75VH 在线热处理钢轨在大秦铁路试铺 10.5 公里，累计通过总重超过 5 亿吨。2020 年 6 月，包钢 75 千克/米 U75VH 在线热处理钢轨通过试用考核评审，并获得 CRCC 认证。

2010 年，武钢开启热处理钢轨的实验室研究、产线建设及工艺调试。2017 年 3 月，武钢钢轨在线热处理生产线建成，并研制出 U75VH、U71MnH 等热处理钢轨品种。2021 年 10 月，武钢 U75VH 钢轨于兰州局上道试铺 3 公里。2023 年 3 月，武钢 U75VH 热处理钢轨通过 CRCC 认证。

（二）U77MnCr 钢轨

大秦铁路钢轨伤损特点表明，有必要开发出具备抗疲劳及耐磨性能的含铬低合金钢轨以及热处理钢轨。鉴于鞍钢前期开发的 60 千克/米 U77MnCr 含铬低合金钢轨钢质纯净、焊接性能良好，具有自硬化性能，热处理工艺性出色、性价比高，铁道部对鞍钢开发 75 千克/米重载铁路用钢轨给予了大力支持。2006 年底，铁道部运输局在大同举行了大秦重载铁路用 75 千克/米钢轨生产、焊接及更换协调会。依据大秦线 2007 年更换 300 公里无缝线路用轨计划，组织鞍钢生产 75 千克/米 U75V 钢轨 11802 吨以及 75 千克/米 U77MnCr 钢轨 1691 吨，用于大秦线试铺。

鞍钢依照试铺用轨计划，于 2007 年 12 月开展了 75 千克/米 U75V 和 U77MnCr 钢轨的试制生产。鞍钢和铁科院依据相关标准对钢轨进行了全面检验分析，铁科院进行了钢轨焊接及焊后热处理形式检验，钢轨母材及焊接接头的各项指标均满足技术条件要求。2007 年 5 月，鞍钢 75 千克/米 U75V 和 U77MnCr 钢轨通过铁道部运输局组织的钢轨上道技术审查。按照原钢轨使用规定，直线段钢轨通过总重最高为 9 亿吨，通常上道使用 2 年半左右就需更换新轨，曲线段的使用时间则更短。2010 年，大秦铁路使用的第一批鞍钢 75 千克/米钢轨依照规定已达使用寿命，需下道更换。鉴于鞍钢钢轨使用性能稳定、伤损率低、耐磨性好，太原铁路局根据线路条件将在河北阳原铺设的 3 公里鞍钢生产的 U75V 钢轨和天津蓟州铺设的 3 公里鞍钢生产的 U77MnCr 钢轨作为试验钢轨继续使用。

2013 年 3 月，鞍钢与铁科院对试验段钢轨进行了性能测试。数据表明，钢轨母材轨顶面存在一定的加工硬化，轨头表面硬度在 HB350～380 之间，硬度的增加有利于提升钢轨的耐磨性。钢轨磨耗以垂直磨耗为主，最大垂直磨耗为 6 毫米。相较于上次观测，磨耗增加了 0.3 毫米。钢轨表面状态良好，未见裂纹、剥离等明显伤损。从钢轨表面状态的观测情况来看，延长使用时间的钢轨磨损尚未达到使用寿命极限，但该区域已至大修换轨周期，钢轨需更换下道。2013 年 4 月，试验段钢轨下道，使用时间接近 6 年，通过总重约 27 亿吨，创造了重载线路钢轨通过总重的新纪录。

2012 年 10 月—2013 年 1 月，鞍钢对延期使用并于 2012 年 4 月下道的 U77MnCr 钢轨进行了检验分析，该批钢轨通过总重超过 16 亿吨，包括热轧及热处理钢轨。其中，直线段钢轨为热轧钢轨，曲线段钢轨为离线热处理钢轨。检验表明：该批钢轨生产工艺稳定，成分波动范围窄，各项性能均符合铁标相关要求，钢轨 A 类夹杂物相对较少，钢轨性能稳定，有助于延长使用寿命。

为满足我国北方地区线路在线热处理钢轨使用需求，鞍钢股份有限公司引进攀钢在线热处理钢轨生产技术。2015 年 1 月，建成钢轨在线热处理生产线，随后完成工艺调试和钢轨试生产，具备了 75 千克/米 U77MnCr 在线热处理钢轨生产能力。2015 年 9 月，鞍钢 U77MnCrH 钢轨通过了中国铁路总公司运输局工务部组织的技术评审，随后在大秦铁路铺设钢轨 10 公里。与同期铺设的攀钢 U78CrVH 钢轨对比表明，两个钢种钢轨的耐磨性总体相当。应用在 $R1000$ 米曲线半径的 U77MnCrH 钢轨服役时长为 3 年 5 个月，累计通过总重为 18.6 亿吨，下道时曲线上股最大垂磨和侧磨分别为 6.1 毫米和 6.3 毫米。鞍钢 75 千克/米钢轨在大秦铁路使用情况如图 3-11~图 3-13 所示。

图 3-11　鞍钢 75 千克/米钢轨在大秦铁路使用近 6 年

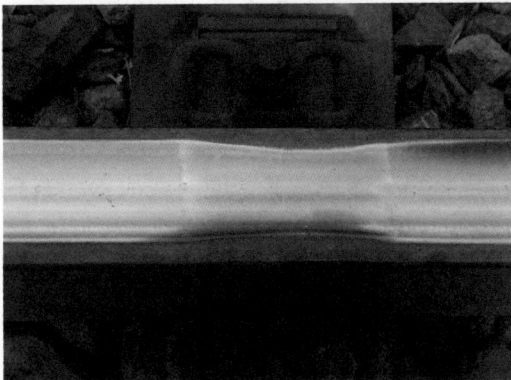

图 3-12　厂焊接头（状态良好）

图 3-13　直线段钢轨使用情况

（三）U78CrV 钢轨

随着重载铁路轴重、行车密度及通过总重不断提升，钢轨的服役工况愈加恶劣。以大秦铁路为例，原有1200兆帕级U75V热处理钢轨由于接触疲劳伤损显著、磨耗超限而提前下道的比例急剧上升，部分路段的钢轨使用寿命甚至不足一年，严重制约了铁路的运输效率。因此，亟需研制出一种强度级别更高、更耐磨损，同时兼具良好韧塑性及接触疲劳性能的钢轨新产品，以实现升级换代。

2002年，攀钢启动1300兆帕级在线热处理钢轨的实验室预研工作。通过国内外文献调研，并结合攀钢的实际情况，选定了合金化+在线热处理的技术路径。在大量实验室研究的基础上，率先提出了在U75V钢轨钢中加入Cr的合金化+在线热处理工艺的技术路线。

2004年，攀钢成功开发出1300兆帕级PG4在线热处理钢（即攀钢第四代钢轨，代号PG4）。

2005年，攀钢开展了1300兆帕级60千克/米PG4在线热处理钢轨的小批量工业试制。结果显示，PG4在线热处理钢轨的抗拉强度≥1300兆帕，屈服强度≥880兆帕，伸长率≥10%，疲劳极限为554.6兆帕，轨头U形、V形冲击功分别为18.22焦耳和8.37焦耳。与U75V钢轨相比，PG4在线热处理钢轨的强度显著提高，塑性、韧性相当。钢轨的低倍、氢含量、特殊性能、落锤等检验结果均满足TB/T 2344—2003标准要求，并且PG4钢轨的焊接性能出色。

2005年3月，攀钢1300兆帕级60千克/米PG4在线热处理钢轨通过铁路部门上道论证，并在北京局、太原局、郑州局、上海局等多个重载线路的小半径曲线路段进行了试铺应用。

2005年8月，攀钢PG4钢轨在郑州铁路局小李庄焊轨厂进行了焊接及焊后热处理试验。25支接头一次性通过落锤试验，表明攀钢PG4钢轨焊接性能优良。

2005年10月，攀钢PG4钢轨在郑州局陇海线上行（重车方向）上街—黑石关间的部分曲线上进行了铺轨，该试验段共有焊接接头368个。其中，固定闪光焊接头318个，铝热焊（法国铝热焊剂）接头50个。历经一年的观测表明，PG4钢轨使用效果优良，耐磨性能显著优于U75V热处理钢轨，使用时间延长1倍以上，适合在小半径曲线上使用。

2008年，鉴于U75V钢轨使用寿命较短，大秦线开始大规模使用PG4热轧和热处理钢轨。多年线路观测表明，PG4热处理钢轨的使用寿命较U75V热处理钢轨提高70%以上。

2009年4月，太原局在大秦线采用气压焊工艺焊接铺设75千克/米PG4热轧钢轨长轨条500米。接头全部通过探伤并通过北京沙河焊轨基地的落锤试验，同时在线路上表现出了优异的服役性能。

2012年，原铁道部将PG4钢轨纳入《43~75千克/米钢轨订货技术条件》（TB/T 2344—2012）、《铁路道岔用非对称断面钢轨》（TB/T 3109—2013）标准，并更名为U78CrV。

（四）U76CrRE 钢轨

包钢凭借其在稀土资源方面的显著优势，成功研制出具有自主品牌特色的U76CrRE

热轧及在线热处理钢轨。2010 年，京包线铺设了 13.56 公里的 60 千克/米 U76CrRE 热轧钢轨。结果显示，U76CrRE 热轧钢轨的磨耗情况与同期上线的 U75V 淬火钢轨大致相同。在年运量超 2 亿吨的小半径曲线上，U76CrRE 热轧钢轨在使用时长和通过总重方面较 U75V 淬火钢轨具有一定的优势。

2007—2017 年，包钢生产 U76CrRE 钢轨近 15 万吨，其中 6 万吨远销至巴西、美国及墨西哥等国家。在国内，主要向呼和浩特铁路局、兰州局和神华铁路供应 U76CrRE 钢轨。

60 千克/米 U76CrREH 热处理钢轨属于 TB/T 2344.1—2020 标准中的高强度等级钢轨，主要应用于重载货运线路和小半径曲线段。2021 年，该品种钢轨通过铁科院的焊接型式检验。2022 年 4 月，60 千克/米 U76CrREH 在线热处理钢轨于呼和浩特铁路局集宁工务段进行上道试铺，铺设长度达 3.5 公里。截至 2023 年 4 月，60 千克/米 U76CrREH 热处理钢轨累计通过总重近 2.4 亿吨，钢轨使用状态良好。2023 年 5 月，该热处理钢轨产品通过 CRCC 认证。

此外，包钢还于 2018 年联合内蒙古科技大学以及中国铁道科学研究院金属及化学研究所针对重载铁路用新型稀土钢轨开展了研发工作，成功研制出 BGREⅢ HB380 和 BG400HT HB400 这两个硬度等级的钢轨。产品抗拉强度达到 1300 兆帕以上，踏面硬度达到 HBW380 以上，耐磨性较 U75VH 钢轨提高 20%以上。

（五）U95Cr 钢轨

为推动我国重载铁路整体技术水平的提升，攀钢着手开展新一代高强耐磨过共析钢轨的研制工作，旨在满足我国乃至全球重载铁路对于钢轨长寿化、低成本以及高安全性服役的需求。

2004 年，攀钢立项启动新一代高强耐磨重载铁路用钢轨产品的预研工作。基于自身的生产装备和技术条件，全面研判国内外重载铁路钢轨领域的技术发展态势，采用"过共析成分+微合金化+在线热处理"的技术路线开展实验室研究。

2007 年，明确新一代高强耐磨重载铁路用钢轨的强度级别为 1330 兆帕级、硬度级别为 H390 级，并确定采用"C+Mn+Cr+V"复合微合金化成分体系。随后，开展了一系列关于合金元素对过共析钢轨钢 CCT（连续冷却转变）曲线、渗碳体含量、珠光体形貌及片层间距、关键力学性能、焊接性能等方面影响的实验室研究。

2010 年，攀钢首次开展 PG5 高强耐磨过共析钢轨的工业试验。结果表明，攀钢 60 千克/米 PG5 过共析钢轨抗拉强度≥1330 兆帕，表面硬度达 HB410，优于当时在重载铁路被广泛应用的 H370 级钢轨。

2012 年，60 千克/米 PG5 钢轨在郑州局小李庄焊轨厂通过固定闪光焊和铝热焊形式检验，通过铁路部门审查并获得上道试铺资格。

2013 年 6 月，60 千克/米 PG5 过共析钢轨在郑州局新焦线月山外包线 K73～K76 区间进行了铺路试验。该路段年运量约 1.88 亿吨，试验路段涵盖 3 个半径为 600 米、1 个半径为 1000 米的曲线。2017 年 12 月，PG5 钢轨结束铺路试验下道，总运量超过 8 亿吨。综合评估显示，PG5 过共析钢轨的耐磨损性能优于现有的 H370 级热处理钢轨，钢轨母材及焊接接头未出现任何损伤。

2016 年 4 月，75 千克/米 PG5 钢轨在北京沙河焊轨厂通过固定闪光焊和铝热焊形式检验，并于 2016 年 9 月在朔黄线 K53~K62 路段 9.2 公里范围内进行了铺路试验。该路段年运量 3 亿吨，包括 5 个半径为 500 米和 1 个半径为 1000 米曲线。截至 2018 年 3 月，朔黄线 PG5 钢轨通过总重达 5 亿吨，使用状况良好，耐磨性能较 PG4 钢轨提升约 17.84%。

2017 年，攀钢承担国家重点研发计划课题，开展 75 千克/米 PG5（U95Cr）过共析钢轨研制及应用。此外，为满足国际高端客户的需求，同时开展了美国标准 136RE PG5 过共析钢轨的研制工作。

2018 年，攀钢 136RE PG5 过共析钢轨应邀参与全球顶级铁路新技术及新产品对比应用分析测试平台——美国交通运输技术中心（TTCI）开展的国际高强优质钢轨同步测试。测试线路为位于科罗拉多州普韦布洛的加速服役测试设施（FAST）的一条 5 度反转曲线路段，同期参加测试的还有日本等其他 7 家全球知名钢轨生产企业的顶级产品。测试结果表明，当通过总重为 5.13 亿吨时，PG5 钢轨在耐磨损和抗滚动接触疲劳性能方面表现出色。

2020 年 10 月，攀钢 U95Cr 过共析钢轨在大秦铁路 K369~K415 区间开展了铺路试验。该路段包含多条半径 R800 米及以上曲线，通过固定闪光焊、移动闪光焊和铝热焊进行连接。截至 2023 年 2 月，通过总重达 15 亿吨。U95Cr 钢轨的伤损率低于 U75V、U78CrV 钢轨，耐磨性能及抗疲劳性能优于同期铺设的 U78CrV 钢轨，满足大秦铁路半径 R800 米及以上线路 3 年 15 亿吨通过总重大修周期内不换轨的维护需求。

2021—2022 年，攀钢 PG5 过共析钢轨陆续在澳大利亚力拓公司 MLTP 线路、巴西 VALE 公司 EFC 线路等重载铁路线路参与对比测试。与国际顶级重载铁路钢轨的对比测试表明，攀钢 PG5 钢轨在耐磨损、抗疲劳及焊接性能方面表现良好。

攀钢持续推进产品及技术的优化升级，开展了过共析钢轨钢高均质度、高洁净度冶炼技术研究，使钢轨钢夹杂物评级达到高速铁路钢轨的控制水平。同时，还开展了大断面过共析钢轨高尺寸精度万能轧制技术、高平直度与低残余应力矫直技术的研究，有效降低了钢轨的规格尺寸公差和残余应力。PG5（U95Cr）钢轨的持续优化进一步提升了产品的实物质量，有利于我国重载铁路钢轨的升级换代，持续增强了我国重载钢轨在全球高端市场的竞争力与影响力。

第四节　新轨头廓形钢轨

我国普通铁路客车（涵盖地铁）以及货车均采用 LM 车轮形面。相比之下，4 种动车组所采用的车轮形面却不尽相同。具体而言，CRH1 起初采用的是 LMA 车轮形面，如今已变更为 LMD 车轮形面；CRH2 采用的是 LMA 车轮形面；CRH3 采用的是 S1002CN 车轮形面；CRH5 采用的则是 XP55 车轮形面。20 世纪 80 年代，由我国设计的 LM 磨耗型车轮形面，其与 TB60 钢轨的匹配状况如图 3-14 所示。从图中可以看出，轮轨匹配未能达成理想的状态，轮轨接触光带明显偏向轨距角。

图 3-14　LM 车轮形面与 TB60 钢轨匹配时的钢轨光带

　　S1002CN（用于 CRH3）与 TB60 钢轨的匹配状况如图 3-15 所示。从图中可以看出，轮轨接触倾向于轨距角，并未处于轨头踏面的中心区域。

　　LMA 车轮形面（应用于 CRH2 动车组）与 TB60 钢轨的匹配情况如图 3-16 所示。可见，其光带靠近踏面中心区域，轮轨匹配状况良好。

图 3-15　S1002CN（CRH3）与 TB60 钢轨　　　　图 3-16　LMA 车轮（CRH2）与 TB60 钢轨
　　　　　匹配和光带情况　　　　　　　　　　　　　　匹配和光带情况

　　近年来，除磨损外，滚动接触疲劳（RCF）已逐步成为制约钢轨使用寿命的关键因素。RCF 涵盖了轨头裂纹、轨距角裂纹、剥离掉块、轨距角掉块、隐伤等，并且已经成为钢轨的主要损伤形式。轮轨长期在轨距角接触，是出现 RCF 的主要原因之一。

　　轮轨原本的不匹配以及运行之后形成的不匹配，均可导致轮轨匹配不佳。轮轨匹配不佳会引发车组的异常振动，主要表现为车体晃车、抖车以及动车组转向架构架横向加速度报警。其中，构架报警自高铁开通运营以来已发生 400 余次，主要出现在装配有报警装置的 CRH3 型车上。在运行之后钢轨踏面变得平坦或者轨距角区域的金属凸出，将极大地提高轮轨等效锥度。为了优化轮轨匹配关系，实现轮轨接触的理想状态，抑制等效锥度伴随运行里程的增加而变大，降低钢轨的消耗，铁科院研发出了廓形打磨技术，并依据运行的车组类型设计了钢轨打磨廓形。

一、新轨头廓形钢轨分类

针对高速和重载铁路钢轨廓形的特征，铁科院金化所分别设计了适用于高速铁路的60N廓形以及适用于重载铁路的75N廓形。

（一）高速铁路用60N廓形

在我国高速铁路运营初期，轮轨型面的匹配关系表现为一种钢轨廓形与多种车轮廓形相互匹配。在这种轮轨匹配状况下，因轮轨型面的不良匹配，致使出现了动车组构架横向加速度报警、车体晃动等问题。为解决上述难题，科研人员对钢轨廓形实施了优化设计，相继提出了预打磨成60D廓形以及60N廓形。经优化后的钢轨廓形，在我国新开通的高速铁路钢轨预打磨以及动车组构架横向加速度报警治理工作中得到了广泛的推广运用，并获取了预期成效。

当前，我国高速铁路所铺设的60N廓形钢轨分为两类：其一为最初铺设的标准60千克/米钢轨，经预打磨形成60N廓形；其二是新铺设的60N廓形钢轨。2012年，首批试制的60N钢轨在京广高铁京石段试铺设15公里。其后，60N廓形钢轨逐渐在我国铁路推广运用，并于2015年开始大量应用于高速铁路。随着60N钢轨的推广使用，该钢轨在不同工况、不同类型动车组的条件下的适应性需要进行跟踪研究。针对60N钢轨在高速铁路的适应性问题，对铺设该钢轨的高速铁路线路展开跟踪测试，剖析60N钢轨的服役性能及养护维修状况；借助仿真方式，运用基于层次分析法的轮轨型面匹配综合评价方法，对铺设60N廓形钢轨线路的标准及实测轮轨型面匹配状态进行评价。评价结果显示：铺设60N廓形钢轨的高速铁路钢轨服役状态优良，钢轨磨耗程度较小，加工硬化现象轻微，未出现接触疲劳伤损；在一个车轮镟修周期内，兰新、西成及宝兰客专等高速铁路的轮轨型面匹配状态良好，且在不同阶段轮轨匹配指数的波动较小；综合钢轨服役性能、轮轨型面匹配状态、钢轨维修养护的经济性以及推广应用的情况等多个方面来看，60N廓形钢轨在高速铁路具备出色的适应性。60N与TB60钢轨轨头廓形对比如图3-17所示。

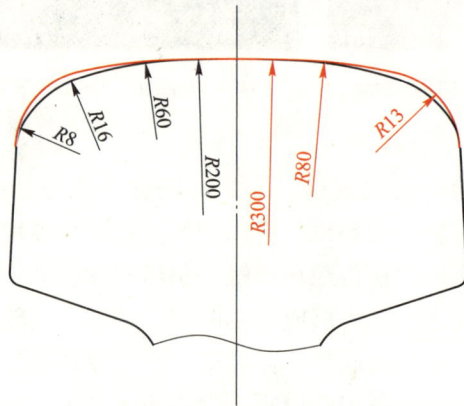

图3-17　60N与TB60钢轨轨头廓形对比

（黑线和红线分别对应60N和TB60廓形，单位：毫米）

（二）重载铁路用 75N 廓形

20 世纪 80 年代，鉴于重载铁路的发展需求，我国参照苏联 P75 钢轨轨型于 1984 年设计出了 75 千克/米断面的钢轨，并将其应用于大秦线等重载线路。通过对大秦线轮轨匹配状况的调研得知：在钢轨铺设上道的初期，轮轨的接触部位并非在钢轨踏面的中心，而是偏向轨距角。轮轨长期在轨距角处接触，轨距角处承受着较大的接触应力，这将会引发钢轨的滚动接触疲劳伤损。最初会在钢轨表面形成鱼鳞裂纹，随着通过总重的不断增加，鱼鳞裂纹逐渐向钢轨内部延伸发展，最终致使钢轨出现剥离掉块的现象。

针对大秦铁路重车线钢轨在铺设初期所存在的轮轨匹配不良的问题，铁科院金化所设计了新轨头廓形 75N 钢轨，并通过仿真计算，对比分析了 75 千克/米钢轨优化前后的接触状态、应力以及接触位置。随后，通过在大秦铁路重车线的试铺，验证了 75N 钢轨在改善铺设初期轮轨关系方面所具有的特性。

我国 75 千克/米钢轨轨头廓形的三段圆弧半径分别为 $R500$ 毫米、$R80$ 毫米和 $R15$ 毫米。依据大秦铁路重车线 75 千克/米钢轨在使用过程中轨头廓形的变化规律，以及我国货车的 LM 型车轮廓形，同时参照了美国铁路工程和保养协会 AREMA 标准中 136RE 钢轨轨头廓形几何尺寸修改的规律，确定了我国 75 千克/米钢轨轨头廓形几何尺寸的优化方案为：在不改变轨腰和轨底尺寸的基础之上，对构成轨头廓形的几段圆弧进行优化，即将三段圆弧增加为四段圆弧。与此同时，降低原圆弧半径，扩大圆弧切点间的水平距离，以去除轨距角的金属，让轨头显得更为"凸"，确保直线工况下轮轨在轨头的最大圆弧处接触，曲线工况下轮轨能够实现共形接触。

优化后的新 75N 钢轨轨头廓形外形与原 75 千克/米钢轨轨头外形在轨角处存在显著的差异。由于圆弧半径的减小，新 75 千克/米钢轨轨角处的斜度增大，最大处与原 75 千克/米钢轨有约 1.3 毫米的间距。线路的应用情况表明：（1）75N 钢轨极大地改善了轮轨关系，轮轨的主要接触位置更接近轨头踏面的中心区域，轮轨接触应力大幅度降低；（2）无论是进行预打磨还是未进行预打磨，直线上 75N 钢轨的光带都较为居中，钢轨的使用状态良好，轨距角未出现肥边和剥离掉块的现象，轨面光洁；（3）曲线路段的使用情况显示，75N 钢轨均未出现轨距角肥边，轮轨接触关系优良。75N 与 TB75 钢轨轨头廓形对比如图 3-18 所示。

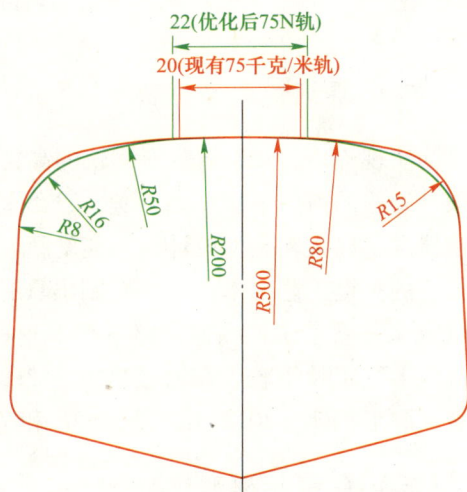

图 3-18　75N 与 TB75 钢轨轨头廓形对比
（绿线和红线分别对应 75N 和 TB75 廓形，单位：毫米）

二、国内钢轨生产企业新廓形钢轨发展历程

（一）鞍钢新廓形钢轨

2012 年 2 月，鞍钢进行了 75N 钢轨的试制工作，并于同年 4 月在大秦铁路重车线进行

了钢轨铺设与使用。此后，大秦铁路的大修换轨逐步采用 75N 廓形钢轨。相较于普通廓形钢轨，新廓形钢轨预打磨仅需去除表面的脱碳层，在服役初期便能实现较为理想的轮轨匹配，并且能够减少车组构架报警和车体晃车的情况，延长镟轮和钢轨打磨的周期，降低铁路维修养护成本。钢轨预打磨设计廓形与 60N 钢轨轨头廓形对比如图 3-19 所示。截至2019 年底，大秦铁路铺设的 75N 钢轨在直线工况下光带较为居中，轨距角未出现肥边和剥离掉块的现象，轨面光洁，钢轨的使用状态良好；在曲线工况下均未出现轨距角肥边和早期剥离掉块等伤损，呈现出良好的轮轨接触关系，不仅可以省去预打磨工序，还能够延长打磨周期。2018 年 8 月，鞍钢研制的贝氏体钢轨采用 60N 轨型供上海地铁试用。

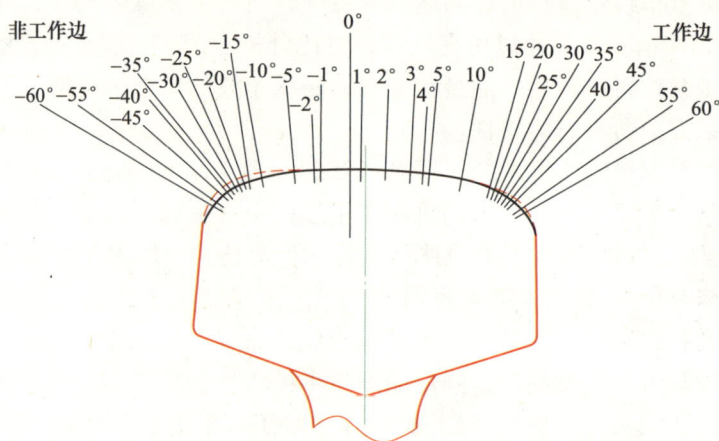

图 3-19　钢轨预打磨设计廓形与 60N 钢轨轨头廓形对比

（二）攀钢新廓形钢轨

为实现 60N、75N 新廓形钢轨的高精度轧制，攀钢在总结 60 千克/米和 75 千克/米钢轨设计经验的前提下，规划了契合产线特性的工艺方案，并运用现代数值仿真分析技术，自主研发了以粗轧孔型设计、万能轧机轨头立辊孔型设计、专用钢轨轨头廓形检测工具等为核心的关键工艺技术，成功轧制出具有高精度轨头廓形的新廓形钢轨。2011 年 8 月，京石（北京—石家庄）高速铁路下行 K59+616～K74+616 区间试铺了约 15 公里攀钢百米定尺 60N U71MnK 钢轨。在通过总重达 2.8 亿吨后，60N 钢轨的轨头肥边状况优于 60 千克/米普通廓形钢轨。2012 年 9 月，60N 和 75N 新廓形钢轨具备批量生产能力。

（三）包钢新廓形钢轨

包钢依据新轨头廓形的尺寸要求，于 2012 年开展了 60N 钢轨的孔型设计，并且成功轧制出 60N 廓形钢轨。其后，在中南通道、陇海线、兰新线、京包线等重点线路进行了60N 钢轨的铺设。2013 年，包钢产出 75N 廓形钢轨，并在中南通道、大秦线等线路展开了钢轨试铺。通过将 60N 与 60 千克/米钢轨、75N 与 75 千克/米钢轨在铺设初期的轮轨接触状况、踏面硬度变化以及踏面伤损情况进行对比可知，新轨头廓形钢轨的接触光带位置相较于原钢轨更趋向于踏面中心。新轨头廓形钢轨能够显著优化曲线上股钢轨的轮轨接触关系，延迟轨距角斜裂纹、剥离以及核伤等接触疲劳伤损的出现时间。60千克/米和60N廓形钢轨轨距角接触位置对比如图3-20所示。

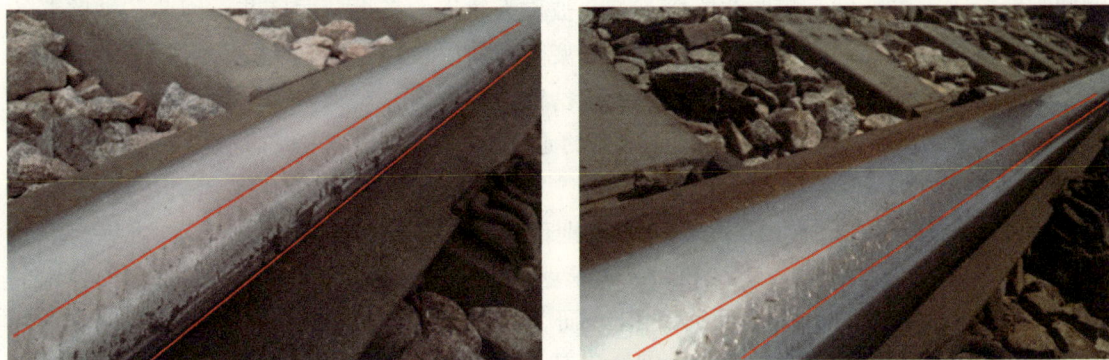

图3-20　60千克/米(左)和60N(右)廓形钢轨轨距角接触位置对比

(四) 武钢新廓形钢轨

为优化轮轨接触关系，减少钢轨在服役过程中的滚动接触疲劳伤损，2013年3月，武钢开展了60N钢轨的试制工作，并于2013年5月实现了批量供货，产品应用于武汉局焦柳线。线路跟踪结果显示，60N廓形钢轨能够有效地优化轮轨接触关系，推迟钢轨滚动接触疲劳伤损的产生。2015年，武钢60N廓形钢轨在武汉地铁二号线500米小半径曲线进行了试用。历经5年的线路跟踪表明，60N钢轨的使用效果显著优于普通60千克/米钢轨。

(五) 邯钢新廓形钢轨

2016年11月，邯钢组织开展了60N新廓形钢轨的开发工作，并于2016年12月实现了该廓形钢轨的试生产。2017年1月，成功生产出60N U75V钢轨。线路应用情况显示，邯钢60N钢轨在轮轨匹配、磨耗等方面表现良好。

第五节　铁路道岔用钢轨

道岔，全称轨道道岔，是铁路轨道的关键设备之一，其作用是引导列车依照规定的行驶方向进行转向。有别于普通轨道，在道岔区域内，一股轨道会分支为两股或者多股，必须借助转辙器或者可动辙叉、可动部件的转换，实现机车车辆转线。

我国道岔技术的发展主要经历了普速道岔、提速道岔及高速道岔三个阶段。20世纪50—80年代为普速道岔时期，主要是以引进道岔技术和进口道岔材料为主。20世纪90年代至2005年，为提速道岔时期，这一时期，为满足既有线路的提速需求，对道岔线性、尖轨和心轨的断面形式进行了改进，化解了道岔生产与使用过程中遇到的各类问题。2005年至今，属于高速道岔时期，这个时期是以我国自主研发出高速道岔为起点，并结合中国高速铁路大规模建设的背景来划分的时间范畴。在该时期，一方面总结了我国道岔设计存在的缺陷，另一方面吸收了国外道岔设计的技术和经验，实现了我国道岔技术的自主创新。

道岔用非对称断面钢轨通常在车站、编组站大量铺设，能够充分发挥线路的通过能力。由于道岔具备数量众多、结构繁杂、使用寿命短暂、限制列车速度、行车安全性低、养护维修投入大等特性，与曲线、接头一并被称为轨道的三大薄弱环节。因此，铁路系统要求道岔钢轨具备充足的硬度、抗拉强度、疲劳强度以及韧性等。

鉴于受力和加工的需求，欧洲标准将道岔钢轨细分为非对称钢轨、对称厚腰钢轨以及对称全腰钢轨三类。目前，纳入我国标准的道岔用钢轨仅有非对称钢轨，例如 50AT1、60AT1、60AT2 等。20 世纪 70 年代，铁科院铁建所设计了 50AT 和 60AT 钢轨，其中 AT 为矮型特种断面拼音的缩写，数字 50、60 分别代表用于 50 千克/米、60 千克/米钢轨的轨道，钢轨单重分别为 69.3 千克/米和 82.2 千克/米。伴随高速铁路的发展以及道岔技术的引进，我国铁路和冶金部门后续又相继研发了 60AT2（60D40）、60AT3（Zu1-60）和 60TY1（翼轨用特殊断面）三种道岔钢轨。其中，50AT（50AT1）道岔钢轨用于生产普通线路和支线铁路的道岔，60AT（60AT1）道岔钢轨用于普通线路，60D40（60AT2）、60TY（60TY1）、60AT3 道岔钢轨主要应用于高速铁路。在道岔钢轨廓形方面，60AT2 与欧洲标准（EN 13674.2）中的 60E1A5 基本相同，60AT3 与欧洲标准（EN 13674.2）中的 60E1A1 基本相同，而 60TY 是在 60 千克/米钢轨的基础上拓宽了轨头和轨腰的厚度，属于我国自主设计的断面。

目前，国内道岔钢轨生产企业主要包括鞍钢、攀钢、包钢以及武钢。其中，攀钢是国内最早拥有在线热处理道岔钢轨批量生产能力的企业。

一、普速铁路用 50AT1 道岔钢轨

50AT1 道岔钢轨断面如图 3-21 所示。

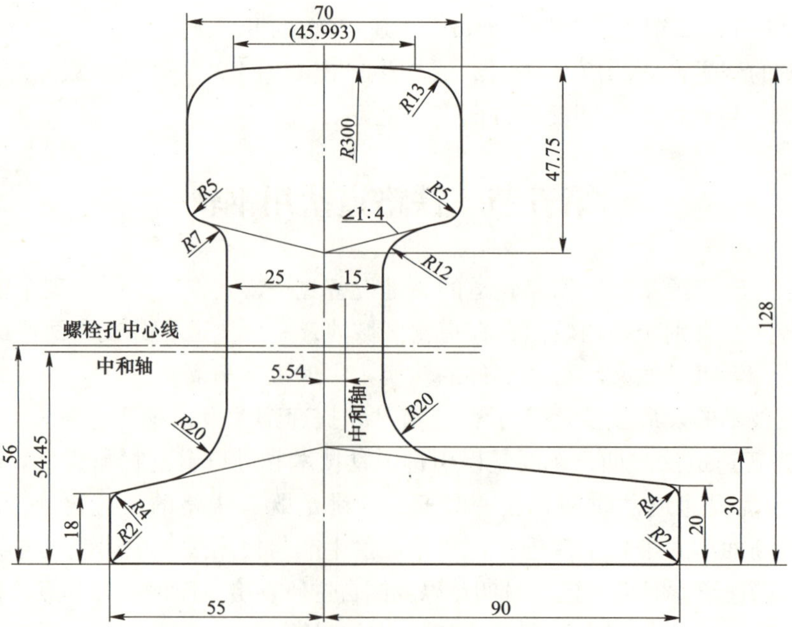

图 3-21　50AT1 道岔钢轨断面（单位：毫米）

为满足国家铁路建设对于道岔钢轨国产化的急切需求，1977 年 9 月，攀钢轨梁厂依照攀枝花钢铁公司企业标准 Q/PB 803—35 在 950 线开展了 50AT 道岔钢轨的试制工作。20 世纪末，鉴于市场对于 50AT 道岔钢轨的紧迫需要，攀钢于 950 线重新启动了该产品的开发。凭借前期积累的经验，有效地控制了长腿和短腿金属量，并且生产过程中的扭转问题也得到了妥善处理。2010 年 9 月，生产出升级版的 50AT 道岔钢轨。2001 年 11 月，包钢成功试轧出 50AT 道岔钢轨。

攀钢在万能二线成功开发出 60AT 和 60D40 热处理道岔钢轨之后，着手开展 50AT 热处理道岔钢轨的万能轧制和热处理工艺的研发工作。2014 年，先后突破了非对称矮型断面钢轨高精度万能轧制控制技术、无损伤热处理机组通过及返回全流程控制技术、喷嘴大间距条件下轨头深层高强韧性控制技术等关键生产技术，国内首家试制出 50AT1 U75V、50AT1 U71Mn 热处理道岔钢轨，填补该领域产品空白。

二、普速铁路用 60AT1 道岔钢轨

60AT1 道岔钢轨断面如图 3-22 所示。

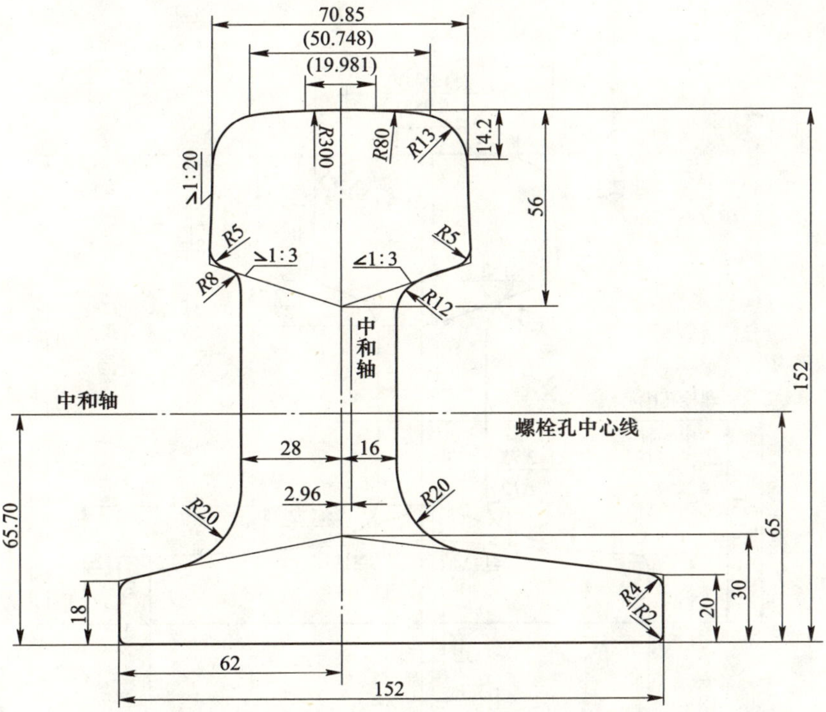

图 3-22　60AT1 道岔钢轨断面（单位：毫米）

1979 年 8 月，包钢轧制出 60AT 道岔钢轨，一举填补了国内在此领域的空白。1998 年 5 月，包钢轧制出我国第一支含铌稀土 60AT 道岔钢轨。同年 6 月，又以连铸坯为原料轧制出 60AT 道岔钢轨。

为满足时速 200 公里秦—沈客运专线的建设需求。2000 年 4 月，攀钢于 950 生产线开

展了 60AT 道岔钢轨的试制工作。随着 AT 道岔钢轨的执行标准更换为《AT 钢轨》（TB/T 3109—2005）以及万能线的建成，2008 年 7 月，攀钢轨梁厂万能线成功试制出 60AT 道岔钢轨。经生产工艺优化，产品在表面质量、规格尺寸以及精度等方面均实现了大幅提升。

2010 年 6 月，为积极响应国家节能降耗号召，同时满足国内各大桥梁厂对于热处理道岔钢轨的需求，攀钢结合自身产线特点，成功试制出在线热处理 60AT 道岔钢轨，攀钢已具备工业生产 60AT U75VH 热处理钢轨的能力。

2021 年 8 月，武钢成功试制出 60AT1 U75VH 在线热处理道岔钢轨，并于 2022 年 12 月通过了母材型式检验，2024 年 10 月在国铁武九线路正线试铺上道，正式进入考核阶段。

此外，鞍钢也是国内较早从事道岔钢轨生产的企业之一。1985 年，鞍钢成功试制出 50AT 道岔钢轨，满足了制造新型道岔的需求。1999 年 7 月，鞍钢成功试制出 60AT 道岔钢轨，满足了铁路提速对于道岔钢轨换型的要求。2006 年，鞍钢在万能线开展了 60AT 道岔钢轨的工艺优化及试制工作。

三、高速铁路用 60AT2 道岔钢轨

60AT2 道岔钢轨断面如图 3-23 所示。

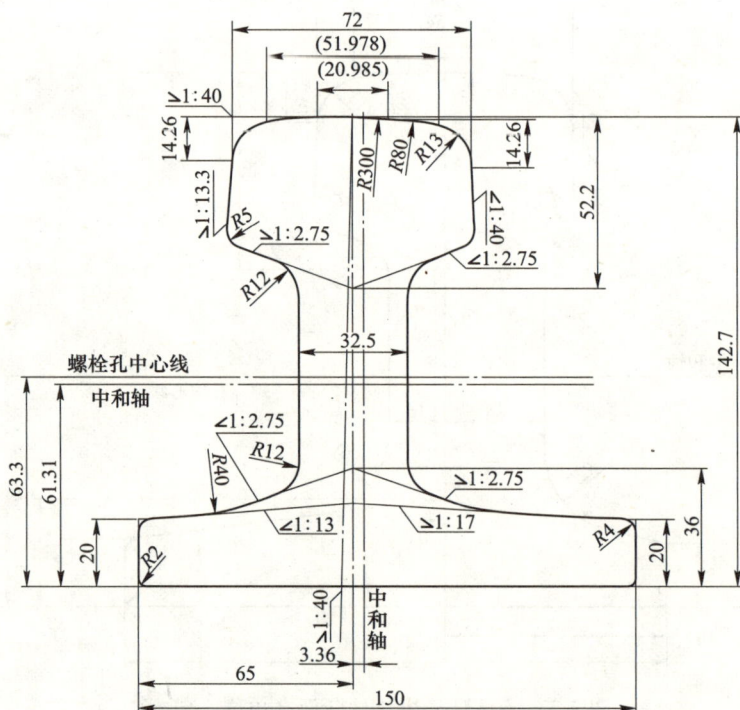

图 3-23　60AT2 道岔钢轨断面（单位：毫米）

2005 年，我国道岔技术发展步入高速铁路道岔时期。高速铁路的迅猛发展对道岔钢轨提出了全新要求。2005 年 11 月，攀钢轨梁厂基于 950 生产线上开发出了 60D40（60AT2）道岔钢轨。然而，由于设备保障能力以及生产工艺的限制，产品表面质量和规格尺寸受到

了一定程度的影响。2007 年 9 月，攀钢在万能线上进行了 60D40 道岔钢轨的首次试制，产品外形尺寸和性能基本符合高速道岔标准，但生产效率低于标准钢轨。后经十余次工艺优化，在持续提升 60D40 道岔钢轨尺寸精度的同时，也提高了生产效率，最终实现了该产品的批量化生产。2010 年 5 月，攀钢在国内率先开展了 50 米定尺 60D40 道岔钢轨的试制。2010 年 11 月，攀钢国内首家进行了 60D40 道岔钢轨全长在线热处理试验，历经多轮次完善，具备了工业化生产 60D40 U71Mn、60D40 U75V 热轧和热处理高速道岔钢轨的能力。

2014 年 1 月，包钢在改造后的 2 号万能轧钢生产线上试制出 60AT2 高速道岔钢轨。2015 年 9 月，研发出 60AT1 U75V 和 60AT2 U75VG 非对称断面系列在线热处理道岔钢轨。2016 年 4 月，生产出铁标 H340 等级 60AT2 U75VG 非对称断面在线热处理钢轨，并于同年 6 月通过铁科院试铺型式检验。2016 年 7 月，60AT2 U75VG 非对称断面在线热处理道岔钢轨通过评审，获得连盐线上道试用许可。至此，包钢成为继攀钢之后第二个拥有非对称断面在线热处理钢轨研发能力的钢厂。

四、高速铁路用 60TY1 道岔钢轨

60TY1 道岔钢轨断面如图 3-24 所示。

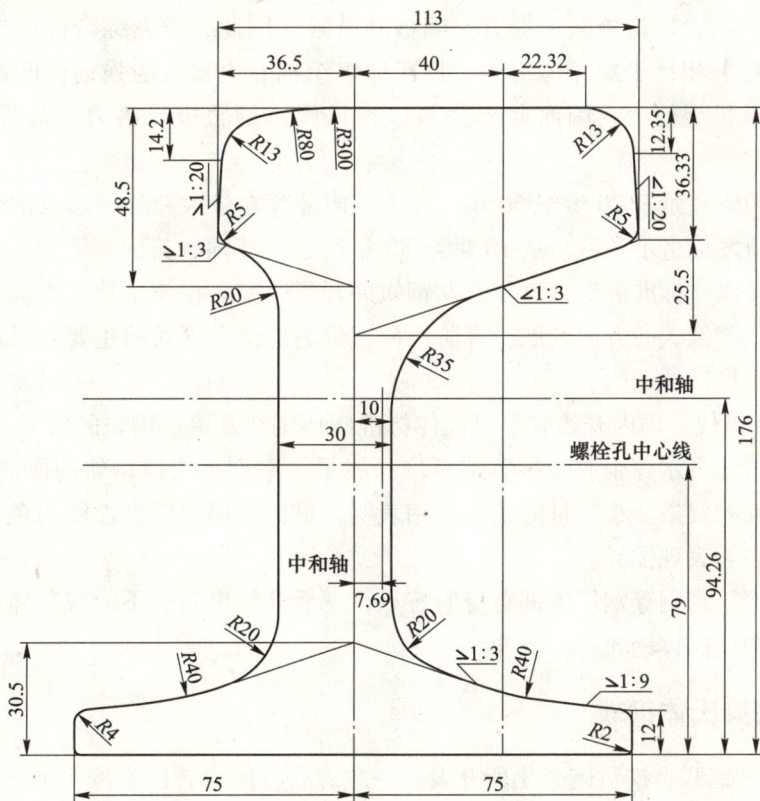

图 3-24　60TY1 道岔钢轨断面（单位：毫米）

2007 年 7 月，为满足我国高速铁路建设的迫切需求，攀钢立足万能二线万能轧制及矫直装备，采用"非对称切孔"万能轧制工艺，首次采用轧制工艺开发出 U71Mn（K）

60TY1、U75V（K）60TY1 系列道岔钢轨（原工艺为锻造生产）。后经多次轧制孔型及轧制工艺优化，逐步提升了 60TY1 道岔钢轨的外形尺寸精度、表面质量、平直度及轧制效率，实现了高尺寸精度 60TY1 道岔钢轨的高效生产，满足了我国高速铁路的建设需求。这一产品的成功研制，拓展了中国万能轧制钢轨的规格品种，书写了中国道岔钢轨生产的新篇章。

鉴于市场需求，包钢于 2013 年 7 月完成了 60TY1 道岔钢轨的孔型设计，并于 2014 年 1 月开展了首次试轧。经过多次孔型的优化改进，于 2014 年 7 月成功试制出 60TY1 高速道岔钢轨，具备了该产品的批量生产能力。

第六节　贝氏体钢轨

由于钢轨服役环境具备复杂性与多样性的特点，铁路运行对于钢轨的要求是具备良好的强韧性匹配、耐磨损以及抗疲劳等综合性能。伴随我国铁路的迅速发展，珠光体钢轨（涵盖道岔）的磨损以及滚动接触疲劳（RCF）伤损问题愈发显著，极大地缩短了钢轨及道岔的使用期限，甚至对行车安全构成威胁。相关研究显示，现有珠光体钢轨强度几乎已经发展到了理论极限，提升空间极其有限。因此，研发综合性能更优的新型钢轨材料迫在眉睫。相比于珠光体组织，贝氏体组织拥有更出色的强韧性匹配以及更强的抵抗裂纹萌生及扩展能力，因而业界普遍认为贝氏体钢轨极具潜力，被誉为"21 世纪的钢轨"。

贝氏体钢的研究始于 20 世纪 60 年代，由于成分存在较大差异，涉及的性能变化范围宽广，这为其研发创造了条件。从 20 世纪 80 年代起，英国、美国、德国、日本、印度等国家接连针对贝氏体标准廓形钢轨及道岔钢轨展开了研究。在技术路线方面，从初期的高碳、中碳逐步朝着低碳的方向发展，现阶段研究最为广泛和深入的主要是无碳化物贝氏体钢轨和贝马复相贝氏体钢轨。

20 世纪 90 年代，国内开始着手贝氏体标准廓形钢轨及道岔钢轨的研究工作。铁科院、鞍钢、包钢、浙江贝尔等企业和科研院所均开展了一系列贝氏体钢轨的研制与应用工作，并获取了阶段性的成果。小批量的线路应用表明，贝氏体钢轨综合性能出色，特别是在抗接触疲劳性能方面表现优异。

鞍钢、包钢、攀钢等钢厂依据自身的特点，先后开发出具有不同成分体系、强度等级以及技术路线的贝氏体钢轨。

一、鞍钢贝氏体钢轨

1998 年，鞍钢联合铁科院金化所开发出一款综合性能卓越的空冷无碳化物贝氏体钢轨原型产品。该产品具备高强度、高硬度、良好的塑韧性，综合性能优良。通过深入研究钢轨钢成分与性能、组织之间的关系，确定了技术攻关方向。历经多次小批量的工业试制，最终掌握了最佳生产工艺，成功研制出屈强比高、强韧性良好的热轧回火 AB1 贝氏体钢轨。

2003 年 7 月，鞍钢无碳化物贝氏体钢轨顺利通过铁路部门组织的阶段成果审查。由此，鞍钢无碳化物贝氏体钢轨成为国内首个通过铁道部技术审查的贝氏体钢轨产品。

自 2006 年起，鞍钢与铁科院金化所、齐齐哈尔工务机械厂等单位合作，开展了贝氏体道岔钢轨的研发工作。采用强度高、韧性强、抗表面伤损能力出众的贝氏体钢来制造道岔尖轨、翼轨和基本轨，同时还研发了贝氏体钢轨与珠光体钢轨的铝热焊技术，成功解决了道岔贝氏体钢轨与区间钢轨之间的焊接难题。

2008 年 11 月，"重载铁路用贝氏体钢轨尖轨"通过了铁路部门上道技术审查。

2010 年 5 月，"重载铁路用高强耐磨道岔尖轨的研究"通过了铁路部门技术审查。

2013 年 9 月，铁科院针对鞍钢热轧态无碳化物贝氏体钢轨开展了回火试验。性能测试显示，回火后的热轧贝氏体钢轨屈强比、断面收缩率、冲击韧性均显著提高，同时轨底残余拉应力降低，组织均匀性和残奥稳定性也得到了大幅改善，各项性能指标稳定可靠。

2014 年 11 月，国家钢铁材料分析测试中心对鞍钢无碳化物贝氏体钢轨母材进行了检验分析，所有指标均符合标准要求。

2003—2014 年，鞍钢贝氏体钢轨在多条路线上开展了试铺试验。

（1）沈山铁路铺设应用：2003 年 11 月，于沈山线（沈阳—山海关）下行锦州站至双羊站区间的两处曲线段上股铺设了总计 1660 米的鞍钢贝氏体钢轨。厂内闪光焊接由沟帮子焊轨厂完成，气压焊接由长春工务段完成。2008 年 5 月，在钢轨通过总重达 6 亿吨后下道。观测结果表明，除因螺栓孔裂纹和核伤各下道一支贝氏体钢轨外，其余钢轨均未出现重伤情况，所有焊接接头也均未出现伤损。与 U75V 离线热处理钢轨相比，贝氏体钢轨的使用寿命延长了 2 倍以上。

（2）成渝铁路铺设应用：2003 年 12 月，在成渝线（成都—重庆）的三处小半径曲线（R290~295 米）铺设了鞍钢贝氏体孔轨 60 支。2009 年 1 月，贝氏体钢轨全部更换下道。在使用近 5 年的时间里，通过总重约 2.25 亿吨。直至下道时，上股钢轨基本无侧磨，虽有剥离掉块的情况，但明显优于 U75V 热处理钢轨。下股钢轨轨面光洁，无压溃及剥离掉块，无核伤，磨耗轻微。

（3）石太铁路铺设应用：2005 年 5 月，贝氏体钢轨铺设在石太线（石家庄—太原）上行线 K123 公里处的曲线上股。由于该曲线靠近车站，多数车辆到此减速运行致使实际超高较大，钢轨磨耗严重，贝氏体钢轨铺设使用未满两年便因磨耗到限而下道，其使用时间与在此处铺设的 1300 兆帕级 PG4 在线热处理钢轨相当。

（4）哈局王孙线铺设应用：2012 年 11 月，20 支鞍钢贝氏体孔轨铺设于哈局王孙线（王岗—孙家）上行半径为 300 米的曲线上股，线路年运量约 1 亿吨。该曲线以往采用 U75V 热轧轨，使用 3 个月左右便因侧磨到限而更换下道。贝氏体钢轨铺设上道 8 个月后，除在曲线缓圆轨距角部位出现断续分布的剥离外，未见其他伤损，钢轨侧磨约 1 毫米，使用 13 个月后更换下道，其使用寿命为 U75V 热轧钢轨的 4 倍以上。

（5）哈局滨绥铁路铺设应用：2014 年 4 月，在滨绥线（哈尔滨—绥芬河）小半径曲线上股铺设 60 千克/米贝氏体钢轨（孔轨）1 公里。截至 2017 年 9 月，贝氏体钢轨的使用周期达到了 42 个月，是原铺设的 U75V 热轧钢轨（U75V 热轧钢轨的使用周期是 10~12 个月）的 3.5~4.2 倍。下道的贝氏体钢轨表面状态良好，未出现其他伤损，其耐磨性和抗剥离掉块性能显著优于 U75V 热轧钢轨，这表明贝氏体钢轨能够在极寒气候条件下正常使用。

贝氏体钢轨应用情况如图 3-25~图 3-29 所示。

图 3-25　王孙上行线 R300 米曲线贝氏体钢轨应用情况

图 3-26　贝氏体钢轨在缓圆部位轨距角出现轻微剥离基本无侧磨

图 3-27　国境线标准轨距和宽轨距套铺 R265 米曲线贝氏体钢轨应用情况

图 3-28　国境线贝氏体钢轨铺设 2.5 年后发生磨损
（表面基本无剥离）

图 3-29　国境线 K496 缓圆上股 *R*265 米曲线使用 42 个月
（表面无剥离掉块）

　　2005 年至今，哈局工业总公司齐齐哈尔工务机械厂采购鞍钢贝氏体钢轨加工辙叉翼轨达6000 余根，其通过总重均达到 3 亿吨以上。2008 年，齐齐哈尔工务机械厂开始采用鞍钢60AT 贝氏体钢轨加工道岔尖轨，并在大秦铁路的 4 个站场进行了上道铺设。线路应用表明，贝氏体道岔尖轨的使用寿命达到 U75V 热处理材质尖轨的 4 倍以上。采用鞍钢贝氏体 60AT 钢轨加工的道岔尖轨陆续在大秦铁路和哈局等单位得到推广，数量达 600 余根。

　　此外，鞍钢生产的贝氏体钢轨经由北京保定道岔厂、芜湖道岔厂、北京南口道岔厂加工而成的 AT 尖轨，在地铁等轨道交通线路中得以应用，使用状况良好。

　　贝氏体辙叉、曲尖轨及基本轨使用情况如图 3-30~图 3-33 所示。

二、包钢贝氏体钢轨

　　为契合大轴重、大运量重载铁路的严苛服役要求。2002 年，包钢联合清华大学，试制出 Cr-Mn-Mo 系 60 千克/米贝氏体钢轨。2004 年 3 月，包钢在 80 吨转炉开展了一炉工业性试验。2004 年 9 月，在沈阳局京沈线进行了上道试用。2005 年 6 月，开展了第二次连铸工业试验，并试轧了第一批 KB1250 钢轨。北京特冶公司以包钢生产的第一炉贝氏体钢轨

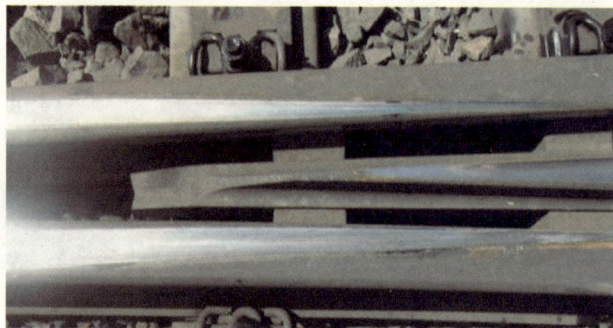

图 3-30　全贝氏体辙叉使用 3 年多（2006—2009 年）状态良好
（翼轨磨耗约 3 毫米）

图 3-31　齐齐哈尔红旗营车站贝氏体曲尖轨无掉块

图 3-32　湖东站贝氏体曲尖轨及基本轨

为原料加工道岔钢轨。将 60 千克/米热轧空冷贝氏体钢轨作为配轨与道岔钢轨焊接在一起，总计制作了 110 组。包钢热轧空冷贝氏体道岔钢轨如图 3-34 所示。

2005 年，包钢联合北京特冶公司等单位成功试制了 4 组全贝氏体组合道岔。2005 年 10 月，北京局召集专家针对清华大学、包钢、北京特冶公司、北京铁路局工业总公司共

图 3-33 湖东站贝氏体曲尖轨及珠光体淬火基本轨

图 3-34 包钢热轧空冷贝氏体道岔钢轨

同研制的全贝氏体组合辙岔展开了技术评审，同意进行上道试铺。

2006 年 4 月，制作的 4 组全贝氏体组合道岔分别铺设于石太线和北京局三家店铁路（见图 3-35）。

图 3-35 于京包线三家店铺设的贝氏体道岔钢轨（2006 年 4 月）

2007 年 11 月，KB1250 贝氏体钢轨通过包头市政府的科技成果鉴定。2008 年 10 月，成功通过了铁道部科技司的技术鉴定，随后开始在全路推广使用。

贝氏体道岔钢轨与 U75V 钢轨对比如图 3-36 所示。

图 3-36　贝氏体道岔钢轨与 U75V 钢轨对比

(左侧为贝氏体轨，上道 1 年)

2009 年 1 月起，包钢陆续批量生产了 7 种轨型的贝氏体钢轨，以供北京特冶公司制作道岔。这些产品应用于大秦线、朔黄线、中南通道、石太线、丰沙线等国内主要的干线铁路，贝氏体道岔钢轨展现出了优良的抗冲击和耐磨损特性。线路观察表明，贝氏体道岔钢轨的通过总重能够达到 4 亿吨以上，使用寿命可达现有高锰钢轨的 3 倍以上，同时贝氏体钢尖轨的使用寿命可达珠光体钢尖轨的 4 倍以上，实现了道岔制备材料的重大突破。

2012 年 7 月，铁路总公司开始确定在重载曲线段试铺贝氏体钢轨的试验研究，并分别于 2012 年和 2015 年设立"既有线路开行大轴重列车关键技术研究——贝氏体钢轨及道岔用贝氏体钢部件研发和应用"和"重载铁路装备与基础设施关键技术及标准深化研究——U20Mn2SiCrNiMo 贝氏体钢轨及焊接性能优化研究"（以下简称 U20Mn）重大项目，系统开展了 1280 兆帕级贝氏体钢轨的研究工作。包钢作为主要参与单位，从贝氏体钢轨的冶炼、轧制技术，到后续的热处理技术等方面进行了深入研究，经过多次的工艺调整与试制，制定了生产贝氏体钢轨的生产工艺。依据包钢生产贝氏体钢轨的特点及使用效果，2013 年，中国铁路总公司制定发布了《U20Mn 贝氏体钢轨暂行技术条件》（TJ/GW 117—2013）。

2014 年 4 月，包钢生产的贝氏体钢轨在山西中南部铁路通道下行方向（重车方向）DK539+541~DK541+541 路段试铺 75N 贝氏体钢轨 2 公里，累计通过总重约 2.0 亿吨。

2016 年 4 月，在大秦线下行迁安北—卢龙北路段试铺贝氏体钢轨 6.36 公里，包含 4 条曲线，累计通过总重约 2.64 亿吨。2017 年，75N 新工艺生产的贝氏体钢轨在大秦线迁安北试铺 1.15 公里，累计通过总重约 8 亿吨。

2017 年 7 月，包钢承担并完成了国家重点研发计划项目"重载铁路用高耐磨高强韧性钢轨关键技术研究及应用"子项课题"高强韧性贝马复相贝氏体钢轨关键技术研究"，具备了贝氏体钢轨的批量生产能力。钢轨的力学性能达到抗拉强度 ≥1380 兆帕、伸长率 ≥12%、−20 ℃断裂韧性 ≥60 兆帕·米$^{1/2}$。2022 年，中国国家铁路集团有限公司制定颁发了企业标准《U20Mn 贝氏体钢轨》（Q/CR 913—2022）。

2020 年 12 月，包钢"1280 兆帕贝马复相贝氏体钢轨集成技术开发与应用"项目获第六届中国工业大奖表彰奖。"1280 兆帕贝马复相贝氏体钢轨集成技术开发与应用"项目在国铁集团的支持下，由包钢、中国铁道科学研究院集团公司、北京交通大学、北京特冶工贸有限公司等企业、院校共同研发，开发出了具有我国自主知识产权的 1280 兆帕贝马复相贝氏体热轧钢轨产品。

1280 兆帕贝马复相贝氏体钢轨在多年道岔方面的基础上，开发了用于道岔制作的贝氏体钢轨断面，包括：50 千克/米、60 千克/米、75 千克/米、50AT1、60AT1、75AT1、BT76 等 7 种规格。贝氏体钢轨道岔已在重载、提速、地铁线路上得到应用，产品使用寿命是普通材料的 2 倍以上，已在国内 10 余个铁路局推广应用。

三、攀钢贝氏体钢轨

2010 年，攀钢成立了"贝氏体钢轨开发"项目组，研发高强、高韧且疲劳性能出色的贝氏体钢轨及道岔钢轨系列产品。

历经 3 年实验室研究，2013 年，攀钢提出了在线热处理贝氏体钢轨的成分体系，并制定了全流程生产工艺，成为国内首家开展在线处理贝氏体钢轨工业试验的企业。与国内同类产品相较：在同等强度级别下，攀钢 PB2 在线热处理贝氏体钢轨的韧塑性，尤其是冲击韧性和断裂韧性提升了 50%~80%。同时，滚滑对磨试验显示，热处理贝氏体钢轨的耐磨损性能显著提高。以抗拉强度为 1400 兆帕的攀钢在线热处理贝氏体钢轨为例，其耐磨损性能处于 H340 级 U75VH 和 H370 级 U78CrVH 热处理钢轨之间。

2015 年，经专家综合评定：攀钢在线热处理贝氏体钢轨采用低碳-高硅-锰铬钼系成分体系，试生产的钢轨抗拉强度在 1300 兆帕以上，伸长率在 12% 以上，冲击韧性在 100 焦耳以上，组织以细化贝氏体为主，钢轨的强度、韧性、耐磨性等性能指标优良，技术路线合理，并建议选取适宜的路线进行上道试用。

2017 年 2 月，攀钢完成了 3 炉轨型为 60N 的在线热处理贝氏体钢轨的连续试制，各项指标均符合《贝氏体热处理钢轨暂行技术条件》的要求。

2017 年 10 月，原铁总工电部在攀枝花主持召开了攀钢贝氏体钢轨方案评审会，专家组经过评审后认为，攀钢贝氏体钢轨采用低碳-高硅-锰铬钼成分体系，经过在线热处理及回火处理后，试生产的贝氏体钢轨性能稳定。经铁科院检验，钢轨的强度、塑性、耐磨性等性能指标优良，断裂韧性、冲击韧性高，疲劳裂纹扩展速率低，成分、组织、工艺等方案可行，技术路线合理，能够在线路上开展实物试用试验。

2018 年 1 月—2019 年 9 月，攀钢与铁科院、昆明局合作，在昆明铁路局黄龙山焊轨基地开展了同材质热处理贝氏体钢轨，以及热处理贝氏体钢轨与 U75V 热轧钢轨之间的铝热焊接和焊后热处理工艺试验。测试表明，焊接形式检验的各项指标均满足《攀钢 60 千克/米贝氏体钢轨闪光焊接技术条件（暂行）》要求，具备钢轨焊接上道条件。

第七节 耐腐蚀钢轨

钢轨在运输、露天存放以及线路服役期间，在湿度较大的隧道、工业污染区、海洋气候等环境中，容易和湿润的空气、盐离子以及杂散电流相互作用，从而引发腐蚀现象。我国《中长期铁路网规划》明确提出：要在包括环渤海、长江三角洲、珠江三角洲等沿海区域构建城际轨道交通系统。通常而言，在这些地区铺设钢轨时所面临的最大难题便是恶劣环境导致的腐蚀。此外，由于我国山区占国土总面积的三分之二，众多既有和规划中的铁路线路都有隧道设计。在山区隧道特别是长距离隧道内，钢轨常处于阴暗潮湿的腐蚀环境中，每年用于轨道更换的费用极为高昂，由锈蚀引发钢轨断裂所造成的损失更是难以估量，频繁更换轨道的同时也降低了运输效率。钢轨腐蚀始终是世界铁路发展进程中面临的最为严峻的问题之一。

随着铁路及地铁钢轨朝着长寿命化的方向发展，钢轨的服役时间将大幅延长，腐蚀对钢轨寿命和线路运行安全的不利影响将逐渐显现，迫切需要加快研究开发成本低、性能高的耐腐蚀钢轨。

国外针对钢轨腐蚀与防护的研究已有近百年的历史，防腐技术相对较为成熟。针对山区隧道铁路、海底、沿海地区铁路显著的钢轨腐蚀问题，法国、日本等国家展开了包括运用特殊断面钢轨、表面涂层、合金化和热处理、阴极保护等防腐方法的探索与实践。我国的铁路研究机构、铁路局以及钢轨生产厂家从20世纪50年代起也开展了相关的研究。

一、提高钢轨耐腐蚀性能的方法

钢结构的防腐方法通常包括：采用隔离层（有机涂层）以阻止腐蚀性元素与基底金属接触；运用牺牲材料（金属镀层）；实施电荷反向氧化（阴极保护）；使用化学转化膜来阻止或减少氧化铁锈的形成；提升钢结构自身材料的防腐性能。现阶段，提高钢轨耐蚀性能的主要技术如下。

（一）外加电源阴极保护

阴极保护指的是强制电流（外加直流电源）保护，属于电化学保护技术的一种，其原理是向被保护的金属结构表面接入负电位（阴极），在一定距离之外的阳性金属上接入正电位（阳极），以此推动电子从阳极向阴极流动迁移，避免或者减弱金属结构腐蚀的发生。

阴极保护法的重点在于解决隧道内钢轨的锈蚀问题，是消除应力腐蚀和腐蚀疲劳的有效手段，在保护埋地管道或其他潮湿环境中使用的大型钢铁构件方面，有着长期的实践经验。沈阳铁路局和重庆铁路局都曾尝试在钢轨上采用阴极保护方法，以防止隧道内钢轨的腐蚀。然而，钢轨不像埋地管道，它位于地面之上，难以形成常规阴极保护所需的电流循环回路。

（二）钢轨表面喷涂金属

通过采用电位相对较负的活性金属或合金（如锌、铝、镁）覆盖在钢轨表面，依靠阳极金属持续的腐蚀溶解所产生的电流通向基底金属，使基底金属变为阴极，从而发挥保护作用。活性较高的金属都能够用作牺牲阳极。这种方法要求对钢轨进行喷砂除锈，再运用电弧或火焰喷涂方法，在钢轨表面喷涂锌、铝或锌-铝合金，之后再施加高分子涂层。因此，这种涂层既能够起到绝缘的作用，还能够对基底金属起到阴极保护的作用。

合金涂层存在以下问题：

（1）热喷涂锌-铝合金涂层需要通过喷丸或喷砂清除表面氧化物，对钢轨表面除锈等级要求高达 Sa3.0 级。对于既非大型材，更非钢板形状的钢轨，由于其断面小且不对称，表面喷砂要达到 Sa3.0 级非常困难，会显著降低生产速度。

（2）对于在小且不对称的钢轨端面上热喷涂呈丝状的锌-铝合金涂层，难以确保涂层的均匀性。

（3）热喷涂涂层孔隙率高，须进行有机涂层封闭，有机涂层封孔需两涂两烘工艺，整个热喷涂需要喷砂除锈、除尘、热喷涂、冷却、喷有机涂层、烘干、喷有机涂层、烘干 8 道工序，工艺流程长、工序复杂、设备投资大。

（4）钢轨的焊缝部位是钢轨的最脆弱环节，是应力腐蚀的高度敏感区域，现有的各种涂层经焊接后都会烧损，无法在焊接现场恢复原有的防护性能。

（三）钢轨表面涂装涂料

采用有机涂料（包含水性涂料、溶剂型涂料、粉末涂料、纳米涂料及各种高分子涂料等）、无机涂料、有机-无机复合涂料，在钢轨表层覆盖一层与基体隔离的薄膜，防止钢轨基体与空气或其他介质接触，提升钢轨耐腐蚀性能。采用涂装保护是一种简便、便捷的方式。涂装保护，首先是一种物理防护，凭借涂膜隔绝水和氧气与金属材料的反应来实现防锈的效果。只要涂膜不被破坏，保护性能就能持续；涂膜的耐久性以及对各种化学介质的耐受性也直接关系到防锈的成效。

涂装保护在应用上存在的限制包括：目前研发的有机涂料层与钢轨基体结合力较低，容易脱落，使用寿命较短；钢轨在运输、安装和维护过程中涂层容易受损，使金属暴露于腐蚀环境；涂装前需要喷砂除锈，增加了工艺的复杂性和成本；对于选用涂料的环保和安全要求日益严格。

（四）添加耐蚀合金元素

钢轨的材质通常是共析钢和过共析钢，即碳含量为 0.70%～0.82% 的高碳钢，其组织为珠光体，能够提供良好的强度、硬度和韧性等综合性能。但在氯离子饱和的环境中，高碳钢中大量出现的渗碳体（Fe_3C）会损害腐蚀性能。国内外的研究已证实，在冶炼过程中添加 Cr、Mo、Cu、Ni、P、RE 等合金元素能够提高钢轨的耐蚀性能。

20 世纪 60 年代末，日本通过对含 Cr、Cu、Mo、Mn、Nb 等元素的 20 余种钢轨材质的研究发现，一直处于潮湿环境中，添加元素总量小于 10% 的中低合金水平对防腐起不到作用；但在干湿交替的环境中，通过中、低水平合金化，钢轨 10 年内的腐蚀量可降低 60% 左右。添加元素总量超过 10% 可提高元素耐腐蚀性，但原料成本高昂。此外，添加合金元素并不能有效防止泄漏电流引起的电腐蚀。

添加合金元素生产成本相对较高，且钢轨钢的冶炼、轧制等工艺技术需要做相当大的变动，并且铜、铬的加入可能对高碳钢轨的韧性和焊接性能产生危害。

二、耐腐蚀钢轨研究现状

由于现有技术在有效性、生产成本、后期维护等方面的影响，国内外适用于大规模应用的耐腐蚀钢轨生产技术不多，当前国内外能够进行批量生产并应用的主要为耐腐蚀涂层钢轨和耐腐蚀合金钢轨。

（一）耐腐蚀涂层钢轨

耐腐蚀涂层钢轨主要通过喷涂、电镀等方式在钢轨表面覆盖一层或多层耐腐蚀性能优良的涂层，主要利用涂层将钢轨基体与环境中的空气、水、盐等腐蚀介质隔离开来，从而达到保护钢轨基体的目的。耐腐蚀涂层钢轨在欧洲实现了批量应用，在部分线路上耐腐蚀涂层钢轨的腐蚀寿命能够提高 1 倍以上。英国钢铁公司在 21 世纪初开发出新一代耐腐蚀涂层钢轨，主要应用于腐蚀环境恶劣的潮湿隧道、滨海铁路、杂散电流严重的地铁线路等，2009 年开始铺设于英国铁路网络公司（Network Rail）、伦敦地铁、巴黎独立运输公司（RATP）等部分线路上。该涂层钢轨采用热喷涂方式喷涂富锌涂料，能够适应任意断面的钢轨，最长定尺可达 108 米。钢轨表面涂层能够从两个方面为钢轨提供保护作用：一方面涂层阻隔空气、水、盐等腐蚀介质接触钢轨基体，从而防止腐蚀发生；另一方面涂层作为阳极，起到牺牲阳极的阴极保护作用。此外，奥钢联也开发并批量生产了耐腐蚀涂层钢轨，其涂层涂料为塑料聚合物。2015 年，奥钢联供应给英吉利海峡海底隧道的约 1.2 万吨钢轨全部经过喷涂处理成为耐腐蚀钢轨。此外，新日铁、安赛乐米塔尔公司等也能够根据用户需求生产耐腐蚀涂层钢轨。国内几家钢轨厂商也开展了耐腐蚀涂层钢轨的研究并在线路上进行了少量试铺，目前尚未完成大规模的推广应用。

（二）耐腐蚀合金钢轨

研究表明，低含量的合金元素难以大幅提升钢轨的耐蚀性能，并且热处理对材料的腐蚀也无显著影响。20 世纪 60 年代末，日本着手研究了包含 Cr、Cu、Mo、Mn、Nb 等元素的 20 多种钢轨材料。研究成果显示，在湿度极高的环境中，Cr、Cu 等有效合金元素含量处于 4%~5% 的中低合金水平，对于防腐并无作用。然而，在干湿交替的环境下，通过中、低水平的合金化，10 年内的腐蚀量能够降低 60%。现阶段，TB/T2344、EN13674、AREMA、AS1085.1、BS11 等世界主要的钢轨标准当中，均未包含耐腐蚀钢轨钢的牌号。印度、英国的学者针对 C-Mn、Cu-Mo、Cr-Mn、Cu-Si、Cu-Ni、Cr-Cu-Ni、Cr-Cu-Ni-Si 等 7 种合金体系试验钢，在 NaCl 溶液、模拟干湿循环盐雾条件下的腐蚀行为、腐蚀机理以及微动磨损腐蚀行为展开了研究。研究结果表明，Cu、Mo、Cr、Ni 等元素的添加提升了钢基体的腐蚀电位，但是无法增强这些试验钢在 3.5% NaCl 溶液中的耐蚀性能，7 种体系的钢轨钢在模拟干湿循环盐雾条件下的腐蚀失重接近，不过 Cr-Cu-Ni、Cr-Cu-Ni-Si 体系的钢轨钢锈层更为致密，Cu-Ni 和 Cr-Cu-Ni 在 3.5%NaCl 溶液中具备更出色的耐微动磨损腐蚀性能。攀钢、包钢、武钢、鞍钢 4 家钢轨生产企业，都对耐腐蚀合金钢轨进行了不同程度的研究，武钢在普通 C-Mn 钢轨钢的基础上，通过优化合金成分，成功开发出 U68CuCr 高强度耐蚀钢轨。

三、国内钢轨生产企业耐腐蚀钢轨研发生产介绍

（一）攀钢耐腐蚀钢轨

自 2002 年起，攀钢通过产品应用技术服务意识到用户对于钢轨防锈的需求，相继展开了富锌涂层、铝锌合金高速电弧喷涂、水性轻防腐涂层、油性重防腐涂层等耐蚀防腐技术的研究工作，旨在从钢轨生产的源头提供防锈涂层，以满足用户需求。

1. 富锌涂层钢轨

2002 年，攀钢开展钢轨无机富锌涂层的研究，包括钢轨基体处理、磷化喷砂工艺、涂层附着性及耐蚀性能评价等试验探究。2002 年 9 月，在广州铁路（集团）公司乐昌工务段坪石一号隧道进行了富锌涂层钢轨的试铺试验。试铺结果显示，富锌涂层钢轨的耐腐蚀效果良好。普通钢轨需 8 个月更换，而富锌涂层钢轨服役 3 年后表面涂层依旧完好，如图 3-37 所示。

图 3-37　富锌涂层钢轨服役 3 年后表面状态

2. 铝锌合金高速电弧喷涂钢轨

为增强涂层的附着能力，进一步提升涂层的耐腐蚀性能，2003 年攀钢开展了铝锌合金高速电弧喷涂技术研究。运用超音速电弧喷涂机在钢轨表面喷涂 30～150 微米厚度的 Zn-Al 合金层。该合金层与钢轨基体具有强劲的结合力，达到了 40 兆帕以上，并且涂层十分致密，孔隙率小于 2%，图 3-38 为锌-铝合金高速电弧喷涂钢轨的外观形貌。

3. 水性轻防腐涂层钢轨

为应对潮湿、海洋气候环境下钢轨运输、存放及服役早期的锈蚀问题，2015 年攀钢开

图 3-38　锌-铝合金高速电弧喷涂钢轨外观形貌

展了水性轻防腐涂层技术的研究。采用包含水溶性硅酸盐、硅烷偶联剂、氧化硅填料、水性成膜树脂液和水的水性氟碳成膜树脂乳液涂料，实现了制备简便、应用便捷、经济环保且防腐效果优良的目标。该技术已成功应用于出口阿根廷、马来西亚等国家和地区的钢轨上，实现了在大气和海洋环境条件下半年时间内，钢轨锈蚀率低于 5% 的技术指标。图 3-39 为水性轻防腐涂层钢轨和普通钢轨在港口堆放锈蚀情况的对比。

(a)　　　　　　　　　　　　　　　　　　(b)

图 3-39　水性轻防腐涂层钢轨和普通钢轨港口堆放锈蚀情况对比
（a）水性轻防腐涂层钢轨；（b）普通钢轨

4. 油性重防腐涂层钢轨

为满足钢轨海洋长途运输、海洋气候下长期堆放、沿海铁路及隧道等恶劣腐蚀环境下 5~10 年的中期防腐需求，攀钢还开展了油性重防腐涂层的研究。相比水性轻防腐涂层，油性重防腐涂层厚度更厚、附着力更强、耐蚀周期更长。采用该技术生产的钢轨在广州地铁狮子洋隧道开展了试铺试验，其表面状态显著优于普通钢轨，如图 3-40 所示。

（a）　　　　　　　　　　　　　　（b）

图 3-40　广州地铁油性重防腐涂层钢轨和普通钢轨锈蚀情况对比

（a）油性重防腐涂层钢轨；（b）普通钢轨

（二）包钢耐腐蚀钢轨

1. 合金耐腐蚀钢轨

A　稀土耐蚀钢轨 U76CrRE

2005 年，包钢成功开发出新一代稀土钢轨 U76CrRE，在 C、Mn 基础之上，增添了具有包钢资源特色的稀土元素以及 Cr、V 元素。此钢轨在强度、硬度、耐磨损以及防腐蚀等方面均有显著提升，轧态抗拉强度≥1080 兆帕，踏面硬度≥HB310，其耐磨性能较 U75V 钢轨提高 20.3%，耐蚀性能提高 14%（见表 3-21）。

表 3-21　耐蚀性能对比

钢　轨	腐蚀失重量 /克·米$^{-2}$	腐蚀失重速率 /克·（米^2·小时）$^{-1}$	相对比值
U76CrRE	318	1.32	100
U75V	361	1.51	114

钢轨中加入稀土有助于珠光体的形成，形成全珠光体组织，并且脱碳层也变得更薄。适量加入铬和稀土元素，改变了钢中硫化物夹杂的成分以及非金属夹杂物的形态，降低了钢中的硫含量，推动了锈层中保护性良好的 α-FeOOH 相的快速生成及含量增加，增强了锈层阻止侵蚀性介质穿透的能力，优化了钢轨钢在工业大气环境中的耐腐蚀性能。

B　新一代合金耐蚀钢轨

依托白云鄂博的资源优势，充分发挥稀土对钢耐蚀的作用，2017 年包钢开展了耐腐蚀钢轨的研究工作，自主设计了全新的钢轨成分体系。在实验室中，对 Cr-Cu、Cr-Cu-Ni、Cr-Cu-Ni-Mo 等多种成分下材料的组织和性能进行了研究。围绕腐蚀性能开展了露天腐蚀、盐雾腐蚀等试验，同时还进行了加入稀土的试验，探究了不同加入量对试验钢微观组织、腐蚀性能等方面的影响规律。

包钢耐腐蚀钢轨是为满足特殊环境中耐大气、酸、碱等介质腐蚀的需求，利用稀土能够提升耐腐蚀性的特点而开发的耐腐蚀稀土轨。在实验室完成了多轮次的小炉试验，进行了耐腐蚀小炉实验钢的加速腐蚀试验、电化学试验、表面锈层 X 射线衍射分析。2018 年 4 月，完成了一炉耐腐蚀钢轨的工业试制。经检验，钢轨抗拉强度为 1050 兆帕，伸长率为 11.5%，踏面硬度为 HB306，达到了研发目标的要求。通过钢轨实物 4 个月露天放置的对比实验，耐腐蚀钢轨的锈蚀形成过程明显慢于 U75V 钢轨。

2018 年 11 月，依据实验室研究结果进行了一炉工业试制。针对加入 Cu、Cr、Ni 等多种合金的情况，重点在冶炼气体控制、连铸、铸坯缓冷等方面进行把控，生产的耐腐蚀钢轨铸坯质量、合金偏析等方面均符合钢轨标准要求。轧制 60 千克/米规格，钢轨力学性能达到 U75V 热轧钢轨等级，抗拉强度 ≥980 兆帕，踏面硬度 ≥HB280，伸长率 ≥12%。对钢轨开展盐雾腐蚀和周期浸润等试验，相对于 U75V 钢轨，耐腐蚀性提高 30% 以上。

2019 年，进一步开展成分优化研究。中试试验对 Cu、Cr、稀土及其他合金元素进行了调整，同时也是为了进一步增强耐蚀性。经过中试多轮次的小炉冶炼和热模拟等研究，腐蚀性能得到显著提高。2021 年，根据订单需求，首次采用新优化后的合金成分体系进行小批量工业化生产耐腐蚀钢轨。生产的 50 千克/米包钢耐腐蚀钢轨力学性能达到了 U75V 钢轨水平，钢轨金相组织为珠光体+少量铁素体组织，残余应力、疲劳裂纹扩展速率、断裂韧性等特殊性能均满足 TB/T 2344—2020 要求，耐腐蚀性能相比 U75V 提高 40% 以上。2021 年 8 月，进行了长度约为 1 公里的钢轨铺设。

2022 年 6 月，在包钢中铁焊轨厂开展固定焊焊接试验，焊接后的钢轨落锤检测正常，焊缝组织、晶粒度、硬度等均满足 TB/T 1632—2019 标准要求。2022 年 8 月，技术人员对线路上服役满 1 年的耐腐钢轨进行了线路跟踪。观测结果表明，钢轨耐腐蚀性能优于同期铺设的 U71Mn 钢轨。耐腐蚀钢轨与普通 U75V 钢轨对比如图 3-41 所示。

图 3-41　耐腐蚀钢轨与普通 U75V 钢轨对比

2. 涂层耐腐蚀钢轨

为确保钢轨在上道前不产生锈层，以免对钢轨焊接、预打磨等造成影响，同时满足出口钢轨在海洋上的长途运输需求，以及能够在港口等海洋环境下长期堆放，包钢轨梁厂于

2010 年新增了高压无气自动钢轨喷涂设备。借助该设备，在钢轨完成补矫工位后、进入百米钢轨库之前，将钢轨专用防锈水性清漆喷涂于钢轨的外表面。该系统主要包括高压无气喷涂设备、喷涂箱及喷枪组、保温循环及伴热设备、漆雾处理设备、电控系统、喷水装置。当年凭借该系统，为孟加拉国成功生产了 BS75A 和 BS90A 钢轨。

使用效果：（1）钢轨喷涂后的外观优良，基本不存在漏涂现象，也无显著的流坠情况，厚度较为均匀，漆膜平均（干膜）厚度约 15 微米；（2）基地焊接及铺设显示，防锈喷漆钢轨的漆膜对钢轨焊接及轨道电路未产生不良影响；（3）运输及铺设上道后的观测结果表明，防锈喷涂钢轨的表面状态良好，除轨头部位因预打磨后出现锈蚀外，其余部位均无明显锈蚀；（4）通过对钢轨防锈效果的跟踪观察，露天存放 1 年的钢轨锈蚀面积不超过 5%。

（三）武钢耐腐蚀钢轨

1. 合金耐腐蚀钢轨

U68CuCr 耐蚀钢轨是武钢成功开发的首个拥有自主牌号的钢轨新产品，也是全球首个实现工业应用且具有良好耐蚀性的钢轨。武钢结合耐候钢开发方面优势并依据我国铁路的发展需求，从 2008 年起，开展了耐蚀钢轨的研发工作。2022 年 1 月，武钢 U68CuCr 耐蚀钢轨获得 CRCC 证书；2024 年 12 月，高速铁路用耐蚀钢轨获得 CRCC 证书。

A　研发背景

腐蚀已成为制约钢轨使用寿命的短板。鉴于我国铁路多位于南方地区，湿热、多雨、沿海等环境致使钢轨腐蚀问题愈发严重，故需要开发耐蚀性能良好的钢轨产品。

国内外在钢轨腐蚀防护方面采用了两种手段：其一，在现有的钢轨表面涂覆环氧树脂、镀锌材料等，然而表面涂层容易受损，维护成本极高，难以推广应用；其二，开发具有良好耐蚀性能的新材料，增强钢轨的抗腐蚀能力。

武钢从铁路发展的需求以及钢轨使用的便利性、易维护性的角度出发，选择了开发具有良好耐蚀性能的钢轨新材料。

B　关键技术

（1）研发了基于锈层稳定性控制的钢轨耐腐蚀技术。

（2）实现了珠光体组织的微细化与均匀化控制，达成了力学性能、焊接性能及耐蚀性能的兼顾与统一。

（3）开发了高含铜钢轨表面质量高精度控制技术，首次实现了高速铁路用耐蚀钢轨的工业化生产。

耐腐蚀钢轨相较现有 U75V 钢轨，其耐蚀性能提升了 30%~50%，强韧性、硬度、冲击和疲劳等性能均等同于或优于现有 U75V 钢轨，表面质量符合我国最高等级铁路的标准要求，填补了国际空白。

C 合金耐腐蚀钢轨特点及应用

耐蚀钢轨 U68CuCr 的强度级别为 980 兆帕，各项性能符合 TB/T 2344 标准中对于 980 兆帕级别钢轨性能的要求，能够用于客运或客货混运铁路。U68CuCr 钢轨的耐蚀性较 U75V 钢轨提高 30%~50%，适用于我国潮湿、沿海等易导致钢轨腐蚀的地区，能够替代现有 U75V 钢轨在我国铁路线上广泛应用，延长钢轨寿命，降低维护成本。U75V 钢轨与 U68CuCr 耐蚀钢轨露天暴晒 5 年效果对比如图 3-42 所示。

图 3-42　U75V 钢轨与 U68CuCr 耐蚀钢轨露天暴晒 5 年效果对比

在工业大气环境中（$NaHSO_3$ 溶液周期浸蚀试验），U68CuCr 相较 U75V 钢轨，其耐蚀性能提升了 56%。在乡村大气环境暴晒的条件下，U68CuCr 较 U75V 钢轨的耐蚀性能提高 56%。在海洋大气环境下（2%NaCl 溶液周期浸蚀试验），U68CuCr 对比 U75V 钢轨，耐蚀性能提高 31%。

耐腐蚀钢轨 U68CuCr 已成功在时速 350 公里高速铁路中应用，总供货量达 1200 吨。2019 年，广深港高铁狮子洋隧道内海水对钢轨的腐蚀情况严重，普通热轧钢轨出现众多失效情况，对列车的运行安全形成了严重威胁。广铁集团依照时速 350 公里高速铁路的质量要求，采购高速铁路用 60 千克/米耐蚀钢轨 U68CuCr 总计 1230 吨，并在狮子洋隧道铺设 10 公里进行试用。

D 合金耐腐蚀钢轨研发历程

（1）2007—2009 年，完成了工艺控制机制、耐蚀机理以及成分优化的研究工作，开展了小批量中试试制。

（2）2009—2011 年，完成了首次耐蚀钢轨的工业化生产，通过铁路部门的技术评审，命名为 U68CuCr，同意进行上道试铺并展开使用考核。

（3）2012 年 11 月，广铁集团试用 60 千克/米耐蚀钢轨 U68CuCr 共计 303 吨，在京广线大瑶山隧道内铺设 2 公里，截至 2024 年 7 月仍正常服役。

（4）2017 年 4—10 月，在沪昆线娄底（乡村大气）段铺设了 10 公里 U68CuCr 耐蚀钢轨，作为 CRCC 认证试用考核路段。

（5）2019 年 11 月，在广深港高铁狮子洋隧道（海洋大气腐蚀）试铺 10 公里 U68CuCr 耐蚀钢轨。

（6）2020—2021 年，完成《U68CuCr 耐蚀钢轨暂行技术条件》（TJ/GW 171—2021）的制定，国铁集团下发标准文件，并自 2021 年 2 月 1 日起开始施行。

（7）2021 年 10 月，U68CuCr 耐腐蚀钢轨通过国铁集团组织的上道试用考核评审。

（8）2022 年 1 月，U68CuCr 耐腐蚀钢轨正式获得 CRCC 认证证书，取得国铁集团的供货资格。

U68CuCr 耐蚀钢轨应用情况如图 3-43~图 3-45 所示。

图 3-43 京广线韶关段 U68CuCr 耐蚀钢轨形貌

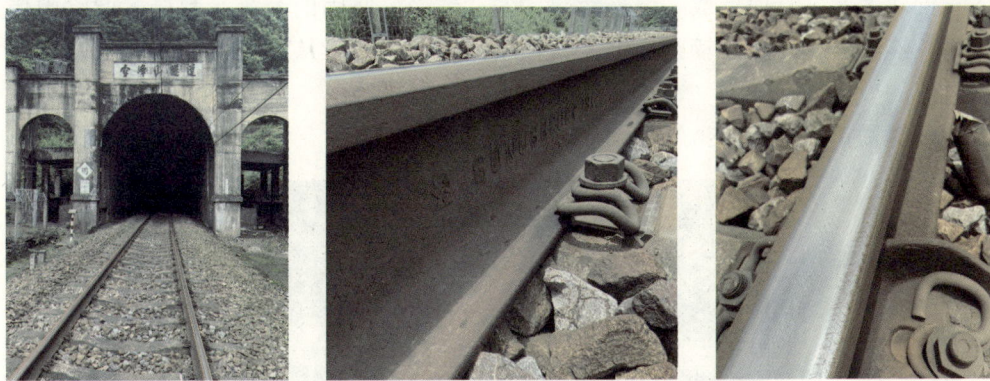

图 3-44 沪昆线娄底段 U68CuCr 耐蚀钢轨形貌

2. 涂层耐腐蚀钢轨

申请号为 CN201811107462.8 的武钢公司发明专利，公布了一种钢轨防杂散电流涂层的施工系统，该系统在钢轨的喷涂生产线传输方向上依次配置了钢轨预热装置、表面处理装置、中频加热装置、绝缘粉末涂料喷涂装置、粉末回收装置以及涂层水冷却装置。其中，钢轨预热装置能够将钢轨的预热段加热至 120~150 ℃；表面处理装置可对轨腰和轨底实施喷砂或喷丸处理，清除轨腰和轨底原有的氧化铁皮、锈蚀以及附着于表面的污染物，

图 3-45　广深港高铁狮子洋隧道 U68CuCr 钢轨铺轨现场

经表面处理后的轨腰和轨底的表面粗糙度 Ra 范围被控制在 4~20 微米；中频加热装置用于对钢轨进行中频加热，让钢轨升温到 180~280 ℃；绝缘粉末涂料喷涂装置会把具有绝缘性的粉末涂料借助喷枪喷涂至轨腰和轨底，涂层厚度处于 150~550 微米范围内；粉末回收装置位于钢轨喷涂段的下方，用于回收喷涂过程中掉落的热固性环氧树脂粉末；完成涂装后的钢轨进入涂层水冷却装置进行水冷却，使钢轨冷却至环境温度。

涂层采用热固性环氧树脂粉末涂料，由环氧树脂、固化剂、颜料、填料和助剂构成，相较于油性/水性涂料，粉末涂料的成分中不包含对环境有害的有机溶剂。通过对钢轨表面开展特定的预处理、加热以及绝缘物质喷涂处理，使得绝缘物质接触到钢轨后受热熔融并附着于钢轨表面，从而形成一层连续、均匀、致密、坚固的绝缘涂敷层，此涂敷层发挥绝缘作用，能够阻止铁路车辆杂散电流从钢轨流向地面或者从地面流向钢轨，让钢轨实现防杂散电流的效果。

涂层耐腐蚀钢轨应用于地铁如图 3-46 所示。

图 3-46　涂层耐腐蚀钢轨应用于地铁

（四）鞍钢耐腐蚀钢轨

2013 年 4 月，鞍钢与合作厂家针对钢轨表面喷涂防锈蚀涂料展开了攻关。但由于所采用的非水融性涂料具有易燃、易爆的特性，并且不适宜冬季生产，故而未能取得成功。

2016 年 12 月，鞍钢大型厂在济南铁路局对鞍钢 60N U75V 钢轨开展了第二代防锈涂料试验。结果显示，经防锈涂料处理后的钢轨，其焊接、正火过程均正常，落锤结果以及断口观测结果均符合标准要求。

2017 年 3 月，鞍钢运用"聚交型、反应型、乳化型"三者合一的独特工艺，成功研发出了钢轨防锈水性漆，该产品符合《水性涂料环保认证准则》，并获得"中国环保产品认证证书"。防锈漆膜具备柔韧性强、硬度高、耐划伤、耐水、耐酸碱、耐老化、抗低温等优点，同时还具有操作简便、环保、成本低等优势，防锈效果达到一年以上。

2017 年 5 月，钢轨在线自动喷涂防锈漆设备在鞍钢大型厂投入使用。喷涂防锈漆后的钢轨在沈阳铁路局焊轨厂进行露天防锈实验。观测结果表明，存放在户外一年的钢轨，其表面防锈涂层完好无损，没有出现锈蚀现象（见图 3-47）。

图 3-47　沈东焊轨基地存放一年的防锈喷涂钢轨（左侧）与自然状态钢轨（右侧）对比

2017 年 7 月，鞍钢以在线喷涂的方式对出口巴基斯坦 3600 吨钢轨进行了表面耐蚀防锈处理，成功解决了钢轨在长距离运输及仓储过程中的锈蚀问题。

未防锈钢轨与在线喷涂防锈钢轨对比如图 3-48 所示。

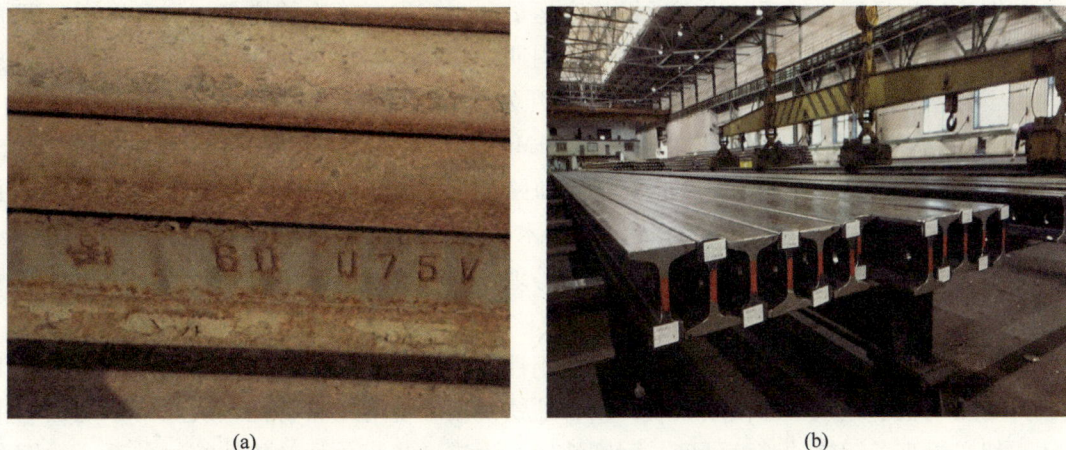

(a)　　　　　　　　　　　　　　　　(b)

图 3-48　未防锈钢轨（a）与在线喷涂防锈钢轨（b）对比

第八节　城市轨道交通用钢轨

城市轨道交通所使用的钢轨涵盖地铁用轨、有轨电车用槽型轨、磁悬浮轨道用轨以及胶轮导轨电车用轨。

一、地铁用轨

攀钢长期专注于城市轨道交通用钢轨材料的研发和应用工作，与北京、上海、广州、成都、重庆等众多地铁公司保持着长期且稳定的合作关系。自主研发的 U75V 钢轨已成为我国地铁用钢轨的优先选择产品，攀钢地铁钢轨的市场占有率超过 50%。攀钢与贵阳、广州等地铁公司合作开展地铁钢轨合理选材应用的研究，依据线路条件有针对性地选用 U71Mn、U75V、U71MnH、U75VH 等不同强度级别的钢轨，通过此项研究显著提高了小半径曲线地铁钢轨的使用寿命和服役状态。攀钢长期致力于将先进技术应用于轨道交通领域，与成都、重庆、广州等地铁公司合作，将 60N 廓形钢轨应用于地铁线路。在使用 60N 钢轨后，列车运行的平顺度、轨道振动等数据均有明显改善。

为提升钢轨与车轮材料的耐磨性能，并针对不同的工况（例如直线段或者曲线段）选取适宜的材质，鞍钢开展了有关钢轨磨损与抗滚动接触疲劳行为的研究，并在北京地铁进行了 60 千克/米和 60N 廓形钢轨的试铺试验。经过 3 年对试验段贝氏体钢轨使用性能的跟踪观测，对比 60N 和 60 千克/米两种廓形钢轨的使用情况，发现 60N 廓形对轮轨接触关系有了显著优化，在小半径曲线线路条件下（195 米或 250 米）磨耗速率较快，耐磨性能不如同等强度的珠光体钢轨。在曲线半径相对较大的线路（大于 350 米），其耐磨性与珠光体钢轨相当。贝氏体钢轨抗滚动接触疲劳性能出色，表面未出现裂纹与掉块，而 U75V 或 U71MnH 钢轨轨距角存在明显的鱼鳞纹以及较多的剥离掉块。随着钢轨全长在线热处理生产技术的应用，城市轨道交通铁路已在小半径曲线逐步推广 U71MnH 和 U75VH 等在线热处理钢轨，显著延长了换轨周期。

包钢通过市场调研发现，由于地铁旅客运量和列车发车频次的增多，列车运行速度加快，不断的加、减速以及车轮与钢轨之间的周期性接触载荷增加，会导致地铁钢轨磨耗过快。出于延长钢轨使用寿命的考量，包钢开发了耐磨钢轨，具体的技术指标设定为：U75V 钢轨踏面硬度在 HB300~320 之间，U71Mn 钢轨踏面硬度在 HB280~300 之间。通过优化钢轨的化学成分及轧制工艺，提高了钢轨踏面的硬度。包钢生产的城市地铁用钢轨主要供给北京、广州、天津、呼和浩特、乌鲁木齐、兰州、西安、青岛、济南、深圳、苏州、南宁、长沙、合肥、温州、郑州、徐州等地铁线路。

北京地铁如图 3-49 所示。

武钢在优化地铁轮轨关系、提升钢轨使用性能（包含耐腐蚀性能）方面开展了诸多工作。为增强钢轨于地铁中的使用成效，结合地铁使用环境与线路特性，研发出了地铁专用钢轨，切实提高了钢轨的踏面硬度与耐磨性能。为进一步优化地铁轮轨接触关系，武钢在武汉地铁开展了 60N 廓形钢轨的试铺试验，该钢轨在小半径曲线段正常服役超过 6 年。相

图 3-49 北京地铁

较 60 千克/米廓形钢轨，60N 廓形钢轨能够显著优化轮轨关系与接触应力分布，减少鱼鳞纹、剥离掉块、波磨等接触疲劳损伤，延长钢轨的服役年限。同时，在一定程度上降低了打磨铣磨以及钢轨更换焊接的任务量，提高了列车运行的平顺性与旅客乘车的舒适性。针对地铁隧道环境复杂多样，存在雨水、地下水、泥浆等多种介质致使钢轨出现杂散电流腐蚀的问题，研制出了涂层防杂散电流腐蚀钢轨，并在武汉地铁进行试铺，达成了环氧树脂和绝缘油漆涂层防杂散电流腐蚀钢轨在地铁领域的工程应用。目前，武钢地铁钢轨已应用于北京、武汉、石家庄、长沙、郑州、南昌、青岛、福州、徐州等众多城市的地铁项目。

邯钢地铁用轨主要涵盖 U75V、U71Mn 两个钢种的 50 千克/米、60 千克/米和 60N 三个规格，其产品应用于青岛地铁、成都地铁、南京地铁、天津地铁等多个城市的地铁项目。

二、有轨电车用槽型钢轨

槽型钢轨与普通钢轨的主要差异在于其轨头存在一个非对称的槽。鉴于这种特殊结构，槽型钢轨的轧制成型和尺寸精度控制难度极高。

1908 年，上海建成国内首条有轨电车线路。有轨电车公里造价较低，适用于客流规模相对较少的区域，具有运行噪声小、节能环保等优点。

为攻克槽型钢轨的生产技术难题，鞍钢接连突破 BD2 轧机、万能轧机孔型及导卫设计、矫直孔型和工艺完善设计、护轨凹槽内折叠控制等一系列工艺和装备技术难题，形成了从轧制、矫直到成品探伤检验的一整套生产工艺技术方案。2003 年 10 月，鞍钢完成大连有轨电车线路改扩建工程第一批 1700 吨 60R1 槽型钢轨（见图 3-50）的生产，标志着"轨中之王"槽型钢轨实现国产化，填补了国内槽型钢轨研制、生产的空白。随后，鞍钢 60R2 槽型钢轨又应用于苏州有轨电车 1 号和 2 号线（见图 3-51）、沈阳浑南新区现代有轨电车一期、深圳龙华新区有轨电车示范线、广州有轨电车（见图 3-52）等线路。

图 3-50　槽型钢轨

图 3-51　苏州高新有轨电车

图 3-52　广州海珠有轨电车

　　为满足市场需求，2015 年，攀钢开展了有轨电车用槽型钢轨的开发工作，并具备了依照欧洲标准 EN 14811 以及用户技术条件生产 U75V、U71Mn 等各钢种 59R2、60R2 廓形槽型钢轨的能力。攀钢槽型钢轨产品已应用于成都有轨电车蓉 2 号线、都江堰有轨电车、广州黄埔有轨电车 1 号及 2 号线、北京亦庄 T1 有轨电车、昆明国际机场线、广州南海区有轨电车等多条线路。攀钢槽型钢轨生产如图 3-53 所示。

图 3-53　攀钢槽型钢轨生产

2012 年，包钢启动了槽型钢轨的设计开发工作。2013 年 9 月，在 1 号生产线成功开发出 59R2 槽型钢轨，产品质量符合 EN 14811：2006+A1：2009（E）标准以及《有轨电车轨道专用钢暂行技术条件》。2014 年，在 2 号生产线经过多次试制，成功解决了轨头和轨唇过充、轨唇高度偏差等缺陷，成功开发出了 59R2、60R2 槽型钢轨。经过多次试制，成功解决了轨头外侧过充及轨唇外侧过充、轨唇高度偏差、下腰与轨唇连接圆弧处折叠等缺陷。2015 年以后陆续开展了 60R2 槽型钢轨的批量轧制。2017 年以后为适应市场需求，开展了 59R2 槽型钢轨的批量轧制。目前，包钢的槽型钢轨产品主要应用于云南省蒙自市滇南中心城市现代有轨电车项目、横店影视城有轨电车、北京亦庄新城现代有轨电车、世界海拔最高的青海省海西蒙古族藏族自治州德令哈市新能源现代有轨电车项目、嘉兴红船有轨电车项目等。

2018 年 9 月，鞍钢与包钢、辽宁紫竹集团、河北津西钢铁集团、冶金工业信息标准院、上海城建院等单位共同起草并发布了《城市有轨电车用槽型钢轨》（YB/T 4653—2018）冶金行业标准。

2015 年，武钢进行了 U75V 60R2 槽型钢轨的试制，并具备了槽型钢轨的批量生产能力，产品应用于武汉光谷、汉阳、黄石、福建武夷山等多条有轨电车线路。2022 年，成功开发出 U75V 59R2 槽型钢轨。武钢槽型钢轨产品及应用如图 3-54 所示。

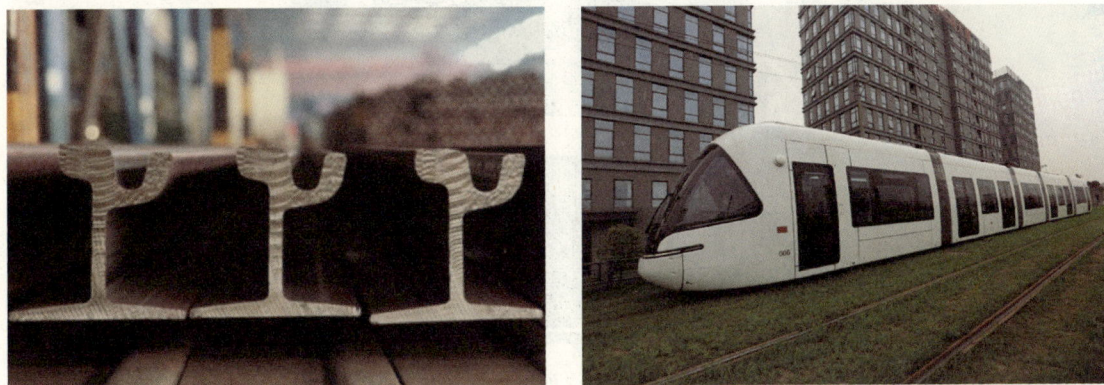

图 3-54　武钢槽型钢轨产品及应用

三、磁悬浮轨道用轨

磁悬浮列车是一种借助磁力悬浮于轨道上行驶的高速列车，具备速度快、运行平稳、环保节能等优点。轨道作为磁悬浮列车的基础设施组成部分之一，可分为导向轨和悬浮轨，其材料的选取对于磁悬浮列车的安全运行和性能发挥有着极其关键的作用，需考量材料的导电性、耐磨性、耐腐蚀性等。轨道系统的功能结构件采用有别于普通型钢的特殊断面，例如 π 型钢轨、F 型钢轨、H 型钢轨等磁悬浮轨道钢轨，其不规则的断面致使轧制难度增大，容易出现扭曲和变形的情况，国内的型钢企业通过技术攻关，达成了满足我国快速及低速磁悬浮要求的各种规格轨道钢的生产及应用，有力推动了我国磁悬浮轨道交通技术的发展和应用。

（一）磁悬浮 S355N π 型钢轨

2001 年 5—6 月，鞍钢参与了上海市磁悬浮快速列车工程的竞标，成功获得该工程所需的 10776 吨磁悬浮列车下翼缘 S355N π 型钢轨生产合同。该型钢轨截面形状特殊，孔型设计难度较大，需采用正火以及超声波探伤。然而，鞍钢大型厂没有此类设备及工艺，需借助厚板厂的热处理设备进行正火。此外，为保障列车的高速运行，其规格尺寸和标准质量的要求也十分严格。因此，如何确保型材的表面质量和规格尺寸是该课题的难点。为了便于调整和保证产品的尺寸精度，π 型钢轨采用 7 道次轧制，道次分配为 3、2、2，即从 4 孔到 7 孔每孔单独一条轧制线排列，具体的轧制工艺如下：三段推钢式加热→高压水除鳞→三架横列式 800 毫米轧机→热锯→打印→收集→探伤正火→1200 毫米矫直机矫直。2001 年 7 月，S355N π 型钢轨试制成功。经多次实验，研究出了适合 π 型钢轨探伤的新探头和满足 π 型钢轨探伤要求的新探伤方法。在逐步完善工艺路线以及优化工艺参数的情况下，形成了 S355N π 型钢轨稳定的生产工艺，产品供货合格率达 100%。上海磁悬浮列车工程用 π 型钢轨如图 3-55 所示。S355N π 型钢轨力学性能见表 3-22。π 型钢轨应用于上海市磁悬浮线路如图 3-56 所示。

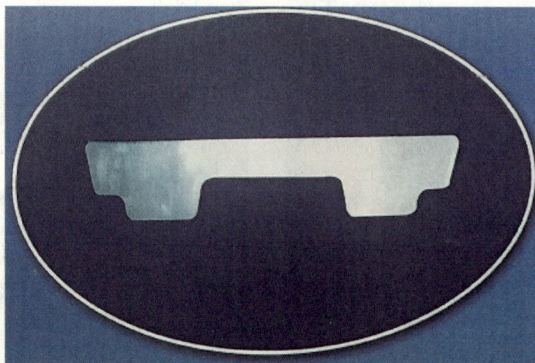

图 3-55 上海磁悬浮列车工程用 π 型钢轨

表 3-22 S355N π 型钢轨力学性能

批次	横 向				纵 向			
	屈服强度 R_{eL}/兆帕	抗拉强度 R_m/兆帕	A（最小）/%	-20 ℃ 冲击吸收功/焦耳	屈服强度 R_{eL}/兆帕	抗拉强度 R_m/兆帕	A（最小）/%	-20 ℃ 冲击吸收功/焦耳
1	416	527	29	166	416	529	31	185
2	414	527	29	191	415	531	31	215
3	417	520	30	196	413	523	32	237
4	397	524	29	199	395	528	31	237
技术条件要求	≥345	490~630	≥22	≥21	≥345	490~630	≥22	≥39

图 3-56　π 型钢轨道应用于上海市磁悬浮线路

（二）磁悬浮 F 型和 H 型钢轨

为满足我国磁悬浮轨道交通迅速发展对高性能钢轨的需求，2015 年 5 月，辽宁紫竹集团研制出磁悬浮 F 型轨排，该产品被应用于长沙磁悬浮工程项目。

2018 年，武钢开发出中低速磁悬浮铁路用 F 型钢轨和 H 型轨枕，其产品在国内首条磁悬浮线路——长沙磁悬浮线路以及凤凰磁悬浮线路、广东清远磁悬浮线路等得到应用。

武钢 F 型钢轨具备如下特点：

（1）磁通密度高。磁通密度相较行业内的同类产品提高 15% 以上。

（2）低温韧性佳。行业内唯一低温冲击功 ≥27 焦耳的产品，为行车安全提供保障。

（3）尺寸精度优。尺寸精度比行业内同类产品提高 50% 以上。

F 型钢轨生产及应用如图 3-57 和图 3-58 所示。

图 3-57　F 型钢轨生产及应用

图 3-58　F 型钢轨应用于低速磁悬浮铁路

四、胶轮导轨电车用轨

胶轮导轨电车是一类全新的交通工具，车辆采用橡胶轮胎，其轨道嵌入地面，呈单轨导向模式。在机车行驶期间，振动微弱，噪声低微。借助"钢轨嵌槽"技术，让列车能够在普通车道行驶，降低了对既有道路的影响。与普通的双轨电车相比，胶轮导轨电车具备爬坡能力强劲（最大爬坡角度达 13%）、转弯半径较小的特性，并且建设成本较低、节能环保，属于城市交通的发展趋向之一。

胶轮导轨电车根据其导向机构的不同分为两类，分别是 V 字形导轮导向系统和双轮缘单轮导向系统。胶轮导轨电车运行速度较低，通常为 35 公里/小时，最高速度可达 80 公里/小时。胶轮导轨电车的典型代表是法国劳尔公司的 Translohr 单导向轨胶轮导轨电车，首条线路于 2006 年在法国投入运营。目前，已在法国的克莱蒙费朗、圣德尼—撒塞雷，意大利的帕多瓦、威尼斯—美斯特、拉蒂纳，以及我国的天津、上海等城市投入使用。

（一）典型产品及生产工艺

牌号：JD300，导向轨牌号由代表胶轮导轨中"胶""导"的汉语拼音字母 JD 和轨顶面布氏硬度目标值（三位阿拉伯数字）两部分组成。示例：JD300。

生产工艺：高炉铁水→脱硫处理→转炉冶炼→吹氩→LF 炉精炼→真空处理→连铸→（堆垛缓冷）→铸坯下送→铸坯加热→轧制→热锯锯切→钢轨（带预弯）冷却→复合矫直→检测中心检查→精整→人工检查→入库。

热轧导向轨抗拉强度、伸长率和轨头顶面硬度见表 3-23。

表 3-23　热轧导向轨抗拉强度、伸长率和轨头顶面硬度

钢牌号	抗拉强度 R_m/兆帕	断后伸长率 $A^{①}$/%	轨头顶面中心线硬度 HBW（HBW10/3000）
JD300	≥980	≥10	280~320

① 热锯取样检验时，允许断后伸长率比规定值降低 1 个百分点。

特殊要求：

表面粗糙度：$Ra \leqslant 2.5$ 微米。

线电阻：能够满足整车回流，推荐 20 ℃时小于 100 兆欧/公里。

（二）胶轮路轨系统的优点和缺点

胶轮路轨系统的优点：

（1）行驶噪声低微。

（2）更高的加速及减速度。

（3）由于轮胎自身的摩擦度，其咬地能力出色，列车能够轻松攀爬陡峭斜坡。

胶轮路轨系统的缺点：

（1）鉴于轮胎的摩擦问题，大部分能量会在行驶过程中转化为热能而被消耗。

（2）虽说轮胎的价格相较钢轮更为低廉。然而，轮胎的更换率较高，这就导致胶轮系统的保养费用较为昂贵。

（3）严寒气候下，如遭遇雪和冰的侵袭，胶轮会很快丧失其高牵引力的优势。

（4）不适用于高客运量的情况，载重量较低。

2016 年，武钢与中车四方车辆有限公司合作开发出新型胶轮导轨电车用导向钢轨。同年 4 月，成功试制出合格产品，并铺设于国内首条试验线——青岛中车四方试验线。通过该试验线长达 2 年的运行检验，证明了该产品的稳定性与可靠性。2018 年，胶轮导轨 JD300 实现批量供货，应用于重庆铜梁——安居古城导轨电车试验线一期，线路全长 13.34 公里，实现了国内首条国产化胶轮导轨电车的工程应用。

胶轮导轨使用及试验线如图 3-59 和图 3-60 所示。

图 3-59　胶轮导轨使用示意图

图 3-60　胶轮导轨试验线

第九节 轻 轨

轻轨主要应用于矿业、林业以及起重设备小车的运行轨道，主要材质为碳素钢与低合金钢。在矿山、林区等区域所使用的轻轨对耐腐蚀性能有一定的要求，需在钢中加入适量的铜、铬、磷、钒等合金元素。

伴随工程技术的不断发展，轻轨标准经历了多次变更。1989 年，鞍钢以《轻轨品种》（YB 222—63）、《轻轨技术条件》（YB 220—78）标准为基础，制定了《轻轨》（GB 11264—1989）。唐钢、永洋特钢等企业于 2012 年对该标准进行了起草修订，将其名称变更为《热轧轻轨》（GB/T 11264—2012）。依据市场用途新增了 18 千克/米和 24 千克/米两个规格，同时根据使用要求增添了截面和螺孔位置等相关技术要求。

轻轨型号是依据每米的重量来命名的，最初型号包括 5 千克/米、8 千克/米、11 千克/米、15 千克/米、18 千克/米和 24 千克/米。伴随工业发展的需求变化，目前市场主流的轻轨型号包括 9 千克/米、12 千克/米、15 千克/米、18 千克/米、22 千克/米、24 千克/米和 30 千克/米。

轻轨的使用，除要保证耐磨性、外形尺寸控制精度以及表面质量外，还需关注使用的经济性。在生产初期，普碳钢材质的轻轨存在耐磨性能欠佳、服役时间短等问题。通过对轻轨磨损部位的分析，在不改变基体组织的前提下，采取控制轧制结合轧后控冷的技术，获取表面和近表面晶粒细化组织，强化耐磨层，从而为市场供应了高性价比的轻轨。目前，55Q 是国内广泛使用的材质之一，和国外同级别轻轨相比，具有耐磨性能好、经济性高等特点。

1949 年 3 月，复工的鞍钢中型轧钢厂（2006 年 6 月成建制划归大型厂）的主要产品涵盖了轻轨、工字钢、槽钢、角钢、轮辋钢、球扁钢、鱼尾板等。1992 年，鞍钢中型轧钢厂仿日标生产的轻轨通过冶金部转产鉴定。产品牌号为 50SiMnP，规格包括 12 千克/米、15 千克/米和 22 千克/米，供中煤总公司使用。

20 世纪 80 年代，我国对轻轨的需求增加，年需求量约 25 万吨。当时我国轻轨的生产，无论是在质量还是数量上，都无法满足工业发展的要求。

为此，国家科委、冶金部于 1983 年下达了"耐磨耐蚀轻轨研制"专题，鞍钢与中国科学院金属研究所、金属腐蚀与防护研究所及煤炭部所属淮南、淄博煤矿等单位协同攻关，研制出 36CuPCr、55PV 等品种轻轨，轧制规格为 18 千克/米。针对试制轻轨进行的煤矿井下大气腐蚀挂片、浸泡、盐雾和恒温恒湿试验结果表明，试制的轻轨耐大气腐蚀性能较 50SiMnP 轨提高 57%，同时这两个钢种的实物疲劳寿命较普碳轨提高 1.3 倍。试制轻轨在淮南、淄博等 13 个煤矿铺设 3500 吨，展现出了良好的耐磨、耐蚀性能，使用寿命也较普碳轻轨提高 50% 以上。

1994 年，永洋特钢成功开发出 12 千克/米轻轨。1995 年，基于客户需求，永洋特钢开发出 8 千克/米轻轨。1998 年，永洋特钢再度发力，开发出 15 千克/米和 18 千克/米轻轨。2002 年，永洋特钢成功开发出 24 千克/米轻轨。2003 年，永洋特钢开发出 30 千克/

米轻轨。至此，永洋特钢实现了国标产品规格的全覆盖。为满足市场需求，永洋特钢还自主设计并开发了 4 千克/米、8 千克/米等特殊规格轻轨，制定了企业标准《工业用热轧轻轨》（Q/YY01—2017），实现了轻轨全规格、系列化的生产，产品出口至欧洲、非洲、南美洲、澳大利亚、东南亚、中亚等 40 多个国家和地区。

2007 年 7 月，辽宁紫竹集团成功开发出用于出口南非的 30 千克/米轻轨。2009 年至今，紫竹集团已依照《热轧轻轨》（GB 11264）和《铁路用热轧钢轨》（GB/T 2585—2021）标准陆续开发出 9 千克/米、12 千克/米、15 千克/米、18 千克/米、22 千克/米、24 千克/米、30 千克/米和 38 千克/米热轧轻轨产品。

第十节　起重机钢轨

起重机钢轨一般应用于起重设备或者工业厂区内、运行速度较慢、承载重量较大的车辆所使用的轨道。起重机钢轨的应用原理和铁路用钢轨大致相同，其主要作用在于引导车轮依照既定方向行进，承受车轮施加的压力，并将载荷传递至承重的地基。伴随工业工程朝着大型化、重载化的方向发展，起重机钢轨强度、耐磨性、耐疲劳性以及耐蚀性等均成为衡量产品质量的关键指标。起重机钢轨涵盖了 QU70、QU80、QU100 和 QU120 四个型号。在起重机钢轨的型号中，QU 后面的数字代表轨头的宽度尺寸。1993 年，鞍钢负责起草并制定了《起重机钢轨》（YB/T 5055—1993）标准。2014 年，鞍钢以及永洋特钢等单位对该标准予以修订，在冶炼要求、成品质量等方面均提出了更为严格的要求。

中小型起重设备依照设备型号以及吊运能力，可能采用 38 千克/米、43 千克/米和 50 千克/米的起重机钢轨，这些钢轨引用《铁路用热轧钢轨》（GB/T 2585—2021）标准或者执行企业标准《工业用热轧钢轨》（Q/YY02—2022）。

QU100 和 QU120 起重机钢轨如图 3-61 和图 3-62 所示。

图 3-61　QU100 起重机钢轨

图 3-62　QU120 起重机钢轨

一、起重机钢轨产品发展历程

在生产初期，起重机钢轨通常由平炉冶炼的镇静钢来制造。依据服役环境的要求，同时鉴于冶炼技术能力的提高，冶炼工艺变更为采用碱性氧气转炉或电弧炉冶炼，并且经过炉外精炼。

起重机钢轨在生产初期仅有 U71Mn 这一个牌号。2014 年，起重机钢轨 U71Mn 牌号的化学成分降低了 Mn 含量的下限要求，提升了 Si 含量的上限要求。经调整后的化学成分与铁路用钢轨的国标、铁标体系相符，有利于组织生产。为满足工业发展中重承载的需求，还开发出了 U75V、U78CrV 等高强度牌号。中小型起重设备依据承载要求，也会选用经济性较高的 50Mn 牌号。国内现行起重机钢轨被广泛使用的牌号及性能指标详见表 3-24~表 3-26。

表 3-24 生产初期起重机钢轨牌号及主要化学成分（质量分数）   （%）

钢牌号	C	Si	Mn	P	S
U71Mn	0.65~0.77	0.15~0.35	1.10~1.50	≤0.040	≤0.040

表 3-25 现行起重机钢轨主要牌号及化学成分（质量分数）   （%）

钢牌号	C	Si	Mn	P	S	V
50Mn	0.48~0.56	0.17~0.37	0.70~1.00	≤0.035	≤0.035	
U71Mn	0.65~0.76	0.15~0.58	0.70~1.40	≤0.035	≤0.030	
U75V	0.71~0.80	0.50~0.80	0.75~1.05	≤0.035	≤0.030	0.04~0.12

表 3-26 现行起重机钢轨拉伸性能（室温 25 ℃）

钢牌号	抗拉强度 R_m/兆帕	断后伸长率 A/%
50Mn	≥645	≥11
U71Mn	≥880	≥9
U75V	≥980	≥9

国内各钢铁企业起重设备用重轨的发展历程如下：

1975 年 9 月，鞍钢成功开发出 QU80 起重机钢轨。

1988 年 4 月，鞍钢开发出 QU100 起重机钢轨。

1997 年 5 月，包钢开发出 QU100 起重机钢轨。1998 年 3 月和 1999 年 5 月，相继开发出 QU120 和 QU80 起重机钢轨。

1999 年 8 月，武钢开发出 QU80 起重机钢轨。

2004 年，永洋特钢开发出 38 千克/米钢轨。2005 年，开发出 43 千克/米和 50 千克/米钢轨。2007 年，开发出 QU80 和 QU70 起重机钢轨。2008 年，开发出 QU100 和 QU120 起重机钢轨，实现了起重设备用钢轨全规格系列化生产。

2006 年 9 月，辽宁紫竹集团开发出 QU70、QU80 起重机钢轨。2008 年 4 月，开发出 QU120 起重机钢轨。2009 年至今，已陆续开发出 QU70、QU80、QU100 和 QU120 等多款产品。

2015 年，攀钢开发出 QU120 起重机钢轨。2016 年和 2017 年陆续开发出 QU100 和 QU80 起重机钢轨。

2020 年，包钢开发出 QU70 起重机钢轨。

2021 年和 2022 年，武钢在万能生产线陆续开发出 QU80 和 QU100 起重机钢轨。

2022 年，邯钢开发出 QU100 和 QU120 起重机钢轨，并于当年实现了产品的批量稳定生产。

二、起重机钢轨产品应用情况

依据起重设备的型号以及吊运承载能力的需求来选用不同规格的起重机钢轨，其被广泛应用于港口装卸起重机、造船起重机、仓储门式起重机、冶金工厂桥式起重机的运行轨道之中，如图 3-63~图 3-66 所示。

图 3-63　港口起重机

图 3-64　起重机运行轨道

图 3-65　冶金工厂桥式起重机

图 3-66　门式起重机轨道

第四章 中国钢轨科技成果

钢轨品质与性能的提升离不开科技创新，多年来，国内钢轨生产企业以不同时期我国铁路建设对高品质钢轨的迫切需求为己任，以制造国际一流水平的钢轨产品为目标，始终致力于钢轨新产品研发与新技术研究，取得了一系列具有自主知识产权、综合技术水平达到国际一流的重要科技创新成果，适时满足了我国铁路建设需要。特别是进入高铁时代，伴随钢轨生产装备与工艺技术升级，钢轨品质大幅提升，使之成为我国大规模高铁建设时期率先实现全国产化的关键产品之一，为我国铁路发展贡献了力量。本章将从钢轨领域科技成果的角度介绍国内主要钢轨生产开展的科技创新和取得的主要成果。

第一节 鞍钢钢轨科技成果

一、1990 年冶金部科学技术进步奖二等奖

U74SiMnV 耐磨钢轨

为适应我国 20 世纪 70—80 年代铁路现代化发展的需要，解决小半径弯道地段钢轨的磨耗问题，研制了 U74SiMnV 耐磨钢轨。采用硅、锰制造合金钢轨具有成本低、性能提升效果明显的特点，钒的加入既起到弥散强化作用又起到细晶强化作用。该钢轨抗拉强度达到 1100 兆帕，轨顶面硬度达到 HB330，其耐磨性能是中锰钢轨的 3 倍以上，与国外的 CrV、CrMoV 钢种相比，具有强韧性较好、造价低廉的特点。

通过对比中锰碳素钢轨相变特征，U74SiMnV 钢轨在加入硅、锰、钒等元素的情况下，可增加奥氏体的稳定性能，推迟奥氏体分解时间，实现显微组织细化，珠光体片层间距小，达到强度显著提升的同时具有良好的韧性；适当提高硅含量，可显著提高钢轨的耐磨性能；同时加入适当的钒后，钒的碳化物在加热和冷却过程中以固溶和弥散析出，达到强度显著提升的同时具有良好的韧性。开展实验室不同合金化方案的合金钢轨钢的性能对比分析，明确耐磨钢轨的合金化技术路线，基于钢轨生产线加工能力，实现硅、锰、钒强化元素的合理匹配，获得组织结构良好的耐磨钢轨，通过研究钒在钢中的存在形态，探明其对钢轨的组织与性能作用机理。

50 千克/米 U74SiMnV 钢轨于 1980 年开展工业试制，同年 10 月在鞍钢厂内新烧干线的烧结道口附近试铺，曲线半径为 120 米，铺设的 U74SiMnV 钢轨使用 2 年半时轨头侧磨为 0.33 毫米，垂磨为 0.74 毫米，原铺设的中锰钢轨一般使用 2~3 年就因磨耗超限更换，U74SiMnV 钢轨在该曲线使用 5.5 年时侧磨平均为 2.13 毫米，最大为 3.2 毫米，表明该钢

轨耐磨性能优良，是小半径曲线上较为理想的钢轨产品。1984 年试制的 50 千克/米 U74SiMnV 钢轨于同年 12 月铺设在抚顺矿务局运输部管辖区的客货环路，曲线半径为 157 米。该区段自 20 世纪 50 年代修建以来，钢轨磨耗严重问题一直未得到解决。37 个月的 U74SiMnV 钢轨铺设试验证明耐磨性能较好，使用寿命预计比 43 千克/米中锰钢轨提高 4.3 倍，预计使用寿命可达 5.5 倍以上。该钢轨是煤矿小弯道铁路线上使用得较好钢轨之一，可在煤企业内推广试用。

二、2004 年中国钢铁工业协会、中国金属学会冶金科学技术奖二等奖

短流程重轨生产工艺及装备的开发

传统生产工艺是连铸坯经火焰切割、冷却、下线堆垛，再运至型钢厂，由上料吊车把铸坯吊到台架上，推钢机将铸坯推进加热炉，将其加热到轧制温度。这种传统工艺非常复杂，设备重量大，并且钢坯冷却后再加热造成能源浪费、二次脱碳、钢坯划伤。大型厂开发设计的四流连铸坯热装生产线做到了型钢加热炉与连铸机口对口连接，实现了型钢连铸坯短流程直接热装。该加热炉配备了适合直接热装的炉内支承梁和燃烧系统，可灵活地控制产量的变化。

鞍钢短流程重轨生产线是鞍钢公司优化产品结构、提高市场竞争力的重大技改项目，是采用当今国际先进技术研制的短流程重轨生产线，通过研制轧线设备与新的方坯连铸机，组成一条具有当今国际先进水平的连铸连轧重轨生产线。在此生产线研制过程中，成功地研制了多台新设备，研发了多项新工艺、新技术，如大方坯连铸机、步进式加热炉、二架粗轧机、配有高精度液压 AGC 的国际领先的万能轧机机组、液压自动换辊装置、粗轧粗成型轧制技术、多品种轧制工艺、粗轧机和万能轧机除尘等。

短流程重轨生产技术的成功研制，开创了自主开发、研制现代化短流程连铸连轧重轨生产线的先例，实现了盼望已久的继板坯连铸连轧后成功实现型钢生产热装热送的夙愿。该生产线投产多年以来，各项技术指标达到设计要求，重轨质量及各项经济指标均达到国际同类生产线的先进水平，创造了可观的经济效益。

三、2008 年辽宁省科学技术奖三等奖

鞍钢万能法轧制 43~75 千克/米钢轨的研制与开发

目前，世界上生产重轨主要采用的是横列式轧机的普通孔型法和万能轧机的万能轧制法两种，2002 年以前，我国四家重轨厂家采用的均是横列式轧机的普通孔型法。2002 年鞍钢率先从德国 SMS 公司引进万能机组，成为国内首家采用万能法轧制重轨的厂家。随着我国铁路提速及建设高速铁路对重轨尺寸精度要求的提高，采用万能法轧制重轨无疑成为当前的主流。普通孔型法在技术上实现简单，金属变形稳定，适合大压下变形，一般用于粗轧变形，控制系统简易。而中间轧、精轧由于其孔型设计多是采用不对称设计，因此其成品断面的对称性不理想，其轨高、底宽、腹高等尺寸的控制精度也不高，孔型磨损较快，表面质量不易控制，轧机调整要靠经验，常常还会因孔型磨损，对轧件产生楔卡作

用，造成重轨腿尖和轨底加工不良等缺陷。

万能轧制法由一对主动水平辊和一对被动立辊共同组成，且四辊的轴线位于同一平面上，形成万能孔型，平辊对重轨的腰部进行加工，两侧立辊与平辊的侧面形成加工变形区分别对轨头、轨底进行加工。轧边机主要对轨头、轨底的端部进行加工，轧机导卫横梁直接安装在轴承座上，可以进行整体上下移动，轧钢过程实现全自动控制。2002年至今，鞍钢股份大型厂万能生产线已经成功轧制出新铁标43～75千克/米重轨、BS90A重轨、BS100A重轨、50N重轨、UIC60重轨、RI60电车轨。

四、2009年国家科学技术进步奖二等奖

客运专线钢轨成套技术开发与应用

客运专线钢轨成套技术是一个系统技术，主要涉及钢轨技术标准、钢轨材质研究、客运专线钢轨现代化生产、百米定尺钢轨运输、焊接和铺设以及使用维护等众多关键技术。针对这些关键技术，该成果在以下方面做出了创新性的研究与开发工作：（1）制定了具有世界先进水平的客运专线（高速铁路）钢轨系列技术条件，完整地构建了我国钢轨标准体系；（2）成功研制出我国客运专线钢轨用钢种U71Mn(K)，不仅强韧性兼备，同时适合于焊接和热处理；（3）通过自主创新和技术攻关，采用高内部质量钢轨钢冶炼、精炼与连铸工艺技术，高精度钢轨万能轧制工艺技术，高平直度钢轨精整技术（热预弯、平立复合矫直），高表面质量钢轨综合控制技术及先进在线检测技术（激光平直度在线检测、超声波探伤、涡流探伤），使得钢轨的钢质洁净、平直度好、几何尺寸精度高，从而成功研制生产出具有国际先进水平的客运专线用百米定尺钢轨；（4）采用国际首创的装载加固技术，首次利用普通平车运输百米钢轨，成功解决了百米定尺钢轨的运输问题，采用普通平车运输百米钢轨，极大地方便了百米钢轨的运输，对在建设高峰期需要每年运输300万吨以上钢轨的我国铁路建设而言，具有十分重要的现实意义；（5）研究提出新的100米定尺钢轨焊接技术体系，采用独创的工艺，提高了焊接接头质量；（6）在国内首次研制出适合我国高速道岔特点的60D40钢和60TY轧制翼轨（国际首创），成功支撑了我国高速道岔的自主研制，提高了道岔的整体质量水平。

本项目研究成果已成功应用于京津城际、合宁、石太等客运专线，并还将在我国全部四纵四横以及城际客运系统的1.6万公里高速客运专线建设中推广应用，已取得直接经济效益近2亿元，替代进口节支近28亿元。未来建设1.6万公里客运专线至少需要400万吨以上百米定尺钢轨，预计可节约资金160亿元以上。由于采用百米定尺钢轨，既减少焊接工作量又提高钢轨使用的安全性，所带来的社会经济效益也极为显著。

五、2011年辽宁省科学技术奖三等奖

鞍钢贝氏体钢轨的研制

针对铁路高速重载以后，钢轨剥离掉块伤损（即滚动接触疲劳伤损）将日趋严重的一般规律，研究耐滚动接触疲劳性能优于珠光体钢轨的贝氏体钢轨。研制成功的贝氏体钢轨

采用无碳化物空冷贝氏体组织的成分设计，通过化学成分及工艺设计有效控制残余奥氏体的组织稳定性，实现了良好的强韧性匹配，避免了较高的矫直残余应力的不利影响，保证了钢轨的使用安全性，贝氏体钢轨可热轧矫直态交货，焊接性能良好，合金成本较低。

鞍钢率先在国内开发成功的贝氏体钢轨实现了焊接轨在既有线路上试铺，铁路部门的观测证明，贝氏体钢轨比热处理（珠光体）钢轨具有更好的抗磨损和抗剥离掉块的性能，尤其是抗剥离掉块性能更为突出，使用寿命提高1倍以上。采用贝氏体翼轨的锻焊辙叉使用寿命比锰钢辙叉提高10倍；大秦货运专线试铺的贝氏体道岔尖轨使用寿命是淬火珠光体尖轨的4倍，AT尖轨的使用寿命的提高，减少了更换尖轨封锁线路的时间，可以带来很大的经济效益，贝氏体翼轨的锻焊辙叉已经在铁路既有线路上推广使用，贝氏体道岔尖轨在大秦铁路应用，耐接触疲劳性能及耐磨性均优于同样强度级别的淬火珠光体钢轨，使用寿命提高数倍。

六、2013年辽宁省科学技术奖三等奖

鞍钢 U77MnCr 钢轨的研制

目前我国铁路广泛使用的U75V钢轨热轧后轨面硬度为HB280～320，轨面硬度偏低，淬硬性较差，难以满足重载铁路运输的要求，加之采用目前比较昂贵的钒为添加合金，因此性价比不够好。为了满足重载、繁忙铁路的需要，考虑资源状况，鞍钢开发了高碳低铬成分配方的U77MnCr钢轨，热轧状态下轨面硬度达到HB300以上，热处理后轨面硬度达到HB370，焊接性能优良，现场气压焊正火后有较高的硬度以防出现焊接接头低塌，并且性价比明显优于U75V的新钢种钢轨，更适合我国铁路用轨需求。

鞍钢U77MnCr钢轨在大秦铁路铺设使用近5年，通过20多亿吨的总重量，远远超过设计9亿吨的水平，使用寿命提高到原铺设钢轨的2倍以上。从2012年1月开始又在大秦铁路及国内货运线路供75N、60千克/米钢轨26212吨。鞍钢U77MnCr钢轨在大秦重载铁路使用寿命显著提高，与试验段以前铺设的钢轨相比，U77MnCr钢轨的伤损率明显下降，减少换轨周期，耐磨性好、寿命长钢轨的应用使换轨成本降低一半以上，大秦铁路年运量已由铺设初期的3.5亿吨/年提高至4.5亿吨/年，其社会效益显著，受到铁路部门的认可。

U77MnCr热轧轨主要应用于我国轴重较大的重载线路的直线段，淬火轨用于重载线路的曲线段，改善铁路用轨抗剥离、抗磨损等缺陷。从75千克/米U77MnCr在大秦铁路的使用情况看，其热轧轨使用性能要好于U75V钢轨，可用在重载直线段及客货混运线路上来代替U75V钢轨，而曲线段应铺设该钢种的热处理钢轨来提高线路的耐磨性和抗接触疲劳性能。U77MnCr和U75V钢轨强度基本相同，U77MnCr钢轨踏面硬度指标要求不小于HB300，高于U75V钢轨的不小于HB280的要求；两种钢轨钢经过热处理后，强度及硬度得到提高，U77MnCr钢轨通过提C加Cr改善了热处理性能，其踏面硬度达到了HB370以上，高出U75V淬火轨的水平（踏面硬度为HB340～360），更适合重载线路及曲线段铺设。

第二节 包钢钢轨科技成果

一、1981 年冶金部科学技术进步奖三等奖

钢轨整体加热全长淬火新工艺试验研究

钢轨全长淬火对显著改善钢轨性能、提高耐磨性、延长钢轨使用寿命，是一种行之有效的热处理方法，尤其是提高小半径弯道钢轨的寿命更具有重要意义。从国内外钢轨的发展趋势来看，进行钢轨全长淬火是一个重要的发展方向。

采用煤气炉整体加热、轨头全长淬火、轨腰常化、轨底适当强化的热处理工艺，改善了钢轨整体的组织和性能，技术上是可靠的，有充分的试验依据，现有设备和工艺基本上是可行的。铺路运行试验结果表明，淬火轨比轧态轨使用寿命提高一倍以上，该工艺是一项有技术经济价值的科研成果。目前该机组仍有不足之处，如压缩空气和水量的自动控制、炉温的均匀性以及健全必要的检测装置等，在今后生产中及热处理车间设计时应予考虑。我国全长淬火轨的生产和使用历史较短，该工艺生产的淬火轨数量（约 2500 吨）以及在铁路线路上的考核量（1000 余吨）相应都比较少，应在今后的生产和使用中继续观察和研究淬火轨的磨耗、剥离以及其他损坏情况，积累数据，查找原因，改进材质和工艺，不断提高钢轨的使用寿命。该工艺试验达到了预期目的，为钢轨淬火工艺的制定及热处理车间的设计提供了依据。

二、2007 年国家科学技术进步奖二等奖

高速铁路钢轨生产技术的集成创新和应用

为了满足国家铁路高速化、快速化、重载化发展的需要和推动行业技术进步，缩短与国际先进水平的差距，包钢于 1997 年率先在国内开展了以连铸为标志的炼钢技术改造，形成了在国内具有领先水平的"镁基铁水预处理—顶底复吹转炉冶炼—LF 钢包炉精炼—VD 炉真空脱气—连铸大方坯"重轨钢生产工艺路线。2005 年 4 月引进了万能轧制生产线，形成了国际上先进的钢轨生产流程。

该课题研究集成了多方面的工艺和技术，包括铁水预处理工艺研究、转炉高效化冶炼工艺研究、无铝脱氧工艺技术研究、钢中氮含量控制技术研究、高精度轧制技术研究、高精度矫直技术研究以及连铸坯加热和万能轧制工艺的研究等内容。万能轧制法的模拟研究采用有限元程序，分别建立了 BD1、BD2、CCS、预弯、矫直等 5 部分的数学模型，完成了三维万能轧制变形模型的建立，开发出用于描述模拟 BD1、BD2、UR、ED、UF 轧机的变形规律；解析了万能轧机 UR、ED、UF 连轧过程的变形过程；解析了万能轧制工艺过程中连轧张力对轧件断面尺寸、变形影响的软件；完成了轧后冷却预弯模型的建立，开发出用于描述轧后温度变化规律和预弯对残余应力影响的数学模拟系统；完成了三维复合矫直力学模型的建立；开发了用于描述多辊矫直弹塑性力学行为的软件系统，为现场制定合

理的轧制规程和孔型设计方案提供了可靠的实验数据。

经过高速铁路钢轨生产技术的集成创新和应用，包钢生产的重轨钢能够达到：（1）在洁净度控制方面，$[H]<2.5\times10^{-6}$、$[N]<50\times10^{-6}$、$[O]<18\times10^{-6}$，非金属夹杂物 A 类≤2级、B 类≤1级、C 类≤1级、D 类≤1级；（2）转炉冶炼时间缩短 5 分钟，达到平均 35.6分钟；转炉脱磷率提高 5%，终点磷含量平均降低 0.005%；连铸由三流拉钢改进到四流拉钢，实现炉机匹配，生产作业率提高约 20%；（3）采用高洁净度高效化连铸技术和高精度轧制技术生产钢轨钢产量已达到 400 万吨以上，完全实现了引进技术的集成，工艺流程和工艺控制达到国内外先进指标；（4）利用具有包钢资源特色开发的 U76NbRE 高速轨和U75V 钢种生产的时速 200 公里客运专线高速轨已经在线路铺设使用，U71Mn（K）时速350 公里高速钢轨也试制成功。

2002 年开发了时速 200 公里客运专线 60 千克/米高速钢轨，在国内率先实现了产业化，铺设在济南、武汉和北京等铁路局。项目完成吨钢新增利润 200 多元。高速铁路钢轨生产技术的集成创新和应用，充分利用了白云鄂博铁矿资源，高洁净度高效化生产钢轨，增加了重轨钢的产量和出口量，满足铁路发展需求，加快了少数民族地区的经济发展。其技术可以在其他高级别钢种的生产中应用。

三、2019 年度内蒙古自治区科学技术进步奖二等奖

超高洁净度钢轨钢冶炼连铸关键制造技术的开发与应用

为适应铁路高速、重载的发展目标对钢轨提出的安全运行、舒适乘坐、长寿命使用以及规模化供应等多种需求，包钢在满足铁路钢轨采购标准要求的基础上，结合自身资源、装备特点，通过对钢轨钢的气体、夹杂物、有害元素等方面的综合控制，开发创新出一系列钢轨钢坯制造关键技术；加快了稀土钢轨研发与创新，开发了高强韧性U20Mn2SiCrNiMo 贝氏体钢轨，实现产品跨越式升级。

项目采用"兼顾问题导向和目标导向、模块化攻关、系统性评估"的思路开展工作，详细描述为：（1）确定研究方向，深入识别项目外延。通过项目背景分析，采用问题导向充分识别项目的目标问题，针对目标问题采用目标导向进行拓展性资料研究，研究识别每一个问题的水平现状、解决问题所采用的技术方法和工艺措施以及该问题与其他目标问题的相关性。（2）分解研究目标，开展模块化攻关。在充分识别了目标问题的基础上，对各个目标问题进行归类，将项目总体目标分解成为几个相对独立又互相联系的子课题，明确各个子课题的具体攻关目标、研究内容，开展子课题的专项攻关。（3）分阶段组织对各个子课题研究结果进行评审，结合项目总体目标要求，一方面评估子课题研究内容的科学性、严谨性和可行性；另一方面评估各个子课题目标的实现过程中对工艺控制的要求之间的关联性和冲突性。对于冲突制定合理的解决方案，适当地调整各个子课题的研究内容，实现在项目总体目标要求下，系统解决问题。

其主要内容及技术特点如下：

（1）使用磷、硫、硅含量高、波动大的高炉铁水，高效化冶炼钢轨钢技术。包钢白云

鄂博铁矿是中国最大的铁—铌—稀土等多金属共生矿床，使用该矿石生产的铁水磷、硅、硫含量高、波动大。项目采用全流程系统综合控制的方法，研发了转炉"双渣+留渣"工艺高效化冶炼技术，实现恶劣铁水条件下转炉终点成分、温度的良好控制，实现低磷、硫控制，成品磷含量小于 0.012%。

（2）LD—LF—VD—CC 长流程贝氏体钢轨钢极低氢含量控制技术研究。在贝氏体钢轨开发过程中氢致开裂问题，成为限制产品形成批量生产能力的限制性问题。在国家重点线路试铺过程中出现了严重的伤损，经检验是氢致裂纹型伤损。课题研发了全流程控氢技术，通过工艺路线的整合，优化 VD 真空处理工艺，使得 VD 工艺在实现超低氢控制的同时，实现钢质洁净度同步提升，达到国际领先水平，实现贝氏体钢轨钢低氢最低小于 0.7×10^{-6}，全部小于 1.2×10^{-6}。

（3）以重轨钢超高洁净度控制为目标，在冶炼—连铸—轧制全工序取样，进行了全流程、多角度、深层次的研究，主要包括：研究典型夹杂物的尺寸、分布、组分、结构等特征；研究工艺过程各类相关因素与典型夹杂物特征的相关性；研究冶炼—连铸各个工序的去除能力；研究典型夹杂物的演变规律等。在以上深入研究的基础上，制定工艺改进方案，开展工业化实践，实现了钢轨钢洁净度控制技术的集成研发，实现 ［P+气体+夹杂物］小于 200×10^{-6} 的高水平。

（4）研究开发了新的稀土钢生产工艺和稀土合金加入工艺，突破稀土钢连铸生产不畅的限制性环节，提升稀土收得率达到 40% 以上，满足钢种要求。充分发挥稀土净化钢液、细化夹杂物、夹杂物变质处理等作用，使得钢轨疲劳性能得到改善。

通过技术研发，在钢轨钢的洁净度、P 含量、气体含量控制方面达到国际先进水平，研究成果生产工艺技术在钢轨钢生产过程中推广使用。

四、2019 年度内蒙古自治区科学技术进步奖三等奖

采用雾冷介质开发热处理钢轨的生产集成技术研究及产业化应用

项目首次采取气雾混合介质间歇式冷却方式对钢轨进行工业化热处理。具有一定压力的水流与压缩空气流冲击粉碎雾化成细小的颗粒在气流的携带下形成气雾混合流，冲击钢轨表面，带走热量使钢轨表面温度迅速降低，因为气雾混合介质冷却能力强，在高强度冷却能力下长时间冷却会导致钢轨产生异常组织，为了充分利用这种强的冷却能力，必须控制冷却时间，形成冷却—静置—冷却—静置这样的脉冲循环，稳步降低钢轨温度。钢轨热轧后，在轨头顶面、侧面以及轨底面以特定频率间歇式喷吹气雾混合介质，以 2~5 ℃/秒冷却速度从 750 ℃ 冷却到 550 ℃，然后在空气中自然冷却到室温，实现钢轨的在线热处理。

项目首次采用了高温出钢工艺。传统热处理钢轨在热处理线控制降温到 400 ℃ 以下，甚至更低；本工艺在钢轨温度 550 ℃ 时终止强制冷却，转为自然控冷，既可保证产品性能，又可降低能耗。

项目形成了特有的 340HT 等级钢轨热处理工艺制度，对钢坯加热时间、加热温度、钢轨终轧温度、热处理开始温度、热处理终止温度进行了严格规定，通过对淬火机组的风、水压

力设定、喷嘴喷射距离、运行速度等进行研究调试，合理优化匹配各冷却机组的生产工艺参数，实现工业批量生产 340HT 在线热处理钢轨；完成了 U75V 75 千克/米、60 千克/米、50 千克/米、60N、60AT1、60AT2 等断面钢轨的批量生产。

通过本项目的研究创立了钢轨窄范围相对等温热处理方法；通过采用气雾等强冷却介质快速冷却，使钢轨轨头的表面温度降低到珠光体孕育期最短的温度进行等温转变；通过冷却参数设定使钢轨表面温度在目标温度上下较小的范围内波动，这时钢轨进行珠光体转变获得过冷度最大，最终珠光体片层间距、珠光体团、珠光体域等直径尺寸最小，使钢轨具有优异的力学性能。风水混合冷却介质条件下余热热处理钢轨技术的成功开发，打破了过去钢轨热处理市场一家独大的局面，改变了供不应求的状况，为用户提供了更多选择，更好地满足了铁路发展建设的需要。同时风水混合冷却介质条件下余热热处理钢轨技术的成功开发，也为热处理技术的发展增加了新的理论实践，让技术人员重新认识了水的作用，更加灵活地运用风水混合冷却介质，更加经济地实现材料的性能提升。

项目研究成果可推广应用到其他珠光体钢材的在线热处理工艺上，应用前景广阔。目前应用该成果成功开发了 50 千克/米、60 千克/米、75 千克/米、60AT1、60AT2、54E1 等余热热处理钢轨，使用于国内外铁路干线上，如呼局、兰州局、北京局以及巴西、伊朗等国家线路。

五、2020 年中国钢铁工业协会、中国金属学会冶金科学技术奖一等奖

安全长寿化高速和重载铁路钢轨用钢冶金关键技术

针对高速和重载钢轨铁路发展需求、钢轨标准提升、安全长寿要求、稀土资源利用等方面新的挑战，结合包钢资源条件、装备条件和工艺特点，开发了高品质高速轨和重载轨用钢高效洁净化集成关键技术，主要包括半液态化成分精准控制目标、多维无损表征方法、转炉高效吹炼技术、硅钙钡-硅铁合金复合脱氧、精炼渣成分设计、低熔点夹杂物吹氩去除；高速轨和重载轨用钢均质化连铸关键技术，主要包括结晶器电磁搅拌和动态轻压下协同控制技术、高速轨和重载轨用钢连铸坯控温缓冷创新技术；高速轨和重载轨用钢稀土处理性能提升集成关键技术，主要包括稀土高效合金化、稀土改性细化夹杂物、稀土提升钢轨性能。

项目主要具有如下创新性：

（1）优化了硅铁-硅钙钡合金精准化高效复合脱氧工艺，实现精炼过程中钢液和精炼渣的深度脱氧，将高速轨和重载轨用钢中总氧含量降低至 6.1×10^{-6}。揭示了钢中纯液态非金属夹杂物尺寸大、难上浮去除、轧制后呈长条串状的现象，开发了精炼渣和合金成分协同作用的非金属夹杂物半液态化精准成分控制技术，将大尺寸非金属夹杂物引起的钢轨探伤不合格率降低至 0.1%。

（2）发现了大方坯结晶器多孔水口流场下弱电磁搅拌改善连铸坯元素偏析的规律，开发了大方坯结晶器弱电磁搅拌和末端轻压下协同控制技术，解决了高速轨和重载轨用钢的大方坯中心偏析和 1/4 偏析的难题，钢轨碳偏析率降至 1.03。

（3）开发了重载钢轨连铸坯控温缓冷技术，首次构建重载钢轨用钢连铸坯控温缓冷平台，对固体连铸坯进行控制加热和控制缓冷，将钢坯中氢元素极限脱除至 0.6×10^{-6}。

（4）开发了稀土处理钢轨钢集成关键技术，揭示了镧和铈等稀土元素在钢中的赋存状态，发现了稀土处理细化非金属夹杂物的特征，通过优化稀土铁合金加入工艺显著提高了稀土收得率，细化了非金属夹杂物尺寸和凝固组织，提升了钢轨的性能，实现了稀土钢轨的规模化生产。

通过本项目高品质重载和高速钢轨用钢高效洁净化冶炼集成关键技术、均质化连铸关键技术和稀土处理性能提升关键技术的应用，显著提升了包钢高速和重载钢轨的洁净化和均质化水平，满足国内外各个级别的钢轨需求，应用于包钢年产 100 万吨的钢轨钢生产，实现了包钢钢轨市场占有率已达到三成以上，支撑了国家"八纵八横"及中长期铁路网建设。包钢钢轨产品广泛应用于京雄、京沪、京藏、兰新、蒙华等国家重点高速铁路项目建设。包钢钢轨满足了欧标、美标、日标产品性能要求，钢轨产品出口至世界 25 个国家，为"一带一路"相关国家铁路建设提供有力支持。

安全长寿化高速和重载铁路钢轨用钢冶金关键技术经过中国金属学会成果评价达到国际领先水平，成果实施给国内钢铁钢轨生产企业的示范作用，具有广泛的推广应用前景。

六、2022 年中国钢铁工业协会、中国金属学会冶金科学技术奖三等奖

500 米成品钢轨生产技术创新与产业化应用

在国家实施"八纵八横"铁路网规划和西部开发的背景下，中西部铁路建设存在建设条件差、供给能力不足等明显短板。偏远地区新建线路或大维修工程用钢轨，难以实现 500 米成品长钢轨点对点线路直铺，生产供给链、运输链偶发时空梗阻现象；若采用既有焊轨基地供给，存在运距长、多次倒运和运力差异等困难。这些问题与不足涉及钢轨内部质量、外形尺寸、焊接质量、时序衔接、运输等多个方面，需要结合企业政策资源、区位、装备、技术、成本等优势，研究进一步提升和优化。

实现钢铁企业生产 500 米成品长钢轨（以下简称长钢轨）和直供线路铺设，是解决上述问题与不足的有效途径。在钢铁企业内部完成长钢轨生产和质量管控，可以突破传统长钢轨供给模式，缩短供应链，延伸钢轨生产产业链；从生产源头进一步保证母材和焊接接头质量稳定性，提高路网建设长钢轨供给效率和安全性，实现钢轨制造至线路铺设的"快递服务"的新模式，满足国家重点建设需求。为满足西部开发和国家重大项目需求，通过"产-学-研-用"合作，开展全工序准时化生产制（JIT）、高洁净度冶炼、高精度轧制、百米组织均匀性、焊接接头稳定性研究，建立了钢铁企业 500 米成品长钢轨技术体系和规模化、标准化、连续化、绿色化生产的新模式，国际上率先获得钢轨产品全生命周期评价（LCA）。创新成果如下：

（1）国际上率先自主集成了钢铁企业厂内 500 米长钢轨生产技术，显著提高生产、供应效率和成品质量；缩短 500 米长钢轨生产制造流程，实现钢轨生产到线路铺设"JIT"，解决百米钢轨多次倒运中存在的容易损伤钢轨、供应效率低、运输成本高等问题。

（2）开发了保证500米成品长钢轨焊接质量的精炼深脱硫技术，钢轨［S］≤0.005%；建立了钢轨氢含量多阶段控制系列技术体系并得到应用，实现控温缓冷，成品钢轨［H］≤0.3×10⁻⁶，硫含量、氢含量控制水平国内领先。率先采用中间包感应加热和电磁搅拌、轻压下组合技术，提高连铸生产稳定性和铸坯内部质量，钢轨坯等轴晶率达到42%，偏析指数≤1.06，钢轨Mn偏析指数≤1.03。

（3）创新形成满足无缝线路要求的钢轨尺寸精度、表面质量、残余应力等系列控制技术，采用全万能轧制、TCS升级、矫直计算模拟等方法，百米钢轨全长尺寸精度和组织性能稳定性提高，头尾两端轨高尺寸偏差≤0.40毫米，端部高低点差≤0.20毫米，百米钢轨合格率≥95%。

（4）揭示500米成品长钢轨焊接过程中灰斑和微裂纹形成机理，阐明Mn、S对灰斑和推凸裂纹形成的重要影响，通过控制Mn、S含量和焊接工艺优化，首家采用钢轨端头打磨机器人系统，提高接头质量，实现接头合格率≥99.5%。

标志性产品大规模铺设于青藏线、兰新二线、川藏铁路拉林线及大秦铁路等大批国家重大铁路工程，填补钢铁企业不能直接生产500米成品长钢轨空白。项目通过中国钢铁工业协会组织的成果评价，达到国际先进水平，形成专利18项、文章25篇，参与4项标准制修订。近10年，累计发运500米成品钢轨2.2万公里、270余万吨，完成30余条线路铺设；销售收入9.60亿元、新增利润3.40亿元、税收5.30亿元，经济、社会效益显著。

第三节　攀钢钢轨科技成果

一、1990年国家技术发明奖三等奖

铁路用高强度钢轨的热处理技术

根据国家"七五"重点科技攻关合同（75-28-01-01）的要求，研制一种高强度钢轨以解决我国当时严重影响铁路运输能力和安全的关键，即小半径曲线使用900兆帕级普通钢轨产生的侧面磨耗、剥离掉块和波浪磨耗缺陷。项目采用S-Q工艺热处理钢轨，从小试验到工业生产，设计制造了压缩空气冷却、控制变形和随动装置；改造了作业线，试验研究出一整套加热、冷却和控制变形工艺，形成S-Q 50千克/米钢轨成套生产技术，具备批量生产能力。攀钢自1986年以后已试制S-Q 50千克/米钢轨1.1万多吨，供铁路部门试用。所有钢轨的各项性能指标均满足试制技术条件要求，硬化层金相组织为细珠光体，硬度HRC36.0~42.0，$R_{p0.2}$≥798兆帕，R_m≥1155兆帕，A≥10%。该钢轨产品为攀钢创造经济效益132万元以上，提高了铁路运输能力，减少线路维修，提高安全性，与普通钢轨相比，可延长使用寿命至少一倍以上。这种双频感应加热压缩空气淬火、喷雾控制变形的工艺，生产效率高、工艺性能稳定、质量可靠。

注：该项目同时以《攀钢50千克/米S-Q工艺全长热处理钢轨研制》的项目名称获得1990年冶金部科学技术进步奖一等奖。

二、1992 年冶金部科学技术进步奖三等奖

攀钢 U71Mn 75 千克/米重轨

项目根据冶金部下达的试制任务，根据国务院重大办科技合同与铁道部签订的有关试制技术协议，采用 6 个轨型孔孔型系统提高了尺寸精度，保证了产品质量，提高了轧机小时产量；合理配辊和第三辊从动的矫直工艺，解决了矫直机超负荷的问题，保证 U71Mn 75 千克/米重轨试生产的顺利进行。1984 年 3 月攀钢试轧成功 U71Mn 75 千克/米重轨，截至 1987 年底共生产了 3.6 万吨 U71Mn 75 千克/米重轨，其断面尺寸、化学成分、力学性能和内部质量均达到了试制技术协议的要求，焊接性能良好，为公司创造经济效益 400 余万元。钢轨铺在北京、郑州、沈阳、济南等 4 个铁路局的 210 公里繁忙干线上，经长达 6 年的试铺试用（其中累计通过总重量最高地段已达 6.6 亿吨），试用效果良好，增加了铁路运输能力，减少了铁路维修养护工作量，提高了行车安全性，受到用户的欢迎。U71Mn 75 千克/米重轨的研制成功，填补了我国冶金产品的一项空白，使我国钢轨重型化进入世界行列。

三、1993 年冶金部科学技术进步奖三等奖

我国 60~75 千克/米重型钢轨钢焊接性的试验研究

本课题研究任务由冶金部和国家科委下达。研究目的是解决我国发展重载焊接无缝线路亟待回答的问题，即我国包钢和攀钢先后生产的 60~75 千克/米重轨钢焊接性优劣评定，以及如何才能焊好我国自己生产的重轨钢。与此同时，建立我国自己的重轨钢焊接性的评定方法、研究手段和测试设备，进而制定重轨钢焊接性评定方法的国家标准等，为发展我国重型钢轨、热处理钢轨和合金钢轨创造必要条件。

本课题研究的基本论点是根据重轨钢常用的闪光电阻焊合铝热焊热影响区的热、力学循环特点，在先进的诸如 Gleeble-1500 动态热力学模拟试验机上进行不同热影响区部位和不同工艺参数的模拟，以研究不同重轨钢在不同部位的热循环过程中和以后的相变行为与组织性能变化，从而确立焊接性的优劣和最佳工艺规范原则参数。本课题确定的试验方法有：（1）粗晶区的焊接连续转变曲线；（2）热影响区硬度分布；（3）高温热塑性试验；（4）焊接热影响区韧性损伤；（5）粗晶区缺口敏感性等。

通过上述试验，本课题提出了包钢 60 千克/米重轨钢（U74）和攀钢 60~75 千克/米重轨钢（PD2）在国标规定的成分范围内焊接性良好的结论。

四、1993 年冶金部科学技术进步奖三等奖

重轨钢中氢行为研究

20 世纪 70 年代初，围绕设置重轨缓冷坑与否攀钢内部就有过争论。投产后攀钢重轨钢不出现白点的现象又引发了对设置重轨缓冷工艺与否的更激烈的争论。正是在此情况

下，攀钢开始了重轨钢中氢行为的试验研究，先后进行了氢含量测定、1200 吨 PD3 不缓冷试验及 PD3 钢轨的临界氢含量试验等。1982 年后，攀钢与中科院金属研究所等单位合作，继续进行了更深入、系统的重轨钢中氢行为的研究。进入"七五"，此项工作被列为国家科技攻关项目，进行了更全面的研究。

本研究分析和揭示了攀钢重轨无白点现象的根本原因，研究了氢在重轨生产过程中的变化规律及其对力学性能的影响，为有条件时取消缓冷和改革重轨生产工艺提供了必要的依据，使长期争论的问题在科学试验的基础上得到了统一，在采取一定措施后，可以改革重轨缓冷工艺。随着铁路运输业的发展，对钢轨质量提出了更高的要求，本研究成果对炉外真空处理、改革缓冷工艺、开发余热淬火工艺等新技术、新工艺的采用有重要的指导意义和参考价值。

五、1994 年国家科学技术进步奖二等奖

PD3 热轧钢轨研制和扩大生产

20 世纪 80 年代以来，由于铁路运量急剧增加，铁路运营条件发生了很大的变化，导致钢轨的使用条件日趋苛刻，寿命缩短。然而实际所铺设的钢轨几乎都是强度为 883 兆帕级及以下的钢轨，已不能满足铁路运输的需求，急需研制开发、推广使用抗拉强度大于 980 兆帕的钢轨。攀钢已经形成年产 5 万吨 PD2 热处理钢轨的能力，铁道部门也建起了数条钢轨热处理线。但热处理钢轨的产量与需求量差之甚远，只能用于运营条件苛刻的小半径曲线。在现条件下大半径曲线和直线采用微合金强化钢轨较为合理。作为我国重轨主要生产厂家之一的攀钢，经过长期酝酿，根据国家"七五"期间安排，在研制开发 PD2 S-Q 热处理钢轨的同时，充分利用攀枝花矿中丰富的钒资源，开发代号为"PD3"的含钒高强度钢轨。

项目组以 U71Mn 钢种为基础，设计出以碳、硅、锰和钒共同组成的 Si-Mn-V 系的 PD3 钢种雏形。后经过实验室 16 炉实验钢进行各元素与性能的回归分析和计算，首次设计出 PD3 钢种的成分和性能指标，1987 年进行了第一轮工业验证试验和相关的焊接性能、线路使用性能研究，并逐步进行成分和工艺优化。截至 1992 年，PD3 热轧钢轨的生产量接近 2 万吨，各项性能指标达到了项目的预期目标，尤其是线路突出的磨耗指标，PD3 热轧钢轨比 U71Mn 热轧钢轨提高 50% 以上，轨头圆角和轨端均未出现压溃和掉块现象，线路服役性能相当良好。综合工业生产和线路使用情况表明，攀钢 PD3 热轧钢轨的开发取得了圆满成功。

攀钢采用高碳、微钒的微合金化成分设计，成功开发出 PD3 钢轨，填补了我国微合金化钢轨的生产空白。截至目前，PD3 钢轨已生产上百万吨，并被铁道部纳入钢轨标准（命名为 U75V），在中国铁路主干线上大量使用，如京广、京九、陇海、南昆、内昆、朔黄等重要线路上，并已成为中国新一代高强耐磨钢轨和国家大力推广应用的钢轨品种。

注：该项目同时获得 1994 年冶金部科学技术进步奖二等奖。

六、2000 年中国钢铁工业协会、中国金属学会冶金科学技术奖三等奖

大秦线 75 千克/米全长热处理钢轨研制

项目根据国家科委"高性能轮轨新工艺新材质研究（75-02-01-01）"和"大秦线 75 千克/米全长热处理钢轨研制（85-302-02-01-01）"科技攻关合同要求，研制大断面的、抗拉强度 $R_m \geq 1175$ 兆帕的 75 千克/米全长热处理钢轨在大秦线铺设使用。本课题在参考国外有关钢轨热处理技术和充分总结攀钢过去钢轨淬火（Q-T）技术基础上，选用高碳低锰的碳素钢作为热处理钢轨用钢、采用双频电感应加热和压缩空气欠速淬火技术，研制抗拉强度 $R_m \geq 1175$ 兆帕的 75 千克/米全长热处理钢轨。

经钢种试验和冶炼、轧制等一系列的研究之后，成功地生产了热处理用原料钢轨，即 PD2 75 千克/米热轧钢轨。随后对其进行热处理工艺研究。在热处理工艺研究中，为满足工艺要求，改造了原有 50 千克/米全长淬火机组的电气和有关机械设备，从国外引进了三辊液压矫直机和双向液压矫直机，设计制作了淬火冷却装置；然后研究了钢轨加热、欠速淬火冷却工艺和控制钢轨变形工艺。经反复试验研究，最终研究出了 PD2 75 千克/米钢轨的全长热处理生产工艺，并采用计算机对热处理工艺过程进行自动控制。产品质量稳定。

于 1987 年进行首批 300 吨试生产，到 1995 年共试生产 PD2 75 千克/米全长热处理钢轨 3245 吨，钢轨硬化层深度 ≥ 15 毫米，组织为细珠光体，力学性能 $R_{p0.2} = 815 \sim 980$ 兆帕、$R_m = 1185 \sim 1340$ 兆帕、$A = 10\% \sim 15\%$。钢轨在京包线、大秦线上铺设使用，综合使用性能优良，使用寿命比 U71Mn 和 U74 热轧普轨延长一倍以上。钢轨性能达到国际同类钢轨的先进水平。

七、2004 年中国钢铁工业协会、中国金属学会冶金科学技术奖二等奖

时速 200 公里客运专线钢轨开发

近年来，随着京沪、京广等几大干线的提速，我国铁路发展模式已从以量的增长为主转变为以质的提高为主，列车运营速度不断提高。1999 年 8 月 16 日，我国第一条时速 200 公里客运专线——秦（秦皇岛）沈（沈阳）客运专线开始建设。为满足我国铁路快速、高速化发展的需要，1995 年攀钢根据对我国铁路发展趋势的预测，调整了自己的钢轨发展战略，在大力推进高强、高韧钢轨生产技术开发以满足我国重载铁路需要的同时，作出了开发高速铁路钢轨的决定，并列为国家认定的技术中心的五大项目之一。

1996 年，高速铁路钢轨开发项目组在广泛调研的基础上，参照 EN 标准草案，以法国 TGV 钢轨为目标，开展了全面的基础研究工作。1998 年，随着秦沈客运专线建设计划的确定和《时速 200 公里客运专线 60 千克/米钢轨暂行技术条件》的出台，攀钢随即成立了时速 200 公里客运专线钢轨开发项目组，着手客运专线钢轨的研究开发和攻关工作。通过深化研究冶炼工艺、优化加热炉加热制度、孔型系统、矫直工艺，同时新增高压水除鳞装置，采用滚动导卫装置等，显著提高了钢轨的内部质量、尺寸精度、平直度和表面质量，于 2000 年初开发出了中国第一批具有高纯净度、高尺寸精度、高平直度和优良性能的时

速 200 公里客运专线钢轨。与此同时，为配套秦沈客运专线的建设，攀钢在短短一个月内开发出中国第一批时速 200 公里客运专线 60AT 轨。

2000 年 12 月，第一批客运专线钢轨开始铺设在秦沈客运专线上，标志着我国具备时速 200 公里客运专线钢轨的批量生产能力。截至 2002 年 3 月，共为秦沈客运专线生产钢轨 48562.5 吨，满足了我国首条客运专线铁路建设的需要。

注：该项目同时获得 2004 年四川省科学技术进步奖二等奖。

八、2007 年中国钢铁工业协会、中国金属学会冶金科学技术奖三等奖

50 千克/米 PD3、U75V 及 60 千克/米 U75V 在线热处理钢轨开发

铁道部于 2004 年 2 月颁布并实施《热处理钢轨技术条件》（TB/T 2635—2004 ）标准。按照新标准进行检查，攀钢 PD3 或 U75V 在线热处理钢轨的合格率只有 26%，无法满足工业生产要求，将会造成攀钢退出该级别在线热处理钢轨市场。

为进一步提升 PD3 热处理钢轨性能，课题组从 2002 年起就对 50 千克/米 PD3、U75V 及 60 千克/米 U75V 在线热处理钢轨进行开发，通过大量的实验室研究和现场试验，研究出在线热处理钢轨成分和工艺参数。同时为适应攀钢钢轨生产工艺由模铸到连铸的重大变化及满足铁道部对热处理钢轨的新要求，结合攀钢在线热处理生产线的技术特点，首次系统获得连铸钢轨的热处理特性，系统设计出模铸 PD3 和连铸 U75V 系列热处理钢轨的成套生产工艺，其金相组织和力学性能等指标均满足新 TB 要求，形成了 PD3、U75V 钢种不同轨型的系列生产技术，具备工业化生产能力。

2004 年、2005 年分别试制 50 千克/米 PD3、U75V 及 60 千克/米 U75V 在线热处理钢轨 10.4 万吨、9.7 万吨，产品性能合格率达 99% 以上。为攀钢新增产值 9.37 亿元，创造了 2.1 亿元的显著经济效益，同时大量铺设到国内客货混运铁路中，表现出良好的服役性能。

注：该项目同时获得 2006 年四川省科学技术进步奖三等奖。

九、2007 年四川省科学技术进步奖三等奖

钢轨在不同线路条件下的使用性能研究

近年来，列车多次提速，线路运量不断增加，线路运营条件发生较大变化，钢轨的伤损特征、伤损程度也随之发生了变化。如一些速度较高的路段钢轨出现的"斜裂纹"伤损，就是线路运营变化带来的新伤损特征。因此，有必要对目前钢轨使用现状进行全面调查，分析伤损缺陷与运营条件的关系，制定相应的用轨措施，减少钢轨伤损。

经过对钢轨在不同线路的使用情况分析，以及对钢轨各类伤损缺陷产生原因的分析、研究，已对我国目前钢轨在不同线路的使用状况和各类伤损缺陷产生原因有了较全面的了解和掌握。同时结合实验室不同钢轨的磨耗和接触疲劳试验结果，以及采用有限元法对不同线路条件与钢轨伤损关系的计算机模拟计算结果，提出了根据不同线路条件合理选用钢轨，即对钢轨实行分级使用的方案，并得到了铁科院金化所、郑州局和上海局的认同。

近期铁道部已向各路局发电报，要求各路局在通过总量≥1.0亿吨的全部线路和通过总量0.5亿~1.0亿吨、曲线半径 $R \leq 1000$ 米的线路，以及通过总量<0.5亿吨、曲线半径 $R \leq 800$ 米的线路全部使用1180兆帕以上的热处理钢轨。

虽然铁道部的用轨方案与本课题研究的用轨方案不完全相同，但基本相近，课题的研究成果得到了推广应用，促进了铁道部门对钢轨进行分级使用。

十、2008年中国钢铁工业协会、中国金属学会冶金科学技术奖二等奖

1300兆帕级重载钢轨开发

随着铁路运输向高速化、重载化两个方向的发展，对钢轨使用性能提出了更高的要求。根据重载铁路的不断发展及产品市场竞争需要，需开发耐磨性更好、强度更高的1300兆帕级重载钢轨。为此攀钢公司于2004年设立"1300兆帕级重载钢轨开发"专题。专题要求钢轨的 $R_m \geq 1300$ 兆帕、$A \geq 8\%$，具有较好的韧塑性和良好的焊接性能。

2005年，攀钢工业开发9炉1300兆帕级PG4 60千克/米在线热处理钢轨。钢轨抗拉强度≥1300兆帕，屈服强度≥880兆帕，断后伸长率≥10%，钢轨化学成分、常规性能、特殊性能等检验结果均满足TB/T 2344—2003标准要求，并且PG4钢轨焊接性能优良，强度级别达到世界最高等级，综合性能世界领先。开发期间，申请并受理发明专利2项和商标1项。

2005年3月，1300兆帕级PG4 60千克/米在线热处理钢轨通过铁道部上道论证，并铺设到北京局、太原局、郑州局、上海局总长8公里的多个小弯道重载线路，经一年多的铺路使用表明，该钢轨使用良好，使用寿命是U75V在线热处理钢轨的2倍以上，目前铁道部已明确在大秦线等重载线路小半径曲线上使用1300兆帕级PG4在线热处理钢轨。2006年，攀钢生产的PG4出口到巴西、马来西亚、澳大利亚等国2.8万吨，产品性能合格率100%。在国内外具有良好的市场前景，为攀钢创造了显著的经济效益和社会效益。

十一、2010年国家科学技术进步奖二等奖

100米长尺钢轨在线热处理生产线工艺及装备集成技术开发

为了满足铁路运输向高速重载发展的需要，攀钢自行开发了生产工艺，研制了2500吨非标设备，投资1.4亿元建成了100米长尺钢轨在线热处理生产线。

项目研究已经获得国家授权发明专利6项、实用新型专利9项，国家受理发明专利3项，美国、欧盟、日本受理发明专利1项。

项目研究于2008年5月17日在北京通过了中国钢铁工业协会组织的技术鉴定。鉴定意见确认："课题组成功地研制出了连续风冷式100米长定尺钢轨在线热处理生产线。该生产线解决了高温钢轨精确导向、热矫直、翻钢及上料等一系列技术难题，在控制组织和稳定性能的工艺研究基础上，采用在线连续、高效风冷和自学习功能的程序控制技术，具

有处理多品种、多规格钢轨的能力及高效节能等特点，实现了轧制与热处理的连续生产，具有完全自主的知识产权，达到了国际领先水平。""该生产线操作、维护简便，生产过程实现了程序全自动控制，所生产的热处理钢轨质量稳定可靠，综合性能达到和优于国外同类产品，达到了国际先进水平。"

攀钢研制的生产线已经以 100%的合格率生产了 15 万余吨在线热处理钢轨，除了满足国内需要外，还出口到美国、澳大利亚等多个国家，使我国由热处理钢轨的进口国变为出口国，提升了我国钢轨生产的技术水平，创造出了巨大的经济效益和社会效益。

注：该项目同时获得 2009 年中国钢铁工业协会、中国金属学会冶金科学技术奖一等奖，2008 年四川省科学技术进步奖一等奖。

十二、2010 年四川省科学技术进步奖一等奖

时速 250 公里及以上高速道岔钢轨开发

针对高速道岔钢轨断面严重不对称、轧制过程异常扭转的特点，课题组依靠自主开发和自主创新，以数值仿真分析技术为基础，开发了以集中不均匀变形孔型设计、同孔零压下轧制新工艺、双托台新型加长型导卫设计、全长分段非均匀预弯工艺等为核心的关键工艺技术，攻克了高速道岔钢轨生产中扭转变形严重、断面尺寸和平直度难以保证的重大技术难题，成功掌握了高速道岔钢轨生产的关键工艺技术，形成了工业化高效稳定生产能力，实现高速道岔钢轨生产的完全国产化，成为中国的独家产品。

攀钢高速道岔钢轨的成功开发，结束了我国长期采用落后工艺生产道岔钢轨的历史，填补了国内空白，结束了完全依赖进口的历史，产品已全面应用到国内已建和在建的高速铁路中，如郑西、武广、京沪、温福等时速 250 公里及时速 350 公里高速铁路，为企业创造了显著的经济效益，同时也为我国铁路部门节约了宝贵的建设时间和数亿元的采购成本。

十三、2010 年四川省科学技术进步奖三等奖

PG4 钢轨焊接性、焊接工艺研究及焊接材料研制

本项目针对 PG4 钢轨焊接可能使用的闪光焊、铝热焊和气压焊三种焊接方法进行研究，通过热模拟技术研究钢轨的焊接性，选择合适的焊后热处理工艺，评价其焊接性的优劣。通过钢轨实物闪光焊、铝热焊和气压焊的焊接工艺试验，研究其焊接工艺和焊后热处理工艺参数。通过合作研究配套铝热焊接材料，研制的 PG4 热轧钢轨专用、性能良好的焊剂，焊缝硬度指标与钢轨母材匹配，接头综合性能良好，满足标准要求。根据现有气压焊机工艺重现性差，导致钢轨接头质量合格率波动大的现状，设计了新型的气压焊机，并取得了"移动式钢轨气压焊机的控制方法及其采用的设备"发明专利。课题组研发的 PG4 钢轨焊接成套技术具有自主知识产权，达到了国内领先水平。

十四、2011 年中国钢铁工业协会、中国金属学会冶金科学技术奖一等奖

高速铁路钢轨平直度控制技术研究

为突破和形成攀钢高平直度、低残余应力钢轨生产的关键工艺技术，课题组立足自主开发，创造性应用现代新型研究手段，在国内率先应用计算机仿真分析软件开展研究，对影响钢轨平直度的关键因素进行了系统研究，形成以 100 米钢轨矫前弯曲度控制技术、轨高周期性波动控制技术、端部波浪弯曲控制技术、全长复合矫直工艺、矫直周期性波浪弯曲控制技术以及端部矫直工艺等为代表的 6 大关键工艺和技术，高平直度钢轨合格率提高到 98%以上，使得攀钢成为国内首家具备批量生产高平直度钢轨的厂家。

同时，本课题形成的高平直度钢轨关键工艺技术已逐步应用到攀钢各类钢轨的生产中，如中国 43~75 千克/米钢轨、60D40 道岔及 60TY 翼轨，美国 136RE 和 115RE 钢轨，欧洲 UIC60 和 UIC54 钢轨，英国 BS80 钢轨等，为大批量生产满足世界各国标准要求的钢轨提供了重要的技术支撑和工艺保证。

十五、2012 年中国钢铁工业协会、中国金属学会冶金科学技术奖二等奖

136RE、75 千克/米 PG4 在线热处理钢轨开发

本项目根据我国重载铁路建设需求及国际钢轨市场需求，利用具有国际一流水平的钢轨在线热处理生产线，在实验室大量实物模拟试验研究的基础上，利用钢轨的轧制余热，采用分段连续冷却控制技术，攻克了大断面高强度钢轨表层组织与轨头心部硬度难以统一的难题。同时，充分考虑热处理前来钢状态波动及热处理过程中卡钢等因素对产品性能的影响，研制出断面为 136RE 和 75 千克/米的 PG4 在线热处理钢轨，产品组织和性能合格率 100%。针对不同季节的气候特点，摸索出精确的热处理参数，确保产品的批量稳步生产。

136RE、75 千克/米 PG4 在线热处理钢轨产品的成功开发填补了国内空白，成功应用于世界年运量最大的大秦铁路，同时出口至巴西、澳大利亚等国，极大促进了我国钢轨产品的研发与生产。

十六、2013 年四川省科学技术进步奖三等奖

控制钢轨钢脱碳层深度的工艺及装备研究

随着我国高速铁路技术的不断发展，高速铁路对钢轨的综合质量要求也在不断提高。为保证我国最高标准的高速铁路——时速 380 公里京沪高速铁路的工程质量，铁道部相关单位于 2009 年在《350 公里/小时客运专线 60 千克/米钢轨暂行技术条件》基础上又下发了《时速 350 公里钢轨生产内控要求》，重点提出了包括脱碳层、内部夹杂、断面尺寸精度、平直度、表面质量、无损检测等在内的 14 项质量要求，其中脱碳层深度要求从≤0.50 毫米提高到≤0.30 毫米，在原有指标基础上提高 40%。

本项目从钢轨钢的钢种特性出发，利用攀钢的资源特点，成功开发出防脱碳保护涂

料、在线喷涂工艺和装备及相应配套的专用钢轨加热工艺组成的钢轨钢综合脱碳层控制技术，并成功应用于攀钢高品质钢轨生产中，使高品质钢轨脱碳层深度≤0.30毫米的合格率提高到92.1%，工艺技术达到国内领先水平，具备低脱碳层钢轨的工业化生产能力。同时在研究过程中，通过自主研发和创新，形成了"一种远红外涂料及其制备方法"等三项专利技术。

截至2012年12月，攀钢共利用该项技术生产了11600吨高品质低脱碳层钢轨，创造了1148.4万元的显著经济效益。同时攀钢低脱碳层钢轨生产技术的开发，将为我国铁路部门减少繁重的钢轨预打磨工序，为铁路部门节约庞大的维护时间和成本。而且攀钢低成本脱碳层钢轨的工业化生产，将带动国内钢轨生产技术的整体技术进步，而该技术在其他产品如轴承钢、弹簧钢等产品中具有广阔的推广应用前景。

十七、2014年四川省科学技术进步奖一等奖

U75V 60AT 在线热处理道岔钢轨研制

道岔作为引导车辆转向并承受车轮载荷的关键部件，其性能的高低已逐步成为影响列车运输效率和行车安全的首要因素。现有道岔主要采用离线热处理工艺生产，由于轨头硬化层浅且硬度分布不均匀，在服役过程中易萌生裂纹，产生剥离掉块等伤损；同时，尖轨部位磨耗速度快，限制列车过岔速度；此外，现有工艺制造效率低、能耗大、性能稳定控制难度高、生产工艺落后。为此，攀钢于2010年立项开展国内铁路亟需、用量最大的新一代U75V 60AT在线热处理道岔钢轨研制。

针对道岔钢轨轨型更大、断面非对称、硬化层更深等技术要求，通过系统研究、设计、制备出满足60AT道岔轨运行的热矫直机及导向约束装置，通过仿真技术和长尺实物模拟热处理试验，成功解决了长尺道岔钢轨热处理后变形弯曲、大断面条件下轨头深层硬度与表层组织难以统一等技术难题，形成了国内外独有的长尺道岔轨全长平直度控制、道岔轨轨头深硬化层控制、来钢状态特殊条件下组织与性能控制等全套生产技术，使攀钢成为国内首家、世界第二家具备该产品生产能力的企业，打破国外垄断，综合技术居于国际领先水平。

十八、2015年中国钢铁工业协会、中国金属学会冶金科学技术奖二等奖

高品质高速重载道岔钢轨开发及应用

道岔作为铁路轨道连接和列车导向的关键部件和核心枢纽，长期以来一直是我国铁路轨道系统中最为薄弱和限制环节，其中制造道岔的关键基础材料——道岔钢轨成为最根本的制约环节之一。攀钢通过多年的系统研究和集成创新，在国内独家成功开发出以60D40、60TY和60AT为代表规格，以U71Mn、U75V等为代表品种的热轧和热处理系列高品质道岔钢轨，形成了我国高速重载道岔钢轨的行业标准TB/T 3109，有效满足了我国高速重载铁路发展的需求，为我国高速重载铁路的发展作出了重要贡献。

针对高速道岔钢轨断面严重不对称导致轧制过程剧烈扭转、断面尺寸和平直度难以保

证的重大技术难题，依靠自主研发和自主创新，开发了以集中不均匀变形孔型设计、轨型孔和帽型孔切偏设计、延伸系数大差异设计、双托台新型加长型导卫设计、全长分段非均匀预弯工艺等为核心的关键工艺技术，成功突破关键限制环节，形成了高效稳定生产能力，产品填补了国内空白，结束了完全依赖进口的历史，其关键工艺技术为国内领先，尺寸精度和平直度等指标超过同类进口产品，为国际领先水平。

同时自主研制了特殊功能的导向约束装置，创新开发了非对称加速冷却及高效分段连续加速冷却控制技术，形成了高性能在线热处理道岔钢轨的全套生产技术，实现了60AT在线热处理道岔钢轨的批量生产，使得攀钢成为除奥钢联外国际上第二家生产该产品的企业，打破了国外对高性能道岔钢轨的产品与技术垄断；钢轨轨头硬化层深度超过30毫米，大幅度超过了欧洲道岔钢轨标准要求，产品填补国内空白，综合技术居国际领先水平。

本项目在非对称断面道岔钢轨万能轧制、在线热处理、矫直等关键工序实现了核心工艺与装备的集成创新，形成中国专利15项、国外专利3项；项目研究成果得到了全面应用，2012—2014年，累计生产高品质道岔钢轨11.06万吨，道岔关键材料替代进口、大幅度减少道岔更换维护费用。

十九、2016 年四川省科学技术进步奖三等奖

过共析钢轨焊接性及焊接工艺研究

针对碳含量高达0.95%的PG5过共析钢轨，要兼顾接头强度和韧性，焊接难度极大。课题组采用高温快冷、中温缓冷的方法，有效控制HAZ二次渗碳体的析出形貌和尺寸，接头硬度控制技术达到了国内领先水平。至2016年5月，试铺的60千克/米PG5钢轨通过总量达到5.4亿吨。

研究成果为朔黄铁路75NPG5钢轨推广应用起到了关键的技术支撑作用。2015年获鞍钢集团专有技术1项；2016年获授权发明专利1项。

二十、2017 年四川省科学技术进步奖一等奖

大方坯重压下关键工艺与装备技术的开发及应用

本项目从理论研究、装备设计、工艺开发等方面自主研发并应用了大方坯连铸重压下技术，充分利用了连铸坯的凝固末端及完全凝固后内外高达500℃温差，实现了大变形量向铸坯心部的连续、高效传递，全面提升了铸坯均质度与致密度。取得的成果如下：

（1）针对大方坯重压下过程应变速率高、温度跨度大、组织差异明显的特征，建立准确表征高温黏塑性大变形条件下金属流变行为的本构方程，系统研究并揭示了重压下过程大方坯的变形行为与应力-应变规律，丰富了连铸工艺理论。

（2）研发投用了大方坯连铸重压下核心装备——渐变曲率凸型辊CSC-Roll（Curving Surface Convex-Roll），在液压系统无需整体升级条件下单辊压下量提升2.5倍以上，全面保障了重压下的高效、稳定、低成本实施。

（3）研发应用了连铸大方坯凝固末端动态重压下技术（Solidification End Dynamic

Heavy Reduction，SEDHR），主要包括：实现中心偏析与疏松同步改善的两阶段连续压下工艺，提升压下量向心部渗透的挤压变形控制技术，基于溶质偏析分布计算与"压力-压下量"在线校验的凝固末端在线定位技术等。在国际上建成投产了首条可实现 SEDHR 的大方坯连铸生产线，实现了全凝铸坯连续、稳定大变形压下。

（4）解决了高端大规格型棒材产品大批量稳定生产的难题，采用国际领先的大方坯凝固末端动态重压下技术（SEDHR）、渐变曲率凸型辊技术（CSC-Roll），实现了低压缩比直接轧制高端大规格棒材的稳定生产，对推动我国钢铁行业产品的升级换代，以及高端制造业的发展均具有十分重要的现实意义和战略意义。

第四节　武钢钢轨科技成果

一、2012 年湖北省科技进步奖一等奖

高速铁路用 U71Mn 系列重轨生产成套技术研究

高速铁路具有速度快、安全可靠、运输能力大、成本低等特点，社会经济效益显著，是真正具有健康高效特点的运输体系。世界范围内的交通运输发展正处在运输结构和选择新发展模式的关键时期，为了适应可持续发展战略的要求，铁路在运输效率、资源保护、能源消耗以及减少环境污染等方面的有利作用被重新认识，高速铁路在世界范围内呈现出蓬勃发展的强劲势头。高速铁路对钢轨质量要求具有高洁净度、高强度、高韧性等特点。武钢于 2007 年开始进行高速铁路用 U71Mn 系列重轨产品及生产成套技术的研究开发。

该项研究工作设计了高速铁路用 U71Mn 系列重轨的内控成分、生产内控标准，制定了冶炼、加热、轧制和冷却工艺方案，研究了重轨钢的关键冶炼技术、脱碳层控制技术、重轨断面尺寸精度、平直度和表面质量的控制技术，成功实现了高速铁路用 U71Mn 系列重轨的批量供货。形成技术创新如下：

（1）研究制定了内控成分及残余元素控制技术，使钢轨具有强韧性高、焊接性能好的优点。

（2）优化 LF 炉精炼造渣技术和 RH 精炼技术，开发无铝脱氧技术，将钢中的氢含量降至 1×10^{-6} 左右，氧含量降至 10×10^{-6} 左右。

（3）开发重轨钢夹杂物控制技术，塑性夹杂物尺寸在 10 微米以下。

（4）通过开发形成了包括结晶器电磁搅拌、二冷水动态控制、凝固末端轻压下等重轨连铸大方坯质量的核心技术，克服了由于碳含量高、断面尺寸大、导热性差等原因易造成的冷却不均、中心偏析、中心疏松、中心缩孔和表面裂纹等铸坯缺陷，显著提高了铸坯内在质量。

（5）在蓄热式加热炉中采用高炉煤气与转炉煤气的混合煤气为燃料，既实现了企业自产低热值煤气的极限余热回收和有效利用，又可实现加热炉的低氧燃烧，抑制有害 NO_x 的产生，具有高效节能和低污染排放等优点。

（6）通过优化轧制工艺、孔型结构等，开发了重轨表面质量控制技术，有效减少了铁

皮压入、轧痕等缺陷。

（7）开发了断面尺寸精度控制技术，使重轨断面尺寸精度完全达到高速铁路用钢轨技术标准的要求。

在冶炼、轧制、检验等一系列工序上，形成了自己的知识产权，获国家授权专利24项，获企业技术诀窍21项。武钢生产的高速铁路用U71Mn系列重轨通过湖北省科技厅科技成果鉴定，鉴定委员会专家一致评定该项目研究成果处于国际领先水平，并获得2012年湖北省科技进步奖一等奖。

武钢生产的高速铁路用U71Mn系列重轨产品成功应用于京沪高铁、京广高铁、沪昆高铁等30余条国内新建重点高速铁路，高速铁路用重轨市场占有率达到40%，并出口沙特阿拉伯、塞拉利昂、巴基斯坦等6个国家，为企业和国家创造了显著的经济效益和社会效益，为我国"八纵八横"高速铁路网的发展做出了重要贡献。

二、2016年湖北省科技进步奖一等奖

客运及客货混运铁路用系列重轨制造技术集成

我国幅员辽阔、人均资源短缺、生态环境先天脆弱，并且东部地区工业发达，中西部地区资源丰富，需要北煤南运、西煤东输、南粮北调等大宗货物长距离的运输，在土地、能源、环境等方面的压力都远远大于其他国家，铁路越来越成为制约国民经济发展的"瓶颈"。基于国家铁路路网建设巨大需求，武钢于2008年开始了客运及客货混运铁路用U75VG、U75V重轨及其制造技术的研究开发。通过对冶炼、连铸、轧制等工艺技术的系统研究，成功开发出高钢质洁净度、高平直度、高断面尺寸精度、力学性能优良的U75VG、U75V重轨，填补了中南地区客、货混运铁路用高性能重轨的空白。

主要技术特点：

（1）设计了U75VG、U75V系列重轨合理的成分内控范围，系统研究了高碳重轨钢V元素微合金强化机理，通过V元素的沉淀强化，使重轨钢具有优良的强韧性和耐磨性，同时开发了重轨钢高洁净度控制技术，国内首家系统开展重轨钢中MnS夹杂物的控制技术研究，使重轨具有良好的抗疲劳性能。

（2）开发了U75VG、U75V系列重轨的中间包和结晶器流场优化控制、二冷水动态配水优化控制在内的高碳大断面连铸方坯的质量控制技术，有效降低了重轨铸坯的疏松、缩孔、中心偏析等缺陷，保证了重轨钢良好的内在质量。

（3）开发了U75VG、U75V系列重轨脱碳层深度控制技术，通过对加热温度、时间、空燃比、炉内气氛的试验研究，制定了U75VG系列重轨的加热工艺方案，同时调整轨头轧制坯断面，使得重轨脱碳层深度平均达0.28毫米，提高了重轨的使用性能，并有效利用了自产低热值煤气，实行低氧燃烧，有效减少了有害气体的排放。

（4）形成了U75VG、U75V系列重轨全长尺寸稳定控制、轨冠形状控制和断面对称度控制等尺寸精度控制技术，自主开发了百米定尺重轨平直度控制关键技术，有效保证了高速列车平稳运行，进一步强化了行车安全。

（5）形成了 U75VG、U75V 系列重轨表面质量控制技术，有效消除了氧化铁皮压入、导卫刮伤、轨底边裂、划痕和轧疤等影响重轨质量的表面缺陷，有力保证了重轨的稳定和批量生产，降低了断轨风险，保障行车安全。

本项目共获得 7 项发明专利、3 项实用新型专利，客运及客货混运铁路用 U75VG、U75V 系列重轨产品获得 2012 年中国钢铁工业协会冶金产品质量金杯奖，2015 年 3 月通过了湖北省科技厅组织的科技成果鉴定，评价为国际领先水平，产品成功应用于宁杭高铁、厦深客专、合武高铁、汉宜铁路等众多重点新建和既有线路，为我国铁路的发展作出了重要贡献。

三、2018 年湖北省科技进步奖三等奖

新型耐接触疲劳钢轨的研制与应用

滚动接触疲劳是钢轨使用过程中最复杂的问题之一，涉及轮轨材料、滚动接触力学、轮轨接触关系等多个方面。我国车轮形面是根据 20 世纪 80 年代轮轨实际磨耗设计，轮轨接触关系不好，极易形成接触疲劳伤损，无法适应现代铁路的快速发展，亟待对钢轨新廓形优化设计。同时，尚无系统研究钢轨表面粗糙度对接触疲劳伤损的影响以及钢轨制造过程中粗糙度的控制方法。另外，使用过程中钢轨的疲劳伤损程度凭经验判断，没有定量的衡量办法。

针对上述难题，武汉钢铁有限公司联合中国铁道科学研究院、中国铁路武汉局集团有限公司、武汉科技大学于 2010 年开始进行本项目的开发及应用研究。取得的成果如下：

（1）中国铁道科学研究院开展了钢轨廓形对接触疲劳伤损影响的研究，设计了钢轨的新廓形，轮轨接触应力降低 17%，有效改善了轮轨接触关系。武钢形成了钢轨廓形尺寸高精度控制技术，成功实现了 60N 新廓形钢轨的量产。

（2）发现了钢轨表面粗糙度对接触疲劳伤损的影响机理，开发了钢轨表面粗糙度控制技术，系统研究了钢轨铸坯表面质量、表面氧化铁皮控制、轧辊材质、孔型、轧制润滑等工艺对表面粗糙度的影响关系，钢轨表面粗糙度稳定控制在 5~6 微米。钢轨接触疲劳伤损减少达 40% 以上，显著延长了钢轨使用寿命。

（3）滚动接触疲劳伤损裂纹分布密集，裂纹细短，通常伴随着严重的塑性变形和掉块现象，宏观形貌呈现出"混合型"的伤损形式，难以对伤损产生和发展程度进行准确的判断和评价，结合线路上钢轨接触疲劳伤损、剥离掉块和疲劳磨损等使用情况，建立了钢轨接触疲劳伤损量化评价技术方法，采用单位长度钢轨上的接触疲劳伤损数量进行量化评价，对不同长度的裂纹数量和不同直径的掉块数量乘以不同的加权系数，将钢轨单位长度上的宏观伤损通过公式计算量化成评价指数，提高了接触疲劳伤损评价的准确性，也为铁路工务部门维护和打磨提供了准确依据。

本项目获得 6 项专利、1 项企业技术秘密。60N 新廓形钢轨累计供货近百万吨，广泛应用于郑万高铁、京广、焦柳、沪昆等众多国家重点铁路；有效减缓了钢轨接触疲劳的产生和发展，提高了钢轨使用寿命和行车安全性，同时减少了钢轨的维护打磨量和打磨维护费用，得到各铁路局高度肯定，为国家"八纵八横"铁路网发展作出了重要贡献，取得了显著的经济和社会效益。

第五节 邯钢钢轨科技成果

一、2017 年河北省科学技术进步奖二等奖

百米重轨全长在线水淬热处理技术开发及批量稳定化生产

为了提高钢轨质量，满足国内外铁路建设的需求，该项目以 U71Mn 和 U75V 两个牌号为基础开展技术研究，涵盖了洁净钢冶炼技术、夹杂物控制技术、连铸生产质量控制技术、万能轧制工艺、百米轨预弯矫直技术等诸多重轨关键质量控制技术。项目实施过程主要创新成果有：

（1）在"一键式"自动炼钢基础上，开发少渣冶炼自动化炼钢模型，以及转炉少渣炼钢下高效脱磷技术。

（2）开发出重轨钢无铝脱氧技术，满足洁净重轨钢的要求。

（3）开发形成了钢轨铸坯高均质性控制集成技术，包括结晶器电磁搅拌、二冷动态控制、凝固末端动态轻压下、连铸拉速与钢水温度优化控制等核心技术。

（4）开发形成了钢轨高精度轧制集成技术，主要包括钢轨全线温度控制、轧辊车削精度提高及孔型系统优化等核心技术。

（5）开发形成了钢轨高表面质量控制集成技术，主要包括除鳞控制工艺优化、轧辊材质选择、轧辊修磨及导卫、辊道点检制度建立等核心技术。

上述关键创新技术的开发，使邯钢钢轨质量得到了显著的提升，主要性能指标达到了 TB/T 2344 等国内外标准并满足用户的各项使用要求。截至目前已成功开发铁标 U71Mn、U75V，美标 SS，欧标 R260，R350HT，UIC860 标准 900A 等钢轨，各类钢轨共生产 16 万多吨，产品质量达到国际先进水平。产品销往北京、沈阳、山海关等各焊轨基地及地方专用线，并且成功出口泰国、巴西、印度尼西亚、沙特阿拉伯等国家，打开了国际钢轨市场。

项目实施过程开发的关键创新技术形成国家授权专利 4 项。邯钢重轨的研究开发及产业化，优化了邯钢产品品种结构，增强了产品市场竞争实力，也成为应对当前市场挑战的重要手段，为邯钢生产高强度、高精度、高硬度、高质量的优质钢轨，打造成为全国第五家重轨生产企业奠定了坚实的基础。高品质钢轨的成功研发，填补了河北省钢铁行业不能生产重轨钢的空白，对于推进河北钢铁产业结构优化升级、增强市场竞争力具有重要的意义，进一步提升河北钢铁的地位和影响力，全面带动河北省钢铁产业及其产业链条的快速发展和转型升级。

二、2019 年河北省技术发明奖三等奖

高品质钢轨铸坯冶炼控制技术及创新

该项目开展了高品质钢轨铸坯冶炼稳定控制技术的研发，成功解决了诸多瓶颈技术难题，实现了钢轨高品质稳定生产。技术主要发明内容如下：

（1）发明了转炉自动化炼钢氧枪工作氧压稳定控制技术，该技术通过建立转炉炼钢工作氧压与供氧流量关系的数学模型，根据实际工作氧压计算供氧流量，并用该计算供氧流量替代仪表测量流量值，参与自动化炼钢模型控制，实现自动化炼钢过程的准确控制和稳定操作。

（2）发明了防止少渣炼钢过程中干法除尘设备泄爆的技术，该技术通过控制转炉倒渣角度、倒完前期渣后开吹氧流量初始开度设定、氧压初始开度、最终流量设定，有效避免前期因留渣量大而点不着火，倒完前期渣再次下枪后易泄爆的难题，泄爆几率由 53% 降低至 3%。

（3）发明了提高浇次第一炉重轨探伤合格率的冶炼技术，使重轨钢铸坯频发的中心偏析、缩孔、疏松等内部质量问题得到有效控制，浇次第一炉重轨探伤合格率提高到 90% 以上。

（4）开发了 LF 及 RH 真空精炼炉数据收集系统，该系统可显著提高钢轨钢 LF 及 RH 精炼的终点温度命中率和钢水品质，大幅提高操作人员工作效率。

（5）实施了钢轨铸坯冶炼设备集成创新，研制了可防止中间包下水口堵塞的装置、整体式中间包浸入式水口对中器、重轨钢坯防脱碳涂层自动刷涂装置等，保证了钢轨铸坯的高效、稳定浇铸，铸坯质量显著提升。

该技术在生产实践中取得了良好效果：钢轨钢生产过程高效稳定，浇次连浇炉数由 10 炉提高到 15 炉以上，产品的年生产能力由 10 万吨提高到 40 万吨。钢轨质量显著提升，钢轨 A 类夹杂物 ≤2.0 级，$[O] \leqslant 8 \times 10^{-6}$，$[N] \leqslant 40 \times 10^{-6}$，钢轨硬度波动 ≤HB±7，浇次第一炉重轨探伤合格率提高到 90% 以上，连铸实现高效稳定浇铸，铸坯质量明显提升。邯钢钢轨产品于 2017 年获欧盟委员会颁发的 TSI 和 EN 13674.1—2011 符合性证书，成为国内唯一一家获此认证的钢轨生产企业，2018 年通过国铁 CRCC 认证。目前邯钢高品质钢轨产品已经实现国铁线路批量稳定供货，出口到东南亚、南美洲、中东及非洲等国家和地区，年创效 2000 余万元。

该技术研发过程中获得授权发明专利 4 项、实用新型专利 4 项、登记计算机软件著作权 2 项。该技术的开发填补了河北省不能生产高品质钢轨产品的空白，推动了我国钢轨生产技术的进步，为国家"一带一路"倡议实施和高铁走出国门提供了技术保障。

三、2021 年河北省科学技术进步奖三等奖

350 公里时速高速钢轨关键生产技术创新与应用

作为当今世界运营速度最高的 350 公里时速高速列车，其运行的安全性和平稳性至关重要，对铁路用钢轨提出了极端苛刻的要求，执行我国最严格钢轨标准 TB/T 3276—2011 要求，因此，350 公里时速高速钢轨也被称作钢轨产品中的"航天产品"。虽然我国已有部分企业具备 350 公里时速高速钢轨生产能力，但存在过程控制能力不足、质量稳定性差等问题，导致部分线路因钢轨平直度波动大、内部质量差等问题而使列车被迫降速或提前换轨，严重危及列车安全运行，所以如何更好地提升高速钢轨质量稳定性，保证列车安全

平稳运行，成为行业亟待解决的共性技术难题。为此，邯钢与中国铁道科学研究院深入合作，开展了 350 公里时速高速钢轨核心生产技术研发工作，项目主要创新点为：

（1）高平直度、高尺寸精度轧制技术：系统探明了高速轨冷却后弯曲及矫直量关系，首创高速轨预弯控制技术，避免了因钢轨各部分冷却速度不一致引起的弯曲量大的问题。

（2）低脱碳深度控制技术：揭示了高速轨化学成分、铸坯激冷层、加热时间与脱碳层深度对应关系，首创研制了低脱碳层深度控制技术，实现了高速钢轨超低脱碳层深度控制。

（3）高表面质量铸坯控制技术：分析了高速轨铸坯切割设备、缓冷工艺对表面质量和弯曲控制影响关系，研发了铸坯在线清渣、铸坯防弯曲技术，实现了高表面质量铸坯的生产，为高质量轧制奠定基础。

（4）高洁净度铸坯冶炼集成技术：研究了高速轨冶炼过程非金属夹杂物来源及演变机理，创新开发了转炉无铝脱氧、精炼低碱还原度渣、RH 高真空处理、夹杂物塑性化等集成技术，实现了高洁净度铸坯冶炼。

（5）高均质铸坯冶炼控制技术：探究了大断面、高碳含量高速轨铸坯缺陷产生机理，开发了以结晶器流场优化耦合连铸坯凝固末端重压下等关键技术，实现了高均质铸坯生产。

通过项目实施，时速 350 公里高速钢轨端部平直度控制在 0.18 毫米以内，脱碳层深度平均为 0.22 毫米，A 类非金属夹杂物在 0.5~2.0 级，以上指标均处于国内领先。2018 年 7 月，高速钢轨通过 CRCC 认证，具备国铁供货资质，2017 年国内首家通过欧盟 TSI 认证。项目研发的时速 350 公里高速钢轨供鲁南高铁、京唐城际高速线路等 10 万余吨，累计创效 1.03 亿元。项目研发过程形成专利 21 项，已授权 13 项，其中发明专利 6 项、实用新型 7 项，受理发明专利 8 项。经国内知名专家评价、权威机构检测及与同类企业产品关键指标对比，项目整体技术达国际先进水平。项目结束了河北省不能生产高速钢轨的历史，有力推动了钢轨生产技术进步，为我国"一带一路"建设和高铁走出去战略实施做出积极贡献。

第五章 中国钢轨主要生产企业

第一节 鞍山钢铁集团有限公司

一、企业简介

鞍山钢铁集团有限公司（以下简称鞍山钢铁）是鞍钢集团的区域子公司，始建于1916年，前身是鞍山制铁所和昭和制钢所。鞍山钢铁成立于1948年12月，是新中国第一个恢复建设的大型钢铁联合企业和最早建成的钢铁生产基地，被誉为"新中国钢铁工业的摇篮""共和国钢铁工业的长子"，是"鞍钢宪法"诞生的地方，是英模辈出的沃土，为新中国钢铁工业的发展壮大做出了卓越贡献。

目前，鞍山钢铁已形成从烧结、球团、炼铁、炼钢到轧钢综合配套，以及焦化、耐火、动力、运输、技术研发等单位组成的大型钢铁企业集团，具有热轧板、冷轧板、镀锌板、彩涂板、冷轧硅钢、重轨、无缝钢管、型材、建材等完整产品系列。

鞍山钢铁是中国国防用钢生产龙头企业、中国船舶及海洋工程用钢领军者，已经成为我国大国重器的钢铁脊梁。鞍山钢铁引领中国桥梁钢发展方向，是中国名列前茅的汽车钢供应商，是中国核电用钢领跑者，是铁路用钢、家电用钢、能源用钢的重要生产基地。

鞍山钢铁全面通过了 ISO 9001 质量体系认证，船用钢通过 9 国船级社认证，建筑用钢获英国劳氏公司 CE 标志认证证书，钢铁主体通过 ISO 14001 环境管理体系认证和 ISO 45001 职业健康安全管理体系认证。企业主体生产工艺和技术装备达到国际先进水平，综合竞争力进入国际先进行列，国际影响力显著增强。

鞍山钢铁生产铁、钢、钢材能力均达到 2600 万吨/年，拥有鞍山、鲅鱼圈、朝阳等生产基地，在广州、上海、成都、武汉、沈阳、重庆等地设立了生产、加工或销售机构，形成了跨区域、多基地的发展格局。

在深入推进供给侧结构性改革的新形势下，鞍山钢铁贯彻"五大发展理念"，落实"改革引领、创新驱动、质量升级、智能制造、绿色发展"的工作要求，加快实施"1+6"产业规划，坚定不移做精做强钢铁主业，协调推进相关产业发展，不断提高企业发展质量和效益，实现由钢铁"一柱擎天"向"多业并举"发展格局转变；加快推进智能制造步伐，实现从传统制造向智能制造的转变；加大科技创新力度，通过打造激发动力与活力的科技创新体制机制，致力成为高端人才的集聚者、行业技术的引领者、未来科技的探索者，争当钢铁行业排头兵，努力成为具有全球竞争力的世界一流钢铁企业。

鞍山钢铁始终以发展绿色低碳经济为己任，不断拓展钢铁行业"清洁、绿色、低碳"的发展内涵。2008 年在渤海湾建成了引领世界钢铁工业发展的绿色样板工厂——鲅鱼圈钢铁新区，成为钢铁企业利用清洁能源的"示范基地"。

鞍山钢铁拥有悠久的企业文化，在各个历史时期都涌现出时代典型，如老英雄孟泰、从鞍钢走进军营的伟大共产主义战士雷锋、"当代雷锋"郭明义、全国"时代楷模"李超等，彰显了"创新、求实、拼争、奉献"的鞍钢精神，为企业发展提供了强大的精神动力。

"九五"以来，鞍钢按照"改革、改组、改造、加强企业管理"的要求，加快改革发展，使鞍钢发生了"旧貌换新颜"的历史巨变。通过不断深化改革，形成了母子公司体制框架，现代企业制度初步建立。1998年9月14日，组建鞍钢集团新轧钢股份有限公司，上市后，成功收购鞍钢集团新钢铁有限公司，实现主体整体上市，2006年6月更名为鞍钢股份有限公司。

二、历史沿革

1945年底前，炼铁总厂先后建设9座高炉，总容积7453立方米。

1948年7月，鞍山钢铁正式开工。

1948年12月，鞍山钢铁成立，始建于1916年，前身是鞍山制铁所和昭和制铁所。

1949年4月，冶炼出新中国第一炉钢水。

1953年11月，鞍钢大型轧钢厂建成投产。

1953年12月，鞍钢无缝钢管厂建成投产。

1960年，鞍钢股份有限公司冷轧厂建成投产，是新中国第一家冷轧薄板生产厂。

1987年4月，鞍钢线材厂1号生产线建成投产。

1990年，建成中国第一座2580立方米高炉。

1997年11月，原鞍钢第二初轧厂和鞍钢半连续轧板厂合并成立热轧带钢厂。

1999年10月，热轧带钢1780毫米生产线试车成功。

2000年12月，技改1700毫米ASP生产线试车成功。

2005年12月，鞍钢西区500万吨现代化精品板材基地建成投产。

2005年5月，鞍钢股份有限公司冷轧硅钢厂正式成立。

2005年，鞍钢钢绳有限责任公司成立，前身为鞍钢集团钢绳厂（1939年建厂）。

2006年5月，原中板厂和厚板厂合并成为中厚板厂。

2006年9月，鞍钢股份有限公司鲅鱼圈钢铁分公司成立。

2007年7月，鞍钢集团朝阳钢铁有限公司成立，2014年9月成为鞍钢集团的全资子公司，2018年9月被鞍钢股份100%收购。

2010年2月，鞍钢冷轧钢板（莆田）有限公司成立，2014年1月正式投产。

2012年11月，鞍钢股份有限公司炼焦总厂成立，前身是鞍钢化工总厂。

三、主要成果

鞍山钢铁以产品充盈为追求，实施钢铁产品差异化、专业化、高端化发展策略，持续做强系列精品，加强重点领域和重点产品突破，提升独有领先产品比例，经过多年的建设和发展，目前钢铁主业已形成鞍山、鲅鱼圈、朝阳三大生产基地的发展格局，成为以汽车板、家电板、集装箱板、船板、重轨、石油管、管线钢、容器板、冷轧硅钢等为主导产品的精品钢材生产基地。造船海工用钢、集装箱用钢、钢轨、汽车用钢、桥梁用钢、电工钢、钢帘线成为名牌产品，造船海工用钢、铁路耐蚀钢、高强汽车用钢、核电用钢、桥梁用钢、大输量管线用钢系列产品处于研发技术领先地位。

鞍钢钢材撑起"中国桥"半壁江山，出海"一带一路"，应用于港珠澳大桥、润扬长江公路大桥、上海东海大桥、上海苏通大桥等 30 余座知名国家重点桥梁工程，挪威的格罗马河上、德国的多瑙河上、美国的阿拉斯加塔纳纳西河上、孟加拉国帕德玛河上、德国莱茵河上成功应用，鞍钢桥梁用钢的研发、生产和质量水平已经跻身世界前列；高端不锈钢桥梁复合板应用于世界首座高速铁路悬索桥——五峰山长江大桥；800 兆帕级大型水电工程高强度低焊接裂纹敏感性钢板成功应用于全球在建规模最大、单机容量最大、技术难度最高的水电工程——白鹤滩水电站，为我国大型水电工程建设完成从"中国制造"到"中国创造"跨越助力；为国内首艘全部使用国产船板建造的 20000 箱超大集装箱船"双子座"供货 4.1 万吨船板；130 毫米的特厚核电安全壳用钢板实现全球首发，率先在"国和一号"示范项目上应用；助力我国西部地区首台"华龙一号"核电机组投产发电，以硬核实力撑起"国之重器"的"钢铁脊梁"。作为我国重要的汽车用钢生产和研发基地，鞍钢具备年产 600 万吨精品汽车用钢的生产能力，产品应用于宝马、奔驰、大众、通用、本田、丰田、广汽乘用车、比亚迪等国内外知名汽车企业，是少数具备第 1~3 代先进高强汽车钢供货能力的钢企之一。

鞍钢先后获得钢铁行业优秀品牌企业、中国钢铁工业清洁生产环境友好企业、绿色物流创新引领企业、改革开放 40 年 40 品牌等荣誉。鞍钢重轨先后获得冶金产品实物质量最高奖项"特优质量奖"、冶金产品实物质量金杯优质产品奖及特优产品奖、辽宁省名牌产品等荣誉。

鞍钢着力打造关键共性、前瞻性技术研发平台，创新动能持续激发，科技成果不断涌现，近 5 年以来，4 项成果获国家科技进步奖，30 项成果获冶金科学技术奖，42 项成果获省部级科技奖。鞍钢股份有限公司每年授权发明专利近 300 件，居钢铁行业首位。

四、特色工艺装备

鞍山钢铁具有铁、钢、钢材均达到 2600 万吨的年生产能力，拥有 11 座高炉、19 座转炉、48 条轧制生产线，是中国国防用钢生产龙头企业、中国船舶及海洋工程用钢领军者，成为我国大国重器的钢铁脊梁，引领中国桥梁钢发展方向，是中国名列前茅的汽车钢供应商，是中国核电用钢领跑者，是铁路用钢、家电用钢、能源用钢的重要生产基地。

鞍钢股份有限公司鲅鱼圈分公司是我国首个自主设计、技术总负责的新型沿海钢铁联合企业，整体工艺技术装备和产品达世界一流的钢铁精品生产基地，涵盖原料、烧结、化工、炼铁、炼钢、轧钢以及公辅配套设施的冶金建设全领域和钢铁生产的全流程，拥有 5500 毫米和 3800 毫米厚板轧机生产线各一条，主要生产未来市场需求有较大空间的高品质、高附加值的高强度板、造船板、桥梁板等产品，满足各行业对高质量宽厚板及薄规格品种钢板的需求，拥有"轧机之王"之称的世界上最大规格的 5500 毫米宽厚板轧机，填补了国内空白。

鞍钢股份有限公司热轧带钢厂拥有 1780 毫米、1700 毫米 ASP、2150 毫米 ASP 三条热轧带钢生产线，热轧卷板综合年产能 1150 万吨，可生产 23 个系列、400 多个品种、1 万多个规格的产品，是鞍山钢铁最大的成材厂，产品广泛用于汽车、造船、石油、集装箱、铁路车辆、工程机械、压力容器、建筑等诸多行业。2150ASP 热轧带钢生产线是集高效、紧凑、节能和环保于一体的现代化短流程生产线，所有大型主体设备均实现国产化，技术装备和生产工艺达到当代世界先进水平。

鞍钢股份有限公司冷轧厂拥有 4 条冷轧生产线、1 条酸洗生产线、4 条热镀锌生产线、2 条彩涂生产线，年生产能力达到 680 万吨，具备冷轧板卷、冷硬卷、酸洗卷、镀锌卷、彩涂卷等 5 个完整产品系列的大型现代化冷轧厂。产品广泛用于汽车、家电、轻工机械、建筑等行业。2001—2007 年，鞍钢立足自主创新，自主设计建成冷轧二号线、三号线、四号线，2007 年建成的冷轧四号线采用新工艺、新技术、节能型设备建设，整个生产工序能源利用率达到国内先进水平，该线的建立表明鞍钢已具备大型宽带钢冷连轧生产线成熟的技术集成能力，为我国大型冷轧设备国产化及具备成套冷轧技术装备输出能力做出了重要贡献。

鞍钢股份有限公司大型总厂是中国生产钢轨、型材、球扁钢和方圆钢的重要骨干企业之一，拥有轨梁、连轧、大型、中型、小型 5 条生产线，具备年产 380 万吨钢材能力，主要产品为钢轨、工字钢、槽钢、球扁钢、圆钢、螺纹钢等。20 世纪 50 年代建成初期的大型轧钢厂采用三段式推钢加热炉，800 毫米横列式三辊轧机，800 毫米门式矫直机，是我国第一座最大的机械化、自动化、近代化的轧钢厂和专门轧制大型钢材的生产厂。经过几个阶段的技术改造，重轨生产线已成为具有精炼、精轧、精整、在线自动检测、全长在线热处理及长尺化工艺的世界一流钢轨生产线，具有国标、铁标、UIC 标准、EN 标准、英国 BS 标准、美国 AREMA 标准等标准高性能、高尺寸精度钢轨的生产能力。2021 年与中国一重联合设计、调试，实现了 BD1 轧机国产化，采用自动化控制技术，实现自动翻钢、自动轧制，矩形坯轧后尺寸精度达到国外同类轧机水平；万能机组采用国际先进的 UR+E+UF2 轧机工艺布局，具有 AGC 液压辊缝自动控制、TCS 自动控制、动态辊缝控制、微张力控制等功能，精轧机单独轧制。重轨生产线设计年产量为 70 万吨，主要钢轨产品有：高速钢轨、重载高强钢轨、普通钢轨、道岔钢轨、导电轨、城市电车轨等系列。

五、未来展望

新时代，鞍钢集团秉承"铭记长子担当，矢志报国奉献"初心，坚定"制造更优材料，创造更美生活"使命，创新、求实、拼争、奉献，打造高质量发展新鞍钢，秉承"改革引领，创新驱动，质量升级，智能制造，绿色发展"五大发展理念，忠实履行社会责任，持续推动绿色制造，建立高效、清洁、低碳、循环的绿色制造体系，建设国内钢铁行业高质量发展的排头兵，努力成为具有全球竞争力的世界一流企业。

第二节 包头钢铁（集团）有限责任公司

一、企业简介

包头钢铁（集团）有限责任公司成立于 1954 年，是国家在"一五"期间建设的 156 个重点项目之一，是新中国在少数民族地区建设的第一个大型钢铁企业，也是周恩来总理唯一为其投产剪彩的钢铁企业。习近平总书记参加十三届全国人大四次会议内蒙古代表团审议时指出内蒙古创造了"齐心协力建包钢"的历史佳话。包钢的建设源于拥有举世瞩目富含铁、稀土、铌等白云鄂博多金属共生矿，其中稀土储量居世界第一位，铌储量居世界第二位，得天独厚的资源优势造就了包钢在世界独有的钢铁、稀土两大主业并举的产业结构。

经过 70 年的发展，包钢目前已成为世界最大的稀土工业基地和我国重要的钢铁工业基地。包钢股份作为包头钢铁（集团）有限责任公司的钢铁板块，1999 年 6 月 29 日成立，2001 年 3 月 9 日在上海证券交易所正式挂牌上市，股票代码为 600010。上市 20 多年来，包钢股份资产总额增加了 20 多倍，股权融资规模达 459.35 亿元，总市值由 71 亿元增长至 1700 多亿元，成为我国西部最大的钢铁上市公司。

包钢股份以"建设全球最优稀土钢产品生产基地、卓越的稀土钢材系列产品优质供应服务商"为目标，秉承"坚韧不拔　超越自我"的企业精神，确立了"奉献钢铁精品　共创美好生活"的企业使命和"特色钢铁　绿色家园"的企业愿景。依托白云鄂博矿铁和稀土共生的资源禀赋，钢铁和稀土的相伴相生，使得包钢股份"稀土钢"品牌应运而生，产品拥有良好的延展性、高强韧性、耐磨性、耐腐蚀性、耐低温性、拉拔性能并独具优势，深受下游用户的认可和好评，产品广泛应用于京沪高铁、青藏铁路、三峡工程、北京大兴国际机场、中俄东线天然气管道等国家重点工程项目，并远销欧美等 60 多个国家和地区。

经过数十年的发展，包钢股份稀土钢品牌价值已达到 208.37 亿元，跻身中国品牌价值 500 强行列。此外，包钢股份还荣获工业和信息化部"工业产品生态设计示范企业"、内蒙古民族品牌建设标杆企业、内蒙古行业标志性品牌、内蒙古百强品牌等荣誉称号。

包钢股份完成多个产品的生命周期评价（LCA），其中 10 个产品通过国际权威机构 SGS 公司鉴定评审，稀土钢轨等多个产品列入国家绿色设计产品名单。

多项产品通过国内外的认证，其中铁路用钢轨和铁路道岔用非对称断面钢轨通过中铁检验认证中心 CRCC 认证；钢轨通过 TSI 认证；热轧薄板、热轧宽厚板、热处理宽厚板、稀土钢板材建筑用热轧和热轧 H 型钢通过荷兰劳氏 CE 认证；热轧船用钢板通过中国、美国、德国等 7 国船级社认证；热轧 H 型钢通过中国船级社及香港屋宇署、俄罗斯的 GOST 认证；石油套管、油管和管线管获得美国石油协会颁发的 API 认证证书；冷轧、酸洗、镀锌产品通过日标 JIS 认证等。

包钢股份名优产品众多，其中铁路用钢轨和锅炉用无缝钢管荣获"中国名牌产品"称号；高速铁路用钢轨等多个产品荣获中国钢铁工业协会冶金产品实物质量品牌培育"金杯优质产品"奖，高速铁路用钢轨、油井套管用无缝钢管荣获冶金产品实物质量品牌培育"金杯特优产品"奖；铁路用热轧钢轨、锅炉用无缝钢管等多个产品荣获全国市场质量信用 A 等用户满意产品（全国用户满意产品）及冶金行业"品质卓越产品奖"等称号。

目前，包钢股份具备 1750 万吨铁、钢、材的配套年生产能力，可生产重轨、风电板、耐磨钢、锌铝镁镀锌板、管线钢、家电钢、汽车钢、石油管等重点产品，总体装备水平达到国际一流，形成"板、管、型、线"4 条精品线的生产格局。板材方面，拥有 CSP、宽厚板生产线、国际先进水平的 2250 毫米热连轧及配套冷轧连退、镀锌生产线等，板材产能 970 万吨，是中西部地区最大的板材生产基地；无缝钢管方面，拥有直径 159 毫米、460 毫米等 5 条无缝管生产线，年生产能力 200 万吨，是我国品种规格最为齐全的无缝管生产基地之一；重轨型材方面，拥有世界先进的 2 条大型万能轧钢生产线和钢轨在线热处理生产线，年产能 210 万吨，是世界装备水平最高、能力最大的高速轨生产基地；线材方面，拥有线棒材、带钢等 4 条生产线，年产能 225 万吨，是我国西北地区重要的高端线棒材生产基地。

二、历史沿革

1954 年 5 月，经重工业部钢铁工业管理局批准，五四钢铁筹备处正式改称为包头钢铁公司，包钢成立。

1957 年 2 月，包钢白云鄂博铁矿成立。

1957 年 7 月，包钢在昆都仑河西岸举行厂区建设工程开工典礼。

1959 年 9 月，包钢 1 号高炉首次出铁。

1960 年 5 月，1 号平炉出第一炉钢水。

1966 年 12 月，包钢初轧厂建成投产。主体设备是我国自行设计、富拉尔基重型机械厂制造的国产第一台 ϕ1150 毫米大型可逆式初轧机，也是当时包钢主体生产线上唯一的一台国产大型主体设备，标志当时自力更生发展中国钢铁和重型机械制造业的一个突破，为包钢的发展发挥了重大作用，堪称"功勋轧机"。

1969 年 1 月，包钢轨梁厂建成投产。

1971 年 7 月，包钢无缝钢管厂 ϕ400 毫米机组建成投产。

1981 年 9 月，包钢线材厂正式成立。

1988 年 10 月，包钢棒材生产线正式投入生产。

1992—1994 年，炼钢厂新建两座 80 吨转炉，将原有三座 50 吨转炉扩容改造成 80 吨顶底复吹转炉，配备了先进的自动化控制系统，有效提高了冶炼工艺水平。

1995 年 12 月，线材厂摩根高速线材生产线全线过钢投入生产。

1997 年 7 月，连铸工程圆坯连铸机首次浇铸，结束了包钢无连铸机的历史。

1998 年 6 月，包头钢铁（集团）有限责任公司成立揭牌。

1999 年 10 月，内蒙古包钢钢联股份有限公司揭牌。

2000 年 8 月，无缝钢管厂 ϕ180 毫米连轧钢管线正式投产。

2001 年 3 月，内蒙古包钢钢联股份有限公司 A 股股票在上海证券交易所正式挂牌交易。

2002 年 3 月，薄板厂 CSP 生产线从建设调试期转向达产阶段。

2005 年 3 月，薄板厂冷轧项目酸轧联合机组一次试轧成功。

2005 年 6 月，薄板厂冷轧精整线平整机组生产出第一批冷轧成品卷。

2006 年 9 月，轨梁厂 1 号中型万能轧钢生产线建成投产。

2007 年 12 月，包钢新高速线材生产线正式投产。

2008 年 2 月，薄板厂宽厚板生产线精整区域投产，宽厚板生产线全线贯通。

2011 年 9 月，稀土钢板材公司 7 号高炉开工奠基，包钢结构调整、转型踏上新的征程。

2011 年，无缝钢管厂 ϕ159 毫米机组正式投产。

2012 年，无缝钢管厂 ϕ460 毫米机组实现投产。

2013 年 1 月，轨梁厂 2 号大型万能轧钢生产线建成投产。

2013 年 3 月，包钢轨梁厂钢轨在线热处理百米钢轨生产线开工建设；2014 年 4 月 19 日，钢轨在线热处理生产线热负荷调试，可处理不同规格、钢种钢轨产品，年设计产能 40 万吨。

2013 年 10 月，稀土钢板材公司成功轧制第一个热轧卷。

2013 年 10 月，薄板厂无取向硅钢生产线具备生产能力。

2014 年 5 月，稀土钢板材公司 7 号高炉出铁，标志着稀土钢板材公司项目基本建成。

三、主要成果

包钢股份始终坚持创新驱动发展的战略，在企业发展和科技创新方面取得了不错的成绩。曾先后获得"先进制造业企业""高新技术企业""第十五届全国质量奖""全国绿化先进集体""节能减排先锋企业""绿色发展优秀企业"等荣誉称号。科技成果丰硕，"包钢高速铁路钢轨生产技术的集成创新和应用""包钢 CSP 高效化生产技术及高性能钢带研制与开发"以及"客运专线钢轨成套技术开发与应用"三个项目获得国家科学技术进步奖二等奖，"白云鄂博铁稀土资源高效绿色应用技术和稀土钢开发及产业化"获得国家科技进步奖提名奖，"1280 兆帕贝马复相贝氏体钢轨集成技术开发与应用"获得中国工业大奖表彰奖励；2016 年至今，包钢股份还获得了冶金科学技术进步奖、内蒙古自治区科学技术进步奖 30 余项。目前拥有两个院士专家工作站、一个博士后科研工作站、一个稀土钢产品研发重点实验室等科研平台，为科技创新提供坚实的后盾。

包钢股份聚焦于钢铁主战场，创造了新中国钢铁工业多个"第一"：第一支 60 千克/米重轨、第一支 60AT 道岔轨、第一支 75 千克/米重轨、第一支轻型薄壁大型工字钢、第一支 BIV-500 型钢板桩、第一支直径 244.5 毫米大口径国产石油套管、第一支 60 千克/米铌稀土轨、第一支国内最大直径 426 毫米热轧无缝钢管等，累累硕果，不仅有力推动了包钢改革发展，更开辟了我国钢铁工业发展的先河。

四、特色工艺装备

包钢始终以科技创新和管理创新作为提升核心竞争力的有力抓手，不断加大技术创新投入，引进先进装备。特别是改革开放以来，持续投入巨资做强做优钢铁产业，引进了德马克、西马克、西门子、达涅利等世界一流生产线，对建厂初期的苏联钢厂模式进行了大规模技术改造，新建了多座现代化大容积高炉，大型转炉、精炼及脱气设备、多台多断面连铸机，直径180毫米、直径159毫米、直径460毫米无缝钢管生产线，CSP生产线、宽厚板生产线，轨梁厂1号、2号万能轧制生产线以及稀土钢板材全流程生产线等项目，总体装备水平达到国际一流。随着一系列工艺装备改造和新产线的投产，包钢已形成年产1750万吨铁、钢、材配套能力，形成"板、管、轨、线"4条精品线的生产格局。产品涵盖重轨、风电板、耐磨钢、锌铝镁镀锌板、管线钢、家电钢、汽车钢、压力容器、桥梁、集装箱、石油管等重点产品，广泛应用于铁路及汽车、机械制造、建筑桥梁、石油天然气输送、船舶制造、军工等领域。

（一）钢轨生产线

包钢轨梁厂拥有两条世界上先进的生产线，一条是2006年9月建成投产的1号中型万能轧钢生产线；另一条是2013年建成投产的2号大型万能轧钢生产线，该生产线具有当今世界最大的轧制、矫直和预弯能力。2014年，2号大型万能轧钢生产线配套项目——设计生产能力40万吨的在线余热淬火线顺利投产，进一步提升了包钢钢轨的强度、韧性和耐磨程度，增强了包钢钢轨的市场占有率和竞争力。

轨梁厂1号中型万能轧钢生产线CCS万能轧机、矫直机等主要设备从德国西马克公司引进。CCS万能轧机在工艺上采用了三机架万能可逆连轧的新技术，该机组既可采用万能模式轧制重轨、H型钢、I字钢，也可转换成水平二辊模式轧制槽钢、角钢、乙字钢等其他型钢产品。冷区工艺布置采用了长尺轨（100/50米）、传统轨（25米）、H型钢分开作业的加工工艺，使生产组织灵活、紧凑，提高了有效作业率。

轨梁厂2号大型万能轧钢生产线核心设备CCS主轧机和矫直机从德国西马克公司引进，CCS主轧机采用了由UR、E、UF组成的三机架万能往复连轧机组，可以生产钢板桩和当前最大型号腹板宽度为1000毫米的大型H型钢以及60AT2高速道岔轨、贝氏体高强度钢轨，具备百米75千克/米钢轨的生产能力；矫直机采用的是双支撑钢轨/型钢CRS型辊式复合矫直机，可实现垂直矫直机离线移位，液压可调使矫直机实现最佳矫直效果，实现残余应力最小、矫直辊快速更换；超强的冷床预弯能力，可以对大截面模数的钢轨进行预弯。在线余热淬火线感应加热装置、自动化控制装置、检测元件、喷嘴等余热淬火设备从西门子意大利分公司成套引进，工艺技术采用纯风冷却方式，利用百米钢轨轧后余热对钢轨轧件进行热处理，具备大断面、多钢种钢轨热处理的能力，能够满足国标、欧标、美标等用户对不同级别热处理钢轨的需求。

（二）板材生产线

板材生产线具备年产钢420万吨、商品板材400万吨的生产能力。主要产品有热轧卷板、冷轧卷板、热镀锌卷板、无取向硅钢和宽厚板等上百个品种，是西北地区最大的板材生产基地。

包钢CSP热轧带卷连铸连轧生产线是采用当今世界钢铁工业的前沿技术装备建成的现代化生产线，采用国际多项先进成熟的冶炼、连铸、轧钢新技术和设备，其中包括铁水预处理、210吨大型顶底复吹转炉、炉外精炼、厚度自动控制技术等，配备了完备的三级计算机系统，为均衡生产和产品输出提供了有效的过程控制和管理，是德国西马克公司在亚洲的第一培训基地。

宽厚板生产线生产规模为年产140万吨，生产的主要钢种有碳素结构钢、低合金结构钢、风电用钢、高强钢、容器钢、船板钢、高建钢等100多个品种，广泛应用于国家建设的各个领域。

（三）稀土钢板生产线

稀土钢板材厂生产线包括年产550万吨钢的3座240吨顶底复吹转炉、年产536万吨板坯的2150毫米和1650毫米连铸生产线、年产528万吨热轧卷的2250毫米热连轧生产线。设计产品厚度范围为1.2~25.4毫米，宽度范围为830~2130毫米，成品钢卷最大卷重40吨。产品按用途主要分为冷轧原料用钢、汽车用钢、管线用钢、船舶用钢、桥梁用钢、压力容器用钢、高耐候结构用钢等，尤其以含稀土钢、热轧双相钢（DP）、多相钢（MP）、相变诱导塑性钢（TRIP）以及高强度石油管线钢等高技术含量、高附加值产品为特色。

（四）钢管生产线

门类齐全的无缝钢管是包钢的重要产品之一，是我国西北地区最大的无缝钢管专业生产基地，也是我国品种规格最为齐全的无缝钢管生产基地之一。拥有直径159毫米、460毫米等5条无缝管生产线，年生产能力200万吨。直径159毫米PQF和直径460毫米PQF连续轧管机组的主体设备由德国SMS INNSE公司设计制造，连轧机组采用了最先进的PQF工艺正Y-倒Y交替布置方式，同时配置了德国MEER公司设计制造的三辊张力减径机，可对钢管进行在线测径、测厚和测温，在提高生产效率的同时，能够保证产品的精度以及表面质量。

热处理工艺具备3条成型的热处理生产线，可按照标准或用户要求对油井管、高压锅炉管、专用管等品种进行管端镦粗、水淬调质处理、正火处理、正火+回火及退火等工序作业。产品质量优于API标准的相关技术要求，生产效率、产能利用率均处于国内同行业先进水平。

（五）棒、线材生产线

包钢拥有线、棒材等4条生产线，年产能225万吨。其中新高速线材生产线是主体设备采用美国摩根技术的国产高速线材生产线，设计速度为90米/秒，保证速度为85米/秒。

棒材生产线经过技术改造之后，全部轧机实现平、立交替布置，粗、中轧采用微张力控制，精轧机组采用活套控制轧制，使棒、材线的生产能力得到大幅度提升，极大地满足了市场的需求。

五、未来展望

面向未来，包钢股份将把握新发展阶段、坚持新发展理念、融入新发展格局，坚定不移走以生态优先、绿色发展为导向的高质量发展新路子，全力推进"碳达峰、碳中和"规划项目建设。立足优势特色资源，以创新驱动、转型升级、延伸产业链和"精、特、优"产品研发作为工作重点，以"产、学、研、用"四位一体科研体系为平台，以自主创新与协同创新为主要模式，集中力量重点开发具有自主知识产权、具有自身资源特色及竞争优势的产品；推进节能减排和环境保护，实现循环、绿色发展。

到"十四五"末，包钢品种钢占比超50%，重点产品市场占有率再提高2~3个百分点，实现以"优质精品钢+系列稀土钢"为特色的产品结构，以"冷轧深加工+钢管深加工"为重点的产业链条，以打造国内领先的稀土钢新材料综合供应商和服务商为目标，以"深度挖潜+改革创新"为运营模式，聚焦做精做优，综合竞争能力达到国内一流水平，成为我国钢铁行业品牌化、绿色化和智能化转型发展的践行者。

第三节　攀钢集团有限公司

一、企业简介

攀钢是毛主席亲自批示、周总理直接领导、邓小平亲临选址的全国最大"三线企业"。经过50多年的建设发展，攀钢在钒钛磁铁矿资源综合利用方面已处于世界领先水平，是引领全球的产钒企业、我国核心的钛原料和拥有完整产业链的钛加工企业，我国重要的铁路用钢、汽车用钢、家电用钢、特殊钢生产基地，所属企业主要分布在四川省攀枝花市、凉山州、成都市、绵阳市及重庆市、广西北海市等地。

攀钢所处的攀西地区是中国乃至世界矿产资源最富集的地区之一，是我国第二大铁矿区，蕴藏着上百亿吨的钒钛磁铁矿资源，钒资源储量占中国的52%，钛资源储量占中国的95%，同时还伴生钴、铬、镍、镓、钪等10多种稀有贵重矿产资源，综合利用价值极高。

攀钢以高水平综合利用攀西钒钛资源为己任，依靠自主创新探索出难利用、低品位、多金属共生的钒钛磁铁矿综合利用道路，钒钛磁铁矿资源综合利用技术水平国际领先，形成了阶磨阶选、钒钛矿高炉强化冶炼、微细粒级钛铁矿回收、钢轨在线和离线热处理、钒氮合金生产等一批国际国内领先、拥有自主知识产权的专有技术，拥有国家钒钛重点实验室，是我国首批自主创新型企业。

攀钢形成了独具特色的钒、钛、钢铁系列产品。钒产业技术和品种世界领先，拥有五氧化二钒、中钒铁、高钒铁、三氧化二钒、钒氮合金等系列产品。钛产业品种质量国内领先，拥有钛精矿、钛白粉、高钛渣、海绵钛、钛材等系列产品。钢铁产业拥有以重轨、板材、特钢等为代表的系列精品名牌产品。产品广泛用于冶金、石油、铁路、化工、造船、建筑、机械制造、家电等行业，畅销国内并出口欧美、东南亚等数十个国家和地区。

二、历史沿革

1964 年 5 月，国家正式作出建设攀枝花钢铁基地的决定。1965 年 3 月 4 日，毛泽东同志在原冶金部关于加快建设攀钢报告上批示"此件很好"，由此拉开了建设攀钢序幕。1965 年底，邓小平同志亲自踏勘攀枝花矿区，指出"这里得天独厚"，并确定了攀钢厂址和建设方案。

攀钢 1970 年出铁，1971 年出钢，1974 年轧出钢材，1980 年全面达产，一期形成年产 150 万吨钢的综合生产能力。1986 年，攀钢二期工程破土动工，历时 11 年，建成 4 号高炉、热轧板厂、冷轧厂等重点项目，形成年产 400 万吨钢的生产能力，品种规模上台阶，结束了我国西部不能生产板材的历史。2001—2005 年，实施三期工程和重点技改项目，完成新 3 号高炉、全连铸改造、轨梁万能轧机、钒氮合金、微细粒级钛精矿、高钛渣等项目，总体装备水平达到国内一流，部分达到世界领先水平。

2000—2004 年，先后联合重组成立攀成钢、攀渝钛业和攀长特。2008 年 10 月，攀钢西昌钒钛资源综合利用项目开工建设；2011 年 12 月，项目竣工。2010 年，攀钢与鞍山钢铁集团重组，成为鞍钢集团公司全资子公司。

三、主要成果

攀钢因科技创新而兴。攀钢以高水平综合利用攀西钒钛资源为己任，依靠自主创新探索出难利用、低品位、多金属共生的钒钛磁铁矿综合利用道路，钒钛磁铁矿资源综合利用技术水平国际领先，形成了阶磨阶选、钒钛矿高炉强化冶炼、微细粒级钛铁矿回收、钢轨在线和离线热处理、钒氮合金生产等一批国际国内领先、拥有自主知识产权的专有技术，建有钒钛资源综合利用国家重点实验室、钒钛资源综合利用产业技术创新战略联盟、高速重载钢轨国家地方联合工程研究中心、国家级企业技术中心等国家级创新平台，是我国首批自主创新型企业，荣获国家技术创新示范企业称号，连续多年位列全国钢铁企业专利创新指数排名前列。

矿产资源领域，攀钢自主开发形成"陡坡铁路线路和牵引网路设计"成套技术，"大型深凹露天矿陡坡铁路运输系统研究"成果荣获国家科技进步奖二等奖；攻克超细粒级钛铁矿工业回收世界性难题，钛回收率提高 5 个百分点以上；实现钻机、电铲、矿用卡车单点智能化作业，矿山 5G 远程采矿成为行业标杆。

钢铁技术领域，攀钢攻克普通高炉冶炼高钛型钒钛磁铁矿的世界性难题，打破国外专家"呆矿"断言，荣获全国科学大会奖项。攀钢钢轨荣获全国唯一"钢轨出口免验"资质，出口美国、澳大利亚等 40 多个国家和地区，"100 米长尺钢轨在线热处理生产线工艺及装备集成技术开发"荣获国家科技进步奖二等奖。

攀钢可提供 13 大类、400 余个牌号的高级优质特殊钢材料，研制生产的高温合金和特殊钢材料成功运用于国家重点专项，多项产品填补国内空白。

钒钛技术领域，攀钢自主研发出钒氮合金生产技术，打破国外垄断，荣获国家技术发明奖二等奖，钒氮合金产品获评"制造业单项冠军产品"，首创氧化钒清洁生产工艺，开启全流程"三废"零排放的新纪元。攀钢全球首创高炉渣提钛产业化核心工艺与成套装备技术，有望将攀西钛资源利用率由29%提升至60%。攻克基于100%攀枝花钛精矿的熔盐氯化钛白粉生产技术，解决国内高端钛白粉生产依靠进口钛精矿的关键技术难题，形成基于攀西资源生产高品质海绵钛的绿色高效产业化技术体系，整体技术达到国际领先水平。

四、特色工艺装备

矿产资源产业：拥有钒钛磁铁矿、白云石矿等矿山。截至2023年底，境界内可采资源量约3.93亿吨。其中：攀枝花矿区1.15亿吨（露天0.68亿吨，地下0.47亿吨），白马矿区2.78亿吨。主要生产钒钛磁铁矿（铁精矿）、钛铁矿（钛精矿）、冶金辅料矿（石灰石粉、生石灰粉、高镁石灰粉）等矿产品。经过50年发展，已形成年产铁精矿1340万吨（TFe品位54%~57%）、冶金辅料矿80万吨的实际生产能力。拥有采矿、选矿等设备共计767台（套），其中进口设备有山特维克破碎机、美卓破碎机、德瑞克筛、阿特拉斯钻机、塔磨机、隔膜泵、沃尔沃铰接车、卡特矿用汽车等。

钛产业：攀钢采用乌克兰工艺技术，实现了海绵钛"氯化精制+还原蒸馏+镁电解"全流程生产和生产过程中镁、氯闭路循环使用。通过引进、消化、提升，熔盐氯化技术和流水线镁电解技术达到国际先进水平。攀钢拥有全自动钛焊管生产线10条，可生产直径12.7~50.8毫米、壁厚0.35~2.0毫米的各种规格钛及钛合金焊管，产品质量达到GB/T 3625、ASTM B 338、ASTM B 265、ASME SB338、SPEC0216、HSDH0206等标准要求，钛焊管产品广泛应用于氯碱、纯碱、真空制盐、航空航天、海洋防腐、核电、石化、医药及运动器械等领域。攀钢四川鸿舰重型机械制造有限责任公司拥有蜡模精铸线、100千克真空悬浮炉、1000千克真空凝壳炉等关键设备，具备年产100吨高纯度大型钛铸件全流程生产能力。钛铸件广泛运用于航空航天、化工行业等领域。

钒产业：采用"湿法冶金"工艺路线，钒渣通过破磨、焙浸、沉淀还原、冶炼等工序生产钒产品。主要装备以炉窑类、破磨类、固液分离类、反应槽（罐、塔、釜）和输送类设备为主。

普钢产业：

（1）汽车用钢：攀钢汽车用钢产品定位于高质量汽车面板、高强度汽车结构板，开发生产的汽车热轧酸洗板最高强度级别达到1000兆帕，冷轧汽车用板冷成型最高强度级别达到1200兆帕，热成型高强钢最高强度级别达到2000兆帕。生产线实现了厚度、宽度和品种的全覆盖，产品实物质量达到国际先进水平。拥有1台1650毫米一机两流连铸机、1台1930毫米一机两流连铸机、1条2050毫米热轧线、1条2030毫米冷轧线等设备，整体设备技术处于世界一流行列。

（2）铁路用钢：目前可生产钢轨轨型38个、钢轨品种116个（按轨型、材质、热处理方式统计）。攀钢钒公司轨梁厂具备重轨、型钢、方钢三大系列近百个不同规格品种，年产钢材160万吨，其中钢轨145万吨、型钢3万吨、优质方钢12万吨的综合生产能力，是国内重要的铁路用钢生产基地和蜚声中外的顶级钢轨生产厂，截至2022年出口钢轨累计突破 300 万吨。轨梁厂拥有 2 条钢轨生产线，其中万能一线始建于 20 世纪 70 年代，经 2014 年扩建和 2021 年 950 技改，已实现轧制线全自动化控制和高精度钢轨轧制生产。万能一线具有 2 架二辊可逆式开坯机和 3 架万能轧机，均为国产轧机，使用 BD1+BD2+UR/E+UF 的轧机工艺布局，其中 BD1 开坯机最大辊径 φ1350 毫米，单边轧制力 10000 千牛，达国内领先水平。万能二线建设于 2004 年，是中国第一家、世界第三家能够按国际上最严格的质量标准（EN 标准）生产高强度、高平直度、高表面质量的 100 米长尺钢轨的生产线，采用世界上最先进的 7 机架万能法轧制工艺。万能二线具有 2 架二辊可逆式开坯机和 5 架万能轧机，均为西马克（SMS）轧机，使用 BD1+BD2+U1/E1+U2/E2+UF 的轧机工艺布局，其中轧机采用西门子控制系统、AGC/TCS 等技术和万能轧制法，成品断面尺寸精度高，表面光洁度好。两条钢轨生产线自动化程度高，实行全线物流跟踪。拥有步进梁式加热炉 3 座，采用模糊控制和错开式布置，加热的钢坯脱碳层少，钢坯温度均匀，无"黑印"；除鳞系统 2 套，采用 23 兆帕高压和多点除鳞技术，除鳞效果好；钢轨热打印机 3 台，能够与轧制速度匹配，自动快速更换字符，打印清晰；步进梁式冷床 2 座，其预弯功能可减小钢轨残余应力，使钢轨性能达到高速轨标准要求。其中万能二线余热线更是具有全部自主知识产权，钢轨在线热处理技术处于国际领先水平。均配有先进的自动检测技术，建成高度集成的检测中心，具有钢轨平直度检测、涡流探伤和超声波探伤等设备。同时万能二线积极探索先进智能检测技术的应用，先后引进了意大利（Nextsense）3D、端部扭转、端部平直度，奥地利（MERMEC）2D 等检测设备，着力实现热态钢轨规格自动检测、热态/冷态钢轨表面缺陷 AI 识别、过程质量控制中设备测量取代人工测量等。

（3）建筑用钢：拥有 1 条线材生产线，产能 50 万吨/年。高速线材生产线主体设备采用意大利达涅利技术，电气系统是由德国西门子公司提供的全数字控制系统，打包机是引进瑞典森德斯公司的设备，测径仪采用国产先进天津兆瑞公司技术。生产线整体生产过程全部由计算机控制，设计速度为 112 米/秒，保证速度为 95 米/秒。棒材生产线：拥有 1 棒材条生产线，产能 60 万吨/年。棒材生产线采用平、立交替布置，无穿水工艺轧制，电气系统是由德国西门子公司提供的全数字控制系统，精轧机组采用活套控制轧制，设计速度 18 米/秒。

（4）特钢产业：攀钢可按照国标、国际标准及用户技术条件，提供碳结钢、合结钢、轴承钢、弹簧钢、工模具钢、不锈钢、高强钢、高温合金、耐蚀合金、精密合金、钛及钛合金等 13 大类、400 多个牌号的特殊钢、特种合金及钛产品。产品广泛用于航空、航天、海装、核电、交通、机械、石化等领域，其中特种合金、特种不锈钢、工模具钢等产品在国内占有重要地位，市场占有率位居同行业前茅。拥有电炉、真空自耗炉、真空感应炉、快锻机组、精锻机组、方坯连铸生产线、初轧生产线、薄板生产线、精管生产线等设备 4775 台（套）。主要生产设备有钛材 45 兆牛快锻机组、钛材 80 兆牛压机、45 兆牛挤压机组、31.5 兆牛挤压机组、18 兆牛精锻机组、45 兆牛快锻机组等。目前，设备配置水平在同行业中处于中等水平。

五、未来展望

着眼未来，攀钢将深入学习贯彻习近平新时代中国特色社会主义思想，坚决扛起新时代国有企业新使命，专注钒钛资源综合利用和解决国家关键战略性材料难题，积极构建"普钢+特钢+钒钛"产业发展格局，努力将攀钢打造成世界一流新金属材料企业，不断提高核心竞争力、增强核心功能，推动企业高质量发展，充分发挥国有企业科技创新、产业控制、安全支撑"三大作用"，为强国建设、民族复兴做出更大贡献。

第四节　武汉钢铁有限公司

一、企业简介

武钢是新中国成立后兴建的第一个特大型现代钢铁联合企业，被誉为"新中国钢铁长子"。1958年9月13日，武钢一号高炉建成投产，毛泽东主席亲临炉台观看高炉出铁，这一天也被定为武钢投产纪念日。

承载着党和国家重托的武钢在60多年的发展历程中，为国家经济建设作出了突出贡献。2016年，宝钢集团、武钢集团按照国资委部署启动联合重组，两家央企的核心资产宝钢股份、武钢股份启动换股吸收合并，"武汉钢铁有限公司"应运而生。

公司厂区坐落在武汉市东部、长江南岸，用地面积21.17平方公里，厂区道路总长67公里，厂界31公里。公司拥有炼焦、炼铁、炼钢、轧钢及配套公辅设施等一整套先进的全流程钢铁生产工艺设备，始终专注于冶金产品及副产品、钢铁延伸产品制造及冶金产品的技术开发；拥有7大类600多个品种，形成了以冷轧硅钢片、汽车板、高性能工程结构用钢、精品长材四大战略产品为重点的一批名牌产品，广泛应用于汽车、家电、石油化工、机械制造、能源交通、金属制品、航天航空、核电、电子仪表等行业。

武钢深刻学习领会习近平总书记重要指示精神，积极推进绿色低碳冶金关键核心技术应用，首创践行"ALL IN ONE"智慧制造理念，建成管控中心和炼铁、炼钢、CSP、热轧四大操控中心，实现了操作室集中、远离现场、数据集成、实时采集，"一键炼钢""智慧运输"等成为现实。利用5G特性，首发"5G+铁钢界面智慧管控平台"，落地六大应用场景，平台投用后实现了专网专用、智慧铁水调度。依托5G专网应用于25大工业应用场景，武钢建成了5G+全链接工厂。展望未来，武钢将全力以赴转型发展，努力成为国内内陆型城市钢厂建设典范，谱写新时代高质量发展新篇章。

二、历史沿革

1890年，清末湖广总督张之洞创办"汉阳铁厂"。

1955年，武钢青山厂区正式破土动工，武钢人开始了第一次创业，迎来了新中国兴建的第一个钢都的诞生。

1958年，武钢一号高炉建成投产，毛泽东主席亲临炉台观看高炉出铁，这一天也被定为武钢投产纪念日。

1960年，初轧厂1150毫米轧机试轧成功，武钢完成一期工程建设。

1966年，轧板厂2800毫米轧机投入生产，老三轧（初轧厂、大型厂、轧板厂）建设完成。

1974 年，武钢从联邦德国、日本引进"一米七"轧机系统，开创了我国系统引进国外钢铁技术的先河，走出了一条"质量效益型"发展道路。

1981 年，"一米七"轧机工程经国家验收正式交付生产。

1997 年，武钢集团独家发起创立武钢股份。

1999 年，武钢股份在上海证券交易所挂牌，股票代码 600005。

2005 年，武钢以科学发展观为指导，努力推进第三次创业，生产经营和改革发展取得了突出成就：中西南战略扎实推进，本部产能成倍增长，三大品种基地基本形成，自主创新能力大幅提升，"走出去"战略取得突破，内部改革持续深化

2016 年，宝钢集团与武钢集团联合重组，宝钢股份与武钢股份启动换股吸收合并。宝钢集团有限公司更名为中国宝武钢铁集团有限公司，作为重组后的母公司，武汉钢铁（集团）公司整体无偿划入，成为其全资子公司。

2017 年，武汉钢铁有限公司成立，成为宝钢股份四大钢铁基地之一。

2019 年，武钢一号高炉建成投产，累计生产生铁逾 5000 万吨。

三、主要成果

钢铁产品主要有热轧卷板、热轧型钢、热轧重轨、中厚板、冷轧卷板、镀锌板、镀锡板、冷轧取向和无取向硅钢片、彩涂钢板、高速线材等几百个品种。其中，冷轧硅钢片和船板钢获"中国名牌产品"称号，汽车板、桥梁用钢、压力容器钢、集装箱用钢、帘线钢、耐火耐候钢、电工系列用钢等优质名牌产品在国内外市场享有广泛的声誉。

具有自主知识产权的硅钢产品应用于中国北京正负电子碰撞机、"神舟六号"、三峡工程、中国第三代核电机组"华龙一号"、乌东德水电站（80% 以上份额）、白鹤滩水电站（独家供货磁轭钢）等国家重大工程。高性能工程结构用钢应用于国家大剧院、国家体育场（鸟巢）、中央电视台、广州电视塔等地标性建筑。桥梁钢应用于港珠澳大桥、杭州湾跨海大桥、鹦鹉洲大桥等，并承担国家重点研发计划"高性能桥梁用钢"。高速钢轨市场占比国内领先，产品应用于包括京广高铁、京沪高铁、沪昆高铁等国内 40 多个铁路重点工程，并出口海外多个国家。汽车板产品成功进入北京奔驰、奇瑞捷豹路虎、上海大众、上汽通用等中高端汽车市场。先后获得国家技术创新奖、全国质量管理奖、全国质量效益型先进企业、全国用户满意先进单位、全国企业管理杰出贡献奖、全国文明单位以及中央企业十大典型之一、首届湖北省长江质量奖、第四届"绽放杯"全国 5G 应用征集大赛一等奖、武汉智能标杆工厂等荣誉。

四、工艺装备和产品

武汉钢铁有限公司拥有炼焦、炼铁、炼钢、轧钢及配套公辅设施等一整套先进的全流程钢铁生产工艺设备，形成了以冷轧硅钢片、汽车板、高性能工程结构用钢、精品长材四大战略产品为重点的一批名牌产品，广泛应用于汽车、家电、石油化工、机械制造、能源交通、金属制品、航天航空、核电、电子仪表等行业。

2012 年 11 月 28 日，武钢新 6 号 7 米大型焦炉正式投产，同时宣告原有的 4.3 米焦炉全部淘汰，现有 10 座焦炉全部实现大型化。武钢加速淘汰小焦炉、实现焦炉大型化，与 4.3 米焦炉相比，7 米焦炉每年还可减少粉尘排放 200 吨。由于污染小、自动化程度高，炼焦工人的作业环境大大改善，劳动强度也大为降低。

硅钢：冷轧硅钢片素有冶金工业"工艺品"之称，代表着当今冶金工业生产技术的最高水平，是制造特大型及各类节能型电机、变压器等的优质铁芯材料。公司硅钢产品用户主要有特变电工、中国西电、保变天威、山东达驰、江苏华鹏、海尔集团、美的集团、艾欧史密斯电气及施耐德电气公司等知名企业。中国北京正负电子碰撞机工程所使用的硅钢产品全部由公司独家提供，中国"神舟六号"飞船的研制生产过程中采用了公司生产的硅钢产品，三峡 700 兆瓦大型水轮大电机、500 千伏大变压器等国家重大工程均采用公司生产的硅钢产品。

汽车用钢：自 2005 年以来汽车用钢研发、生产取得重大进展，成功开发了成套轿车用钢板的生产技术。研发出深冲 IF 钢、高强钢、烘烤硬化钢、低合金高强钢、高强 IF 钢、双相钢等 7 大系列 100 多个牌号产品，品种覆盖热镀锌纯锌汽车板、合金化热镀锌汽车板、电镀锌汽车板及普通冷轧汽车板，实现了汽车整车全规格供料。成功进入神龙、上海大众、上海通用、东风日产、广州本田等多家中高端汽车市场，其中特超深冲钢汽车板 DC07 成功应用，2070 毫米超宽热镀锌汽车板填补了国内超宽面板领域的空白。

高性能工程结构用钢：经过多年的研发和生产，公司已经形成了系列高强度焊接结构钢、耐磨钢、易成型钢等多个品种系列。研发出第五代桥梁钢并成功应用到港珠澳大桥、芜湖长江大桥、京沪高速南京大胜关铁路桥等大型桥梁，是我国桥梁钢研发与生产的引领者。开发了 6 个系列的高性能压力容器钢种，并制定了相关的国家标准，是我国高性能压力容器用钢系列产品的奠基者。研制开发的高级别管线钢在西气东输、川气东送等 40 多条重大管道工程中得到应用，国内独家开发 CT80 连续油管用钢，率先成功开发了深海石油管线钢。高性能建筑用钢获得国家技术发明奖二等奖，在国家大剧院、国家体育公园、中央电视台、拉萨火车站等地标性建筑中得到应用。

精品长材：帘线钢实物质量通过比利时贝卡尔特、法国米其林公司的质量认证，达到国际先进水平，获 2012 年"中国钢铁工业产品开发市场开拓奖"。2021 年新建专业化、国内领先的双高棒产线，具有高尺寸精度、高性能稳定性的特点，具备 500 兆帕级及以上高强度、功能化螺纹钢以及圆钢生产能力。高线产线 2023 年完成升级改造，定位中高端工业材生产制造基地，主要品种包括帘线钢、冷镦钢、弹簧钢、电缆钢、焊丝钢等品种，具备批量生产能力。高速钢轨产品跻身国内一流行列，成功供货京沪高铁、京广高铁、沪昆高铁等国家重点项目，树立了武钢钢轨品牌，累计供货 800 余万吨，铺设总里程超过 5 万公里，高速钢轨市占率国内领先。热轧钢板桩国内首家成功开发，使用性能达到或超过日本同类产品水平，成功应用于武汉长江二七大桥、武汉东湖隧道、上海迪士尼等重点工程，获 2019 年"中国钢铁工业产品开发市场开拓奖"。

五、未来展望

武汉钢铁有限公司将依托宝钢股份，以"成为全球最具竞争力的钢铁企业、最具投资价值的上市公司"为战略目标，优化资源配置，在区位、研发、采购、生产、营销、产品、技术创新、企业文化等方面将发挥协同效应，推动提质增效，加速实现核心技术突破，进一步提高创新能力。建成代表中国钢铁工业最高技术和实力水平，拥有钢铁技术自主知识产权、拥有国际钢铁行业话语权和强大竞争力的世界一流钢铁企业。

第五节　邯郸钢铁集团有限责任公司

一、企业简介

邯郸钢铁集团有限责任公司（以下简称邯钢）是河钢集团的核心企业，1958 年建厂，现有总资产 1274 亿元，优质钢产能 1056 万吨/年，是国家重要的精品板材和优特钢生产基地；先后荣获全国创新型企业、全国质量奖、全国绿色工厂、全国文明单位、全国节能先进集体、全国先进基层党组织、绿色发展标杆企业、中国钢铁工业清洁生产环境友好企业等称号，连续 15 年保持"全国模范劳动关系和谐企业"称号，被评为环保绩效 A 级企业。

近年来，邯钢以习近平新时代中国特色社会主义思想为指引，始终肩负做强做优国有企业的政治责任，完整、准确、全面贯彻新发展理念，深入实施技术升级发展战略，着力谋创新、提质效、拓市场、塑品牌，成为河北省内钢铁行业首家国家技术创新示范企业，拥有 6 个省级科技创新平台；培育形成了汽车用钢、家电用钢、重轨钢、优质中板、优特钢、管线钢、特种气体等系列品牌产品；客户覆盖汽车家电、机械制造、铁路船舶、石油化工、工程建筑等国民经济各个领域，成为区域市场主导者和领跑者，跨入国内钢铁行业第一梯队。邯钢深入践行习近平总书记生态文明思想和"绿水青山就是金山银山"的理念，坚持生态优先、绿色发展，采用国际上最先进的工艺技术实施环保节能提升改造，实现了全工序、全流程超低排放。

汽车用钢实现"整车造"，国内第二家具备第三代汽车用钢 QP1180 生产能力，构建起完善的国标、日标、美标、德标、欧标等系列汽车用钢体系。家电用钢实现"全覆盖"，品种规格覆盖"黑、白"家电全领域，形成了酸洗、冷板、镀锌、彩涂和电镀锌五大系列精品。钢轨产品通过 CRCC、欧盟最新标准和 TSI 认证，成功轧制世界运行最高时速的 350 公里高速轨，生产技术达到国内领先水平。管线钢产品牌号实现从 X42 到 X100 系列全覆盖，产品质量及市场占有率稳居国内"前三甲"。优质中板以"小众、高端、特色"工程机械用钢为发展方向，多个产品实现国内首发或替代进口。优特钢形成了工程机械用钢、高端轴承钢、弹簧钢、高强紧固件用钢、帘线钢等系列特钢精品。特种气体"航天氙"成功应用于我国实践十三号卫星、亚太 6D 通信卫星等，打破长达 40 年依赖进口的历史，被誉为民族的"争气氙"；"芯片氪"与长江存储建立长期稳定合作关系；氙、氪、氖稀有气体国内市场占有率达到 28%，省内排名第一。

二、历史沿革

1957 年，国家批准了冶金工业部在全国建设"三大、五中、十八小"钢铁企业的方案。这一方案曾被陈云副总理称为"三皇五帝十八罗汉","邯郸"位列"十八罗汉"。7月9日，全国地方冶金工业会议决定：在河北新建一个年产铁35万吨、钢30万吨、钢材25万吨的小型钢铁厂。

1958年，邯钢动工兴建。

1959年，毛泽东主席视察邯郸，高瞻远瞩地预言："邯郸是要复兴的……这里有五万万吨铁的蕴藏，很有希望搞个大钢铁城。"

1965年，两座3吨空气侧吹转炉、500毫米×3中型轧机和300毫米×3小型轧机相继投产，邯钢生产出第一根钢材。

1970年，邯郸市成立了"7011指挥部"，举全市之力支援邯钢大规模扩建改造。主要项目包括：一座620立方米高炉、三座15吨氧气顶吹转炉、一套2300毫米中板轧机、一套650毫米横列式轧机、四台24平方米烧结机，于1975年底全部建成投产。这次被誉为"五朵金花"的扩建改造，使邯钢发展成为具有年产60万吨钢生产能力的中型钢铁联合企业。

1980年，邯钢率先在河北省实行一定五年不变的"上缴利润递增包干"承包责任制，超收自留、减收自补。这项被誉为"放水养鱼"的方案，激发了企业活力，五年实现留利1.5亿元。

1984年，河北省委省政府决定邯钢在全省第一批实行厂长负责制。当年邯钢实现利润突破亿元大关，居全国地方钢铁企业之首。

1985年，邯钢上缴利税突破亿元大关，成为河北省四家利税大户之一。

1986年，国家计委批准了邯钢新的改造工程，包括：建设一座1260立方米高炉、两台90平方米烧结机和一座机械化原料场。1992年全部建成投产。

1996年，"邯郸钢铁总厂"改制为"邯郸钢铁集团有限责任公司"，由工厂制改为公司制；国务院发出3号文件，要求"全国学邯钢"，"全国学习推广邯钢经验暨企业管理工作会议"在邯钢召开。

1997年，兼并衡水钢管厂和舞钢。

1998年，上海证券交易所"1号股票"——"邯郸钢铁（600001）"A种股票上市。

1995—2000年，建成了"五大工程"，包括：6米45孔焦炉、400平方米烧结机、2000立方米高炉、百吨转炉和薄板坯连铸连轧（CSP）工程。

2003—2005年，1680毫米冷轧薄板工程建成投产。

2005年，国家发改委核准"邯钢结构优化产业升级总体规划"（当时简称"邯钢新区"），2006年"邯钢新区"全面开工建设。

2008年6月30日，河钢集团成立。在河钢集团的坚强领导下，邯钢人牢记"代表民族工业，担当国家角色"的光荣使命，坚持走产业升级、产品高端路线，用满足高端客户需求推动产品升级、用技术创新推动结构调整、用智造精品推动品牌塑造，加快建设最具竞争力钢铁企业。

2011年，一炼钢厂120吨转炉炼钢工程投产。

2012 年，重轨型钢生产线、优质棒材和线材生产线投产。

2021 年，经过统筹考虑，省委省政府做出了区位调整、退城搬迁的决策部署，邯钢老区退出邯郸市区，一座效率高、工艺顺畅、工序紧凑的全新钢厂在涉县拔地而起。

三、主要成果

邯钢先后荣获全国创新型企业、全国质量奖、全国绿色工厂、全国文明单位、全国节能先进集体、全国先进基层党组织、全国模范劳动关系和谐企业、绿色发展标杆企业、中国钢铁工业清洁生产环境友好企业奖等称号，建设形成了以国家企业技术中心为核心、冷轧及涂镀层钢板技术创新中心等 6 家省级创新平台为枢纽、博士后工作站、院士工作站为支撑以及邯钢—长城联合实验室等 3 家客户端平台为有效延伸协同高效的创新平台体系。

近年来邯钢加强科技研发力量，推进钢铁生产技术进步，实现了装备优势到产品优势的转化，并取得了丰硕成果：2 项重大成果获国家科技进步奖二等奖，15 项成果获冶金部科学技术奖，25 项成果获其他社会力量省部级科技奖；参与了 35 项国家标准、行业标准、团体标准的制修订工作，其中 4 项为第一起草单位。

四、特色工艺装备

"十一五"以来，邯钢大力调整产品结构，加快转变发展方式，相继建成投产了以2250 毫米热轧生产线、2180 毫米冷轧生产线为代表的一大批先进装备，整体装备达到了"国内领先、国际一流"水平，综合竞争力发生了质的飞跃。

随着一系列现代化大型生产线的投产，邯钢形成了中厚板生产线、以 2250 毫米热轧生产线为代表的热轧卷板生产线、以 2180 毫米冷轧生产线为代表的冷轧深加工产品生产线和以钢轨生产线为代表的型棒线材生产线等四大系列精品生产线。产品涵盖汽车、家电、建筑、造船、航天、机械制造、石油化工等国民经济各个领域，并出口到欧美、东南亚等地区。

中板厂包括一条中厚板生产线和三条热处理生产线。中厚板生产线年生产能力 180 万吨，配备国际先进的控制技术和手段，加热炉全部采用固定床干法脱硫+低氮燃烧技术，实现全流程清洁生产，3500 毫米四辊可逆式粗轧机和精轧机、DQ+ACC 柔性控冷系统等主体装备水平达到国内同类先进水平。三条热处理生产线年生产能力合计 55 万吨，可对钢板进行调质、正火和回火处理。可以生产普通碳素结构钢、低合金钢、高强度结构钢，以及桥梁板、容器板、管线钢、造船板等专用产品；后期配合老区两条热处理生产线，可进行调质高强、耐磨钢产品的生产。

2250 毫米热轧生产线年生产能力 450 万吨，包括一条热连轧生产线、一条平整生产线和两条横切生产线。产线装备和控制系统代表了当今世界热连轧机组的最高技术水平，板形控制系统采用了最新的 CVC+技术，装备有边部加热器和快速冷却装置，确保薄规格产品的良好板形和带钢性能的均匀性。热轧卷板主要产品包括管线钢、低合金结构钢、船体用钢、汽车大梁钢、汽车结构和车轮用钢、桥梁用钢、耐候钢、容器用钢及焊瓶钢等。

电镀锌生产线采用喷射式新型电镀槽镀锌，可进行钝化、耐指纹、磷化等后处理，技术可靠、镀层质量稳定，年生产能力 12 万吨，产品主要用于汽车内饰及高档家电。

彩涂生产线采用二涂二烘工艺，生产线设计产能 12 万吨/年，产品主要用于建筑、家电等行业。

优特钢产线于 2011 年投产，炼钢系统拥有 3 套复合喷吹铁水脱硫装置、2 座 120 吨顶底复吹转炉、2 座 120 吨 LF 双工位精炼炉，1 座 RH 双工位精炼炉，连铸有 2 台小方坯连铸机（电磁搅拌）、1 台矩形坯连铸机（动态轻压下，降低中心偏析）。轧钢包含棒材线、线材线，棒材产能 80 万吨，线材产能 70 万吨；棒材规格 20~90 毫米，线材 5.5~25 毫米。棒材产线有 23 架意大利 Pomini 五代"红圈"轧机，轧后配有缓冷、超声波+涡流探伤。线材产线为无扭全连续线材生产线、Morgan 六代减定径机组、斯太尔摩控冷线。棒材主要品种包括弹簧钢、冷镦钢、轴承钢、齿轮钢、管坯钢等；线材主要品种包括冷镦钢、弹簧钢、轴承钢、圆环连用钢等。

型材生产线设计能力为 138 万吨/年，配有两座加热炉、两架开坯机，万能轧机布置采用 3+1，配有步进式冷床一座、平立复合矫直机一套，并配有型钢精整区和重轨精整区，主体设备为 SMS 供货。型材主要产品为铁路用热轧钢轨、起重机钢轨、H 型钢、钢板桩、工字钢、角钢、槽钢、船用型钢、矿用型钢等。

五、未来展望

面对新发展阶段的新机遇新挑战，邯钢将以习近平新时代中国特色社会主义思想为指引，在河钢集团的坚强领导下，始终肩负做强做优国有企业的政治责任，完整、准确、全面贯彻新发展理念，加快推进"钢铁向材料""制造向服务"的转型升级，最大限度释放装备、人才、技术、创新等全要素发展优势，着力打造产品高端、技术领先、管理高效、效益一流的绿色精品钢铁制造基地，全面提升钢铁材料供给能力、供给效率和供给质量，助力河钢集团加快建设具有极强市场竞争力和可持续发展能力的跨国工业集团。

第六节　河北永洋特钢集团有限公司

一、企业简介

河北永洋特钢集团有限公司（以下简称永洋特钢）位于河北省邯郸市永年区特钢工业园区内，占地 2300 亩、职工 3500 人；主体装备为 1260 立方米高炉 1 座，炼铁产能 106 万吨；120 吨转炉 1 座，炼钢产能 120 万吨。公司先后荣获"AAA"信用单位、"河北省诚信守法企业""河北省军民融合企业""全国发展县域经济突出贡献企业""中国民营制造业企业 500 强""河北省百强民营企业""河北省文明单位""全国文明单位"等荣誉称号，公司产品荣获"河北省著名商标""河北省名牌产品"等称号。

永洋特钢产品主要涵盖钢轨系列（轻轨/工业重轨/起重机钢轨），矿用支护型钢系列（U 型钢/矿工钢），轴承钢、优质碳素/合金结构钢等圆钢系列，弹簧扁钢、货叉扁钢等特殊用途扁钢系列以及部分合金连铸钢坯。永洋特钢是全国主要的轻重轨及矿山专用型材生产商，也是中国煤炭工业支护产品定点生产企业。产品广泛应用于机械制造、矿藏开采、核电工程、冶金焦化、石油化工等行业领域。公司先后与多家国内大型集团公司常年合作，深受用户好评，产品畅销全国各地，部分产品远销东南亚、南美、非洲及中东地区。其中弹簧扁钢、高强度汽车用热轧扁钢系列产品长期服务于多家国内外大型汽车厂，弹簧扁钢荣获 2018 年度"河北省优质产品"称号。货叉扁钢国内市场占有率较高，产品出口欧美、日本、韩国等地。圆钢产品重点瞄准"永年紧固件特色产业集群"市场需求，通过高品质产品和服务供给，为带动区域产业高质量发展注入了强劲动力，公司荣获"2023 年度河北省县域特色产业集群'领跑者'企业"荣誉称号。

二、历史沿革

1982 年，在党的改革开放和富民政策指引下，时任杜刘固村第二生产队长的杜庆申认识到"无工不富"。他走街串户凑足 7 万元，在村北建了一座小型轧钢厂（主要产品为圆钢），迈出了兴办企业的第一步。

1987 年，为了扩大生产规模，杜庆申多方筹措 100 多万元，建起永年县轧钢厂，当年就创造效益几十万元。

1993 年，永年县轧钢厂与湖南常德城市建设开发公司、香港亿洲发展公司联合投资 3000 多万元，组建河北永洋钢铁有限公司，确立了"实事求是、忠孝诚信、以德治厂、回报社会"的办厂宗旨。

1994 年，一轧钢投产配备 ϕ350 毫米、ϕ400 毫米共五架轧机，主要生产轻轨、槽钢、角钢等产品。

1995 年，遭遇国内钢铁市场"大滑坡"，产品滞销，负债 3000 多万元。经过深入调研，公司瞄准轻轨产品"大厂不愿干、小厂干不了"的市场空档，果断调整产品结构，专注于轻轨生产，使企业转危为安，焕发新的生机。

2002 年，二轧投产，主要生产重轨、起重机轨、矿工钢、U 型钢等产品。

2007 年，炼钢厂投产，主体装备为 70 吨电弧炉 1 座、五机五流连铸机 1 台，采用废钢预热、连续水平加料等电炉高效化操作生产工艺，技术指标达到国内先进水平。

2009 年，炼铁厂投产，形成"烧结—炼铁—炼钢—连铸—轧钢"完整的工艺链，整体规模、综合实力迈上新台阶。

2011 年，红冶车间投产，主要生产轻轨、矿工钢、电梯轨、鱼尾板等，产品质量稳步提升，多次被评为河北省名牌产品。永洋特钢逐步发展成为全国规模最大、品种最多、规格最全的轻轨、重轨、矿山专用型材生产基地。

2012 年，特钢车间投产，主要生产汽车用弹簧扁钢、大梁扁钢、货叉扁钢、工具钢、轴承钢等优特钢产品。

2013 年，为加快产业转型升级，永洋特钢积极响应政府号召，谋划退城搬迁。同年，永年县特钢产业被列入《河北省钢铁产业结构调整方案》和《邯郸市钢铁产业结构调整方案》，确立了以永洋特钢为主导的钢铁产业结构调整发展方向。

2014 年，河北永洋钢铁有限公司更名为河北永洋特钢集团有限公司，牵头整合多家钢铁企业，实施产业重组、退城搬迁、装备升级项目。

2015 年，永洋新区开工建设，规划占地 2300 余亩，主要建设 1260 立方米高炉 2 座、120 吨转炉 2 座、120 吨 LF 炉 2 座、120 吨 VD 炉 1 座、方矩坯连铸机 2 台、轧钢生产线及配套公辅设施。

2017 年，建成 1260 立方米高炉 1 座、120 吨转炉 1 座及配套公辅设施。

2019 年，轻轨生产线投产。国内首台（套）闭口牌坊式型钢万能轧机装备在该生产线的应用，打破了同类核心工艺及装备技术长期依赖进口的局面。

2021 年，重轨生产线投产。该生产线实现了关键工艺装备及控制技术全部国产化，达到世界领先水平。

2023 年，中棒 & 扁钢生产线投产。该生产线采取大压下开坯技术，高刚度、无张力轧制技术及高精度二辊减定径技术，可极大提高轧制效率和产品综合质量。

三、主要成果

经过三十年在行业内的持续深耕，永洋特钢已成为国内轻重轨、起重机轨及矿山专用型材的主要生产厂家，是中国煤炭工业支护产品定点生产企业，同时也是《热轧轻轨》《起重机钢轨》《矿山巷道支护用热轧型钢》等国家标准和行业标准的起草单位。

轨道钢作为主导产品，永洋特钢精心打造了种类齐全的轨道钢产品"超市"，为客户提供个性化的定制服务。轻轨荣获"河北知名品牌"称号，工业重轨和起重轨填补了中原地区中重载运输轨道及起重设备用钢轨的市场空白。产品广泛应用于机械制造、矿藏开采、核电工程、冶金焦化、石油化工等行业领域。产品畅销全国各地，部分产品远销东南亚、南美、非洲及中东地区，深受用户好评。

永洋特钢始终坚持"依靠科技创新，提质增创效益"，依托省级企业技术中心、邯郸市特种精密型钢技术创新中心、特种钢研发中心以及国家认可实验室等平台，打造"以市场为导向、以提升核心竞争力为主线、以自主研发为主体"的技术创新体系，实现产品研发、科技创新、质量管理等多领域同频共振。同时，还注重引进外部技术资源，先后与北京科技大学、东北大学、安徽工业大学、钢铁研究总院等多家知名高校及研究机构建立合作关系。2020 年，公司与上海大学材料学院签订战略合作协议并成立"高品质型钢技术联合研发中心"，瞄准关键核心技术，推动产学研用深度融合。依托各项技术创新资源支持，公司持续聚焦钢铁行业前沿问题和制约企业发展的关键共性技术研究，并重点关注原始创新、集成创新与引进消化吸收再创新之间的科学衔接。2021 年，公司主持完成的《轻轨钢精密高效轧制技术》系列集成技术成果，被河北省科技厅认定达到"国内领先"水平。2023 年公司与中冶赛迪、中冶东方等联合申报的《精品轨梁轧制工艺、装备与控制的关键技术研发及应用》《型钢智能化高效冷却技术及装备的研发与应用》项目分别获得冶金部科学技术奖二等奖和三等奖。

四、特色工艺装备

近年来，永洋特钢通过产业重组、退城搬迁，加速实现转型升级。现有1260立方米高炉1座、120吨顶底复吹转炉1座、120吨LF精炼炉2座、双罐单盖真空VD炉1台、方（矩形）坯连铸机2台。其中，120吨顶底复吹转炉配备国内先进的一次干法除尘和二次、三次除尘系统，有效解决了生产过程中的环保问题，实现了超低排放。采用声纳化渣检测、智能加料系统、无渣出钢专有技术、洁净钢变性处理技术、液位自动控制技术、钢包下渣检测、两段式电磁搅拌、动态配水及轻压下技术等，为提高钢水洁净度和铸坯质量提供了有力保障。

轧钢系统现有轻轨、重轨和中棒＆扁钢生产线。

轻轨生产线：采用万能法半连轧工艺轧制轻轨，主要生产轻轨、矿用工字钢、电力角钢等产品。轧线选用串列式布置模式，BD1+BD2两辊可逆式开坯机+7架万能精轧机组。开坯轧机采用先进的液压防卡钢、过载保护、液压平衡、带负荷压下等先进技术，可有效保证轧制质量。采用由U1、U2、E3、U4、U5、E6、U7组成的7机架万能连轧机组，降低轧制周期，同时该机组在轧制角钢等产品时，还可以全部转换为二辊模式，生产组织灵活，产品范围较广。机架上设置有全液压压下的TCS控制系统，产品尺寸精度高。采用带预弯的长尺大冷床、长尺矫直、铣钻一体化、现代化码垛等技术，设备自动化程度高，生产效率和产品质量得到有效保障。

重轨生产线：国内首条核心装备全国产万能轧机重轨生产线，主要生产工业重轨、起重机钢轨、矿用U型钢、电力角钢等产品。重轨生产线采用中冶赛迪BD1+BD2两辊可逆式开坯机+UMCD三机架可逆式万能轧机、门式水平矫直机和立式矫直机等核心技术装备，采用钢轨高速自动热打印机、带长尺智能预弯技术的冷床、在线探伤、智能分钢、联合锯钻、自动码垛等先进的精整技术，降低残余应力，提高平直度、尺寸精度、成材率等。整条生产线节能低碳、智能环保，采用先进的全液压压下TCS控制系统，提高了生产效率和产品质量。

中棒＆扁钢生产线：采用1架二辊可逆式开坯机+18架平立交替短应力连轧机组的半连轧工艺，全线通过闭环控制系统实现无扭控温轧制。为控制产品尺寸精度，在棒材减定径机组前后设有在线测径装置，以实现对轧件尺寸精度进行连续监控，快速反馈。为满足不同规格扁钢和圆钢的产品质量，设置双通道辊道上冷床，实现对于冷速的精准控制。该生产线的产品范围涵盖轴承钢、齿轮钢、货叉钢、弹簧钢、冷镦钢、非调质钢等圆钢及扁钢。

五、未来展望

展望未来，永洋特钢将继续秉承"实事求是、忠孝诚信、以德治厂、回报社会"的企业使命，"心系员工苦、不忘顾客情"，坚持"创新驱动"理念，通过高品质产品和服务供给、高端化产业发展引领高质量绿色发展，聚焦主业、守正创新、不忘初心、砥砺奋进，着力打造华北地区最大的特钢生产基地和全国一流的花园式绿色钢铁企业。

第七节　辽宁紫竹集团

一、企业简介

辽宁紫竹集团是从事钢铁冶炼、轧钢生产、钢材深加工、国际进出口贸易、高新技术研发、高端装备制造等业务的综合性集团企业。集团旗下现有：海城市恒盛铸业有限公司、鞍山紫竹第三轧钢有限公司、鞍山紫竹科技型钢有限公司、鞍山紫竹重型特钢有限公司、鞍山紫竹轨道交通设备有限公司、辽宁紫竹高科装备股份有限公司、鞍山紫竹物资有限公司、鞍山紫竹国际贸易有限公司等十几家大中型企业。集团在哈尔滨、上海、广州、武汉等地设立 8 家分公司，并在美国、俄罗斯、荷兰、澳大利亚、南非、中国香港等国家和地区设立 6 家全资子公司。集团产品主要围绕钢轨、钢板桩、特高压电力铁塔角钢、钢桥用热轧 U 型肋及各类异型钢材的生产，以及静压植桩机、冲击锤、振动锤、S-TRD 工法机、草捆捡拾机等高端设备的研发与制造。产品出口全球 60 多个国家，年创汇 4.25 亿美元。"自强不息，产业报国"是紫竹集团的企业宗旨。紫竹人将以精湛的技术、优质的产品、完善的服务、一流的信誉，竭诚与海内外朋友合作，共图发展。

海城市恒盛铸业有限公司始建于 2000 年，是一家集烧结、炼铁、炼钢、机械加工为一体的综合性冶金企业，占地面积达 70 万平方米。公司位于鞍山市腾鳌经济开发区，年生铁产量和粗钢产量达 120 万吨，是紫竹集团原材料生产基地，主要供应集团旗下各大轧钢企业，特别是生产 U75V、U71Mn 等高强度重轨用钢坯，实现完整产业链全覆盖的同时，也实现了高性能重轨的批量生产和供货。

鞍山紫竹第三轧钢有限公司和鞍山紫竹科技型钢有限公司，是生产轨道钢的主要基地。鞍山紫竹第三轧钢有限公司始建于 1998 年，坐落于"钢都"鞍山风景秀丽的千山脚下。公司拥有 ϕ850 毫米、ϕ650 毫米、ϕ450 毫米、ϕ350 毫米等四条轧钢生产线，建有先进的物理实验室、化学分析实验室，同时与国家重点冶金院校建立"产、学、研"合作关系。公司拥有雄厚的技术力量和丰富的人才资源储备，为生产精品钢材打下坚实的基础。公司主要产品有轻轨、低合金轻轨、重轨、起重轨、工字钢、槽钢、角钢、方扁钢、U 型支护钢、铁路专用型钢等各类异型钢十多个系列，近百个规格品种。产品被广泛应用于铁路、船舶、桥梁、铁塔、煤矿、工程机械、悬挂机械等国家重点工程；所生产的包括德标、美标、日标、韩标的轻轨出口到世界数十个国家及地区。

鞍山紫竹科技型钢有限公司始建于 2009 年，是紫竹集团旗下的专用型钢生产基地，坐落在鞍山经济开发区。公司拥有国内先进的万能轧机生产线，建有物理实验室、化学分析实验室、新产品研究所。公司主要生产产品有钢板桩、重轨、起重轨、槽型轨、磁悬浮系列钢轨、L 型钢、特种 H 型钢、铁塔用热轧角钢及各类异型钢等高科技钢材品种。现已成功开发出国标钢板桩、日标钢板桩、欧标钢板桩、美标钢板桩等几大系列 30 余个规格品种并形成批量生产，填补了国内空白。目前产品出口到 60 多个国家和地区，被广泛应用于起重机、铁路、船舶、桥梁、铁塔、煤矿等国内外重点工程。对于钢轨生产，科技型钢的轨梁生产线（即该公司的主轧线）则是继承了"三轧"的优良工艺传统和生产经验，并且在此基础上对工艺和装备作出了升级；科技型钢的轨梁生产线投产的第一个产品便是出口到泰国，作为泰国上线轨使用的 GB 50 千克/米重轨。

鞍山紫竹轨道交通设备有限公司始建于 2009 年，是围绕钢轨生产配套的轨道交通设备生产基地，公司坐落于鞍山经济开发区，周边物流配套设施完善。公司主要从事铁路配套设施、城市轨道交通配套设施的生产和开发，业务还涉及大型钢结构产品生产制造、钢结构桥梁制造与装配、装配式建造技术应用与研发；主要产品有钢枕、M 型钢枕、覆工板、鱼尾板、垫板、护轨槽、哈芬槽、弯轨器、路基箱、贝雷片等轨道交通设备。公司同时拥有一支由数十名工程师和高级工程师组成的高素质的人才队伍，负责研发适应铁路未来发展需要的更新、更先进的配套产品，现已获得 10 余项国家专利。公司未来将建成世界知名的集生产、设计、研发为一体的综合性轨道交通设备生产基地。

鞍山紫竹重型特钢有限公司始建于 2011 年，系紫竹集团旗下的超大型专用型材生产基地，具备生产百米轨的能力。公司坐落于鞍山市腾鳌经济开发区，交通便利快捷。公司引进目前世界最大的型钢连轧机组，主要生产大型 Z 型钢、几字钢、U 型钢、H 型钢、角钢等当前世界领先的超大型专用异型材，产品广泛应用于铁路、船舶、桥梁、海洋钻井平台、大型专用设施等国内外重点工程。早在 2016 年公司试轧亚洲第一根热轧欧标 Z 型钢板桩成功并批量生产，打破了欧美国家垄断世界市场的格局，结束了亚洲国家无法生产热轧 Z 型钢板桩的历史，标志着集团已经具备轧制世界级超大型专用异型材的技术和能力。

二、历史沿革

紫竹集团前身为鞍山市第三轧钢有限公司。

20 世纪 70 年代，第三轧钢有限公司前身千山轧钢厂在鞍山市千山区千山镇魏家屯村建成，当时为乡镇企业。

20 世纪 80 年代，为了响应国家改革开放政策，千山轧钢厂也进行了产能升级和扩建，在千山镇的七岭子村、山印子村分别投产了两个分厂，并正式更名为鞍山市第三轧钢厂。主要生产冶标（YB）八号工字钢、螺纹钢等产品。

20 世纪 90 年代，鞍山市第三轧钢厂开发了首个钢轨产品，即部标 24 千克/米轻轨。

1998 年，企业所有制发生变化，由乡镇企业转型为私营企业，并更名为鞍山市第三轧钢有限公司。

1999 年，鞍山市第三轧钢有限公司顺利通过 ISO 9001 质量管理体系认证，并多次被评为"辽宁省著名商标""辽宁省名牌产品""鞍山市名牌产品""鞍山市纳税 A 级企业""守合同重信用单位""出口创汇先进企业"，连续多年跻身"鞍山工业企业十强"。

2003 年 5 月，鞍山市第三轧钢有限公司从魏家屯村搬迁至鞍山高新技术产业开发区，厂区建设更加正规化，厂区环境也更加优美，工艺排布更加科学合理。这次搬迁对于企业来说如同一次凤凰涅槃，将企业的活力充分地焕发了出来。2003 年 7 月，φ420 毫米轧线、

φ650 毫米轧线先后达产，可生产钢轨规格覆盖包括 GB 50 千克/米重轨以下、8 千克/米轻轨以上所有国内外标准钢轨规格。

2004 年，经过几年发展，鞍山市第三轧钢有限公司产品产量和质量有了显著提高，为了充分适应市场环境，公司针对国内贸易和国际贸易，分别成立了鞍山紫竹物资有限公司、鞍山紫竹国际贸易有限公司。经营范围覆盖全国的同时，也让高品质的轨道钢走出国门，销往世界各地。

2007 年 11 月，φ650 毫米轧线新增 φ1000 毫米矫直机，达到提升钢轨矫直能力的目标，将钢轨规格扩展到 QU100 以下起重机轨。

2008 年，辽宁紫竹集团公司正式成立。

2008 年 4 月，φ850 毫米轧线正式投产，并且圆满完成了 QU120 起重机轨的试轧和生产。

2008 年 9 月，φ350 毫米轧线正式投产，可生产 6 千克/米的超小规格的轻轨。

2009 年，鞍山紫竹科技型钢有限公司成立，并实现了重轨在万能连轧机组中的生产，该工艺为国内首创，迄今为止仍为国内仅有的重轨连轧生产线。

2009 年 6 月，25 米钢轨深加工线完成建设，25 米重轨为可汽运长材的最大尺寸。

2009 年 9 月，鞍山紫竹轨道交通设备有限公司成立，公司目标未来建成世界知名的集生产、设计、研发为一体的综合性轨道交通设备生产基地。

2011 年，鞍山紫竹重型特钢有限公司成立，于 2016 年试轧亚洲第一根热轧欧标 Z 型钢板桩成功并批量生产，标志着集团已经具备轧制世界级超大型专用异型材的技术和能力。

2022 年，建成鞍山紫竹物资仓储中心，该中心是鞍山周边一带工业大宗物料中转站，预计年货物仓储量可达到 40 余万吨。

三、主要成果

紫竹集团及旗下各公司，持有众多行业的多项体系认证，其中包括矿用型材、轻重轨、船用型材、异型截面型材等型钢的质量管理体系认证；铁路产品的（CRCC）认证；泰国铁道部认证；劳氏（LRQA）质量认证；普通型材、船用型材等型钢等大部分国家的"船级社"质量认证；地基与基础工程施工的质量体系认证；地基与基础工程及相关管理活动的环境管理体系认证。

紫竹集团作为一个地方性民营企业，依靠自强不息的经营理念，先后获得过百余项省市级荣誉奖项。包括并多年蝉联"纳税先进企业""辽宁省著名商标""守合同重信用企业""出口创汇先进企业""行业百强企业""全国型钢钢厂主导品牌""辽宁名牌产品""工业企业十强"等奖项。

紫竹集团生产钢轨规格丰富，钢轨规格包含了国标（GB）、冶金部标准（YB）、国际钢铁联合会（UIC）、日标（JIS）、韩标、美标、澳标、德标、英标等十余种标准的各类钢轨。钢轨种类包括重轨、轻轨、起重机轨、悬挂轨、F 型磁悬浮轨、槽型轨、异型轨等多种截面尺寸、单重的钢轨产品。

紫竹集团是国内第一家批量生产出热轧 U 型钢板桩的轧钢企业，首次填补国内空白；

也是国内第一家、世界第二家批量生产出热轧 Z 型钢板桩的厂家，产品质量和客户口碑甚至超越了国外同行。

近些年随着企业的发展，紫竹集团产品研发的力度和领域进一步提升，其中值得一提的是，紫竹集团重型特钢大型型钢线，于 2023 年 7 月成功试轧了铁道车辆中梁用热轧帽型钢，并将供应给机车厂，装备于新型样车上，替代过去的焊接中梁结构件。

紫竹集团获得过包括"一种低成本高效能热轧钢轨一体化铣钻设备""一种热轧钢轨在线纵向跟踪半自动打印机"等 260 余项专利，其中有 40 余项发明专利、10 余项外观专利、其余为实用新型专利。

紫竹集团参与了包括 GB/T 2585—2021《铁路用热轧钢轨》、YB/T 4830—2020《热轧帽型钢》等 10 余项国家或部委级标准的制定、扩充和完善工作。目前紫竹集团产品涵盖（1）GB 11264 热轧轻轨（9 千克/米、12 千克/米、15 千克/米、18 千克/米、22 千克/米、24 千克/米、30 千克/米）；（2）GB/T 2585—2021 铁路用热轧钢轨（38 千克/米、43 千克/米、50 千克/米）；（3）BS 11 铁路钢轨规范（BS50O、60R、70A、75A、75R、80A、80R、90R、95A、95R、95RBH、95N、100A、100R）；（4）YB/T 5055—2014 起重机用钢轨（QU70、QU80、QU100、QU120）；（5）DIN 536 A 系列起重轨（A45、A55、A65、A75、A100、A120、A150），DIN 5901 平底轨道（S7、S10、S14、S18、S20、S24、S30、S33、S41、S49）；（6）JIS E1101 热轧平底钢轨（30A、37A、50N）；（7）ASTM-A1-00 碳素钢丁字轨（ASCE25、ASCE30、ASCE40、ASCE50、ASCE60、ASCE80、ASCE85），AREMA 钢轨（115RE）；（8）UIC860 钢轨（UIC50、UIC54、UIC60）。

四、特色工艺装备

改革开放四十年，是紫竹集团披荆斩棘、砥砺前行的四十年，经过了多年发展，企业遇到过挫折和挑战，但在国家对民营企业帮扶和对出口创汇企业的大力支持下，紫竹集团牢牢抓住了机遇，如今的体量已经是改革开放初期、初创时期的百倍，公司的结构布局也发生了质的变化。

紫竹集团目前的布局是由"重型特钢""科技型钢""三轧"这三个轧钢企业为主体，依托"恒盛铸业"作为原料基地，以"轨道交通""高科装备"等深加工企业为下游衔接，实现产业闭环；再通过"物资"和"国贸"两大物流营销团队作为开拓市场的主力军团；形成"一体两翼"的战略布局。

作为主轧企业的"重型特钢""科技型钢"和"三轧"的工艺布局均为"1+1+7"的形式，这种工艺采用两架二辊可逆开坯，可以充分适应不同截面尺寸型材的需要；精轧采用七架连轧，最大程度地减少连轧轧机的数量，让场地布局更加紧凑合理，便于提高生产效率和降低生产成本。

作为原料基地的"恒盛铸业"，近年来也完成了高炉、转炉和连铸设备的升级改造。目前，恒盛铸业炼钢厂，共计有大、中、小三条连铸线，其中最大规格 H 型钢异型坯为"H1100×420×180"，设计最大坯型为"H1300×500×180"，此类坯型亦为国内首创。

五、未来展望

紫竹集团的企业文化是"自强不息，产业报国"，未来仍将坚定不移地为祖国的经济建设添砖加瓦。

为响应国家环境保护国策和节能减排政策，为国家早日实现"双碳目标"贡献力量，紫竹集团的近期目标就是完成集团内各个冶金企业的"超低排放"项目，采取最优化的烟气排放处理方案，解决固废、危废品的回收利用问题，做好物料覆盖和抑尘等工作。并计划于近期在各厂的厂房、办公楼楼顶等处投入建设太阳能光伏发电项目，切实抓紧"减碳"进程。

目前在建的有针对"三轧"老旧设备升级改造的"轻型特钢项目"，该项目于2024年底与"恒盛铸业"比邻落成，这是紫竹集团的第一条连铸连轧生产线，轧线的燃料使用"恒盛铸业"炼铁厂副产的高炉煤气。

十年内的中期目标是建设一个现代化的物流仓储中心；建设一条全连轧的超小型型材轧钢线；完成对钢轨、铁路附属用型材、船用材、桥梁用热轧型材、铁塔用型材、钢板桩等产品所有规格的覆盖，实现"超市化"物流配货模式。远期目标是打造具有国际影响力的高品质产品和品牌。

附录　中国钢轨生产大事记

一、鞍山钢铁集团有限公司

大型厂始建于 1933 年，重建于 1953 年，是我国恢复建设时期著名的"鞍钢三大工程"之一。

1953 年 11 月 30 日，生产出新中国第一根 43 千克/米、12.5 米长的重轨。

1960 年，开发 P71 和 P74 牌号钢轨，强度级别为 780 兆帕。

1966 年 12 月，生产出国内第一根定尺 25 米重轨。

1966 年，更新 U71Mn 牌号，强度级别为 880 兆帕。

1983 年，开发出重轨端部淬火新工艺，实现了重轨螺栓孔倒棱新技术。

1985 年，试制成功 50AT 道岔轨，满足制造新型道岔的需要。

1986 年 6 月，成功开发 60 千克/米钢轨。

1988 年，成功开发出 QU100 吊车轨。

1991 年 2 月，成功试制 B1 型电车轨并出口朝鲜。

1992 年，开发 100RE 钢轨并出口巴基斯坦。

1998 年，成功开发出 DU48 导电轨，并出口伊朗。

1999 年，成功开发 60 千克/米稀土钢轨。

2000 年，成功开发 60 千克/米 PD3 钢轨。

2000 年 12 月，鞍钢一炼钢厂模铸及一初轧厂停产，鞍钢彻底淘汰落后的模铸炼钢—初轧生产工艺。

2001 年 4 月 2 日，实施二期改造工程，安装了 1150 毫米开坯机和 1100 毫米初轧机，从德国西马克公司引进了三架万能轧钢机，修建了 50 米步进式冷床。

2001 年 10 月，开启重轨短流程连铸连轧生产模式。

2001 年，成功开发 50N 钢轨并且供货中国台湾地区。

2001 年，成功开发 UIC60 强度 900 兆帕级钢轨，并出口伊朗和泰国。

2001 年 9 月，时速 200 公里客运专线用 60 千克/米 PD3 钢轨通过铁道部专家评审，成功铺设在我国第一条高速铁路——秦皇岛至沈阳客运专线上，标志着我国铁路步入高速化的起点。

2002 年底，万能轧机投产，国内第一条具有世界先进水平的钢轨生产线建成并全面投产，万能生产线成为国内第一条采用万能轧机生产重轨的生产线，具备生产 50 米之内任意定尺钢轨能力。

2003 年，研制开发出高强度、高韧性正线铁路用 1180 兆帕级贝氏体钢轨。

2003 年 11 月，成功开发英标 BS100A 钢轨，并出口泰国。

2003 年，研制生产出城市电车槽型轨（RI60）。

2004 年，研制开发成功英标 BS90A 钢轨并批量生产。

2004 年，研制出国内首批时速 350 公里高速钢轨，在沈阳铁路局管内的长大线上成功试铺。

2005 年 3 月，成功开发出 75 千克/米 U75V 钢轨。

2006 年 2 月，60AT 道岔轨成功开发。

2007 年 4 月 2 日，100 米钢轨线热负荷试车成功，具备了生产 100 米、时速 350 公里高速钢轨的生产能力。

2007 年 7 月 6 日，100 米钢轨通过了铁道部组织专家组评审。鞍钢首批百米重轨铺设于胶济客运"奥运专线"。

2007 年，成功开发 U77MnCr 钢轨并实现批量生产。

2009 年 1 月，U71Mn(K)60 千克/米高速钢轨成功应用于我国最北端的严寒地区设计建设标准最高的哈大高速铁路。

2010 年，按澳大利亚标准成功开发 AS60 钢轨并供货。

2010 年 6 月，开发生产时速 380 公里高速轨，成功铺设在世界上首条商业运行速度最快、运行里程最长的京沪高速铁路线。

2010 年 10 月 26 日，鞍钢钢轨"高速"连接沪杭，沪杭高速铁路最高时速达到 416.6 公里，再次刷新世界铁路运营试验最高速度。

2011 年，在万能线实现了起重机钢轨生产的成功转移。

2012 年 7 月，开发 U77MnCr 75N 新廓形钢轨，并成功铺设在重载线路大秦线。

2013 年 3 月，开发 U75V 60N 新廓形钢轨，并成功上道铺设。

2013 年 4 月，研制并生产出 60R2 槽型轨，应用在苏州有轨电车 1 号线工程上。

2013 年 9 月 6 日，鞍钢生产的全部铁路标准用对称断面钢轨产品，获得中铁检验认证中心颁发 CRCC 产品认证证书。

2014 年 11 月，进行 100 米钢轨全长在线热处理生产线改造，具备热处理钢轨生产能力。

2015 年，U75V、U77MnCr 等全长热处理钢轨，通过了热处理钢轨 CRCC 认证，并成功在沈阳局、太原局和兰州局上道试铺。

2015 年，"U71MnG、U75VG 高速铁路用钢轨"获冶金产品实物质量最高奖项"特优质量奖"。

2017 年 8 月，60N U71MnG 全长热处理钢轨研制成功，并在沈阳局试铺。

2019 年 9 月，75N U22SiMn 全长热处理 1380 兆帕级钢轨研制成功，并在大秦铁路试铺。

2020 年，万能线进行了质量提升改造，引进万能 UF2 轧机，提高重轨断面精度。

2021 年 10 月，完成 60AT 热处理道岔轨的开发。

二、包头钢铁（集团）有限责任公司

1966 年 7 月，包钢轨梁厂土建工程开始施工；1969 年 1 月 23 日建成投产，并成功轧制 50 千克/米钢轨。

1976 年 12 月，首次试制成功我国第一支 60 千克/米 U74 钢轨。

1979 年 8 月，试制成功我国第一支 60AT 道岔轨。

1981 年 7 月，50 千克/米钢轨全长离线淬火试验成功。

1981 年 7 月，钢轨探伤作业线建成并投入使用。

1982 年 7 月，包钢与攀钢钢铁研究院联合研制的 50 千克/米钢轨轨端帽形淬火工艺通过冶金工业部的鉴定。

1984 年 3 月，试制成功我国第一支 75 千克/米钢轨。

1986 年 7 月，引进德国制造的当时世界上最先进的钢轨锯钻联合加工机床，使钢轨加工能力和质量大幅提高。

1989 年，60 千克/米钢轨荣获国家金牌奖。

1992 年 7 月，试制成功我国第一支稀土高强度 60 千克/米钢轨。

1996 年 3 月，按照 UIC 标准试制成功 UIC60 钢轨。

1997 年 5 月，试制成功 QU100 起重机钢轨。

1997 年 11 月，首次采用连铸坯轧制我国第一支 60 千克/米重轨，标志着包钢成为中国第一个采用连铸坯生产重轨的生产厂家。

1998 年 3 月，试制成功 QU120 起重机钢轨。

1998 年 5 月，试制成功我国第一支铌稀土 60AT 道岔轨。

1998 年 6 月，首次采用连铸坯轧制 60AT 道岔轨。

1998 年 6 月，试制成功 75 千克/米铌稀土钢轨。

1999 年 5 月，首次采用连铸坯成功轧制我国最大断面的重载铁路用钢轨——75 千克/米铌稀土钢轨。

1999 年 5 月，试制成功 QU80 起重机钢轨。

2000 年 3 月，一次试制成功出口印度尼西亚的 UIC54 钢轨；2000 年 6 月，包钢为印度尼西亚生产 5884 吨 UIC54 钢轨在青岛港装船发往印度尼西亚，至此，包钢钢轨实现了"冲出国门"的夙愿。

2000 年 5 月，轧制 1200 吨时速 200 公里客专专用铁路钢轨，供秦沈客运专线。

2001 年 11 月，成功试制 50AT 道岔轨。

2002 年 4 月，试制成功 43 千克/米钢轨。

2004 年 3 月，包钢在 80 吨转炉上进行了一炉贝氏体钢轨的工业性试验；2004 年 9 月，60 千克/米贝氏体钢轨在沈阳局京沈线进行试铺。

2004 年 4 月，生产 2 万吨供济南铁路局胶济线时速 200 公里客运专线用 60 千克/米钢轨。

2004 年 4 月，1 号中型万能轧钢生产线破土动工；2005 年 12 月热轧线全线贯通；

2006 年 5 月投入试生产，9 月 16 日竣工投产，荣膺 "2006 全国企业最具知名度创新产品" 奖。

2005 年 6 月，第一次批量试制 KB1250 贝氏体钢轨，2006 年 4 月四组全贝氏体组合道岔分别铺在石太线和北京局三家店铁路上。

2005 年，铁路用热轧钢轨荣获 "中国名牌"。

2006 年 4 月，试制出第一支百米 60 千克/米长尺钢轨。

2006 年 8 月，按照《250 公里/小时客运专线 60 千克/米钢轨暂行技术条件》及《350 公里/小时客运专线 60 千克/米钢轨暂行技术条件》试轧百米高速轨；2006 年 9 月 22 日，经铁道部运输局组织会议评审，包钢生产的 U71MnK 和 U75V 100 米长定尺钢轨可以规模化生产。

2006 年 12 月，试制成功日标 50N 出口钢轨，2007 年 1 月投入批量生产并出口。

2006 年 12 月，时速 350 公里高速钢轨在武汉铁路局进行实地试铺并进行上道提速试验，标志着 "包钢高速铁路钢轨生产技术的集成创新和应用" 产业化的实现。

2009 年 10 月，在 1 号中型万能轧钢生产线轧制首批供京沪高铁客运专线用时速 350 公里 U71MnK 60 千克/米钢轨。

2011 年 5 月，2 号大型万能轧钢生产线破土动工；2012 年 12 月 30 日热轧区全线贯通，2013 年 1 月生产线正式投产。

2011 年 8 月，在 1 号中型万能轧钢生产线试制 BT76 贝氏体钢轨。

2011 年 8 月，在 1 号中型万能轧钢生产线试制英标 BS100A 出口钢轨。

2011 年 9 月，在 1 号中型万能轧钢生产线试制美标 136RE 出口钢轨。

2012 年 9—11 月，在 1 号中型万能轧钢生产线试制 BS75A、BS90A、CR175、TR45、TR50 等出口钢轨。

2013 年 3 月，在 2 号大型万能轧钢生产线成功轧制 5000 吨百米 60 千克/米长尺钢轨。

2013 年 3 月，包钢在线热处理钢轨生产线开工建设；2014 年 4 月 19 日热负荷调试过钢具备生产条件；2016 年 5 月，包钢全长离线淬火生产线停产。

2013 年 7 月，铁路用 U75V 钢轨、铁路用 U71Mn 钢轨、铁路用 U75VG 钢轨、铁路用 U71MnG 钢轨、铁路用 U76CrRE 钢轨（43 千克/米、50 千克/米、60 千克/米）、铁路道岔用 U71Mn 非对称断面钢轨（50AT1、60AT1）、铁路道岔用 U75V 非对称断面钢轨（50AT1、60AT1）获得铁路产品认证证书。

2013 年 8 月，包钢成功轧制专供 30 吨大轴重 "中南通道" U20Mn 75N 贝氏体钢轨。

2013 年 9 月，在 1 号中型万能轧钢生产线试制成功 59R2 槽型轨。

2014 年 1 月，在 2 号大型万能轧钢生产线试制成功 60AT2 高速道岔轨。

2014 年 7 月，在 2 号大型万能轧钢生产线试制成功 60TY1 高速道岔轨。

2014 年 10 月，在 2 号大型万能轧钢生产线试制成功 75AT 贝氏体道岔轨。

2015 年 1 月，在 2 号大型万能轧钢生产线试制成功 60R2 槽型轨。

2015 年 1 月，成功研制 H340 等级 U75VH 60 千克/米百米在线热处理钢轨并实现批量生产。

2015 年 4 月，成功研制 H320 等级 U71MnH 60 千克/米百米在线热处理钢轨并实现批量生产。

2016 年 2 月，成功研制欧标 H350 等级 R350HT/R350LHT 54E1、60E1、60E2 在线热处理钢轨并实现批量生产；2018 年 2 月首次获得欧盟钢轨 TSI 认证证书。

2016 年 4 月，批量生产铁标 H340 等级 U75VH 60AT2 非对称断面在线热处理试铺钢轨并顺利通过铺试评审。

2016 年 4 月，成功研制 280 毫米×380 毫米断面铁标 H340 等级 U75VH 75 千克/米、75N 在线热处理钢轨。

2016 年 6 月，采用 320 毫米铸坯×415 毫米铸坯断面成功轧制铁标 H340 等级 U75VH 材质，75 千克/米、75N 两种轨型百米在线热处理钢轨。

2016 年 5 月，铁路用 U71MnG、U75VG、U76CrRE、U71Mn 60N 钢轨及铁路用 U75V 60N、75N 钢轨获得铁路产品认证证书。

2016 年 6 月，热处理钢轨 U75VH 50、60、60N 获得铁路产品认证证书。

2018 年 4 月，在 1 号中型万能轧钢生产线试制成功第一支 U66CuNiRE 耐腐蚀钢轨。

2020 年 6 月，在 2 号大型万能轧钢生产线试制成功 U71MnH 50AT1 热处理道岔轨。

2020 年 8 月，在 2 号大型万能轧钢生产线试制成功 R350HT 俄标 P65 热处理钢轨。

2020 年 12 月，包钢股份"1280 兆帕贝马复相贝氏体钢轨集成技术开发与应用"项目，获第六届中国工业大奖表彰奖。

2021 年，U76CrREH 60 千克/米在线热处理钢轨顺利通过试用考核大纲评审，并在呼和浩特铁路局集宁工务段上道试铺，2022 年 12 月获得铁路产品认证证书。

2021 年，首次批量生产耐腐蚀钢轨并上道试铺。

2022 年 12 月，高速铁路道岔用 U71Mn/U71MnH U75V/ U75VH 非对称断面钢轨 60AT2 获得铁路产品认证证书。

2022 年 12 月，铁路道岔用 U75VH 非对称断面钢轨 50AT1、60AT1 获得铁路产品试用证书。

三、攀钢集团有限公司

1971 年 3 月，一期工程破土动工。

1974 年 8 月，正式投产，设计年产钢材 110 万吨。

1975 年 6 月，生产出第一个重轨产品 50 千克/米钢轨。

1976 年，建成了中国第一条钢轨离线淬火生产作业线。

1977 年 9 月，在 950 毫米生产线进行了 50AT 钢轨的试制工作。

1982 年，从联邦德国引进了一套 WKB630 锯钻床。

1982 年 12 月—1983 年 3 月，完成了第一条 25 米重轨加工线的改造。

1982 年，成功开发 52 千克/米钢轨并出口印度。

1983 年 7 月—1984 年 3 月，完成了第二条 25 米重轨加工线的改造。

1983 年，钢轨产量达到 19.46 万吨，其中出口印度 UIC52 千克/米钢轨产量为 1.59

万吨。

1985 年，开始 PD2 50 千克/米 S-Q（Slack Quenching）全长离线淬火热处理钢轨的技术研究，该工艺的研究被纳入国家"七五"重点科技攻关项目。

1985 年，开始进行全长离线热处理生产线 25 米改造。

1985 年，开始攀钢二期工程建设。

1986 年，对 3 号加热炉实施了改造性大修。

1986 年，开始对 PD2 60 千克/米、75 千克/米全长离线热处理钢轨的研制。

1987 年 5 月，从联邦德国瓦格纳厂引进 4 台硬质合金联合锯钻床。

1987 年，完成了 800 毫米轧机变流机发电机增容改造。

1988 年 3 月，完成了 60 千克/米全长离线热处理钢轨试验，填补了冶金空白。

1989 年，50 千克/米全长离线热处理钢轨通过国家转产鉴定。

1990 年，完成了 75 千克/米钢轨和 60 千克/米全长淬火轨。

1990 年，对 2 号加热炉实施了改造性大修。

1990 年 7 月，再次从德国宾纳厂引进了 3 台四面液压矫直机和一台三辊矫直机。

1991 年，与铁路部门签订了"PD3 60 千克/米全长热处理钢轨研制"的科研协议书，并列入当时的冶金部 1992—1995 年新材料科研试制计划。

20 世纪 90 年代初，开发出了 Si-Mn-V PD3 高碳微钒热轧钢轨。

1992 年，成功研发 BS 37.2 千克/米钢轨，并出口缅甸。

1992 年，成功研发 UIC 60 千克/米钢轨，并出口印度。

1992 年，钢轨离线全长热处理生产线达 5 万吨设计能力。

1994 年，建成钢轨在线余热热处理半工业性试验线。

1996 年，850 毫米、950 毫米轧机变流机组发电机增容改造。

1996 年，成功开发并批量交货 1.28 万吨坦桑尼亚铁路用钢枕。

1997 年 8 月，通过冶金质量中心的审核，获"ISO 9000 质量体系认证证书"。

1997 年 11 月，原初轧厂并入轨梁厂。

1997 年，成功建成了国内第一条钢轨在线热处理生产线。

1998 年 6 月，成功开发 UIC 54 千克/米钢轨，并出口到中国香港特区。

1998—1999 年，成功生产出 PD3 50 千克/米、75 千克/米全长在线热处理钢轨。

2000 年，出口欧洲南联盟 S49 千克/米钢轨，首次打入欧洲市场。

2000 年初，开发出了中国第一批具有高纯净度、高尺寸精度、高平直度和优良性能的时速 200 公里客运专线钢轨。

2000 年，开发出中国第一批时速 200 公里客运专线 60AT 轨。

2000 年 4 月，在 950 毫米生产线进行了 60AT 道岔轨的试制并开发成功。

2000 年 12 月，攀钢时速 200 公里客运专线钢轨被成功地铺设在中国大陆第一条时速 200 公里铁路——秦沈客运专线上。

2002 年，试制出我国第一支耐腐蚀钢轨，并在线路上铺设使用。

2002 年，对钢轨在线热处理生产线进行延长 40 米自承改造。

2002 年 7 月，重轨新精整线改造工程破土动工，2003 年 7 月竣工投产。

2003 年，成功开发 BS90A 45 千克/米钢轨，出口孟加拉国。

2003 年，开发出强韧性配合优良的新一代钢轨——贝氏体钢轨。

2003 年 8 月，年设计能力为 100 万吨的方坯 1 号 LF 电加热炉建成投产。

2003 年 8 月，年设计能力为 80 万吨的方坯精炼 RH 真空处理装置建成投产。

2003 年 9 月，1 号方坯连铸机建成投产，该连铸机为六机六流大方坯连铸机，断面尺寸为 280 毫米×380 毫米、280 毫米×325 毫米，设计年生产能力 120 万吨，使重轨钢生产实现了从模铸向连铸的转变。

2003 年 9 月，万能轧制线破土动工。

2004 年，在实验室成功研制出 1300 兆帕级重载钢轨。

2004 年 4 月，完成了 1 号加热炉改蓄热式加热炉。

2004 年 5 月，停止生产模铸钢，5 月 12 日拆除模铸系统。

2004 年 12 月，成功轧制出中国首支 100 米钢轨。

2005 年 3 月，生产出 1300 兆帕级 PG4(R) 在线热处理钢轨。

2005 年，在 950 毫米生产线成功开发出 60D40 道岔钢轨。

2005 年 12 月，攀钢生产出国内首支时速 350 公里百米长尺客运专线轨。

2005 年 12 月，2 号方坯连铸热负荷试车成功，四机四流，是我国当时最大断面方坯连铸机。

2006 年，攀钢钢轨实现了出口美洲、大洋洲的"零突破"。

2007 年，攀钢钢轨成功进入北美一级铁路市场。

2007 年，在万能线成功开发 60TY 钢轨。

2007 年，创造"四个世界之最"，获国家出口免检。

2007 年，成功开发 OT50 出口轨、60 翼轨和 60D40 道岔钢轨。

2007 年 3 月，建成了具有完全自主知识产权的 100 米长尺钢轨在线热处理生产线。

2007 年 3 月，成功生产出以 100 米长尺钢轨为原料的 U75V(R)60 千克/米在线热处理钢轨。

2007 年 6 月，开展美标 115RE(SS) 和 136RE PG4 在线热处理钢轨产品开发，2008 年 1 月实现批量生产。

2007 年 9 月，在万能线进行了 60D40 道岔钢轨的试制，并于 2011 年 12 月进行了批量试生产。

2008 年，攀钢钢轨独家供货我国首条城际高速铁路——京津城际高铁。

2008 年初，成功开发 136RE PG4 在线热处理钢轨。

2008 年 7 月，万能线成功生产出 60AT 道岔轨。

2009 年，完成了 100 米定尺在线热处理钢轨、380 公里/小时客运专线高速轨、50 米长尺高速道岔轨、60AT、60D40、60TY 等新产品开发并具备批量生产能力。

2010 年 6 月，相继研制出 U75VH、U71MnH、350LHT、PG4 等不同材质 60AT 及 60D40 在线热处理道岔轨。

2010 年 9 月，经重新进行工艺设计，成功生产出 50AT 道岔钢轨。

2010 年，开发出 U71MnH 60 千克/米在线热处理钢轨。

2010 年 4 月，成功生产出 100 米长定尺热处理钢轨。

2011 年，开发出口孟加拉国 BS90A 钢轨新产品。

2012 年，成功开发了 BS95N、AS60、75N 等钢轨品种。

2013 年 4 月，成功开发美标 132RE 钢轨，出口委内瑞拉。

2014 年 5 月 26 日，成功开发 UIC60E2 钢轨，出口巴西。

2015 年 12 月，成功开发 60R2 钢轨。

2015 年，在万能一线成功开发 60 千克/米、60N 两种轨型钢轨，以及 QU120 等钢轨。

2016 年 8 月，成功开发 100RE 钢轨，出口巴基斯坦。

2016 年，万能一线开发了 60E1 钢轨；万能二线开发了 QU100 吊车轨、60R2 槽型轨、45E1 钢轨、100RE 钢轨。

2016 年，为了提高钢轨的耐蚀性，开发了 B 型 JFST-12 型钢轨专用防锈水性涂料和钢轨在线喷涂装置。同年 8 月，生产的出口阿根廷 1.2 万吨钢轨，全部实现了在线喷涂。

2017 年，在万能一线开发了 50 千克/米钢轨、QU80 吊车轨。

2017 年 4 月，在万能二线进行 75 千克/米 100 米轨生产，打通了热轧线、在线热处理生产线、冷区加工等全线生产工艺。

2018 年，首次将 PG5 136RE 钢轨送至美国 TTCI 开展线路服役试验。

2018 年，60AT1 PB2 贝氏体钢轨试轧成功，打通全线生产工艺。

2019 年，成功开发 54E1A1 出口道岔钢轨，并由山海关桥梁厂制作成道岔辙叉发往国外用户。

2020 年，成功开发 60E1A5 出口道岔轨，并由山桥公司采购制作出口孟加拉国。

2020 年，1 号方坯连铸机新增大包下渣检测、中包感应加热、中包排渣、末端电磁搅拌四项提质改造项目。

2020 年，攀钢 1 号方坯重轨钢质量提升改造性检修，完成包括 RH 真空、大包下渣检测装置、末端电磁搅拌系统、自动测温取样以及电极自动加长、快分系统等的改造和新增装置。

2021 年 2 月，方坯 RH 对 B1、B2、S3a、S3b 真空泵重新设计、制造、更换改造，抽气能力由 1800 千克/小时提高到 2100 千克/小时。

2022 年 1 月，成功开发 54E1T1 出口道岔轨并进行批量生产。

2022 年 7 月，成功进行出口 60E1A1 道岔轨的试轧，并于 8 月小批量生产。

2022 年，全面推广二方 320 毫米×410 毫米坯料轧制钢轨。

四、武汉钢铁有限公司

1959 年 3 月，武钢大型轧钢厂破土动工，1960 年 7 月主体工程建成，8 月 5 日开始试轧，8 月 31 日试轧成功，10 月全厂基本完工，是我国自己设计、自己制造设备、自己施工兴建的第一座大型轧钢厂。

1959 年 9 月，一炼钢 1 号平炉投产，至 1973 年 10 月 8 号平炉竣工，先后建成 8 座大型碱性固定式平炉，其中 1 号、2 号平炉容量为 250 吨，3~8 号平炉容量为 500 吨。

1964 年 5 月，对 800 毫米/650 毫米×3 并列式轧机系列进行改造，加大 650 毫米轧机一、二机架辊径，改为 800 毫米/760 毫米×2/650 毫米并列式轧机系列，提高了轧机的生产能力，为生产重轨打下了基础。

1965 年 10 月，试制的普通碳素含铜 43 千克/米钢轨在鞍山通过了由冶金部主持，国家科委、铁道部等单位参加的初步鉴定。

1966 年 6 月，正式生产普通碳素含铜钢轨钢，代号 WP1，即武钢平炉生产的第一号钢轨钢，并在大型厂轧制成 43 千克/米钢轨。

1967 年 9 月，国家决定援建坦（坦桑尼亚）赞（赞比亚）铁路工程的全部钢轨由武钢生产。至 1975 年 3 月，累计共为坦赞铁路提供 22 万吨 45 千克/米 WP2 钢轨，铺设里程 1859 公里。

1969 年 12 月，高硅含铜钢轨，代号 WP2，即武钢平炉生产的第二号钢轨钢正式投产。

1973 年 1 月，将 7 号平炉改造为顶吹氧平炉。

1974 年 8 月，从联邦德国引进了 1800 千瓦电机，万能第三架轧机单独传动改造。

1982 年 11 月 13 日，武钢生产的 U71Mn 钢轨质量达到国标要求，正式纳入生产计划。

1987 年 11 月，6 号平炉改造为单枪顶吹氧，从此结束了煤气炼钢和单纯重油炼钢的历史。

1991 年 10 月，按英国标准研制生产了 BS75R 钢轨 10.45 万吨出口缅甸、马来西亚和韩国。

1997 年 10 月 13 日，一炼钢召开"告别 6 号平炉拉开一炼钢厂第二次创业序幕"动员大会，标志着"平改转"的拆除工程正式开始。

1998 年 3 月 20 日，在施工现场召开一炼钢厂"平改转"开工典礼动员大会。11 月 16 日，一炼钢厂 2 号转炉热负荷试车成功；18 日，2 号转炉一次投产成功；9 时 38 分，2 号转炉第一炉钢水冶炼成功，顺利出钢。12 月 6 日，1 号转炉热负荷试车成功；12 月 8 日，1 号转炉一次投产成功。

1998 年 6 月，成功按英国标准研制生产了 BS75A、BS90A 钢轨，为孟加拉国铺设两条铁路运输线钢轨达 4 万吨。

1998 年 6 月 25 日—8 月 15 日，先后试制成功了 50 千克/米、60 千克/米钢轨，成为国内第四家能够为国内铁路干线提供大规格重轨的生产企业。

1999 年 5 月 20 日，一炼钢厂 1 号 LF 钢包炉投入使用。

1999 年 5 月 26 日，一炼钢厂 VD 真空炉投入使用。

1999 年 6 月 26 日，一炼钢厂 2 号连铸机一次试车 5 流拉坯成功。6 月 30 日，一炼钢厂 1 号连铸机一次试车 5 流拉坯成功。

1999 年 8 月，成功开发了 QU80 起重机钢轨。

1999 年 12 月 18 日，首次生产并加工出定尺为 25 米的 50 千克/米重轨，为大型厂的重轨生产创造了更大发展空间。

2001 年 6 月 15 日，脱硫工艺技术改造热负荷试车成功。

2002 年 4 月 9 日，按 UIC 标准兑现生产合同，向巴基斯坦出口重轨 5.2 万吨，是继援建坦赞铁路后，最大的一笔重轨出口合同。

2002 年 10 月 18 日，武钢采用连铸坯生产的 50 千克/米、60 千克/米钢轨通过湖北省科技鉴定，专家认为钢质纯净度达到了国内领先水平，达到铁路干线使用要求。

2003 年 8 月 4 日，一炼钢厂"平改转"工程获得中国环境保护总局授予的我国建设项目环境保护方面的最高政府性荣誉奖——"国家环境保护百佳工程"奖。

2006 年 7 月 31 日，2 号 LF 钢包炉一次性热负荷试车投产成功。

2007 年 1 月 12 日，一炼钢方坯系统新建 RH 炉主体工程基础开工，11 月 21 日，RH 炉实现一次热负荷试车成功并顺利投产。

2007 年 12 月 26 日，一炼钢 3 号连铸机热负荷试车一次成功，并实现当班达产目标，2008 年 3 月 21—27 日，3 号连铸机实现周达产目标，标志着武钢具备了为万能轧机生产线提供合格原材料的能力。

2008 年 5 月 20 日—6 月 11 日，一炼钢厂 2 号转炉扩容改造项目全部实施，完工后两座转炉基本达到 120 吨/炉要求。

2007 年 6 月，大型厂在原有钢轨生产线地址开始钢轨万能生产线的升级改造。

2008 年 4 月，万能生产线进行全线热负荷试车。

2008 年 6 月，时速 160 公里 U71Mn 钢轨通过铁道部组织的上道审查。

2008 年 7 月，时速 160 公里 U75V 钢轨获铁道部组织的上道审查。

2011 年 5 月，一炼钢分厂 3 号 LF 钢包炉热负荷试车一次成功。

2009 年 1 月，U71Mn(K) 和 U75V(K) 高速钢轨通过了铁道部组织的上道审查。

2011 年 4 月，U68CuCr 耐蚀钢轨通过了铁道部组织的上道审查。

2012 年 11 月，在京广线大瑶山隧道段完成 2 公里 U68CuCr 耐蚀钢轨试铺。

2015 年 4 月，成功开发出 60R2 槽型钢轨，在武汉沌口有轨电车 1 号线实现应用。

2017 年 2 月，完成了钢轨在线热处理生产线的建设，一次性热负荷成功。

2017 年 10 月，在沪昆线娄底段完成 10 公里 U68CuCr 耐蚀钢轨上道铺设。

2019 年 11 月，在广深港高铁狮子洋隧道完成 10 公里 U68CuCr 耐蚀钢轨铺设。

2021 年 6 月，在万能生产线开发出 QU80 起重机钢轨。

2021 年 10 月，U68CuCr 耐腐蚀钢轨通过国铁集团组织的试用考核报告评审，并于 2022 年 1 月获得 CRCC 证书。

2021 年 10 月，U75VH 钢轨在兰州北环线完成上道试铺，开始试用考核。

2022 年 8 月，成功开发出 59R2 槽型钢轨。

2022 年 9 月，成功开发出 QU100 起重机钢轨。

2022 年 10 月，U71MnH 钢轨在新焦外包线和侯月疏解线完成上道试铺，开始试用考核。

2023 年 3 月，U75VH 钢轨通过试用考核报告评审，并取得 CRCC 证书。

2023 年 7 月，60AT1 U75VH 通过中铁产品认证中心组织的方案评审，取得试用证书，2024 年 4 月通过试用考核大纲评审。

2024 年 4 月，U71MnH 钢轨通过试用考核报告评审，并于 6 月取得 CRCC 证书。

五、邯郸钢铁集团有限责任公司

2011 年 6 月，邯钢与中国钢研科技集团有限公司签订《高强轨 U75V 的研制与开发技术合同》，正式启动钢轨产品技术研究工作。

2012 年 3 月，邯钢钢轨生产线建成投产。

2012 年 5 月，邯钢与中国钢研科技集团有限公司签订《高速轨 U71Mn 的研制与开发技术合同》，开始迈进高品质高铁用钢轨产品的研究领域。

2012 年 7 月，邯钢百米轨首次调试成功。

2014 年 1 月，中国铁道科学研究院受中国铁路总公司运输局委托就邯钢钢轨上道试验综合评价工作召开项目启动会，正式启动邯钢钢轨产品在中国铁路总公司的认证工作。

2014 年 10 月，邯钢进行 U71Mn 100 米轨首次上道试铺用钢轨的生产，该批钢轨用于京九铁路大维修换轨作业。

2015 年 1 月，中国铁路总公司运输局在邯钢主持召开"邯钢钢轨试用评审"会议。经讨论形成审查意见：同意通过邯钢 60 千克/米规格的 U71Mn、U75V 钢轨试用评审，可以上道试铺进行使用考核。

2015 年 1 月，邯钢进行 U75V 100 米轨首次上道试铺用钢轨的生产，该批钢轨用于津山铁路大维修换轨作业。

2015 年 3 月，邯钢首批 U75V 100 米钢轨正式铺设到北京铁路局津山铁路上接受实际使用考核。

2015 年 5 月，邯钢首批 U71Mn 100 米钢轨正式铺设到北京铁路局京九铁路上接受实际使用考核。

2016 年 4 月，中国铁路总公司运输局在北京主持召开了"邯钢钢轨扩大试铺评审会"，经讨论一致同意通过邯钢钢轨扩大试铺评审，可以在各路局正线扩大试用和在城市轨道交通、铁路专用线、厂矿铁路线推广使用。

2016 年 6 月，邯钢正式取得中铁检验认证中心颁发的 60 千克/米规格 U71Mn、U75V、U71MnG 和 U75VG 四个产品的铁路产品认证证书（试用证书）。

2017 年 1 月，邯钢生产 20 公里 60N 规格 U75V 百米钢轨，用于郑州铁路局焦柳铁路大维修换轨作业。

2017 年 7 月，邯钢取得欧盟 TSI 证书和 EN13674.1 标准符合性证书，成为国内第一家具备欧盟钢轨市场出口资质的企业。

2018 年 4 月，邯钢正式取得中铁检验认证中心颁发的 60 千克/米和 60N 规格 U75V 和

U75VG 铁路产品认证证书。这标志着邯钢正式成为国内第五家中国铁路总公司钢轨产品供货企业，具备国铁钢轨批量供货资质。

2020 年 10 月，邯钢自主开发的全万能轧制工艺技术首次试验成功，100 米钢轨尺寸控制精度再上新台阶。

六、河北永洋特钢集团有限公司

1993 年，永洋公司作为民营企业代表加入钢轨生产行列。

1994 年，成功开发 12 千克/米轻轨。

2002 年，成功开发 24 千克/米轻轨。

2003 年，成功开发 30 千克/米轻轨，并实现轻轨全规格系列化生产。

2008 年，成功开发 QU80 起重机钢轨，填补河北省起重轨生产空白。

2009 年，实现起重机钢轨全规格系列化生产。

2011 年，轻轨荣获"河北名牌产品"荣誉称号。

2019 年，万能轻轨轧制生产线建成投产。

2021 年，万能重轨轧制生产线建成投产。

七、辽宁紫竹集团

2006 年 9 月，成功开发 QU70、QU80 起重轨。

2007 年 7 月 16 日，成功开发南非 30 千克/米轻轨，补全了国内外主流的轻轨规格品种。

2007 年 7 月，成功开发 BS80A，出口老挝、马来西亚、柬埔寨、坦桑尼亚。

2007 年 12 月，成功开发钢枕，出口到南美洲。

2008 年 4 月 21 日，成功开发 QU120 起重机轨；在此基础上，开发出韩标 CR100 和 CR73 系列起重机轨，并实现该产品的国内首例出口。

2009 年 1 月，成功开发 P50 钢轨，出口安哥拉、埃塞俄比亚。

2009 年 1 月，成功开发 BS75R，出口缅甸。

2009 年 3 月，成功开发 BS90A，出口苏丹、塞拉利昂、泰国。

2009 年 4 月，成功开发 P43 钢轨，出口越南、柬埔寨。

2009 年 6 月，成功开发 BS75A，出口孟加拉国。

2010 年 1 月，成功开发 AS47、AS73、AS86、AS89，出口澳大利亚。

2010 年 3 月，道岔用热轧护轨槽钢取得 CRCC 认证，并首次将产品供应给国家铁路系统。

2010 年 3 月，成功开发 37A，出口菲律宾。

2010 年 10 月，成功开发 GB 50 千克/米重轨，出口泰国。

2011 年 7 月，成功开发 ASCE70，出口厄瓜多尔。

2012 年 3 月，成功开发 UIC50，出口尼日利亚。

2012 年 6 月，槽型轨试轧成功，并完成交货。

2014 年 12 月，成功开发 UIC54，出口阿根廷。

2015 年 5 月，磁悬浮 F 型轨排试生产成功，并参与长沙磁悬浮工程建设。

2018 年 4 月，成功开发 ASCE60、ASCE85，出口美国。

2020 年 12 月，成功开发 BS80R，出口肯尼亚、乌干达。

2021 年 3 月，参与修订《铁路用热轧钢轨》（GB/T 2585—2021）。